Wirtschaftsenglisch-Wörterbuch

Englisch-Deutsch · Deutsch-Englisch

Von
Universitätsprofessor
Dr. phil. Theodor van Bernem
Hon. Senior Research Fellow, University of Birmingham

3., überarbeitete und ergänzte Auflage

R. Oldenbourg Verlag München Wien

für Thea

Die Deutsche Bibliothek – CIP-Einheitsaufnahme

Bernem, Theodor van:
Wirtschaftsenglisch-Wörterbuch : englisch-deutsch ; deutsch-englisch / von Theodor van Bernem. – 3., überarb. und erg. Aufl. – München ; Wien : Oldenbourg, 1994
  ISBN 3-486-22829-3
NE: HST

© 1994 R. Oldenbourg Verlag GmbH, München

Das Werk einschließlich aller Abbildungen ist urheberrechtlich geschützt. Jede Verwertung außerhalb der Grenzen des Urheberrechtsgesetzes ist ohne Zustimmung des Verlages unzulässig und strafbar. Das gilt insbesondere für Vervielfältigungen, Übersetzungen, Mikroverfilmungen und die Einspeicherung und Bearbeitung in elektronischen Systemen.

Gesamtherstellung: R. Oldenbourg Graphische Betriebe GmbH, München

ISBN 3-486-22829-3

Inhalt

Vorwort zur dritten Auflage VII
Aus dem Vorwort zur ersten und zweiten Auflage VIII
Englisch - Deutsch 1
Deutsch - Englisch 253
Anhang (Abkürzungsverzeichnis) 491

Vorwort zur dritten Auflage

Es erfüllt den Verfasser mit Stolz festzustellen, daß innerhalb von drei Jahren die dritte Auflage des Wirtschaftsenglisch-Wörterbuches vorgestellt werden kann. Ist es doch eine Bestätigung dafür, daß das Konzept ganz und gar dem Bedürfnis der Anwender entspricht. Aus eigener Lehr- und Unterrichtserfahrung und aus Diskussionen mit Kollegen/innen und Studenten war die Idee gereift, ein Wörterbuch zu entwickeln, das ein schnelles Orientieren und Auffinden lexikalischer Begriffe ermöglicht und das Quersuchen vermeidet. Das Ergebnis ist dem Leser bekannt. Die vielen Zuschriften und Ergänzungsvorschläge, die vor allem nach Erscheinen der zweiten überarbeiteten Auflage eingingen, und für die der Verfasser herzlich dankt, bestätigen die leichte Handhabung des Wörterbuches vor allem für die Benutzer, die sich in die Wirtschaftsterminologie einarbeiten müssen.

Der Nachfrage folgend ist nun die dritte Auflage entstanden, die überarbeitet und erheblich ergänzt vorgelegt werden kann. Auch diesmal stand dem Verfasser sein langjähriger Mitarbeiter am Wörterbuch, Herr Diplom-Ökonom Volker Beckefeld, MBA (B'ham), zur Seite. Er war maßgeblich an der Überarbeitung beteiligt und erstellte mit gewohnt großem Engagement die Druckvorlage. Ihm gilt mein besonderer Dank.

Theodor van Bernem

Aus dem Vorwort zur zweiten Auflage

Die freundliche Aufnahme des Wirtschaftsenglisch-Wörterbuches in Lehre und Praxis und die Resonanz der Abnehmer erfordert jetzt bereits eine Neuauflage. Der Verfasser und die am Projekt "Wörterbuch" beteiligten Mitarbeiter haben Zuspruch vor allem aus dem Dozenten- und Studentenkreis erfahren, die übersichtliche Art der Erfassung der Begriffe beizubehalten und auf grammatische Hinweise zu verzichten, die aus dem Zusammenhang des der Bearbeitung zugrunde liegenden Textes ohnehin ersichtlich sind. Es bleibt ein Wörterbuch, das als fachspezifisches Nachschlagewerk in der Ergänzung zu den auf dem Markt vorhandenen seine Stärke besitzt.

Theodor van Bernem

Aus dem Vorwort zur ersten Auflage

Die Dynamik der ökonomischen Entwicklung spiegelt sich in der ständigen Weiterentwicklung und Verfeinerung der Wirtschaftsfachsprache wider. Ebenso, wie moderne, zukunftsorientierte Unternehmen nur noch in weltwirtschaftlichen Maßstäben planen und handeln, findet der wirtschaftswissenschaftliche und praktische Austausch zu einem immer größer werdenden Teil in internationalen Zusammenhängen statt.

Der Leser wirtschaftswissenschaftlicher Fachliteratur stellt sehr bald fest, daß die ständig zunehmende Fülle von Zeitschriften und Monographien zu einem bedeutenden Teil in englischer Sprache erscheint, die auch die Grundlage für einen "grenzenlosen" fachwissenschaftlichen Diskurs darstellt. Der Einfluß der angloamerikanischen Forschung auf die Wirtschaftswissenschaft und die veröffentlichte Literatur ist dabei unübersehbar. Aus diesem Grunde ist das vorliegende Wörterbuch, das Studenten, Dozenten und Praktikern eine Hilfe für die Bewältigung der aktuellen Fachliteratur an die Hand gibt, speziell auf den amerikanischen Bereich zugeschnitten, wobei berücksichtigt wird, daß das Studium der Wirtschaftswissenschaft in zunehmendem Maße tätigkeitsfeldorientiert betrieben wird.

Theodor van Bernem

Englisch - Deutsch

English - German

A

abacus - Rechenbrett, Rechenmaschine
abandon - aufgeben, nicht ausüben, preisgeben
abandon a tax - Steuer aufheben
abandonment - Abtretung, Ausbuchung, Stillegung
abate - ermäßigen, nachlassen
abatement - Erstattung, Kürzung
abbreviate - abkürzen
ABC evaluation analysis - ABC-Analyse
ABC inventory control system -ABC-Lagerhaltungssystem
aberration - Abweichung
ability - Fähigkeit
ability to pay - Solvenz
abolition - Abschaffung
abolition of tariffs - Zollabschaffung
aboriginal costs - Anschaffungskosten
abortive - gescheitert, fehlgeschlagen
abortive takeover bid - erfolgloses Übernahmeangebot
above-average growth - überdurchschnittliches Wachstum
abrasion - Abnutzung, Verschleiß
abrasive - abgenutzt
abridge - kürzen, zusammenziehen
abrogation - Kündigung, Abschaffung
abscond - verschwinden, sich absetzen
absconding debtor - flüchtiger Schuldner
absence - Abwesenheit, Ermangelung
absence of valid subject-matter - Fehlen der Geschäftsgrundlage
absence rate - Fehlzeitenquote
absence time - Abwesenheitszeit
absentee ballot /voting - Briefwahl
absenteeism - Abwesenheit, Krankfeiern
absolute - absolut
absolute advantage - absoluter Kostenvorteil
absolute cell /class frequency - absolute Klassenhäufigkeit
absolute deviation - absolute Abweichung
absolute error - absoluter Fehler
absolute frequency - absolute Häufigkeit
absolute gift - bedingungslose Schenkung
absolute guaranty - selbstschuldnerische Bürgschaft
absolute income hypothesis /theory - absolute Einkommenshypothese
absolute inflation - absolute Inflation
absolute liquidity ratio - Liquidität ersten Grades
absolute monopoly - reines Monopol
absolute priority - Gläubigervorrecht
absolute rate - Festzins ohne Aufschlag
absolute suretyship - selbstschuldnerische Bürgschaft
absolute value - absoluter Wert, Absolutbetrag
absolutely liable - unbeschränkt haftbar
absorb - abschöpfen, auffangen, aufsaugen
absorbed basis - Vollkostenbasis
absorbed overhead - verrechnete Gemeinkosten
absorbent paper - Saugpost
absorbing company - übernehmende Gesellschaft
absorbing probability - Absorptionswahrscheinlichkeit
absorption - Abschöpfung, Auffangen
absorption account - Wertberichtigungskonto, Sammelkonto
absorption approach - Absorptionstheorie, Absorptionsansatz
absorption costing - Vollkostenrechnung
absorption of funds - Finanzmittelbindung
absorption point - Sättigungspunkt
absorptive capacity - Absorptions-, Aufnahmekapazität
absorptive capacity of a market - Aufnahmekapazität eines Marktes
abstinence theory of interest - Abstinenztheorie des Zinses
abstract - Kurzfassung, abstrakt, theoretisch
abstract contractual performance - abstraktes Schuldversprechen
abstract of account - Kontoauszug
abstract of title - Eigentumsnachweis
abstract transaction - abstraktes Rechtsgeschäft
abundance - Fülle, Reichtum, Überfluß
abuse - Mißbrauch, Mißstand, übermäßig beanspruchen
abuse of authority - Amts- / Ermessensmißbrauch

abuse of discretion - Ermessensmißbrauch
abuse of market power - Marktmachtmißbrauch
abuse of patent - Patentnutzungsmißbrauch
abuse of process - Prozeßmißbrauch
abuse of right - Rechtsmißbrauch
academic - wissenschaftlich
academic year - Studienjahr
acceding country - Beitrittsland
accelerated - beschleunigt, erhöht
accelerated cost recovery system - beschleunigte Abschreibung
accelerated depreciation - Sonderabschreibung
accelerated growth - beschleunigtes Wachstum
accelerated incentive - progressiver Leistungslohn
accelerated maturity - vorzeitige Fälligkeit
accelerated method of depreciation - Methode der fallenden Abschreibung
accelerated paper - überfälliges Wertpapier
accelerated premium pay - progressive Leistungsprämie
acceleration clause - Verfallsklausel
acceleration coefficient - Akzelerationskoeffizient
acceleration principle - Akzelerationsprinzip
accelerator - Terminjäger, Akzelerator
accelerator model of investment - Akzeleratormodell der Investitionen
accept - akzeptieren, annehmen
accept a bill - Wechsel annehmen
acceptability - Eignung
acceptability of risks - Tragbarkeit von Risiken
acceptable - beleihbar, lombardfähig
acceptable criterion - brauchbares Kriterium
acceptable price - annehmbarer Preis
acceptance - Akzept, Annahme
acceptance account - Wechselkonto
acceptance bill - Dokumentenwechsel
acceptance charge - Akzeptgebühr
acceptance commission - Akzeptprovision

acceptance commitments - Wechselverbindlichkeiten
acceptance corporation - Akzeptbank
acceptance credit - Akzeptkredit, Rembours-/ Wechselkredit
acceptance credit line - Rembourslinie
acceptance criterion - Abnahmenorm
acceptance for honor - Ehrenakzept
acceptance inspection - Abnahmeprüfung
acceptance liability - Wechselobligo
acceptance of a bill - Wechselannahme
acceptance of contractual offer - Vertragsannahme
acceptance of guaranty - Garantieübertragung
acceptance outstanding - Akzept im Umlauf
acceptance sampling - Stichprobenabnahmekontrolle
acceptance test - Eignungstest, Annahmetest
accepted - mit Akzept versehen
accepted finance bill - Finanzakzept
acceptor - Akzeptant
access - Zugang, Zutritt, Zugriff
access authority - Zugriffsberechtigung
access right - Benutzerberechtigung
access to the files - Akteneinsicht
accessibility - Erreichbarkeit, Zugänglichkeit
accessible - erreichbar, zugänglich
accession - Wertzuwachs, Zugang
accession clause - Beitrittsklausel
accession talk - Beitrittsverhandlung
accessions tax - kumulative Erbschafts-Schenkungssteuer
accessories - Zubehör
accessory advertising - Ergänzungswerbung
accident benefit - Unfallrente
accident prevention - Unfallverhütung
accident prone - unfallgefährdet
accident proneness - Unfallneigung
accident rate - Unfallhäufigkeitsziffer
accident severity rate - durchschnittliche Schwere von Arbeitsunfällen
accidental - unbeabsichtigt, zufällig
accidental sampling - stichprobenartige Untersuchung, zufälliges Stichprobenverfahren

accidental unemployment - außerwirtschaftlich bedingte Arbeitslosigkeit
accommodating transaction - Ausgleichstransaktion
accommodation - Unterkunft, Übereinkommen, Anpassung
accommodation address - Briefkastenadresse
accommodation bill / draft / note - Gefälligkeitswechsel, Reitwechsel
accommodation of conflicting interests - Interessensausgleich
accommodation of supply shock - Anpassung an Angebotsschock
accommodation paper - Gefälligkeitspapier
accommodation purchase - Vorzugskauf
accommodative policy - anpassende Politik
accompany - begleiten, zugehören
accompanying documents - Begleitpapiere
accomplish - Zweck erreichen
accomplishment of goals - Zielrealisierung
accord - einander entsprechen, zugestehen
accordance - Übereinstimmung
account - Konto, Abrechnung, Kundenetat
account activity - Kontobewegung
account analysis - Kontenanalyse
account and risk clause - Risikoausschlußklausel
account balance - Kontenstand
account category - Kontengruppe
account classification - Kontengliederung
account current - Kontokorrent
account day - Abrechnungs- /Zahltag
account density - Kundendichte
account executive - Kundenbetreuer, Werbeetatbetreuer
account files - Kontounterlagen
account form - Kontoform
account group - Kontengruppe
account group title - Kontengruppenbezeichnung
account holder - Kontoinhaber
account in balance - ausgeglichenes Konto
account in trust - Treuhandkonto

account maintenance - Kontobetreuung, Kundenpflege
account management - Kontoführung
account number - Kontonummer
account statement - Kontoauszug
account statement printer - Kontoauszugsdrucker
accountability - Rechenschaftspflicht, Verantwortlichkeit
accountable - rechenschaftspflichtig, verantwortlich
accountable event - Buchungsvorfall
accountancy - Rechnungswesen, Buchhaltung
accountancy theory - Theorie des Rechnungswesens
accountant - Bilanzprüfer, Buchhalter
accountant in charge - verantwortlicher Außenprüfer
accountant's certificate - Prüfungsbescheinigung
accountant's report - Prüfungsbericht, Revisionsbericht /-vermerk
accountant's return - rechnerische Rendite
accounting - Buchführung, Rechnungswesen, Abrechnung
accounting adjustment - Wertberichtigung
accounting by functions - entscheidungsorientierte Kostenrechnung
accounting center - zentrale Abrechnungsstelle
accounting control - Rechnungsprüfung, Revision
accounting control budget - Kontrollbudget
accounting conventions - Bilanzierungs-/ Buchhaltungsrichtlinien
accounting data - Buchungsdaten
accounting date - Abrechnungs-/ Abschluß-/ Bilanzstichtag
accounting deadline - Buchungsschnitt
accounting department - Buchhaltung
accounting depreciation - bilanzielle Abschreibung
accounting directive - Bilanzrichtlinie
accounting directives law - Bilanzrichtliniengesetz
accounting equation - Bilanzgleichung
accounting event - Buchungsvorfall

accounting evidence

accounting evidence - Nachweis ordnungsmäßiger Buchführung
accounting exchange on the assets side - Aktivtausch
accounting exchange on the liabilities side - Passivtausch
accounting for job order costs - Auftragsabrechnung
accounting for spoiled goods - Ausschußkostenrechnung
accounting gimmick - buchtechnischer Trick / Dreh, Manipulation
accounting issue - buchmäßige Materialentnahme
accounting loss - Buchverlust
accounting manual - Bilanzierungshandbuch
accounting method - Rechnungslegungsmethode, Gewinnermittlungsmethode
accounting on a cash basis - Einnahmen-Ausgaben-Rechnung
accounting on an accrual basis - periodengerechte Rechnungslegung
accounting par value of shares - rechnerischer Aktienwert
accounting period - Rechnungsperiode / -zeitraum
accounting policy - Bilanzpolitik
accounting practice - Rechnungswesenpraxis
accounting price - Schattenpreis
accounting principle - Bilanzierungsgrundsatz
accounting problem - Buchungsproblem
accounting profit - Buchgewinn
accounting provision for depreciation - bilanzielle Abschreibung
accounting rate of return - rechnerische Rendite
accounting ratio - finanzwirtschaftliche Kennzahl
accounting record - Buchungsbeleg
accounting reference date - Bilanzstichtag
accounting reference period - Bilanzierungszeitraum
accounting regulations - bilanzrechtliche Vorschriften
accounting routine - Abrechnungsroutine

accounting surplus - Rechnungsüberschuß
accounting system - Abrechnungssystem
accounting trail - buchhalterischer Zusammenhang
accounting transaction - interner Buchungsfall
accounting trick - buchtechnischer Trick
accounting valuation - Bewertung zu Anschaffungs-/ Herstellungskosten
accounting voucher - Buchungsbeleg
accounting year - Geschäftsjahr, Rechnungsjahr
accounts - Buchhaltungsunterlagen
accounts and costing department - Buchhaltungs- und Kostenrechnungsabteilung
accounts payable - Kreditoren, Verbindlichkeiten
accounts receivable - Außenstände, Forderungen, Debitoren
accounts receivable department - Debitorenbuchhaltung
accounts receivable risk - Vertriebswagnis, Debitorenwagnis
accredit - akkreditieren, bestätigen
accrual - Zuwachs
accrual and deferral - Rechnungsabgrenzung
accrual basis /concept - Prinzip der Periodenabgrenzung
accrual date - Fälligkeitstermin
accruals - Abgrenzungsposten, Rückstellungen
accruals and deferrals of expenses / cost - Abgrenzung der Aufwendungen
accrue - anfallen, entstehen
accrued commissions - Provisionsforderungen
accrued dividend - aufgelaufene Dividende
accrued expenditure basis - Grundlage der Kapitalflußrechnung
accrued expense - antizipative Passiva
accrued income - antizipative Aktiva
accrued interest - angesammelte Zinsen, Stückzinsen
accrued item - Rechnungsabgrenzungsposten
accrued liabilities - aufgelaufene Verpflichtungen

accrued taxes - Steuerschulden
accumulate - ansammeln, anwachsen
accumulated advertising effectiveness - kumulierte Werbewirkung
accumulated amortization - aufgelaufene Abschreibungen
accumulated amount of annuity - Rentenendwert
accumulated benefit - Anwartschaft
accumulated book profit - aufgelaufener Buchgewinn
accumulated coverage - kumulierte Reichweite
accumulated demand - Nachfrageballung
accumulated depreciation - akkumulierte Abschreibung
accumulated earnings tax - Körperschaftssteuer auf einbehaltene Gewinne
accumulated error - additiver Fehler
accumulated losses brought forward - Verlustvortrag
accumulation - Ansammlung, Aufzinsung
accumulation of annuity - Rentenendwert
accumulation of capital - Kapitalbildung
accumulative - anhäufend, summierend
accuracy - Genauigkeit, Präzision
accurate - exakt, genau, pünktlich
achievement - Ausführung, Leistung
achievement motivation - Leistungsmotivation
achievement principle - Leistungsprinzip
achievement-oriented society - Leistungsgesellschaft
acid precipitation /rain - saurer Regen
acid test - Liquidität ersten Grades
acknowledge - bestätigen, quittieren
acknowledge receipt - Empfang bestätigen
acknowledgement - Bestätigung, Empfangsbestätigung, Quittierung
acknowledgement of debt - Schuldanerkenntnis
acquaintance - Bekanntschaft, Kenntnis
acquainted - bekannt
acquiescence - Duldung, stillschweigende Einwilligung
acquire - erwerben, erlangen
acquire in good faith - gutgläubig erwerben

acquired goodwill - derivativer Firmenwert
acquirement - erworbene Fähigkeit, Fertigkeit, Kenntnisse
acquirer - Erwerber
acquisition - Erwerb, Errungenschaft, Unternehmensübernahme
acquisition agreement - Übernahmevertrag
acquisition cost - Anschaffungs-/ Akquisitions-/ Beschaffungskosten
acquisition of expert knowledge - Expertenbefragung
acquisition of financial assets - Geldvermögensbildung
acquisition value - Beschaffungswert
acquisitiveness - Erwerbstrieb, Gewinnsucht
acquit - Schulden bezahlen
acquittal - Schulderlaß
acquittance - Begleichung, Tilgung
across-the-board - allgemein, klassenübergreifend
across-the-board wage increase - allgemeine Lohnerhöhung
across-the-counter - Bedienung über die Ladentheke
Act Concerning Co-determination of Employees - Mitbestimmungsgesetz
act of God - höhere Gewalt
act of honor - Ehreneintritt
act of protest - Wechselprotest
act of state - Hoheitsakt
acting on an honorary basis - ehrenamtlich tätig sein
action - Aktion, Handlung
action alternative - Handlungsalternative
action for damages - Schadenersatzklage
action lag - Durchführungsverzögerung
action model - Vorgehensmodell
action on a dishonored bill - Wechselklage
action parameter - Aktionsparameter
action plan - Aktionsplan
action planning - Maßnahmeplanung
action research - Aktionsforschung
action scope - Handlungsspielraum
actionability - Klagbarkeit
activate - in Betrieb setzen
activation research - Kaufentschlußanalyse

active - lebhaft, produktiv, zinsbringend
active backlog of orders - unerledigte Aufträge
active balance of payments - aktive Zahlungsbilanz
active capital - arbeitendes Kapital
active circulation - aktiver Umlauf
active circulation of bank notes - Banknotenumlauf
active competition - lebhafte Konkurrenz
active demand - lebhafte Nachfrage
activist policy - Fiskalpolitik
activity - Aktivität, Betätigung, Maßnahme, Wirksamkeit
activity analysis - Prozeßanalyse
activity level - Beschäftigungsgrad
activity rate - Erwerbsquote
activity variance - Beschäftigungsabweichung
actual - effektiv, gegenwärtig, tatsächlich, Ist-
actual accounting - Nachkalkulation
actual amount - Istbetrag, ausmachender Betrag
actual attainment - Istleistung
actual balance - Istbestand
actual balance sheet - Istbilanz
actual capacity - Istkapazität
actual cash value - Versicherungswert
actual cost - Istkosten
actual cost basis method - Bilanzierung nach Nominalwertprinzip
actual cost system - Istkostenrechnung
actual expenditure - Istausgabe
actual life - tatsächliche Nutzungsdauer
actual man hour - Iststunde
actual market value - tatsächlicher Marktwert
actual net worth - Aktivvermögen
actual number of personnel - Personal-Istbestand
actual output - Istleistung
actual portfolio - Istportfolio
actual proceeds /receipts - Isteinnahmen
actual security - effektives Stück
actual stock - Istbestand
actual time - Istzeit
actual value method - Kapitalkonsolidierung
actual versus target comparison - Soll-Ist-Vergleich

actual wages - Reallohn
actuarial - versicherungsstatistisch
actuarial projections - Sterblichkeitsberechnungen
actuarial theory - Versicherungsmathematik
actuary - Versicherungsmathematiker, Versicherungsstatistiker
ad - Werbeanzeige
ad budget - Werbeetat
ad rate - Anzeigenpreis
ad spending - Werbeaufwand
ad valorem - wertentsprechend
ad valorem equivalent - wertentsprechende Menge
ad valorem tariff - wertentsprechende Gebühr, Wertzolltarif
ad valorem tax - Wertzollsteuer
ad writer - Werbetexter
ad-page exposure - Leserkontaktmöglichkeit pro Anzeige
adapt - angleichen, anpassen
adaptable - anpassungsfähig, anwendbar
adaptation /adaption - Angleichung, Anpassung, Adaption
adaptive expectations - angepaßte Erwartungen
add-to instalment loan - Teilzahlungskredit
added buyer effect - zusätzlicher Kaufanreiz
added value - Wertschöpfung
adding-up theorem - Eulersches Theorem
addition - Zugang, Vergrößerung, Addition
addition rule - Additionssatz
additional - ergänzend, zusätzlich
additional allowance - Zuschuß
additional capital - Zusatzkapital
additional clause - Zusatzklausel
additional contribution - Zusatzleistung
additional cost - Zusatzkosten
additional premium - Prämienzuschlag
additions and improvements - Wertveränderungen
additive algorithm - additiver Algorithmus
addressed bill - Domizilwechsel
addressee - Adressat, Empfänger
adequacy - Angemessenheit

adequate - angemessen, hinreichend
adequate and orderly accounting - ordnungsmäßige Buchführung
adequate increase rate - angemessene Wachstumsrate
adhere - festhalten, anhängen
adherence - Befolgen, Zugehörigkeit, Festhalten
adjacency matrix - Adjazenzmatrix
adjacent - angrenzend, anliegend
adjoining basic solution - benachbarte Basislösung
adjoining property - Nachbargrundstück
adjudicate - entscheiden, urteilen
adjudication order - Eröffnung des Konkursverfahrens, Konkurseröffnungsbeschluß
adjust - ändern, bereinigen, berichtigen
adjust an account - Konto ausgleichen
adjustable - regulierbar
adjustable rate mortgage - variabel verzinsliche Hypothek
adjusted demand growth - angepaßtes / bereinigtes Nachfragewachstum
adjusted for inflation - inflationsbereinigt
adjusted index - bereinigter Index
adjuster - Schadenssachverständiger
adjusting entry - Ausgleichs-/ Berichtigungsbuchung
adjustment - Anpassung, Änderung, Bereinigung
adjustment bond - Gewinnschuldverschreibung
adjustment credit - Überbrückungskredit
adjustment for depreciation - Abschreibungskorrektur
adjustment for price risk - Abwertung wegen Preisrisiko
adjustment inflation - Anpassungsinflation
adjustment item - Ausgleichsposten
adjustment levy - Abschöpfung
adjustment loop - Anpassungspfad
adjustment of claims - Anspruchsregulierung
adjustment path - Anpassungspfad
adjustment payment - Ausgleichszahlung
adjustment policy - Strukturpolitik
adjustment process - Anpassungsprozeß

adjustment rate of wages - Gleichgewichtslohnsatz
adjustment speed - Anpassungsgeschwindigkeit
administer - bewirtschaften, verwalten
administered competition - regulierter Wettbewerb
administered price - regulierter Preis
administered price inflation - administrierte Preisinflation
administered rate of interest - administrierter Zinssatz
administration - Verwaltung, Behörde
administration cost - Verwaltungskosten
administrative accounting - Finanzbuchhaltung
administrative barriers to trade - administrative Handelshemmnisse
administrative lag - Durchführungsverzögerung
administrative law - Verwaltungsrecht
administrative organ of corporation - Leitungsorgan
administrative procedural practice - Verwaltungsverfahren
administrative protectionism - administrativer Protektionismus
administrative regulation - Verwaltungsrichtlinie
administrative task - Verwaltungsaufgabe
administrative work - Verwaltungsarbeit
administrator - Nachlaßverwalter, Verwaltungsfachmann
admissible basic solution - zulässige Basislösung
admission - Einlaß, Zulassung, Zutritt
admission to official listing - Zulassung zur Börseneinführung /-notierung
admission to the stock exchange - Börsenzulassung
admittance - Aufnahme, Zulassung
admittance function - Übertragungsfunktion
admittance process - Zulassungsverfahren
adopt - annehmen, übernehmen
adopt a resolution - beschließen
adoption - Einführung, Übernahme
adult evening classes - Volkshochschule

adulteration of coinage - Münzverschlechterung
advance - Vorschuß, Vorsprung, vorrücken, vorwärtsbringen
advance appropriation - Vorausbewilligung
advance assessment - Vorausveranlagung
advance financing - Vorfinanzierung
advance guaranty - Anzahlungsgarantie
advance on costs - Kostenvorschuß
advance on current account - Kontokorrentkredit
advance on goods - Warenlombard
advance on securities - Effektenlombard, Wertpapierkredit
advance pay - Abschlag, Gehaltsvorschuß
advance payment - Vorauszahlung
advance payment bond - Anzahlungsgarantie
advance redemption /repayment - vorzeitige Rückzahlung
advanced - fortgeschritten, vorgerückt
advanced country - Industriestaat
advanced ratio - sekundäre Kennziffer
advanced technology - Spitzentechnologie
advancement - Aufstieg, Beförderung, Verbreitung, Wachstum
advantage - Überlegenheit, Vorteil
advantageous - günstig, vorteilhaft
adverse - nachteilig, ungünstig
adverse audit opinion - negativer Prüfungsvermerk
adverse balance - Passivsaldo
adverse balance of payments - passive Zahlungsbilanz
adverse balance of trade - passive Handelsbilanz
adverse supply shock - ungünstiger Angebotsschock
adverse trade balance - passive Handelsbilanz
advert - Anzeige, hinweisen, anspielen
advertisement - Werbeanzeige, Annonce
advertisement appeal - Werbewirkung
advertising - Reklame, Werbung
advertising agency - Werbeagentur
advertising agent - Werbespezialist
advertising appropriation - Werbeetat
advertising base price - Anzeigengrundpreis
advertising budget - Werbeetat
advertising business - Werbebranche
advertising by enticement - Lockvogelwerbung
advertising charge - Anzeigenpreis
advertising circular - Wurfsendung
advertising copy - Anzeigentext
advertising costs - Werbekosten
advertising effectiveness - Werbewirksamkeit, Werbeerfolg
advertising efforts - Werbemaßnahmen
advertising expense - Werbeaufwand
advertising impact - Werbewirkung
advertising medium - Werbemittel, Werbeträger
advertising message - Werbebotschaft
advertising post - Litfaßsäule
advertising rate - Anzeigentarif
advertising revenue - Werbeeinnahmen
advertising space - Werbefläche
advertising specialty - Werbegeschenk
advertising spot - Werbesendung, Werbespot
advertising stunt - Werbegag
advertising supplement - Werbebeilage
advertising vehicle - Werbeträger
advice - Avis, Beratung, Bericht, Gutschriftsanzeige
advice of dispatch - Versandanzeige
advice of payment - Zahlungsanzeige
advisable - ratsam, wünschenswert
advise - beraten, benachrichtigen, hinweisen, empfehlen
adviser - Berater
adviser to customers - Kundenberater
advisory body - beratendes Gremium
advisory contract - Beratervertrag
advisory opinion - Gutachten
advocacy - Empfehlung
advocate - befürworten, empfehlen, plädieren, Rechtsanwalt
aerial - Antenne
affect - beeinflussen, einwirken
affected party - Zielträger
affected person - Betroffener
affidavit - eidesstattliche Erklärung
affidavit of service - Zustellungsurkunde
affiliate - anschließen, angliedern, aufnehmen
affiliated - angeschlossen

affiliated company - Tochtergesellschaft, Zweiggesellschaft
affiliated group - Firmenzusammenschluß
affiliation - Angliederung, Aufnahme
affine - affin, wesensverwandt
affine function - affine Funktion
affine independence - affine Unabhängigkeit
affine transformation - affine Transformation
affluent society - Wohlstandsgesellschaft
afford - sich leisten, liefern, bieten
affordable - erschwinglich
affreightment - Befrachtungsvertrag
afloat - schuldenfrei
afloats - schwimmende Ware
after allowance for - nach Abzug von
after market - Sekundärmarkt
after-date bill of exchange - Datowechsel
after-hours market - Nachbörse
after-hours prices - nachbörsliche Kurse
after-sales service - Kundendienst
after-sales season - Nachsaison
after-tax - nach Abzug der Steuern
after-tax yield - Rendite nach Steuern
age allowance - Altersfreibetrag
age distribution - Altersaufbau
age group - Altersgruppe
age pattern - Altersstruktur
age profile - Altersprofil
age pyramid - Alterspyramide
agency - Agentur
agency agreement - Agenturvertrag
agency commission - Agenturprovision
agency costs - Abwicklungskosten
agenda - Tagesordnung, Seite
agent - Vertreter, Handelsvertreter, Makler
aggravate - verschärfen, erschweren
aggravation - erschwerender Umstand
aggregate - aggregierte Größe, gesamt, vereinigt
aggregate concentration - gesamtwirtschaftliche Konzentration
aggregate consumer expenditure - Gesamtkonsum
aggregate consumer income - Gesamthaushaltseinkommen

agricultural economics

aggregate deficiency demand - Lücke der Gesamtnachfrage
aggregate demand - gesamtwirtschaftliche Nachfrage
aggregate demand curve - gesamtwirtschaftliche Nachfragekurve
aggregate demand function - gesamtwirtschaftliche Nachfragefunktion
aggregate demand price - Gesamtnachfragepreis
aggregate development - gesamtwirtschaftliche Entwicklung
aggregate income - Volkseinkommen
aggregate liability - Gesamtversicherungssumme
aggregate limit - Schadensersatzlimit
aggregate output - Sozialprodukt
aggregate real wage - gesamter Reallohn
aggregate savings ratio - volkswirtschaftliche Sparquote
aggregate supply - gesamtwirtschaftliches Angebot, Gesamtangebot
aggregate supply curve - gesamtwirtschaftliche Angebotskurve
aggregate supply function - gesamtwirtschaftliche Nachfragefunktion
aggregate supply price - gesamter Angebotspreis
aggregate value added - volkswirtschaftliche Wertschöpfung
aggregate wealth formation - volkswirtschaftliche Vermögensbildung
aggregated shipment - Sammelladung
aggregation - Ansammlung, Aggregation, Gesamtsumme
aggregative demand management - globale Nachfragesteuerung
aggregative model - Ein-Sektor-Modell, makroökonomisches Modell
aggressive - dynamisch, forsch
aging schedule - Fälligkeitstabelle
agreement - Übereinstimmung, Absprache, Abkommen
agreement of association - Assoziierungsabkommen
agricultural - landwirtschaftlich
agricultural aid - Agrarsubvention
agricultural commodities market - Agrarmarkt
agricultural economics - Agrarwissenschaft

11

agricultural exports

agricultural exports - Agrarexporte
agricultural imports - Agrarimporte
agricultural levy - Agrarabschöpfung
agricultural market organization - Agrarmarktordnung
agricultural policy - Agrarpolitik
agricultural prices - Agrarpreise
agricultural production - Agrarproduktion
agricultural product - Agrarerzeugnis
agricultural sector - Agrarsektor
agriculture - Ackerbau, Landwirtschaft
agronomy - Agrarwissenschaft
aid - Hilfsmittel, helfen, unterstützen
aid loan - Entwicklungshilfekredit
air conditioning - Klimaanlage
air fare - Flugpreis
air freight charge - Luftfrachtkosten
air freight forwarding - Luftfrachtgeschäft
air pollution - Luftverschmutzung
air rights - Flugrechte
airline - Fluggesellschaft
albeit - ungeachtet, obwohl
alcoholic beverage tax - Alkoholsteuer
aleatory - zufällig
aleatory contract - Eventualvertrag
aleatory variable - Zufallsvariable
algebraical - algebraisch, rechnerisch
algorithm - Algorithmus
alien corporation - ausländische Kapitalgesellschaft
alienate - übertragen, veräußern
alienation - Veräußerung, Entfremdung
alienation from work - Arbeitsentfremdung
alignment - Gruppierung
all-in insurance - Gesamtversicherung
all-in rate - Pauschaltarif
all-inclusive insurance - Generalversicherung
all-inclusive premium - Pauschalprämie
all-inclusive price - Gesamtpreis, Pauschalpreis
all-integer matrix - vollständig ganzzahlige Matrix
all-loss insurance - Gesamtversicherung
all-marketing research - Gesamtabsatzforschung
all-purpose computer - Universalcomputer

all-round price - Gesamtpreis
all-stage gross turnover tax - Allphasen-Bruttoumsatzsteuer
all-stage net turnover tax - Allphasen-Nettoumsatzsteuer
allegation - Behauptung, Aussage
allege - behaupten
allege an objection - Einrede geltend machen
alleviate - erleichtern, mildern, mindern
alleviation - Erleichterung
allied company - Konzernunternehmen, Tochtergesellschaft
allocate - umlegen, verteilen, zurechnen
allocated cost - verrechnete Kosten
allocated quota - Einfuhrkontingent
allocation - Bewilligung, Kontingent, Umlage, Verteilung, Zahlungsanweisung
allocation base - Verteilungsschlüssel
allocation formula - Verteilungsschlüssel
allocation mechanism - Allokationsmechanismus
allocation of cost types - Kostenartenverteilung
allocation of customers - Marktaufteilung
allocation of money - Zuweisung von Geldmitteln
allocation of overhead - Gemeinkostenumlage
allocation of resources - Ressourcenallokation
allocation of social costs - Internalisierung sozialer Kosten
allocation problem - Zuordnungs-/Zurechnungsproblem
allocation to an account - Kontierung
allocation to reserves - Rücklagenzuweisung
allocative efficiency - Allokationseffizienz
allocative function - Allokationsfunktion
allocative mechanism - Allokationsmechanismus
allonge - Allonge, Verlängerung
allot - zuweisen, bewilligen
allotment - Aktien, Kontingentszuteilung
allotment money - Zuteilungsbetrag
allow - bewilligen, vergüten
allow a discount - Rabatt gewähren
allow time for payment - Zahlungsziel einräumen

allowable catch - erlaubte Fangquote
allowable deduction - Freibetrag
allowance - Rückstellung, Ermäßigung, zulässige Abweichung
allowance for loss in value - Wertberichtigung
allowed time - Vorgabezeit
alter - ändern, umändern
alteration - Veränderung, Änderung
alteration of balance sheet - Bilanzänderung
alternate demand - konkurrierende Nachfrage
alternate hypothesis - Prüfhypothese
alternating sequence - alternierende Folge
alternative - Variante, alternativ
alternative additional conditions - Entweder-Oder Nebenbedingungen
alternative cost - Differenzkosten, Opportunitätskosten
alternative hypothesis - Alternativhypothese
alternative plan - Planalternative
alternative planning - Alternativplanung, Eventualplanung, Schubladenplanung
alternative production - Alternativproduktion
alternative search - Alternativensuche
alternative solution - Alternativlösung
alternative substitution - Alternativsubstitution
altruism - Uneigennützigkeit
amalgamate - fusionieren, zusammenschließen
amalgamated craft union - vereinigte Fachgewerkschaft
amalgamation - Unternehmensfusion, Vereinigung, Zusammenschluß
ambiguity - Mehrdeutigkeit
ambiguous - zweideutig
ambit - Geltungsbereich, Umkreis
ameliorate - verbessern
amend - ergänzen, novellieren
amendment - Gesetzesnovelle, Nachtrag
American option - terminoffene Anleihe
amicable settlement - gütliche Einigung
amicable settlement of disputes - Streikschlichtung
amortizable - abschreibungsfähig

amortization - Abschreibung, Tilgung, Amortisation
amortization of a loan - Darlehenstilgung
amortization of goodwill - Abschreibung auf Geschäftswert
amortization reserve - Tilgungsrücklage
amortization schedule - Amortisationsplan
amortize - abschreiben, abzahlen, amortisieren, tilgen
amortized cost - Kosten nach Abschreibung, Restbuchwert
amount - Betrag, Höhe, Menge
amount carried forward - Übertrag
amount due - fälliger Betrag
amount of costs - Kostenhöhe
amount of coverage - Deckungsbeitrag
amount of exemption - Freibetrag
amount of extraordinary expenditure - außergewöhnliche Belastungen
amount of information - Informationsmenge
amount of sales - Absatzmenge
amount overdue - überfälliger Betrag
amount owing - ausstehender / offener Betrag
ample - ausreichend, genügend
amplified risk - erhöhtes Risiko
amplify - erweitern, vergrößern
analogous - analog, ähnlich, entsprechend
analogy method - Analogieverfahren
analysis - Analyse, Darlegung, Zerlegung
analysis of advertising media - Werbemittelanalyse
analysis of causes - Ursachenanalyse
analysis of choice - Wahlhandlungstheorie
analysis of consequences - Konsequenzanalyse
analysis of content - Inhaltsanalyse
analysis of covariance - Kovarianzanalyse
analysis of expenses - Kostenanalyse
analysis of fixed-cost allocation - Fixkostendeckungsrechnung
analysis of sales opportunities - Marktchancenanalyse
analysis of tasks - Aufgabenanalyse
analysis of variance - Varianzanalyse

analysis of workflow - Arbeitsablaufanalyse
analysis technique - Analysetechnik
analyst - Analytiker
analytic - analytisch
analytical study of balance sheet - Bilanzanalyse
anatomy of unemployment - Anatomie der Arbeitslosigkeit
ancillary - untergeordnet, Hilfs-, Neben-
ancillary equipment - Zusatzgerät
ancillary function - Hilfsfunktion
ancillary industry - Zulieferbetrieb
ancillary information - Zusatzinformation
and-branch - Und-Verzweigung
and-merge - Und-Verknüpfung
annex - Anhang, Anlage, anfügen
announce - ankündigen
announcement advertising - Einführungswerbung
announcement effect - Ankündigungseffekt
annual - jährlich, Jahres-
annual account - Jahresrechnung
annual audit - Jahresabschlußprüfung
annual average growth rate - durchschnittliche Jahreszuwachsrate
annual balance sheet - Jahresbilanz
annual depreciation - jährliche Abschreibung
annual economic report - Jahreswirtschaftsbericht
annual financial statement - Jahresabschluß
annual general meeting - Jahreshauptversammlung
annual increment - jährliche Gehaltssteigerung
annual leave - Jahresurlaub
annual loss - Jahresverlust
annual payment - Jahreszahlung
annual price increase - jährlicher Preisanstieg
annual rate of change - jährliche Veränderungsrate
annual rate of interest - Jahreszinssatz
annual report - Geschäftsbericht, Jahresbericht
annual result - Abschlußergebnis
annual salary - Jahresgehalt
annual salary review - jährliche Gehaltsanpassung
annual sales /turnover - Jahresumsatz
annuitant - Empfänger einer Jahresrente
annuity - Annuität, Jahresrente
annuity bond - Rentenanleihe
annuity cost - Rentenaufwand
annuity fund - Rentenfonds
annuity loan - Annuitätendarlehen
annuity rental - Tilgungsrate
annul - annulieren, widerrufen
annulment - Aufhebung
antibusiness - wirtschaftsfeindlich
anticipate - voraussehen, erwarten
anticipated economic upswing - erwarteter Aufschwung
anticipated inflation - erwartete Inflation
anticipated profit - erwarteter Gewinn
anticipated requirements - voraussichtlicher Bedarf
anticipation - Erwartung, Hoffnung, Voraussicht, Vorwegnahme
anticipation term - Erwartungswert
anticipatory credit - Akkreditivbevorschussung
anticompetitive behavior - wettbewerbsfeindliches Verhalten
anticyclical - konjunkturgegensteuernd
anticyclical budgetary policy - antizyklische Haushaltspolitik
anticyclical economic policy - antizyklische Wirtschaftspolitik
antiplanning bias - Planungswiderstand
antithesis - Antithese
antithetical - gegensätzlich
antitrust law - Kartellrecht
apparel industry - Bekleidungsindustrie
appeal - Anziehungskraft, Berufung, Rechtsmittel, gefallen
appeal on law - Revision
appealing - ansprechend, reizvoll
appearance - Erscheinen, Anschein, Vorkommen
appendix - Anlage, Anhang
appliance industry - Haushaltsgeräteindustrie
applicability - Anwendbarkeit
applicable - anwendbar, geeignet
applicable law - geltendes Recht
applicant - Bewerber, Antragsteller
application - Anwendung, Bewerbung

application for a credit - Kreditantrag
application for admission - Aufnahmeantrag
application for entry - Beitrittsantrag
application for payment - Zahlungserinnerung, Mahnung
application form - Bewerbungsbogen
application of funds - Mittelverwendung
application of profits - Gewinnverwendung
application software - Anwendungssoftware
applications planning - Einsatzplanung
applications screen - Anwendungsmaske
applied cost - verrechnete Kosten
apply - anwenden, gebrauchen
apply for - Antrag stellen, sich bewerben
apply for a job - um eine Stelle bewerben
apply for permission - Genehmigung einholen
appoint - ernennen, berufen
appointment - Berufung, Ernennung
apportionment - Zuteilung, Verteilung
apportionment of funds - Mittelzuweisung
apportionment of indirect cost - Gemeinkostenumlage
appraisal - Auswertung, Bewertung
appraisal by subordinates - Vorgesetztenbeurteilung
appraisal factor - Beurteilungskriterium
appraisal of aptitude - Eignungsbeurteilung
appraisal of results - Leistungsbewertung
appraisement - Schätzung, Taxierung
appreciable - nennenswert, beträchtlich, bewertbar
appreciate - würdigen, anerkennen
appreciation - Anerkennung, Aufwertung, Werterhöhung
appreciation in value - Wertsteigerung, Zuschreibung
apprentice - Auszubildender, Lehrling
apprentice master - Ausbilder, Lehrlingsausbilder
apprenticeship - Lehre, Berufsausbildung
apprenticeship place - Lehrstelle
approach - Ansatz, Annäherung, Stellungnahme, angehen, annähern
appropriate - angemessen, geeignet

appropriated earned surplus - Gewinnrücklage
appropriated retained earnings - Rücklage
appropriation - Bereitstellung, Bewilligung, Zuteilung
appropriation account - Bereitstellungskonto
appropriation of funds - Bildung von Geldmitteln
appropriation of net income - Verwendung des Reingewinns
appropriation of operating funds - Betriebsmittelzuweisung
appropriation of profits - Gewinnverwendung
appropriation request - Investitionsantrag
approval - Bewilligung, Zustimmung
approval procedure - Zulassungsverfahren
approve - anerkennen, genehmigen
approve an application - Antrag genehmigen
approved capital - genehmigtes Kapital
approximate value - Näherungswert
approximation - Annäherung, Näherungswert
approximation error - Näherungsfehler
approximation method - Näherungs-/ Approximationsmethode
aptitude - Begabung, Eignung, Talent
aptitude test - Eignungsprüfung /-test
arbitrage - Arbitrage, Ausnutzung von Kursunterschieden
arbitrager - Arbitrageur
arbitrament - Schiedsspruch
arbitrariness - Eigenmächtigkeit, Willkür
arbitrary - willkürlich, beliebig
arbitrary assumption - willkürliche Annahme
arbitrate - schlichten
arbitration - Schiedsspruch, Schlichtung
arbitration of exchange - Devisenarbitrage
arbitration value - Schiedswert
arbitrative board - Schiedsstelle
arc - Bogen, Pfeil, gerichtete Kante
arc flow - Kantenfluß
arc forward - Vorwärtspfeil
arc reverse - Rückwärtspfeil

15

arduous - schwierig, mühsam, energisch
area - Bereich, Gebiet
area of operation - Arbeitsbereich
area of responsibility - Aufgabengebiet, Ressort, Verantwortungsbereich
area of supply - Einzugsgebiet
area sample - Flächenstichprobe
area sampling - regionale Marktuntersuchung
area under investigation - Untersuchungsgebiet
argue - argumentieren, diskutieren
argument - Argument, Argumentation, Behauptung, mathematischer Beweis
arise - entstehen, hervorgehen
arithmetic mean - Mittelwert
arms control - Rüstungskontrolle
arms exports - Waffenexporte
arrangement - Absprache, Disposition
arrears - Rückstand, Schulden
arrival point - Zielpunkt
Arrow's impossibility theorem - Arrows Unmöglichkeitstheorem
artificial intelligence - künstliche Intelligenz
artificial method - synthetische Methode
artificial variable - künstliche Variable
artisan - Handwerker, Mechaniker
ascent - Anstieg, Steigung
ascertainment - Erhebung, Ermittlung
ascertainment error - Erhebungsfehler
ask - Briefkurs, fordern, verlangen
asked price - Briefkurs, Preisforderung
aspect - Aspekt, Blickpunkt, Erscheinung
aspiration - Bestrebung
aspiration level - Anspruchsniveau
assemble - montieren, zusammensetzen
assembler - Monteur, Assembler
assembly - Baugruppe, Montage, Gesellschaft, Versammlung
assembly costs - Fertigungskosten
assembly line - Fließband, Fertigungsstraße, Montageband
assembly line work - Fließbandarbeit
assembly plant - Montagewerk
assert - behaupten, geltend machen
assertion - Erklärung, Behauptung
assertion training - Verhaltenstraining
assertory oath - eidesstattliche Versicherung

assess - bemessen, besteuern, einschätzen, veranlagen
assessed income tax - veranlagte Einkommensteuer
assessment - Beurteilung, Einschätzung
assessment center - Beurteilungszentrum
assessment of duty - Zollfestsetzung
assessment principle - Bewertungsrichtlinie
asset - Aktivposten, Vermögenswert, Vermögensgegenstand, Nachlaß
asset account - Bestandskonto
asset cost - Anschaffungskosten
asset covering - Anlagendeckung
asset disposal - Abgang
asset item - Aktivposten
asset mix - Vermögenswertzusammensetzung
asset side - Aktivseite
asset stripping - Ausschlachten
asset swap - Aktivswap
asset transfer - Vermögensübertragung
asset turnover - Kapitalumschlag
asset valuation - Anlagenbewertung
asset value - Aktivwert
asset-backed - vermögensgestützt
asset-creating expenditure - vermögenswirksame Ausgaben
assets and liabilities - Aktiva und Passiva
assets and liabilities structure - Vermögensstruktur
assets market - Finanzanlagenmarkt
assets of low value - geringwertige Wirtschaftsgüter
assign - anweisen, übertragen, zuteilen
assignability - Übertragbarkeit
assignation - Zuweisung, Zession, Übertragung
assignation of a claim - Forderungsabtretung
assigned person - Beauftragter
assignee - Rechtsnachfolger, Zessionar
assignment - Abtretung, Aufgabe, Anweisung
assignment acceptor - Auftragnehmer
assignment in blank - Blankoabtretung
assignment of functions - Aufgabenzuweisung
assignment of salary - Gehaltsabtretung
assignment of tasks - Arbeitszuordnung
assignment of wages - Lohnabtretung

assignment problem - Anordnungsproblem
assignor - Abtretender, Zedent
assimilate - anpassen, sich aneignen
assimilation - Anpassung, Einverleibung
assistance money - Hilfslohn
assistant - Hilfskraft, Mitarbeiter
assistant director - Direktionsassistent
assistant head of section - Hilfsreferent
assistantship - Assistentenstelle
assisted area - Fördergebiet
associate - Gesellschafter, Mitarbeiter, Teilhaber, verbinden
associated undertaking - assoziiertes / verbundenes Unternehmen
association - Genossenschaft, Gesellschaft, Verband, Vereinigung
association advertising - Verbundwerbung
association of banks - Bankenverband, Bankenvereinigung
association of employers - Arbeitgeberverband
association test - Assoziationstest
assorted - sortiert, zusammengestellt
assortment - Auswahl, Sortiment
assume - annehmen, unterstellen, voraussetzen
assume a risk - Risiko übernehmen
assume liability - Haftung übernehmen
assumed - angenommen, vorausgesetzt
assumed name - Deckname
assumption - Annahme, Prämisse, Voraussetzung, Unterstellung
assumption of indebtedness - Schuldübernahme
assumption of power - Machtübernahme
assurance - Versicherung, Zusicherung
assure - versichern, zusichern
assurer - Versicherer
asymmetry - Schiefe
asymptotic distribution - Grenzverteilung
asymptotically normal - asymptotisch normal
at a loss - mit Verlust
at best - bestens
at call - sofort verfügbar
at discretion - nach Belieben
at identical rates - zinskongruent
at maturity - bei Fälligkeit

at par - zum Nennwert
at random - zufällig
at request - auf Wunsch, auf Verlangen
at short notice - kurzfristig
at the earliest convenience - möglichst bald
at the expense of - auf Kosten von, zum Schaden von
at work - bei der Arbeit
at-best order - Bestensauftrag
at-the-money-option - Option mit Basis-Kurspreis-Parität
atomistic competition - atomistische / polypolistische Konkurrenz
attach - anheften, beifügen
attach conditions - Bedingungen anknüpfen
attachability - Pfändbarkeit
attachable asset - beschlagnahmefähiger Wert
attachment - Beiwerk, Verbindung, Beschlagnahme, Pfändung
attachment for tax debts - Steuerarrest
attachment of a debt - Forderungspfändung
attachment set - Zubehörsatz
attainable standard cost - Sollkosten, Vorgabekosten
attainments - Errungenschaften, Fertigkeiten, Kenntnisse
attend - sich befassen, teilnehmen
attendance - Anwesenheit, Teilnahme
attendance bonus - Anwesenheitsprämie
attendance record - Anwesenheitsnachweis
attendance register - Teilnehmerverzeichnis
attendant - zugehörig
attendant circumstances - Begleitumstände
attendant expenses - Nebenkosten
attention getter - Blickfang
attitude - Einstellung, Haltung
attributable - anfallend, zurechenbar
attribute - Eigenschaft, Merkmal, beimessen, zuschreiben
attribute profits - Gewinne zurechnen
auction - Auktion, Versteigerung, versteigern
auctioneer - Auktionator, Versteigerer
audience - Empfang, Publikum

audience rating - Einschaltquote
audio typist - Phonotypist
audio-typing - Schreiben mit Diktiergerät
audio-visual - audiovisuell
audit - Buchprüfung, Rechnungsprüfung, Wirtschaftsprüfung, prüfen, revidieren
audit certificate - Prüfungsbericht
audit fee - Prüfungsgebühren, Revisionsgebühren
audit of security deposit holdings - Depotprüfung
audit target - Prüfungspfad
audited balance sheet - geprüfte Bilanz
auditor - Bilanzprüfer, Rechnungsprüfer, Wirtschaftsprüfer
austerity - Mäßigung, Enthaltsamkeit
austerity measure - Notmaßnahme, Sanierungsmaßnahme, Sparmaßnahme
autarchy, autarky - Autarkie
authenticate - beglaubigen
authoritative leadership - autoritäre Führung, autoritärer Führungsstil
authoritative principle - Maßgeblichkeitsgrundsatz
authority - Autorität, Befugnis, Vollmacht, Behörde, Instanz
authority to decide - Entscheidungsbefugnis
authority to negotiate - Verhandlungsmandat
authority to sign - Zeichnungsvollmacht
authorization - Ermächtigung, Genehmigung
authorization quota - Bewilligungskontingent
authorize - beauftragen, bevollmächtigen
authorized - befugt, ermächtigt, rechtsverbindlich, zulässig
authorized beneficiary - Empfangsberechtigter
authorized but unissued capital - bedingtes Kapital
authorized capital - bewilligtes / genehmigtes Kapital
authorized stock - Grundkapital
autocorrelation - Autokorrelation
autocorrelation coefficient - Autokorrelationskoeffizient
autocorrelation function - Autokorrelationsfunktion

autocovariance function - Autokovarianzfunktion
automated teller machine - automatischer Bankschalter
automatic banking - Bankautomatisierung
automatic stabilizer - automatischer Stabilisator
automatic wage indexation - automatische Lohnbindung
automatic(al) - automatisch, ohne weiteres
automation - Automatisierung
autonomous demand - autonome Nachfrage
autonomous planned spending - geplante autonome Ausgaben
autonomous spending - autonome Ausgaben
autonomous tariff - autonomer Zoll, Grundtarif
autonomous work group - autonome Arbeitsgruppe
autonomy - Autonomie, Selbständigkeit
autoregression - Autoregression
auxiliary - mitwirkend, Hilfs-, Zusatz-
auxiliary account - Unterkonto
auxiliary condition - Nebenbedingung
auxiliary function - Hilfsfunktion
auxiliary labor - Hilfslöhne
auxiliary material - Hilfsstoffe
auxiliary personnel - Hilfskräfte
auxiliary theory - Hilfstheorie
availability - Brauchbarkeit, Gültigkeit, Verfügbarkeit
availability effect - Liquiditätseffekt
available - erhältlich, verfügbar, vorrätig
available funds - verfügbare Mittel
available operating funds - Finanzdecke
average - Durchschnitt, Mittelwert
average capital output ratio - mittlerer Kapitalkoeffizient
average cost method - Bewertung zu Durchschnittspreisen
average costs - Durchschnittskosten
average customer - Durchschnittsverbraucher
average interest rates - Durchschnittsverzinsung
average investment productivity - durchschnittliche Kapitalproduktivität

average maturity - durchschnittliche Laufzeit
average per day - Tagesdurchschnitt
average price - Durchschnittspreis
average propensity to consume - durchschnittliche Konsumquote
average propensity to export - durchschnittliche Exportquote
average propensity to import - durchschnittliche Importquote
average propensity to invest - durchschnittliche Investitionsquote
average propensity to save - durchschnittliche Sparquote
average quality protection - Gewährleistung der Durchschnittsqualität
average return /revenue - Durchschnittsertrag
average sample - Durchschnittsstichprobe
average total cost - durchschnittliche Gesamtkosten
average transfer rate - mittlere Übertragungsgeschwindigkeit
average turnover - Durchschnittsumsatz
average utilization - durchschnittliche Laufzeit
average value - Durchschnittswert
average value method - Mittelwertmethode
average variable costs - variable Durchschnittskosten
average yield - Durchschnittsertrag
aversion - Vermeidung, Abneigung
aviation - Luftfahrt, Luftwesen
avoid - ausweichen, umgehen
avoidable -anfechtbar, annulierbar
avoidance - Anfechtung, Aufhebung, Nichtigkeitserklärung
await - erwarten
award - Auszeichnung, Urteil, Zuschlag, verleihen, zuerkennen
award a contract - Auftrag erteilen
awash - überfüllt, überflutet
axiom - Axiom, Grundsatz
axis of abscisses - Abszisse
axis of ordinates - Ordinate

B

baby boom - Geburtenanstieg
baby bust - Geburtenrückgang
back freight - Rückfracht
back to basic - zurück zum Grundsätzlichen
back up - befürworten, unterstützen
back-dated pay rise - rückwirkende Lohnerhöhung
back-to-back credit - Gegenakkreditiv, wechselseitiger Kredit
back-up material - Begleitmaterial
backbencher - Hinterbänkler
backcopy - Altexemplar, Belegexemplar
backdrop - Prospekt, Kulisse
background - Vorbildung, Hintergrund
background advertising - Bandenwerbung
backing - Deckung, Stützungskäufe, Unterstützung
backing syndicate - Auffangkonsortium
backload - Rückladung
backlog - Rückstand, Stau
backlog demand - Bedarfsreserven, Nachholbedarf
backlog of money - Geldüberhang
backlog of orders - Auftragsrückstand
backlog of purchasing power - Kaufkraftüberhang
backlog of work - Arbeitsrückstand
backoffice - Abwicklungsabteilung
backup copy - Sicherungskopie
backup of goods - Warenanhäufung
backward integration - Rückwärtsintegration
backward linkage - Verflechtung mit vorgelagerten Sektoren
backward supervision - Rückwärtssteuerung
backward-bending curve - anomale Kurve
backward-bending demand curve - anomale Nachfragekurve
backward-bending supply curve - anomale Angebotskurve
backwardation - Kursabschlag
backwardness - Rückständigkeit
bad - abgelehntes Gut
bad check - ungedeckter Scheck

bad debts - uneinbringbare Forderungen / Außenstände
bad debts account - Dubiosenkonto
bad investment - Fehlinvestition
bad speculation - Fehlspekulation
badly off - in schlechten Verhältnissen
bagman - Handlungsreisender
bail - Bürge, Bürgschaft, Kaution
bail out - aussteigen
bailment for repair - Werkvertrag
bailment lease - Verkauf unter Eigentumsvorbehalt
bait - Lockvogel
bait advertising - Lockvogelwerbung
bait and switch technique - Lockvogeltaktik
balance - Saldo, Bilanz, Differenz
balance brought /carried forward - Saldovortrag, Übertrag
balance effect - Kassenhaltungseffekt
balance item - Bilanzposten
balance ledger - Bilanzbuch
balance of account - Durchschnittssaldo, Kontostand
balance of interest - Zinssaldo
balance of payments - Zahlungsbilanz
balance of stock - Lagerbestandsbilanz
balance of trade - Handelsbilanz
balance of unclassifiable transactions - Restposten der Zahlungsbilanz
balance on services - Dienstleistungsbilanz
balance one's books - Bücher abschließen
balance outstanding / owing - Debetsaldo
balance sheet - Bilanz, Bilanzaufstellung, Kassenbericht, Rechnungsabschluß
balance sheet analysis - Bilanzanalyse
balance sheet audit - Bilanzprüfung
balance sheet auditor - Abschlußprüfer
balance sheet date - Bilanzstichtag
balance sheet department - Bilanzbuchhaltung
balance sheet for settlement purposes - Auseinandersetzungsbilanz
balance sheet format - Gliederung der Bilanz
balance sheet item - Bilanzposten
balance sheet ratio - Bilanzkennzahl, Bilanzkennziffer
balance sheet title - Bilanzposten

balance sheet total - Bilanzsumme
balance sheet value - Bilanzwert
balance-of-payments crisis - Zahlungsbilanzkrise /-problem
balanced - ausgeglichen
balanced budget multiplier - ausgeglichener Budgetmultiplikator
balanced economy - volkswirtschaftliches Gleichgewicht
balancing - Bilanz ziehen, saldieren
balancing act - Balanceakt
balancing item - Ausgleichsposten
ballot - Abstimmung, Stimmzettel, Wahl
ballot box - Wahlurne
ballot paper - Stimmzettel
ballot vote - Urabstimmung
ban of immigration - Einwanderungssperre
band conveyor - Fließband, Transportband
band width - Bandbreite
bandwagon - Volksgunst
bandwagon effect - steigende Nachfragewirkung, Mitläufereffekt
bang - schlagen, knallen, hämmern
bang up-to-date - hochmodern
bank - Kreditinstitut, Bank
bank account - Bankkonto
bank account money - Buchgeld
bank advance - Bankdarlehen
bank assets - Vermögenswerte der Bank
bank assistant - Bankangestellter
bank balance - Bankguthaben
bank bill - Bankakzept
bank bonds - Bankobligationen, Bankschuldverschreibungen
bank branch - Bankfiliale
bank card - Bankkarte
bank closure - Bankenschließung
bank code - Bankleitzahl
bank credit lines - Kreditzusage von Banken, gewährter Kreditrahmen
bank deposit creation - Giralgeldschöpfung
bank deposit money - Giralgeld
bank deposits - Bankeinlagen
bank discount - Wechseldiskont, Damnum
bank earnings - Bankeinkünfte, Bankgewinne
bank employee - Bankangestellter

bank establishment - Bankinstitut
bank examination - Bankrevision
bank failure - Bankzusammenbruch
bank for cooperatives - Genossenschaftsbank
Bank for International Settlements (BIS) - Bank für internationalen Zahlungsausgleich (BIZ)
bank guaranty - Bankbürgschaft, Bankgarantie
bank holiday - Bankfeiertag
bank lendings - Bankausleihen
bank lendings abroad - ausländische Bankkredite
bank loan for financing stock exchange dealings - Börsenkredit
bank management science - Bankbetriebslehre
bank of commerce - Handelsbank
bank of issue - Notenbank
bank rate - Bankdiskont, Diskontsatz
bank rate policy - Diskontpolitik
bank receipt - Bankbeleg
bank reference - Bankauskunft
bank supervision - Bankenaufsicht
bank supervisory commission - Bankaufsichtsbehörde
bank transfer - Banküberweisung
bank withdrawal - Bankabhebung
bank's acceptance - Bankakzept
bank's acceptance outstanding - Eigenakzept
bank's cash reserve - Barreserve
banker - Bankier
banking - Bankwesen
banking activity - Banktätigkeit
banking amalgamation - Bankenfusion
banking association - Bankenverband, Bankenvereinigung
banking business - Bankgeschäft
banking consortium - Bankenkonsortium
banking hours - Schalterstunden
banking house - Bank
banking legislation - Bankengesetzgebung
banking power - Umfang zugelassener Bankgeschäfte
banking practice - Bankenpraxis
banking secrecy - Bankgeheimnis
banking service - Bankdienstleistung
banking syndicate - Bankenkonsortium

banking system

banking system - Bankensystem
banking theory - Kaufkrafttheorie des Geldes, Banktheorie
banking transactions - Bankgeschäfte
banknote - Banknote
bankrupt - bankrott, ruiniert, Gemeinschuldner, Konkursschuldner
bankrupt law - Konkursrecht
bankrupt's certificate - Konkursvergleich
bankruptcy - Bankrott, Konkurs
bankruptcy action - Konkursverfahren
bankruptcy assets - Konkursmasse
bankruptcy commissioner - Konkursverwalter
bankruptcy court - Konkursgericht
bankruptcy notice - Konkursanmeldung
bankruptcy petition - Konkursantrag
bar chart /diagram - Balkendiagramm
bar code - Balkencode, Strichcode
bar code scanner - Strichcodeleser
bar council - Rechtsanwaltskammer
bare necessities - Grundbedürfnisse
barely - kaum
bargain - Abkommen, Abschluß, Gelegenheitskauf, feilschen
bargain collectively - Tarifverhandlungen führen
bargain sales advertising - Ausverkaufsreklame, Werbung für Sonderangebote
bargaining - Tarifabschluß
bargaining demands - Tarifforderungen
bargaining offer - Verhandlungsangebot
bargaining power - Verhandlungsstärke
bargaining room - Verhandlungsspielraum
bargaining structure - Verhandlungsstruktur
barred - ausgeschlossen
barred by limitations - verjährt
barred debt - verjährte Schuld
barren money - totes Kapital
barrier - Hemmnis, Schranke
barrier function - Barrierefunktion, Sperrfunktion
barriers to competition - Wettbewerbsbeschränkungen
barriers to entry - Marktzutrittsschranken
barriers to exit - Marktaustrittsschranken

barriers to growth - Wachstumsschranken
barriers to investment - Investitionshemmnisse
barriers to trade - Handelshemmnisse, Handelsschranken
barter - Naturaltausch
barter economy - Tauschwirtschaft
barter terms of trade - reales Austauschverhältnis
barter trade - Tauschhandel
barter transaction - Tauschgeschäft, Kompensationsgeschäft
base - Basis, Boden, Bezugswert
base coin - unterwertige Münze
base costing - Bezugsgrößenkalkulation
base drift - Basisdrift
base employment - exportabhängige Beschäftigung
base fee - Grundgebühr
base pay - Grundgehalt
base period - Bezugsperiode, Zeitbasis
base period prices - konstante Preise
base price - Einkaufspreis, Grundpreis
base stock - eiserner Bestand
base stock method of valuation - eiserne Bestandsmethode
basic - einfach, grundlegend
basic abatement - Steuerfreibetrag
basic amount - Grundbetrag
basic cost - Grundkosten
basic food - Grundnahrungsmittel
basic hourly rate - Ecklohn
basic income - garantiertes Einkommen
basic industry - Grundstoffindustrie
basic materials - Grundstoffe
basic message - Hauptwerbeaussage
basic minimum floor of income - Grundsicherung
basic needs - Grundbedürfnisse
basic piece rate - Akkordrichtsatz
basic plan - Basisplan
basic policy - grundsätzliche Richtlinien
basic principles of the economy - Grundsätze der Wirtschaftsordnung
basic requirements - Grundvoraussetzungen
basic research - Grundlagenforschung
basic salary - Fixum, Grundgehalt
basic social risks - soziale Grundrisiken
basic solution - Basislösung

basic supplementary cost - primäre ergänzende Kosten
basic tax table - Grundtabelle
basic technologies - Basistechnologien
basic transaction - Grundgeschäft
basic variable - Basisvariable
basic vocational training year - Berufsgrundbildungsjahr
basic wage - Grundlohn
basic yield - Grundrendite, risikofreier Ertrag
basis - Basis, Bemessungsgrundlage, Kassa-Terminkurs-Differenz
basis cost schedule - Basiskostenplan
basis matrix - Basismatrix
basis of agreement - Vertragsgrundlage
basis of allocation - Verteilungsschlüssel
basis of assessment - Veranlagungsgrundlage
basis of exchange - Umrechnungssatz
basis of existence - Existenzgrundlage
basis of prices - Grundlage der Preisberechnung
basis of valuation - Bemessungs-/Bewertungsgrundlage
basis-point-value - minimale Renditeveränderung
basket of commodities - Warenkorb
basket of currencies - Währungskorb
basket of goods - Warenkorb
batch - Menge, Liefermenge, Stapel
batch of commodities - Gütermengenkombination, Warenkorb
batch processing - Stapelverarbeitung
batch size - Losgröße
battle of export - Exportschlacht
bear - Baissier, auf Baisse spekulieren
bear a loss - Verlust vortragen
bear interest - Zinsen bringen
bear market - Baissemarkt
bear point - Baissemoment
bear risks - Risiken tragen
bear sale - Leerverkauf, Baisseverkauf
bear seller - Baissespekulant
bear stocks - Kurse drücken
bear transaction - Baissegeschäft
bearer - Vollmachtsinhaber, Überbringer
bearer bond - Inhaberobligation
bearer check - Inhaberscheck
bearer clause - Überbringerklausel
bearer of a bill - Wechselinhaber

bearer policy - Inhaberpolice
bearer securities - Inhaberpapiere
bearer share - Inhaberaktie
bearing asset - Vermögensanlage
bearish market - Baissemarkt
bearish tendency - Baissetendenz
bearish tone / bearishness - Baissestimmung
become due - fällig werden
become effective - in Kraft treten, wirksam werden
become payable - fällig werden zur Auszahlung /Rückzahlung
become valid - rechtskräftig werden
bedrock - Grundlage
beggar-my-neighbor policy - Leistungsbilanzüberschußpolitik
beggar-the-neighbor strategy - Bettlerstrategie
begrudge - mißgönnen, neiden
behavior , behaviour - Verhalten, Benehmen, Verlauf
behavior observation - Verhaltensforschung
behavior of wages - Lohnentwicklung
behavior pattern - Verhaltensmuster
behavioral equation - Reaktionsgleichung
behavioral science - Verhaltenswissenschaft
behaviorism - Behaviorismus
belabor - bearbeiten, zusetzen
belittle - verharmlosen
belittling - Mindestbewertung
bell-shaped curve - Glockenkurve
bellboy - Laufjunge
belligerence - Streitsucht, Angriffslust
bellwether industry - Schlüsselindustrie
below the line - unter dem Strich
below-the-line items - periodenfremde Aufwände und Erträge
belt conveyor - Förderband
belt system of production - Produktion am laufenden Band
belt-tightening policies - Sparpolitik
benchmark - Richtwert, Bezugsmarke
beneficial enjoyment - Nutznießungsrecht
beneficiary - Begünstigter, Genußberechtigter, Nutznießer

beneficiary of insurance - Versicherungsberechtigter
benefit - Nutzen, Vergünstigung, Vorteil, begünstigen, Nutzen ziehen
benefit analysis - Nutzwertanalyse
benefit clause - Begünstigungsklausel
benefit payments - Unterstützungszahlungen
benefit-cost analysis - Nutzen-Kosten-Analyse
benefits - Beihilfe, Krankengeld, Versicherungsleistungen
benevolent corporation - gemeinnützige Gesellschaft
benign - günstig, wohlwollend
bequest - Erbschaft, Vermächtnis
Bernoulli distribution - Bernoulli-Verteilung
Bernoulli trial - Bernoulli-Experiment
berth cargo - Stückgutladung
berth freighting - Stückgutbefrachtung
best bid - Höchstgebot
best profit equilibrium - Gleichgewicht bei Maximalgewinn
bestowal - Schenkung, Verleihung
bestseller - Verkaufsschlager
bet-the-company decision - existentielle Entscheidung
beta coefficient - Beta-Koeffizient
beta distribution - Beta-Verteilung
beta error - Fehler zweiter Art
betterment - Verbesserung, Wertzuwachs
betterment tax - Wertzuwachssteuer
bias - systematischer Fehler, Verzerrung
bias the opinion of the people - öffentliche Meinung beeinflussen
biased - tendenziös, verzerrt
biased estimate - verzerrte Schätzung
biased question - Suggestivfrage
bid - Geldkurs, Gebot, Offerte, Kostenvoranschlag, bieten
bid and asked quotations - Geld- und Briefkurse
bid closing date - Einreichungsschluß
bid competition - Ausschreibungswettbewerb
bid for bartering - Verhandlungsobjekt
bid price - Geldkurs, Angebotspreis, Rückkaufswert
bid-ask spread - Geld-Briefkurs-Differenz

bidder - Bieter, Anbieter
bidding - Gebot
bidding away - Abwerbung
bidding of orders - Auftragsbeschaffung
bidding price - Erstangebot
bidding procedure - Vergabeverfahren
bidding process - Ausschreibungsverfahren
bidding requirements - Ausschreibungsbedingungen
bids and offers - Geld- und Briefkurs
big income earner - Großverdiener
big investor - Großanleger
big loan - Großkredit
bilateral - bilateral, zweiseitig
bilateral act of the party - zweiseitige Willenserklärung
bilateral aid - gegenseitige Hilfe
bilateral flows - gegenläufige Geld- und Güterströme
bilateral trade agreement - bilaterales Handelsabkommen, bilateraler Handelsvertrag
bill - Rechnung, Faktura, Wechsel, Plakat
bill at sight - Sichtwechsel
bill charges - Wechselspesen
bill commission - Wechselcourtage
bill cover - Wechseldeckung
bill discount - Wechseldiskont
bill drawn by a bank on a debtor - Debitorenziehung
bill drawn on goods sold - Handelswechsel
bill for collection - Inkassowechsel
bill guaranty - Wechselbürgschaft
bill in distress - notleidender Wechsel
bill of carriage - Frachtbrief
bill of clearance - Zollabfertigungsschein
bill of consignment - Frachtbrief
bill of conveyance - Speditionsrechnung
bill of entry - Einfuhrdeklaration, Zolleinfuhrschein
bill of exchange - Tratte, Wechsel
bill of lading - Konnossement, Seefrachtbrief
bill of lading clauses - Konnossementklauseln
bill of materials - Materialliste
bill of receipts and expenditures - Einnahmen-und Ausgabenrechnung

bill of sale - Kaufvertrag, Übereignungsvertrag, Lieferschein
bill of taxes - Steuerbescheid
bill on demand - Sichtwechsel
bill protested - Protestwechsel
bill to bearer - Inhaberwechsel
billboard - Anschlagtafel, Litfaßsäule
billboard advertising - Plakatwerbung
billing - Rechnungsschreibung
billing date - Rechnungsdatum
billing rate - Gebührensatz
bills payable - Wechselschulden, Wechselverpflichtungen
bills rediscountable at the Bundesbank - bundesbankfähige Wechsel
bimodal distribution - zweigipflige Verteilung
bin card - Behälterzettel, Lagerzettel
binary - binär
binary representation - Binärdarstellung
binary search - binäre Suche
binary thinker - Schwarz-Weiß-Denker
binding - verbindlich, verpflichtend
binding agreement - unwiderrufliches Abkommen
binding force - Rechtsverbindlichkeit
binding receipt - Deckungszusage
binomial distribution - Binomialverteilung
binomial probability - Binomialwahrscheinlichkeit
bipartite - zweiteilig, bipartit, in doppelter Ausfertigung
bipartite clearing - zweiseitiges Zahlungsabkommen
birth certificate - Geburtsurkunde
birth control - Geburtenkontrolle
birth rate - Geburtenziffer
bit string - Zeichenfolge
bite the bullet - Zähne zusammenbeißen
bivariate distribution - zweidimensionale Verteilung
black book - Verzeichnis unsicherer Kunden
black bourse - Schwarzhandel
black list - Insolventenliste
black market - Schwarzmarkt
black market price - Schwarzmarktpreis
black sheep - Streikbrecher
black ships - Eindringlinge
black trading - Schwarzhandel
blackleg - Streikbrecher
blackleg work - Streikarbeit
blackmail - Erpressung
blackout on information - Nachrichtensperre
blank - Formular, blanko, leer
blank acceptance - Blankoakzept
blank check - Blankoscheck
blank credit - Blankokredit
blank endorsement - Blankoindossament, Blankowechselübertragung
blank policy - Generalpolice
blank power of attorney - Blankovollmacht
blank signature - Blankounterschrift
blanket - pauschale Kostenangabe
blanket clause - Generalklausel
blanket coverage - Pauschaldeckung
blanket insurance - Kollektivversicherung
blanket mortgage - Gesamthypothek
blanket order - Blankoauftrag, langfristiger Dauerauftrag
blanket price - Einheitspreis, Pauschalpreis
blanket the entire market - ganzen Markt erfassen
blind-alley job - Beruf ohne Zukunft
bloc - Block, Gruppe
bloc-building - Blockbildung
block - blockieren, durchkreuzen, hemmen, Block, Gruppe
block a credit balance - Guthaben sperren
block diagram - Block-/ Säulendiagramm
block of shares - Aktienpaket
blocked currency - nichtkonvertible Währung
blocked exchange - bewirtschaftete Währung
blocked foreign exchange - eingefrorene Devisen
blocked text - geblockter Text
blocking arrangement - Stillhalteabkommen
blocking of an account - Sperrung eines Kontos
blocking of authorizations - Bewilligungssperre
blocking of property - Vermögenssperre
blocking period - Sperrfrist

blocks of fixed costs

blocks of fixed costs - Fixkostenschichten
blow post - Rohrpost
blue chip - Standardwert, erstklassige Aktie
blue-collar worker - Arbeiter
blueprint - Blaupause
blurb - kurze Fernsehwerbung, Reklamestreifen
board - Ausschuß, Behörde, Vorstand
board chairman - Vorstandsvorsitzender
board meeting - Vorstandssitzung
board member - Vorstandsmitglied
Board of Agriculture - Landwirtschaftsministerium
board of arbitration - Schlichtungsausschuß
board of assessment - Steuerbehörde
board of conciliation - Schiedsamt
board of control - Aufsichtsbehörde
board of directors - Aufsichtsrat, Verwaltungsrat
Board of Exchequer - Finanzministerium
Board of Inland Revenue - Oberste Steuerbehörde
board of inquiry - Untersuchungsausschuß
board of referees - Schiedsgerichtshof
Board of Trade - Handelsministerium, Wirtschaftsministerium
board of works - Amt für öffentliche Arbeiten
body - Körperschaft, Organisation
body of workers - Arbeiterschaft
body politic - Staatskörper, juristische Person
bodycount - Entlassenenzahl
bogus - nachgemacht, schwindelhaft
bogus company - Schwindelfirma
bogus signature - Gefälligkeitsunterschrift
bold - kühn, mutig
bolster - stärken, stützen
bolster an industrial concern - Industriekonzern finanziell polstern
bolster up - unterstützen
bona fide transaction - gutgläubiger Erwerb
bond - Anleihe, Wertpapier, Schuldverschreibung, Zollverschluß
bond capital - Anleihekapital
bond debts - Obligationsschulden

bond design - Anleihenform
bond for costs - Sicherheitsleistung
bond holdings - Rentenbestand
bond issue - Emission von Obligationen
bond note - Zollbegleitschein
bond of fidelity insurance - Haftpflichtversicherung
bond of indebtedness - Schuldschein
bond rate - Nominalverzinsung, Wertpapierzins
bond valuation - Wertberichtigung einer Obligation
bond warehouse - Freilager, Zollspeicher
bond with warrants attached - Optionsanleihe
bonded goods - Waren unter Zollverschluß
bonded to destination - Verzollung am Bestimmungsort
bonded value - unverzollter Wert
bonding requirement - Verzollungsvorschrift
bonds and other interests - Beteiligungen und Wertpapiere
bone of contention - Streitpunkt, Zankapfel
bonus - Bonus, Gratifikation, Prämie, Vergünstigung, Tantieme, Zuschlag
bonus based scheme - Prämienregelung
bonus distribution - Gewinnverteilung
bonus for special risk - Risikoprämie
bonus increment - Akkordzuschlag
bonus plan - Prämiensystem
bonus share - Genußaktie, Gratisaktie, Berichtigungsaktie
bonus stock - Gratisaktie
book - buchen, eintragen, verbuchen
book account - Kontokorrentkonto
book an order - Auftrag notieren
book credit - Buchkredit
book figure - Buchwert
book money - Buchgeld, Giralgeld
book of cargo - Frachtbuch
book of commission - Auftragsbuch
book of original entry - Grundbuch
book of record - Register
book receivables - Buchforderungen
book value - Buchwert, Bilanzkurs
book value method - Buchwertmethode
book value of investment - Beteiligungswert

brainwork

booking - Buchung
booking item - Buchungsposten
booking manager - Leiter der Buchungsabteilung
bookkeeper - Buchhalter
bookkeeping - Buchführung, Buchhaltung
bookkeeping by double entry - doppelte Buchführung
bookkeeping error - Buchungsfehler
bookless accounting - Belegbuchhaltung
bookmarking of assigned accounts - Kennzeichnung abgetretener Forderungen
books of corporations - Geschäftsunterlagen
boom - Konjunkturaufschwung, Hochkonjunktur, hochschnellen, blühen
boom in capital investment - Investitionsaufschwung / -höhepunkt
boom years - wirtschaftliche Blütezeiten
booming demand - Nachfragekonjunktur
boomlet - Propaganda
boost - Förderung, Reklame, Auftrieb geben, Reklame machen
boost to exports - Exportförderung
booster - Preistreiber
bootleg - schmuggeln, Raubkopie
bootleg wages - außertarifliche Löhne
border - Grenze, Rand, begrenzen
border land - Grenzgebiet
border traffic - Grenzverkehr
Borel set - Borel-Menge
borrow - verschulden, leihen
borrow money - Kredit aufnehmen
borrowed capital - Fremdkapital
borrowed funds - Fremdmittel
borrower - Entleiher, Kreditnehmer, Schuldner
borrower's bank - Hausbank
borrower's risk - Schuldnerrisiko
borrowing - Mittelbeschaffung, Kreditaufnahme
borrowing arrangements - Kreditvereinbarungen
borrowing in the capital market - Mittelaufnahme am Kapitalmarkt
borrowing in the money market - Mittelaufnahme am Geldmarkt
borrowing power - Kreditfähigkeit
borrowing rate - Sollzinssatz, Ausleihungssatz
borrowing reserve - Kreditreserve

bottleneck - Engpaß
bottleneck in supplies - Versorgungsengpaß
bottleneck inflation - Nachfrageinflation
bottleneck problem - Engpaß-/ Flaschenhalsproblem
bottleneck segment - Minimumsektor
bottom - Konjunkturtief, Tiefstand
bottom lines - Grundgeschäft, Massengeschäft
bottom of business cycle - Tiefpunkt des Konjunkturzyklus
bottom out - Tiefstand überschreiten
bottom price - Tiefstkurs, Tiefstpreis
bottom wage group - Leichtlohngruppe, Niedriglohngruppe
bottom-fishing - Suche nach preisgünstigen Aktien
bottom-up method - Aggregationsmethode
bottom-up planning - progressive Planung
bounce - platzen, retourniert werden
boundary choice - Randentscheidung
boundary condition - Randbedingung
boundary distribution - Randverteilung
bounded rationality - eingeschränkte Rationalität
bounty - Prämie, Subvention
bounty hunter - Subventionsjäger
bounty on exportation - Ausfuhrprämie
bourse - Börse
bout of amnesia - Gedächtnisschwund
bowing to necessity - notgehorchend
box - verpacken, Kiste, Kasten
box car - gedeckter Güterwagen
boxing department - Verpackungsabteilung
boycott - Boykott, boykottieren
boycott assistance - Boykottunterstützung
bracket - Einkommensstufe, Steuerklasse
bracket creep - schleichende /heimliche Steuererhöhung
brain drain - Abwanderung von Wissenschaftlern / qualifiziertem Personal
brain trust - hochqualifizierte Expertengruppe
brainiac - genial wahnsinnig
brainstorming - Gedankenaustausch, Ideenfindungsprozeß
brainwork - Kopfarbeit

branch

branch - Zweigstelle, Filiale, Ast
branch banking - Filialbankwesen
branch establishment - Zweigniederlassung
branch manager - Filialleiter
branch network - Geschäftsstellennetz
branch of business - Branche
branch of industry - Gewerbezweig, Wirtschaftszweig
branch office accounting - Filialkalkulation
branch procuration - Filialprokura
branch shop - Filiale, Geschäftsstelle
brand - Marke, Markenartikel, Sorte
brand acceptance - Markenakzeptanz
brand advertising - Markenwerbung
brand comparison - Markenvergleich
brand competition - Markenwettbewerb
brand decision - Markenentscheidung
brand development index - Markenentwicklungsindex
brand expansion strategy - Markenausdehnungsstrategie
brand figure - Markenzeichen
brand identity - Markenidentität
brand image - Markenbild, Markenimage
brand label - Markenzeichen
brand leader - Markenführer, Spitzenmarke
brand loyalty - Markentreue
brand name - Markenname
brand placing - Markenplazierung
brand policy - Markenpolitik
brand preference - Markenpräferenz
brand recognition - Markenwiedererkennung
brand selection - Markenwahl
branded goods - Markenartikel
brandwagon - Markentrend
breach of contract - Vertragsbruch
breach of order - Verstoß gegen die Geschäftsordnung
breach of warranty - Gewährleistungsbruch
breadwinner - Ernährer, erfolgreiches Produkt
bread-and-butter business - ertragreiches Grund-/ Stammgeschäft
break - Arbeitspause, Bruch, Einschnitt, brechen

break a contract - Vertragsbruch begehen
break a strike - Streik brechen
break down - aufschlüsseln, ausfallen, scheitern
break even - Gewinnzone / -schwelle erreichen, kostendeckend arbeiten
break from work - Arbeitsunterbrechung
break in prices - Preiseinbruch
break off - abbrechen
break off negotiations - Verhandlungen abbrechen
breakage - Bruch, Bruchschaden
breakdown - Analyse, Aufschlüsselung, Betriebsstörung, Scheitern
breakdown of expenses - Kostenspezifizierung, Spesenaufgliederung
breakdown of machinery - Maschinenausfall, Maschinenschaden
breakdown of negotiations - Scheitern der Verhandlungen
breakeven analysis - Gewinnschwellenanalyse,
breakeven level of income - Basiseinkommen des Haushalts
breakeven point - Kostendeckungspunkt, Gewinn-/ Rentabilitätsschwelle
breakeven repo rate - arbitrageloser Wertpapierpensionssatz
breaking-in difficulties - Anfangs-/ Anlaufschwierigkeiten
breaking-in period - Einarbeitungszeit
breaking-up cartels - Entkartellisierung
breaking-up of an establishment - Geschäftsaufgabe
breakup price - Abbruchpreis
breakup value - Ausschlachtungswert
brevity - Kürze, Knappheit
bribe - Bestechung, bestechen
bribe money - Schmiergeld
bricklayer - Maurer
bridging loan - Überbrückungsdarlehen, Überbrückungskredit
bridgings - Zwischenerzeugnisse
brief - Anweisungen geben, instruieren
briefcase - Aktentasche
briefing - Anweisung, Einsatzbesprechung, Instruktion
bring down a balance - Bilanz abschliessen

bring in interest - Zinsen abwerfen
bring into line - in Einklang bringen
bring out - Waren auf den Markt bringen
bring to the notice - kündigen, Kündigung aussprechen
brisk - lebhaft
brisk demand - lebhafte Nachfrage
briskness - Belebtheit
broad market - aufnahmefähiger Markt
broadcast - Rundfunksendung, senden, übertragen
broadcast advertising - Radiowerbung, Werbefunk
broadcast production - Werbesendung
broadcasting - Rundfunkübertragung
broaden the line of products - Produktionsprogramm ausweiten
brochure - Broschüre, Werbeschrift
broken money - Kleingeld
broker - Makler
broker's charges - Maklergebühr
broker's commission - Maklerprovision
brokerage - Provision, Courtage, Maklergeschäft
brokerage cost - Maklergebühr
brokerage house - Maklerunternehmen, Maklerfirma
brought forward in capital - eingebrachtes Kapital
budget - Etat, Finanzplan, Haushaltsplan, Staatshaushalt
budget accounting - Plankosten-/ Sollkostenrechnung
budget analysis - Verbrauchsanalyse
budget balance - Budgetbeschränkung
budget consolidation - Haushaltskonsolidierung
budget constraint - Budgetbeschränkung
budget control - Plankontrolle
budget cost estimate sheet - Plankostenrechnungsbogen
budget costs - Plankosten, Sollkosten
budget deficit - Budgetdefizit, Haushaltsdefizit
budget deviation - Budgetabweichung
budget funds - Haushaltsmittel
budget line - Budgetgerade, Haushaltsgerade
budget of sales volume - Absatzmengenplan
budget payment - Teilzahlungskauf

budget period - Haushaltsperiode
budget proposal - Haushaltsbericht
budget provision - Jahressoll
budget shortfall - Haushaltsdefizit
budget slash - Etatkürzung
budget surplus - Haushaltsüberschuß, Budgetüberschuß
budget variance - Budgetabweichung
budgetary accounting - Finanzplanung
budgetary control - Budgetkontrolle, Etat-/ Haushaltskontrolle,
budgetary deficit - Haushaltsdefizit
budgetary expenditure pattern - Haushaltsausgabenstruktur
budgetary means - Haushaltsmittel
budgetary planning - Finanzplanung
budgetary receipts /revenue - Finanzaufkommen
budgeted cost - Budgetkosten
budgeted manpower - Personal-Sollbestand
budgeted production - Produktionsplanung
budgeting - Budgetierung, Finanzplanung, Planungsrechnung
buffer - Puffer
bufferstock - Ausgleichslager
build one's business in a country - absatzmäßig in einem Land verankern
build up - Reklame machen, jemand herausstellen
build up a case - Beweismaterial zusammentragen
build up an inventory - Lager aufstocken
build up reserves - Reserven ansammeln
build-up - Reklame, Propaganda
build-up of stocks - Lageraufbau
building business - Bauwirtschaft
building depreciation - Gebäudeabschreibung
building loan contract - Bausparvertrag
building permit - Bauerlaubnis
building site - Bauplatz, Baugelände
building society - Bausparkasse
building trade - Baugewerbe
buildings less depreciation - Gebäude nach Abschreibungen
built-in check - Selbstprüfung
built-in department - Sonderabteilung
built-in flexibility - Regelmechanismus, automatische Stabilisatoren

built-in obsolescence

built-in obsolescence - eingebaute Sollbruchstelle, geplantes schnelles Veraltern
bulk article - Massenartikel
bulk buyer - Großabnehmer
bulk commodity - Massengut
bulk contract - Großauftrag
bulk customer - Großverbraucher
bulk discount - Mengenrabatt
bulk good - Massengut
bulk line costs - Grundkosten
bulk mail - Postwurfsendung
bulk of a debt - Hauptteil einer Schuld
bulk of profit - Hauptgewinn
bulk order - Großbestellung,
bulk order price - Pauschalbezugspreis
bulk pack - Großpackung
bulk price - Mengenpreis
bulk production - Massenproduktion
bulk sample - Stückmuster
bulk selling - Massenabsatz
bulk storage - Massengutspeicherung
bull - Haussier, Haussespekulant
bull market - Hausse, haussierender Markt, steigende Kurse
bull movement - Haussebewegung
bull purchase - Haussekauf
bull speculation - Haussespekulation
bull-bear position - Hausse-Baisse-Position
bulldog clip - Büroklammer
bullion at the bank - Barvorrat der Bank
bullion reserve - Goldreserve
bullish market - Haussemarkt
bullish proclivities - steigende Tendenz
bullish tone - Haussestimmung
bullish trend - Haussebewegung
bunce - Sonderzahlung
bunched cost - pauschalierte Kosten
Bundesbank advance - Giroüberzugslombard
bundle - Bündel, Gebinde
bundle of commodities - Güterkombination
bundle of concepts - Konzeptpaket
bundle of goods - Güterbündel
bundle sale - Koppelungsverkauf
buoyage - Markierung
buoyancy - Auftrieb, Lebenskraft, Schwung
buoyant - lebhaft, schwungvoll, steigend

buoyant forces - Auftriebskräfte
buoyant market - tendenziell steigender Markt
burden - Belastung, Bürde, belasten
burden absorption rate - Gemeinkostenverrechnung
burden adjustment - Unkostenaufteilung
burden center - Kostenstelle
burden of costs - Kostenbelastung
burden of debt - Schuldenlast
burden of financing - Finanzierungslast
burden of taxation - Steuerlast
burden-sharing - Lastenteilung
burdensome - bedrückend, lästig
Bureau of the Census - Statistisches Bundesamt
bureaucracy - Bürokratie
bureaucrat - Bürokrat
bureaucratic - bürokratisch
burgeoning - beängstigend stark ansteigend
burst of consumption - Konsumexplosion
burst of expansion - Aufschwung
bush - Aushängeschild
business - Firma, Geschäft, Unternehmen
business acumen - Geschäftssinn, Geschäftstüchtigkeit
business administration - Betriebswirtschaft, Betriebswirtschaftslehre
business advertisement - Geschäftsanzeige
business allowance - Werbungskosten
business assets - Firmenwert
business barometer - Konjunkturbarometer
business branch - Geschäftszweig
business capital - Betriebsvermögen
business concentration - Betriebskonzentration
business confidence - Konjunkturoptimismus
business connection - Geschäftsverbindung
business controlled pricing - administrierte Preisfestsetzung
business cycle - Konjunkturverlauf, Konjunkturzyklus
business cycle contraction - Abschwungsphase

business cycle expansion - Aufschwungsphase
business cycle situation - Konjunkturlage
business dealings - Geschäftsabschlüsse
business deposits - Geschäftsdepositen
business development - Geschäftsentwicklung
business economics - Betriebswirtschaftslehre, Geschäftspolitik
business entity - Wirtschaftseinheit
business ethics - Wirtschaftsethik
business expense - Betriebsausgaben
business finance - Unternehmensfinanzierung, Finanzwirtschaft
business fixed investment - Anlageinvestition
business forecast - Konjunkturprognose
business fragmentation - Geschäftssegmentierung
business gaming - Planspieldurchführung
business getting - Akquisition
business goods - Wirtschaftsgüter
business graphics - Geschäftsgraphik
business hours - Geschäftszeiten
business information system - betriebliches Informationssystem
business leader - Wirtschaftsführer
business licence - Gewerbeerlaubnis
business line - Wirtschaftszweig
business matters - Geschäftsangelegenheiten
business measures - Geschäftsdispositionen
business motive - Geschäftsmotiv
business news - Wirtschaftsnachrichten
business on the instalment system - Abzahlungsgeschäft
business outlook - Geschäftslage
business panic - Depression
business planning - Unternehmensplanung
business policy - Geschäftspolitik
business premises - Geschäftsräume
business profit tax - Gewerbesteuer
business property - Betriebsvermögen, Geschäftsgrundstücke
business receipts - Betriebseinnahmen
business reputation - geschäftliches Ansehen
business research - Konjunkturforschung

business risk - Geschäftsrisiko
business secret - Geschäftsgeheimnis
business section - Geschäftsgegend, Wirtschaftsteil einer Zeitung
business struggle - Konkurrenzkampf
business transaction - Geschäftsabschluß
business trip - Dienstreise
business unit - Geschäftseinheit
business use - Betriebszweck
business venture - Geschäftsrisiko
business year - Geschäftsjahr
businessman - Unternehmer
busker - Straßenmusikant
bust - Bankrott, Pleite gehen
buy - kaufen, einkaufen
buy by auction - ersteigern
buy in bulk - in großen Mengen kaufen
buy on credit - auf Ziel kaufen
buy on hire-purchase - auf Abzahlung kaufen
buy-back - Rückkauf
buy-hold-strategy - Kaufen und Halten-Strategie
buyer category - Käufergruppe
buyer's credit - Bestellerkredit
buyer's resistance - Käuferwiderstand
buyer's strike - Käuferstreik
buyers' market - Käufermarkt
buying association - Einkaufsgenossenschaft
buying behavior - Einkaufsverhalten
buying binge - Kauforgie, Kaufrausch
buying center - Beschaffungsteam / -unterabteilung, Einkaufsgremium
buying choice - Sortimentsbreite
buying desire - Kaufwunsch
buying habits - Kaufgewohnheiten
buying incentive - Kaufanreiz
buying influences - Kaufeinflüsse
buying intention - Kaufabsicht
buying motive - Kaufmotiv, Kaufanlaß
buying order - Kaufauftrag
buying pattern - Einkaufsverhaltensmuster
buying plan - Einkaufsplan
buying power - Kaufkraft
buying probability - Kaufwahrscheinlichkeit
buying rate - Geldkurs
buying resistance - Kaufwiderstand
buying situation - Kaufsituation

buying stages

buying stages - Kaufphasen
buyout - Aufkauf
by air freight - per Luftfracht
by mortgage - hypothekarisch
by parcel post - mit Paketpost
by proxy - durch einen Bevollmächtigten
by rail - per Bahn

by return - postwendend, umgehend
by way of introduction - zur Einführung
by-election - Nebenwahl, Nachwahl
by-product - Nebenprodukt
by-law - örtliche Verordnung, Satzung
by-time - Freizeit
by-work - Nebenbeschäftigung

C

cabinet - Ministerium
cabinet council - Kabinettssitzung
cabinet crisis - Regierungskrise
cabinet question - Vertrauensfrage
cabinet reshuffle - Kabinettsumbildung
cadre of personnel - Stammpersonal
calamity - Notlage, Unglück
calamity coverage - Katastrophendeckung
calculate - berechnen, kalkulieren
calculate closely - knapp kalkulieren
calculated residual value - kalkulatorischer Restwert
calculated risk - kalkuliertes Risiko
calculation - Berechnung, Kalkulation, Voranschlag
calculation basis - Berechnungsgrundlage
calculation item - Kalkulationsfaktor
calculation of cost - Selbstkostenrechnung
calculation of earning power - Ertragsschätzung, Rentabilitätsberechnung
calculation of probabilities - Wahrscheinlichkeitsrechnung
calculation of profitability - Wirtschaftlichkeitsrechnung
calculation projection - Finanzhochrechnung
calculation table - Berechnungstabelle
calculatory - kalkulatorisch
calibrate - eichen
call - Berufung, Ernennung, Kaufoption, anrufen, einberufen
call a meeting - eine Versammlung einberufen
call a strike - Streik ausrufen
call back - widerrufen, zurückrufen
call date - Stichtag
call for additional cover - Nachschußpflicht
call for bids - öffentliche Ausschreibung
call money - Tagesgeld
call of a salesman - Vertreterbesuch
call off a strike - Streik abbrechen
call on a client - Kunden besuchen
call option - Kaufoption
call order - Abrufauftrag
call protection - Kündigungsschutz
call slip - Vertreterbericht

call to order - Eröffnung der Hauptversammlung, Ordnungsruf
call-back - Rückrufaktion
call-back pay - Bereitschaftsdienstzulage
call-off purchase agreement - Abrufauftrag
calling in - Rückrufaktion
camouflaged inflation - verdeckte Inflation
camouflaged strike - versteckter Streik
camouflaged unemployment - verdeckte Arbeitslosigkeit
campaign - Aktion, Feldzug, Kampagne
cancel - annulieren, rückgängig machen, stornieren, widerrufen
cancel a measure - Maßnahme rückgängig machen
cancel a power of attorney - Vollmacht widerrufen
cancel a reservation - abbestellen, Reservierung rückgängig machen
cancel an order - Auftrag annullieren
cancellation - Abbestellung, Entwertung, Stornierung
cancellation of a contract - Vertragsrücktritt
cancellation of a debt - Schuldenerlaß
cancellation of order - Auftragsstornierung
cancellation of premium - Prämienstorno
cancellation privilege - Kündigungsrecht
cancellation right - Rücktrittsrecht
cancelled - ungültig, aufgehoben, abgesagt
candidate - Bewerber, Kandidat
canter - kurzer Galopp
cantering inflation - galoppierende Inflation
canvass - genau erörtern
canvasser - Handelsvertreter, Handlungsreisender
canvassing campaign - Werbefeldzug
canvassing department - Kundenwerbeabteilung
cap - Aufsatz, festgeschriebener Zinsdeckel
capability to contract - Vertragsfähigkeit
capacity - Fähigkeit, Kapazität
capacity adjustment - Kapazitätsausgleich
capacity analysis - Potentialanalyse

capacity bottleneck

capacity bottleneck - Kapazitätsengpaß
capacity constraint - Kapazitätsbeschränkung
capacity for acts-in-law - Geschäftsfähigkeit
capacity increasing effect - Kapazitätserweiterungseffekt
capacity of production - Produktionsfähigkeit /-kapazität
capacity planning - Kapazitätsplanung
capacity requirement - Kapazitätsbedarf
capacity to act - Geschäftsfähigkeit
capacity to compete - Wettbewerbsfähigkeit
capacity to pay - Solvenz, Zahlungsfähigkeit
capacity utilization - Kapazitätsauslastung
capacity utilization rate - Beschäftigungsgrad
capacity variance - Leistungsabweichung
capital - Kapital, Reinvermögen
capital account - Kapitalbilanz
capital and retained earnings - Kapital und Rücklagen
capital assets - Anlagevermögen, Sachanlagen, Anlagekapital
capital budgeting - Wirtschaftlichkeitsrechnung
capital consolidation - Kapitalkonsolidierung
capital consumption allowances - Kapitalverschleiß, Abschreibung
capital controls - Kapitalverkehrskontrolle
capital deepening - Verbesserungsinvestition
capital demand - Kapitalbedarf
capital drain - Kapitalabfluß
capital employed - Nettogesamtvermögen
capital endowment - Kapitalausstattung
capital equipment - Anlagegüter, Kapitalausstattung, Sachkapital
capital expenditure accounting - Investitionsrechnung
capital expenditure - Investitionen
capital expenditure account method - Investitionsrechnungsverfahren
capital expenditure program - Investitionsprogramm
capital export - Kapitalausfuhr

capital flight - Kapitalflucht
capital flow - Kapitalfluß
capital formation - Vermögensbildung
capital fund - Kapitalfond
capital fund planning - Kapitalfondsplanung
capital gain - Kapitalertrag / -gewinn
capital gains tax - Kapitalertragsteuer, Kapitalgewinnsteuer
capital gap - Kapitallücke
capital goods - Investitionsgüter
capital goods industry - Investitionsgüterindustrie
capital increase - Kapitalerhöhung
capital inflow - Kapitalzufluß
capital investment - Kapitalanlage, Investitionskapital
capital items deducted from total - Abzugskapital
capital levy - Vermögensabgabe
capital lock-up - Kapitalbindung
capital loss - Kapitalverlust
capital maintenance - Kapitalerhaltung
capital market equilibrium curve - Kapitalmarkt-Gleichgewichtskurve
capital mobility - Kapitalbeweglichkeit, Kapitalmobilität
capital of partnership - Gesellschaftskapital
capital outflow - Kapitalabfluß
capital outlay - Kapitalaufwand, Beschaffungskosten
capital paid in property - Sacheinlage
capital program - Investitionsprogramm
capital ratio - Kapitalverhältnis
capital recovery factor - Kapitalwiedergewinnungsfaktor
capital redemption - Kapitalrückzahlung
capital reserves - Kapitalrücklage
capital resources - Eigenmittel
capital shortage - Kapitalknappheit
capital stock - Aktienkapital, Kapitalbestand
capital stock tax - Kapitalsteuer, Vermögensteuer
capital structure - Kapitalstruktur
capital tie-up - kapitalmäßige Verflechtung
capital transfer - Kapitalübertragung
capital turnover - Kapitalumsatz
capital user cost - Kapitalnutzungskosten

capital widening - Erweiterungsinvestition
capital yields tax - Kapitalertragsteuer
capital-intensive - kapitalintensiv
capitalism - Kapitalismus
capitalist - Kapitalist, kapitalistisch
capitalistic economy - kapitalistisches Wirtschaftssystem
capitalization - Aktivierung, Kapitalisierung
capitalization issue - Ausgabe von Gratisaktien
capitalization ratio - Anlageintensität
capitalize - aktivieren, kapitalisieren, Kapital schlagen, Nutzen ziehen
capitalized expenditures - aktivierte Kosten
capitalized value of earning power - Ertragswert
captive contractor - abhängiger Lieferant
captive items - Erzeugnisse für den Eigenbedarf
capture - erobern, kapern
capture a market - Markt erobern
car pool - Wagenpark
car rental - Autovermietung
car spares - Autoersatzteile
carbon paper - Kohlepapier
card index - Kartei
card-carrying member - eingeschriebenes Mitglied
cardinal - grundsätzlich, hauptsächlich
cardinal utility - kardinaler Nutzen
career - Karriere, Laufbahn
career advancement - beruflicher Aufstieg
career aspiration - Berufswunsch
career costume - Berufskleidung
career experience - Berufserfahrung
career gridlock - Aufstiegserschwernis
career guidance - Berufsberatung
career limiter - Karriereknick
career master - Berufsberater
career prospects - Aufstiegschancen
careers service - Berufsberatung
cargo - Ladung, Frachtgut, Transportgut
cargo agent - Frachtspediteur
cargo insurance - Güterversicherung
cargo liner - Frachtschiff im Liniendienst
cargo manifest - Ladeliste
cargo space - Transportraum

carpet bagger - Postenjäger
carriage - Transport, Transportkosten, Rollgeld
carriage by land - Transport zu Lande
carriage by rail - Schienentransport
carriage by sea - Transport zur See
carriage expense - Frachtkosten, Transportkosten
carriage forward - Frachtkostennachnahme, unfrei
carriage of goods - Gütertransport
carriage paid - frachtfrei
carried unanimously - einstimmig angenommen
carrier - Spediteur, Träger, Transportunternehmer
carrier liability - Spediteurhaftung
carrier's risk - auf Gefahr des Transportunternehmens, Risiko des Spediteurs
carry - einbringen, führen, transportieren
carry as liabilities - passivieren
carry forward - vortragen, Übertrag
carry out within a given time - fristgemäß erledigen
carry over a balance - Saldo vortragen
carry over effect - Überlagerungseffekt
carry to a new account - auf neue Rechnung vortragen
carrying cost - Durchhaltekosten, Transportkosten
carrying rate of asset - Abnutzungswert
carrying-over business - Prolongationsgeschäft
cartel - Kartell
cartel arrangement - Kartellabkommen
cartel ban - Kartellverbot
cartel office - Kartellamt
cartel power - Kartellmacht
cartelizing policy - Kartellpolitik
carting service - Rollfuhrdienst
case - Fall, Sache, Umstand
case book - Kommentar
case law - Fallrecht
case of heartship - Härtefall
case study - Fallstudie
cash - Bargeld, Barzahlung, einlösen
cash a check - Scheck einlösen
cash account - Kassenkonto
cash and carry - gegen bar und bei eigenem Transport

35

cash and carry-arbitrage - Preisspanne im Terminhandel
cash assets - Barguthaben, Barvermögen
cash at bank - Bankguthaben
cash audit - Kassenprüfung
cash balance - Kassenbestand
cash balance effect - Kassenhaltungseffekt
cash bonus - Bardividende
cash bonus at Christmas - Weihnachtsgeld
cash budget - Einnahmen-Ausgaben-Plan
cash discount - Barzahlungsrabatt, Kassaskonto, Skonto
cash discount percentage - Skontoprozentsatz
cash dispenser - Geldausgabegerät, Geldautomat
cash dividend - Bardividende
cash down - gegen bar
cash flow - liquiditätswirksamer Ertrag
cash flow financing - Überschußfinanzierung
cash flow statement - Geldflußrechnung, Bruttoertragsanalyse, Kapitalabschlußrechnung
cash generation - Geldschöpfung
cash grants - Barzuschüsse
cash holding - Kassenhaltung, Kassenbestand
cash in hand - Barbestand, Kassenbestand
cash letter of credit - Barakkreditiv
cash management - Kassenmanagement, Währungs- und Devisenmanagement
cash management method - Kassenhaltungsmethode
cash on delivery (c.o.d.) - gegen Nachnahme, zahlbar bei Lieferung
cash payment - Barzahlung
cash position - Geldmittelbestand
cash receipt - Geldeingang
cash register - Registrierkasse
cash resources - Kassenmittel
cash resources intensity - Kassenmittelintensität
cash settlement - Barabrechnung bei Options- und Termingeschäften
cash surrender value - Rückkaufswert
cash surplus - Liquiditätsüberschuß
cash the policy - Versicherungssumme auszahlen lassen

cash transaction - Bargeschäft
cash voucher - Kassenbeleg
cash-in value - Rückkaufwert
cash-in-bank - Bankguthaben
cashable check - Barscheck
cashless money transfer - bargeldloser Zahlungsverkehr
cashless payment - bargeldlose Zahlung
cast iron guaranty - unumstößliche Garantie
catalogue - Katalog, Verzeichnis
catalytic converter - Katalysator
catastrophe - Katastrophe
catastrophic - katastrophal
catch-up demand - Nachholbedarf
catching-up hypothesis - Aufholhypothese
catchment area - Einzugsgebiet
categorical aid - gruppenspezifische Hilfe
categories of costs - Kostenarten
categorization - Kategorisierung
category analysis - Käuferstrukturanalyse
category of buyers - Käuferschicht
cater - Lebensmittel anschaffen, liefern
caterer - Speisenlieferant, Lebensmittellieferant
catering trade - Gaststättengewerbe, Lebensmittelgewerbe
Cauchy distribution - Cauchy-Verteilung
causal - ursächlich, kausal
causal factor - Kausalfaktor
causality - Kausalzusammenhang, Ursächlichkeit
cause - verursachen, Anlaß, Ursache
cause and effect analysis - Ursache-Wirkungs-Analyse
cause obligation - Garantieverpflichtung
ceiling - Expansionsgrenze, Obergrenze
ceiling growth rate - oberste Wachstumsgrenze
ceiling price - Höchstpreis, Preisobergrenze
ceiling wage - festgesetzter Höchstlohn
cell - Zelle, Klassenintervall
cell frequency - Klassenhäufigkeit
census - Totalerhebung
census of opinion - Meinungsumfrage
census of population - Volkszählung
census of production - Produktionsstatistik
census survey - Gesamtmarktanalyse

center , centre - Mittelpunkt, Zentrum
center of trade - Wirtschaftszentrum
center on - konzentrieren auf
central bank - Zentralbank
central bank intervention - Zentralbankintervention
central business district - Hauptgeschäftsgegend
central collective deposit - Girosammeldepot
central limit theorem - zentraler Grenzwertsatz
central market committee - Zentralmarktausschuß
central moment - zentrales Moment
central office - Konzernzentrale
central planning board (CPB) - zentrale Planungsbehörde
central processing unit (CPU) - Rechnerzentraleinheit
central rate - offizieller Kurs, Wert
central risk office - Evidenzzentrale
centralization - Zentralisation
centralized processing - Zentralverarbeitung
centrally administered economy - Zentralverwaltungswirtschaft
centrally planned economy - Zentralplanwirtschaft
cereal product - Getreideprodukt
certain event - sicheres Ereignis
certain price - durchschnittlicher Marktpreis
certificate - Bescheinigung, Urkunde, Zeugnis
certificate of allotment - Zuteilungsschein
certificate of beneficial interest - Genußschein
certificate of deposit - Einlagenzertifikat
certificate of indebtedness - Schuldschein
certificate of inheritance - Erbschein
certificate of nonobjection - Unbedenklichkeitsbescheinigung
certificate of origin - Ursprungszeugnis
certificate of participation - Anteilschein
certificate of posting - Einlieferungsschein
certificated land charge - Briefgrundschuld
certificated mortgage - Briefhypothek
certification - Beglaubigung, Bescheinigung
certification mark - Gütezeichen
certification of a check - Scheckbestätigung
certified copy - beglaubigte Kopie
certified public accountant - Wirtschaftsprüfer
certify - beglaubigen, bescheinigen
cessation of imports - Einfuhrstopp
cessation of work - Arbeitseinstellung
chain - Kette, Reihe
chain break - Werbeeinblendung
chain of causation - Kausalkette, Kausalzusammenhang, Wirkungskette
chain of distribution - Verteilungskette
chain retailing organization - Einzelhandelskette
chain rule - Kettenregel
chain store - Filialgeschäft
chairman - Vorsitzender, Präsident
chairman of works council - Betriebsratsvorsitzender
chairmanship - Vorsitz
chairperson - Vorsitzender, Präsident
challenge - Herausforderung, schwierige Aufgabe, herausfordern, trotzen
challenging - herausfordernd, schwierig
Chamber for Civil Matters - Zivilkammer
Chamber of Commerce - Handelskammer
chance bargain - Gelegenheitskauf
chance management - Chancenmanagement
change in demand - Nachfrageänderung
change in values - Wertewandel
change of rates - Kursänderung
change of requirements - Bedarfswandel
change of residence - Domizilwechsel
changeover - Umstellung
changeover costs - Umrüstkosten, Umstellkosten
changeover time - Rüstzeit
changing patterns - Strukturveränderungen
channel - kanalisieren, lenken, Kanal
channel of distribution - Distributionsweg
channels of trade - Handelswege

characteristic

characteristic - charakteristisch
characteristic function - charakteristische Funktion
charge - Aufwendung, Gebühr, Kosten, belasten, debitieren
charge card - Kundenkreditkarte
charge for delivery - Liefergebühr, Lieferkosten
charge for overdraft - Überziehungsgebühr
charge purchase - Kreditkauf
charge resulting from services - Leistungsverrechnung
charge sale - Kreditverkauf
charges - Nebenkosten
charges paid in advance - Kostenvorschuß
charitable - karitativ, wohltätig, gemeinnützig
charitable contribution - Beitrag für wohltätige Zwecke
charitable organization - Wohlfahrtsorganisation, Hilfswerk
chart - Graphik, Diagramm
chart of accounts - Kontenplan, Kontenrahmen
chart of functional accounts - Kostenstellenplan
charter - chartern, mieten, Satzung, Statut, Verfrachtung
chartered - verbrieft, konzessioniert
chartered accountant - amtlich zugelassener Bücherrevisor, Wirtschaftsprüfer
chartered exemption - Steuerfreiheit
chartered rights - verbriefte Rechte
chartist - Chart-Analytiker, Börsenkurs-Analytiker
chassis - Fahrgestell, Grundplatte
chattel - bewegliches Eigentum, Mobiliar
chattel interest - Pfandzinsen
cheap money - billiges Geld
cheapest-to-deliver - günstigster Anleihelieferterm in
cheat - betrügen, Mogelei
check , cheque - Scheck
check book - Scheckheft
check collection - Scheckinkasso
check list - Kontrolliste, Prüfliste
check list method - Checklistenverfahren

check off goods - Bestandsaufnahme durchführen
check truncation procedure - belegloses Scheckinkasso
checkable deposit - Girokonto, Sichteinlage
checking account - laufendes Konto, Sichteinlage
checkoff system - Lohnabzugsverfahren
cheerful - freundlich, lebhaft
chemical - chemisch, Chemikalie, Chemie-
chemical fertilizer - chemisches Düngemittel, Kunstdünger
chemicals - Chemiewerte
chemicals market - Chemiemarkt
chi-square distribution - Chi-Quadrat-Verteilung
chi-square test - Chi-Quadrat-Test
chief executive - Generaldirektor
chief market - Hauptabsatzmarkt
chief of section - Gruppenleiter
chief value - Höchstwert
child exemption /relief - Kinderfreibetrag
children allowance - Kinderzuschlag
Chinese postman problem - chinesisches Briefträgerproblem
Chlorofluorocarbons (CFCS) - Fluorchlorkohlenwasserstoff (FCKW)
choice - auserlesene Qualität, Auswahl, Sortiment
choice of strategy - Strategieentscheidung
choice under uncertainty - Entscheidung unter Unsicherheit
choice variable - Entscheidungsvariable
cronic - ständig, langwierig
chronic unemployment - Dauerarbeitslosigkeit
circle - Kreis, Umfang, Wirkungskreis, einkreisen, umgeben
circle problem - Zirkelproblem
circuit - Kreislauf, Umkreis, zirkulieren
circuit court - Bezirksgericht
circuit diagram - Schaltplan
circuit rental - Grundgebühr
circuitous route of production - Umwegproduktion
circular - Rundbrief, Rundschreiben
circular flow - Wirtschaftskreislauf
circular flow of goods - Güterkreislauf
circular flow of money - Geldkreislauf

circularize - durch Rundschreiben bekannt machen, Werbung versenden
circulate - zirkulieren, umlaufen, im Verkehr sein
circulation - Kreislauf, Umlauf, Auflage einer Zeitschrift
circulation area - Verbreitungsgebiet einer Zeitschrift
circulation assets - Umlaufvermögen
circulation manager - Vertriebsleiter
circulation of money - Geldumlauf
circumstance - Lage, Sachverhalt, Tatsache, Umstand
citizenry - Bürgerschaft
citizenship - Staatsangehörigkeit
city marketing - Stadtmarketing
civil - bürgerlich, staatlich
civil action - Zivilprozeß
civil production - Zivilgeschäft
civil servant - Beamter
civil service - Staatsdienst, Verwaltungsdienst
civil society - bürgerliche Gesellschaft
civil-code association /company - Gesellschaft bürgerlichen Rechts (GbR)
claim - Anspruch, Behauptung, Forderung, behaupten, reklamieren
claim adjuster - Schadensregulierer, Versicherungsberater
claim department - Reklamationsabteilung
claim one's benefits and allowances - Sozialleistungen in Anspruch nehmen
claim outstanding - Aktivforderung
claim secured by pledges - pfandgesicherte Forderung
claim to title - Besitzanspruch
claimant - Antragsteller
clash - Konflikt, kollidieren
clash of powers - Kompetenzstreitigkeiten
clashing interests - widerstreitende Interessen
class - Gattung, Klasse
class barriers - Klassenschranken
class frequency - Klassenhäufigkeit
class interval - Klassenintervall
class mark /midpoint - Klassenmittelpunkt
class of accounts - Kontenklasse
class of consumers - Verbraucherschicht
class war - Klassenkampf

classical - klassisch
classical case - klassischer Fall
classification - Anordnung, Einteilung
classified advertisement - Kleinanzeige
classifieds - Kleinanzeigen
classify - einstufen, klassifizieren
clause - Klausel, Bestimmung
clean credit - Blankokredit
clean out - aufbrauchen, aufräumen verbrauchen
clean payment - reiner Zahlungsverkehr
cleaning - Reinigung
clear - räumen, zollmäßig abfertigen
clear an account - Rechnung bezahlen
clear through the customs - zollamtlich abfertigen
clearance - Freigabe, Leerung, Räumung
clearance fee - Abfertigungsgebühr
clearance on importation - Einfuhrabfertigung
clearing - Abrechnung, Clearing, Verrechnungsverkehr
clearing agreement - Verrechnungsabkommen
clearing bank - Verrechnungsbank, Geschäftsbank
clearing corporation - Börsenabwicklungsstelle
clearing expenses - Zollgebühren, Zollspesen
clearing house - Abrechnungsstelle, Clearingzentrum
clearing procedure - Verrechnungsverfahren
clearing rate - Verrechnungsrate
clerical - Büro-, Schreib-
clerical staff - Büro- und Schreibpersonal
clerical task - Sachbearbeitungsaufgabe
clerical work - Büroarbeit
clerk - Sachbearbeiter, Angestellter
client - Klient, Kunde, Auftraggeber
clientele - Kundschaft
cliffhanger - spannende Angelegenheit
cliffhanging company - konkursgefährdetes Unternehmen
clock - Kontrolluhr, Taktgeber
clock card - Stechkarte
close books - Bücher / Konten abschließen
close down - Betrieb stillegen, Geschäft aufgeben, schließen

close of stock exchange - Börsenschluß
close out - Lager räumen
close statement - Abschlußanalyse
close to the market - marktnah
closed corporation - Familien-Aktiengesellschaft
closed economy - geschlossene Volkswirtschaft
closed probe - geschlossene Frage
closed shop - Unternehmen mit gewerkschaftlicher Zwangsmitgliedschaft
closed system - geschlossenes System
closed-ended question - geschlossene Frage
closeout sale - Ausverkauf, Räumungsverkauf
closing - Geschäftsabschluß
closing account - Abschlußkonto
closing date - Schlußtermin, Anzeigenschluß
closing entry - Abschlußbuchung
closing time - Ladenschluß
closure - Schließung eines Betriebes, Stillegung
cluster - Anhäufung, Gruppe, Klumpen
cluster analysis - Klumpenanalyse
cluster effect - Klumpeneffekt
cluster sample - Klumpenstichprobe
cluster sampling - Klumpenauswahl
co-determination - Mitbestimmung
co-determination at plant level - betriebliche Mitbestimmung
co-determination right - Mitbestimmungsrecht
co-operative (co-op) - Genossenschaft
co-partner - Mitgesellschafter
coasting - Küstenschiffahrt
code - Chiffre, Code
code line - Codierzeile
code name - Deckname
code number - Kennziffer
coding - Codierung
coefficient - Koeffizient, Faktor
coefficient of adjustment - Anpassungskoeffizient
coefficient of regression - Regressionskoeffizient
coexistence - Koexistenz
cognition - Kognition, Kenntnis
cognitive decision style - kognitiver Entscheidungsstil

cognitive dissonance - kognitive Dissonanz
cognitive process - kognitiver Prozeß
cohabitation - Zusammenleben
coherent - einheitlich, zusammenhängend
coin box - Telefonzelle
coincide - zusammenfallen, zusammentreffen, decken
coincidence - Übereinstimmung, Zufall, Zusammentreffen
coincidental - gleichzeitig, übereinstimmend, zufällig
cold canvassing - ungezielte Kundenwerbung
cold storage - Kühlraumlagerung
cold turkey - kalte Dusche
collaboration - Zusammenarbeit
collapse - Zusammenbruch, fehlschlagen, zerfallen, zusammenbrechen
collapse of prices - Preissturz
collateral - Pfand, Sicherheitsgegenstand
collateral acceptance - Avalakzept
collateral advance - Effektenlombard
collateral bill - Depotwechsel
collateral credit - abgesicherter Kredit
collateral guaranty - Nachbürgschaft
collateral mortgage bond - Hypothekenschuldverschreibung
collateral security - Sicherheitsleistung
collateralized countertrade - besicherter Kompensationshandel
colleague - Kollege, Mitarbeiter
collect - kassieren, einziehen
collect a claim - Forderung einziehen
collect an amount - Betrag einziehen
collect on delivery - per Nachnahme
collect taxes - Steuern eintreiben
collecting charges - Einzugskosten
collection - Abholung, Auswahl, Einziehung, Inkasso, Kollektion, Sammlung
collection agency - Inkassoinstitut
collection basis - Inkassobasis, Inkassosystem
collection from works - Abholung vom Werk, Transport ab Werk
collection letter - Mahnschreiben, Mahnbrief
collective - gemeinsam, gemeinschaftlich, Kollektiv
collective account - Sammelkonto

collective advertising - Gemeinschaftswerbung
collective bargaining - Tarifautonomie, Tarifverhandlung
collective farm - Kolchose
collective farming - kollektive Bewirtschaftung
collective goods - öffentliche Güter, Kollektivgüter
collective insurance - Gruppenversicherung
collective needs - Kollektivbedürfnisse
collective power of attorney - Gesamtvollmacht
collectivization - Kollektivierung
collectivize - kollektivieren
collector - Kassierer
collude - geheim absprechen
collusion - betrügerisches Einverständnis
collusive action - abgekartetes Spiel
color scheme - Farbzusammenstellung
coloring problem - Färbungsproblem
column - Rubrik, Spalte
column diagram - Säulendiagramm
column-row combination - Spalten-Zeilen-Kombination
columnar bookkeeping - amerikanische Buchführung
combat inflation - Inflation bekämpfen
combination - Kombination, Verbindung
combination of circumstances - Konstellation
combination of environmental forces - Umweltkonstellation
combination of inputs - Faktorkombination
combinatorial - kombinatorisch
combinatorial analysis - Kombinatorik
combine - kombinieren, verbinden, zusammenstellen
combined total rate - Gesamtsteuersatz
combustion - Verbrennung, Entzündung
command the market - Markt beherrschen
commence - anfangen, beginnen
commencement - Anfang, Beginn
commencing - Anfangs-
comment - sich äußern, Stellung nehmen, Äußerung, Bemerkung
commerce - Handel, Handelsverkehr

commercial - Geschäfts-, Handels-, gewerblich, kaufmännisch, Werbespot
commercial agent - Handelsvertreter
commercial art - Gebrauchsgraphik
commercial balance sheet - Handelsbilanz
commercial bank - Geschäftsbank, Handelsbank
commercial bill - Handelswechsel
commercial broker - Handelsmakler
commercial clerk - Handlungsgehilfe
commercial credit documents - Akkreditivdokumente
commercial firm - Handelsbetrieb
commercial invoice - Handelsrechnung, Handelsfaktura
commercial law - Handelsrecht
commercial letter of credit - Handelskreditbrief
commercial paper - Geschäftspapier, Handelswechsel
commercial partnership - Personenhandelsgesellschaft
commercial policy - Handelspolitik
commercial register - Handelsregister
commercial sale - Handelsverkauf
commercial survey - Marktanalyse
commercial traveller - Handelsreisender, Vertreter
commercial treaty - Handelsabkommen
commercial undertaking - Handelsunternehmen, kaufmännisches Unternehmen
commercial vehicle - Nutzfahrzeug
commission - Auftrag, Kommission, Provision, beauftragen, bestellen
commission basis - Provisionsbasis
commission on guaranty - Avalprovision
commissioner - Bevollmächtigter
commit - empfehlen, überlassen, übertragen, verpflichten
commitment - Verbindlichkeit, Verpflichtung, Zusage
commitment authorization - Verpflichtungsermächtigung
commitment commission /fee - Zusageprovision
commitment interest - Bereitstellungszins
committee - Ausschuß, Komitee, Kommission

committee of experts - Gutachterausschuß
committee of investigation - Untersuchungsausschuß
commodities - Güter, Rohstoffe, Massenartikel
commodity - Artikel, Ware, Erzeugnis, Warenbörsenartikel
commodity bill - Handelswechsel
commodity combination - Güter-Mengen Kombination
commodity concentration - Warenhandelsanteil am Außenhandel
commodity exchange - Warenbörse
commodity grades - Qualitätstypen
commodity market - Warenbörse, Warenmarkt
commodity money - Warengeld
commodity pattern - Exportgüterstruktur
commodity price - Rohstoffpreis
commodity rate of interest - Warenzinsfuß
commodity space - Nettoproduktivitätsvektor
commodity stabilization agreement - Rohstoffpreis-Stabilitätsabkommen
commodity-service method - Entstehungsrechnung
common agricultural policy (CAP) - Gemeinsame Agrarpolitik
common average - arithmetisches Mittel
common budget - Gemeinschaftsbudget
common commercial policy - gemeinsame Handelspolitik
common cost - Kuppelproduktionskosten
common currency - Gemeinschaftswährung
common customs tariff - gemeinsamer Zolltarif
common debtor - Gemeinschuldner
common external tariff (CET) - gemeinsamer Außenzolltarif
common feature - Gemeinsamkeit
common law - Gewohnheitsrecht
Common Market - Gemeinsamer Markt; EG-Binnenmarkt
Common Market Commission - EG-Kommission
common ownership - Gesamteigentum
common pricing - Preisabsprache
common property resource - freies Gut
common resource problem - Allmendeproblem
common rule for import - gemeinsame Einfuhrregelung
common sense - Praktikabilität
common stock - Stammaktie
common stock dividend - Stammdividende
common stockholder - Stammaktionär
common turnover tax system - gemeinsames Umsatzsteuersystem
communication - Benachrichtigung, Mitteilung, Kommunikation
communication analysis - Kommunikationsanalyse
communication budget - Kommunikationsbudget
communication channel - Kommunikationskanal / -weg
communication economy - Kommunikationswirtschaft
communication gap - Kommunikationslücke
communication mix - Kommunikationsmix
communication network - Kommunikationsnetz / -netzwerk
communication process - Kommunikationsprozeß
communication relationships - Kommunikationsbeziehungen
communication system - Kommunikations-/ Nachrichtensystem
communication technology - Kommunikationstechnik
communicative pattern of rationalization - kommunikatives Rationalisierungsmuster
communicative rationalization - kommunikative Rationalisierung
community - Gemeinde, Gemeinschaft, Gemeinwesen
community of interests - Interessengemeinschaft
community taxes - Gemeinschaftssteuern
commuter - Pendler
commuting allowance - Fahrtkostenzuschuß
company - Unternehmen, Handelsgesellschaft
company assets - Gesellschaftsvermögen

company car - Firmenwagen
company comments - Unternehmensberichte
company information manual - Arbeitnehmerhandbuch
company internal sales - Innenumsätze
company law - Gesellschaftsrecht
company organization structure - Aufbauorganisation
company partially limited by shares - Kommanditgesellschaft auf Aktien (KGaA)
company pension reserves - Pensionsrückstellungen
company size - Betriebsgröße
company tax - Gesellschaftssteuer
company with unlimited liability - Personalgesellschaft
company's old-age pension - betriebliche Altersversorgung
company-manufactured product - Eigenerzeugnis
comparative - relativ, vergleichend
comparative advantage - komparativer Vorteil
comparative advertising - vergleichende Werbung
comparative cost accounting - Vergleichsrechnung
comparative external analysis - zwischenbetrieblicher Vergleich
comparative study - vergleichende Studie
compare - gleichstellen, vergleichen
comparison - Ähnlichkeit, Vergleich
comparison of balance sheets - Bilanzvergleich
comparison of organizations - Betriebsvergleich
compartmentalization - Fächereinteilung
compartmentalize - in Abteilungen aufteilen, gliedern
compatibility - Vereinbarkeit
compatible - angemessen, kompatibel, vereinbar
compel - erzwingen, nötigen
compelling evidence - zwingender Beweis
compelling reason - zwingender Grund
compensate - entschädigen, ersetzen, kompensieren, vergüten
compensating - kompensatorisch

compensating variation - Ausgleichszahlung
compensation - Abstandssumme, Ausgleich, Entschädigung, Vergütung
compensation of employees - Arbeitslosenunterstützung
compensation principle - Kompensationsprinzip
compensatory finance - Ersatzfinanzierung
compensatory pricing - Ausgleichskalkulation, Mischkalkulation
compensatory principle of taxation - Äquivalenzprinzip
compensatory tariff - Ausgleichsabgabe
compete - mitbewerben, konkurrieren, in Wettbewerb stehen
competence - Fähigkeit, Kompetenz, Sachkunde, Zuständigkeit
competent - fähig, befugt, zuständig
competition - Wettbewerb, Konkurrenz
competition analysis - Wettbewerbsanalyse
competition factor - Wettbewerbsfaktor
competition law - Wettbewerbsrecht
competitive - konkurrierend, wettbewerbsfähig, wetteifernd
competitive advantage - Wettbewerbsvorteil
competitve analyis - Wettbewerbsanalyse
competitive behavior - Wettbewerbsverhalten
competitive capacity - Konkurrenzfähigkeit
competitive distortion - Wettbewerbsverzerrung
competitive edge - Wettbewerbsfähigkeit, Konkurrenzvorteil
competitive equilibrium - Konkurrenzgleichgewicht
competitive framework - Wettbewerbsrahmen
competitive impact - Wettbewerbswirkung
competitive industry - Branche unter vollkommenem Wettbewerb
competitive level - Wettbewerbsniveau
competitive market - Wettbewerbsmarkt
competitive price - wettbewerbsfähiger Preis

competitive reaction

competitive reaction - Konkurrenzreaktion
competitive strategy - Wettbewerbsstrategie
competitive strength - Wettbewerbsfähigkeit
competitive system - Leistungssystem
competitive tendering - Ausschreibung
competitor - Konkurrent, Mitbewerber, Wettbewerbsteilnehmer
compilation - Sammelwerk, Zusammenstellung, Programmübersetzung
compile - zusammenstellen, zusammentragen, kompilieren
complaint - Beschwerde, Klage Mängelrüge, Reklamation
complement - Ergänzung, Komplement, Vollständigkeit, Vollzähligkeit
complementarity problem - Komplementaritätsproblem
complementarity restriction - Komplementaritätsrestriktion
complementary - komplementär, ergänzend
complementary basic solution - komplementäre Basislösung
complementary event - komplementäres Ereignis
complementary goals - komplementäre Ziele
complementary goods - Komplementärgüter
complete information - vollkommene / vollständige Information
complete ownership - Eigentum, Alleineigentum
complete survey - Totalerhebung
completeness - Vollständigkeit
completion - Abschluß, Vollendung
complex - komplex, kompliziert, verwickelt, Gesamtheit
complexity - Schwierigkeit, Verwicklung, Vielfalt
complicate - erschweren, komplizieren, verwickeln
complication - Erschwerung, Verwicklung, Komplikation
complimentary - Höflichkeits-
complimentary close - Abschlußformel
complimentary copy - Freiexemplar
complimentary dinner - Festessen

comply with - entsprechen, erfüllen, nachkommen
component - Element, Komponente, Teil
component bar chart - zusammengesetztes Stabdiagramm
component supplier - Zulieferbetrieb
compose - abfassen, ausarbeiten, zusammensetzen
composite demand - zusammengesetzte Nachfrage
composite hypothesis - zusammengesetzte Hypothese
composite interest rate - Mischzinssatz
composite price - Mischpreis
composite supply - zusammengesetztes Angebot
composition - Gestaltung, Vergleich, Zusammensetzung
composition in bankruptcy - Ausgleichsverfahren, Zwangsvergleich
compound - zusammengesetzt
compound bookkeeping entry - zusammengefaßte Buchung
compound interest - Zinseszins
compound yield - Anlagerendite, Gesamtrendite
comprehend - begreifen, einschließen, umfassen
comprehensible - verständlich
comprehension - Einsicht, Verständnis, Fassungsvermögen
comprehensive - inhaltsreich, umfassend
comprehensive coverage - flächendeckend
comprehensive school - Gesamtschule
comprise - einschließen, enthalten, umfassen
compromise - gegenseitiges Zugeständnis, sich vergleichen
comptroller - amtlicher Rechnungsprüfer
compulsion to buy - Konsumzwang
compulsory - obligatorisch, Zwangs-
compulsory auction - Zwangsversteigerung
compulsory execution - Zwangsvollstreckung
compulsory insurance - Zwangsversicherung
compulsory membership - Pflichtmitgliedschaft

compulsory reserves in securities - Reservehaltung von Wertpapieren
compulsory retirement - Zwangspensionierung
computation - Berechnung, Überschlag
computation of a tax - Steuerberechnung
compute - berechnen, ausrechnen, kalkulieren
computer aided assembling (CAA) - computerunterstützte Montage
computer aided design (CAD) - computerunterstütztes Konstruieren
computer aided manufacturing (CAM) - computerunterstützte Fertigung
computer aided office (CAO) - computerunterstütztes Büro
computer aided planning (CAP) - computerunterstützte Planung
computer aided quality assurance (CAQ) - computerunterstützte Qualitätssicherung
computer based production planning - computergestützte Produktionsplanung
computer communication - Computerkommunikation
computer illiterate - Computerlaie
computer integrated manufacturing (CIM) - computerintegrierte Fertigung
computer literate - Computerkenner
computer mail - Computerpost
concave - konkav, hohlgeschliffen
concave function - konkave Funktion
concave programming - konkave Programmierung
conceal - verbergen, verheimlichen, verschweigen
concealment - Geheimhaltung, Verheimlichung
concede - einräumen, gewähren, zugestehen
conceive - begreifen, sich vorstellen
concentrate - konzentrieren, zusammenballen, zusammenziehen
concentration - Konzentration, Zusammenballung
concentration movement - Konzentrationsbewegung
concentration ratio - Konzentrationsmaß, Konzentrationsrate
concentric diversification - konzentrische Diversifikation

concept - Auffassung, Gedanke, Konzept
conception of social security - System sozialer Sicherheit
conceptualize - konzeptualisieren
concerned - beschäftigt, beteiligt, besorgt
concert party - verhaltensabgestimmte Gruppe
concession - Entgegenkommen, staatliche Konzession, Zugeständnis
concessionaire - Konzessionsinhaber
conciliation - Schlichtung
conciliation board - Einigungsstelle, Schlichtungsausschuß
conclude - beenden, beschließen, zum Abschluß führen
conclude a contract /an agreement - Vertrag abschließen
conclusion - Abschluß, Schlußfolgerung
conclusion of a bargain - Geschäftsabschluß
conclusion of a sale - Verkaufsabschluß
conclusion of an agreement - Vertragsabschluß
concurrence - Mitwirkung, Zustimmung, Zusammentreffen
condition - Bedingung, bedingen
conditional - abhängig, bedingt
conditional delivery - bedingte Lieferung
conditional employee - abhängig Beschäftigter
conditional exports - bedingte Ausfuhr
conditional imports - bedingte Einfuhr
conditional most-favored-nation treatment - beschränkte Meistbegünstigung
conditional probability - bedingte Wahrscheinlichkeit
conditions of employment - Arbeitsbedingungen
conditions of sale - Verkaufsbedingungen
conditions of sale and delivery - Verkaufs- und Lieferbedingungen
conditions of tender - Ausschreibungsbedingungen
condominium - Eigentumswohnung
conduct - Führung, Leitung, betreiben, dirigieren, führen, verwalten
conduct of business - Geschäftsführung
conduit credits - durchlaufende Kredite
cone - Kegel

confer

confer - beratschlagen, erteilen, verleihen, Rücksprache nehmen
confer a right - Recht übertragen
conference - Besprechung, Tagung
conference call - Telefonkonferenz
conference center - Konferenzzentrum
Conference of the Ministers of Economic Affairs of the Federal States - Wirtschaftsministerkonferenz der Länder
conference table - Konferenztisch
confidence - Vertrauen, Zutrauen
confidence belt - Konfidenzbereich
confidence interval /range - Konfidenzintervall
confidence level - Konfidenzzahl
confidence limit - Vertrauensgrenze
confidence region - Konfidenzbereich
confident - gewiß, überzeugt, zuversichtlich
confidential - geheim, vertraulich
confidential report - vertraulicher Bericht
confidentially - im Vertrauen
configuration - Konfiguration
confine - beschränken
confinement - Beengtheit, Einschränkung
confirm - bestärken, bestätigen
confirm in writing - schriftlich bestätigen
confirmation - Bestätigung
confirmation of order - Auftragsbestätigung
confirmative /confirmatory - bestätigend
confiscate - beschlagnahmen, konfiszieren
confiscation - Beschlagnahme, Einziehung, Konfiszierung
confiscation order - Beschlagnahmeverfügung
conflict - Konflikt, Widerspruch
conflict avoidance - Konfliktvermeidung
conflict management - Konfliktmanagement /-handhabung
conflict of interest - Interessenkonflikt
conflict potential - Konfliktpotential
conflicting - gegensätzlich, widerstreitend
conflicting goals - Zielkonflikt
conflictive - konfliktär
conflictive objective relation - konfliktäre Zielbeziehung
conform - anpassen, entsprechen
conformable - entsprechend, konform

conformity - Ähnlichkeit, Anpassung, Übereinstimmung
confront - gegenüberstellen, konfrontieren
confrontation - Gegenüberstellung, Konfrontation
confrontation strategy - Konfrontationsstrategie
congest - anhäufen, verstopfen, überfüllen
congested urban area - Ballungsgebiet
congestion - Ansammlung, Überlastung
congestion problem - Wartezeitproblem
conglomerate - Mischkonzern, Zusammenballung, anhäufen
conglomerate mergers - konglomerate Zusammenschlüsse
conglomerative diversification - konglomerative Diversifikation
congruent - gemäß, übereinstimmend
conjectural - mutmaßlich
conjectural adjustment - konjekturale Variation
conjoint - vereinigt, verbunden, gemeinsam
conjoint analysis - Verbundanalyse
conjoint measurement - Verbundmessung
conjunction /connection - Beziehung, Verbindung, Zusammenhang
connector - Konnektor
conscientious - gewissenhaft
conscientious objector - Kriegsdienstverweigerer
conscientiousness - Gewissenhaftigkeit
consecutive - aufeinanderfolgend
consecutive quotation - fortlaufende Notierung
consensus - Konsens
consensus management - Konsens-Management
consent - Einverständnis, Zustimmung, einwilligen
consequence - Folge, Konsequenz, Resultat, Bedeutung, Wichtigkeit
consequential damage - mittelbarer Schaden
conservation - Erhaltung, Instandhaltung, Schutz
conservationist - Umweltschützer
conservative valuation - vorsichtige Bewertung

consider - erwägen, prüfen
consideration - Erwägung, Überlegung, Berücksichtigung
consign - in Kommission geben
consignee - Empfänger, Konsignatar
consignment - Kommissionssendung, Kommissionsware, Lieferung, Sendung
consignment basis - Kommissionsbasis
consignment note - Frachtbrief
consignment sale - Kommissionsverkauf
consignor - Absender
consistence - Beschaffenheit, Konsistenz
consistency - Vereinbarkeit, Übereinstimmung
consistent - gleichmäßig, konsequent, stetig
consistent estimator - konsistente Schätzfunktion
consolidate - konsolidieren
consolidate shipments - Sammelladungen zusammenstellen, Fracht zusammenstellen
consolidated accounting - Konzernrechnungslegung
consolidated accounts - Konzernabschluß
consolidated balance sheet - Konzernbilanz, Konsolidierungsbilanz
consolidated corporation - Schachtelgesellschaft
consolidated earnings - konsolidierter Ertrag/Gewinn
consolidated financial statement - Konzernabschluß
consolidated group - Konzerngruppe
consolidated profit and loss account - konsolidierte Gewinn- und Verlustrechnung
consolidated profits - Konzerngewinn
consolidated sales - Konzernumsatz
consolidated shipment - Frachtzusammenstellung
consolidated statement of income - Konzerngewinn- und Verlustrechnung
consolidated surplus - Konzernüberschuß
consolidating entry - Konsolidierungsbuchung
consolidation - Konsolidierung, Fusion
consolidation in terms of value - wertmäßige Konsolidierung
consolidation of final statements - Abschlußkonsolidierung

consolidation of investment - Kapitalkonsolidierung
consolidation of revenue and expenditures - Aufwands- und Ertragskonsolidierung
consortium - Konsortium
consortium of banks - Bankenkonsortium
conspicuous - auffallend, bemerkenswert, deutlich, hervorragend
conspicuous consumption - Geltungskonsum
conspicuous consumption effect - Vernebelungseffekt
conspiracy - abgestimmtes Verhalten, Komplott, Verschwörung
conspiracy in restraint of trade - wettbewerbsbeschränkende Abrede
conspire - verabreden, verschwören
constant - Konstante, konstant
constant elasticity of variance (CEV) - konstante Varianzelastizität
constant issue - Daueremission
constant issuer - Dauerem ittent
constant outlay curve - Kurve konstanter Ausgaben
constant payment mortgage - Abzahlungshypothek
constant price - Festpreis
constant return - konstanter Ertrag
constant return to scale - konstanter Skalenertrag
constituency - Wahlkreis
constitute - konstituieren
constitutum possessorium - Besitzkonstitut
constrain - zwingen, nötigen, drängen
constrained maximization - Maximierung unter Nebenbedingungen
constrained optimization - Optimierung unter Nebenbedingungen
constraint - Nebenbedingung, Restriktion, Zwang, Nötigung
constraints generation - Restriktionenerzeugung
construct - bauen, entwerfen, errichten, theoretisches Konstrukt
construction - Konstruktion, Bau, Anlage
construction cost index - Baukostenindex
construction cost of a building - Bauwert

construction expenditure

construction expenditure - Herstellungsaufwand
constructive - positiv, schöpferisch
constructive dismissal - unterstellte Kündigung
consult - konsultieren, um Rat fragen
consultance services - Beratungsdienstleistungen
consultant - Berater, Gutachter
consultation - Beratung, Rücksprache
consultation fee - Beratungskosten
consulting system - Beratungssystem
consumable - verbrauchbar, Verbrauchsartikel
consumable factors of production - Repetierfaktoren
consume - verbrauchen, verzehren, konsumieren
consumed quantity - Verbrauchsmenge
consumer - Abnehmer, Verbraucher, Konsument
consumer acceptance - Kaufbereitschaft, Käuferakzeptanz
consumer advertising - Verbraucherwerbung
consumer advisory service - Verbraucherberatung
consumer association - Verbraucherverband
consumer behavior - Konsumentenverhalten
consumer confidence - Konsumentenzuversicht
consumer counseling - Verbraucherberatung
consumer demand - Verbrauchernachfrage
consumer desire - Verbraucherwunsch
consumer disposables - kurzlebige Konsumgüter
consumer durables - Gebrauchsgüter, langlebige Konsumgüter
consumer education - Verbrauchererziehung
consumer expenditures - Konsumausgaben
consumer goods - Konsumgüter, Verbrauchsgüter
consumer habits - Verbrauchergewohnheiten

consumer income - Verbrauchereinkommen
consumer information - Verbraucherinformation
consumer inquiry - Verbraucherbefragung
consumer interest - Verbraucherinteresse
consumer legislation - Verbraucherschutzrecht
consumer level - Warenangebot
consumer loyalty - Kundentreue
consumer market - Verbrauchermarkt
consumer motivation - Verbrauchermotiv
consumer panel - Verbrauchertestgruppe
consumer perception - Konsumentenwahrnehmung
consumer policy - Verbraucherpolitik
consumer price - Verbraucherpreis, Endverbraucherpreis
consumer price index (CPI) - Konsumentenpreisindex
consumer protection - Verbraucher-/Konsumentenschutz
consumer protection organization - Verbraucherschutzorganisation
consumer purchase - Verbrauchskauf
consumer research - Verbraucherforschung
consumer satisfaction - Verbraucherbefriedigung
consumer share - Verbraucheranteil
consumer society - Konsumgesellschaft
consumer sovereignty - Konsumentensouveränität
consumer survey - Verbraucherbefragung
consumer taste pattern - Präferenzordnung der Konsumenten
consumer tax - Verbrauchssteuer
consumer theory - Theorie des Haushalts
consumer's risk - Verbraucherrisiko
consumer's surplus - Konsumentenrente
consumerism - Konsumerismus, Verbraucherbewegung
consumers' cooperative - Konsumgenossenschaft
consuming habits - Verbrauchsgewohnheiten
consumption - Absatz, Bedarf, Konsum, Verbrauch
consumption behavior - Konsumverhalten

consumption bundle - Konsumbündel
consumption capital - Verbrauchskapital
consumption function - Verbrauchsfunktion, Konsumfunktion
consumption goods - Konsumgüter, Verbrauchsgüter
consumption of material - Materialverbrauch
consumption pattern - Konsumgewohnheiten, Konsummuster
consumption return - Konsumertrag
consumption spending - Konsumausgaben
consumption value - Verbrauchswert
consumptionism - Bedarfsweckung
contact - Beziehung, Kontakt, Verbindung, sich in Verbindung setzen
container - Behälter, Versandbehälter
contaminate - verschmutzen, vergiften, radioaktiv verseuchen
contamination - Verunreinigung, Verseuchung
contango business - Prolongationsgeschäft
contango rate - Prolongationsgebühr
contemporaneous performance - Leistung Zug um Zug
contend - wetteifern, sich bewerben, konkurrieren
contender - Bewerber, Konkurrent, Anwärter
content - Gehalt, Inhalt
contention - Behauptung, Streitpunkt
contents analysis - Aussagenanalyse
contents of organisational design - Gestaltungsinhalte
contest - Wettbewerb
context - Zusammenhang
context marketing - Kontextmarketing
contextual definition - Kontextdefinition
contiguous zone - angrenzendes Gebiet
contingencies - unvorhergesehene Ausgaben
contingency - möglicher Fall
contingency analysis - Kontingenzanalyse
contingency approach - Kontingenzansatz, situativer Ansatz
contingency planning - Alternativplanung, Eventualplanung, Schubladenplanung
contingent claims - Eventualforderungen

contingent decision - Eventualentscheidung
contingent liability - Eventualverbindlichkeit
contingent losses - voraussichtliche Ausfälle
continual - häufig, immer wiederkehrend
continuance - Dauer, Laufzeit
continuation - Fortsetzung, Weiterführung, Prolongation
continuation rate - Kurszuschlag
continue in office - im Amt bleiben
continuing audit - Dauerprüfung
continuity - Kontinuität, Stetigkeit
continuity of balance sheet presentation - Bilanzkontinuität
continuity of valuation - Bewertungsstetigkeit
continuous - fortlaufend, stetig, ununterbrochen
continuous distribution - stetige Verteilung
continuous function - stetige Funktion
continuous observation - Dauerbeobachtung
continuous planning - rollende / gleitende Planung
continuous process production - Fließfertigung
continuous quotation - fortlaufende Notierung
continuous variate - stetige Zufallsvariable
contra - Kreditseite
contra account - Gegenkonto
contract - Abkommen, Auftrag, Vertrag
contract curve - Kontraktkurve, Auftragskurve
contract debts - Schulden machen, Verpflichtungen eingehen
contract mix - Kontrahierungsmix
contract note - Auftragszettel, Schlußschein
contract of assignment - Abtretungsvertrag
contract of carriage - Transportvertrag
contract of employment - Anstellungsvertrag, Arbeitsvertrag
contract of futures - Terminkontrakt
contract of guaranty - Gewährvertrag, Garantievertrag

contract of sale - Kaufvertrag
contract penalty - Konventionalstrafe
contract talks - Tarifverhandlungen
contract unit - Mindestmenge
contract worker - Vertragsarbeiter
contracting parties - Vertragsparteien
contraction - Abschließung, Aneignung, Einschränkung, Kontraktion
contraction of debts - Verschuldung
contraction phase - Abschwungphase
contractor - Auftragnehmer
contractor loan - Unternehmerkredit, Kredit für Bauunternehmer
contractual - vertraglich, vertragsgemäß
contractual agreement - vertragliche Vereinbarung
contractual obligation - Vertragsverpflichtung
contractual saving - Vertragssparen
contractual terms - Vertragsbedingungen
contradict - widersprechen
contravention - Übertretung
contribute - beisteuern, beitragen, mitwirken
contribution - Beihilfe, Beitrag, Einlage
contribution analysis /costing - Deckungsbeitragsrechnung
contribution for social insurance - Sozialversicherungsbeitrag
contribution in cash - Bargeldeinlage
contribution margin - Deckungsbeitrag
contribution to partnership capital - Gesellschaftseinlage
contributor - Beitragender, Mitwirkender
contributory - beitragspflichtig
control - Führung, Kontrolle, Steuerung, kontrollieren, lenken
control agreement - Beherrschungsvertrag
control instrument - Steuerungsinstrument
control levy law - Abwasserabgabengesetz
control loop - Kontrollschleife, Regelkreis
control of advertising effectiveness - Werbeerfolgskontrolle, Werbewirkungskontrolle
control of economic efficiency - Wirtschaftlichkeitskontrolle
control of prices - Preisbindung

control process - Steuerungsprozeß
control program - Steuerprogramm
control station - Bedienerstation
control system - Kontrollsysteme
controlled enterprise - abhängiges Unternehmen
controlled international trade - gelenkter Außenhandel
controlled variable - kontrollierte Variable, Regelgröße
controller - Leiter, Revisor, Regler
controlling - Planung und Steuerung
controlling department - Planungs- und Steuerungsabteilung
controlling interest - Mehrheitsbeteiligung
controlling shareholder - Mehrheitsaktionär
controlling shareholding - Mehrheitsbeteiligung
controls - Steuerorgane
controversy - Aussprache, Debatte, Kontroverse, Meinungsstreit
convene - versammeln, vorladen
convene an assembly - Versammlung einberufen
convenience - Annehmlichkeit
convenience goods - Güter des täglichen Bedarfs
convenient - bequem, günstig, praktisch
convention - Tagung, Übereinkunft, Vertrag
convention center - Tagungszentrum
conventional - üblich, gewöhnlich, konventionell
converge - konvergieren, sich nähern
convergence - Konvergenz
convergence condition - Stabilitätsbedingung
convergence in probability - stochastische Konvergenz
convergence theorem - Konvergenzsatz, Näherungssatz
conversion - Konvertierung, Umtausch, Umwechslung, Umstellung
conversion factor - Umrechnungsfaktor
conversion ratio - Wandlungsverhältnis
conversional marketing - Konversionsmarketing
convert - umändern, umrechnen, umstellen, umwandeln, umwechseln

convertibility - Konvertierbarkeit, Umwandelbarkeit, Austauschbarkeit
convertible - konvertierbar, wandelbar
convertible bond - Wandelanleihe, Wandelobligation
convertible debenture - Wandelschuldverschreibung
convex - konvex
convex function - konvexe Funktion
convex programming - konvexe Programmierung
convexity - Zeit-Rendite-Veränderungsmaß
convey - befördern, fortschaffen
conveyance - Transportmittel, Zuleitung
conveyancing - Eigentumsübertragung
conveyor belt - Fließband, Förderband
conveyor belt system - Fließbandprinzip
convoluted - geschlängelt, gewunden
convolution - Faltung, Windung
cooperate - mitwirken, zusammenarbeiten, kooperieren
cooperation - Kooperation, Mitwirkung, Zusammenarbeit
cooperation cartel - Kooperationskartell
cooperative - gemeinsam, genossenschaftlich, kooperativ
cooperative bank - Genossenschaftsbank
cooperative company - Genossenschaft
cooperative distribution - gemeinschaftlicher Vertrieb
cooperative leadership - kooperative Führung
cooperative venture - Gemeinschaftsunternehmen
coordinate - aufeinander abstimmen, koordinieren
coordination - Abstimmung, Koordination, Zusammenarbeit
coordination of activities - Handlungskoordination
coordinator - Koordinator
coownership - Miteigentum
cope with - bewältigen, meistern
copier - Kopierer, Plagiator
copy - Kopie, Reproduktion, kopieren
copy research - Textanalyse
copy strategy - Werbetextstrategie
copy testing - Werbetextwirkungs-untersuchung
copyright - Nachdrucksrecht

copywriter - Werbetexter, Anzeigentexter
core - Kern, Haupt-
core business - Hauptgeschäftsbereich
core hours - Kernzeit
core intension - Kerninhalt
core memories - Zentralspeichereinheiten
core workers - Stammbelegschaft
corner - aufkaufen, spekulativer Aufkauf
corner ring - Aufkäufergruppe
corner the market - den Markt aufkaufen
corporate - korporativ, vereinigt, Unternehmens-
corporate body - juristische Person, Körperschaft
corporate business - Kapitalgesellschaft
corporate concentration - Unternehmenskonzentration
corporate culture - Unternehmenskultur
corporate domicile - Gesellschaftssitz
corporate ecosystem /environment - Unternehmensumwelt
corporate funds - Gesellschaftsmittel
corporate goal - Unternehmensziel
corporate identity - Unternehmenskultur, Unternehmensidentität
corporate image - Unternehmensimage
corporate income - Einkommen einer Aktiengesellschaft
corporate investment - Geldanlage in der Industrie
corporate management - Firmenleitung, Geschäftsleitung
corporate model - Unternehmensmodell
corporate objective - Unternehmensziel
corporate organization - Unternehmensorganisation
corporate plan - Unternehmensplan
corporate policy - Untenehmenspolitik
corporate profit tax - Körperschaftssteuer
corporate results - Betriebsergebnis
corporate socio-economic accounting - Sozialbilanz
corporate strategy - Unternehmensstrategie
corporate tax - Unternehmenssteuer
corporate vail - Haftungsbeschränkung
corporation - Körperschaft, Aktiengesellschaft, Unternehmung
corporation (income) tax - Körperschaftssteuer

corporation under public law - Körperschaft des öffentlichen Rechts
correcting entry - Korrekturposten, Berichtigungsbuchung
corrective - richtigstellend, Korrektur-
corrective action /measures - Abhilfemaßnahmen
corrective advertising - berichtigende Werbung
correlation - Korrelation, Wechselbeziehung
correlation analysis - Korrelationsanalyse
correlation coefficient - Korrelationskoeffizient
correlation matrix - Korrelationsmatrix
correspondence - Übereinstimmung, Briefwechsel, Geschäftsverbindung
correspondence course - Fernlehrgang
correspondent bank - Korrespondenzbank
corresponding - entsprechend
corrupt - bestechlich, käuflich
corruption - Bestechlichkeit, Korruptheit, Korruption
cosine function - Kosinusfunktion
cosmopolitan - kosmopolitisch, weltbürgerlich
cost - Kosten
cost absorption - Kostenübernahme
cost account - Kostenartenkonto
cost accounting - Kalkulation, Kostenrechnung
cost advance - Kostenvorteil
cost allocation base - Kostenschlüssel
cost averaging - Kostenausgleich
cost breakdown - Kostenaufgliederung
cost categories - Kostenkategorien
cost center - Kostenstelle
cost center accounting - Kostenstellenrechnung
cost center charge transfer - Kostenstellenumlage
cost center measurement - Kostenstellenrechnung
cost center overhead - Kostenstellengemeinkosten
cost classification by type - Aufwandarten
cost coefficient - Kostenkoeffizient
cost comparison method - Kostenvergleichsrechnung

cost consciousness - Kostenbewußtsein
cost coverage - Kostendeckung
cost cutting - Kostendämmung
cost data - Kostenangaben
cost distribution - Kostenverteilung
cost effectiveness - Kostenwirksamkeit
cost effectiveness analysis - Kostenwirksamkeitsanalyse
cost estimate - Kostenvoranschlag
cost estimate sheet - Kalkulationsschema
cost factor - Kostenfaktor
cost finding - Kostenerfassung, Kostenfestsetzung
cost fraction - Kostenanteil
cost function - Kostenfunktion
cost inflation - Kosteninflation
cost leader - Kostenführer
cost leadership - Kostenführerschaft
cost of acquisition - Anschaffungskosten
cost of capital - Kapitalkosten
cost of collecting information - Informationskosten
cost of debt - Fremdkapitalkosten
cost of equity finance - Kosten der Eigenkapitalfinanzierung
cost of finance - Finanzierungskosten
cost of funds - Kapitalbeschaffungskosten
cost of goods sold - Umsatzaufwendungen, Umsatzkosten
cost of guaranty commitments - Gewährleistungskosten
cost of litigation - Prozeßkosten
cost of living - Lebenshaltungskosten
cost of living allowance - Teuerungszulage
cost of living index - Lebenshaltungsindex
cost of materials - Materialkosten
cost of output - Produktionskosten
cost of outside services - Fremdleistungskosten
cost of production - Herstellungskosten
cost of raising money - Geldbeschaffungskosten
cost of replacement - Wiederbeschaffungskosten /-wert
cost of services - Dienstleistungskosten
cost of storekeeping personnel - Personalkosten der Lagerverwaltung
cost of transport - Transportkosten
cost of waiting time - Wartekosten

cost optimization - Kostenoptimierung
cost optimum - Kostenoptimum
cost per man-hour - Arbeitsstundensatz
cost per thousand criterion - Kosten-pro-Tausend-Kriterium
cost per thousand readers - Tausend-Leser-Preis
cost plan - Kostenplan
cost planning - Kostenplanung
cost plus approach - Zuschlagsrechnung
cost pressure - Kostendruck
cost price - Anschaffungswert, Kostenpreis, Selbstkostenpreis
cost push inflation - kosteninduzierte Inflation, Kostendruckinflation
cost revenue control - Erfolgskontrolle
cost sales style of presentation - Umsatzkostenverfahren
cost saving - Kosteneinsparung, Kostenersparnis
cost section - Kostenstelle
cost sharing - Kostenbeteiligung, Kostenteilung
cost standard - Standardkosten
cost structure - Kostenstruktur
cost system - Kostenrechnungssystem
cost type accounting - Kostenartenrechnung
cost unit - Kostenträger
cost unit accounting - Kostenträgerstückrechnung
cost value - Kostenwert
cost value principle - Anschaffungswertprinzip
cost variance analysis - Kostenabweichungsanalyse
cost, insurance, freight (c.i.f.) - Kosten, Versicherung und Fracht
cost-benefit analysis - Kosten-Nutzen-Analyse
cost-benefit ratio - Kosten-Nutzen-Kennziffer
cost-covering - kostendeckend
cost-of-capital channel - Zinsübertragungsmechanismus
cost-of-carry - Netto-Haltungskosten
cost-price scissor /squeeze - Kosten-Preis-Schere
cost-time curve - Kosten-Zeit-Kurve
cost-to-performance ratio - Kosten-Leistungs-Verhältnis

cost-volume trend - Kosten-Umsatz-Trend
costing - Kostenbewertung, Kostenrechnung
costing method - Kostenrechnungsverfahren
costing policy - Kostenrechnungsgrundsätze
costing system - Kostenrechnungssystem, Preiskalkulation
costly - kostspielig, teuer
costs of cyclical unemployment - konjunkturelle Arbeitslosigkeitskosten
costs of unemployment - Arbeitslosigkeitskosten
costs per capita - Pro-Kopf-Kosten
coterie - exklusiver Kreis, geschlossene Gesellschaft, Chlicke, Klüngel
couch potato - fernsehsüchtiger Fast-Food-Freak
council of agricultural ministers - Agrarministerrat
counter - Ladentisch, Schalter, bekämpfen, Gegen-
counter cartel - Gegenkartell
counter display - Auslagenwerbung
counter evidence - Gegenbeweis
counter marketing - Kontramarketing
counter offer - Gegenangebot
counter trade - Gegengeschäft, Kompensationshandel, Tauschgeschäft
counter-inflation measure - Antiinflationsmaßnahme
counter-offensive advertising - Abwehrwerbung
countercyclical - antizyklisch
countercyclical policy - antizyklische Politik
counterfoil - Kontrollabschnitt
countermand - Annullierung, Widerruf, widerrufen
countermandate - Gegenauftrag
counterpart - Gegenstück, Duplikat
counterproposal - Gegenvorschlag
countersign - gegenzeichnen
countersignature - Gegenzeichnung
countertrend - Gegentendenz
countervailing duty - Ausgleichszoll
countervailing force - ausgleichende Kraft
countervailing power - Marktgegenmacht

53

country of departure

country of departure - Ausgangsland
country of origin - Ursprungsland, Herkunftsland
coupon - Berechtigungsschein, Koupon
coupon bond - Inhaberobligation
coupon sheet - Zinsbogen, Kuponbogen
court - herausfordern, umwerben
court desaster - mit dem Feuer spielen
court of appeal - Berufungsgericht
court of inquiry - Untersuchungsgericht
court of justice - Gerichtshof
court settlement - gerichtlicher Vergleich
covariance - Kovarianz
cover - bedecken, einschließen, Schulden begleichen, Deckung
cover ratio - Deckungsgrad
coverage - Reichweite, Versicherungsumfang
coverage contract - Versicherungsvertrag
covered market - Markthalle
covered sector - Verbreitungsgebiet
covering - Bezug, Deckung, Hilfe
covering letter - Begleitschreiben
covering of fixed costs - Fixkostendeckung
covering transaction - Deckungsgeschäft
covert - verdeckt, geschützt, Obdach, Versteck
cowboy contractor - Auftragserschwindler, Scheinfirma
craft - Fahrzeug, Gewerbe, Handwerk
craft certificate - Facharbeiterbrief
craft establishment - Handwerksbetrieb
craft union - Fachgewerkschaft
craftguild - Handwerkerinnung
craftsman - Handwerker, Facharbeiter, Gewerbetreibender
crash - Ruin, Zusammenbruch, Zusammenstoß, zusammenstoßen
crash job - Sofortauftrag
create - erzeugen, gestalten, hervorbringen, schaffen
create a demand - Bedarf wecken
creation - Erzeugung, Schaffung, Verursachung, Kreation
creation of money - Geldschöpfung
creation of needs - Bedarfsweckung, Bedürfnisproduktion
creative - schöpferisch, kreativ
creative goal - Gestaltungsziel
creativity - Kreativität

creativity technique - Kreativitätstechnik
credibility - Glaubwürdigkeit
credible - glaubwürdig
credit - Guthaben, Gutschrift, Kredit, gutschreiben, kreditieren
credit an account - einem Konto gutschreiben
credit balance - Aktivsaldo, Guthaben
credit by way of bank guaranty - Avalkredit
credit control - staatliche Kreditkontrolle, Kreditregulierung
credit crunch - Kreditzusammenbruch
credit entry - Gutschrift
credit facility - Krediteinrichtung, Kreditfazilität, Darlehen
credit for accrued interest - Zinsgutschrift
credit information - Kreditauskunft
credit inquiry - Kreditauskunft
credit inquiry agency - Kreditauskunftei
credit insurance - Kreditversicherung
credit investigation - Kreditwürdigkeitsprüfung
credit line - Kreditlinie, Kreditrahmen
credit memo /note - Gutschriftsanzeige
credit rating - Kreditwürdigkeit, Bonitätseinstufung
credit requirement - Kreditbedarf
credit restriction - Krediteinschränkung
credit review - Kreditwürdigkeitsprüfung
credit slip - Gutschriftszettel, Gutschriftsanzeige
credit standing - Kreditwürdigkeit
credit status - Bonität, Kreditwürdigkeit
credit total - Gesamtguthaben
credit union - Kreditgenossenschaft
credit worthiness - Kreditwürdigkeit
credit worthy - kreditwürdig
credit-issuing bank - Akkreditivbank
creditor - Gläubiger
creditor central bank - Gläubigerzentralbank
creeping inflation - schleichende Inflation
crisis - Krise
crisis management - Krisenmanagement
crisis-ridden sector - Krisenbranche
crisis-staff - Krisenstab
criterion - Kriterium

criterion of decision - Entscheidungskriterium
criterion of optimality - Optimalitätskriterium
critical - kritisch
critical activity - kritische Beschäftigung
critical appraisal of balance sheet - Bilanzkritik
critical competition factor - kritischer Wettbewerbsfaktor
critical load factor - kritische Auslastung
critical path - kritischer Pfad
critical path method (CPM) - Methode des kritischen Pfades
critical point - kritischer Punkt
critical rate of interest - kritischer Zinssatz
critical region - kritischer Bereich
critical stage - kritisches Stadium
critical success factor - kritischer Erfolgsfaktor
critical value - Grenzwert
criticism - Kritik
criticize - kritisieren
crop - Ernte, Ertrag
crop failure - Mißernte
crop surplus - Ernteüberschuß
crop yield - Ernteertrag
cross currency swap - kombiniertes Devisenkassa- und Termingeschäft
cross currency-interest rate swap - klassischer Devisenswap mit Zinskomponente
cross frontier movements of goods - grenzüberschreitender Warenverkehr
cross hedge - Terminmarktsicherungsgeschäft
cross impact analysis - Kreuzwirkungsanalyse
cross investment - Investitionsverflechtung
cross price elasticity - Kreuzpreiselastizität
cross price elasticity of demand - Kreuzpreiselastizität der Nachfrage
cross rate of exchange - Kreuzwechselkurs
cross section - repräsentativer Durchschnitt, Querschnitt
cross section analysis - Querschnittsanalyse

currency depreciation / devaluation

cross selling - Gegenseitigkeitsgeschäft
crossed check - Verrechnungsscheck
crossing - Überfahrt, Übergang
crowd behavior - Massenverhalten
crowd out - ausschließen
crowding out - Verdrängungswettbewerb
crowding out effect - Verdrängungseffekt
crucial factor - entscheidender Faktor
crucial period - kritische Zeit
crude - roh, unverarbeitet
crude facts - nackte Tatsachen
crude figures - nicht aufgeschlüsselte Zahlen
crude oil - Rohöl
crude steel - Rohstahl
cruising-speed - Reisegeschwindigkeit
culmination - Höhepunkt, Gipfel
cultivate - kultivieren, zivilisieren
cultivate the market - Marktpflege betreiben
cultural level - Bildungsstand
cultural wage - Bedürfnislohn
culture pattern - Kulturform
culture shock - Kulturschock
cumulate - anhäufen, kumulieren
cumulative annual net cash savings - Jahreseinnahmenüberschuß
cumulative audience - kumulative Reichweite
cumulative fund /trust- Thesaurierungsfond, Wachstumsfond
cumulative learning model - kumulatives Lernmodell
cumulative probability - Summenwahrscheinlichkeit
cumulative relative frequency - relative Summenhäufigkeit
cumulative total - Gesamtbetrag
curiosity shop - Raritätenladen
currency - Währung, Valuta
currency account - Devisenkonto
currency bill - Devisenwechsel
currency bond - Fremdwährungsanleihe
currency control - Devisenbewirtschaftung
currency coordination - Währungsabstimmung
currency deal - Währungsabsprache
currency depreciation /devaluation - Währungsabwertung

55

currency exposure - Währungsrisiko, Fremdwährungsposition
currency fluctuation - Währungsschwankung
currency futures trading - Devisenterminhandel
currency gains - Währungsgewinne
currency in circulation - Bargeldumlauf
currency inflow - Devisenzufluß
currency intervention - Intervention am Devisenmarkt
currency rate - Wechselkurs
currency reform - Währungsreform, Währungsumstellung
currency snake - Währungsschlange
currency speculation - Währungsspekulation
currency speculator - Währungsspekulant
currency union - Währungsunion
currency upvaluation - Währungsaufwertung
currency-deposit ratio - Bargeld-Einlagen-Relation
current - aktuell, gängig, gültig
current account - laufendes Konto, Girokonto
current account deficit - Leistungsbilanzdefizit
current assets - Umlaufvermögen
current condition of a market - Marktkonfiguration
current funds - flüssige / verfügbare Mittel
current income - Periodenertrag
current interest rate - Marktzins
current liabilities - kurzfristige Verbindlichkeiten
current liquidity ratio - kurzfristige Liquidität
current market value - Tageskurs, Tagespreis
current market value method - Zeitwertmethode, Tageswertmethode
current price - Marktpreis, Tagespreis
current purchase price - Gegenwartswert
current supplementary cost - laufende ergänzende Kosten
currently - derzeit, gegenwärtig
curriculum vitae - Lebenslauf
curtail - einschränken, kürzen, schmälern

curtailing of production - Produktionseinschränkung
curtailment - Beeinträchtigung, Kürzung, Schmälerung
curve diagram - Kurvendiagramm
curvilinear correlation - nichtlineare Korrelation
curvilinear regression - nichtlineare Regression
cushion - Polster, Sicherheitsfaktor
custodian bank - verwahrende Bank
custody - Aufsicht, Schutz, Depot
custody business - Depotgeschäft
custody by third party - Drittverwahrung
custody fee - Verwahrungsgebühr
custody ledger - Verwahrungsbuch
custody transactions - Verwahrungsgeschäft
custom - Gewohnheit, Gewohnheitsrecht
customary - gebräuchlich, üblich
customary international law - internationales Gewohnheitsrecht
customer - Abnehmer, Auftraggeber, Käufer, Kunde
customer account - Kundenkonto
customer accounting - Kundenabrechnung
customer attitude - Kundenverhalten
customer country - Abnehmerland
customer loyalty - Kundentreue
customer order - Kundenauftrag
customer orientated classification - kundenorientierte Gliederung
customer prepayments - Kundenanzahlung
customer satisfaction - Kundenzufriedenheit
customer service level - Lieferbereitschaft
customer structure - Kundenstruktur
customization - Kundenanpassung
customize - auf Bestellung anfertigen
customized - angepaßt, kundenspezifisch
customized marketing - kundenspezifisches Marketing
customizing - kundenspezifische Anfertigung / Produktion
customs - Bräuche, Sitten, Zölle
customs administration /authorities - Zollverwaltung, Zollbehörde

customs clearance - Verzollung, Zollabfertigung
customs control - Zollkontrolle
customs documents - Zollpapiere
customs duty - Zollabgabe, Zollgebühr
customs exempt - zollfrei
customs fraud - Zollhinterziehung
customs investigation division - Zollfahndung
customs jurisdiction - Zollhoheit
customs penalty - Zollstrafe
customs procedure - Zollverkehr
customs restriction - Zollbeschränkung
customs revenue - Zolleinnahmen
customs security - Zollsicherheit
customs treatment applicable to goods - zollrechtliche Behandlung von Waren
customs union - Zollunion
cut - Schnitt, schneiden
cut back - kürzen
cut down - drosseln
cut down forests - Wälder roden
cut in employment - Personalabbau
cut under - jemanden unterbieten
cut-throat competition - mörderischer Konkurrenzkampf, ruinöse Konkurrenz
cut-throat price - Schleuderpreis
cutback - Einschränkung, Kürzung, Senkung
cutoff - Erhebungsabbruch
cuts in social benefits - Kürzungen von Sozialleistungen

cutting plane - Schnittebene
cutting plane algorithm - Schnittebenenalgorithmus
cutting plane technique - Schnittebenenverfahren
cybernetics - Kybernetik
cycle - Kreislauf, Zyklus
cycle count - periodische Bestandsaufnahme
cyclic shift - Ringübertragung
cyclical - periodisch, konjunkturbedingt
cyclical depression - Konjunkturtief
cyclical fluctuations - Konjunkturschwankungen
cyclical inventory count - Periodeninventur
cyclical movement - Konjunkturbewegung, zyklische Bewegung
cyclical pattern - Konjunkturschema
cyclical peak - Konjunkturspitze
cyclical price swings - konjunkturelle Preisschwankungen
cyclical recovery - Konjunkturanstieg / -erholung
cyclical trend - Konjunkturtrend
cyclical trough - Konjunkturtal, Konjunkturtief
cyclical unemployment - kunjunkturelle Arbeitslosigkeit
cyclical upturn - konjunktureller Aufschwung

D

daily allowance - Tagegeld
daily benefit insurance - Tagegeldversicherung
daily cash receipts - Tageseinnahmen
daily cash report - täglicher Kassenbericht
daily clearing - tägliche Abrechnung
daily dozen - Routinetätigkeiten
daily expense allowance - Spesensatz
daily opening rate - Eröffnungssatz
daily quotation - Tageskurs, Einheitskurs
daily turnover - Tagesumsatz
dairy - Milchwirtschaft, Molkerei
dairy products - Molkereierzeugnisse, Molkereiprodukte
daisychain - künstliche Marktaktivität, undurchsichtiger Unternehmenskomplex
damage by sea - Harvarie, Seeschaden
damage claim - Schadensersatzanspruch
damage in law - allgemeiner Schaden
damage report - Schadensbericht
damage suit - Schadensersatzklage
dampen - dämpfen, abschwächen
data - Angaben, Daten
data acquisition - Datenerfassung
data analysis - Datenanalyse
data backup - Sicherungskopie
data bank /base - Datenbank, Datensammlung
data base management - Datenbankverwaltung
data base system - Datenbanksystem
data capture - Datenerfassung
data collection - Datenerhebung
data coloration - Daten schönfärben
data display device - Datensichtgerät
data exchange - Datenaustausch
data file - Datenstoß, Datenpaket
data flow chart - Datenflußplan
data handling system - Datenverarbeitungssystem
data lag - Datenlücke
data medium - Informationsträger
data memory - Datenspeicher
data model - Datenmodell
data output - Datenausgabe
data privacy protection - Datenschutz
data processing - Datenverarbeitung

data protection - Datenschutz
data storage - Datenspeicher
data transfer - Datenübertragung
data transfer rate - Transfergeschwindigkeit
data transmission - Datenübertragung
databation - Computermanipulation
date - Zeitpunkt
date of acquisition - Anschaffungszeitpunkt
date of admission - Eintrittstermin
date of delivery - Liefertermin
date of entry - Buchungszeitpunkt
date of invoice - Rechnungsdatum
date of maturity - Fälligkeitstermin
dated - altmodisch, überholt
dateless - undatiert, zeitlos
datum - Meßwert, Meßzahl, Unterlagen
daughter company - Tochtergesellschaft
dawn raid - Überraschungskauf
dawdle away - Zeit vertrödeln
day money - Tagegeld
day of issue - Ausfertigungstag
day of settlement - Abrechnungstag
day release course - Tageskurs für Berufstätige
day shift - Tagschicht
day's price - Tagespreis
daybook - Grundbuch
daylight robbery - Halsabschneiderei
dayman - Zeitlohnarbeiter
days lost - Ausfalltage
days lost through industrial action - Streikausfalltage
days lost through sickness - Krankheitsausfalltage
days of inventories - Lagerdauer
de facto company - faktische Gesellschaft
dead assets - unproduktive Aktiva
dead horse - bezahlte, aber nicht gelieferte Güter und Dienste
dead hours - umsatzschwache Geschäftszeit
dead loss - Totalverlust
dead plant - überalterte Anlage
dead rent - Mindestpacht
dead time - Brachzeit
dead-end job - Beruf ohne Zukunft
deadhead - blinder Passagier, Leerzug
deadheading allowance - Reisekosten

deadline - äußerster Termin, Frist, Stichtag, Redaktionsschluß
deadline for tenders - Ausschreibungsfrist
deadlock - Pattsituation
deadness - Flaute
deadweight capacity - Ladefähigkeit
deadweight cargo - Schwergut
deadweight costs - Wohlfahrtskosten
deadweight loss - Zusatzlast, Wohlfahrtsverlust
deal - Geschäft, Geschäftsabschluß, Handel, handeln, vermitteln
deal in / with - Handel treiben, Geschäfte machen
deal out - austeilen, verteilen
dealer - Händler, Kaufmann, Makler
dealer aid advertising - Produzentenwerbung
dealer allowance - Händlerprovision
dealer chain - Händlerkette
dealer network - Händlernetz
dealer transactions - Händlergeschäfte
dealing expenses - Handelsspesen
dealing in futures - Termingeschäfte
dealing in options - Optionshandel
dealing in stock - Effektenhandel
dealing on change - Börsenhandel
dear money policy - Hochzinspolitik
dearth - Mangel
death benefit - Sterbegeld
death duty - Erbschaftssteuer
death rate - Sterbeziffer
debar - ausschließen, verhindern
debark - ausschiffen
debarment - Ausschluß
debase - entwerten, herabsetzen, mindern
debased coins - Falschmünzen
debasement - Verringerung
debasement of currency - Währungsverschlechterung
debatable - strittig, diskutierbar
debate - Debatte, Erörterung, erwägen
debenture - Obligation, Schuldverschreibung, ungesicherte langfristige Verbindlichkeiten
debenture bonds - ungesicherte Anleihe
debenture capital - Obligationskapital
debenture loan - Obligationsanleihe
debenture stock - Vorzugsaktie
debenture trust deed - Treuhandurkunde

debit - Debet, Schuldposten, Soll, belasten, debitieren
debit an account - Konto belasten
debit entry - Lastschrift, Sollbuchung
debit note - Lastschriftanzeige, Belastungsaufgabe
debit rate - Sollzins
debit side - Sollseite
debit slip - Lastschriftzettel
debit total - Gesamtschuld, Gesamtrechnungsbetrag
debriefing - Einsatzbesprechung
debt - Darlehn, Schuldpapiere, Schulden
debt alleviation - Schuldenerleichterung, Schuldenerlaß
debt assumption - Aufnahme von Fremdkapital, Verschuldung
debt bomb - Schuldenbombe
debt burden - Schuldenlast
debt capital - Fremdkapital
debt ceiling - Verschuldungsgrenze
debt collection letter - Mahnschreiben
debt conversion - Umschuldung
debt crisis - Schuldenkrise
debt discount - Damnum
debt discount and expense - Disagio und Kreditaufnahmekosten
debt equity ratio - Verschuldungsgrad
debt equity swap - Schuldenhandel
debt fatigue - Schuldendienst
debt financing - Außenfinanzierung, Fremd-/ Schuldenfinanzierung
debt limit - Verschuldungsgrenze
debt management - Schuldenpolitik
debt margin - Verschuldungsspielraum
debt market - Fremdkapitalmarkt
debt recovery service - Inkassogeschäft
debt relief - Schuldenerlaß
debt repaying capability - Schuldentilgungsfähigkeit
debt service ratio - Schuldendienstquote
debt servicing burden - Tilgungs- und Zinslast
debt-distressed - schuldengeplagt
debt-for-nature swap - Schuldenerlaß gegen Umweltschutz
debt-income ratio - Schulden-Einkommensquotient
debt-ravaged - ausgeplündert durch Schulden
debt-strapped - verschuldet

debtee - Gläubiger
debtor - Schuldner
debtor balances - Schuldsalden
debtor in arrears - säumiger Schuldner
debtor interest - Sollzins
debtor management - Debitorenverwaltung
debtor's estate - Konkursmasse
debtor-creditor hypothesis - Gläubiger-Schuldner-Hypothese
debtors to sales ratio - Forderungen-Umsatz-Verhältnis
debts at call - täglich abrufbare Darlehn
debts payable - Verbindlichkeiten
debts receivable - Forderungen
decade - Jahrzehnt
decapitalization - Grundkapitalsenkung, Kapitalschnitt
decartelization - Entflechtung
decay - Verfall, Verderb, verfallen, zugrundegehen
decay time - Impulsabfallzeit
deceit - Betrug, Täuschung
deceitful - betrügerisch
deceitfulness - Falschheit
deceive - betrügen, täuschen
deceiver - Betrüger
decelerate - verlangsamen
deceleration of growth - Wachstumsverlangsamung
deceleration of money growth - Geldwachstumsverlangsamung
decent - dezent, unaufdringlich
decent subsistence - sozialethisch gerechter Lohn
decentralization - Dezentralisation
decentralization of decisions - Entscheidungsdezentralisation
decentralized dispatching - dezentralisierte Arbeitszuweisung
decentralized inventory - dezentrales Lager
decentralized management system - dezentrales Führungssystem
deception - Betrug, Täuschung
deceptive advertising - irreführende Werbung
deceptive packing - Mogelpackung
deceptive practices - irreführende Praktiken
decide - entscheiden, Ausschlag geben

decider - Entscheidungsträger
decimal place - Dezimalstelle
decimally - in Dezimalzahlen ausgedrückt
decipher - entschlüsseln, entziffern
decision - Entscheidung, Auswahl
decision and risk analysis - Entscheidungs- und Risikoanalyse
decision area - Entscheidungsfeld
decision behavior - Entscheidungsverhalten
decision competence - Entscheidungsbefugnis
decision criterion - Entscheidungskriterium
decision feedback - Entscheidungs-Feedback
decision function - Entscheidungsfunktion
decision level - Entscheidungsebene
decision maker - Entscheidungsträger
decision making - Entscheidungsfindung, Willensbildung
decision making process - Entscheidungsfindungsprozeß
decision model - Entscheidungsmodell
decision parameter - Entscheidungsgröße /- parameter,
decision phase - Entscheidungsphase
decision process - Entscheidungsprozeß
decision rule - Entscheidungsregel
decision scope - Entscheidungsspielraum
decision space - Entscheidungsraum
decision table - Entscheidungstabelle
decision taking unit - Entscheidungsträger
decision theory - Entscheidungstheorie
decision tree - Entscheidungsbaum
decision tree analysis - Entscheidungsbaumanalyse
decision under risk /uncertainty - Entscheidung unter Risiko /Unsicherheit
decision unit - Entscheidungsträger
decision variable - Entscheidungsvariable
decisive - ausschlaggebend, entschlußfreudig, zielorientiert
decisiveness - Bestimmtheit, Entschiedenheit
deck cargo insurance - Deckladungsversicherung
declarable - zollpflichtig

declaration certificate - Deklarationsschein
declaration of a dividend - Dividendenausschüttung
declaration of acceptance - Annahmeerklärung
declaration of assignment - Abtretungserklärung
declaration of bankruptcy - Konkursanmeldung
declaration of suretyship - Bürgschaftserklärung
declare - bekanntgeben, erklären
declare bankrupt - zahlungsunfähig erklären
decline - Abnahme, Rückgang, Verfall, neigen, senken, verschlechtern
decline in business - Geschäftsrückgang
decline in economic activity - Konjunkturrückgang
decline in prices - Preisverfall
decline in sales - Absatzrückgang, Umsatzrückgang
decline in value - Wertminderung
decline of marginal unit costs - Kostendegression
decline stage - Degenerationsphase
declining - abnehmend
declining balance method - degressive Abschreibung
declining failure rate - abnehmende Ausfallrate
declining market - Marktverfall
decode - dechiffrieren, entschlüsseln
decomissioning costs - Kosten der Außerbetriebnahme
decompose - abbauen, zerlegen
decomposition - Dekomposition, Zerfall
decontrol of prices - Aufhebung von Preiskontrollen
decor - Ausstattung, Ausschmückung, Dekor
decoy - ködern, als Lockvogel fungieren
decoy duck - Lockvogel
decrease - abnehmen, senken, verringern
decrease in consumption - Verbrauchsrückgang
decrease in demand - Nachfragerückgang
decrease in equity - Eigenkapitalminderung

decreasing marginal utility - abnehmender Grenznutzen
decreasing return - abnehmender Ertrag
decreasing returns to scale - sinkender Skalenertrag
decree - Anordnung, Verfügung, Verordnung
deduct - abrechnen, abziehen
deductibility - Abzugsfähigkeit
deductible - abzugsfähig
deductible input tax - abziehbare Vorsteuerbeträge
deduction - Abzug, Nachlaß, Rabatt
deduction from salary - Gehaltsabzug
deductive method - deduktive Methode
deed - Dokument, Urkunde, förmlicher Vertrag
deed of ownership - Besitzurkunde, Eigentumsurkunde
deed of partnership - Gesellschaftsvertrag
deed of trust - Treuhandvertrag
deep sea trade - Überseehandel
deepening investment - Verbesserungsinvestition
defamation - Verleumdung
default - Vertragswidrigkeit, Verzug, Zahlungsunfähigkeit
default in acceptance - Annahmeverzug
default in payment - Zahlungsverzug
default of delivery - Lieferverzug
defect - Fehler, Mangel, abspringen
defective - mangelhaft, unvollkommen
defective goods - Ausschußware
defend - verteidigen
defenders of the environment - Umweltschützer
defense - Verteidigung
defense expenditures - Verteidigungsausgaben
defensive strategy - Defensivstrategie
defer - aufschieben, zurückstellen
defer payment - Zahlung aufschieben
deferment - Aufschub, Zurückstellung
deferral - Rechnungsabgrenzung
deferred assets - transitorische Passiva
deferred capital - aufgeschobene Kapitaleinzahlung
deferred demand - aufgeschobene Nachfrage

deferred expenses

deferred expenses - antizipatorische Passiva
deferred freight payment - Frachtkostenstundung
deferred interest - Zinsabgrenzung
deferred item - transitorischer Posten
deferred payment - Ratenzahlung
deferred payments credit - Akkreditiv mit aufgeschobener Zahlung
deferred taxes - latente Steuern
deficiency - Fehlbetrag, Mangel
deficiency in proceeds - Mindererlös
deficiency of saving - mangelnde Ersparnis
deficiency payment - Ausgleichszahlung
deficiency-of-demand unemployment - konjunkturelle Arbeitslosigkeit
deficient - unzureichend, mangelhaft
deficient amount - Fehlbetrag
deficit - Defizit, Mindereinnahme, Verlust
deficit financing - Staatsverschuldung
deficit guaranty - Ausfallbürgschaft
deficit in revenues - Einnahmendefizit
deficit margin - Verlustspanne
deficit spending - öffentliche Verschuldung durch Anleihen, Defizitfinanzierung
define - definieren, erklären
defined goals and objectives - Zielvorgaben
definite - eindeutig, bestimmt, endgültig
definite undertaking - verbindliche Zusage
definition - Definition, Bestimmung
definition of short-term objectives - Kurzzielbestimmung
definitive - ausdrücklich, endgültig, entschieden
deflate - Währungsinflation beseitigen
deflate a currency - Zahlungsmittelumlauf einschränken
deflate policy - restriktive Wirtschaftspolitik
deflation - Deflation, Aufwertung
deflationary - deflationistisch
deflationary program - Stabilitätsprogramm
deflection of trade - Umlenkung der Handelsströme
deforestation - Abholzung, Kahlschlag

defraud - betrügen, hinterziehen, unterschlagen
defraud the revenue - Steuern hinterziehen
defrauder - Betrüger
defrayal - Übernahme
degenerate basic solution - degenerierte Basislösung
degenerate basis - degenerierte Basis
degree - akademischer Grad, Rang, Stand
degree of acquaintance - Bekanntheitsgrad
degree of capacity utilization - Kapazitätsauslastungsgrad
degree of centralization - Zentralisierungsgrad
degree of formalization - Formalisierungsgrad
degree of freedom - Freiheitsgrad
degree of goal accomplishment / achievement - Zielerreichungsgrad
degree of goal adaption - Zielanpassungsgrad
degree of goal performance - Zielerfüllungsgrad
degree of homogeneity - Homogenitätsgrad
degree of integration - Integrationsgrad
degree of liquidity - Liquiditätsgrad
degree of standardization - Standardisierungsgrad
degression - progressive Abnahme
degressive costs - degressive Kosten
degressive tax - degressive Steuer
del credere - Wertberichtung, Delkredere
del credere insurance - Delkredereversicherung
del credere reserve - Delkredererückstellung
delay - verzögern, Verzug, Verzögerung
delay in payment - Zahlungsverzug
delay in performance - Leistungsverzug
delay multiplier - Verzögerungsmultiplikator
delay of creditors - Gläubigerbenachteiligung
delayed delivery penalty - Deport
delayed payment - Zahlungsverzug
delaying industry - rückläufiger Industriezweig
delegate - bevollmächtigen

delegation - Abordnung, Delegation, Übertragung
delegation of authority - Kompetenzübertragung
delegation of decision-making - Entscheidungsdelegation
deliberate - beratschlagen, nachdenken, überlegen, bewußt, vorsätzlich
deliberation - Beratung, Überlegung
delimit - abgrenzen
delimitation - Abgrenzung
delineate - beschreiben, darstellen, entwerfen
delineation of powers - Kompetenzabgrenzung /-bestimmung
delinquency - Kriminalität, Vergehen
delinquent - kriminell, straffällig, pflichtvergessen
delinquent accounts receivables - überfällige Forderungen
delisting - Aufhebung der Börsenzulassung
delivery - Lieferung, Zustellung
delivery charge - Zustellgebühr
delivery date - Lieferdatum
delivery note - Lieferschein
delivery point - Entladungsstelle
delivery price - Lieferpreis
delivery promise - Lieferzusage
delivery receipt - Empfangsbestätigung
delivery schedule - Belieferungsplan
delivery time - Lieferzeit
delivery van - Lieferwagen
delphi-method - Delphi-Methode
demand - Nachfrage, Bedarf, Forderung
demand analysis - Nachfrageanalyse, Bedarfsanalyse
demand behavior - Nachfrageverhalten
demand component - Nachfragebestandteil
demand control - Nachfragesteuerung
demand coverage - Bedarfsdeckung
demand creation - Bedarfsschöpfung, Bedarfsschaffung
demand curve - Nachfragekurve
demand deposits - Sichteinlagen
demand distribution - Nachfrageverteilung
demand elasticity - Nachfrageelastizität, Bedarfselastizität
demand for capital goods - Investitionsgüternachfrage
demand for cash - Geldnachfrage
demand for cash balances - Liquiditätsnachfrage
demand for labor - Arbeitsnachfrage
demand forecast - Bedarfsprognose
demand function - Nachfragefunktion
demand in physical terms - mengenmäßige Nachfrage
demand management - Globalsteuerung
demand orientation - Bedarfsorientierung
demand oriented - bedarfsorientiert
demand price - Nachfragepreis
demand pull inflation - Nachfragedruckinflation
demand recognition - Bedarfserkennung
demand shock - Nachfrageschock
demand shortfall - Nachfrageausfall
demand structure - Nachfragestruktur
demand trend - Nachfrageentwicklung
demand-led inflation - Nachfragedruckinflation
demand-outlay curve - Nachfrage-Ausgaben-Kurve
demand-supply balance - Angebot-Nachfrage-Ausgleich
demanding - anspruchsvoll
demarketing - Reduktionsmarketing
dematerialize - dematerialisieren
demesne - Eigenbesitz, Grundbesitz
demographic - demographisch, bevölkerungsstatistisch
demographic change - Bevölkerungsveränderung
demographic stratum - Bevölkerungsschicht
demographic time bomb - demographische Zeitbombe
demographic transition - demographischer Übergang
demographical structure - demographische Struktur
demonstrate - beweisen, darstellen, vorführen, zeigen
demonstration - Beweis, Darstellung, Vorführung
demonstration car - Vorführwagen
demonstration effect - Mitläufereffekt
demurrage - Lagergeld, Verzugskosten

denationalization

denationalization - Reprivatisierung
denial - Dementi, Absage
denigrate - verunglimpfen
denomination - Maßeinheit, Nennwert, Stückelung
denomination of notes - Notenstückelung
denominator - Nenner
denotation - Bedeutung, Bezeichnung, Kennzeichnung
denote - andeuten, bezeichnen, kennzeichnen
dense - dicht, eng, gedrängt
densely populated - dicht besiedelt
density - Dichte, Enge
density of circulation - Streudichte von Werbemedien
deny - bestreiten, dementieren, leugnen
department - Abteilung
Department of Employment - Arbeitsministerium
department store - Kaufhaus, Warenhaus
department store chain - Warenhauskette
departmental charge - Abteilungsumlage
departmental costing - Abteilungskostenrechnung
departmental head / manager - Abteilungsleiter
departmental organization - Abteilungsorganisation
departmental profit - Abteilungsgewinn
departmentalism - Gliederung in Abteilungen
departmentation - Abteilungsbildung
dependability - Verlässlichkeit, Zuverlässigkeit
dependant - Abhängiger
dependence - Abhängigkeit
dependence audit - Abhängigkeitsprüfung
dependent - abhängig
dependent commercial employee - Handlungsgehilfe
dependent company report - Abhängigkeitsbericht
dependent variable - abhängige Variable
dependent employment - abhängige Beschäftigung
depict - abbilden
depletion - Erschöpfung, Substanzverringerung
deplorable - bedauerlich, kläglich

deploy - einsetzen, entfalten, entwickeln
deployment - Einsatz, Verteilung
deponent - vereidigter Zeuge
deposit - Deposit, Einlagen, Guthaben, anzahlen, einzahlen
deposit account - Depositenkonto, Einlagenkonto
deposit ceiling - Höchsteinlage
deposit contraction - Giralgeldkontraktion
deposit currency - Buchgeld, Giralgeld
deposit guaranty fund - Einlagensicherungsfond
deposit mix - Depotzusammensetzung
deposit money - Buchgeld
deposit multiplier - Geldschöpfungsmultiplikator
deposit receipt - Depotschein
deposit security arrangements - Einlagenschutz
deposit security reserve - Sicherungsreserve
deposit slip - Einlieferungsschein
deposit-taking business - Einlagengeschäft
depositary - Treuhänder
depositary bank - Depotbank
deposited object - hinterlegte Sache
depositing business - Bankgeschäft
depositor - Deponent, Einzahler, Kontoinhaber
depositor's book - Einlagenbuch
depository - Lagerhaus, Verwahrungsort
deposits in foreign countries - Auslandsguthaben
deposits stock - Bankeinlagen
depot - Aufbewahrungsort, Depot
depreciable cost - abschreibbare Kosten
depreciate - abschreiben, abwerten, herabsetzen, sinken
depreciation - Abschreibung, Abwertung, Kaufkraftverlust, Wertminderung
depreciation allowance - Abschreibungsbetrag
depreciation charge - Abschreibungssumme
depreciation expense - Abschreibungsaufwand
depreciation for reporting purposes - bilanzielle Abschreibung

depreciation fund - Abschreibungsreserve
depreciation method - Abschreibungsmethode
depreciation of fixed assets - Abschreibung auf Anlagevermögen
depreciation of inventories - Abschreibung auf Warenbestände
depreciation of long-term investments - Abschreibung auf Anlagevermögen
depreciation of plant and equipment - Abschreibung auf Betriebsanlagen
depreciation on financial assets - Abschreibung auf Finanzanlagen
depreciation period - Abschreibungszeitraum
depreciation rate - Abschreibungssatz
depreciation risk - Abschreibungswagnis
depreciation schedule - Abschreibungsplan
depress - abschwächen, senken
depressed - flau, gedrückt, mißgestimmt
depressed business - schleppendes Geschäft
depressed industry - notleidender Wirtschaftszweig
depressed region - Notstandsgebiet
depression - Konjunkturtief, Wirtschaftskrise, Flaute
deprivation - Absetzung, Entbehrung
deprive - entziehen, nehmen
deprived person - benachteiligte Person
depth of production - Fertigungstiefe, Produktionstiefe
deputation - Abordnung, Delegation
depute - abordnen, delegieren, übertragen
deputy - Abgeordneter, Stellvertreter
deputy director - stellvertretender Direktor
deputy manager - stellvertretender Leiter
derivation - Ableitung, Herleitung, Herkunft, Ursprung
derivation of a solution - Ableiten einer Lösung / eines Ergebnisses
derivative - abgeleitet, sekundär, derivat
derivative markets - nachgeordnete Marktsegmente
derive - ableiten, erhalten
derived demand - abgeleitete Nachfrage, abgeleiteter Bedarf
derived demand deposits - sekundäres Giralgeld
derived income - abgeleitetes Einkommen
derv - Dieselöl
descend - abstammen, absteigen, aussteigen, heruntergehen
descending worker participation - abnehmende Arbeitermitbestimmung
describe - beschreiben, schildern
descriptive labeling - Produktkennzeichnung
descriptive literature - Informationsmaterial
desentangle - befreien
design - Design, Gebrauchsmuster, Konstruktion, entwerfen, planen
design copyright - Musterschutz
design costs - Konstruktionskosten
design of experiment - Planung eines Experimentes
desirable - erstrebenswert
desired capital stock - gewünschter Kapitalbestand
desk - Kasse, Pult, Schreibtisch
desk clerk - Empfangschef
desk diary - Tischkalender
desk editor - Lektor, Ressortchef
desk jobber - Großhändler für das Streckengeschäft, Kommissionsagent
desk research - Sekundärforschung
destination - Bestimmungsort, Reiseziel
destitution - Armut, Mittellosigkeit
destocking - Vorratsabbau
destruction of capital - Kapitalvernichtung
destruction of money - Geldvernichtung
destructive testing - zerstörender Funktionstest
destructor - Müllverbrennungsanlage
desulphurisation - Entschwefelung
detail drawing - Detailzeichnung
detailed - ausführlich, genau
detailed description of a specific occupation - Berufsbild, Stellenbeschreibung
detection - Aufdeckung, Ermittlung
deteriorate - verschlechtern, verderben
deterioration - Verschlechterung, Verderb, Wertminderung, Zerfall
determinant - Determinante, Bestimmungsfaktor

determination

determination - Entscheidung, Entschlossenheit
determine - bestimmen, entscheiden, festsetzen, regeln
determining eligibility - Bedürftigkeitsprüfung
determining factor - Bestimmungsfaktor
deterministic - deterministisch
deterministic optimization - deterministische Optimierung
deterrence - Abschreckung
detriment - Nachteil, Schaden
detrimental - nachteilig, ungünstig
devaluation - Abwertung, Entwertung
devalue - entwerten, abwerten
devastating - verheerend, enorm, phantastisch
developer - Erschließungsunternehmen
developing country /nation - Entwicklungsland
developing time - Entwicklungsdauer
development aid - Entwicklungshilfe
development area - Entwicklungsgebiet
development area policy - Strukturpolitik
development assistance - Entwicklungshilfe
development cost - Entwicklungskosten
development cycle - Entwicklungszyklus
development department - Entwicklungsabteilung
development expense - Entwicklungsaufwand
development funds - Entwicklungsfonds
development potential - Entwicklungsmöglichkeit
development project - Entwicklungsprojekt
developmental marketing - Entwicklungsmarketing
deviation - Abweichung, Ablenkung
deviation analysis - Abweichungsanalyse
deviation of actual costs - Istkostenabweichung
deviation process - Abweichungsprozeß
deviation report - Abweichungsbericht
device - Gerät, Vorrichtung, Muster
devise - erfinden, konstruieren, planen, Grundbesitz vermachen, Vermächtnis
devise an advertisement - eine Anzeige entwerfen
devisee - Vermächtnisnehmer

deviser - Erfinder, Planer
devisor - Erblasser
diagnostic model - Diagnosemodel
diagram - Diagramm, Schaubild, Schema
diagrammatic - graphisch, schematisch
dialectic materialism - dialektischer Materialismus
dialling code - Vorwahlnummer
diameter - Durchmesser
diary - Terminkalender, Notizbuch
dicker - feilschen, schachern
dictaphone - Diktiergerät
dictate - Vorschrift, diktieren
dictation - Diktat
dictionary - Wörterbuch
die casting - Spritzgußstück
die sinker - Werkzeugmacher
diet - Abgeordnetenversammlung
difference in quotations - Kursspanne
differentiable - differenzierbar
differential - Gefälle, Unterschied, gestaffelt, unterschiedlich
differential calculus - Differentialrechnung
differential cost - Differenzkosten, Grenzkosten
differential duty - Differentialzoll
differential equation - Differentialgleichung
differential income - Differentialeinkommen
differential of factor function - Faktorendifferential
differential price - Preisspanne, Staffeltarif
differential pricing - segmentspezifische Preisgestaltung
differential rate - Ausnahmetariff
differential rent - Differentialrente
differentiate - differenzieren
diffusion - Diffusion, Ausbreitung
diffusion of innovations - Innovationsausbreitung
digit - Ziffer, Fingerbreite
digression - Abschweifung
dilemma - Dilemma
diligence - Eifer, Fleiß, Sorgfalt
diligent - eifrig, fleißig, sorgfältig
dilly dally - trödeln
diluted capital - verwässertes Grundkapital

dilution - Abschwächung, Verwässerung
dilution of equity - Verwässerung des Aktienkapitals
dilution of labor - Aufschlüsselung von Arbeitsgängen
dimension - Ausdehnung, Dimension, Größe, Umfang
diminish - abnehmen, vermindern, verschwinden
diminishing returns - Ertragsrückgang, abnehmende Grenzerträge
diminution - Abnahme, Kürzung, Verminderung
diminution in value - Wertminderung
diminution of profits - Gewinnschrumpfung
dinkie (double income no kids) - kinderloser Doppelverdiener
dip - Geschäftsrückgang, Flaute, sinken, zurückgehen
diploma - Diplom, Urkunde
diplomat - Diplomat
diplomatic - diplomatisch
diplomatic mission - diplomatische Botschaft / Gesandtschaft
diplomatic service - diplomatischer Dienst
direct - direkt, unmittelbar
direct advertising - Direktwerbung
direct cost - Einzelkosten
direct cost center - Hauptkostenstellen
direct costing - Teilkostenrechnung, Grenz(plan)kostenrechnung
direct debit authorization /mandate - Einzugsermächtigung
direct debit method / service - Abbuchungsverfahren, Einzugsermächtigungsverfahren
direct expense - Einzelkosten, direkte / feste Kosten,
direct investment - Direktinvestition
direct labor - unmittelbarer Arbeitsaufwand
direct labor costs - Fertigungslohn
direct mail advertising - Postwurfsendung
direct marketing - Direktmarketing
direct material - Fertigungsmaterial, Produktionsmaterial
direct material cost - Fertigungsmaterialkosten

direct selling - Direktvertrieb, Direktverkauf
direct taxes - direkte Steuern
directed graph - gerichteter Graph
directional system - Leitungssystem
directive - Weisung, Vorschrift
director - Direktor, Leiter
directorate - Aufsichtsrat, Direktorium
directorship - Direktorstelle, Leitung
directory - Adreßbuch, Telefonbuch
dirty floating - schmutziges Floaten
disability - Arbeits-/ Dienst-/ Erwerbsunfähigkeit
disabled - arbeitsunfähig, körperbehindert
disadvantage - Nachteil, Schaden
disadvantageous - nachteilig, ungünstig
disaggregation - Aufspaltung, Disaggregation
disagio - Disagio, Abgeld
disagree - nicht einverstanden sein, nicht zustimmen, anderer Meinung sein
disagreeable - unangenehm, widerlich
disagreement - Meinungsverschiedenheit, Unstimmigkeit
disapproval - Mißbilligung, Mißfallen
disapprove - ablehnen, mißbilligen
disarm - abrüsten
disaster - Katastrophe, Unglück
disastrous - verheerend, katastrophal
disburse - auszahlen
disbursement - Ausgabe, Auslage, Auszahlung
discern - feststellen, wahrnehmen
discernible - deutlich erkennbar
discharge - Begleichung, Bezahlung, Entlassung, abgelten, aus- /entladen
discharge a creditor - Gläubiger befriedigen
discharge an account - Konto ausgleichen
discharge debts - Schulden begleichen
discharge liabilities - Verbindlichkeiten / Verpflichtungen nachkommen
disciplinary procedure - Disziplinarregelung
disclaimer of liability - Haftungsausschluß
disclaimer of right - Rechtsverzicht
disclosure - Bekanntgabe, Offenlegung
discommodities - externe Kosten, schädliche Güter

discontinue

discontinue - einstellen, unterbrechen
discontinuous variable - diskrete Variable
discount - Abzug, Disagio, Rabatt, Skonto
discount account - Disagiokonto
discount business - Diskontgeschäft
discount commitment - Diskontzusage
discount credit - Diskontkredit
discount earned - Liefererskonto
discount factor - Abzinsungsfaktor
discount house - Diskonthaus
discount rate - Abzinsungssatz, Diskontsatz, Rabattsatz
discount rate policy - Diskontpolitik
discount terms - Rabattbestimmungen
discounted cash flow (DCF) - diskontierter liquiditätswirksamer Ertrag
discounted cash flow analysis - diskontierte Einnahmeüberschußanalyse
discounted cash flow rate of return - interner Zinsfuß
discounted costs - abgezinste Kosten
discounted revenues - abgezinste Erträge
discounting - Abzinsung
discourage - entmutigen, abschrecken
discourse - Diskurs
discrepancy - Diskrepanz, Abweichung, Unstimmigkeit
discrete - diskret, unstetig
discrete variable / variate - diskrete Variable
discretion - Diskretion, Entscheidungsfreiheit, Ermessen
discretion clause - Kannvorschrift
discretionary - beliebig
discretionary decision - Ermessensentscheidung
discretionary outlays - freiwillige Zahlungen
discretionary power - Ermessensfreiheit
discretionary reserves - Ermessensreserven
discriminate - benachteiligen, diskriminieren, unterscheiden
discriminatory analysis - Diskriminanzanalyse
discriminatory pricing - Preisdiskriminierung
discussion in principle - Grundsatzdiskussion

diseconomies - Unwirtschaftlichkeit
diseconomies of scale - Größennachteile
disembarkation - Ausschiffung
disembodied technical progress - investitionsunabhängiger technischer Fortschritt
disenchant - ernüchtern, desillusionieren
disencumberment - Entschuldung
disentail - Fideikommiß auflösen
disentangle - entwirren
disequilibrated - unausgeglichen
disequilibrium - Ungleichgewicht
disfranchising - Konzessionsentzug
disgoods - negative Güter
disguise - tarnen, verbergen, Maske, Tarnung
disguised unemployment - versteckte Arbeitslosigkeit
dishonor - nicht akzeptieren
disincentive - Abschreckungsmittel, arbeitshemmender Faktor
disinclination to buy - Kauflust
disinheritance - Enterbung
disinvestment - Desinvestition
disinvestment in stocks - Abbau von Lagerbeständen
dislike - Abneigung, Widerwille, mißbilligen
dismantle - abbauen, demontieren
dismantlement /dismantling - Abbau, Demontage
dismantling time - Abrüstzeit
dismiss - absetzen, entlassen
dismissal - Abberufung, Entlassung
dismissal protection - Kündigungsschutz
dismissal without notice - fristlose Kündigung
disparities of income - Einkommensdisparitäten
disparity - Ungleichheit, Unterschied, Unvereinbarkeit
disparity in position - Stellungsunterschiede
dispassion - Objektivität
dispassionate - objektiv, sachlich
dispatch - Versand, versenden
dispatch box - Depeschenkassette
dispatch department - Versandabteilung
dispatch note - Begleitschein, Benachrichtigungsschein
dispatch order - Versandauftrag

dispatching of goods - Güterabfertigung
dispensation of justice - Rechtsprechung
dispersion - Streuung, Verbreitung, Zerstreuung
dispersion matrix - Streuungsmatrix
displace - ablösen, ersetzen
displaced workers - freigesetzte Arbeitskräfte
displacement - Umsiedlung, Verlagerung, Verschiebung
displacement effect - Niveauverschiebungseffekt
display - abbilden, ausstellen, darstellen, Schaufensterauslage
display advertising - Großanzeige
display cabinet - Schaukasten, Vitrine
display room - Ausstellungsraum
display stand - Auslagestand
disposable - verfügbar, Einweg-, Wegwerf-
disposable income - verfügbares Einkommen, Nettoeinkommen
disposal - Veräußerung, Verfügungsrecht, Beseitigung
dispose - veräußern, verfügen, verkaufen
disposition - Disposition, Verteilung, Anordnung, Entscheidung
disposition of retained earnings - Gewinnverwendung
dispossess - enteignen
dispossession - Enteignung
disproportion - Mißverhältnis
disproportionate - unverhältnismäßig
dispute benefit - Streikgeld
disquisition - Abhandlung, Rede
disrupt - unterbrechen, zerbrechen, spalten
disruption - Unterbrechung, Spaltung, Zerfall
disruptive - zersetzend, auflösend
dissave - Ersparnis auflösen, entsparen
dissemination - Verbreitung, Ausbreitung
dissenting opinion - Minderheitsvotum
dissertation - Abhandlung, Dissertation
dissociation - Spaltung
dissolution - Entflechtung
dissolve a liability reserve - Rückstellung auflösen
dissuade - abmahnen
dissuasion - Abmahnung

distance coefficient - Entfernungskoeffizient
distinct - ausdrücklich, ausgeprägt, bestimmt, deutlich, eindeutig
distinction - Unterschied, Unterscheidung
distinctive - ausgeprägt, charakteristisch
distinctive feature - Unterscheidungsmerkmal
distinguish - unterscheiden, kennzeichnen
distorted - verzerrt, verformt
distortion - Entstellung, Verzerrung
distortion of a market - Marktverzerrung
distortion of competition - Wettbewerbsverzerrung
distortion of competitive positions - Wettbewerbsverzerrung
distortionary taxation - verzerrende Besteuerung
distress - Notlage
distributable - verteilbar
distributable equity capital - verwendbares Eigenkapital
distributable profit - auszuschüttender Gewinn
distribute - absetzen, verteilen, vertreiben, zustellen
distributed income - ausgeschütteter Gewinn
distributing agency - Verkaufsagentur
distributing agent - Handelsvertreter, Großhandelsvertreter
distribution - Absatz, Vertrieb, Verteilung, Zwischenhandel, Spende
distribution area - Absatzgebiet
distribution center - Absatzzentrum, Verteilungszentrum
distribution chain - Distributionskette
distribution cost analysis - Distributionskostenanalyse
distribution costs - Absatzkosten
distribution curve - Kurve der Verteilungsfunktion
distribution depot - Verteilerlager
distribution expenses - Vertriebskosten
distribution function - Verteilungsfunktion
distribution index - Distributionsindex, Vertriebskennzahlen
distribution method - Absatzmethode, Vertriebsmethode
distribution middleman - Absatzmittler

distribution mix

distribution mix - Distributions-Mix
distribution of dividends - Ausschüttung
distribution of duties - Aufgabenverteilung
distribution of income - Einkommensverteilung
distribution of power - Machtverteilung
distribution planning - Distributionsplanung
distribution policy - Absatzpolitik
distribution programming - Verteilungsprogrammierung
distributional consequence / effect - Verteilungswirkung
distributional shift - Verteilungsverschiebung
distributional weights - Verteilungsgewichte
distributive battle - Verteilungskampf
distributive costing - Vertriebskostenrechnung
distributive margin - Verteilungsspielraum
distributive share - Verteilungsquote
distributive trade - Absatzwirtschaft, Verteilergewerbe
distributor - Großhändler, Verteiler, Zwischenhändler
district - Verwaltungsbezirk
district attorney (DA) - Bezirksstaatsanwalt
district council - Bezirksregierung
district court - Bezirksgericht
district manager - Bezirksdirektor
disturbance-free growth - störungsfreies Wachstum
disturbed growth - gestörtes Wachstum
disutility - Nachteil
divergence - Abweichung, Divergenz
divergence indicator - Abweichungsindikator
divergence margin - Abweichungsspanne
divergence threshold - Divergenzschwelle
diversification - Diversifikation, Risikostreuung, Streuung
diversification of capital - Anlagenstreuung
diversify - variieren, diversifizieren
divestiture - Aufgabe, Niederlegung
divide - absondern, dividieren, trennen

dividend - Dividende, Gewinnanteil
dividend bearing - dividendenberechtigt
dividend coupon - Gewinnanteilschein
dividend distribution - Dividendenausschüttung
dividend netting - Dividendenbereinigung
dividend on preferred stock - Vorzugsdividende
dividend payment /payout - Dividendenausschüttung
dividend payout account - Dividendenkonto
dividend warrant - Anrechtschein auf Dividende
dividend yield - Dividendenrendite
divisible - teilbar
division - Abteilung, Gruppe, Sektor
division into shares - Stückelung
division of labor - Arbeitsteilung
divisional organization - Spartenorganisation
divisionalization - Divisionalisierung
docket - Laufzettel, Warenbegleitschein
doctoral thesis - Doktorarbeit
doctorate - Promotion
doctrine - Doktrin, Lehre
document - Beleg, Dokument, Urkunde, dokumentieren, urkundlich belegen
document analysis - Dokumentenstudium
document of title - Besitztitel, Besitzurkunde
documentary acceptance credit - Rembourskredit
documentary bill - Dokumententratte
documentary check - Belegprüfung
documentary collection - Dokumenteninkasso
documentary credit business - Akkreditivgeschäft
documentary letter of credit - Dokumentenkredit, Dokumententratte, Dokumentenakkreditiv
documents against acceptance (D/A) - Dokumente gegen Akzept
documents against cash /payment (D/P) - Dokumente gegen Barzahlung
documents of title - Dispositionspapiere
dole - Almosen, Stempelgeld
dole out - sparsam verteilen
dollar area - Dollarraum

dollar diplomacy - Finanzdiplomatie
dollar duration - Renditeabhängigkeit des Anleihekurses
dollar gap - Dollarlücke
dollar premium - Dollarprämie, Dollarzuschlag
domestic - inländisch, Binnen-
domestic article - Inlandserzeugnis
domestic currency - Binnenwährung
domestic economy - Binnenwirtschaft, Hauswirtschaft
domestic industry - heimische Industrie
domestic inflation - Binneninflation
domestic investment - Inlandsinvestition
domestic labor market - inländischer Arbeitsmarkt
domestic market - Binnenmarkt, Inlandsmarkt
domestic needs - Inlandsbedarf
domestic purchasers - inländische Käufer
domestic rate of transformation (DRT) - Inlandstransformationsrate
domestic science - Hauswirtschaftslehre
domestic spending - Inlandsausgaben
domestic trade - Binnenhandel
domicile - Wohnsitz
domiciled acceptance - Domizilakzept
domiciled bill - Domizilwechsel
dominant advertising - dominante Werbung
dominate - dominieren
domination of a market - Marktbeherrschung
donation - Schenkung
donee beneficiary - Zuwendungsempfänger
donor country - Geberland
door-to-door - von Haus zu Haus
dot frequency diagram - Punktdiagramm
dotted - punktiert
dotted line - punktierte Linie
double check - genau nachprüfen
double counting - Doppelzählung
double cross - hintergehen, verraten
double crossing - Verrat
double dipping - Subventionserschleichung
double entry bookkeeping - doppelte Buchführung
double spread - doppelseitig
double standard - Doppelwährung

double taxation - Doppelbesteuerung
doublethink - Doppeldenken
doubtful accounts receivable - zweifelhafte Forderungen
dough - Kies, Kohle, Zaster
downgrade - verschlechtern
downgrading - Herabstufung
downpayment - Anzahlung
downperiod - Stillstandszeit
downswing - Konjunkturabschwung
downtrend - Abwärtstrend
downturn - Abschwung
downward business trend - Konjunkturrückgang
downward integration - Abwärtsintegration
downward mobility - Abstiegsmobilität
downward revision - Korrektur nach unten
downward tendency - fallende Tendenz
down-up planning - Planung nach dem Gegenstromverfahren
dowry - Mitgift
draft - Entwurf, Tratte, Wechsel
draft for acceptance - Wechsel zur Annahme
draft letter - Entwurf eines Briefes
draft solution - Lösungsentwurf
draft version - Vorentwurf
drain - Abzüge, Geldabfluß
drain on purchasing power - Kaufkraftentzug
drainage - Ableitung, Abwasser, Trockenlegung
dramatic - dramatisch, entscheidend, spannend
draper - Textilkaufmann
draper's shop - Textilgeschäft
drastic - drastisch, durchgreifend
draughtsman /draftsman - Konstruktionszeichner, Musterzeichner, technischer Zeichner
draw a bill - Wechsel ziehen
draw a check - Scheck einlösen
draw down - abbauen
draw unemployment benefits - Arbeitslosenunterstützung beziehen
draw up - ausarbeiten, entwerfen
drawback - Kehrseite, Nachteil
drawdown - Abbau
drawee - Bezogener, Trassat

drawer

drawer - Wechselaussteller, Trassant
drawing - Abzug, Entnahme, Wechselziehung, Zeichnung
drawing account - Girokonto, laufendes Konto, Spesenkonto
drawing authorization - Ziehungs-/ Verfügungsermächtigung
drawing credit - Trassierungskredit
drawing with replacement - Ziehen mit Zurücklegen
drawing without replacement - Ziehen ohne Zurücklegen
drip feeding - Bezuschussung
drive out of the market - vom Markt verdrängen
drop - Rückgang, Fall, Baisse
drop in economic activity - Beschäftigungseinbruch
drop in prices - Preisrückgang, Kursrückgang
drop in profits - Gewinnrückgang
drop in sales - Umsatzrückgang
drop-in customers - Laufkundschaft
drop-out rate - Durchfallquote
dropoff in orders - Auftragsrückgang
dropoff in prices - Preissturz
dropout - Aussteiger, Bildungsabbrecher
drought - Trockenheit, Dürre
drought-prone areas - regenarme Gebiete
dual accounting system - dualistisches System
dual descent - dualer Abstieg
dual distribution - duale Distribution
dual feasible basis - dual zulässige Basis
dual income family - Doppelverdiener
dual job holder - Doppelverdiener
dual pricing - deglomerative Preisdifferenzierung
dual system - duales System der Berufsausbildung
duality - Dualität
dubbing - Synchronisation
dubious - unlauter, unzuverlässig
dud - geplatzter Scheck
dud note - Blüte
dud stock - Ladenhüter
due date - Erfüllungstag, Fälligkeitstermin, Verfallstag
due date for annual income tax return - Steuererklärungsfrist

due for repayment - zur Rückzahlung fällig
due from banks - Forderungen an Kreditinstitute
due on receipt of goods - fällig bei Erhalt der Waren
due to banks - Bankschulden
dues - Gebühren
duet coupon - Währungsdifferenzkupon
dull - Absatzflaute, flau, lustlos
dull market - lustloser Markt
duly - ordnungsgemäß, richtig
duly authenticated document - öffentliche Urkunde
dumping - Dumping, Verkauf zu Schleuderpreisen
dummy - Blindmuster, Schaupackung
dummy corporation - Scheinunternehmen /-gesellschaft
dummy variable - binäre Variable
dun - anmahnen
dunning letter - Mahnschreiben
dunning notice - Zahlungsaufforderung
duopoly - Dyopol
durability - Dauer, Haltbarkeit
durable commodities - Dauergüter
durable consumer goods - Gebrauchsgüter, technische Verbrauchsgüter
durable goods - dauerhafte /langlebige Güter
duration of capital tie-up - Kapitalbindungsdauer
duration of employment - Beschäftigungsdauer
dutiability - Zollpflichtigkeit
dutiable - steuer-/ zollpflichtig
duty - Abgabe, Steuer, Zoll, Pflicht
duty and tax-free importation - abgabenfreie Einfuhr
duty assessment - Zollermittlung, Zollfestsetzung
duty forward - Zoll zu Ihren Lasten
duty paid - verzollt
duty roster - Dienstplan
duty station - Arbeitsplatz
duty to furnish tax counsel - Beratungspflicht
duty to notify - Mitteilungspflicht
duty to warn - Aufklärungspflicht
dutyfree - zollfrei

dwell - leben, wohnen
dweller - Bewohner
dwelling house - Wohnhaus
dwelling place - Aufenthalt, Wohnsitz
dwelling unit - Wohneinheit
dynamic - dynamisch, treibende Kraft
dynamic accounting - dynamische Buchführung
dynamic consistency - dynamische Konsistenz
dynamic economic analysis - dynamische Wirtschaftstheorie
dynamic multiplier - dynamischer Multiplikator
dynamic optimization - dynamische Optimierung
dynamization - Dynamisierung
dysfunction - Funktionsstörung

E

eagerness - Bereitschaft
EAN bar coding - Strichcodierung
earliest completion time - frühester Endpunkt
earliest expected time - frühestmöglicher Zeitpunkt
earliest starting time - frühester Anfangszeitpunkt
early adopters - Frühaufnehmer
early call - vorzeitige Kündigung
early capitalism - Frühkapitalismus
early closing - früher Ladenschluß
early gains - Anfangsgewinne
early retirement - vorzeitiger Ruhestand
early retirement scheme - Vorruhestandsregelung
early sales warning - Umsatzfrühwarnung
early season - Vorsaison
early success warning - Erfolgsfrühwarnung
early trading - Eröffnungshandel
early warning system - Frühwarnsystem
earlybird price - Einführungspreis
earmark - Eigenschaft, Kennzeichen
earmarked funds - zweckgebundene Mittel
earmarking - Zweckbindung
earn - erwerben, verdienen
earned income - Arbeitseinkommen, Erwerbseinkommen, realisierter Gewinn
earned income relief - Arbeitnehmerfreibetrag
earned surplus - unverteilter Reingewinn
earnest money - Anzahlung, Handgeld
earning - Ertrag, Erwerb, Verdienst
earning capacity - Ertragsfähigkeit
earning capacity value analysis - Ertragswertmethode
earning capacity value - Ertragswert
earning power - Ertragsfähigkeit, Erwerbsfähigkeit
earning value - Ertragswert
earnings - Einkommen, Ertrag, Lohn, Verdienst
earnings after taxes - Gewinn nach Steuern
earnings before taxes - Gewinn vor Steuern
earnings distribution - Einkommensverteilung
earnings drift - Lohnverschiebung
earnings from operations - Betriebsgewinn
earnings gap - Lohngefälle
earnings margin - Ertragsspanne
earnings of factors of production - Faktorerträge
earnings of management - Unternehmerlohn
earnings per share - Gewinn je Aktie
earnings performance - Gewinnentwicklung
earnings position - Ertragslage
earnings progression - Ertragsverlauf
earnings retention - Thesaurierung
earnings statement - Erfolgsrechnung
earnings structure - Ertragsstruktur
earnings tax - Ertragssteuer
earnings-dividend ratio - Verhältnis Gewinn zu Dividende
earnings-related - einkommensbezogen, lohn- und gehaltsbezogen,
ease - sich beruhigen, sich entspannen, nachlassen, Nachgeben der Preise
ease of use - Benutzerfreundlichkeit
easing of cyclical strains - Konjunkturberuhigung
easing of money - Geldmarktverflüssigung
easing the pace of expansion - Wachstumsverlangsamung
easy money policy - Niedrigzinspolitik
easy terms of payment - günstige Zahlungsbedingungen
echelons of authority - Hierarchiestufen
eco-sensitive - umweltbewußt
ecological marketing - ökologisches Marketing
ecological unconcern - ökologische Sorglosigkeit
ecology - Ökologie
ecology-minded - umweltbewußt
econometrics - Ökonometrie
economic - wirtschaftlich, Wirtschafts-
economic accord - Wirtschaftsabkommen
economic aggregate - makroökonomische Größe

economic agreement - Handelsabkommen
economic aid - Wirtschaftshilfe
economic analysis - Wirtschaftlichkeitsstudie
economic and monetary union - Wirtschafts- und Währungsunion
economic approach - wirtschaftliche Betrachtungsweise
economic asset - Wirtschaftsgut
economic base concept - Exportbasistheorie
economic batch size - optimale Losgröße
economic clauses - Handelsbestimmungen
economic condition - Konjunkturlage
economic consultancy - Wirtschaftsberatungsunternehmen
economic correspondent - Wirtschaftsberichterstatter
economic counseling - wirtschaftspolitische Beratung
economic crisis - Wirtschaftskrise
economic cycle - Konjunkturzyklus
economic development - Wirtschaftsentwicklung
economic disequilibrium - wirtschaftliches Ungleichgewicht
economic disturbances - Wirtschaftsstörungen
economic expert - Wirtschaftsfachmann
economic feasibility study - Wirtschaftlichkeitsanalyse
economic fluctuations - Konjunkturschwankungen
economic forecast - Konjunkturprognose
economic forum - Wirtschaftsforum
economic growth - ökonomisches Wachstum
economic imperialism - Wirtschaftsimperialismus
economic indicators - Wirtschafts-/Konjunkturindikatoren
economic integration - wirtschaftliche Eingliederung
economic isolationism - Wirtschaftsisolationismus
economic loss - Vermögensschaden
economic lot size - optimale Losgröße
economic man - homo oeconomicus
economic model - ökonomisches Modell
economic order quantity - optimale Bestellmenge

economic outlook - Konjunkturaussichten
economic performance - wirtschaftliche Leistung, ökonomische Leistungsfähigkeit
economic pie - volkswirtschaftlicher Kuchen
economic planning - volkswirtschaftliche Planung
economic policy debate - Konjunkturdebatte
economic policy maker - Wirtschaftspolitiker
economic policy mix - wirtschaftspolitische Instrumente
economic prospects - wirtschaftliche Aussichten
economic recovery - Wirtschaftserholung
economic relations - Wirtschaftsbeziehungen
economic reprisals - Wirtschaftssanktionen
economic research - Wirtschaftsforschung
economic research institute - Wirtschaftsforschungsinstitut
economic revival - wirtschaftlicher Aufschwung
economic sanctions - Wirtschaftssanktionen
economic self-sufficiency - Autarkie
economic situation - ökonomische Lage
economic slowdown - konjunkturelle Abkühlung
economic standard - Lebensstandard
economic summit conference - Wirtschaftsgipfel
economic system - Wirtschaftsordnung
economic talks - Wirtschaftsgespräche
economic theory - Wirtschaftstheorie
economic transactor - Wirtschaftssubjekt
economic unit - Wirtschaftseinheit
economic upswing - Konjunkturaufschwung
economic warfare - Handelskrieg
economic well-being - materielle Lebenslage
economic woes - Wirtschaftsschwierigkeiten
economical - haushälterisch, sparsam
economically active population - Erwerbspersonen, Erwerbsbevölkerung

economically disadvantaged

economically disadvantaged - wirtschaftlich benachteiligt
economically non-active population - nichterwerbstätige Bevölkerung
economics - Wirtschaftswissenschaft(en)
economics of education - Bildungsökonomie
economics of location - Standortlehre
economies - Einsparungen
economies of mass production - Vorteile der Massenproduktion / Massenfertigung
economies of scale - Größenvorteile, wirtschaftliche Größenverhältnisse
economist - Wirtschaftswissenschaftler
economists' parlance - Wirtschaftssprache
economize - wirtschaften
economy - Ersparnis, Sparsamkeit, Wirtschaftlichkeit, Volkswirtschaft
economy bottle - Sparflasche
economy class - Touristenklasse
economy drive - Sparmaßnahme
economy-sized packet - Großpackung
economy-wide totals - volkswirtschaftliche Gesamtgrößen
edge - Vorsprung, Vorteil, Rand, Ecke
edge down - schwächer tendieren, nachgeben
edge over one's competitors - Konkurrenzvorteil
edge progression - Kantenzug
edge up - langsam anziehen
edit - aufbereiten
edition - Auflage, Ausgabe
editor - Herausgeber, Redakteur
editorial - redaktionell
educated guess - begründete Vermutung
educated workforce - ausgebildete Belegschaft
education - Ausbildung, Bildung, Bildungsstand, Erziehung
educational content - Bildungsinhalt, Unterrichtsstoff
educational leave - Bildungsurlaub
educational opportunities - Bildungschancen
effect - Konsequenz, ausführen, erledigen
effect a payment / settlement - Zahlung leisten
effective - wirksam, wirkungsvoll, gültig
effective date - Stichtag

effective demand - echter Bedarf, tatsächliche Nachfrage
effective demand boom - Mengenkonjunktur
effective indebtedness - Effektivverschuldung
effective interest yield - Effektivverzinsung
effective life - Nutzungsdauer
effective output - Nutzleistung
effective rate - Effektivzins
effective tariff - Effektivzoll
effective tax rate - tatsächlicher Steuersatz
effective utilization - rationelle Ausnutzung
effective valuation - Bewertungsstichtag
effectiveness - Wirksamkeit, Wirkung
effectiveness analysis - Wirkungsanalyse
efficiency - Effizienz, Leistung, Leistungsfähigkeit, Wirtschaftlichkeit
efficiency bonus - Leistungszulage
efficiency calculation - Wirtschaftlichkeitsrechnung
efficiency contest - Leistungswettbewerb
efficiency expert - Rationalisierungsfachmann
efficiency increasing - leistungssteigernd
efficiency payment - Leistungsprämie
efficiency rate - Ausnutzungsgrad
efficiency rule - ökonomisches Prinzip
efficiency variance - Intensitätsabweichung
efficiency wage theory - Effizienzlohntheorie
efficiency wages - Effizienzlöhne, leistungsbezogener Lohn
efficient - leistungsfähig, rationell, effizient, tüchtig, wirtschaftlich
efficient estimate - effiziente Schätzung
efficient estimator - effizienter Schätzer
efflux - Fristablauf
effort - Anstrengung, Bemühung
eight-hour shift - Achtstundenschicht
eight-hour working day - Achtstundentag
either-or order - Alternativauftrag
eject - entlassen, hinauswerfen
eject from office - aus dem Amt entfernen
eke - Einkommen aufbesserb

eke out a living - sich kümmerlich durchschlagen
elaborate - ausgereift
elastic range of demand - elastischer Bereich der Nachfragekurve
elasticity - Elastizität
elasticity of demand - Nachfrageelastizität
elasticity of effective demand - Elastizität der wirksamen Nachfrage
elasticity of employment - Beschäftigungselastizität
elasticity of output - Produktionselastizität
elasticity of substitution - Substitutionselastizität
elasticity of tax revenue - Steuerflexibilität
election - Wahl
elector - Wahlmann
electorate - Wählerschaft
electrical equipment - Elektroanlagen
electrical group - Elektrokonzern
electronic data processing (EDP) - elektronische Datenverarbeitung (EDV)
electronic filing system - elektronische Ablage
electronic funds transfer (EFT) - elektronischer Zahlungsverkehr
electronics - Elektronik
element breakdown - Arbeitszerlegung
elementary unit - kleinste Untersuchungseinheit
elements of income - Einkommensbestandteile
eligibility - Eignung, Befähigung
eligibility for aid - Förderungswürdigkeit
eligibility for benefit - Leistungsberechtigung
eligibility for rediscount at the Bundesbank - Bundesbankfähigkeit
eligibility for relief - Unterstützungsberechtigung
eligibility standard requirement - Anspruchsvoraussetzung
eligible - geeignet, befähigt
eligible bank bill - rediskontfähiger Wechsel
eligible for pensions - pensionsberechtigt
eligible for welfare benefits - sozialhilfeberechtigt

eliminate - ausschalten, ausschließen, beseitigen, entfernen
elimination - Ausschaltung, Beseitigung
elimination method - Eliminationsmethode /-verfahren
elimination of customs duties - Zollaufhebung
elite - Elite
emancipate - emanzipieren
embargo - Embargo, Sperre, Beschlagnahme
embargo on exports - Ausfuhrsperre, Ausfuhrverbot
embargo on imports - Einfuhrsperre, Einfuhrverbot
embark on a strategy - Strategie einschlagen
embarkation - Einschiffung, Verladung
embassy - Botschaft
embezzle - unterschlagen, veruntreuen
embezzlement - Unterschlagung
embrace - bestechen, umfassen, umschließen
embracery - Bestechungsversuch
emerge - auftauchen, entstehen, hervortreten
emergence - Auftauchen, Auftreten, Erscheinen
emergency - Notlage, Ernstfall
emergency clause - Gefahrenklausel
emergency stock - Sicherheitsbestand
eminence - hohe Stellung, Vorrang
emissary - Abgesandter
emission - Emission
emolument - Vergütung, Aufwandsentschädigung
emotional sales argument - emotionales Verkaufsargument
emphasis - Betonung, Nachdruck, Schwergewicht
emphasis on efficiency - Leistungsdenken
empirical - empirisch
empirical economic research - empirische Wirtschaftsforschung
empirical science - empirische Wissenschaft
employ - beschäftigen
employability - Verwendungsfähigkeit
employable - arbeitsfähig
employed capital - eingesetztes Kapital
employee - Arbeitnehmer

employee activity rate

employee activity rate - Erwerbsquote
employee benefits - Vergünstigungen für Mitarbeiter
employee buy-out - Unternehmensaufkauf / Firmenaufkauf durch Arbeitnehmer
employee contribution - Arbeitnehmeranteil
employee meeting - Betriebsversammlung
employee pension scheme - betriebliche Altersversorgung
employee selection - Personalauswahl
employee shares /stocks - Belegschaftsaktien
employee turnover - Fluktuation
employee's savings premium - Arbeitnehmersparzulage
employee-oriented style of leadership - mitarbeiterbezogener Führungsstil
employer - Arbeitgeber
employer's pension commitment - Pensionszusage
employer-employee relationship - Arbeitsverhältnis
employers' association - Arbeitgeberverband
employers' social security contribution - Sozialleistung der Arbeitgeber
employment - Beschäftigung, Beschäftigungsmöglichkeit
employment ad - Personalanzeige
employment agency - Arbeitsvermittlung, private Stellenvermittlung
employment appeals tribunal - übergeordnete Arbeitsgerichte
employment bureau - Arbeitsvermittlung
employment creating measure - Arbeitsbeschaffungsmaßnahme
employment deviation - Beschäftigungsabweichung
employment freeze - Einstellungsstopp
employment function - Beschäftigungsfunktion
employment market - Stellenmarkt
employment multiplier - Beschäftigungsmultiplikator
employment outlook - Beschäftigungsaussichten
employment overhead - Personalgemeinkosten

employment permit - Arbeitserlaubnis
employment promotion - Arbeitsförderung
employment protection rights - Arbeitsschutzrechte
employment quota - Beschäftigungsanteil
employment service - Stellenvermittlung
employment situation - Beschäftigungslage, Arbeitsmarktsituation
employment tax - Sozialversicherungsbeitrag
employment trend - Beschäftigungsentwicklung
employment-connected - beschäftigungsbedingt
empower - bevollmächtigen
enable - befähigen, ermöglichen
encash - einlösen
encashment - Einlösung, Inkasso
enclose - einschließen, enthalten
enclosed - in der Anlage, beiliegend, inliegend
enclosure - Anlage, Beilage
encomiast - Lobredner
encountered risks - Wagnisverluste
encourage - anregen, ermutigen, unterstützen
encouragement - Ermunterung, Unterstützung
encouraging - hoffnungsvoll, vielversprechend
encroach - eindringen
encroachment - Beeinträchtigung
encumber - belasten
encumbered - überschuldet, verschuldet
encumbrance - Belastung
encumbrance on real property - Grundpfandrecht, Grundschuld, Grundstücksbelastung
end - Resultat, Zweck, Ziel
end point of a branch - Endpunkt einer Kante
end product - Endprodukt, Grenzprodukt
end user - Endverbraucher
end user market - Endverbrauchermarkt
end-of-period inventory - Stichtaginventur
end-of-season clearance sale - Saisonschlußverkauf
end-of-year adjustment - Rechnungsabgrenzungsposten

endeavor - sich bemühen, streben, versuchen, Anstrengung
endogenous - endogen
endogenous determinant - endogene Bestimmungsgröße
endorse - bestätigen, indossieren
endorsement - Nachtrag, Indossament, Giro, Bestätigung
endorsement and delivery - Indossament und Übergabe
endow - ausstatten, dotieren, stiften
endowment - Ausstattung, Stiftungskapital, Begabung
endowment insurance - Kapitallebensversicherung
endowment insurance policy - Lebensversicherungspolice
enemy - Feind, Gegner
enemy world - feindliche Umwelt
energetic - energisch, nachdrücklich
energy - Energie, Arbeitsfähigkeit, Nachdruck
energy balance statement - Energiebilanz
energy business - Energiewirtschaft
energy crunch - Energiekrise
energy orientation - Energieorientierung
energy supply - Energieversorgung
energy thrift campaign - Energiesparprogramm
enforce - erzwingen, durchsetzen
enforceable - durchsetzbar, vollstreckbar
enforced - aufgezwungen, zwangsweise
enforced liquidation - Zwangsvergleich
enforced retirement - Zwangspensionierung
enforcement procedure - Zwangsverfahren
enfranchise - konzessionieren
engage - einstellen, engagieren
engaged in - beschäftigt mit, arbeiten an
engagement - Anstellung, Verpflichtung
engagement to sell short - Baisse-Engagement
engineering - Ingenieurswesen, Technik, Ingenieurwissenschaften
engineering data - technische Daten
engineering department - technische Abteilung
engineering industry - Maschinenbauindustrie

engineering products - Maschinenbauprodukte, Erzeugnisse der Maschinenbauindustrie
engineering progress - technischer Fortschritt
engineering support - technischer Kundendienst
engineering works - Maschinenfabrik
engross - ausfertigen, monopolisieren
engrossment - Monopolisierung, Aufkauf, Ausfertigung
enhance - erhöhen, vergrößern, steigern, übertreiben
enjoyment - Genuß, Nutzung, Nutznießung
enlarge - erweitern, vergrößern, Einfluß ausdehnen
enlargement - Ausdehnung, Erweiterung, Vergrößerung, Anbau
enlightened self-interest - aufgeklärtes Selbstinteresse
enlightenment - Aufklärung
enlistment - Anwerbung, Einstellung
ensure - garantieren, Gewähr bieten, sicherstellen
entail - zur Folge haben, mit sich bringen
enter a profession - Beruf ergreifen
enter into negotiations - in Verhandlungen eintreten
enter new lines of business - Geschäftsbereich ausweiten
enterprise - Betrieb, Initiative, Unternehmen, Unternehmenslust
enterprise goals - Unternehmensziele
enterprising - unternehmungslustig, unternehmend
entertainment industry - Unterhaltungsindustrie
entertainment tax - Vergnügungssteuer
entice away - abwerben
entitle - Anrecht haben auf, berechtigen
entitlement - Anrecht, Anspruch
entitlement spending - regelgebundene Ausgaben
entity - Einheit, juristische Person, Rechtspersönlichkeit
entrance salary - Startgehalt
entrance to the labor force - Eintritt ins Erwerbsleben
entrance wage - Anfangslohn
entrant - Berufsanfänger

entrepreneur

entrepreneur - Unternehmer, Veranstalter
entrepreneurial - unternehmerisch
entrepreneurial income - Unternehmerlohn
entrepreneurial risk - Unternehmerrisiko
entrepreneurial spirit - Unternehmergeist
entrepreneurial withdrawals - Privatentnahmen
entry - Beitritt, Eintragung, Marktzutritt
entry certificate - Einfuhrbescheinigung
entry into office - Dienstantritt
entry inwards - Einfuhrdeklaration
entry level - Eingangsstufe
entry price - Einfuhrpreis
entry requirement - Zugangsvoraussetzung
envelope - Umschlag, Versandtasche
environment - Umgebung, Umwelt
environment surveillance system - Umweltüberwachungssystem
environment-conscious - umweltbewußt
environmental - Milieu-, Umwelt-
environmental analysis - Umweltanalyse
environmental conditions - Umweltbedingungen
environmental constellation - Umweltzustand
environmental control - Umweltkontrolle
environmental control costs - Umweltüberwachungskosten
environmental criminal act - Umweltschutzgesetz
environmental damage - Umweltschaden
environmental department - Umweltschutzabteilung
environmental destruction - Umweltzerstörung
environmental economics - Umweltökonomie
environmental effect - Umweltwirkung
environmental forecast - Umweltprognose
environmental health commission - Umweltkommission
environmental impact - Umweltwirkung
environmental impact assessment - Umweltwirkungsbeurteilung
environmental influences - Umwelteinflüsse

environmental issue - Umweltfrage
environmental planning - Umweltplanung
environmental policy act - Umweltschutzgesetz
environmental problems - Umweltprobleme
environmental protection - Umweltschutz
Environmental Protection Agency - Ministerium für Umweltschutz, Umweltschutzbehörde
environmental restrictions - Umweltrestriktionen
environmental sustainability - Umwelterhaltung
environmental thinking - umweltbewußtes Denken
environmentalist - Umweltschützer
envisage - beabsichtigen, in Betracht ziehen, sich vorstellen
envy - Neid, beneiden
equal - gleich, gleichmäßig, gleichberechtigt, entsprechen
equal distribution - Gleichverteilung
equal opportunities - Chancengleichheit
equality - Gleichheit, Parität
equalization - Gleichsetzung
equalization claim - Ausgleichsforderung
equalization levy - Ausgleichsabgabe
equalizing process - Ausgleichsverfahren
equate - Gleichung erstellen
equation - Ausgleich, Gleichung
equation restrictions - Gleichungsrestriktionen
equation system - Gleichungssystem
equilibrium - Balance, Gleichgewicht
equilibrium analysis - Gleichgewichtsanalyse
equilibrium assumption - Gleichgewichtsannahme
equilibrium condition - Gleichgewichtsbedingung
equilibrium distribution - Gleichgewichtsverteilung
equilibrium exchange rate - Gleichgewichtswechselkurs
equilibrium point - Gleichgewichtspunkt
equilibrium price - Gleichgewichtspreis
equilibrium principle - Gleichgewichtsprinzip

equilibrium probability - Gleichgewichtswahrscheinlichkeit
equilibrium schedule - Gleichgewichtskurve
equip - ausrüsten, ausstatten
equipment - Ausstattung, Geräte, Maschinen, Sachmittel, rollendes Material
equipment leasing - Investitionsgüterleasing
equipment spending - Investitionsausgaben
equipment system - Sachmittelsystem
equiprobability curves - Kurven gleicher Wahrscheinlichkeit
equitable - billig, gerecht
equitable owner - wirtschaftlicher Eigentümer
equitableness - Billigkeit
equities - Aktien, Dividendenpapiere, Anteilscheine
equity - Aktien-/ Eigenkapital, Gerechtigkeit, Unparteilichkeit
equity account - Eigenkapitalkonto
equity buyback - Eigenkapitalrückkauf
equity capital - Aktienkapital, Eigenkapital
equity financing - Beteiligungsfinanzierung
equity link - Eigenkapitalverflechtung
equity research - Aktienanalyse
equity return - Eigenkapitalrentabilität
equity-to-fixed assets ratio - Anlagendeckungsgrad
equivalent - Gegenwert, entsprechend, gleichwertig, äquivalent
equivalent quality - Äquivalenzeigenschaft
era - Ära
erect - bauen, errichten
erection - Aufbau, Errichtung, Montage
ergonomics - Arbeitswissenschaften, Ergonomie
erosion of assets in real terms - Substanzauszehrung
erratic price movements - heftige Kursausschläge
error - Irrtum, Versehen
error in law - Rechtsirrtum
error in survey - Erhebungsfehler
error of observation - Meßfehler, Beobachtungsfehler

error probability - Fehlerwahrscheinlichkeit
errors excepted - Irrtümer vorbehalten
escalator scale - gleitende Lohnskala
escape clause - Befreiungsklausel
eschew - vermeiden, unterlassen
essential - erforderlich, unentbehrlich, wesentlich, wichtig
essential elements of a firm - Firmenkern
essential reading - Pflichtlektüre
establish - einrichten, gründen, schaffen
established - bestehend, feststehend
established clientele - Kundenstamm
established name - Gattungsbezeichnung
established product - eingeführtes Produkt
establishment - Gründung, Errichtung, Niederlassung
estate - Grundbesitz, Vermögen
estate agent - Grundstücksmakler, Immobilienmakler
estate duty - Nachlaßsteuer
estate in bankruptcy - Konkursmasse
estate of inheritance - Nachlaß
estimate - Schätzung, Voranschlag, schätzen, taxieren
estimate of costs - Kostenvoranschlag
estimate of investment profitability - Investitionsrechnung
estimated costs - Vorkalkulation
estimated delivery - geschätzter Liefertermin
estimated loss of service life - geschätzter Wertminderungsverlauf
estimated value - Schätzwert
estimation - Schätzung, Veranschlagung
estimation of parameter - Parameterschätzung
estimator - Schätzer
estrangement effect - Verfremdungseffekt
ethical - ethisch
ethology - Verhaltensforschung
Eurobond - Euroanleihe
Eurocurrency - Eurowährung
Eurocurrency market - Eurogeldmarkt
Eurodollar market - Euro-Dollarmarkt
European Article Number (EAN) - Europäische Artikelnummer

European Community (EC)

European Community (EC) - Europäische Gemeinschaft (EG)
European Court of Justice - Europäischer Gerichtshof
European Currency Unit (ECU) - Europäische Währungseinheit
European Development Fund (EDF) - Europäischer Entwicklungsfond
European Economic Community (EEC) - Europäische Wirtschaftsgemeinschaft (EWG)
European Free Trade Association (EFTA) - Europäische Freihandelszone
European Monetary System (EMS) - Europäisches Währungssystem
European option - termingebundene Option
evade taxes - Steuern hinterziehen
evaluate - abschätzen, auswerten, bewerten
evaluation - Auswertung, Bewertung
evaluation criterion - Bewertungskriterium
evasion of customs duties - Zollhinterziehung
even out - einpendeln
event - Ereignis
event-orientated updating - ereignisorientierte Fortschreibung
evergreen clause - Verlängerungsklausel
evidence - Beleg, Beweis, Nachweis, Anzeichen
evident - offensichtlich
ex ante - vorab, im voraus
ex contract - aus dem Kaufvertrag
ex dividend - ausschließlich Dividende
ex factory - ab Werk
ex factory price - Preis ab Werk
ex gratia pension payment - freiwillige Pensionszahlung
ex interest - ohne Zinsen
ex post costing - Nachkalkulation
ex post facto - nach geschehener Tat
ex works - ab Werk
exacerbate - verschärfen, verschlimmern
exacerbation - Verschärfung
exaggerate - übertreiben
exaggerated demand - Übernachfrage
examination - Untersuchung
examine - untersuchen
exceed - überschreiten, übersteigen

excellence - Vortrefflichkeit
excellent - ausgezeichnet, hervorragend
exception - Ausnahme, Einspruch
exceptional - außergewöhnlich, Ausnahme-
exceptional price - Sonderpreis
exceptionally - ausnahmsweise
excess - Übermaß, Überschuß, Mehrbetrag, übermäßig
excess burden - Nettowohlfahrtsverlust
excess capacity - Überkapazität
excess charge - Gebührenzuschlag
excess cover - Überdeckung
excess demand - Überschußnachfrage
excess expenditure - Mehrausgaben
excess freight - Frachtzuschlag
excess money demand - Geldnachfrageüberhang
excess money supply - Geldangebotsüberhang
excess of new savings - Einzahlungsüberschuß
excess profits tax - Übergewinnsteuer
excess reserves - außerordentliche Rücklagen, Überschußreserven
excess return - Überschußgewinn
excess sales revenue - Mehrerlös
excess sensitivity - Übersensitivität
excess supply - Angebotsüberschuß, Überangebot
excess supply of labor - Arbeitskräfteüberangebot
excess weight - Mehrgewicht
excessive - übermäßig, übertrieben
excessive demand - Übernachfrage
excessive foreign control - Überfremdung
exchange - Tausch, Umtausch, Vermittlung
exchange arbitration tribunal - Börsenschiedsgericht
exchange control - Devisenkontrolle, Devisenbewirtschaftung
exchange control regulations - Devisenbewirtschaftungsbestimmungen
exchange crisis - Währungskrise
exchange dealer - Devisenhändler
exchange dealings - Devisenhandel
exchange delivery settlement price - Börsenabrechnungspreis

exchange function of money - Tauschmittelfunktion des Geldes
exchange jobber - Devisenhändler
exchange of goods - Güteraustausch
exchange of information - Informationsaustausch
exchange of shares - Aktienaustausch
exchange optimum - Handelsoptimum
exchange rate - Devisenkurs, Wechselkurs, Umrechnungskurs
exchange rate adjustment - Wechselkurskorrektur
exchange rate expectations - Wechselkurserwartungen
exchange rate exposure - Wechselkursrisiko
exchange rate fall - Wechselkursverschlechterung
exchange rate overshooting - überschießender Wechselkurs
exchange rate quotation - Wechselkursnotierung
exchange rate realignment - Wechselkursanpassung
exchange rate rearrangement - Wechselkursberichtigung
exchange rate risk - Wechselkursrisiko
exchange regulations - Devisenbestimmungen
exchange reserves - Devisenreserven, Devisenpolster
exchange restrictions - Devisen-/Zahlungsbeschränkungen
exchange risk - Wechselkursrisiko
exchange stability - Wechselkursstabilität
exchange turnover tax - Börsenumsatzsteuer
exchange value - Tauschwert
exchangeability - Austauschbarkeit
exchangeable - austauschbar, umtauschfähig
excise - indirekte Steuer, Monopolsteuer
excise duty - Warensteuer, Verbrauchssteuer
excise tax - Verbrauchsabgabe, Umsatzsteuer
exclude - ausschließen, ausstoßen, ausweisen
exclusion - Ausschluß, Ausnahme, Versicherungsbegrenzung
exclusion method - Abzugmethode

exclusion of liability - Haftungsausschluß
exclusionary conduct - Verdrängungswettbewerb
exclusive - exklusiv, ausschließlich
exclusive dealing - Exklusivverbindung
exclusive distribution rights - Alleinvertriebsrechte
exclusive distributor - Alleinvertreter
exclusive sale - Alleinverkauf
exclusivity stipulation - Konkurrenzausschluß
excursus - Abschweifung, Exkurs
execute - durchführen, tätigen
execute an order - Auftrag ausführen, erledigen
execute delivery - liefern
execution - Ausführung, Erledigung, Vollziehung
execution proceedings - Zwangsverwertung
execution time - Durchlaufzeit
executive - leitender Angestellter, Führungskraft
executive board - Geschäftsleitung
executive decision - Führungsentscheidung
executive functions - Führungsaufgaben
executive management - Geschäftsleitung
executive manager - Geschäftsführer, Generalbevollmächtigter
executive search - Führungspersonalsuche mittels Direktansprache
executive staff - leitende Angestellte
executive talent - Führungseigenschaften
exempt - befreien, ausnehmen
exempt from customs - zollfrei
exempt from taxation - steuerfrei
exempt fund - steuerbefreite Kasse
exemption - Befreiung, Freibetrag, Vorrecht
exemption from import tax - Steuerbefreiung bei der Einfuhr
exercise - Ausübung, Gebrauch, Optionsgeschäftstätigkeit
exercise price - Ausübungspreis, Basispreis einer Option
exhaust a quota - Kontingent ausschöpfen
exhaust standards - Abgasvorschriften

exhaustion

exhaustion - Konsum, Verbrauch, Erschöpfung
exhibit - Ausstellungsstück, Ware ausstellen,
exhibition - Ausstellung, Schau
exhibition space - Ausstellungsfläche
exhibitor - Aussteller
exit - Ausgang, Marktaustritt, abbrechen
exogenous - exogen
exogenous determinant - exogene Bestimmungsgröße
exorbitance - Wucher, Unmäßigkeit
exorbitant - wucher, maßlos
exorbitant price - Wucherpreis
expand - ausweiten, erweitern, expandieren
expansion - Ausdehnung, Expansion, Ausweitung
expansion demand - Erweiterungsbedarf
expansion of assortment - Sortimentsausweitung
expansion of capital stock - Kapazitäterweiterung
expansion of credit volume - Kreditausweitung
expansion of credits - Giralgeldschöpfung
expansion path - Expansionspfad
expansionary economy - wachsende Wirtschaft
expansionary fiscal policy - expansive Fiskalpolitik
expansionary forces - Antriebskräfte
expansionary open market policy - expansive Offenmarktpolitik
expect - erwarten, hoffen, verlangen
expectance / expectancy - Anwartschaft, Erwartungswert
expectation - Erwartung
expectation calculus - Erwartungsrechnung
expectation planning - Erwartungsplanung
expectations effect - Erwartungseffekt
expectations equilibrium approach - Erwartungsgleichgewichtsansatz
expected inflation - erwartete Inflation
expected inflation rate - erwartete Inflationsrate
expected price level - erwartete Preisgrenze

expected price-sales function - konjekturale Preis-Absatz-Funktion
expected real interest rate - erwartete reale Zinsrate
expected sales - erwartete Verkäufe
expected utility - erwarteter Nutzen
expected value - Erwartungswert
expenditure - Aufwand, Ausgabe, Verbrauch
expenditure currency - Ausgabenwährung
expenditure multiplier - Ausgabenmultiplikator
expenditure policy - Ausgabenpolitik
expenditure style of presentation - Gesamtkostenverfahren
expenditure switching - Ausgabenumlenkung
expenditure-receipts column - Zahlungsreihe
expenditure-reducing policy - ausgabenreduzierende Politik
expenditure-switching policy - ausgabenumlenkende Politik
expense - Ausgabe, Aufwand
expense account - Spesenkonto
expense allocation - Aufwandsverteilung
expense anticipation accrual - Aufwandsrückstellung
expence budgeting - Kostenplanung
expense claim - Erstattungsantrag
expense distribution sheet - Betriebsabrechnungsbogen (BAB)
expense distribution system - Betriebsabrechnungssystem
expense variance - Verbrauchsabweichung
expenses - Kosten Aufwendungen, Spesen,
expenses for building maintenance - Mietnebenkosten
expenses for repairs - Instandsetzungskosten
experience curve - Erfahrungskurve
experience figures - Erfahrungswert
experiment - Experiment
experimental design - Versuchsanordnung
experimentation - Durchführung eines Experimentes
expert - Gutachter, Spezialist

extensive

expert consultant - Sachverständiger
expert knowledge - Fachkenntnis
expert opinion - Gutachten
expert system - Expertensystem
expertise - Fachkenntnis, Sachverständigengutachten
expiration - Ablauf, Fälligkeit, Verfall
expiration day - Verfallstermin
expiration of contract - Vertragsablauf
expire - Gültigkeit verlieren, verfallen, erlöschen
expired - ungültig
expired licence - erloschene Konzession / Lizenz
expiry - Ablauf, Verfall
explanatory - erklärend, erläuternd
explicit cost - effektive Kosten
explicitness - Eindeutigkeit
exploit - ausbeuten, ausnutzen, verwerten
exploitation - Ausbeutung, Bewirtschaftung, Verwertung
exploitation management - Abbauwirtschaft
exploration - Erforschung, Untersuchung
exploratory - erkundend, sondierend
explore - erforschen, sondieren
exponential - exponentiell
exponential curve - Exponentialkurve
exponential distribution - Exponentialverteilung
exponential growth - exponentielles Wachstum
exponential smoothing - exponentielle Glättung
exponential trend - Exponentialtrend
export - Ausfuhr, Export, ausführen, exportieren
export authorization - Ausfuhrgenehmigung
export credit guaranty - Ausfuhrkreditgarantie
export credit insurance - Exportkreditversicherung
export declaration - Ausfuhrerklärung
export document - Exportdokument
export draft in foreign currency - Valuta-Exporttratte
export financing - Exportfinanzierung
export guaranty - Ausfuhrbürgschaft
export order - Exportauftrag

export oriented industrialization (EOI) - exportorientierte Industrialisierung
export promotion - Exportförderung
export quota - Ausfuhrkontingent
export restrictions - Exportbeschränkungen
export sector - Ausfuhrwirtschaft, Exportwirtschaft
export surplus - Exportüberschuß
export trade - Ausfuhrhandel
export volume - Exportvolumen
export-income ratio - Exportquote
export-led expansion /growth - exportinduziertes Wachstum
export-led recovery - exportinduzierter Aufschwung
export-promoting cartel - Exportkartell
exportable - Exportgut, zum Export geeignet
exportation - Export, Ausfuhr
exported unemployment - exportierte Arbeitslosigkeit
exporter - Exporteur
exporting country - Ausfuhrland
exports - Ausfuhrgüter
expose - aussetzen, enthüllen
exposed - exponiert, ungeschützt
exposition - Ausstellung
exposure - Bloßstellung, Enthüllung
express consignment - Expreßsendung
express goods train - Güterschnellzug
express letter - Eilbrief
expression - Ausdruck
expropriate - enteignen
expropriation - Enteignung
exquisite - vorzüglich
extend - ausdehnen, Frist verlängern, vergrößern
extended annual financial statements - erweiterter Jahresabschluß
extension - Ausdehnung, Verlängerung, Prolongation
extension agreement - Prolongationsabkommen, Verlängerungsvereinbarung
extension number - Durchwahl
extension of deadline - Fristverlängerung
extension of time limit - Nachfrist, Fristenverlängerung
extension services - Zusatzservice
extensive - ausgedehnt, umfassend

85

extensive coverage

extensive coverage - weiter Geltungsbereich, große Reichweite
extent - Ausmaß, Umfang
external - außerbetrieblich, Fremd-
external account - Auslandskonto
external affairs - auswärtige Angelegenheiten
external audit - Betriebsprüfung
external balance - externes Gleichgewicht
external bonds - Auslandsanleihen
external economic relations - außenwirtschaftliche Beziehungen
external effects - externe Effekte
external effects of consumption - externer Konsumeffekt
external equilibrium - außenwirtschaftliches Gleichgewicht
external financing - Marktfinanzierung, Außenfinanzierung
external flexibility - umweltbezogene Flexibilität
external indebtedness - Auslandsverbindlichkeiten
external investment - Fremdinvestition
external loan - Auslandsanleihe
external market - Auslands-/ Außenmarkt
external monetary policy - Außenwährungspolitik
external sales - Auslandsabsatz
external tariff - Außenzoll
external trade - Außenhandel
external transaction - Außenhandelsgeschäft, Auslandsgeschäft
external value - Außenwert
external value of money - außenwirtschaftlicher Geldwert
external voucher - Fremdbeleg
externalities - externe Effekte
extinct - erloschen, abgeschafft
extinction - Auslöschung, Tilgung, Vernichtung

extinction of debts - Schuldentilgung
extinguish - löschen, tilgen
extra charge - Aufschlag, Aufgeld, Nebengebühren, Nebenkosten
extra cost - Zusatz-/ Mehrkosten
extra leave - zusätzlicher Urlaub
extra pay - Zusatzvergütung
extra premium - Aufgeld
extra proceeds - Mehrertrag
extra unit - Zusatzeinheit
extractive enterprise - Rohstoffgewinnungsbetrieb
extractive industry - Grundstoffindustrie
extraordinary - außerordentlich
extraordinary expenditure - außerordentliche Aufwendung
extraordinary financial burden - außergewöhnliche Belastung
extraordinary income - außerordentliche Erträge
extraordinary loss of service life - außerordentlicher Verschleiß
extraordinary result - außerordentliches Ergebnis
extrapolating forecast method - extrapolierendes Prognoseverfahren
extrapolating the trend line - Trendextrapolation
extrapolation - Hochrechnung
extraterritorial application - extraterritorialer Geltungsanspruch
extreme - äußerst, ungewöhnlich
extreme measure - drastische Maßnahme
extreme necessity - zwingende Notwendigkeit
extreme point - Extrempunkt
extrinsic value - äußerer Wert
eye opener - Entdeckung, Überraschung
eye witness - Augenzeuge
eye-catcher - Blickfang
eye-catching - auffallend

F

F-distribution - F-Verteilung
F-test - F-Test
fabrication - herstellen
fabrication - Herstellung
face - Wortlaut eines Dokumentes
face amount - Nennbetrag
face value - Nennwert, Nominalwert
facet - Randfläche
facilitate - erleichtern, fördern
facilitation of payments - Zahlungserleichterung
facility - Anlage, Vergünstigung, Vorteil
facility assignment - Betriebsmittelzuweisung
facility letter - Kreditbestätigung
facility location - Standortwahl
fact - Sachverhalt, Tatbestand
factfile - Datenstoß
factor - Element, Faktor, Umstand
factor costs - Produktionsfaktorkosten
factor curve - Faktorkurve
factor demand - Produktionsfaktornachfrage
factor differential - Faktordifferential
factor earnings - Produktionsfaktoreinkommen
factor endowment - Faktorausstattung
factor gap - Faktorlücke
factor garnishee - Drittschuldner
factor in dollars - in Dollar fakturieren
factor input - Faktoreinsatz
factor manager - Disponent
factor market - Faktormarkt
factor mix - Faktorkombination
factor mobility - Faktormobilität, Produktionsfaktorsubstituierbarkeit
factor movement - Faktorwanderung
factor of merit - Gütefaktor
factor of production - Produktionsfaktor, Kostengut
factor price equalization theorem - Faktorpreisausgleichshypothese
factor price equilibrium - Faktorpreisgleichgewicht
factor returns - Faktorerträge
factor shares - Faktoranteile
factor substitution - Faktorsubstitution/ -ersatz

factor-augmenting - faktorvervielfachend
factorage - Kommissionsgeschäft
factoral terms of trade - faktorales Austauschverhältnis
factorial - Fakultät
factoring - Factoring, Forderungsankauf
factors of demand - Bedarfsfaktoren
factors of depreciation - Abschreibungsursachen, Entwertungsfaktoren
factors of performance - Erfolgsfaktoren
factory - Fabrik
factory accounting - Betriebsbuchhaltung
factory building - Fabrikgebäude
factory committee - Betriebsrat
factory data collection - Betriebsdatenerfassung
factory employment - industrielle Beschäftigung
factory indirect costs - Betriebsgemeinkosten
factory overhead - Fertigungsgemeinkosten
factory profit - Fabrikationsgewinn
factsheet - Tatsachendokument
factual science - Erfahrungswissenschaft
facultative reinsurance - Rückversicherungsoption
fail - versäumen, versagen
failed firm - zahlungsunfähige Firma
failure - Fehlschlagen, Unterlassung, Versäumnis
failure probability - Ausfallwahrscheinlichkeit
failure rate - Ausfallrate
failure report - Störungsbericht
fair - Messe, günstig, unparteiisch
fair and proper - recht und billig
fair and reasonable value - Verkehrswert
fair dismissal - gerechtfertigte Kündigung
fair game - gerechtes Spiel
fair ground - Messegelände
fair management - Messeleitung
fair market value - gemeiner Wert
fair pass - Messeausweis
fair terms - annehmbare Bedingungen
fair trade - beschränkter Schutzhandel, Preisbindung
fairgoer - Messebesucher
faithful - gewissenhaft, pflichttreu

fake a balance sheet

fake a balance sheet - eine Bilanz fälschen
fall - Kurssturz
fall due - fällig werden
fall in the bank rate - Diskontsenkung
fall in wages - Lohnabschwächung
fall into line - einlenken
fallacy - Fehlschluß
falling market - Baissemarkt
falling rate of profit theory - Theorie der fallenden Profitrate
falling-off in sales - Absatzrückgang
falling-off in the economy - Konjunkturabfall
falsification - Fälschung, Widerlegung
falsification of competition - Wettbewerbsverzerrung
falsify - falsifizieren
family allowance - Familienbeihilfe, Familienzuschlag
family buying power - Kaufkraft einer Familie
family life cycle - Familien-Lebenszyklus
family name firm - Personenfirma
family savings - Ersparnisse der privaten Haushalte
family size package - Haushaltspackung
family wage - Familieneinkommen
family-owned corporation - Familienunternehmen
famine - Hungersnot
fancy goods - modische Artikel, Modewaren
fancy value - Affektionswert
fanout - Kontenausgleich
farm crisis - Agrarkrise
farm income - Agrareinkommen
farm issue - Agrarproblem
farm policy - Agrarpolitik
farm product surplus - Agrarüberschuss
farming out - Auswärtsvergabe, Verpachtung
fashion industry - Modeindustrie
fathom - ausloten
fathoming procedures - Auslotungsverfahren
faulty - fehlerhaft
favor - begünstigen, vorziehen, Gefälligkeit, Wohlwollen
favorable balance of payments - aktive Zahlungsbilanz
favorable site - günstige Lage
favorable terms - günstige Bedingungen
favoritism - Vetternwirtschaft
feasibility - Ausführbarkeit, Zulässigkeit
feasibility study - Projektstudie, Wirtschaftlichkeitsrechnung
feasible - ausführbar, möglich
feasible solution - zulässige Lösung
feature - Merkmal, Kennzeichen
featured article - Sonderangebot
Federal Banking Supervisory Office - Bundesaufsichtsamt für das Kreditwesen
federal budget - Bundeshaushalt
Federal Cartel Office - Bundeskartellamt
federal charter - Bundeskonzession
federal environment agency - Umweltbundesamt
federal funds - Tagesgeld
federal funds rate - Geldmarktzins, Tagesgeldsatz
federal government - Bundesregierung
Federal Home Loan Bank - Bundeskreditbank
federal law - Bundesrecht
federal loan guaranty - Bundesbürgschaft für einen Kredit
federal regulation measures - Bundesregulierungsmaßnahmen
Federal Reserve Bank (FED) - Zentralbank
Federal Reserve Board - Zentralbankrat
federal reserve system - Zentralbanksystem
federal securities - Staatspapiere
Federal Supreme Court - Bundesgerichtshof
federal tax - Bundessteuer
federal tax agency - US-Bundesamt für Finanzen, US-Steuerbehörde
Federal Training Promotion Act - Bundesausbildungsförderungsgesetz (Bafög)
federal treasury bills - Bundesschatzbriefe
fee - Gebühr, Honarar, Spesen
fee cut - Gebührensenkung
fee scale - Gebührenordnung
fee simple - Freigut, Erbgut
fee waiver - Gebührenerlaß
feed instruction - Vorschubbefehl
feedback - Rückkopplung

financial bookkeeping

feedback channel - Rücklaufkanal
feedback control circuit - Regelkreis
feedback loop - Regelkreis
feigned contract - Scheinvertrag
fellow creditor - Mitgläubiger
fellow debtor - Solidarschuldner
felonious - verbrecherisch
fencing-off patent - Umzäunungspatent
fend off - abwehren
fertile - fruchtbar, schöpferisch
fertiliser - Dünger
fertility rate - Fruchtbarkeitsziffer
fettered competition - eingeschränkter Wettbewerb
fiat money - Papiergeldwährung
Fibonacci Series - Fibonacci-Folge (math. Bildungsgesetz)
fictitious assets - fiktive Vermögenswerte
fictitious profit - Scheingewinn
fictitious unemployment - versteckte / unechte Arbeitslosigkeit
fidelity insurance - Unterschlagungsversicherung, Garantieversicherung
fiduciary - treuhänderisch, ungedeckt
fiduciary agent - Treuhänder
fiduciary circulation - ungedeckter Geldumlauf
fiduciary contract - Übereignungsvertrag
fiduciary debtor - Treunehmer
fiduciary money - Kreditgeld
fiduciary transaction - fiduziarisches Rechtsgeschäft, Treuhandgeschäft
field investigator - Marktforscher
field of activity - Tätigkeitsgebiet
field organization - Außendienstorganisation
field research - Feldforschung, Primärforschung
field service - Kundendienst, Außendienst
field staff - Außendienstmitarbeiter
field work - Kundendienst, Außendienst
fiercely competitive market - heiß umkämpfter Markt
fight for the market - Kampf um den Absatzmarkt
figure up the costs - Kosten veranschlagen
file - Akte, ablegen, vorlegen
file a claim - Anspruch anmelden
file number - Aktenzeichen

filing - Registraturarbeiten
fill in - ausfüllen
fill-in-person - Springer
fill-or-kill order - sofort zu erfüllende Order
filthy lucre - schmutziges Geld
final - endgültig, entscheidend, End-, Letzt-
final account - Endabrechnung
final asset value method - Vermögensendbewertung
final balance sheet - Schlußbilanz
final consumer - Endverbraucher
final cost center - Endkostenstelle
final demand - Endnachfrage
final dividend - Schlußdividende
final entry - Abschlußbuchung
final examination - Jahresabschlußprüfung
final goods - Endprodukte
final instalment - letzte Rate
final inventory - Endbestand
final report - Abschlußbericht
final sales - Endverkäufe
final utility - Grenznutzen
final value of annuity - Rentenendwert
finance - Finanzwesen, Geldwirtschaft, finanzieren, Finanz-
finance and accountancy - Finanz- und Rechnungswesen
finance bill - Finanzwechsel
finance broker - Finanzmakler
finance charge - Finanzierungskosten
finance commitment - Finanzierungszusage
finance division - Finanzabteilung
finance function - Finanzierungsfunktion
finance loan - Finanzierungskredit
finance requirements - Finanzbedarf
finance resources - Finanzierungsquellen
finance trading - Finanzhandel
financial - finanziell, Finanz-
financial accounting - Finanzbuchhaltung
financial aid - Finanzhilfe
financial analysis - Finanzanalyse
financial analyst - Finanzanalyst
financial assets - Geldvermögen
financial basis - Finanzierungsgrundlage
financial bill - Finanzwechsel
financial bookkeeping - Finanzbuchhaltung

financial capabilities - Finanzierungsmöglichkeiten
financial center - Finanzzentrum
financial circumstances - Vermögensverhältnisse
financial claim - Geldforderung, Finanzforderung, Finanzanspruch
financial condition - Finanzstatus, Vermögenslage, Finanzlage
financial crisis - Finanzkrise
financial decision - Finanzierungsentscheidung
financial empire - Finanzimperium
financial enterprise - Finanzierungsinstitut
financial equilibrium - finanzielles Gleichgewicht
financial flow - Finanzfluß
financial flow statement - Finanzflußrechnung
financial futures contract - Finanzterminkontrakt
financial futures market - Finanzterminbörse
financial holdings - finanzielle Beteiligung
financial income - Finanzerträge
financial innovation - Finanzinnovation
financial insolvency - Zahlungsunfähigkeit
financial interrelation - Kapitalverflechtung
financial investment - Finanzinvestition, Finanzanlage
financial management - Finanzmanagement
financial manager - Finanzleiter
financial method - Finanzierungsmethode
financial policy - Finanzpolitik
financial position - Finanzlage
financial program - Finanzplan
financial project - Finanzierungsvorhaben
financial provision - finanzielle Vorsorge
financial prudence - weise Finanzpolitik
financial ratios - Finanzierungskennzahlen
financial reserves - finanzielle Rückstellungen
financial report - Finanzbericht
financial requirements - Finanzbedarf

financial resources - finanzielle Mittel
financial responsibility - finanzielle Haftung
financial services - Finanzdienstleistungen
financial situation /standing - Vermögenslage
financial sovereignty - Finanzhoheit
financial squeeze - finanzieller Engpaß
financial statement - Vermögensaufstellung
financial statement analysis - Abschlußanalyse
financial strength - Finanzkraft
financial support - Finanzhilfe
financial syndicate - Konsortium
financial world - Finanzwelt
financial year - Bilanzjahr
financing - Finanzierung
financing agreement - Finanzierungsvertrag
financing from own resources - Eigenfinanzierung
financing instrument - Finanzierungsinstrument
financing plan /scheme - Finanzierungsplan
financing program - Finanzierungsprogramm
financing risk - Finanzierungsrisiko
financing through profits - Finanzierung aus Gewinnen
financing treasury bonds - Finanzierungsschätze
financing with outside funds - Fremdmittelfinanzierung
fine - Bußgeld, Geldstrafe, verhängen
fine tuning - Feinabstimmung
finished goods - Fertigerzeugnisse, Fertigwaren
finished product - Endprodukt, Enderzeugnis
finishing industry - endverarbeitende Industrie
finite number - endliche Zahl
finite order - Großauftrag
finite population - endliche Grundgesamtheit
fire - rausschmeißen, entlassen
fire insurance - Feuerversicherung
firm - Betrieb, Unternehmen

firm broker - angestellter / firmengebundener Börsenhändler
firm market - Markt mit stabiler Preisentwicklung
firm offer - festes Angebot, Abgabeverpflichtung
firm underwriting - Festübernahme
firm's interest - Firmenanteil
firm's inventory - Lagerbestand
firming up of prices - Anziehen der Kurse
first board - erste Kursnotierung
first buyer /purchaser - Ersterwerber
first degree - erster akademischer Grad
first in, first out method - Fifo-Methode der Vorratsbewertung
first instalment - Anzahlung
first of exchange - Primawechsel
first-half report - Halbjahresabschluß
first-order condition - Bedingung erster Ordnung
first-rate - erstklassig
fiscal - steuerlich
fiscal administration - Finanzverwaltung
fiscal authorities - Finanzbehörden, Steuerbehörden
fiscal deficit - Fehlbetrag im Staatshaushalt
fiscal drag - fiskalischer Widerstand
fiscal planning - Finanzplanung
fiscal policy - Steuerpolitik, Fiskalpolitik
fiscal prerogative - Finanzhoheit
fiscal system - Steuersystem
fiscal year - Geschäftsjahr, Rechnungsjahr
fiscalization - Besteuerung
fit up - ausstatten, einrichten
fittings - Zubehörteile, Ausstattungsteile
fix the budget - Etat aufstellen
fixed - feststehend
fixed asset accounting - Anlagenbuchhaltung
fixed asset depreciation - Abschreibung auf Sachanlagen
fixed asset movement schedule - Anlagespiegel
fixed assets - Anlagevermögen, Anlagekapital, Sachanlagen,
fixed assets retirement - Anlagenverkauf
fixed budget cost accounting - starre Plankostenrechnung

fixed capital - Realvermögen, Sachvermögen
fixed charges - Festkosten, Generalkosten
fixed costs - fixe Kosten
fixed costs structure - Fixkostenstruktur
fixed date purchase - Fixkauf
fixed dated bill - Datowechsel
fixed debts - feste Schulden
fixed exchange rate - fester Wechselkurs
fixed exchange rate system - festes Wechselkurssystem
fixed factor inputs - limitationale Faktoreinsatzmenge
fixed income - festes Einkommen
fixed instalment rate - linearer Abzahlungssatz
fixed interest - festverzinslich
fixed interest security - festverzinsliches Wertpapier
fixed investment - Realinvestition
fixed percentage - konstanter Prozentsatz
fixed point - Fixpunkt
fixed point strategy - Fixpunkt-Strategie
fixed securities index - Rentenwertindex
fixed valuation - Festwert
fixed-asset-to-net-worth ratio - Anlagedeckungsgrad
fixed-rate term loan - Festzinsdarlehen
fixed-target policy model - Konsistenzmodell
fixed-term contract - befristeter Vertrag, Zeitvertrag
fixed-term deposit - Festgeldanlage
flag of convenience - Billigflagge
flagging - Absatzflaute
flamboyant - auffallend
flash estimate - Blitzprognose
flash item - Sonderangebot
flash of inspiration - Geistesblitz
flat - flach, einheitlich
flat rate - Pauschaltarif
flat-letting business - Wohnungsvermietung
flatmate - Mitbewohner
flattening the pyramid - Hierarchieabbau
flaw - Defekt, Fehler
fledgling recovery - zögernde Erholung
fleet - Flotte, Fuhrpark
fleet operator - Fuhrunternehmer
flexibility - Anpassungsfähigkeit, Flexibilität

flexibility of demand - Nachfragebeweglichkeit
flexible - nachgiebig, beweglich, anpassungsfähig
flexible exchange rate - flexibler Wechselkurs
flexible manufacturing cell - flexible Fertigungszelle
flexible manufacturing system - flexibles Fertigungssystem
flexible working hours - flexible / gleitende Arbeitszeit
flextime - Gleitzeit
flight capital - Fluchtkapital
flight of capital - Kapitalflucht
flimsy - Kopierpapier
float - schweben, treiben, schwimmen
float time - Pufferzeit
floaters - erstklassige Inhaberpapiere
floating - freies Schweben der Wechselkurse
floating assets - Umlaufvermögen
floating capital - Betriebskapital, schwebendes Kapital
floating credit - schwebender Kredit
floating debt - schwebende Schuld
floating exchange rate - flexibler Wechselkurs
floating interest rate - schwankender Zins
floating liability - laufende Verbindlichkeit
floating mortgage - Gesamthypothek
floating policy - Generalpolice
floating rate - variabler Zins
floating rate bond /note - variabel verzinsliche Anleihe
flood of orders - Auftragsflut
flood the market - Markt überschwemmen
floor - Börsensaal, festgeschriebene Zinsuntergrenze
floor broker - unabhängiger Börsenhändler
flop - Versager, Mißerfolg, Niete
flop rate - Floprate
flourishing - schwunghaft, gutgehend
flow - Fluß, Umlauf, überschwemmen
flow capacity - Flußkapazität
flow chart - Flußdiagramm
flow line - Fluß-/ Ablauflinie

flow of commerce - Handelsverkehr
flow of foreign funds - Devisenabfluß
flow of funds - Kapitalfluß
flow of funds analysis - Bewegungsbilanz
flow of goods - Warenfluß
flow of goods and services - Güter- und Leistungsstrom
flow of income - Einkommensfluß
flow of information - Informationsfluß
flow of spending - Ausgabenfluß
flow of work - Arbeitsablauf
flow statement - Bewegungsbilanz, Kapitalflußrechnung
flow-of-funds analysis - Geldstromanalyse, Kapitalflußrechnung
flowchart technique - Flußdiagrammtechnik
fluctuate - fluktuieren, schwanken
fluctuating - veränderlich
fluctuating exchange rates - schwankende Wechselkurse
fluctuation - Fluktuation, Schwankung
fluctuation in exchange - Valutaschwankung
fluctuation in value - Wertschwankung
fluctuation on bank accounts - Bewegung auf Bankkonten
fluctuations in demand - Nachfrageschwankungen
fluctuations in supply - Angebotsschwankungen
fluctuations of currencies - Währungsschwankungen
fluidity of labor - Arbeitsmobilität
flush - übervoll, reichlich
flush with money - gut bei Kasse
flux of money - Geldumlauf
fly-by-night worker - Schwarzarbeiter
foam - Schaum
foam rubber - Schaumgummi
focal point - Brennpunkt
focal problem - Kernproblem
focus - Schwerpunkt, Brennpunkt, konzentrieren
follow up - nachstoßende Befragung, weiterverfolgen
follow-up advertising - Erinnerungswerbung
follow-up file - Wiedervorlagemappe
follow-up investment - Folgeinvestition
follow-up letter - Nachfaßschreiben

foreign trade and payments transaction

follow-up order - Anschlußauftrag
foodstyling - Verfremdung von Lebensmitteln
Food Act - Lebensmittelgesetz
food industry - Nahrungsmittelindustrie
food subsidies - Nahrungsmittelsubventionen
footing - Stütze, Grundlage, Gesamtsumme
footnote - Fußnote
footwear - Schuhe, Schuhwerk
forbearance - Nachsicht, Stundung, Zahlungsaufschub
forbid - verbieten, untersagen
forbidden zone - Sperrgebiet
forbidding - abschreckend, scheußlich
force - Kraft, Macht, Druck, aufzwingen
force majeure - höhere Gewalt
forced - gezwungen, Zwangs-
forced administration of property - Zwangsverwaltung
forced frugality - erzwungene Genügsamkeit
forced loan - Zwangsanleihe
forced rotation - Zwangsrotation
forced saving - Zwangssparen
forced-draught expansion - beschleunigtes Wirtschaftswachstum
forecast - Voraussage, Prognose, voraussagen, prognostizieren
forecast budget - Planbudget
forecast interval - Vorhersageintervall
forecast of growth - Wachstumsprognose
forecast of volume demand - Nachfrageprognose
forecaster - Konjunkturbeobachter
forecasting error - Prognosefehler
foreign - ausländisch, Auslands-
foreign assets - Devisenwerte
foreign balances - Auslandsguthaben
foreign bank - Auslandsbank
foreign bill - Auslandswechsel
foreign bond - Auslandsanleihe
foreign business - Auslandsgeschäft
foreign country - Ausland
foreign currency - Devisen
foreign currency acceptance credit - Valutatrassierungskredit
foreign currency account - Fremdwährungskonto

foreign currency allocation - Devisenzuteilung
foreign currency loan - Währungsanleihe
foreign currency reserves - Devisenreserven
foreign currency transaction - Valutageschäft
foreign debt - Auslandsverschuldung
foreign department - Auslandsabteilung
foreign economic policy - Außenwirtschaftspolitik
foreign exchange - Devisen
foreign exchange account - Devisenkonto
foreign exchange broker - Devisenmakler
foreign exchange control - Devisenbewirtschaftung
foreign exchange cover - Golddeckung
foreign exchange dealings for own account - Deviseneigengeschäfte
foreign exchange market - Devisenmarkt, Devisenbörse
foreign exchange option - Devisenoption
foreign exchange rate - Devisenkurs
foreign exchange restrictions - Devisenbeschränkungen
foreign exchange risk - Währungsrisiko
foreign indebtedness - Auslandsverschuldung
foreign investment - Auslandsanlage
foreign liabilities - Auslandsverbindlichkeiten
foreign loan - Auslandsanleihe
foreign market risk - Auslandsmarktrisiko
foreign money - ausländische Zahlungsmittel
foreign postal money order - Auslandspostanweisung
foreign quota - Devisenkontingent
foreign rate of transformation (FRT) - ausländische Transformationsrate
foreign sector - Auslandssektor
foreign securities - Auslandswertpapiere
foreign trade - Außenhandel, Auslandsgeschäft
foreign trade and payments legislation - Außenwirtschaftsrecht
foreign trade and payments transaction - Außenwirtschaftsverkehr

93

foreign trade dirigism

foreign trade dirigism - Außenhandelsdirigismus
foreign trade financing - Außenhandelsfinanzierung
Foreign Trade Law - Außenwirtschaftsgesetz
foreign trade monopoly - Außenhandelsmonopol
foreign trade policies - Außenhandelspolitik
foreign trade relations - Außenhandelsbeziehungen
foreman - Vorarbeiter, Meister
foresight - Voraussicht, Vorsorge
forfeit - Buße, Geldstrafe, Verlust eines Anspruchs, verlieren, verfallen
forfeit a bond - Kaution verfallen lassen
forfeit a right - Recht verwirken
forfeiture - Verlust, Einziehung
forged transfer - gefälschte Überweisung
forgery of bank notes - Banknotenfälschung
forgiveness of a tax - Steuererlaß
forgo - verzichten, Abstand nehmen
form a company - Gesellschaft gründen
form requirement - Formvorschrift
formal organization - formale Organisation
formal test of credit standing - formelle Kreditwürdigkeitsprüfung
formalism - Formalismus
formality - Formalität, Formvorschrift
formalization - Formalisierung
formalize - formalisieren
format - Anordnung, Format
formation expense - Gründungskosten
formation of a contract - Vertragsabschluß
formation of capital - Kapitalbildung
formation of market prices - Marktpreisbildung
formation of property - Eigentumsbildung
formation of wealth - Vermögensbildung
formatted data set - formatierter Datenbestand
forming opinions - Willensbildung
formula - Formel, Schema, Vorschrift
forthcoming - bevorstehend, unterwegs, verfügbar
fortify - befestigen, verstärken, ermutigen

fortress Europe - Festung Europa
forward - befördern, versenden, Termin
forward buying - Terminkauf
forward calculation - Vorwärtsrechnung
forward delivery - spätere Lieferung
forward goods - Waren versenden, befördern
forward indicator - Frühindikator
forward integration - Vorwärtsintegration
forward market - Terminmärkte
forward operation in securities - Effektentermingeschäft
forward order - Auftrag auf Lieferung
forward rate - Terminkurs
forward sale - Terminverkauf / -handel
forward transaction - Termingeschäft
forwarder's receipt - Spediteurempfangsschein
forwarding agent - Spediteur
forwarding charges - Versandkosten
foundation - Grundlage, Gründung, Stiftung
foundation course - Grundlehrgang
foundation of a business - Geschäftsgründung
founder - Gründer, Stifter
founders' shares - Gründungsaktien
fraction - Bruch, Teil
fractional bond - Teilschuldverschreibung
fractional share - Bruchteilsaktie
fractional share of property - Bruchteilseigentum
fragile - zerbrechlich
fragmentation of work - Arbeitszerlegung
framework - Gerüst, Rahmen, System
framework agreement - Rahmenvertrag
franchise - Konzession, Alleinverkaufsrecht
franchise agent - Lizenzvertreter
franchise agreement - Franchisevertrag
franchise company - Franchiseunternehmen
franchisee - Franchisenehmer
franchising - Lizenzvergabe
franchising system - Franchisesystem
franchisor - Franchisegeber
fraud - Betrug, Schwindel, Falschbuchung

fraudulent - betrügerisch, arglistig
fraudulent bankruptcy - betrügerischer Bankrott
fraudulent conveyance - Gläubigerbenachteiligung
freak - Besessener
free alongside ship (f.a.s.) - frei längsseits Schiff
free and open market - Wettbewerbsmarkt
free assets - freies Vermögen
free collective bargaining - freie Tarifverhandlungen, Tarifautonomie
free competition - freier Wettbewerb
free consumer choice - freie Konsumwahl
free delivery - Lieferung frei Haus
free end buffers - freier Endpuffer
free entreprise economist - Marktwirtschaftler
free from encumbrances - schuldenfrei
free goods - zollfreie Ware
free initial buffers - freier Anfangspuffer
free mark-up - freie Spanne
free market equilibrium - marktwirtschaftliches Gleichgewicht
free market system - marktwirtschaftliche Ordnung
free of charge - gebührenfrei, kostenlos
free of cost - kostenfrei
free of interest - zinslos
free on board (f.o.b.) - frei an Bord, frei Schiff
free on wagon (f.o.w.) - frei Waggon
free port - Freihafen
free price - Wettbewerbspreis
free reserves - Überschußreserven
free trade - freier Handel, Freihandel
free trade area - Freihandelszone
free trade policy - Freihandelspolitik
free trade treaty - Freihandelsabkommen
free up capital - Kapital freisetzen
free zone - Freizone
free-lance - freiberuflich, selbständig, freier Mitarbeiter
freedom of competition - Wettbewerbsfreiheit
freedom of entry - ungehinderter Marktzutritt
freehand method - graphische Ausgleichung nach Augenmaß

freehold - freier Grundbesitz
freehold flat - Eigentumswohnung
freemasons - Freimaurer
freezing of assets - Blockierung von Vermögenswerten
freight bill - Frachtbrief
freight engagement - Frachtverabredung, Frachtverpflichtung
freight forwarder - Spediteur
freight note - Frachtbrief, Frachtrechnung
freight paid - franko
freight payments - Frachtausgaben
freight rate - Frachtrate, Frachttarif
freight rebate - Frachtnachlaß
freight to collect - zu bezahlende Frachtkosten
freightage - Frachtkosten
freighting - Frachtgeschäft
frequency - Frequenz, Häufigkeit
frequency analysis - Häufigkeitsanalyse
frequency distribution - Häufigkeitsverteilung
frequency function - Häufigkeitsfunktion
frequency of occurence - Eintrittshäufigkeit
frequency of unemployment - Häufigkeit der Arbeitslosigkeit
frequency polygon - Häufigkeitspolygon
frequency ratio - relative Häufigkeit
frequency table - Häufigkeitstabelle
fresh supplies - zusätzliche Lieferung, Nachlieferung
frictional unemployment - friktionelle Arbeitslosigkeit, Reibungsarbeitslosigkeit
frictionless - reibungslos, spannungslos
frictionless neoclassical model - friktionsloses neoklassisches Modell
friendly settlement of disputes - Schlichtung
fringe - Randzone, Randgebiet
fringe banking - Teilzahlungskreditgeschäft
fringe benefits - Aufwandsentschädigungen, freiwillige Sozialleistungen
fringe market - Zusatzmarkt
fringe packet - Zusatzleistungen, Sozialpaket
fringe population - Randbevölkerung
front office - Zentralbüro

frothy market

frothy market - nervöser Haussemarkt
frugality - Genügsamkeit, Sparsamkeit
fuel - Treibstoff
fugitive fund - Fluchtkapital
fulfil - erfüllen, ausführen
fulfil a contract - Vertrag erfüllen
fulfilment - Erfüllung
full amount - Gesamtbetrag
full bill of lading - volles Konnossement
full capacity - Volleistungsfähigkeit
full consolidation - Vollkonsolidierung
full convertibility - volle Konvertierbarkeit
full cost - Vollkosten
full cost basis - Vollkostenbasis
full cost principle - Vollkostenprinzip
full costing - Vollkostenrechnung
full coverage insurance - Vollkaskoversicherung
full employment - Vollbeschäftigung
full employment goal - Vollbeschäftigungsziel
full employment rate - Vollbeschäftigungsrate
full employment surplus - Vollbeschäftigungsüberschuß
full endorsement - Vollindossament
full investment - Vollinvestition
full pay leave - voll bezahlter Urlaub
full payout leasing contract - Vollamortisationsvertrag
full service bank - Universalbank
full time - hauptamtlich, hauptberuflich
full time education - Ganztagsunterricht
full time job - Ganztagsarbeit
full time occupation - Hauptberuf
full utilization of plant - volle Ausnutzung der Betriebskapazität
fully funded - voll finanziert
fully paid share - voll eingezahlte Aktie
fully-fledged - erwachsen, ausgereift
function - Funktion, Tätigkeit, arbeiten, funktionieren
function chart / diagram - Funktionsdiagramm
functional analysis - Aufgabenanalyse
functional design - funktionale Gliederung

functional finance - steuerpolitische Maßnahmen
functional foremanship system - Funktionsmeister-System
functional income distribution - funktionelle Einkommensverteilung
functional organization - funktionale Organisation
functional share - funktionelle Lohnquote
functional specialization - Aufgabenspezialisierung
fund - Fonds, Kapital, finanzieren
fund raising - Kapitalbeschaffung
fundamental - grundlegend, wichtig
fundamental analysis - Fundamentalanalyse
fundamental equations - Grundgleichungen
funding - Finanzierung
funding bond - Umschuldungsanleihe
funds - Gelder, Geldmittel, finanzielle Mittel
funds pledged as security - Sicherungsgelder
funds statement - Vermögensnachweis
furnish - bereitstellen, beschaffen, bieten
furnish collateral - Sicherheit leisten
further education - Fortbildung, Weiterbildung
further margin - Nachschußzahlung
further occupational training - berufliche Fortbildung
further training - betriebliche Fortbildung
futile distraint - vergebliche Pfändung
future - zukünftig, Zukunft
future dimension - Zukunftsdimension
future prospects - Zukunftsaussichten, Zukunftschancen
future technology - Zukunftstechnologie
futures contract - börsengehandelter Terminkontrakt
futures exchange - Terminbörse
futures exchange dealing - Devisentermingeschäft
futures trading - Börsenterminhandel
fuzzy set - unscharfe Menge

G

gain - Gewinn, Nutzen, erhalten, gewinnen
gain in productivity - Produktivitätssteigerung
gain on disposal - Veräußerungsgewinn
gain on redemption - Tilgungsgewinn
gain on takeover - Übernahmegewinn
gainful employment - Erwerbstätigkeit
gains from exchange - Tauschgewinn
gains from trade - Handelsgewinne, Handelsvorteile
gains on currency transactions - Wechselkursgewinne
gale - periodische Pachtzahlung
game theory - Spieltheorie
gamma distribution - Gammaverteilung
gap - Lücke, Spalt
gap analysis - Lückenanalyse
gap filler insurance - Zusatzversicherung
gap in substitution chain - Substitutionslücke
gap in supplies - Angebotslücke
gap in the market - Marktlücke
gapped phasing - Ablaufplan
garnishment of wages - Lohnpfändung
gas delivery pipes - Erdgasleitungen
gas supply juggernaut - Gasgigant
gasoline tax - Mineralölsteuer
gate money - Eintrittsgeld
gatekeeping - auswählen
gauge - Regel, Meßgerät, abmessen, justieren
gauge the market - Markt beurteilen
Gauss distribution - Gauss-Verteilung
gear up - ausbauen, Kapital aufnehmen
gearing - Verschuldungsgrad
gem - Prachtstück
general - allgemein
general ability to pay - Bonität
general acceptance - uneingeschränktes Akzept
general account - Hauptkonto
General Accounting Office - Bundesrechnungshof
general administration - Hauptverwaltung
general allowance - Pauschalbilligung, Pauschalwertberichtigung

general analysis - Totalanalyse
general assembly - Generalversammlung
general bad-debt provision - Pauschalwertberichtigung
general basis of assessment - pauschale Bemessungsgrundlage
general burden - Verwaltungsgemeinkosten
general business conditions - allgemeine Wirtschaftslage
general commercial business - Grundhandelsgewerbe
general concept - Grobkonzept
general cost center - allgemeine Kostenstelle
general cut in taxes - allgemeine Steuersenkung
general depot - Nachschublager
general education system - allgemeinbildendes Schulsystem
general endorsement - Blankoindossament
general equilibrium - allgemeines Gleichgewicht
general indirect-cost center - allgemeine Hilfskostenstelle
general obligation bonds - Kommunalobligationen
general partner - Komplementär, unbeschränkt haftender Gesellschafter
general partnership - offene Handelsgesellschaft (OHG), Personengesellschaft
general policy - allgemeine Richtlinie
general power of attorney - Generalvollmacht
general price increase - allgemeine Preiserhöhung
general price level - allgemeines Preisniveau
general public - Öffentlichkeit
general reserves - allgemeine Rücklagen
general setting - Rahmenbedingung
general store - Gemischtwarengeschäft
general tariff - Einheitstarif
general taxation - allgemeine Besteuerung
general thrust of the economy - wirtschaftliche Entwicklung
general usage - Verkehrssitte
generality - Allgemeingültigkeit

generalization

generalization - Verallgemeinerung
generalize - verallgemeinern
generate - hervorbringen, erzeugen, erfassen
generate jobs - Arbeitsplätze schaffen
generating function - erzeugende Funktion
generic brand - Gattungsmarke
generic name - Gattungsbezeichnung
Geneva convention - Genfer Konvention
genuine - echt, unverfälscht
genuine article - Markenartikel
genuine saving - echte Ersparnis
genuineness - Wahrheit, Unverfälschtheit
geometric distribution - geometrische Verteilung
germ - Ansatz, Ursprung
germ of truth - Kern der Wahrheit
German Fiscal Code - Deutsche Abgabenordnung
German Public Service Federation - Deutscher Beamtenbund (DBB)
German Salaried Employee Union - Deutsche Angestelltengewerkschaft (DAG)
German Stock Corporation Law - Deutsches Aktiengesetz
German Trade Union Federation - Deutscher Gewerkschaftsbund (DGB)
gestation period - Kapitalausreifungszeit
giant merger - Großfusion
gift - Schenkung
gift credit - zinsloses Darlehen
gift tax - Schenkungssteuer
gilt-edged securities - Staatspapiere
gilts - Staatspapiere
giro - Giro
giro account - Girokonto
giro business - Girogeschäft
giro center - Girozentrale
giro system - Gironetz
give-away price - Schleuderpreis
glamor stocks - lebhaft gefragte Aktien
global bond certificate - Globalurkunde
global credit - Rahmenkredit
global downturn - weltweite Rezession
global economy - Weltwirtschaft
global market integration - Weltmarktintegration
global propensity to spend - globale Ausgabenneigung

global reserves - Weltvorräte
global sourcing - weltweite Zulieferung, internationale Beschaffung
global value adjustment - Sammelwertberichtigung
glut - Überangebot
glut on the market - Markt sättigen, Markt überschwemmen
glutted market - Marktüberschwemmung
go bankrupt - Konkurs gehen
go bust - Pleite gehen
go on sale - mit Produkten auf den Markt kommen
go out of business - Geschäft aufgeben
go-ahead - expandieren
go-between - Mittelsmann
go-slow strike - Bummelstreik
goal - Ziel, Zweck
goal achievement - Zielerreichung
goal adjustment - Zielanpassung
goal conflict - Zielkonflikt
goal content - Zielinhalt
goal direction - Zielrichtung
goal finding - Zielfindung
goal formation process - Zielplanungs-/Zielentscheidungsprozeß
goal gap - Ziellücke
goal production - Zielertrag
goal relationships - Zielbeziehungen
goal setting - Zielsetzung /-bildung
goal setting process - Zielbildungsprozeß
goal standard - Zielmaßstab
goal structure - Zielstruktur
goal system - Zielsystem
goal weighing - Zielgewichtung
going business - erfolgreiches Unternehmen
going price - Marktpreis
going rate - geltender Preis
going-concern value - Buchwert
gold backing - Golddeckung
gold brick - wertloses Wertpapier
gold bullion standard - Goldkernwährung
gold exchange standard - Golddevisenwährung
gold holdings /inventory- Goldbestand
gold option - Goldoption
gold outflow - Goldabfluß
gold parity - Goldparität
gold premium - Goldaufgeld

gold quote - Goldnotierung
gold reserve cover - Goldreservedeckung
gold specie currency - Goldumlaufwährung
gold-based monetary system - Goldwährungssystem
golden age path - goldener Wachstumspfad
golden balance-sheet rule - goldene Bilanzregel
golden bank rule - goldene Bankregel
good seller - zugkräftiger Artikel
good will - guter Ruf
goodness of fit - Güte der Anpassung
goods - Güter
goods administration system - Warenwirtschaftssystem
goods afloat - schwimmende Ware
goods basket - Warenkorb
goods (carried) in stock - Warenvorräte, Lagerbestand
goods declaration - Anmeldung der Waren
goods flow - Güterstrom
goods in common use - Gebrauchsartikel
goods market - Gütermarkt
goods market equilibrium - Gütermarktgleichgewicht
goods on hand - Lagerbestand
goods train - Güterzug
goods-received note - Warenannahmeschein
goodwill - Firmenwert
goodwill advertising - Vertrauenswerbung
goodwill amortization - Geschäftswertabschreibung
Gossen's laws - Gossensche Gesetze
government bonds - Staatsanleihen
government budget deficit - staatliches Budgetdefizit
government control - staatliche Lenkung/Kontrolle
government employee - Regierungsangestellter
government expenditures - Staatsausgaben
government expropriation - staatliche Enteignung
government failures - Staatsversagen
government funds - Staatsanleihen, Staatspapiere
government interference - staatliche Eingriffe
government investment - öffentliche Investitionen
government job program - Arbeitsbeschaffungsprogramm
government monopolies - Staatsmonopole
government official - Regierungsbeamter
government regulatory commission - staatliche Aufsichtsbehörde
government revenues - Staatseinnahmen
government securities - Staatstitel
government spending - Staatsausgaben
government stockpiling - staatliche Rohstoffbevorratung
government storage agency - staatliche Vorratsstelle
government tax audit - Betriebsprüfung
government's budget - Staatshaushalt
government-enforced syndicate - Zwangssyndikat
governmental - staatlich, Regierungs-, Staats-
governmental subsidy - staatliche Subvention
grace - Aufschub, Zurückstellung, Zahlungsfrist
grade - einstufen
gradient - Gradient
gradient algorithm - Gradientenalgorithmus
gradient search method - Gradientensuchverfahren
gradual adjustment hypothesis - Hypothese der schrittweisen Anpassung
gradual approximation - sukzessive Approximation
gradually - allmählich, schrittweise
graduate - einstufen, staffeln, graduieren, Universitätsabsolvent
graduate in business administration - Betriebswirt
graduated taxation - degressive Besteuerung
graduation - Erteilung eines akademischen Grades
grain price - Getreidepreis
grant - Bewilligung, Zuschuß, gewähren
grant a patent - patentieren

grant-in-aid

grant-in-aid - Zuschuß an Entwicklungsländer
grantee of an option - Optionsempfänger
grantor of a licence - Lizenzgeber
grants - Unterstützungszahlungen
grants economy - Übertragungswirtschaft
graph - Diagramm, Schaubild, Graphik
graph theory - Graphentheorie
graphic method - graphisches Verfahren
grave - bedenklich, ernst, schwerwiegend
grease the palm - bestechen
great depression (G.D.) - Weltwirtschaftskrise
green card - Immigrationserlaubnis
green revolution - grüne Revolution
green tax - Ökosteuer
green-conscious - ökobewußt
greenbelt - Grüngürtel
greenfield site - Standort "auf der grünen Wiese"
greenhouse effect - Treibhauseffekt
grey market - Seniorenmarkt, grauer Markt
grid - Gitter, Planquadrat
grid analysis - Gitteranalyse
grid sheet - Rasterblatt
grim - dunkel, düster, schlecht
grocer - Lebensmittelhändler
gross - brutto
gross budget - Bruttoetat
gross capital productivity (GCP) - Bruttokapitalproduktivität
gross cover spread - Bruttodeckungsspanne
gross deposit - Gesamteinlagenbestand
gross dividend - Bruttodividende
Gross Domestic Product (GDP) - Bruttoinlandsprodukt (BIP)
gross domestic purchases - Bruttoinlandskäufe
gross earnings /income- Bruttoeinkommen, Umsatz
gross investment - Bruttoinvestition
gross investment in fixed assets - Bruttoanlageninvestitionen
gross investment spending - Bruttoinvestitionsausgaben
gross margin - Bruttomarge, Betragsspanne
gross markon - Bruttogewinnaufschlag, Kalkulationsaufschlag

gross misconduct - grobes Fehlverhalten
gross national expenditure - Bruttoinlandsausgaben
Gross National Product (GNP) - Bruttosozialprodukt (BSP)
gross negligence - grobe Fahrlässigkeit
gross operating revenue - betriebliche Bruttoerträge
gross output - Bruttoproduktionswert
gross performance - Gesamtleistung
gross plough-back - Bruttoselbstfinanzierung
gross proceeds - Bruttoertrag
gross profit - Brutto-/ Rohgewinn
gross profit margin - Bruttogewinnspanne
gross purchase price - Bruttoeinkaufspreis
gross receipts tax - Produktionssteuer
gross rental - Grundbetrag
gross rental method - Ertragswertverfahren
gross revenue - Bruttoerlös
gross salary - Bruttogehalt
gross sales - Bruttoumsatz / -erlös
gross surplus - Bruttoüberschuß
gross wage - Bruttolohn
grossing-up procedure - Fortschreibungsmethode
ground crew - Bodenpersonal
ground rent - Bodenzins / -rente, Grundpacht
groundwork - Grundlage
group - Gruppe
group assignment - Gruppenzuordnung
group change - Gruppenwechsel
group charges - Konzernkosten
group freight - Fracht zusammenstellen
group interview - Gruppeninterview
group of affiliated companies - Konzern
group of customers - Kundengruppe
group valuation method - Sammelbewertungsverfahren
group-internal revenue - Innenumsatz
groupage rate - Gruppentarif
grouping - gruppieren, klassifizieren
groupthinking - Gruppendenken
growing competition - wachsender Wettbewerb
growth - Wachstum
growth accounting -

Wachstumsbuchhaltung
growth bracket - Steigerungskorridor
growth in savings deposits - Spareinlagenzuwachs
growth industry - Wachstumsindustrie
growth limits - Wachstumsgrenzen
growth minded - wachstumsorientiert
growth of total factor productivity - Wachstum der Gesamtproduktivität
growth policy - Wachstumspolitik
growth potential - Wachstumsfähigkeit / -potential
growth rate - Wachstumsrate, Zuwachsrate
growth rate target - Wachstumsziel
growth stage (of product life cycle) - Wachstumsphase (des Produktlebenszyklus)
growth stocks - Wachstumswerte
growth strategy - Wachstumsstrategie

guaranteed bond - gesicherte Anleihe
guaranteed circulation - Mindestauflage
guaranteed dividend - Garantiedividende
guarantor - Bürge, Garant
guaranty , guarantee - Bürgschaft, Gewähr, Kaution, Aval, bürgen, gewährleisten
guaranty business - Garantiegeschäft
guaranty of collection - Ausfallbürgschaft
guard - Bewachung, Wache
guarded optimism - vorsichtiger Optimismus
guess - Vermutung
guidance - Anleitung, Führung
guide - Wegweiser, anleiten, lenken
guideline - Regel, Richtlinie
guideposts - Leitlinien
guiding principle - Grundprinzip

H

habit of consumption - Konsumgewohnheiten
half-yearly accounts - Halbjahresabschluß
half-yearly premium - Halbjahresprämie
hallmark - Feingehaltsstempel
halt of delivery - Liefersperre
hammer - Zwangsverkauf
hamper - behindern, verhindern, verstricken, verwickeln
hand assembly - manuelle Fertigung
handbook - Handbuch
handicraft - Gewerbe, Handwerksbetrieb
handle - abwickeln, behandeln
handle orders - Aufträge abwickeln
handling capacity - Umschlagskapazität
handling charge /fee - Bearbeitungsgebühr
handling of flights - Flugabfertigung
handling of payments - Zahlungsabwicklung
hands-off economic policy - interventionistische Wirtschaftspolitik
haphazard sample - unkontrollierte Stichprobe
harbinger - Vorbote, Vorläufer
hard budget constraints - harter Budgetzwang
hard goods - Gebrauchsgut
hard to place - schwer vermittelbar
hard-earned - schwer verdient
hard-pressed - in Schwierigkeiten
hard-weather allowance - Schlechtwetterzulage
hardball - aggressiver Wettbewerb
hardcore unemployment - Bodenarbeitslosigkeit
hardship - Härte, Not
hardship pay - Erschwerniszulage
hardship provision - Härteklausel
harmful emission - Schadstoffemission
harmonization - Harmonisierung
haulage - Transport, Spedition
haulage contractor - Transportunternehmer, Spediteur
haulage fleet - Fuhrpark
haulier - Transportunternehmer
havoc - Verwüstung, Zerstörung
hazard bonus - Risikoprämie
hazardous - gewagt, gefährlich, riskant
head - Leiter
head clerk - Prokurist, Bürovorsteher
head of department /division - Abteilungsleiter
head of household - Haushaltsvorstand
head of purchasing - Einkaufsleiter
head office - Hauptbüro, Hauptgeschäftsstelle, Zentrale, Hauptniederlassung
headcount - Mitarbeiterzahl
headhunting - Personalabwerbung
headquarters - Hauptquartier, Hauptsitz, Unternehmenszentrale
health and safety legislation - Gesundheits- und Arbeitsschutzgesetzgebung
health care - Gesundheitswesen
health food store - Reformhaus
health indicators - Gesundheitsindikatoren
health insurance - Krankenversicherung
health insurance contribution - Krankenversicherungsbeitrag
health protection - Gesundheitsschutz
hearing - Untersuchung
heartland - Hauptabsatzgebiet
heavy industry - Schwerindustrie
heavy price - überhöhter Preis
heavy spending - hohe Aufwendungen
hedge a risk - Risiko abdecken
hedging - Sicherungsgeschäft am Terminmarkt
heir - Erbe
hereinafter - im folgenden, nachstehend
heretical - ketzerisch
heterogeneous - heterogen
heterogeneous goods - heterogene Güter
heuristic - heuristisch
heuristics - Heuristik
heyday - Glanzzeit
hidden defect - verborgener Mangel
hidden reserves - stille Reserven, versteckte Reserven
hidden subsidy - versteckte Subvention
hidden talent - verstecktes Talent, versteckte Fähigkeit
hidden unemployment - versteckte Arbeitslosigkeit

hierarchical structure - Hierarchiestruktur
hierarchical structuring - hierarchische Strukturierung
hierarchy - Hierarchie
hierarchy of effects - Wirkungshierarchie
hierarchy of needs - Präferenzordnung, Bedürfnishierarchie
hierarchy of products - Produkthierarchie
high brow - Intellektueller
high coupon loan - hochverzinsliche Anleihe
high employment level - hoher Beschäftigungsstand
high end - obere Preisklasse
high flier - Überflieger
high interest policy - Hochzinspolitik
high involvement - großes Engagement
high level of employment - hohes Beschäftigungsniveau
high price strategy - Hochpreisstrategie
high quality product - Qualitätserzeugnis
high street - Hauptstraße, Geschäftsstraße
high street bank - Filialbank
high street chain - Filialgeschäftskette
high value item - hochwertiges Gut
high-calibre managerial staff - hochqualifizierte Führungskräfte
high-powered money - Zentralbankgeld
highest bid - Höchstangebot
highest bidder - Meistbietender
highest price - Höchstkurs
highest probability - höchste Wahrscheinlichkeit
highest value - Höchstwert
highfly - Spitzenunternehmen
highlight - Höhepunkt
highly advertised product - werbeintensives Produkt
hinder - hindern
hindrance - Hindernis
hinge - Wendepunkt
hint - Hinweis
hire purchase - Mietkauf, Ratenkauf, Teilzahlungskauf
hire purchase act - Abzahlungsgesetz
hire purchase agreement - Teilzahlungsvertrag
hire purchase credit - Teilzahlungskredit
hire purchase sales - Ratenverkauf

hirement on probation - Probeanstellung
hiring contract - Anstellungsvertrag
hiring expenses - Einstellungskosten
hiring freeze - Einstellungsstopp
hiring procedure - Einstellungsvorgang
histogram - Histogramm, Staffelbild
historical cost - ursprüngliche Anschaffungskosten
historical cost concept - Anschaffungskostenprinzip
historical costing - Vergleichskostenmethode
historical materialism - historischer Materialismus
history of economic thought - Dogmengeschichte der Wirtschaftswissenschaft
hit or miss - aufs Geratewohl
hoard - horten, anhäufen
hoarding - Hamstern, Horten
hoarding purchases - Hortungskäufe
hold - fassen, unterbringen
holder - Besitzer, Gläubiger, Inhaber
holder in due course - legitimierter Inhaber
holder of a patent - Patentinhaber
holding - Aktienbesitz, Anteil, Bestand, Beteiligung, Pachtgut, Besitz
holding company - Dachgesellschaft
holding costs - Lagerkosten
holding level - Lagerbestand
holding time - Bearbeitungszeit
holding-out partner - Scheingesellschafter
holiday appartment - Ferienwohnung
holiday travel company - Reiseveranstalter
holism - Holismus, Ganzheitslehre
holistic thinking - ganzheitliches Denken
home demand - Inlandsnachfrage
home market - Binnenmarkt
home produced goods - heimische Waren
home sales - Inlandsumsätze
home trade - Binnenhandel
homogeneous - homogen
homogeneous commodity /product - homogenes Gut
homogeneous market - homogener Markt
homoskedastic - gleichgestreut
homothetic - homothetisch
honesty - Ehrlichkeit, Aufrichtigkeit

honor a bill - einen Wechsel einlösen
honor debts /liabilities /obligations - Schulden / Verbindlichkeiten / Verpflichtungen erfüllen
horizontal balance - horizontaler Ausgleich
horizontal diversification - horizontale Diversifikation
horizontal group - Gleichordnungskonzern
horizontal intercept - Abszissenabschnitt
horizontal merger - horizontaler Zusammenschluß
horse sense - gesunder Menschenverstand
horse trading - Kuhhandel
host computer - Zentralrechner
hotline - heißer Draht
hourly rate - Stundensatz
hours on incentive - Akkordstundenanteil
house brand - Eigenmarke
house rate of interest - Hauszinsfuß
household - Haushalt
household appliances - Haushaltsgeräte
household decision - Haushaltsentscheidung
household requirements - Haushaltsbedarf

housekeeping money - Haushaltsgeld
housing crisis - Wohnungsmarktkrise
housing shortage - Wohnungsnot, Wohnungsmangel
housing survey - Haushaltserhebung
hubris - Selbstüberhebung
human capital - Arbeitskapital, Humankapital
human error - menschliches Versagen
human factor - Faktor Mensch
human resources - Personal, Personalressourcen
human resources accounting - Personalvermögensrechnung
human resources development - Personalentwicklung
hydropower - Wasserkraft
hyperemployment - Überbeschäftigung
hyperexponential function - Hyperexponentialverteilung
hypergeometric distribution - hypergeometrische Verteilung
hyperinflation - Hyperinflation, galoppierende Inflation
hypo - Konjunkturspritze
hypothesis - Hypothese

I

iceberg effect - Eisbergeffekt
ideal - mustergültig, ideal, idealtypisch
ideal capacity - Betriebsoptimum
ideal solution - Ideallösung
ideal standard cost - Budgetkosten, Norm-/ Sollkosten
idealized - idealisiert
identical matrix - Einheitsmatrix
identical products - homogene Güter
identification - Identifizierung, Feststellung
identification mark - Kennzeichnung
identification of goods - Warenbezeichnung
identification of origin - Ursprungsbezeichnung
identification problem - Identifikationsproblem
identify - bezeichnen, identifizieren
identity card - Personalausweis
identity matrix - Einheitsmatrix
identity of maturities - Fristenkongruenz
idle - brachliegend, unproduktiv, faul
idle balances - Spekulationskasse
idle capacity cost - Leerkosten
idle capacity cost analysis - Leerkostenanalyse
idle capacity variance - Beschäftigungsabweichung
idle funds - totes Kapital
idle money - brachliegendes Geld, Überschußreserven
idle time - Liegezeit, Stillstandszeit, Verlustzeit
if death occurs - im Todesfall
ignite - entzünden
ill-fated talk - erfolglose Verhandlung
ill-structured problem - schlecht strukturiertes Problem
illegal - ungesetzlich, rechtswidrig
illegal condition - rechtswidrige Bedingung
illegal contract - rechtswidriger Vertrag
illegal instruction - unzulässiger Befehl
illegal strike - ungesetzlicher Streik
illicit - verboten
illicit advertising - unerlaubte Werbung
illicit sale - Schwarzhandel

illicit work - Schwarzarbeit
illiquid - illiquide, zahlungsunfähig
illiquidity - Illiquidität
illiteracy - Analphabetentum
illiterate - ungebildet, Analphabet
illusory correlation - Scheinkorrelation
illusory earnings - Scheingewinne
illustrate - abbilden, erläutern, veranschaulichen
illustrated - bebildert, illustriert
illustration - Abbildung, Beispiel, Erläuterung
image - Bild, Erscheinungsform, Verkörperung
image bearer - Imageträger
image gain - Imagegewinn
imbalance - Unausgeglichenheit, gestörtes Gleichgewicht
imbalance in payments - unausgeglichene Zahlungsbilanz
imitation rate - Imitationsrate
immaterial - unwesentlich, unbedeutend
immaterial holding - unwesentliche Beteiligung
immediate access - Schnellzugriff
immediate demand - Nachfragestoß
immediate payment - sofortige Zahlung
immigration authorities - Einwanderungsbehörden
immigration permit - Aufenthaltserlaubnis
immiserizing growth - Verelendungswachstum, wohlfahrtminderndes Wachstum
immobilize money - Geld stillegen
immunity from taxation - Steuerfreiheit
impact - Druck, Einwirkung, Intensität, Wirksamkeit
impact analysis - Wirkungsanalyse
impact effect - Anstoßwirkung
impact multiplier - Anstoßmultiplikator
impact of advertising - Werbewirkung
impact on employment - Beschäftigungswirksamkeit
impact study - Untersuchung der Werbewirksamkeit
impact test - Wirksamkeitsprüfung
impair - beeinträchtigen, vermindern, verschlechtern
impaired capital - durch Verlust vermindertes Kapital

impaired credit - reduzierte Kreditwürdigkeit
impairment - Beeinträchtigung, Schmälerung
impairment of value - Wertminderung
imparity principle - Imparitätsprinzip, Ungleichheitsprinzip
impeachment - Anfechtung, Infragestellung
impede - behindern
impediment - Hindernis, Verhinderung
impelle - zwingen
impend - bevorstehen, drohen
impending - bevorstehend, drohend
imperfect - unvollkommen
imperfect competition - unvollkommener Wettbewerb, unvollständige Konkurrenz
imperfect information - unvollständige / unvollkommene Information
imperfect market - unvollkommener Markt
imperfect obligations - unvollkommene Verbindlichkeiten
imperfect right - unvollkommenes Recht
imperfection - Unvollkommenheit
impersonal account - Sachkonto
impersonal tax - Realsteuer
impinge - eindringen, einwirken
implement - Arbeitsgerät, Werkzeug, ausführen, implementieren
implementation - Durchführung, Erfüllung, Realisierung
implementation clause - Durchführungsbestimmung
implementation method - Implementierungsmethode
implementation period /phase - Einführungs-/ Realisierungsphase
implementation process - Einführungsprozeß
implements - Zubehör
implicate - folgern, umfassen
implication - Begleiterscheinung, Folgerung, Konsequenz
implicit - inbegriffen, kalkulatorisch
implicit costs - kalkulatorische Kosten
implicit depreciation allowance - kalkulatorische Abschreibung
implicit factor return - kalkulatorischer Faktorertrag

implicit function - implizite / kalkulatorische Funktion
implicit interest charge - kalkulatorische Zinsen
implicit understanding - stillschweigende Übereinkunft
implied authority - stillschweigende Vertretungsmacht
implied condition - stillschweigende Bedingung
implied repo rate - arbitrageloser Wertpapierpensionssatz
implied volatility - implizite Optionspreisvolatilität
imply - bedeuten, mit sich bringen, mitenthalten
import - Einfuhr, Import, einführen, importieren
import authorization - Einfuhrgenehmigung
import ban - Einfuhrstopp, Einfuhrverbot
import barriers - Einfuhrschranken
import bill - Importrechnung
import bill of lading - Importkonnossement
import bonus - Einfuhrprämie
import branch office - Importniederlassung
import calendar - Einfuhrliste
import cartel - Importkartell
import charges - Einfuhrgebühren
import competition - Importwettbewerb
import consignment - Einfuhrsendung
import credit - Einfuhrkredit
import declaration - Einfuhrzollanmeldung
import department - Importabteilung
import duty - Einfuhrzoll
import entry - Einfuhrdeklaration, Einfuhrerklärung
import equalization levy - Einfuhrausgleichsabgabe
import financing - Einfuhrfinanzierung
import levy - Einfuhrsteuer
import notification - Einfuhranmeldung
import permit - Einfuhrgenehmigung
import quota - Einfuhrquote, Einfuhrkontingent
import restriction - Einfuhrbeschränkung
import sluice - Einfuhrschleuse
import subsidy - Importsubvention

import substitution industrialization - importersetzende Industrialisierung
import surcharge - Einfuhrzusatzsteuer, Importabgabe
import surplus - Importüberschuß
import transaction - Einfuhrgeschäft
importable - Importgut, importierbar, einführbar
imported deflation - importierte Deflation
imported goods - Importgut
importing country - Abnehmerland
imports - Einfuhrartikel, Einfuhrwaren
imports against payment - entgeltliche Einfuhren
imports free of payment - unentgeltliche Einfuhren
imports on general licence - lizenzfreie Einfuhren
impose - aufbürden, auferlegen, anwenden
imposition - Auferlegung, Abgabe
impossibility theorem - Unmöglichkeitstheorem
impossible event - unmögliches Ereignis
impound - beschlagnahmen, in gerichtliche Verwahrung nehmen
impoundage - gerichtliche Verwahrung
impoverish the soil - Boden erschöpfen
impoverishment - Verelendung, Verarmung
impress - beeindrucken, einprägen
impression - Eindruck, Vermutung
impressive - eindrucksvoll, imposant
improper - ungeeignet, unzulässig
improper fraction - unechter Bruch
improve - verbessern
improvement - Verbesserung, Fortschritt
improvement of welfare - Wohlfahrtsverbesserung
improvisation - Improvisation
impulse buying /purchase - Spontankauf, Impulskauf
impulsion - Anstoß, Antrieb
imputable - beizumessen, zurechenbar
imputation - Beimessung, Zurechnung
imputation procedure - Anrechnungsverfahren
imputed costs - kalkulatorische Kosten
imputed depreciation allowance - kalkulatorische Abschreibung

imputed entry - fiktive Buchung
imputed income - fiktives Einkommen
imputed interest - fiktive Zinsen
imputed operating result - kalkulatorisches Betriebsergebnis
imputed risk - kalkulatorisches Wagnis
in absence of - in Ermangelung von
in accordance with - in Übereinstimmung mit
in advance - im voraus
in arrears - im Rückstand, im Verzug
in business - selbständig tätig
in default - säumig
in default of acceptance - mangels Annahme
in due course - fristgemäß
in duplicate - in doppelter Ausfertigung
in kind - in Sachwerten
in line with - in Übereinstimmung mit
in operation - in Betrieb
in question - fraglich
in rotation - der Reihe nach, im Turnus
in stock - vorrätig, auf Lager
in temporary employment - aushilfsweise angestellt, vorübergehend angestellt
in terms of commercial law - handelsrechtlich
in the line - in der Branche
in the long run - auf lange Sicht, langfristig
in the short run - kurzfristig
in transit - unterwegs, während des Transports
in-house - hauseigen
in-house consumption - Eigenverbrauch
in-house memorandum - Hausmitteilung
in-kind benefits - Sachleistungen, Sozialhilfe
in-kind redistribution - Umverteilung in Sachleistungen
in-payment - Einzahlung
in-plant advertising - innerbetriebliche Werbung
in-process items - unfertige Erzeugnisse
in-the-money option - Option mit innerem Wert
inability - Unfähigkeit, Unvermögen
inability to pay - Zahlungsunfähigkeit
inability to work - Arbeitsunfähigkeit

inaccuracy - Ungenauigkeit, Unrichtigkeit
inactive money - gehortetes Geld
inactive security - totes Wertpapier
inadequacy - Unangemessenheit, Unzulänglichkeit
inadequate - unangemessen, unzulänglich, unzureichend
inadvertently - versehentlich
inapplicability - Unanwendbarkeit
inapplicable - unanwendbar
inapt - unfähig
incentive - Anreiz, Ansporn, Antrieb
incentive bonus - Leistungsprämie, Leistungszulage
incentive pay - Leistungslohn
incentive scheme /system - Anreizsystem
incentive to invest - Investitionsanreiz
incentive to save - Sparanreiz
incentive to work - Arbeitsanreiz
incentive wage - Leistungslohn
inchoate - unvollkommen, rudimentär, Anfangs-
inchoate agreement - einseitig unterzeichneter Vertrag
inchoate instrument - Blankoakzept
inchoateness - Anfangsstadium
incidence - Vorkommen, Verbreitung
incidence matrix - Inzidenzmatrix
incidence of absence - Fehlzeitenquote
incidence of loss - Schadenshäufigkeit
incident - Ereignis, Vorfall, Zwischenfall
incidental acquisition cost - Anschaffungsnebenkosten
incidental expenses - Nebenkosten
incidental personnel cost - Personalnebenkosten
inclination - Neigung, Zuneigung
inclination to buy - Kauflust, Kaufneigung
inclination to invest - Investitionsneigung
incline - hinneigen, zuneigen
inclined - geneigt, wohlwollend
inclusive price /rate - Gesamtpreis, Inklusivpreis
inclusive set - umfassende Menge
inclusive terms - Pauschalpreis
incoherence - Widersprüchlichkeit, Zusammenhangslosigkeit
incoherent - widerspruchsvoll, unlogisch, zusammenhangslos

income - Einkommen, Einkünfte
income account - Ertragskonto, Einkommensrechnung
income analysis - Ertragswertanalyse
income and expense - Aufwand und Ertrag
income averaging - Durchschnittsbesteuerung
income basis - Ertragsbasis
income bond - Gewinnobligation
income bracket - Einkommensklasse
income debenture - Gewinnschuldverschreibung
income deduction - Erlösschmälerung
income deposits - Einkommensdepositen
income determination - Erfolgsermittlung
income distribution - Einkommensverteilung
income earned - realisierter Gewinn
income effect - Einkommenseffekt
income elasticity - Einkommenselastizität
income expansion path - Einkommensexpansionspfad
income flow - Einkommensfluß
income for the year - Jahresgewinn
income from capital - Einkünfte aus Kapitalvermögen
income from investments - Kapitalertrag
income from property - Besitzeinkommen
income from rentals and royalties - Einkünfte aus Vermietung und Verpachtung
income from royalties - Lizenzeinnahmen
income from subsidiaries - Beteiligungserträge
income gap - Einkommenslücke
income gearing - Zinsbelastung der Gewinne
income group - Einkommensgruppe
income level - Einkommenshöhe
income maintenance - Einkommenssicherung
income motive - Einkommensmotiv
income paid under contract - kontraktbestimmtes Einkommen
income per share - Gewinn pro Aktie
income productivity - Ertragsfähigkeit
income property - Renditeobjekt

income property appraisal - Ertragswertabschätzung
income recipient - Einkommensbezieher
income redistribution - Einkommensumverteilung
income retention - Thesaurierung
income return - Rendite
income sensitivity - Einkommenssensitivität
income statement - Einkommensaufstellung, Gewinn- und Verlustrechnung
income statement account - Erfolgskonto
income tax - Einkommenssteuer
income tax hike - Einkommenssteuererhöhung
income tax payer - Einkommenssteuerpflichtiger
income tax relief - Einkommenssteuerermäßigung
income tax return - Einkommenssteuererklärung
income tax scale - Einkommenssteuertarif
income terms of trade - Einkommens-Austauschverhältnis
income threshold - Beitragsbemessungsgrenze
income velocity (of circulation) - Einkommensumlaufgeschwindigkeit
income-demand function - Einkommen-Nachfrage-Funktion
income-consumption curve - Einkommenskonsumkurve
income-in-kind - Sacheinkommen
income-producing - ertragbringend
income-share inflation - Einkommensverteilungsinflation
incomes policy - Einkommenspolitik
incoming and outgoing payments plan - Kapitalbedarfsplan
incoming cash receipts - Bargeldeinnahmen
incoming goods inspection - Wareneingangsprüfung
incoming merchandise - Wareneingang
incoming orders - Auftragseingänge
incoming store - Eingangslager
incompatible - unverträglich
incompetent to contract - geschäftsunfähig
incomplete census - Teilerhebung
incomplete markets - unvollständige Märkte
incomplete performance - teilweise Nichterfüllung
inconnector - Eingangsstelle
inconsistency of goals - Zielkonflikt, Unverträglichkeit von Zielen
incontestability - Unanfechtbarkeit
incontestability clause - Unanfechtbarkeitsklausel
inconvenience - Unannehmlichkeit, Unbequemlichkeit, belästigen
inconvenient - lästig, störend, unbequem
inconvertible - nicht konvertierbar
incorporate - vergesellschaften, zusammenschließen, einbeziehen
incorporated society /company (Inc.) - eingetragene Gesellschaft
incorporation - Einschluß, Einbeziehung, Zusammenschluß
incorporation procedure - Gründungsvorgang
incorporator - Gründer, Gründungsmitglied
incorporeal - immateriell, nicht faßbar
incorporeal chattels - Forderungen
incorrect entry - Fehlbuchung
increase - Wachstum, erhöhen, wachsen, zunehmen
increase in capacity - Kapazitätserweiterung
increase in capital investment - Erweiterungsinvestition
increase in demand - Nachfragezuwachs, Nachfragebelebung
increase in efficiency - Leistungssteigerung
increase in employment costs - Personalkostensteigerung
increase in production - Produktionsanstieg
increase in sales - Kaufbelebung
increase in workforce - Belegschaftsaufstockung
increase in workload - Arbeitszuwachs
increase of capital - Kapitalerhöhung
increase of hazard - Risikosteigerung
increase of purchasing power - Kaufkrafterhöhung
increase rate - Wachstumsrate
increased demand - Mehrbedarf

increased grant

increased grant - erhöhter Zuschuß
increasing balance method of depreciation - progressive Abschreibung
increasing failure rate - zunehmende Ausfallrate
increasing marginal utility - zunehmender Grenznutzen
increasing returns to scale - zunehmende Skalenerträge
increment - Zuwachs, Zunahme, Mehrertrag
incremental borrowing rate - Zins für Neukredit
incremental cost - zusätzliche Kosten
incremental product - Grenzprodukt
incremental value - Wertzuwachs
incumbent - Amtsinhaber, amtierend, stützend, lastend
incur - eingehen
incur a loss - Verlust erleiden
incur debts - Schulden machen, sich verschulden
incurred loss ratio - Schadensquote
incursion - Streifzug, Eindringen
indebtedness - Verbindlichkeit, Verpflichtung, Verschuldung
indebtedness of affiliates - Forderungen an Konzernunternehmen
indebtedness to banks - Bankverbindlichkeiten
indefinite - unbegrenzt, unbestimmt
indemnification - Entschädigung, Ersatzleistung, Schadensersatz
indemnify - entschädigen, sicherstellen
indemnitee - Entschädigungsempfänger
indemnitor - Entschädiger
indemnity - Abfindung, Schadensersatz, Abstandssumme
indemnity against liability - Freistellung von Haftung
indemnity agreement - Gewährleistungsvertrag
indemnity bond - Ausfallbürgschaft, Garantieerklärung
indemnity fund - Streikkasse
indemnity insurance - Schadensversicherung
indemnity payment - Abstandszahlung
indemnity period - Haftungsdauer, Leistungsdauer

indenture - Ausbildungs-/ Lehrvertrag, Anleihevertrag
independence - Selbständigkeit, Unabhängigkeit
independence assumption - Unabhängigkeitsannahme
independence of goals - Zielunabhängigkeit
independent - selbständig, unabhängig
independent agent - selbständiger Handelsvertreter
independent audit - externe Revision
independent auditor - Abschlußprüfer
independent banking system - unabhängiges Bankwesen
independent contractor - selbständiger Unternehmer
independent float - unabhängiger Vorgangspuffer
independent operation - Eigengeschäft
independent operator - unabhängige Bank
independent union - unabhängige Fachgewerkschaft
independent variable - unabhängige Variable
index - Index, Register, Tabelle
index card - Karteikarte
index data item - Indexdatenfeld
index model - Indexmodell
index number - Indexzahl, Meßziffer
index register - Indexliste
index-linked bonds - indizierte Anleihen
index-linked currency - Kaufkraftwährung
index-linked insurance - Indexversicherung
index-linked loan - Indexanleihe
index-linked pension - Indexrente
index-linked wage - Indexlohn
index-linking / indexing - Indexbindung
indexed coupon bond - preisindexangepaßte Anleihe
indexing - Ordnen, Registrieren
indicate - anzeigen, bezeichnen, hinweisen
indication - Anzeichen, Hinweis
indicative - anzeigend, hinweisend
indicative planning - indikative Planung
indicator - Indikator
indicator analysis - Indikatormethode

indicator of divergence -
Abweichungsindikator
indicator rules - Indikatorregeln
indifference curve - Indifferenzkurve
indifference curve analysis -
Indifferenzkurvenanalyse
indifference of goals - Zielindifferenz
indifference quality - Indifferenzpunkt,
Kontrollpunkt
indifferent - gleichgültig
indigence - Armut, Mittellosigkeit
indigenous enterprise - einheimisches
Unternehmen
indigenous workers - einheimische
Arbeitskräfte
indirect benefit - indirekter Nutzen
indirect cost - Gemeinkosten
indirect cost center - Hilfskostenstellen,
Nebenkostenstelle
indirect damage - mittelbarer Schaden
indirect demand - abgeleitete Nachfrage
indirect department -
Fertigungshilfskostenstelle
indirect design costs -
Konstruktionsgemeinkosten
indirect interest - mittelbares Interesse
indirect labor costs - Lohngemeinkosten
indirect loss - Folgeschaden
indirect manufacturing rate -
Zuschlagssatz
indirect material - Fertigungs-/
Materialgemeinkosten
indirect participation - indirekte
Beteiligung
indirect production - Umwegproduktion
indirect production cost center -
Fertigungshilfskostenstelle
indirect quotation - Mengenorientierung
indirect selling - indirekter Absatz
indirect tax - indirekte Steuer
individual accounts - Einzelabschluß
individual advertising - Eigenwerbung
individual business - Einzelfirma
individual buying - fallweise
Beschaffung, Einzelbeschaffung
individual cost - Einzelkosten
individual credit - Einzelkredit
individual customer - Einzelabnehmer
individual demand curve - individuelle
Nachfragekurve
individual deposit - Streifbanddepot

individual goal - Individualziel
individual income -
Individualeinkommen
individual insurance - Privatversicherung
individual interview - Einzelinterview
individual investor - Einzelanleger
individual liability - Individualhaftung
individual policy - Einzelpolice
individual power of representation -
Einzelvollmacht
individual production - Einzelfertigung
individual saving - Einzelsparen
individual valuation - Einzelbewertung
individual value adjustment -
Einzelwertberichtigung
individualistic - individualistisch
individuals - Wirtschaftssubjekte
indivisibility of goods - Unteilbarkeit von
Gütern
indivisible - unteilbar
indoor staff - Innendienstmitarbeiter
induce - bewegen, veranlassen
induced inefficiency - induzierte
Ineffizienz
induced investment - induzierte
Investitionen
induced spending - induzierte Ausgaben
inducement - Anlaß, Beweggrund,
Leistungsanreiz
inducement article - Anreizartikel
inducement to invest -
Investitionsveranlassung
induction course - Einführungskurs
inductive inferencing - induktives
Schlußfolgern
indulge - Zahlungsaufschub gewähren
industrial accident - Arbeitsunfall
industrial accident insurance -
Gewerbeunfallversicherung
industrial action -
Arbeitskampfmaßnahme
industrial advertising -
Industriewerbung,
Investitionsgüterwerbung
industrial area - Industriegebiet
industrial association -
Wirtschaftsverband
industrial bank - Industriebank
industrial bond - Industrieobligation
industrial buyer - gewerblicher
Abnehmer

industrial clerk

industrial clerk - Industriekaufmann
industrial climate - Arbeitsklima, Betriebsklima
industrial conflict - Arbeitskampf
Industrial Constitution Law - Betriebsverfassungsgesetz (BetrVG)
industrial cost accounting - Betriebsabrechnung
industrial court - Arbeitsgericht
industrial democracy - Wirtschaftsdemokratie
industrial design - Gebrauchsmuster
industrial development - industrielle Entwicklung
industrial dispute - Arbeitskampf, Lohnkampf, Lohnkonflikt
industrial espionage - Industriespionage
industrial estate - Industriegelände, Industriepark /-zone,
industrial fair - Industriemesse, Leistungsschau
industrial goods - Industrieprodukte, gewerbliche Erzeugnisse
industrial issues - Industriewerte
industrial law - Arbeitsrecht
industrial lawyer - Wirtschaftsjurist
industrial legislation - Wirtschaftsgesetzgebung
industrial marketing - Investitionsgütermarketing
industrial medicine - Arbeitsmedizin
industrial park - Industriepark
industrial peace - Wirtschaftsfrieden, Arbeitsfrieden
industrial plant - Industrieanlage
industrial policy - Industriepolitik
industrial power - Wirtschaftsmacht
industrial product - Industrieerzeugnis, Werkserzeugnis
industrial property - gewerbliches Eigentum
industrial psychology - Betriebspsychologie, Organisationspsychologie
industrial relations - Beziehungen zwischen Sozialpartnern
industrial research - Konjunkturforschung
industrial secret - Dienstgeheimnis, Geschäftsgeheimnis

industrial selling price - Industrieabgabepreis
industrial society - Industriegesellschaft
industrial spy - Industriespion
industrial stoppage - Arbeitsniederlegung, Streik
industrial store - betriebseigene Verkaufsstelle
industrial training - betriebliche Ausbildung
industrial tribunal - Arbeitsgericht
industrial union - wirtschaftszweiggebundene Gewerkschaft
industrial vehicle - Nutzfahrzeug
industrial waste - Industriemüll
industrial welfare - Wirtschaftsfürsorge
industrial worker - Fabrikarbeiter
industrialist - Industrieller, Unternehmer
industrialization - Industrialisierung
industrialize - industrialisieren
industrialized - industrialisiert
industrialized country - Industriestaat
industry - Branche, Industrie
industry location - Industriestandort
industry parlance - Wirtschafts(fach)sprache
industry shakeout - industrieller Ausleseprozeß
industry standard - Industrienorm
industry-wide union - Industriegewerkschaft
ineffective - unwirksam
inefficiencies of scale - Größennachteile
inefficiency - Wirkungslosigkeit, Unfähigkeit
inefficient - ineffizient, unwirtschaftlich
inelastic - unelastisch
inelastic labor supply - unelastisches Arbeisangebot
inelasticity of a market - unelastischer Markt
inelasticity of demand - unelastische Nachfrage
inequality - Unregelmäßigkeit, Ungerechtigkeit, Ungleichheit
inertia - Faulheit, Trägheit, Untätigkeit
inertia selling - Trägheitsverkauf
inescapable conclusion - unausweichliche Schlußfolgerung
inevitability - Unvermeidlichkeit
inevitable - unvermeidlich, zwangsläufig

information system

infant company - junges Unternehmen
infant industry - unterentwickelter Wirtschaftszweig
infant mortality - Kindersterblichkeit
infer - folgern, ableiten
inference - Schlußfolgerung
inferencial statistics - induktive Statistik
inferior - geringwertig, minderwertig
inferior goods - geringwertiges Gut
inferior quality - mindere Qualität
inferiority - Minderwertigkeit, Unterlegenheit
infinite - unendlich
infinite game - unendliches Spiel
infinite number - unendliche Zahl
infinite population - unendliche Grundgesamtheit
infirmity - Rechtsmangel
inflation - Inflation
inflation accounting - inflationsneutrale Rechnungslegung
inflation adjusted - inflationsbereinigt
inflation charge - Inflationszuschlag
inflation differential - Inflationsgefälle
inflation gain - Inflationsgewinn
inflation hedge - Inflationsschutz
inflation rate - Inflationsrate
inflation relief - Inflationsausgleich
inflation reserve - Substanzerhaltungsrücklage
inflation trigger - Inflationsauslöser
inflation-conscious - inflationsbewußt
inflation-corrected deficit - inflationsbereinigtes Defizit
inflation-prone - inflationsgefährdet
inflationary - inflationär, inflatorisch
inflationary climate - Inflationsklima
inflationary expectation - Inflationserwartung
inflationary policy - inflatorische Politik
inflationary pressure - Inflationsdruck
inflationary profit push - inflatorischer Gewinnstoß
inflexibility - Starrheit, Unbeugsamkeit
inflexibility of prices - Preisstarrheit
inflexible expenses - fixe Kosten
inflow of orders - Auftragseingang
inflows - Einnahmen
influence - beeinflussen, Einfluß
influence activities - Einflußaktivitäten
influence quantity - Einflußgröße

influencer - Beeinflusser
influencing factor - Einflußgröße
influx - Einfuhr, Zufuhr, Kapitalzufuhr
informal agreement - formloser Vertrag
informal economy - Schattenwirtschaft
informal marketing agreement - Marktabsprache
informal organization - informelle / formlose Organisation
information - Information
information age - Informationszeitalter
information agency - Auskunftei
information behavior - Informationsverhalten
information chain - Informationskette
information chunk - Schlüsselinformation
information content - Informationsgehalt
information costs - Informationskosten
information demand - Informationsnachfrage
information economy - Informationswirtschaft
information exchange - Informationsaustausch
information flow - Informationsfluß
information flow analysis - Informationsflußanalyse
information input - Informationseingabe
information network - Informationsnetzwerk
information process - Informationsprozeß
information processing - Informationsverarbeitung
information procurement - Informationsbeschaffung
information requirements - Informationsbedarf
information requirements analysis - Informationsbedarfsanalyse
information resource management - Informationsmanagement
information science - Informatik
information seeker - Informationssucher
information storage - Informationsspeicherung
information strategy - Informationsstrategie
information system - Auskunftssystem, Informationssystem

information technology (IT)

information technology (IT) - Informationstechnologie /-technik
information theory - Informationstheorie
information transmission - Informationsübermittlung
information use - Informationsnutzen
information value - Informationswert
information-based advertising - informative Werbung
informative material - Informationsmaterial
infotainment - unterhaltende Informationsvermittlung
infrastructure - Infrastruktur
infringe upon a right - Recht verletzen
infringement - Regelverstoß, Verletzung, Beeinträchtigung
ingenious - erfinderisch, geistreich
ingenuity - Erfindungsgabe, Geschicklichkeit
inhabitant - Einwohner
inherent - innewohnend, zugehörend
inherent bias - systematischer Fehler
inherent coercion - Verdrängungswettbewerb
inherent necessity - Sachzwang
inheritable building rights - Erbbaurecht
inheritance tax - Erbschaftssteuer
initial - abzeichnen, Anfangs-
initial campaign - Einführungskampagne
initial capital stock - Gründungskapital
initial consolidation - Erstkonsolidierung
initial coupon - Anfangsverzinsung
initial import financing - Importerstfinanzierung
initial investment - ursprünglicher Kapitaleinsatz
initial order - erster Auftrag, Erstbestellung
initial price - Basiskurs
initial salary - Anfangs-/ Startgehalt
initially - anfänglich, zuerst
initiate - beginnen, einleiten
initiation - Anstoß
initiative - Initiative, Schwung, Unternehmungsgeist
initiator - Initiator, Urheber
inject fresh capital - neues Kapital zuführen
injection of capital spending - Investitionsstoß
injections - Zuführeffekte
injunction - einstweilige Verfügung
injury to property - Sachschaden
inland - inländisch, einheimisch
inland bill - Inlandwechsel
inland duty - Binnenzoll
inland port - Binnenhafen
inland produce - Landesprodukte
inland revenue - Steuereinnahmen
inland revenue authorities - inländische Steuerbehörden
inland trade - Binnenhandel
inland waterway bill of lading - Binnenkonnossement
inner point - innerer Punkt
innovate - Neuerungen vornehmen
innovation - Neuerung, Innovation
innovation capability - Innovationspotential
innovation process - Innovationsprozeß
innovation rate - Innovationsrate
innovational profit - Pioniergewinn
innovator - Neuerer
inpayment - Einzahlung
input - Einsatzmenge
input market - Beschaffungs-/ Faktormarkt
input medium - Eingabemedium
input program - Eingabeprogramm
input ratio of the factors of production - Faktorintensität
input routine - Eingabeprogramm
input-output analysis - Input-Output-Analyse, Aufwand-Ertrag-Analyse
inquire - nachfragen
inquiry - Anfrage, Nachforschung, Untersuchung
inscribed mortgage - Buchhypothek
insensitive - unempfindlich, unempfänglich
inshore - küsteneinwärts, nahe vor der Küste
inshore fishing - Küstenfischerei
inside lag - innere Zeitverzögerung
insider dealing / trading - Insidergeschäft
insight - Einblick, Einsicht
insignificance - Bedeutungslosigkeit, Belanglosigkeit
insignificant - bedeutungslos, geringfügig, unbedeutend

insolvency - Insolvenz, Konkurs, Zahlungsunfähigkeit
insolvent - zahlungsunfähig, bankrott, Zahlungsunfähiger
insolvent estate - Konkursmasse
inspect - begutachten, prüfen
inspection - Besichtigung, Prüfung, Untersuchung
inspection of incoming shipments - Wareneingangskontrolle
inspection of real estate register - Grundbucheinsicht
inspection stamp - Kontrollmarke, Prüfstempel
inspector of taxes - Finanzbeamter
install - aufstellen, installieren
installation - Anlage, Einrichtung
installation time - Einführungszeit
instalment - Rate, Teilzahlung
instalment contract - Abzahlungsgeschäft, Ratenvertrag
instalment credit - Teilzahlungskredit
instalment mortgage - Abzahlungshypothek
instalment plan - Abzahlungsplan, Teilzahlungsplan
instalment sale - Abzahlungs-/ Teilzahlungsgeschäft
instalment system - Abzahlungssystem
instance - Instanz, Fall, Beispiel
instances of multiple functions - Funktionsüberschneidungen
instant - sofortig, unmittelbar
instantaneous - momentan, unverzüglich, Augenblicks-, Moment-
instantaneous period - laufende Wirtschaftsperiode / Marktperiode
institution - Anstalt, Einrichtung, Gesellschaft, Institution
institutional advertising - Repräsentationswerbung
institutional constraints - institutionelle Bedingungen
institutional prerequisite - institutionelle Voraussetzung
instruct - anweisen, belehren, unterweisen
instruction - Anweisung, Auftrag, Schulung
instruction execution - Befehlsausführung

intake of food

instruction fetch - Befehlsübertragung
instruction sequence - Befehlsfolge
instructions for use - Gebrauchsanweisung
instrument engineering - Meß- und Regeltechnik
instrument of evidence - Beweisurkunde
instrumental capital - Produktionskapital
instrumental function - Instrumentalfunktion
instrumental goods - Kapital-/ Produktionsgüter
instrumental rationality - Zweckrationalität
insufficiency - Unzulänglichkeit
insufficient - nicht ausreichend, untauglich, unzulänglich
insularity - Insellage, Engstirnigkeit
insulate - isolieren, absondern
insulating measures - Abwehrmaßnahmen.
insurability - Versicherungsfähigkeit
insurable - versicherbar, versicherungsfähig / -pflichtig
insurable risk - versicherbares Risiko
insurable value - Versicherungswert
insurance - Versicherung
insurance against loss by redemption - Kursverlustversicherung
insurance agent - Versicherungsvertreter
insurance benefit - Versicherungsleistung
insurance certificate - Versicherungsschein
insurance claim - Versicherungsanspruch
insurance company - Versicherungsgesellschaft, Versicherungsunternehmen
insurance cover/coverage - Deckungsschutz, Versicherungsschutz
insurance fraud - Versicherungsbetrug
insurance institution - Versicherungseinrichtung
insurance policy - Versicherungspolice
insurance premium - Versicherungsprämie
insurance stocks - Versicherungsaktien
insurance tax - Versicherungssteuer
insure - versichern
insured value - Versicherungssumme, Versicherungswert
intake of food - Nahrungsaufnahme

intake of new orders

intake of new orders - Auftragseingänge
intangible - unbestimmt, immateriell
intangible assets - immaterielle Vermögenswerte
intangible benefits - nicht meßbarer / quanitifizierbarer Nutzen
intangible goods - immaterielle Anlagen
integer constraints - Ganzzahligkeitsbeschränkungen
integral part - integrierter Bestandteil
integrate - integrieren, eingliedern
integrated circuit (IC) - integrierter Schaltkreis
integrated electronics - Mikroprozessoren
integration - Zusammenschluß, Eingliederung, Vereinigung
integration ability - Integrationsfähigkeit
integration aid - Eingliederungshilfe
integration of activities - Vorgangsintegration
integration of functions - Funktionsintegration
integration of markets - Marktverflechtung
integration of tasks - Aufgabenintegration
integration period - Integrationsperiode
integration process - Integrationsprozeß
integrative operative planning - Integrierte Operative Planung (IOP)
integrity - Redlichkeit, Unbescholtenheit
intellectual property - geistiges Eigentum
intended audience - Zielgruppe
intended dissaving - geplantes Entsparen
intended investment - geplante Investition
intended savings - geplantes Sparen
intended user - Endabnehmer
intensification - Intensivierung
intensify - steigern, verstärken
intensive coverage - Intensivwerbung
intensive methods - intensives Bewirtschaftungssystem
intent - beabsichtigen
intention - Absicht, Plan
inter - zwischen, Wechsel-
interaction - Wechselwirkung, Interaktion

interactive sales system - interaktives Absatzsystem
interbank market - Interbanken-Markt
interbank rate - Refinanzierungszins
intercede - intervenieren, bitten
intercept - unterbrechen, hindern
interchange - Austausch
intercom - Gegensprechanlage
intercommunication - gegenseitige Verständigung
intercompany billing price - interner Verrechnungspreis
intercompany consolidation principle - Schachtelprinzip
interdependence - Verflechtung, gegenseitige Abhängigkeit
interest - Zinsen, Beteiligung
interest adjustment - Zinsausgleich
interest bearing - zinsbringend
interest bearing draft - Tratte mit Zinsvermerk
interest cost - Zinskosten
interest coupon - Zinsschein
interest differential - Zinsdifferenz, Zinsgefälle
interest due - fällige Zinsen
interest due date - Zinsfälligkeitstermin
interest elasticity - Zinselastizität
interest floor - Zinsuntergrenze
interest flows - Zinsströme
interest freeze - Zinsstopp
interest group - Interessengruppe
interest income - Zinserträge
interest income statement - Zinsertragsbilanz
interest load - Zinsbelastung
interest margin - Zinsspanne
interest on arrears - Verzugszinsen
interest on daily balances - Tageszinsen
interest on permanent debt - Dauerschuldzinsen
interest payable - Zinsverbindlichkeiten
interest payment - Zinszahlung
interest payment guaranty - Zinsgarantie
interest rate - Zinsfuß, Zinssatz
interest rate competition - Zinswettbewerb
interest rate elasticity - Zinselastizität
interest rate equalization program - Zinsausgleichsprogramm

internally produced and capitalized asset

interest rate expectations - Zinserwartungen
interest rate level - Zinsspiegel
interest rate policy - Zinspolitik
interest rate regime - Zinsstruktur
interest rate swap - Aktivswap, Zinsswap
interest rate target - Zinssatzziel
interest rate war - Zinswettlauf
interest rebound - Zinsumschwung
interest receivable - Zinsforderungen
interest returned - Rückzinsen
interest sensitivity - Zinssensitivität, Zinsempfindlichkeit
interest subsidy - Zinssubvention
interest warrant - Zinsschein
interest-inelastic - zinsunelastisch
interested parties - Zielträger
interface - Schnittstelle
interfere - eingreifen, einmischen, stören
interference - Interessenkonflikt, Beeinträchtigung
interference value - Störgröße
interfering - lästig, störend
interfirm comparison - Betriebsvergleich
interim balance - Zwischenbilanz
interim dividend - Zwischendividende, Abschlagsdividende
interim invoice - Proforma-Rechnung
interim results - Zwischenergebnisse
interior affairs - innere Angelegenheiten
interior trade - Binnenhandel
interlace - verflechten, vermischen
interlacing balance - Verflechtungsbilanz
interlacing of capital - Kapitalverflechtung
interlock - verflechten
interlocking combine - Konzernverflechtung
interlocking directorate - Überkreuzmandat
interlocking relationship - Unternehmensverbindungen
intermedia comparison - Intermediavergleich
intermediary - Vermittler, Zwischenhändler, vermittelnd
intermediate bank - zweitbeauftragte Bank
intermediate examination - Vordiplom, Zwischenprüfung

intermediate financing - Zwischenfinanzierung, mittelfristige Finanzplanung /Finanzierung
intermediate goods /products - Zwischenprodukte
intermediate target - Zwischenziel
intermittent - unterbrochen, diskontinuierlich
intermittent demand - ruckweise Nachfrage
intermittent dumping - sporadisches Dumping
intermittent production - Werkstattfertigung
internal - intern, Binnen-, Inlands-, Inner-
internal auditing - interne Revision
internal balance - internes Gleichgewicht
internal customs duty - Binnenzoll
internal economic equilibrium - binnenwirtschaftliches Gleichgewicht
internal frontier - Binnengrenze
internal government bureaucracy - staatsinterne Bürokratie
internal inflation - hausgemachte Inflation
internal investment - Eigeninvestition
internal lines of communication - innerbetriebliche Kommunikationswege
internal price - innerbetrieblicher Verrechnungspreis
internal production - Eigenfertigung
internal rate of discount - Kalkulationszinsfuß
internal rate of return - interner Zinsfuß
internal rate on investment method - interne Zinsfußmethode
internal tariffs - Binnenzölle
internal trade - Binnenhandel
internal transfer - unternehmensinterne Versetzung
internal turnover - Binnenumsatz
internal value of money - binnenwirtschaftlicher Geldwert
internal voucher - Eigenbeleg
internalization - Internalisierung
internally generated funds - Mittel aus Innenfinanzierung
internally produced and capitalized asset - aktivierte Eigenleistung

international agreement - internationales Abkommen
international business - Auslandsgeschäft
international commodity agreement - internationales Rohstoffabkommen
international comparison - internationaler Vergleich
international consignment note - internationaler Frachtbrief
international currency reserves - internationale Währungsreserven
International Development Association (IDA) - Internationale Entwicklungsorganisation
international division of labor - internationale Arbeitsteilung
international economic order - Weltwirtschaftsordnung
international economy - Weltwirtschaft
international investment - Auslandsinvestitionen
International Labor Office - internationales Arbeitsamt
international lawf - Völkerrecht
International Monetary Fund (IMF) - Weltwährungsfonds
international monetary system - internationales Währungssystem, Weltwährungssystem
international trade bill - Londoner Finanzwechsel
international trading system - internationales Handelssystem
international unit of account - internationale Recheneinheit
interpenetration agreement - Marktabgrenzungsabkommen
interpersonal comparison of utility - interpersoneller Nutzenvergleich
interplant - zwischenbetrieblich
interplant cooperation - zwischenbetriebliche Zusammenarbeit
interplant network - zwischenbetriebliche Vernetzung
interplay - Wechselspiel
interpret - interpretieren, deuten, dolmetschen
interpreter - Dolmetscher
interrelation - Wechselbeziehung
interrogation - Befragung, Verhör
interruption - Unterbrechung, Stockung, Störung
interruption of work - Arbeitsunterbrechung
intersection - Schnittpunkt
interstate - zwischenstaatlich
interstate commerce - zwischenstaatlicher Wirtschaftsverkehr
interstice - Zwischenraum, Spalt
intertemporal marginal rate of substitution - Grenzrate der Zeitpräferenz
interval - Zeitabstand, Zwischenraum, Pause
intervene - eingreifen, sich einmischen
intervening period - Übergangsperiode
intervention - Eingriff, Einspruch, Intervention, Vermittlung
intervention rules - Interventionsregeln
intervention tools - Eingriffsinstrumente
interview - Einstellungsgespräch, Interview, befragen
interviewer bias - Interviewereffekt
interviewing method - Befragungsmethode
interviewing technique - Befragungstechnik
intrabrand competition - markenspezifischer Wettbewerb
intrafirm trade - innerbetrieblicher Handel
intragroup transactions - konzerninterne Geschäfte
intramarginal - innerhalb
intransigence - Unnachgiebigkeit, Kompromißlosigkeit
intransigent - Sturkopf
intransparency - Intransparenz,
intraplant - werksintern
intraplant service output - innerbetriebliche Leistung
intrastate commerce - innerstaatlicher Wirtschaftsverkehr
intricacy - Kompliziertheit
intrinsic - innerlich, wesentlich
intrinsic value - innerer Wert
introduce - einführen
introduce on the market - auf den Markt bringen
introduction - Einführung, Empfehlung
introduction into the market - Markteinführung

introductory - einleitend, Einleitungs-
introductory discount - Einführungsrabatt
introductory price - Einführungspreis
introductory quotation - Einführungsangebot
introductory reduction - Einführungsrabatt
introductory remarks - einleitende Redewendungen
introductory terms - Einführungskonditionen
intuitive-anticipatory planning - improvisierende Planung
inundate - überfluten, überschwemmen
inundation - Überflutung, Überschwemmung
invalidate - ungültig machen
invalidation - Annullierung
invariable - unveränderlich, konstant, Konstante
invent - erfinden
invention - Erfindung
inventory - Bestandsaufnahme, Inventur, Inventar, Lagerbestand, Vorrat
inventory accumulation - Lagerbestandsauffüllung
inventory activity - Lagerbewegung
inventory approach - Lagerhaltungsansatz
inventory change - Bestandsveränderung
inventory clerk - Lagerverwalter
inventory control - Bestandskontrolle, Lagerkontrolle
inventory cycle - Lagerhaltungszyklus
inventory data - Bestandsdaten
inventory depletion - Lagerabgang
inventory holding costs - Lagerhaltungskosten
inventory intensity - Vorratsintensität
inventory investment - Lagerinvestition
inventory list - Bestandsverzeichnis
inventory management - Bestandsverwaltung, Lagerverwaltung
inventory model - Lagerhaltungsmodell
inventory optimization - Vorratsoptimierung
inventory plan - Bestandsplan
inventory proceedings - Inventurarbeiten
inventory recession - Lagerhaltungsrezession

inventory reserve - Sicherheitsbestand
inventory sheet - Inventarverzeichnis
inventory shrinkage - Schwund
inventory system - Lagerhaltungssystem
inventory taking - Inventur
inventory theory - Lagerhaltungstheorie
inventory turnover - Lagerumschlag
inventory turnover ratios - Lagerkennzahlen
inventory valuation - Vorratsbewertung, Inventar-/ Bestandsbewertung
inventory valuation at average prices - Durchschnittsbewertung des Inventars
inventory writedown - Inventarabschreibung
inventory-theoretic approach - Lagerhaltungsansatz
inverse - invers, retrograd, umgekehrt
inverse function - Umkehrfunktion
inverse interest rate structure - inverse Zinsstruktur
inverse method - retrograde Methode
inverse probability - Rückschlußwahrscheinlichkeit
inverted file - invertierte Datei
invest - anlegen, investieren
invest money - Geld anlegen
investigate - analysieren, ermitteln, untersuchen
investigation - Ermittlung, Nachforschung, Untersuchung
investment - Anlage, Investition, Vermögensanlage
investment account - Finanzanlagenkonto
investment adviser - Anlageberater
investment analysis - Finanzanalyse
investment ban - Investitionsverbot
investment bank - Effektenbank, Emissionsbank
investment bonds - festverzinsliche Anlagepapiere
investment consultant - Anlageberater
investment counseling - Anlageberatung
investment counselor function - Anlageberaterfunktion
investment decision - Anlageentscheidung
investment deficit - Investitionslücke
investment diversification - Anlagestreuung

investment expenditure

investment expenditure - Investitionsausgaben
investment for increased efficiency - Rationalisierungsinvestition
investment fund - Anlagefonds, Investitionsmittel
investment goal - Anlageziel
investment goods - Investitionsgüter
investment grant - Investitionszuschuß
investment in financial assets - Finanzanlageinvestition
investment in new plant capacity - Erweiterungsinvestition
investment in the educational system - Bildungsinvestition
investment income - Einkünfte aus Kapitalvermögen
investment management - Anlageberatung, Effektenverwaltung
investment multiplier - Investitionsmultiplikator
investment outlet - Anlagemöglichkeiten
investment steering - Investitionslenkung
investment subsidies - Investitionssubventionen
investment tax credit - Investitionssteuervergünstigung
investment trust - Investmentgesellschaft
investment upturn - Investitionsbelebung
investment value - Anlagewert
investment volatility - Investitionsschwankungen
investor - Geld-/ Kapitalanleger, Investor
investor purchase - Investitionskauf
investor relations - Finanzmarketing, Investorenbetreuung
invisible balance - Dienstleistungsbilanz
invisible earnings - Einnahmen aus unsichtbaren Leistungen
invisible hand - unsichtbare Hand
invisible trade - unsichtbarer Handelsverkehr
invisibles - unsichtbare Einkünfte, unsichtbarer Handel
invitation to bid - Ausschreibung
invite tenders - ausschreiben
invoice - Rechnung, Faktura
invoice amount - Rechnungsbetrag
invoice number - Rechnungsnummer
invoiced purchase price - Bruttoeinkaufspreis

invoiced value of goods - Warenwert
invoicing - Rechnungsstellung
invoke - appellieren, beschwören
involuntary inventory accumulation - unfreiwillige Lagerhaltung
involuntary liquidation - Zwangsliquidation
involuntary quits - unfreiwillige Entlassungen
involuntary unemployment - unfreiwillige Arbeitslosigkeit
involve - einschließen, umfassen, verwickeln
inward goods control - Wareneingangsprüfung
inward investment - ausländische Direktinvestition
Iron and Steel Codetermination Law - Montan-Mitbestimmungsgesetz
iron and steel industry - Eisen- und Stahlindustrie
iron reserves - eiserne Reserven
irrecoverable debt - uneinbringliche Forderungen
irregular economy - Schattenwirtschaft
irregularity - Formfehler, Unregelmäßigkeit
irrespective - egal, ungeachtet
irreversible /irrevocable - unwiderruflich
irrevocable letter of credit - unwiderrufliches Akkreditiv
irrevocable parities - unwiderrufliche Wechselkurse
irrigation - Bewässerung
iso-expenditure line - Isobudgetgerade
isocost line - Isokostenlinie
isoprofit curve - Isogewinnlinie
isoquant - Isoquante
isowelfare lines - Isowohlfahrtkurven
issuable - emissionsfähig
issue - ausgeben, emittieren, Ausgabe, Emission
issue a policy - Police ausstellen
issue calendar - Emissionsfahrplan
issue from store - Lagerabgang
issue of a patent - Patentierung
issue of shares - Aktienausgabe
issue price - Ausgabepreis, Emissionspreis
issue shares - Aktien ausgeben
issued capital - ausgegebenes Kapital

issuing activity - Emissionstätigkeit
issuing business - Emissionsgeschäft
issuing company - emittierende Gesellschaft
issuing date - Ausstellungstag
issuing group /syndicate - Begebungskonsortium
issuing house - Emissionsbank
issuing price - Erstausgabepreis
issuing yield - Emissionsrendite

item - Gegenstand, Artikel
item analysis - Artikelanalyse
item cost - Artikeleinstandswert
item markup - Artikelaufschlag
item of property - Vermögensgegenstand
item-related margin - Wareneinzelspanne
itemize - spezifizieren
items in transit - durchlaufende Posten
iteration - Wiederholung, Iteration
iterative - wiederholend

J

jam on the credit brake - Kreditbremse ziehen
jeopardize - aufs Spiel setzen, gefährden
jeopardy - Gefahr, Risiko
jewellery - Schmuck
jingle - gesungener Werbespruch, musikalischer Werbeslogan
job - Stelle
job accounting - Auftragsabrechnung
job action - Arbeitskampfmaßnahme
job advertisement - Stellenannonce, Stellenausschreibung
job analysis - Arbeitsplatzanalyse, Arbeitsstudie, Stellenbeschreibung
job applicant - Stellenbewerber
job application - Bewerbung, Stellengesuch
job around time - Auftragsumlaufzeit, Verweilzeit
job assignment - Aufgabenverteilung, Stellenbesetzung
job breakdown - Funktionsbeschreibung, Stellenaufschlüsselung
job candidate - Bewerber
job ceiling - höchstzulässiger Personalbestand
job center - Arbeitsvermittlung
job change - Arbeitsplatzwechsel
job characteristic - Tätigkeitsmerkmal
job choice - Arbeitsplatzwahl
job content - Arbeitsinhalt
job content factors - Arbeitsmotivatoren
job context - Arbeitsumgebung
job context factors - Hygienefaktoren
job control - Ablaufsteuerung, Arbeitsüberwachung
job costing - Zuschlagskalkulation
job counseling - Berufsberatung
job counselor - Berufsberater
job cover plan - Stellenbesetzungsplan
job creation - Schaffung von Arbeitsplätzen, Stellenbildung
job creation measures - Arbeitsbeschaffungsmaßnahmen
job creation program - Beschäftigungsprogramm
job description - Arbeitsplatz-/ Stellen-/ Tätigkeitsbeschreibung

job design - Arbeitsgestaltung
job designee - Aufgabenträger
job destruction - Arbeitsplatzvernichtung
job dilution - Überspezialisierung des einzelnen Mitarbeiters
job discrimination - Benachteiligung am Arbeitsplatz
job dislocation - Aussterben von Berufen und Berufssparten
job displacing technologies - arbeitsplatzvernichtende Technologien
job dissatisfaction - Arbeits-/ Berufsunzufriedenheit
job enlargement - Arbeits-/ Aufgabenerweiterung, horizontale Arbeitsfeldvergrößerung
job enrichment - Arbeits-/ Aufgabenbereicherung, vertikale Arbeitsfeldvergrößerung
job evaluation - Arbeitsbewertung, Arbeitsplatzbewertung
job fostering scheme - Arbeitsbeschaffungsprogramm
job freeze - Einstellungsstopp
job handling - Auftragsabwicklung
job hopping - häufiger Arbeitsplatzwechsel
job hunter - Stellungssuchender
job hunting - Arbeitssuche
job instruction - Arbeitsanweisung
job killer - Arbeitsplatzvernichter
job layoffs - Freistellungen
job layout - Arbeitsplatzgestaltung
job loading - Aufgabenausweitung des Arbeitsplatzes
job loss - Arbeitsplatzverlust
job lot - Gelegenheitskauf, Ramschware, Restposten
job market - Arbeitsmarkt
job offer - Stellenangebot
job performance - Arbeitsleistung
job preparation - Arbeitsvorbereitung
job program - Arbeitsprogramm
job promotion - Arbeitsplatzförderung
job protection law - Arbeitsschutzgesetz
job ranking method - Methode zur Arbeitsplatzeinstufung, Rangfolgeverfahren
job rotation - systematischer Arbeitsplatzwechsel
job safety - Sicherheit am Arbeitsplatz

job satisfaction - Arbeitszufriedenheit
job search - Arbeitssuche
job security - Sicherheit des Arbeitsplatzes
job seeker - Arbeitssuchender
job sharing - Arbeitsplatzteilung
job shedding - Arbeitsplatzvernichtung
job shop operation - Werkstattfertigung
job shortage - Arbeitsplatzmangel
job simplification - Arbeitsvereinfachung
job situation - Arbeitsmarktlage
job specification - Anforderungs-/ Tätigkeitsprofil, Arbeitsplatzbeschreibung
job spoiler - Akkordbrecher
job step - Bearbeitungsschritt
job structuring - Aufgabenstrukturierung
job study - Arbeitsstudie
job ticket - Akkordzettel, Arbeitslaufzettel
job training - Berufsausbildung
job vacancies - offene Stellen
job work - Akkordarbeit
job-creating scheme - Arbeitsbeschaffungsprogramm
job-order production - Kundenauftragsfertigung
jobber - Akkordarbeiter, Gelegenheitsarbeiter, Aktienhändler, Börsenspekulant
jobber's turn - Händlerspanne
jobbery - Korruption, Mißwirtschaft
jobless - arbeitslos
jobless person - Arbeitsloser
jobless rate - Arbeitslosenquote
jobless total - Gesamtarbeitslosenzahl
joblessness - Arbeitslosigkeit
John Citizen - Otto Normalverbraucher
joiner - Tischler
joinery - Tischlerhandwerk
joint - gemeinsam
joint account - gemeinsames Konto, Gemeinschaftskonto
joint advertising - Gemeinschaftswerbung
joint agent - Vertreter mehrerer Firmen
joint and several liability - Gesamthaftung, gesamtschuldnerische Haftung
joint capital - Gesellschaftskapital
joint committee - gemeinsamer / gemischter Ausschuß
joint creditor - Gesamtgläubiger
joint debt /liability - Gesamt(hand)schuld
joint debtor - Gesamthandschuldner
joint demand - komplementäre / verbundene Nachfrage
joint distribution - mehrdimensionale Verteilung
joint effort - gemeinsame Anstrengung
joint endorsement - Gemeinschafts-Indossament
joint financing - Gemeinschaftsfinanzierung
joint fixed costs - nicht aufteilbare Fixkosten
joint goods - komplementäre Güter
joint insurance - verbundene Lebensversicherung
joint intervention - abgestimmte Intervention
joint marketing - Gemeinschaftsmarketing
joint owner - Miteigentümer
joint ownership - Miteigentum
joint ownership of property - Gesamthandeigentum
joint product - Kuppelprodukt
joint purchasing - gemeinsame Beschaffung
joint research - Gemeinschaftsforschung
joint resolution - gemeinsame Entschließung
joint risk - gemeinschaftliches Risiko, Gesamthaftung
joint sales agency - Verkaufsgemeinschaft
joint sales organization - gemeinschaftliche Absatzorganisation
joint standard accounting system - Gemeinschaftskontenrahmen
joint stock - Gesellschaftskapital, Aktienkapital
joint stock corporation - Aktiengesellschaft
joint supply - komplementäres Angebot
joint tenancy - Mitbesitz
joint tenant - Mitbesitzer, Mitpächter
joint undertaking /venture - Gemeinschaftsunternehmen
joint-product costing - Kuppelkalkulation
joint-product production - Kuppelproduktion

joint-stock company - Aktiengesellschaft, Kapitalgesellschaft
jointness of consumption - Nichtrivalität im Verbrauch
jointness of goods - Unteilbarkeit von Gütern
journal - Journal, Tagebuch
journal entry - Journalbuchung
journal voucher - Journalbeleg
journalize - in das Tagebuch / Journal eintragen
journey cycle - Verkaufsrundreise
journeyman - Geselle
journeyman's examination - Gesellenprüfung
judge - Fachmann, beurteilen
judgement - Urteil, Schiedsspruch
judgement debt - Urteilsschuld, vollstreckbare Forderung
judgement proof - unpfändbar
judgement sample - Quotenauswahl, subjektive Stichprobe
judgement sampling - bewußte Auswahl /Stichprobe
judicial sale - Zwangsverkauf
judicial writ - gerichtliche Vorladung
judiciary - Gerichtswesen
jumbo deal - Großgeschäft
jumbo loan - Großkredit
jumbo merger - Großfusion
jumbo package - Großpackung
jumbo project - Großprojekt
jump in prices - Kurssprünge
jumpstart - Blitzstart
jumpy market - Markt mit starken Schwankungen

junior manager - Nachwuchsmanager
junior minister - parlamentarischer Staatssekretär
junior salesman - Jungverkäufer, Nachwuchsverkäufer
junior staff (in training) - Nachwuchskräfte
junk bond - Müllanleihe, hochverzinsliche Risikoanleihe
junk dealer - Gebrauchtwarenhändler
junk food - nährwertarme Nahrung
junk value - Schrottwert
jurisdiction of the fiscal courts - Finanzgerichtsrechtssprechung
jurisdiction risk - Länderrisiko
jurisdiction to tax - Steuerhoheit
juristic person - juristische Person
just compensation - angemessene / gerechte Entschädigung
just wage principle - Grundsatz des gerechten Lohnes
just-in-time (JIT) - einsatz-/ fertigungs-/ verwendungssynchron
just-in-time inventory method - fertigungssynchrone Materialwirtschaft
just-in-time production - JIT-Produktion
just-in-time purchasing - einsatzsynchrone Beschaffung
justifiability - Vertretbarkeit
justifiable - berechtigt, gerechtfertigt
justification - Rechtfertigung, Begründung
justify - rechtfertigen, vertreten

K

kale - Zaster
kangaroo court - illegales / korruptes Gericht, "Ehrengericht"
keel over - kentern, umkippen
keelage - Anker- / Hafennutzungsgebühr, Kielgeld
keen - durchdringend, scharf
keen competition - scharfe Konkurrenz
keen demand - starke Nachfrage
keen interest - lebhaftes Interesse
keen price - extrem niedriger Preis, scharf kalkulierter Preis
keenly contested market - heiß umkämpfter Markt
keep - Ware führen, auf Lager halten
keep a shop - Laden führen / verwalten
keep books - Bücher führen
keep delivery dates - Liefertermine einhalten
keep for a later date - für später aufheben
keep the rules - Vorschriften beachten
keep-fresh bag - Frischhaltebeutel
keeper - Verwalter
ken - Gesichtskreis, Horizont
kerb - Bordkante, Straßenkante
kerb market - nachbörslicher Freiverkehrsmarkt
kerb broker - Freiverkehrsmakler
kerb price - Freiverkehrskurs
kermess - Wohltätigkeitsbasar
key (interest) rate - Leitzins
key account - Hauptauftraggeber, Haupt-/ Großkunde
key account manager - Großkundenmanager/ -berater
key concept - Leitbegriff, Schlüsselbegriff
key currency - Leitwährung
key date - Stichtag
key determinant - Hauptdeterminante
key economic data - gesamtwirtschaftliche Eckdaten
key executive - Spitzen-/ Führungskraft, Topmanager
key factor - Schlüsselfaktor
key feature - Hauptmerkmal
key function - Hauptfunktion
key goal - Hauptziel
key indicator - Schlüsselindikator
key industrial countries - Hauptindustrieländer
key industry - Schlüsselbranche
key man - Schlüsselperson
key market - Schlüsselmarkt
key position - Schlüsselposition, entscheidende Position
key punch operator - Kartenlocher
key ratio - Spitzenkennzahl
key strike - Schwerpunktstreik
key technology - Schlüsseltechnologie
key witness - Hauptzeuge
key workers - Stammbelegschaft
keyboard - Tastatur
keyboard entry /input- Tastatureingabe, manuelle Eingabe
keyboarder - Datentypist
keyed advertisement - Chiffreanzeige
keying (of advertisements) - Kennwortmethode, Kennziffermethode
kick against - meckern, nörgeln
kickback - Provision, Schmiergeld
kickstart - Blitzstart
kid-glove - anspruchsvoll, diplomatisch
kinfolk - Familie, Verwandte
king pin - Dreh- und Angelpunkt
king-size - überdurchschnittlich groß, Riesen-
kinked curve - geknickte Kurve
kinked demand curve - geknickte Nachfragekurve
kit - Arbeitsgerät, Werkzeug
kit bag - Arbeits- /Reisetasche
kitchen cabinet - Küchenkabinett
kite - Gefälligkeits- / Kellerwechsel
kite flying - Wechselreiterei
kiting - Bereitstellung, Wechselreiterei
knacker - Abbruchunternehmer
knapsack problem - Rucksackproblem
knavery - Gaunerei
knife edge - instabiler Wachstumspfad
knob - Streikbrecher
knock around - herumstoßen, schikanieren
knock down - herunterhandeln
knockdown price - Preissenkung
knockout price - Schleuderpreis
knot - verwickeln, verwirren, Knoten, Schwierigkeit

knotty

knotty - kompliziert, verzwickt
know-all - Besserwisser
know-how - Erfahrungswissen
knowledge - Kenntnis, Wissen
knowledge base - Wissensbasis
knowledge engineering - Wissenserweiterung

knowledge industry - Informationsindustrie
knowledge of life - Lebenserfahrung
knowledgeable - kenntnisreich
known quantity - bekannte Größe
kolkhozy - Kolchose

L

label - Etikett, Zettel
label a product - Produkt auszeichnen / benennen
labelling - Etikettierung
labelling procedure - Etikettierungsverfahren
labor , labour - Arbeit
labor agreement - Tarifvertrag
labor bargaining - Tarifverhandlungen
labor bottleneck - Arbeitskräfteengpaß
labor certification - Arbeitserlaubnis
labor contract - Arbeitsvertrag
labor cost - Arbeits-/ Lohnkosten
labor cost per unit of output - Arbeitskosten je Ausbringungseinheit
labor court - Arbeitsgericht
Labor Day - Tag der Arbeit
labor demand - Arbeitskräftenachfrage
Labor Department - Arbeitsministerium
labor dispute - Arbeitskampf
labor economics - Arbeitsökonomie
labor efficiency - Arbeitsproduktivität, Arbeitseffizienz
labor exchange - Arbeitsamt
labor explosion chart - Arbeitsablaufdiagramm /-plan
labor force - Arbeiterschaft, Arbeitskräfte, Belegschaft
labor force (participation) rate - Erwerbsquote
labor force potential - Arbeitskräftepotential
labor force survey - Arbeitsmarkterhebung
labor income - Arbeitseinkommen
labor intensity - Arbeitsintensität
labor law - Arbeitsrecht, Arbeitsverfassungsgesetz
labor leader - Gewerkschaftsführer
Labor Management Relation Act - Betriebsverfassungsgesetz (BetrVG)
labor market - Arbeitsmarkt
labor market adjustment - Arbeitsmarktanpassung
labor market authorities - Arbeitsverwaltung
labor market behavior - Arbeitsmarktverhalten
labor market data - Arbeitsmarktdaten
labor market development - Arbeitsmarktentwicklung
labor market research - Arbeitsmarktuntersuchung
labor market trend - Arbeitsmarktentwicklung
labor migration - Arbeitskräftewanderung
labor mix - Arbeiter-Angestellten Relation
labor mobility - Arbeitnehmermobilität
labor monopoly - Arbeitsmarktmonopol
labor office - Arbeitsamt
labor permit - Arbeitserlaubnis
labor piracy - Abwerbung von Arbeitskräften
labor productivity - Arbeitsproduktivität
labor protection law - Arbeitsschutzgesetz
labor relations - Personalrat
labor representative - Arbeitnehmervertreter
labor reserve - Arbeitskräftereserve
labor science - Arbeitswissenschaft
labor settlement - Tarifabschluß
labor shed - Arbeitskräftereserve
labor shortage - Arbeitskräftemangel
labor slowdown - Bummelstreik
labor supply - Arbeitskräfteangebot
labor turnover - Fluktuation
labor union - Gewerkschaft
labor union official - Gewerkschaftsfunktionär
labor unit - Arbeitseinheit
labor-intensive - arbeitsintensiv
labor-output ratio - Arbeitskoeffizient
laboratory - Labor, Werkstätte
laboratory experiment - Laborexperiment
laborer - Arbeiter, Arbeitskraft
laboring - arbeitend, werktätig
lack - Mangel
lack of capital - Kapitalmangel
lack of funds - fehlende Geldmittel
lack of jobs - Arbeitsplatzmangel
lack of junior staff - Nachwuchskräftemangel
lack of orders - Auftragsmangel
lack of sales - Absatzmangel
lady executive - weibliche Führungskraft

lag

lag - Rückstand, Verzögerung
lag behind - zögern, zurückbleiben, zurückfallen
laggard - Nachzügler
lagged adjustment - verzögerte Anpassung
lagged output term - verzögerte Ausstoßvariable
lagging indicator - Spätindikator
laid up - stillgelegt
lame duck industry - krankende Industrie
land agent - Grundstücksmakler
land and buildings - Grundstücke und Bauten
land bank - Grundkreditbank, Hypothekenbank
land built upon - bebaute Grundstücke
land charge - Grundschuld
land contract - Grundstückskaufvertrag
land development - Baugrunderschließung
land jobber - Bodenspekulant, Grundstücksmakler
land not built upon - unbebaute Grundstücke, Brachland
land office - Grundbuchamt
land proprietor - Grundbesitzer
land reform - Bodenreform
land register - Grundbuch
land registrar - Grundbuchverwalter
land tax - Grundsteuer
land transfer tax - Grunderwerbssteuer
landed estate - Grundbesitz, Grundeigentum
landed property - Landbesitz, Liegenschaft
landing fee - Landegebühren
landlord - Verpächter, Vermieter
landmark decision - Grundsatzentscheidung
landownership - Grundeigentum
lapsed funds - verfallene Mittel
laptop - tragbarer Personalcomputer
large-scale advertising - Massenwerbung
large-scale consumer - Großverbraucher
large-scale investor - Großanleger
large-scale loan - Großkredit
large-scale manufacture - Serienfertigung
large-scale order - Großauftrag
large-scale production - Massenfertigung

large-scale project - Großprojekt
last in, first out method - Lifo-Methode der Vorratsbewertung
late charge - Verzugszinsen
late majority - späte Mehrheit
late quotation - Schlußnotierung
latent demand - Erschließungsbedarf, verdeckter Bedarf
latent reserves - stille Reserven
lateral integration - horizontale Integration
latest completion time - spätestmöglicher Endzeitpunkt
latin square - lateinisches Quadrat
launch a product - Produkt auf den Markt bringen
launch advertising - Einführungswerbung
launching costs - Anlaufkosten
launching strategy - Einführungsstrategie
law enforcement authority - Vollstreckungsbehörde
law governing stock exchange transactions - Börsenrecht
law of balancing - Ausgleichsgesetz
law of balancing organizational plans - Ausgleichsgesetz der Planung
law of bankruptcy - Konkursrecht, Vergleichsrecht
law of contracts - Vertragsrecht
law of diminishing marginal utility - Gesetz vom abnehmenden Grenznutzen
law of diminishing returns - Ertragsgesetz, Gesetz vom abnehmenden Ertragszuwachs
law of equi-marginal returns - Grenznutzenausgleichsgesetz
law of large numbers - Gesetz der großen Zahlen
law of mass production - Gesetz der Massenproduktion
law of satiety - Sättigungsgesetz, Erstes Gossensches Gesetz
law of taxation - Steuerrecht
law of tenancy - Mietrecht
law of torts - Schadensersatzrecht
law of trademarks - Warenzeichenrecht
law of variable proportions - Ertragsgesetz
law on excise tax on oil and oil production - Mineralölsteuergesetz

law on tax advisers - Steuerberatungsgesetz
lawful money - gesetzliches Zahlungsmittel
lawyer - Jurist
lay claim - Anspruch erheben
lay days - Liegetage, Liegezeit
lay out a strategy - Strategie entwickeln
lay the groundwork - Grundlage legen
layer of management - Führungsebene
laying up the equipment - Ausrüstungsstillegung
layoff - Belegschaftsabbau, Arbeitsunterbrechung
layoff notice - Entlassungsschreiben
layout - Anordnung, Aufmachung
layout of balance sheet - Bilanzgliederung
lead management - Konsortialführung
lead time - Auftragsdurchlaufzeit
leader - Führer, Spitzenartikel
leader article - Lockvogel-Artikel
leadership - Führung, Leitung
leadership attitude - Führungsverhalten
leadership potential - Führungspotential
leadership qualities - Führungsqualitäten
leadership style - Führungsstil
leading article - Lockvogel-Artikel, Leitartikel
leading indicator - Frühindikator
leading light - führende Persönlichkeit
leading partner - Hauptteilhaber
leading price - Richtpreis
leading principle - oberster Grundsatz
leading producer - führender Hersteller, Hauptproduzent
leading question - Suggestivfrage
leaflet - Broschüre, Merkblatt
leakage - Schwund, Verlust
lean production - schlanke Produktion
lean-burn engine - abgasarmer Motor
learning curve - Lernkurve, Erfahrungskurve
lease - Miet-/ Pachtvertrag, Pacht
lease of life - Pacht auf Lebenszeit
lease with purchase option - Miete mit Kaufoption
lease-purchase agreement - Mietkauf
leased line - Standleitung
leasehold - Pachtbesitz/ -grundstück
leaseholder - Pächter

leasing - Anlagenmiete, Mieten, Leasing
leasing equipment - Mietgeräte
least upper bound - kleinste obere Schranke
least-cost allocation - kostenoptimale Allokation
least-cost combination - Minimalkostenkombination
least-squares estimation - Kleinste-Quadrate-Schätzung
leave - Urlaub
leave breaking - Urlaubsüberschreitung
leave schedule - Urlaubsplan
leave without pay - unbezahlter Urlaub
lecture - Vortrag, Vorlesung
ledger - Hauptbuch
ledger account - Hauptbuchkonto
ledgerless accounting - Belegbuchhaltung
legacy tax - Erbschaftssteuer
legal action - gerichtliche Schritte
legal adviser - Rechtsberater
legal aid - Rechtshilfe
legal capacity to contract - Geschäftsfähigkeit
legal department - Rechtsabteilung
legal duty to price goods displayed - Warenauszeichnungspflicht
legal entity - juristische Person
legal entity under public law - Person des öffentlichen Rechts
legal force - Rechtskraft
legal form - Rechtsform
legal form of business organization - Rechtsform der Unternehmung
legal framework - Rechtsordnung
legal incapacity - Rechtsunfähigkeit
legal obligation to capitalize - Aktivierungspflicht
legal person - juristische Person
legal placement - mündelsichere Anlage
legal prohibition to capitalize - Aktivierungsverbot
legal provision - Rechtsvorschrift
legal relationship - Rechtsverhältnis
legal reserves - gesetzliche Rücklagen
legal settlement in bankruptcy - Zwangsvergleich
legal steps - gerichtliche Schritte
legal system - Rechtsordnung
legal tender - gesetzliches Zahlungsmittel
legal title - Eigentumsrecht

**legal validity - Rechtswirksamkeit
legally binding formula -** rechtsverbindliche Fassung
legally inoperative - rechtsunwirksam
legally justifiable - rechtlich vertretbar
legally unable to hold rights - rechtsunfähig
legislation - Gesetzgebung
legitimacy - Rechtmäßigkeit
legitimation - Legitimation
legitimation card - Legitimationsausweis / -karte
leisure - Muße
leisure activity market - Freizeitmarkt
leisure time - Freizeit
leisure time economics - Freizeitökonomie
leisure time industry - Freizeitindustrie
Lend-Lease-Act - Leih-Pacht-Gesetz
lender - Verleiher, Kreditgeber
lender's risk - Gläubigerrisiko
lending agency - Kreditinstitut
lending business - Kreditgeschäft
lending ceiling /limit - Beleihungsgrenze
lending potential - Kreditpotential
lending volume - Kreditvolumen
length of stay - Verweildauer
length of time - Zeitdauer
less developed country (LDC) - Entwicklungsland
lessee - Mieter
lessor - Vermieter
lest - damit nicht
letdown in sales - Absatzrückgang
letter of application - Bewerbungsschreiben
letter of credit - Akkreditiv, Kreditbrief
letter of credit clause - Akkreditivklausel
letter of intent - Absichtserklärung
letter of recommendation - Empfehlungsschreiben
letter of reference - Zeugnis, Empfehlungsschreiben
letter of understanding - Vorvertrag
letter to be called for - postlagernder Brief
letterhead - Briefkopf
letters patent - Patenturkunde
level - Niveau, Ebene
level of abstraction - Abstraktionsniveau

level of activity - Beschäftigungsgrad, Produktionsprozeßniveau
level of aspiration - Anspruchsniveau
level of business activity - Konjunktur
level of capacity utilization - Kapazitätsauslastungsgrad
level of competition - Wettbewerbsgrad
level of debt - Verschuldungsgrad
level of economic activity - Konjunktur
level of employment - Beschäftigungsstand
level of income - Einkommensniveau
level of interest rates - Zinsniveau
level of investment - Investitionsquote
level of management - Führungsebene
level of orders plan - Auftragsbestandsplan
level of performance - Leistungsstand
level of prices - Preisniveau
level of satisfaction /utility - Versorgungsgrad
level-by-level planning - stufenweise Planung
leveling of incomes - Einkommensnivellierung
leverage - Multiplikatorwirkung, Verschuldungsgrad
leverage effect - Hebelwirkung der Finanzstruktur
leveraged buyout (LBO) - fremdfinanzierte Firmenübernahme
levy - Abgabe, Pfändung
levy a tax - Steuer erheben
levy of execution by private creditor - Privatpfändung
liabilities due - Fälligkeiten
liability - Haftpflicht, Haftung, Passiva, Verbindlichkeit
liability for defects - Mängelhaftung
liability insurance - Haftpflichtversicherung
liability of guaranty authority - Gewährträgerhaftung
liability of members - Mitgliederhaftung
liability on current account - Kontokorrentverbindlichkeit
liability reserve - Rückstellung
liability swap - Passivswap
liability to pay net worth tax - Vermögenssteuerpflicht

liability under a guaranty - Garantiehaftung
liable equity capital - haftendes Eigenkapital
liable in income tax - einkommensteuerpflichtig
liable to recourse - regreßpflichtig
liable to social insurance - sozialversicherungspflichtig
liable to tax - Steuerpflicht unterliegen
liberal profession - freier Beruf
liberal trade - Freihandel
liberal trade policy - Freihandelspolitik
liberalize - liberalisieren
liberation of capital - Kapitalfreisetzung
Libor - Londoner Interbanken-Angebotssatz
licence - Erlaubnis, Konzession, Lizenz
licence agreement - Lizenzvereinbarung, Lizenzvertrag
licence fee - Lizenzgebühr
licence holder - Lizenzinhaber
licence requirement - Genehmigungspflicht
licence tax - Gewerbesteuer
licensee - Lizenznehmer
licensor - Lizenzgeber, Zensor
life - Laufzeit, Lebensdauer
life annuity - Leibrente
life cycle - Lebenszyklus
life cycle analysis - Lebenszyklusanalyse
life cycle concept - Lebenszykluskonzept
life cycle hypothesis - Lebenszyklushypothese
life expectancy - Lebenserwartung
life of a bond - Gültigkeitsdauer eines Wertpapiers
life period method of depreciation - Digitalabschreibung
life quality - Lebensqualität
life span - Lebenserwartung
life table - Sterbetafel
lifelong learning - lebenslanges Lernen, ständige Weiterbildung
lifetime income - Lebenszeiteinkommen
light barrier - Lichtschranke
light consumer - Kleinverbraucher
light pen - Leuchtschrift
lighten - Schiff leichtern
likelihood - Wahrscheinlichkeit

likelihood function - Likelihood-Funktion
likely - wahrscheinlich, voraussichtlich
likewise - ebenso
limit - begrenzen, Höchstbetrag
limit order - Limitpreis-Order
limit price - Limitpreis, Preisgrenze
limit theorem - Grenzwertsatz
limitation in time - zeitliche Beschränkung
limitation of imports - Einfuhrkontingentierung
limitation of liability in time - Verjährung
limitation on profit distribution - Ausschüttungsbeschränkung
limited - befristet, begrenzt
limited authority - beschränkte Vollmacht
limited liability company - Gesellschaft mit beschränkter Haftung (GmbH)
limited partner - Kommanditist, beschränkt haftender Gesellschafter
limited partnership - Kommanditgesellschaft
limited resources - beschränkte Mittel
limiting factor - Engpaßfaktor
limiting value - Grenzwert
limits of growth - Wachstumsgrenzen
limping gold standard - hinkende Goldwährung
line authority - Linie
line department - Fachabteilung
line diagram - Liniendiagramm
line function - Linienfunktion
line management - Linienmanagement
line of business (LOB) - Sparte
line of reasoning - Argumentation
line organization - Linienorganisation
line printer - Paralleldrucker
line production - Fließfertigung
line-staff organization structure - Stablinienorganisation
linear - linear, Linien-
linear approximation - lineare Annäherung
linear equation - lineare Gleichung
linear filter - linearer Filter
linear model of optimization - lineares Optimierungsmodell

linear programming - lineare Programmierung
linear regression - lineare Regression
lines of command - Leitungsbeziehungen, Weisungswege
linkage effect - Verbindungseffekt
linked deal - Verbundgeschäft
linked graph - verbundener Graph
liquid - flüssig, liquid
liquid asset ratio - Liquiditätskennzahl
liquid reserves - Liquiditätsreserven
liquid resources - flüssige Mittel
liquidate - Konten abrechnen, liquidieren, saldieren, tilgen
liquidation - Auflösung, Liquidation, Abrechnung, Tilgung
liquidation of assets - Verflüssigung von Vermögenswerten
liquidation of inventories - Lagerabbau
liquidation of reserves - Auflösung von Rücklagen
liquidity - Liquidität
liquidity bottleneck - Liquiditätsengpaß
liquidity constraint - Liquiditätsbeschränkung
liquidity controlling - Liquiditätssteuerung
liquidity crisis - Liquiditätskrise
liquidity of a bank - Überschußkasse
liquidity preference - Liquiditätsvorliebe
liquidity premium - Liquiditätsprämie
liquidity ratio - Liquiditätsverhältnis
liquidity reserve - Liquiditätsreserve
liquidity trap - Liquiditätsfalle
liquidity-money curve - LM-Kurve
list of nonliberalized goods - Negativliste
list of quotations - Kurszettel
list of tax assessment - Steuerliste
list price - Listenpreis
listed securities - amtlich notierte Werte
listing - Börsenzulassung
literacy campaign - Alphabetisierungskampagne
literacy rate - Alphabetisierungsgrad
litigation - Rechtsstreit
livestock - lebendes Inventar
livestock holdings - Besitz von lebendem Inventar
living condition - Existenzbedingung
living cost - Lebenshaltungskosten
living standard - Lebensstandard

loaded question - Suggestivfrage
loading - Verladung, Prämienaufschlag
loan - Darlehen, Anleihe
loan account - Darlehenskonto
loan against borrower's notes - Schuldscheindarlehen
loan application - Darlehensantrag
loan bank - Darlehensbank, Kreditanstalt
loan by employer to employee - Arbeitgeberdarlehen
loan capital - Fremdkapital
loan commitment - Darlehenszusage
loan commitment fee - Bereitstellungs-/Kreditprovision
loan employment - Leiharbeit
loan employment agency - Leiharbeitsfirma
loan expenditure - Anleiheausgabe
loan financing - Fremdfinanzierung
loan grant - Darlehensgewährung
loan guaranty - Kreditbürgschaft
loan insurance - Kreditversicherung
loan office - Darlehenskasse
loan proceeds - Valuta, Darlehensvaluta
loan rate - Marktzins
loan society - Darlehensgesellschaft
loan taken - Anleihe
loan transaction - Kreditgeschäft
loanable - verleihbar
loanable capital /funds - Leihkapital, Kreditmittel
loanable funds theory - Zinstheorie
loaned employee - Leiharbeitskraft
lobby - Lobby, Interessengruppe
lobbying - Lobbyismus
local - kommunal, lokal, örtlich, Börsenspekulant, Stammgast
local acceptance - Platzakzept
local authority - Gemeinde-/Stadtverwaltung
local call - Ortsgespräch
local first-instance court - Amtsgericht
local government - kommunale Verwaltung
local market - Inlandsmarkt
local revenue - Kommunaleinnahmen
local tax office - Finanzamt
local taxes - Kommunalabgaben
local vessel - Binnenschiff
location - Standort, Lage
location factor - Standortfaktor

location specific subsidy - standortgebundene Subvention
locational advantage - Standortvorteil
locational choice - Standortwahl
locational decision - Standortentscheidung
locational disadvantage - Standortnachteil
locational quality - Standortqualität
lock up funds - Mittel binden
locking up of money - Geldstillegung
lockout - Aussperrung
locus of indifference - Indifferenzort
lodge a claim - Forderung anmelden
lodge a protest - Protest einlegen
lodging of security - Sicherheitsleistung
lodgment - Ansammlung, Hinterlegung
logarithm - Logarithmus
logical conditional - hypothetisches Vorurteil
logical tree - Entscheidungsbaum
logistics - Beschaffungswesen, Logistik
logistics costs - Logistikkosten
logistics system - Logistiksystem
London Commodity Exchange (LCE) - Londoner Warenbörse
London Interbank Offering Rate (LIBOR) - Londoner Interbanken-Angebotssatz
long firm - Schwindelfirma
long-dated stock - Wertpapier mit langer Laufzeit
long-distance passenger traffic - Personen-Fernverkehr
long-hedge - strategische Kursniveausicherung
long-period equilibrium - langfristiges Gleichgewicht
long-period supply price - langfristiger Angebotspreis
long-range planning - langfristige Planung
long-run - langfristig
long-run average cost - langfristige Durchschnittskosten
long-run effect - langfristiger Effekt
long-run multiplier - dynamischer Multiplikator
long-term credit - Dauerkredit
long-term employment - langfristige Beschäftigung

long-term expectation - langfristige Erwartung
long-term investor - Daueranleger
long-term liabilities - langfristiges Fremdkapital
long-term plan - langfristiger Plan
long-term planning - langfristige Planung
long-term policy - Versicherung mit langer Vertragsdauer
long-term unemployment - Dauerarbeitslosigkeit
loom - undeutlich erscheinen
loop - Schlinge, Schleife
loop coding - zyklische Programmierung
loophole - Hintertür, Lücke
loose money policy - Politik des billigen Geldes
loose-leaf edition - Loseblattausgabe
lose a right - Recht verlieren
losing bargain - Verlustgeschäft
loss - Verlust
loss anticipation - Verlustantizipation
loss carryover - Verlustvortrag
loss function - Verlustfunktion
loss in business volume - Umsatzverlust
loss in value - Wertminderung
loss leader - Lockartikel, Lockvogel
loss leader pricing - Lockvogelpreisbildung
loss leader sales promotion - Lockvogelwerbung
loss maker - Verlustgeschäft, mit Verlust arbeitender Betrieb
loss of efficiency - Leistungsverlust
loss of information - Informationsverlust
loss of production - Produktionsausfall
loss of serviceability - Wertminderung
loss of up-to-dateness - Aktualitätsverlust
loss of wage - Lohnausfall
loss on price - Kursverlust
loss on takeover - Übernahmeverlust
loss-sharing agreement - Verlustübernahmevertrag
losses wedge - Verlustzone
lost earnings - Verdienstausfall
lot - Grund und Boden
lot quality protection - Gewähr der Qualität eines Herstellungspostens
lot quantity - Losgröße
lot size - Auftragsgröße, Losgröße

lot-sizing problem

lot-sizing problem - Losgrößenproblem
low emission car - abgasarmes / schadstoffarmes Auto
low involvement - geringes Engagement
low level of sales - Absatzflaute
low-fixed-rate loan - zinsgünstiger Festkredit
low-price strategy - Niedrigpreisstrategie
low-priced - billig, preiswert
low-tax country - Niedrigsteuerland
low-value item - geringwertiges Wirtschaftsgut
lower - senken
lower of cost or market principle - Niederstwertprinzip
lower price - Preissenkung
lowest bid - Mindestgebot
lowest common denominator - kleinster gemeinsamer Nenner
lowest in, first out method - Lofo-Methode der Vorratsbewertung
lowest limit - unterster Grenzwert
lowest price - Tiefstkurs
lowest price limit - Preisuntergrenze
loyalty status - Treuestatus
lull - Flaute
lump sum - Pauschalbetrag, Pauschalsumme
lump sum depreciation - Kollektivabschreibung
lump sum settlement - Pauschalregulierung
lump sum tax - Pauschalsteuer
lumpy demand - schwankende Nachfrage
luxury goods - Luxusware/ -artikel

M

machination - Anstiftung, Intrige, Machenschaft
machine - Apparat, Maschine, Organisation
machine accounting - Maschinenbuchhaltung
machine hour rate - Maschinenstundensatz
machine hours - Maschinenstunden
machine made - maschinell hergestellt
machine of government - Regierungsapparat
machine posting - maschinelle Buchung
machine shop - Maschinenhalle
machine tool - Werkzeugmaschine
machine tool control - Werkzeugmaschinensteuerung
machine-readable - maschinenlesbar
machine-washable - waschmaschinenfest
machinery - Maschinenpark
machinery maintenance - Maschineninstandhaltung
macroeconomic accounting - volkswirtschaftliche Gesamtrechnung
macroeconomic analysis - volkswirtschaftliche Gesamtanalyse
made bill - indossierter Wechsel
made to measure - maßgearbeitet
made to order - auf Bestellung angefertigt
magazine - Illustrierte, Magazin, Warenlager
magazine business - Zeitschriftengeschäft
magnitude - Umfang, Größenordnung, Bedeutung
mail - Post
mail credit - Postlaufkredit
mail order business - Versandgeschäft
mail order house - Versandhaus
mail transfer - briefliche Auszahlung, Postüberweisung
mailbox - Briefkasten
mailing - Werbeschreiben
mailing address - Postanschrift
mailing list - Adressenliste, Anschriftenliste
mailshot - Postwurfsendung
main business - Kerngeschäft
main business segment - Kerngeschäftsfeld
main deviation - Hauptabweichung
main economic sectors - wirtschaftliche Hauptsektoren
main market - Hauptabsatzmarkt
main memory - Hauptspeicher
main product - Haupterzeugnis
main study - Hauptstudie
mainstream - Hauptrichtung/ -strömung, Trend
mainstream tax - Körperschaftssteuer-Abschlußzahlung
maintained hypothesis - aufrechterhaltene Hypothese
maintenance - Erhaltung, Instandhaltung, Wartung
maintenance agreement - Wartungsvereinbarung
maintenance budget - Wartungsetat
maintenance charges - Instandhaltungsaufwand
maintenance contract - Wartungsvertrag
maintenance cost - Wartungskosten
maintenance expenditure - Erhaltungsaufwand
maintenance margin - Sicherheitsleistungsuntergrenze
maintenance marketing - Erhaltungsmarketing
maintenance of liquidity - Liquiditätserhaltung /-sicherung
maintenance of money capital - Geldkapitalerhaltung
maintenance of profit levels - Gewinnerhaltung
maintenance rate - Wartungszeitraum
maintenance request - Wartungsanforderung
maintenance schedule - Wartungsplan
maintenance subsidy - Erhaltungssubvention
major account - Großkunde
major bank - Großbank
major company - führendes Unternehmen
major contract - Großauftrag
major job segment - Hauptaufgabenbereich
major shareholder - Großaktionär
majority - Mehrheit, Volljährigkeit

majority holding - Mehrheitsbeteiligung
majority interest - Mehrheitsanteil, Mehrheitsbeteiligung
majority joint venture - Gemeinschaftsunternehmen mit Mehrheitsbeteiligung
majority shareholder - Mehrheitsaktionär
majority shareholding - Mehrheitsbeteiligung
majority vote - Mehrheitsbeschluß
make - Fabrikat
make a bid - bieten
make available - bereitstellen
make for - in Betracht ziehen
make or buy - Eigenerstellung oder Fremdbezug
make out a balance-sheet - bilanzieren, Bilanz erstellen
make provisions - Vorkehrungen treffen
make redundant - freisetzen, etwas entbehrlich werden lassen
make-work policies - Arbeitsbeschaffungsmaßnahmen
make-work project - Arbeitsbeschaffungsprojekt
making of profits - Gewinnerzielung
making up day - Prämienerklärungstag
malnourished - unterernährt
malnutrition - Unterernährung
man hour - Arbeiterstunde
man hour output - Produktionsleistung je Arbeiterstunde
man-computer interaction - Mensch-Computer-Interaktion
man-computer interface - Mensch-Computer-Schnittstelle
man-machine interface - Benutzerschnittstelle
managed currency - gelenkte / manipulierte Währung
managed economy - Planwirtschaft
managed floating - kontrollierte Kursfreigabe
managed liabilities - Mindestreservenverbindlichkeiten
management - Unternehmensführung, Management
management ability - Führungsqualität
management accounting - Betriebsrechnungswesen

management adviser - Unternehmensberater
management buy-out - Firmenübernahme durch das Management
management by exception - Führungseingriff im Ausnahmefall
management by objectives - Führung durch Zielvereinbarung und -kontrolle
management by vision - visionäres Management
management company - Verwaltungsgesellschaft
management concept - Führungssystem
management department - Organisationsabteilung
management function - Führungsaufgabe, Leitungsstelle
management game - Betriebsplanspiel
management information system (MIS) - Führungsinformationssystem
management level - Leitungsebene
management model - Führungsmodell
management of deposit securities - Depotverwaltung
management of financial investments - Finanzdisposition
management of men - Menschenführung, Personalführung
management of money supply - Geldmengenregulierung
management principle - Management-/Führungsprinzip, Führungsgrundsatz
management science - Managementlehre, Führungslehre
management structure - Betriebs-/Führungshierarchie
management style - Führungsstil
management system - Führungssystem, Leitungssystem
management task - Führungsaufgabe
management techniques - Managementtechniken
management unit - Instanz
manager - Direktor, Unternehmensleiter, Spartenleiter
manager in bankruptcy - Konkursverwalter
manager's commission - Führungsprovision
managerial - unternehmerisch
managerial authority - Führungsbefugnis

managerial behavior - Führungsverhalten
managerial depth - Leitungstiefe
managerial excellence - Spitzenmanagement
managerial functions - Führungsaufgaben
managerial qualities - Führungsqualitäten
managerial relationships - Weisungsbeziehungen
managerial style - Führungsstil
managership - Geschäftsführertätigkeit
managing board - Direktorium
managing committee of the stock exchange - Börsenvorstand
managing director - Betriebsdirektor, Hauptgeschäftsführer, geschäftsführendes Vorstandsmitglied
managing partner - geschäftsführender Gesellschafter
managing position - Führungsposten, Führungsposition
mandator - Mandant, Vollmachtgeber
mandatory - Bevollmächtigter, obligatorisch, vorschreibend, Zwangs-
mandatory outlays - obligatorische Zahlungen
mandatory representation - Vertretungszwang
mandatory retirement - Zwangspensionierung
manipulation - Beeinflussung
manning table - Stellenbesetzungsplan
manpower - Arbeitskraft
manpower assignment problem - Personalanweisungsproblem
manpower budget - Personaletat
manpower deficit - Personallücke
manpower hour - Arbeiterstunde
manpower planning - Personalbedarfsplanung
manpower policy - Beschäftigungspolitik
manpower pool - Arbeitskräfte
manpower reduction - Personalabbau
manpower requirements - Arbeitskräftebedarf
manpower situation - Arbeitsmarktsituation
manual - Handbuch, Leitfaden
manual labor - Handarbeit
manual worker - Arbeiter

manufactory - Fabrikationsbetrieb
manufacture to customer's specifications - Einzelanfertigung
manufactured goods - Industrieprodukte, Produktion
manufacturer - Fabrikant, Hersteller, Produzent
manufacturer's liability - Produzentenhaftung
manufacturing control - Fertigungssteuerung
manufacturing cost - Fertigungskosten
manufacturing industry - Fertigungsindustrie, verarbeitende Industrie
manufacturing plant - Produktionsstandort
manufacturing process - Herstellungsverfahren
map records - Grundbuch
margin - Handelsspanne, Kursunterschied, Sicherheitszahlung bei Termingeschäften
margin business - (Effekten)Differenzgeschäft
margin call - Nachschußforderung
margin costing - Zinsspannenrechnung
margin of productivity - Rentabilitätsgrenze
margin of safety - Sicherheitskoeffizient
marginable - beleihbar
marginal - geringfügig, grenzknapp, Grenz-
marginal account - Einschußkonto
marginal amount - Grenzbetrag
marginal analysis - Marginalanalyse
marginal balance - Bruttogewinn
marginal benefit - Grenzvorteil
marginal benefit curve - Grenzvorteilskurve
marginal borrower - Grenznachfrager nach Kapital
marginal buyer - Grenznachfrager
marginal capacity - Grenzkapazität
marginal contributors - Zusatzlieferanten
marginal cost - Grenzkosten, Mindestkosten
marginal cost of acquisition - Grenzbezugskosten

marginal costing

marginal costing - Grenzkostenkalkulation/ -rechnung
marginal disinvestment - Grenzdisinvestition
marginal distribution - Randverteilung
marginal disutility - Grenznachteil
marginal disutility of labor - Grenzleid der Arbeit
marginal efficiency of capital - Grenzeffizienz des Kapitals
marginal employment - Grenzbeschäftigung
marginal factor cost - Faktorgrenzkosten
marginal firm - Grenzproduzent
marginal gain - geringer Zuwachs
marginal income - Deckungsbeitrag, Grenzeinkommen
marginal income per scarce factor - spezifischer Deckungsbeitrag
marginal incremental cost - Grenzkosten
marginal instalment of saving - Grenzrate der Ersparnis
marginal labor cost - Grenzarbeitskosten
marginal land - Grenzböden
marginal leakage - marginale Sickerquote, marginaler Schwund
marginal lender - Grenzanbieter von Kapital
marginal multiplier - Grenzmultiplikator
marginal net efficiency - reine Grenzleistungsfähigkeit
marginal output - Grenzproduktion
marginal physical productivity of labor - stoffliche Grenzproduktivität
marginal physical product - physisches Grenzprodukt
marginal private cost - private Grenzkosten
marginal product - Grenzprodukt
marginal product of capital - Grenzprodukt des Kapitals
marginal product of labor - Grenzprodukt der Arbeit
marginal productivity - Grenzproduktivität
marginal productivity of labor - Grenzproduktivität der Arbeit
marginal profit - Rentabilitätsschwelle
marginal propensity - Grenzneigung, Grenzhang
marginal propensity to consume - Grenzkonsumbereitschaft, Grenzneigung zum Konsum
marginal propensity to save - Grenzneigung zum Sparen
marginal rate of transformation - Grenzrate der Transformation
marginal rate of return - interner Zinsfuß
marginal rate of substitution - Grenzrate der Substitution
marginal reserve requirements - Zuwachsmindestreservesatz
marginal return /revenue - Grenzerlös, Grenzertrag
marginal revenue product - Grenzerlösprodukt
marginal revenue productivity - monetäre Grenzproduktivität
marginal social cost - gesamtwirtschaftliche Grenzkosten
marginal user cost - Grenzgebrauchskosten
marginal utility - Grenznutzen
marginal utility analysis - Grenznutzenanalyse
marginal utility of capital - Grenznutzen des Kapitals
marginal value - Grenzwert
marginal value product - Grenzwertprodukt
marginal yield - Grenzertrag/ -erzeugnis
marginalist theory - Grenznutzentheorie
marine insurance - Seetransportversicherung
marital status - Familienstand
maritime trade - Seehandel
mark - Warenzeichen, Handelsmarke
mark down - Preise heruntersetzen
markdown - Kalkulationsabschlag
market - Markt, Handelsverkehr
market acceptance - Marktakzeptanz
market advance - Kursanstieg
market analysis - Marktanalyse
market assessment - Börsenbewertung, Marktbewertung
market average - Durschnittskurs, Mittelkurs
market behavior - Marktverhalten
market challenger - Marktherausforderer
market changes - Marktveränderungen

market theories

market clearing - Markträumung
market clearing theory - Markträumungstheorie
market conditions - Marktklima
market conduct - Marktverhalten
market control - Marktbeherrschung
market coverage - Marktanteil, Marktabdeckung
market demand - Marktnachfrage
market distortion - Marktverzerrung
market dominating company - marktbeherrschendes Unternehmen
market economy - Marktwirtschaft
market environment - Marktverhältnisse, Marktumfeld
market exchange rate - Marktkurs
market exit - Marktaustritt
market expansion - Marktexpansion, Marktausweitung
market experience - Markterfahrung
market failure - Marktversagen
market fluctuations - Marktschwankungen
market form - Marktform
market fragmentation - Marktfragmentierung
market growth - Marktwachstum
market growth rate - Marktwachstumsrate
market growth-market share portfolio - Marktwachstums-Marktanteilsportfolio
market hours - Börsensitzung
market information - Marktinformation
market leader - Marktführer
market leadership - Marktführung
market maker - Devisenhändler, Primärhändler
market meltdown - Marktzusammenbruch
market monopoly - Monopol
market niche - Marktnische
market operator - Marktteilnehmer
market order - Marktpreisorder
market orientation - Marktorientierung
market oriented - marktorientiert
market outlook - Marktaussichten
market overt - organisierter Markt
market participant - Marktteilnehmer
market partitioning - Marktabgrenzung
market partitioning theory - Marktabgrenzungstheorie

market penetration - Marktdurchdringung
market performance - Marktergebnis, Marktverhalten
market portfolio - Marktportfolio
market position - Marktstellung
market potential - Absatzpotential
market power - Marktmacht
market pressures - Markteinflüsse
market price - Marktpreis
market process - Marktbildungsprozess
market profit - Konjunkturgewinn
market quota - Absatzkontingent
market quotation - Kursnotierung
market rate - Marktsatz
market rate of interest - Marktzinssatz
market ratio - Marktverhältnis
market recovery - Markterholung
market regime /regulations - Marktordnung
market research - Marktforschung
market research bureau - Marktforschungsbüro/ -institut
market research department - Marktforschungsabteilung
market researcher - Marktforscher
market resistance - Marktwiderstand
market saturation - Marktsättigung
market scatter - Marktstreuung, Marktzerrissenheit
market segment - Marktsegment
market segmentation - Marktsegmentierung
market share - Marktanteil
market share-growth matrix - Marktanteils-Wachstums-Matrix
market sharing agreement - Marktaufteilungsabkommen
market sharing cartel - Gebietskartell
market signals - Marktsignale
market situation - Absatzlage
market size - Marktgröße
market slump - Markteinbruch
market solution - Marktlösung
market specialization strategy - Marktspezialisierungsstrategie
market structure - Marktstruktur
market survey - Marktanalyse
market target - Käuferzielgruppe
market tendency - Marktentwicklung
market theories - Börsentheorien

market vacillation

market vacillation - Konjunkturschwankung
market value - Kurswert, Marktwert
market volume - Marktgröße
market-conform policies - marktkonforme Mittel
market-if-touched order - preisfixiertes Ordergeschäft
market-on-close order - Schlußphasenorder
market-on-opening order - Eröffnungsphasenorder
marketability - Marktfähigkeit
marketable - börsenfähig, marktfähig, verkäuflich
marketing - Absatzlehre, Marketing
marketing accounting - Absatzbuchhaltung
marketing activity - Absatzaktivität
marketing association - Absatzzusammenschluß
marketing behavior - marktorientiertes Verhalten
marketing campaign - Absatzkampagne
marketing channels - Absatzwege
marketing concept - Marketingkonzept
marketing consultant - Marketingberater
marketing cooperative - Absatzgenossenschaft
marketing costs - Marketingkosten
marketing counselor - Marketingberater
marketing department - Marketingabteilung
marketing difficulties - Absatzschwierigkeiten
marketing efforts - Absatzbemühungen
marketing environment - Marketingumwelt, Marketingumfeld
marketing financing - Absatzfinanzierung
marketing goal - Marketingziel
marketing information system (MAIS) - Marketinginformationssystem
marketing manager - Absatzleiter, Vertriebsleiter, Marketingdirektor
marketing network - Vertriebsnetz
marketing objective - Marketingziel
marketing of celebrities - Vermarktung von Persönlichkeiten
marketing organization - Absatzorganisation

marketing orientation -Absatz-/ Vertriebsorientierung
marketing ploy - Marketing-Gag, Marketingidee
marketing policy - Absatzpolitik, Marketingpolitik
marketing research - Absatzforschung, Marketingforschung
marketing statistics - Absatzstatistik
marketing strategy - Marketingstrategie
marketing subsidiary - Vertriebstochter
marketing task - Absatzaufgabe
marketing techniques - Marketingmethoden
marketing tool - Vertriebsmittel, Marketinginstrument
markon/ markup - Aufschlag, Preis-/ Kalkulationsaufschlag,
markup pricing - Aufschlagspreisbildung/ -kalkulation
markup pricing inflation - Gewinninflation
mass communication - Massenkommunikation
mass discount - Mengenrabatt
mass marketing - Massenabsatz
mass medium - Massenmedium
mass production - Massenproduktion
mass unemployment - Massenarbeitslosigkeit/ -erwerbslosigkeit
mass-produce - in Massen produzieren
mass-produced goods - Massenprodukte, Massenproduktionsgüter
master agreement - Manteltarifabkommen
master budget - Gesamtetat
Master of Business Administration (MBA) - internationales postgraduiertes Wirtschaftsdiplom
match - anpassen, Gegenstück
matched order - Börsenauftrag
matched sales - Wertpapier-Pensionsgeschäft
matching - Parallelisierung
matching of maturities - Fristenkongruenz
matching of revenue and cost - Periodenabgrenzung
material budget - Materialkostenplan
material inventory planning - Nettobedarfsermittlung

material purchases - Rohstoffkäufe
material requirements planning - Materialbedarfsplanung
material requisition - Materialanforderung
material supplies - Materialvorrat
materialism - Materialismus
materials - Werkstoffe, Unterlagen
materials administration - Materialwirtschaft
materials flow - Materialfluß
materials handling - Materialtransport
materials handling overhead - Materialgemeinkosten
materials intensity - Materialintensität
materials management - Materialbewirtschaftung
materials overhead rate - Materialgemeinkostensatz, Materialzuschlag
materials usage - Materialverbrauch
materials usage plan - Materialverbrauchsplan
maternity insurance - Mutterschaftsversicherung
maternity leave - Mutterschaftsurlaub
maternity protection - Mutterschutz
mathematical expectation - mathematische Erwartung
mathematics of finance - Finanzmathematik
matrix - Matrix, Grundsubstanz
matrix organization - Matrixorganisation
matrix principle - Matrixprinzip
matter of routine - Routineangelegenheit
matters of finance - Finanzangelegenheiten
mature - abgelaufen, fällig
maturity - Fälligkeit, Verfallszeit
maturity code - Fälligkeitsschlüssel
maturity date - Fälligkeitsdatum /-termin
maturity stage (of product life cycle) - Reifephase (des Produktlebenszyklus)
maturity structure - Fälligkeitsstruktur
maverick - Ausreißer, unabhängiger Politiker
maximum amount - Höchstbetrag
maximum earning capacity value - maximaler Gewinnerwartungswert
maximum likelihood method - Maximum-Likelihood-Methode
maximum output - Maximalleistung
maximum price - Höchstpreis
maximum rate - Höchstkurs
maximum tax rate - Steuerhöchstsatz
maximum utility - Nutzenmaximum
maximum value - Höchstwert
mean (value) - Mittelwert
mean competition - unlauterer Wettbewerb
mean square deviation - Standardabweichung
means - (Geld)Mittel, Vermögen
means of consumption - Verbrauchsgüter
means of payment - Zahlungsmittel
means of production - Produktionsmittel
means of transport - Beförderungsmittel, Transportmittel
means-end analysis - Zweck-Mittel-Analyse
means-end relation - Zweck-Mittel-Relation
measure - Maß, Maßstab, messen
Measure of Economic Welfare (MEW) - Maß für volkswirtschaftliche Wohlfahrt
measure of value - Wertmaßstab
measurement - Maß, Messung, Größe
measurement of ordinal utility - ordinale Nutzenmessung
measurement per fiat - vereinbartes Messen
measures of correlation - Korrelationsmaße
measures of inequality - Konzentrationsmaße
measures of monetary policy - geldpolitische Maßnahmen
measures of performance - Erfolgskriterien
meat-axe reduction - pauschale Kürzung
mechanical engineering - Maschinenbau
mechanism - Mechanismus, Technik, Vorrichtung
mechanism of government - Staatsmechanismus
mechanization - Mechanisierung
media - Werbeträger, Medien
media analysis - Werbeträgeranalyse
media reach - Reichweite eines Werbeträgers, Medienreichweite
media research - Werbeträgerforschung

media schedule

media schedule - Streuplan für Werbeträger
media selection - Auswahl von Werbeträgern
media vehicle - Werbeträger
median - Zentralwert
mediation board - Schiedsgericht
mediation committee - Schlichtungsausschuß
mediator - Schlichter, Unterhändler
medical care - medizinische Versorgung
medical insurance - Krankenversicherung
medical market - Markt für medizinische Hilfsmittel
medical report - ärztliches Gutachten
mediocracy - Mittelmäßigkeit
medium of exchange - Tauschmittel, Zahlungsmittel
medium quality - zweite Wahl
medium-dated stock - Wertpapier mit mittlerer Laufzeit
medium-size - mittelgroß
medium-term assistance - mittelfristiger Beistand
medium-term bonds - mittelfristige Anleihen
medium-term fiscal planning - mittelfristige Finanzplanung
medium-term forecast - mittelfristige Prognose
medium-term loan - mittelfristiger Kredit
medium-term plan - mittelfristiger Plan
medium-term planning - mittelfristige Planung
medium-term rate - mittelfristiger Zinssatz
medium-term securities - mittelfristige Wertpapiere
medium-term treasury bonds - mittelfristige Schatzanweisungen
meet costs - Kosten begleichen
meet the deadline - Frist einhalten
meet the manpower requirements - Personalbedarf decken
meeting - Sitzung
meeting of creditors - Gläubigerversammlung
meeting of shareholders - ordentliche Hauptversammlung. der Aktionäre
meeting of the (executive) board - Vorstandssitzung

megacorp concentration - Gesamtkonzentration
melon - Gratisaktie
member of a company - Gesellschafter
member of a firm - Mitinhaber einer Firma
membership - Mitgliedschaft, Zugehörigkeit
membership fee - Mitgliedsbeitrag
memorandum check - vordatierter Scheck
memorandum of association - Gründungsurkunde, Satzung
memory capacity - Speicherkapazität
men's outfitter - Herrenbekleidungsgeschäft
menace - bedrohen, gefährden
menage - Haushalt
mendacious - verlogen
mendacity - Verlogenheit
mercantile - handeltreibend, kaufmännisch, Handel-
mercantile advice - Handelsbericht
mercantile agency - Kreditauskunftei
mercantile agent - Handelsmakler
mercantile bill - Warenwechsel
mercantile broker - Handelsmakler
mercantile creditor - Warengläubiger
mercantile paper - Orderpapier
mercantile system - Handelssystem
merchandise - Ware, Handelsgüter
merchandise account - Handelsbilanz
merchandise appeal - von der Ware ausgehender Kaufanreiz
merchandise broker - Produktenmakler
merchandise department - Warenabteilung
merchandise enterprise - Handelsunternehmen
merchandise inventory - Warenbestand
merchandise mark - Warenzeichen
merchandise receivables - Warenforderungen
merchandise samples - Warenproben
merchandise shipment - Warenversand
merchandise trade - Warenhandel
merchandise trade balance - Handelsbilanz
merchandise trade deficit - Handelsbilanzdefizit

merchandising - Verkaufsförderung, Verkaufspolitik, Handel
merchandising risk - Absatzrisiko
merchant - Kaufmann, Krämer
merchant bank - Akzepthaus, Handelsbank
merchant fleet - Handelsflotte
merchant navy - Handelsmarine
merchant ship - Handelsschiff
merchantable - lieferbar, marktgängig
mere coincidence - purer Zufall
merge - fusionieren, vereinigen, einverleiben
merger - Unternehmenszusammenschluß, Fusion
merger control - Fusionskontrolle
merger of land - Landzusammenlegung, Flächenbereinigung
mergers and acquisitions (M&A) - Unternehmensfusionen und -aufkäufe
merit - Verdienst, Vorzug, Wert
merit bonus - Leistungsprämie
merit goods - meritorische Güter
merit pay - Leistungslohn
merit rating - Leistungsbeurteilung
meritocracy - Leistungsgesellschaft, herrschende Elite
merits - Hauptpunkte, wesentliche Gesichtspunkte
message - Nachricht
messy job - Drecksarbeit
metal-working industry - metallverarbeitende Industrie
metastable equilibrium - neutrales Gleichgewicht
method - Arbeitsweise, Methode
method analysis - Methodenanalyse
method of allocating joint-product cost - Proportionalitätsmethode
method of comparison - Vergleichsverfahren /-methode
method of computing taxable income - Gewinnermittlungsverfahren
method of data acquisition - Erhebungstechnik
method of depreciation - Abschreibungsart /-verfahren
method of estimation - Schätzverfahren
method of financing - Finanzierungsform
method of instruction - Lehrmethode
method of moments - Momentenmethode

method of operation - Arbeitsweise
method of payment - Zahlungsweise
method of production - Produktionsverfahren
method of selection - Auswahlmethode
method of working - Arbeitsmethode
methodological - methodologisch
methodology of organizing - Organisationsmethodik
methodology of planning - Planungsmethodik
metropolitan - großstädtisch, Großstadt-
metropolitan development - Großstadtentwicklung
metropolitan office - Stadtbüro
middle class - Mittelklasse, Mittelstand
middle class protection - Mittelstandsschtz
middle management - mittleres Management
middle-of-the-road - durchschnittlich
middleman - Zwischenhändler
midsummer - Hochsommer
midyear - Jahresmitte
migration - Abwanderung
migration of capital - Kapitalabwanderung
migration of labor - Wanderung der Arbeitskräfte
milk-and-water - saft- und kraftlos
milking - Ausbeutung eines Unternehmens
milline - Tausenderpreis
mineral deposit - Mineralvorkommen
mineral extraction - Mineraliengewinnung
mineral oil tax - Mineralölsteuer
minimal - kleinst, geringst, Minimal-
minimax criterion - Minimax-Kriterium
minimization problem - Minimierungsproblem
minimize - geringhalten, minimieren
minimum - Mindestbetrag
minimum balance - Mindestguthaben
minimum capital - Mindestkapital
minimum cash reserve - Mindestreserve
minimum contribution - Mindesteinlage
minimum cost - Mindestkosten
minimum cost combination - Minimalkostenkombination
minimum cost path - Minimalkostenpfad

minimum deposit - Mindesteinlage
minimum efficient scale (MES) - minimale effiziente Größe
minimum employment standards - Mindestarbeitsbedingungen
minimum income - Mindesteinkommen
minimum inventory - Mindestbestand
minimum legal-reserve ratio - Mindestreservesatz
minimum lending rate - Lombardsatz
minimum level principle - Minimalebenenprinzip
minimum margin - Mindestspanne, Mindestgewinnspanne
minimum of existence - Existenzminimum
minimum par value of shares - Mindestnennbetrag
minimum piece rate - Mindestakkordsatz
minimum producer price - Mindesterzeugerpreis
minimum purchasing quantity - Mindestabnahmemenge
minimum quotient test - Minimum-Quotienten-Test
minimum reserve audit - Mindestreserveprüfung
minimum reserve policy - Mindestreservepolitik
minimum reserve ratio - Mindestreservesatz
minimum reserve requirements - Mindestreserven, Mindestreservesoll
minimum reserve rules - Mindestreservevorschriften
minimum run time - Mindestbearbeitungszeit
minimum sales - Mindestumsatz
minimum standard deduction - Mindestfreibetrag
minimum standards - Mindestanforderungen
minimum subscription - Minimalzeichnungsbetrag
minimum survival needs - Existenzminimum
minimum taxation - Mindestbesteuerung
minimum time rate - Mindeststundenlohn
minimum turnover - Mindestumsatz
minimum valuation - Mindestbewertung
minimum wage - Mindestlohn
minimum yield - Mindestertrag
mining - Bergbau, Bergwerksbetrieb
mining company - Bergwerksgesellschaft
mining licence - Abbaukonzession
mining share - Montanaktie, Kux
ministerial - amtlich, verwaltungsmäßig, Ministerial-
Ministry for the Environment - Ministerium für Umweltschutz
minority holding /interest - Minderheitsbeteiligung
minority shareholder - Minderheitsaktionär
minority vote - Minderheitsvotum
mint - Prägeanstalt, Münze
minus - abzüglich
minutes - Sitzungsbericht
misallocation - Mißverteilung
misallocation of capital - Kapitalfehlleitung
misallocation of resources - Faktorfehlleitung
misapplication - Mißbrauch, Unterschlagung
misbranding - Falschbezeichnung
miscarriage of goods - Verlustsendung
miscasting - Fehlrechnung
miscellaneous - Verschiedenes, gemischt, vielseitig
miscellaneous debtors and creditors - sonstige Forderungen und Verbindlichkeiten
miscellaneous risks - sonstige Wagnisse
miscompute - falsch berechnen
misconception - Mißverständnis, falsche Auffassung
misdelivery - Fehllieferung
misdirect - fehlleiten, irreführen
misgiving - Bedenken, Zweifel
misgovernment - Mißwirtschaft
mislead - irreführen
misleading advertising - irreführende Werbung
mismanagement - Mißwirtschaft, schlechte Verwaltung
mismatch in maturities - Fristeninkongruenz
misplaced - unangebracht
mispoint - Druckfehler
misread - mißdeuten

misreckoning - Fehlkalkulation
mission of inquiry - Untersuchungsausschuß
mission-oriented - aufgabenorientiert
mistake - Mißverständnis, Mißgriff
mistaken investment - Fehlinvestition
misuse of public funds - Unterschlagung öffentlicher Gelder
mitigating circumstances - mildernde Umstände
mitigation - Abschwächung, Erleichterung, Milderung
mitigation of damage - Schadensminderung
mix-up - Verwechslung
mixed carload - Stückgutsendung
mixed company - Mischunternehmen, gemischte Unternehmensform
mixed economy - Mischwirtschaft
mixed financing - Mischfinanzierung
mixed money system - Mischgeldsystem
mixed strategy - Mischstrategie
mixed top-down/bottom-up planning system - Gegenstromverfahren
mixed-integer programming - gemischt-ganzzahlige Programmierung
mixing and tying requirements - Verwendungszwang
mobbing - sexuelle Belästigung / Sticheleien am Arbeitsplatz
mobility - Beweglichkeit, Mobilität
mobilization of funds - Flüssigmachen von Kapital
mock purchase - Scheinkauf
mock trial - Scheinprozeß
mode - häufigster Wert
mode of packing - Verpackungsart
mode of process - Herstellungsverfahren
mode of transport - Beförderungsart
mode of working - Bearbeitungsverfahren
model - Modell, Muster, Vorlage
model act - Gesetzentwurf
model extension - Modellerweiterung
model letter - Musterbrief
model parameter - Modellparameter
model stock - Spezialsortiment
model test - Modelltest
modelling - modellieren
moderate - angemessen, dämpfen, mäßig
moderate inflation - leichte Inflation

moderation - Mäßigung, Mäßigkeit, Moderation
modernization - Modernisierung
modernization of older buildings - Altbausanierung
modernize - modernisieren
modification - Abänderung, Umstellung, Modifikation
modified - modifiziert, abgeändert
modified algorithm - modifizierter Algorithmus
modify - abändern, modifizieren, umstellen
modular structure - Bausteinstruktur
moment - Moment, Zeitpunkt
moment generating function - momenterzeugende Funktion
moment of inertia - Trägheitsmoment
momentum of sales - Warenumsatz
monetary - monetär, finanziell
monetary aggregate - monetäre Gesamtgröße
monetary approach - monetärer Ansatz
monetary authorities - Währungsbehörden
monetary brakes - geldpolitische Bremsen
monetary capital - Geldkapital
monetary claim - Geldforderung
monetary control - Geldmengensteuerung
monetary cost curve - monetäre Kostenkurve
monetary demand - effektive Nachfrage
monetary economy - geldliche Wirtschaft
monetary erosion - Geldwertschwund
monetary growth - Geldmengenwachstum
monetary inflation - Geldinflation
monetary matters - Geldangelegenheiten
monetary policy - Währungspolitik
monetary reform - Währungsreform, Geldneuordnung
monetary reserve - Liquiditätsüberhang, Geldreserve
monetary rule - Geldangebotsregel, Geldmengenregel
monetary situation - Währungslage
monetary stringency - restriktive Geldpolitik
monetary system - Währungssystem, Geldsystem

monetary transaction

monetary transaction - Zahlungsverkehr
monetary union - Währungsunion
monetization - Münzprägung
monetization of debts - Monetisierung der Schulden
monetization of deficits - Monetisierung von Defiziten
money - Geld, Zahlungsmittel
money balance - Kassensaldo
money commodity - Geldstoff
money cost of factor input - monetäre Faktorkosten
money down - gegen bar
money due - ausstehendes Geld
money grubbing - geldgierig
money illusion - Geldillusion
money in circulation - Geldumlauf
money income - Geldeinkommen
money lent and lodged book - Kontokorrentbuch
money market business - Geldgeschäft
money market indebtedness - Geldmarktverschuldung
money market rates - Geldmarktsätze
money metric utility - in Geld gemessener Nutzen
money of account - Rechnungsgeld
money of necessity - Notgeld
money order - Zahlungsanweisung
money paid in - Geldeinlage
money put up - angelegtes Geld
money rate of interest - Geldzinsfuß
money refunded in full - restlos zurückgezahltes Geld
money stock - Geldbestand, Geldmenge
money stock targets - Geldmengenziele
money supply - Geldversorgung
money supply control - Geldmengensteuerung
money supply definitions - Geldmengenabgrenzungen
money supply function - Geldangebotsfunktion
money supply target - Geldmengenziel
money transfer - Geldüberweisung
money transfer order - Dauerauftrag
money wage - Geldlohn, Barlohn
money wage rate - Nominallohnsatz
money-goods gap - Preiserhöhungsspielraum
moneyed - finanziell, vermögend

moneyed corporation - Geldinstitut
moneyed interests - Finanzwelt
moneyflow - Geldstrom
monitor - überwachen, kontrollieren
monitoring - Steuerung
Monopolies and Mergers Commission (MMC) - Monopolkommission, Kartellaufsichtsbehörde
monopolist - Monopolist
monopolistic - monopolistisch
monopolistic competition - monopolistische Konkurrenz
monopolization - Monopolisierung
monopolize - monopolisieren
monopoly - Monopol, Monopolstellung
monopoly power - Monopolmacht, Monopolrecht
monopoly price - Monopolpreis
monopoly profit - Monopolgewinn
monotonic transformation - monotone Transformation
monotony - Monotonie, Eintönigkeit
month under review - Berichtsmonat
monthly account - monatliche Rechnung
monthly report - Monatsbericht
monthly salary - Monatsgehalt
moonlighter - Schwarzarbeiter
moral hazard - Risiko unehrlicher Angaben
moratorium - Stundung, Stillhalteabkommen
morning session - Vormittagssitzung
morphological method - morphologische Methode
mortgage - Hypothek, hypothekarisch absichern
mortgage amortization - Hypothekentilgung
mortgage bank - Hypothekenbank
mortgage bond - Hypothekenpfandbrief
mortgage charge - Hypothekenbelastung
mortgage deed - Hypothekenurkunde, Pfandbrief
mortgage entered in the land register - Buchhypothek
mortgage holder - Hypothekenschuldner
mortgage instrument - Hypothekenurkunde
mortgage interest - Hypothekenzinsen
mortgage redemption - Hypothekentilgung

mortgageable - pfändbar
mortgagee - Hypothekar, Pfand-/Hypothekengläubiger
mortmain - unveräußerlicher Besitz
most powerful test - mächtigster Test
motivation of achievement - Leistungsmotivation
motivation research - Motivforschung
motive - Antrieb, Beweggrund
mounting prices - Preissteigerung
movable estate /property - bewegliches Vermögen
movement in demand - Nachfrageentwicklung
movement in prices - Preisentwicklung, Kursbewegung
movements of a market - Marktbewegungen
moving average - gleitender Durchschnitt
muddle through - durchwursteln
multi-bank system - Mehrbankensystem
multi-commodity flow - Mehrgüterfluß
multi-currency clause - Währungsänderungsklausel
multi-factorial - mehrfaktoriell
multi-moment-study - Multimomentstudie
multi-stage - mehrstufig
multi-stage plan - Stufenplan
multi-stage planning - Sukzessivplanung
multi-stage sampling - Mehrstufenstichprobenverfahren
multi-valued decision - mehrwertige Entscheidung
multicorporate enterprise - Konzern
multilateral - multilateral, vielseitig
multilateral aid - mehrseitige Hilfe
multilayered - mehrschichtig
multilevel government - vielschichtige Verwaltungsmethoden
multinomial distribution - Multinomialverteilung
multiphase sampling - Mehrphasenauswahl
multiple brand strategy - Multimarkenstrategie
multiple certificate - Globalaktie
multiple choice - Auswahlantwort
multiple employment - Mehrfachbeschäftigung

mutually exclusive events

multiple exchange rate - gespaltener Wechselkurs
multiple line system - Mehrliniensystem
multiple prices - Mengenrabattpreis
multiple share certificate - Gesamtaktie, Globalaktie
multiple shop - Filialgeschäft, Kettenladen
multiple tenure - gemeinsamer Besitz
multiple voting - Mehrfachstimmrecht
multiplication rule - Multiplikationssatz
multiplier - Multipklikator, Vervielfältiger
multiplier analysis - Multiplikatoranalyse
multiplier uncertainty - Multiplikatorunsicherheit
multiplier-accelerator model - Multiplikator-Akzelerator-Modell
multiply - multiplizieren
municipal assessment notice - Realsteuerbescheid
municipal bank - Kommunalbank
municipal bond - Kommunalobligation
municipal corporation - Stadtverwaltung
municipal factor - Gemeindesteuerhebesatz
municipal loan - Kommunalkredit
municipal securities - Kommunalschuldverschreibungen
municipal tax - Gemeindesteuer
municipal trading - kommunale Gewerbetätigkeit
municipality - Stadtverwaltung, Behörde, Gemeinde
municipalize - kommunalisieren
mutual - wechselseitig, gemeinsam
mutual building association - Baugenossenschaft
mutual consideration - Gegenleistung
mutual fund share - Investmentanteil
mutual insurance - Versicherung auf Gegenseitigkeit
mutual obligation - gegenseitige Verpflichtung
mutual savings bank - Genossenschaftssparkasse
mutual trust - Gemeinschaftsfond
mutually exclusive events - gegenseitig ausgeschlossene Ereignisse

N

naderism - Konsumerismus
naive model - nichtformales Modell
naked contract - ungültiger Vertrag
naked debenture - ungesicherte Schuldverschreibung
naked restraint - eindeutige Wettbewerbsbeschränkung
naked warrant - emittierter Optionsschein ohne Anleihebindung, nackter Optionsschein
name plate - Firmenschild
nap hand - gute Chancen
narrow - eng, schmal, engherzig
narrow down - eingrenzen
narrow investigations - eingehende Untersuchungen
narrow mindedness - Engstirnigkeit
narrow market - geringer Umsatz
nation - Nation
nation state - Nationalstaat
national accounting - volkswirtschaftliche Gesamtrechnung
national advertising - überregionale Werbung
national bankruptcy - Staatsbankrott
national dividend - Nationalprodukt
National Farmers' Union (NFU) - Nationale Bauerngewerkschaft
national income - Volkseinkommen
national income accounting - Volkseinkommensrechnung
national insurance - Sozialversicherung
National Savings Bank (NSB) - Nationale Sparkasse
national savings certificate - festverzinsliches öffentliches Wertpapier
national trade usages - nationale Handelsbräuche
National Union of Journalists (NUJ) - Nationale Journalistengewerkschaft
National Union of Miners (NUM) - Nationale Bergmannsgewerkschaft
National Union of Railwaymen (NUR) - Nationale Eisenbahnergewerkschaft
National Union of Students (NUS) - Nationale Studentenorganisation
National Union of Teachers (NUT) - Nationale Lehrergewerkschaft

national wealth - Volksvermögen
nationalization - Nationalisierung, Verstaatlichung
nationalize - nationalisieren, verstaatlichen
nationwide - landesweit
natural disaster - Naturkatastrophe
natural interest rate - natürlicher Zins
natural person - natürliche Person
natural price - durchschnittlicher Marktpreis
natural rate of growth - natürliche Wachstumsrate
natural rate of unemployment - natürliche Arbeitslosenquote
natural resources - Bodenschätze
natural wear and tear - natürlicher Verschleiß
nature of goods - Beschaffenheit der Ware
navigable - befahrbar, schiffbar
navigate - steuern
navigation - Schiffahrt, Seefahrt
near banks - bankähnliche Institute
near money - Geldsubstitut, Geldsurrogat, Quasigeld
necessaries - Bedarfsartikel
necessary condition - notwendige Bedingung
necessary operating capital - betriebsnotwendiges Kapital
necessities of life - lebenswichtiger Bedarf, Existenzbedarf
neck - Engpaß, Verengung
need - Bedarf, Nachfrage, Mangel
neediness - Armut, Bedürftigkeit
needs economy - Bedarfswirtschaft
negation - Verneinung
negative - negativ
negative asset - Verbindlichkeit
negative balance on services - negative Leistungsbilanz
negative binomial distribution - negative Binomialverteilung
negative cash flow - Abschreibungen überschreitender Verlust
negative income tax - negative Einkommenssteuer
negative interest - Strafzins
negative investment - Desinvestition
negative pledge clause - Negativklausel

negative saving - negative Ersparnis
negligence - Fahrlässigkeit, Nachlässigkeit, Unachtsamkeit
negligent - fahrlässig, nachlässig
negligible - unbedeutend, nebensächlich
negotiable - übertragbar, verkäuflich
negotiable bond - begebbare Schuldverschreibung
negotiate - verhandeln
negotiated environment - kontrollierbare Unternehmensumwelt
negotiated quota - Länderkontingent
negotiated rates - Tariflöhne
negotiating mandate - Verhandlungsauftrag
negotiating party - Verhandlungspartner
negotiating position - Verhandlungsposition
negotiating strength - Verhandlungsstärke
negotiating table - Verhandlungstisch
negotiating technique - Verhandlungstechnik
negotiation - Verhandlung
negotiator - Unterhändler
neo-classical - neoklassisch
nest egg - Rücklage
nested sample - mehrstufige Stichprobe
net - netto
net asset value - Substanzwert
net book value - Nettobuchwert
net business formations - Nettounternehmensgründungen
net capital formation - Nettokapitalbildung
net capital productivity - Nettokapitalproduktivität
net cash - netto Kasse, bar ohne Abzug
net change - Kursunterschied, Nettoabweichung
net credit intake - Nettoneuverschuldung
net demand - Nettonachfrage
net earnings - Nettoergebnis
net earnings area - Gewinnzone
net export - Nettoexport
net external indebtedness - Nettoauslandsverschuldung
net foreign demand - Außenbeitrag

net foreign investment - Nettoauslandsinvestitionen
net foreign position - Auslandssaldo
net growth - bereinigtes Wachstum, reales Wachstum
net income of a given period - Periodenerfolg
net income retained in the business - einbehaltene Gewinne
net interest income - Zinsergebnis
net interest received /revenue - Zinsüberschuß
net interests - Nettozinsen
net loss - Bilanzverlust
net loss for the year - Jahresfehlbetrag
net national debt - Nettoverschuldung
Net National Product (NNP) - Nettosozialprodukt (NSP)
net pay - Nettoeinkommen
net payment - Nettozahlung
net present value (NPV) - Kapitalwert
net present value curve - Kapitalwertkurve
net present value method - Kapitalwertmethode
net price transaction - Nettogeschäft
net profit - Reingewinn nach Steuern, Bilanzgewinn
net profit for the year - Jahresgewinn
net profit ratio - Verhältnis von Reingewinn zu Nettoerlös
net purchase price - Nettoeinkaufspreis
net quick ratio - Liquidität zweiten Grades
net realizable value - Nettorealisationswert
net receipts - Nettoeinnahmen
net rental - Nettomieteinnahme
net reproduction rate - Nettoreproduktionsziffer
net result - Endergebnis
net return - Nettoverzinsung
net revenue - Reinerlös
net salary - Nettogehalt
net sales - Nettoumsatz
net trade balance - Nettohandelsbilanz
net value added - Nettowertschöpfung
net worth - Nettoleistung
net worth position - Vermögenslage
net worth tax - Vermögenssteuer

net worth tax law

net worth tax law - Vermögenssteuergesetz
net worth tax return - Vermögenssteuererklärung
net yield - Nettorendite
netting factor - Bereinigungsfaktor
netting out - Saldieren
network - Netzwerk, Verteilernetz
network analysis - Netzwerkanalyse
network design - Netzwerkentwurf
network flow problem - Netzwerk-Fluß-Problem
network flow theory - Netzwerktheorie, Netzwerk-Fluß-Theorie
network plan - Netzplan
network planning technique - Netzplantechnik
network structure - Netzplanstruktur
network technique - Netzplantechnik
networking - Beziehungen pflegen
neutral - neutral
neutral equilibrium - indifferentes Gleichgewicht
neutral good - neutrales Gut
neutral money - neutrales Geld
neutral rate of interest - neutraler Zinsfuß
neutrality of goals - Zielindifferenz
neutrality of money - Neutralität des Geldes
neutralize money - Geld stillegen
new book department - Sortimentsabteilung
new borrowing - Neuverschuldung
new business - Neuabschluß
new capital injection - Kapitalzuführung
new car sales - Neuwagengeschäft
new facility - Neukredit
new for old - Abnutzung
new hiring - Neueinstellung
new investment - Neuinvestition
new issue market - Primärmarkt
New Political Economy - Neue Politische Ökonomie
new principal - Endkapital
new world order - neue Weltordnung
newfangled - neumodisch
Newly Industrialized Country (NIC) - neuindustrialisierter Staat, Schwellenland

news agency - Nachrichtenagentur
newscast - Nachrichtensendung
niche - Nische
night letter - verbilligtes Nachttelegramm
night safe - Nachtsafe
night school - Abendschule
night shift - Nachtschicht
nil - null, nichts
nil paid - unbezahlt
nimbleness - Behendigkeit, Gewandtheit
nitrogen-oxides-emmissions - Stickstoff-Oxid-Emissionen
no charge - kostenlos, gratis
no man's land - Niemandsland
no-claims bonus /discount - Schadensfreiheitsrabatt
no-dividend fund - Wachstumsfonds
no-load contract - Vertrag ohne Abschlußgebühr
no-par-value stock - Quotenaktie
node - Knoten
node event - Knotenereignis
node solution - Eckpunktlösung
nominal account - Erfolgskonto
nominal capital - Nominalkapital
nominal exchange rate - nomineller Wechselkurs
nominal fee - Schutzgebühr
nominal income - Nominaleinkommen
nominal interest rate - Nominalverzinsung, Nominalzinssatz
nominal manhours - Sollarbeitsstunden
nominal price - Nennwert
nominal tariff - Nominalzoll
nominal wage rate - Nominallohnsatz
nominal yield on equities - Nominalertragsrate des Eigenkapitals
nominate - berufen, ernennen
nomination - Berufung, Ernennung
nominee - Kandidat, Strohmann
nominee shareholding - anonymer Aktienbesitz
nonactive population - Nichterwerbspersonen
nonarithmetic shift - Ringübertragung
nonassignment clause - Abtretungsverbot
nonbasic variable - Nichtbasisvariable
nonbinding price recommendation - unverbindliche Preisempfehlung

nonbusiness marketing - nichtkommerzielles Marketing
noncash payment - bargeldlose Zahlung
noncash payment system - bargeldloser Zahlungsverkehr
noncompeting group - nichtkonkurrierende Gruppe
nondegenerated basis - nichtdegenerierte Basis
nondelivery - Nichtlieferung
nondenumerable - überabzählbar
nondestructive testing - zerstörungsfreie Werkstoffprüfung
nondeterministic - nicht-deterministisch
nondifferentiable - nichtdifferenzierbar
nondurable good - Verbrauchsgut
noneconomic good - immaterielles Gut
nonexecutive director - nichtgeschäftsführendes Vorstandsmitglied
nonfactor income - Transfereinkommen
nonfixed interest security - nichtfestverzinsliches Wertpapier
nonfoods - Verbrauchsgüter, nicht eßbare Waren
nonforfeitability - Unverfallbarkeit
nonfull-payout leasing contract - Teilamortisationsvertrag
noninterest business - zinsunabhängige Geschäfte
noninterest deficit - zinsbereinigtes Defizit
noninterest-bearing - unverzinslich
nonlinear pricing - nichtlineare Preissetzung
nonlinear programming - nichtlineare Programmierung
nonlinear regression - nichtlineare Regression
nonmarketed commodity - nichtmarktgängiges Gut
nonmaterial want - immaterielles Bedürfnis
nonmonetary economy - nichtgeldliche Wirtschaft
nonmonetary overinvestment theory - reale Überinvestitionstheorie
nonmoving item - Ladenhüter
nonnegativity condition - Nichtnegativitätsbedingung

nonoperating - betriebsfremd
nonoperating expense - betriebsfremder Aufwand
nonparametric methods - nichtparametrische Methoden
nonpayment - Nichtzahlung
nonperformance - Nichterfüllung
nonperformance of a contract of sale - Nichterfüllung eines Kaufvertrages
nonperforming assets - ertraglose Aktiva
nonprofit competition - gewinnlose Konkurrenz
nonprofit marketing - Marketing nicht profitorientierter Organisationen
nonprofit organization - nichtprofitorientierte Organisation
nonproperty presumption - Fremdvermutung
nonrecourse export financing - Forfaitierung
nonrecurrent expenditure - außerordentlicher Aufwand
nonrecurrent income - außerordentlicher Ertrag
nonrecurring - einmalig
nonrecurring income - einmalige Bezüge
nonrelated enterprises - nichtverbundene Unternehmen
nonresident - Gebietsfremder
nonrestrictive - nicht restriktiv
nonreturnable - nicht umtauschbar
nonsaleable - unverkäuflich
nonsense correlation - Scheinkorrelation
nonstandard - nicht der allgemeinen Form entsprechend, nicht standardmäßig
nonstandardized interview - nicht standardisiertes Interview
nonstarter - Flop
nonstatic economy - dynamische Wirtschaftsordnung
nontariff barriers to trade - nichttarifäre Handelshemmnisse
nontradeable - nicht handelbares Gut
nontrading partnership - BGB-Gesellschaft
nontransfer expenditures - Personal- und Sachausgaben des Staates
nonunion - nichtorganisierte Gruppe

nonunionized

nonunionized - nicht organisiert
nonvariable costs - fixe Kosten
nonwage earner - Nichtlohnarbeiter
nonwage goods - Nichtlohngüter
nonzero-sum game - Nichtnull-Summen-Spiel
normal costing - Normalkostenrechnung
normal distribution - Normalverteilung
normal equation - Normalgleichung
normal output - Normalausbringung
normal profit - Normalgewinn
northwest corner rule - Nordwest-Eckenregel
nostrum - Heilmittel
not identified with a specific period - aperiodisch
not-hoarding - Nichthortung
notability - bedeutende Persönlichkeit
notarial charges - Notariatskosten
notary - Notar
notation - Anmerkung, Zeichensystem
note - bemerken, beobachten, feststellen, Banknote
note broker - Wechselmakler
note-issuing bank - Notenbank
note-issuing monopoly - Banknotenmonopol
note-issuing privilege - Notenbankprivileg
notecase - Brieftasche
notepaper - Briefpapier
notes payable - Wechselobligo
notes to the financial statement - Anhang zur Vermögensaufstellung
notice - Kündigung, Mitteilung, anzeigen, melden
notice board - schwarzes Brett
notice clause - Kündigungsklausel
notice of damage - Schadensmeldung
notice of defect - Beanstandung, Mängelrüge
notice of dismissal - Kündigung
notice of opposition - Einspruch
notice of shipment - Versandmeldung
notice period - Kündigungsfrist
notice to quit - Aufkündigung, Kündigung
notifiable - meldepflichtig
notification - Anzeige, Meldung, Avis
notification of defect - Mängelrüge
notified vacancy - registrierte freie Stelle
notify - anzeigen, benachrichtigen
notify a claim - Schaden melden
notifying party - mitteilende Partei
notion - Begriff, Idee
notional interest - Anerkennungszinsen, imaginärer Zinssatz
novelty advertising - Einführungswerbung
novice - Anfänger, Neuling
null and void - null und nichtig
null hypothesis - Nullhypothese
nullification - Nichtigkeitserklärung
number - Anzahl, Zahl, Ziffer
number of persons employed - Personalbestand
number of responses - Rücklaufquote
numbering - Nummerierung
numeraire - Numerairegut, Bezugsgröße des Währungssystems
numeral - Ziffer
numerate - rechenkundig
numeration - Nummerierung
numerator - Dividend, Zähler
numerical - numerisch
numerous - zahlreich
nurse a business - Unternehmen hochpäppeln
nurse an account - Kunden entgegenkommen
nutrition - Ernährung
nuts and bolts - Grundlagen, Praxis

O

object - Objekt, Gegenstand
objection - Einspruch, Einwand
objective - Unternehmensziel, Zweck, objektiv
objective function - Zielfunktion
objective-setting process - Zielobjekt, objektivZielbildungsprozeß
objectives of financial decisions - Finanzierungsziele
obligation - Obligation, Pflicht, Verbindlichkeit, Verpflichtung
obligation in kind - Gattungsschuld
obligation to buy - Kaufverpflichtung, Kaufzwang
obligatory - obligatorisch
oblige - zwingen, verpflichten
obligee - Forderungsberechtigter
obliging - verbindlich
obligor - Schuldner
obscure - unklar, unverständlich
observation - Beobachtung
observation ratio method - Multimomentverfahren
observed value - Beobachtungswert
observer - Beobachter
obsolescence - Überalterung, Unbrauchbarkeit, Obsoleszenz
obsolete - veraltet, überholt
obstacle - Hindernis
obstruct - blockieren, versperren
obtain - erhalten, erlangen
obtain a contract - Auftrag erhalten
obtain an offer - Angebot einholen
obtainable - erhältlich
occasion - Anlaß, Gelegenheit
occasional - gelegentlich, Gelegenheits-
occasional work - Gelegenheitsarbeit
occupancy problem - Besetzungsproblem
occupation - Beruf, Gewerbe, Beschäftigung, Besitznahme
occupational - beruflich
occupational accident - Arbeits-/ Betriebsunfall
occupational accident insurance - Berufsunfallversicherung
occupational analysis - Arbeitsplatzanalyse
occupational disability - Berufsunfähigkeit

occupational disease - Berufskrankheit
occupational guidance - Berufsberatung
occupational hazard - Arbeitsplatzrisiko, Berufsrisiko
occupational medicine - Arbeitsmedizin
occupational mobility - berufliche Mobilität, Einsatzelastizität
occupational pattern - Berufsstruktur
occupational psychology - Arbeitspsychologie
occupational qualification - berufliche Qualifikation
occupational training - Berufsausbildung
occurrence - Vorkommen, Ereignis
occurrence of risk - Schadensfall
ocean bill of lading - Konnossement, Seefrachtbrief
ocean freight - Seefracht
ocean vessel - Hochseeschiff
odd - sonderbar, ungerade
odd lot - Restposten
oddeven check - Paritätsprüfung
off balance - bilanzneutral
off-board trading - außerbörslicher Handel
off-grade - von geringerer Qualität
off-road car - Geländewagen
off-the-floor trading - außerbörslicher Handel
off-the-job training - außerbetriebliche Weiterbildung
off-the-line item - Sonderposten
offal - Abfall, Ausschuß
offence / offense - Beleidigung
offer - anbieten, Angebot, Offerte
offer curve - Tauschkurve
offer for reappointment - sich zur Wiederwahl stellen
offer for sale - zum Verkauf anbieten
offer price - Angebots-/ Verkaufspreis
offer subject to confirmation - freibleibendes Angebot
offer without engagement - freibleibendes Angebot, unverbindlich offerieren
offered - Briefkurs
offeree - Angebotsempfänger
offerer - Anbieter
offerer inflation - Anbieterinflation
offering discount - Ausgabedisagio
offering terms - Emissionsbedingungen
office - Büro, Kanzlei, Kontor

office accomodation - Büroräume
office automation - Büroautomation
office channel - Dienstweg
office clerk - Büroangestellter, Kontorist
office communication - Bürokommunikation
office communications system - Bürokommunikationssystem
office function - Sekretariatsfunktion
office furniture - Büromobiliar
office furniture and equipment - Büroausstattung
office hours - Dienststunden, Geschäftszeit
office manager - Büroleiter
office of operation - Betriebsstelle
office of the chief executive (OCE) - Vorstandsbüro
office seeker - Stellungssuchender
office staff - Büropersonal
office supplies - Bürobedarf
office technology - Bürotechnik
office temp - Bürohilfe
office work - Büroarbeit
office work area - Büroarbeitsplatz
officer - Amtsträger
official - offiziell
official announcement - amtliche Bekanntmachung
official broker - amtlicher Kursmakler
official buying-in - Stützungskäufe
official channel - Dienstweg
official dealings - amtlicher Handel
official demand - Staatsnachfrage
official financial statistics - amtliche Finanzstatistik
official pegging - Kursfixierung
official price surveillance - amtliche Preisüberwachung
official reserve transactions - offizielle Reservetransaktionen
official reserves - amtliche Währungsreserven
official support - Kursstabilisierungsmaßnahmen
official trading - amtlicher Handel
officialdom - Beamtentum
officialism - Bürokratismus
officiousness - übertriebener Diensteifer
offload - abladen, entladen
offset - ausgleichen, wettmachen, Aufrechnung, Verrechnung

offset account - Verrechnungskonto
offset agreement - Verrechnungsvereinbarung, Kompensationsabkommen
offsetting benefits - ausgleichende Erträge
offsetting costs - kompensatorische Kosten
offsetting entry - Gegenbuchung
offshore - küstenabgewandt, weit vor der Küste
offshore banking - Bankgeschäfte in Steueroasen
offspring - Kinder, Nachwuchs
oil crisis - Ölkrise
oil glut - Ölschwemme
oil price hike - Ölpreiserhöhung
oil price shock - Ölpreisschock
oil-refining industry - Mineralölindustrie
oil-related industries - petrochemische Industrie
old-age insurance - Altersversicherung
old-age pension - Altersrente, Altersversorgung
old-age pension fund - betriebliche Altersversicherung
old-age pensioner - Pensionär
old-age percentage reduction - Altersentlastungsbetrag
old-age protection - Alterssicherung
old-age tax free allowance - Altersfreibetrag
old-clothes man - Trödler
old-fogyish - altmodisch
old-line factoring - echtes Factoring
oligopoly - Oligopol
olio - Mischmasch
omission - Unterlassung
omit - auslassen, weglassen
omnibus account - Sammelkonto
omnibus clause - Einschlußklausel
omnium - Gesamtwert einer öffentlichen Anleihe, Omnium
omnium gatherum - Sammelsurium
on a large /small scale - im großen / kleinen Umfang
on a weight basis - nach Gewicht
on board bill of lading - Bordkonnossement
on expiry - bei Erlöschen
on file - bei / zu den Akten
on offer - im Angebot, verkäuflich

operating income statement

on principle - grundsätzlich
on the contrary - im Gegenteil
on the premises - an Ort und Stelle
on-carriage - Weiterbeförderung
on-carrier - übernehmender Spediteur, Weiterbeförderer
on-the-job morale - Arbeitsmoral
on-the-job safety /security - Arbeitssicherheit
on-the-job training - Weiterbildung am Arbeitsplatz
oncost - Gemeinkosten
one dimensional - eindimensional
one-circuit system - Einkreissystem
one-crop system - Monokultur
one-line business - Fachgeschäft
one-man business /company - Einzelfirma, Einzelunternehmung
one-off charge - einmalige Gebühr
one-product economy - Monokultur
one-shot - einmalig
one-way - Einmal-, Einweg-
one-way classification - Klassifizierung nach einem einzigen Merkmal
ongoing finance - Anschlußfinanzierung
ongoing maintenance charges - Folgekosten
onrush investigation - Lokaltermin
open - geöffnet, laufend, offen
open a bank account - Konto eröffnen
open a letter of credit - Akkreditiv eröffnen
open account - Kontokorrent
open account credit - Kontokorrentkredit
open advertising - Offenwerbung
open cargo policy - Generalpolice
open check - Barscheck
open competition - freier Wettbewerb
open corporation - öffentliche Gesellschaft
open for inspection - zur Besichtigung freigeben
open (insurance) policy - Pauschalpolice
open lecture - öffentliche Vorlesung
open market - freier / offener Markt
open market committee - Offenmarktausschuß
open market paper - marktgängiges Wertpapier, im Freiverkehr gehandelter Wert
open market policy - Offenmarktpolitik

open market price - freier Wettbewerbspreis
open market purchase - Offenmarktkauf
open office area - Bürolandschaft
open plan office - Großraumbüro
open policy - Pauschalpolice, Police ohne Wertangabe
open position - freie Arbeitsstelle
open probe - offene Frage
open reserves - offene Reserven
open system - offenes System
open to criticism - anfechtbar
open university - Fernuniversität
open up new markets - neue Märkte erschließen
open-air site - Freigelände
open-ended question - offene Frage
open-market operations - offene Marktoperationen
opening balance sheet - Eröffnungsbilanz
opening entry - Eröffnungsbuchung
opening of a letter of credit - Akkreditierung
opening price /quotation - Anfangskurs, Eröffnungskurs
operate - handhaben, betreiben, funktionieren, in Betrieb sein
operate at a deficit - mit Verlust arbeiten
operate at a profit - mit Gewinn arbeiten
operate policy - Politik durchsetzen
operate to capacity - Kapazität ausfahren
operating - betrieblich, Betriebs-
operating account - Gewinn- und Verlustrechnung
operating below capacity - Unterbeschäftigung
operating breakeven sales - Umsatz-Gewinnschwellenbereich
operating budget - operativer Rahmenplan
operating capacity - Betriebskapazität
operating capital - Betriebskapital
operating characteristic - Operationscharakteristik
operating condition - Betriebsfähigkeit
operating costs /expenses - Betriebskosten, Geschäftskosten
operating fund - Betriebsmittel
operating income - Betriebseinkommen
operating income statement - Betriebsergebnisrechnung

operating instructions - Gebrauchsanweisung
operating life - Nutzungsdauer
operating margin - Bruttogewinn, Gewinnspanne, Handelsspanne
operating permit - Betriebserlaubnis
operating position - Ertragslage
operating profit - Betriebsgewinn
operating rate - Auslastungsgrad
operating ratio - Erfolgskennzahl
operating receipts - Betriebseinnahmen
operating reserve - Rückstellung
operating resources - Betriebsmittel
operating result - Betriebsergebnis
operating result account - Betriebsergebnisrechnung
operating risk - Betriebswagnis
operating sequence - Arbeitsablauf
operating statement - Betriebsbilanz, Betriebsrechnung, Erfolgsbilanz
operating tax - Betriebssteuer
operating time - Bearbeitungszeit, Nutzungszeit
operation - Ablauf, Tätigkeit, Geschäftsbereich, Unternehmen
operation principle - Arbeitsprinzip
operation step - Arbeitsgang
operational - empirisch feststellbar, betriebsbereit, Betriebs-, Operations-
operational audit - interne Revision
operational data - Betriebsdaten
operational costs - Betriebskosten
operational freedom - Handlungsspielraum
operational grant - Betriebskostenzuschuß
operational lag - Wirkungsverzögerung
operational plan - operativer Plan
operational planning - operative Planung, Ablauf-/ Durchführungsplanung
operational resources - Betriebsmittel
operational sequence - Arbeitsablauf
operational structure - Ablauforganisation
operationality principle - Operationalitätsprinzip
operationalize - Operationalisieren
operations engineering - Planungstechnik
operations planning - Ablaufplanung
operations planning dilemma - Ablaufplanungsdilemma
operations research - Planungsforschung

operative goal - operatives Ziel
operative performance - ausführende Arbeit
operator - Bediener, Telefonist, berufsmäßiger Spekulant
operator convenience - Bedienerfreundlichkeit
operator for a rise - Haussespekulant
operator interface - Benutzeroberfläche
opinion leader - Meinungsführer
opinion leader concept - Meinungsführerkonzept
opinion maker - Meinungsbildner
opinion poll - Meinungsumfrage
opinion research - Meinungsforschung, Demoskopie
opinion survey - Meinungsumfrage
opinion-forming - meinungsbildend
opportune - günstig, passend
opportunities and threats analysis - Chancen-Risiken-Analyse
opportunity - Gelegenheit, Möglichkeit
opportunity cost - Alternativkosten, Opportunitätskosten, Kosten der entgangenen Gelegenheit
opportunity curve - Budgetgerade
opt for - sich entscheiden für
optical character recognition (OCR) - optische Texterkennung
optical data processing - optische Datenverarbeitung
optimal choice - Optimalentscheidung
optimal point - Optimalpunkt
optimal solution - Optimallösung
optimality condition - Optimalitätsbedingung
optimality test - Optimalitätstest
optimism - Optimismus
optimization - Optimierung
optimization method - Optimierungsverfahren
optimization model - Optimierungsmodell
optimization technique - Optimierungstechnik
optimize - optimieren
optimizing analysis - Optimierungsanalyse
optimizing principle - Optimierungsprinzip
optimum - Bestwert, Optimalwert, optimal, günstigst

optimum allocation of resources - optimale Ressourcenallokation
optimum currency area - optimaler Währungsraum
optimum economic life - optimale Nutzungsdauer
optimum growth - optimales Wachstum
optimum income distribution - optimale Einkommensverteilung
optimum input combination - optimale Faktorkombination
optimum lot size - optimale Losgröße
optimum order quantity - optimale Bestellmenge
optimum output - Betriebsoptimum
optimum scale of plant - optimale Betriebsgröße
optimum value - Optimalwert
option - Alternative, Option, Wahlmöglichkeit, Vorkaufsrecht
option bond - Bezugsrechtsobligation
option dealings - Optionsgeschäft, Optionshandel
option delta - Abhängigkeit des Optionspreises vom Kurs des Bezugsobjektes
option gamma - Abhängigkeit des Optionsdeltas vom Kurs des Bezugsobjektes
option holder - Optionsberechtigter
option kappa /vega - Abhängigkeit des Optionspreises von der impliziten Volatilität
option of purchase - Vorkaufsrecht
option of repurchase - Rückkaufsrecht
option premium - Optionsprämie
option price - Optionspreis
option rate - Prämiensatz
option rho - Abhängigkeit des Optionspreises vom Zins
option right - Optionsrecht
option theta - Abhängigkeit des Optionspreises von der Restlaufzeit
option to accrue - Passivierungswahlrecht
option value model - Optionsbewertungsmodell
option writer - Optionsschreiber, Stillhalter
option writing - Optionsverkauf, Stillhaltergeschäft
optional - fakultativ, optional, wahlweise, Options-

optional bargain - Prämiengeschäft
optional bond - Optionsanleihe
optional clause - Fakultativklausel
oral questioning - mündliche Befragung
or-branch - Oder-Verzweigung
or-loop - Oder-Rückkopplung
or-merge - Oder-Verknüpfung
order - Auftrag, Bestellung, Order, bestellen, ordern
order backlog - Auftragsbestand
order bill - Orderpapier
order bill of lading - Orderkonnossement
order book - Auftragsbuch
order check - Ordercheck
order cost system - Zuschlagskalkulation
order flow plan - Auftragseingangsplan
order form - Auftragsformular, Bestellschein
order getting - Auftragsbeschaffung
order instrument - Orderpapier
order number - Bestellnummer
order of withdrawal - Abhebungsauftrag
order pad - Bestellblock
order paper - Orderpapier, Sitzungsprogramm, Tagesordnung
order paper by transaction - gekorenes Orderpapier
order processing - Auftragsabwicklung
order quantity - Bestellmenge
order slip - Bestellzettel
order to preference - Präferenzordnung, Bedarfsstruktur
order to sell - Verkaufsauftrag
ordering costs - Beschaffungskosten, Bestellkosten
orderly market agreement - Selbstbeschränkungsabkommen
orderly market conditions - geordnete Marktverhältnisse
orders on hand - Auftragsbestand
ordinal - ordinal
ordinal utility - ordinaler Nutzen
ordinance - Verordnung
ordinance regulating the net worth tax - Vermögenssteuerdurchführungsverordnung
ordinarily - normalerweise
ordinary - gewöhnlich, ständig, üblich, Durchschnitts-
ordinary life insurance - Lebensversicherung auf den Todesfall
ordinary member - ständiges Mitglied

ordinary partner

ordinary partner - Gesellschafter
ordinary partnership - Personengesellschaft
ordinary share /stock- Stammaktie
ordinary shareholder - Stammaktionär
ore - Erz
organ - Sprachrohr, Träger
organ of public opinion - Träger der öffentlichen Meinung
organization - Organisation
organization chart - Organigramm
organization department - Organisationsabteilung
organization expense - Gründungskosten
organization instruction - Organisationsanweisung
organisation method - Organisationsmethode
organization of work - Arbeitsorganisation
organization order - Organisationsanweisung
organization technique - Gestaltungs-/Organisationstechnik
organization theory - Organisationstheorie
organizational analysis - Organisationsanalyse
organizational chart - Organigramm, Organisationsplan
organizational climate - Betriebsklima
organizational design - organisatorische Gestaltung
organizational design alternative - organisatorische Gestaltungsalternative
organizational development - Organisationsentwicklung
organizational form - Organisationsform
organizational function - Organisationsfunktion
organizational goal - Organisationsziel
organizational guide - Organisationsplan
organizational incentive - organisatorischer Anreiz
organizational model - Organisationsmodell
organizational principle - Organisationsgrundsatz
organizational research - Organisationsforschung
organizational reshuffle - Reorganisation

organizational shakeup - organisatorische Umstellung
organizational structure - Organisationsstruktur, Aufbauorganisation
organizational technology - Organisationstechnologie
organizational theory - Organisationstheorie
organizational type - Organisationstyp
organizational unit - Ressort, Organisationseinheit
organizer - Ausrichter, Veranstalter
organizing for user commitment - Beteiligungsorganisation
organizing scope - Organisationsspielraum
orientation period - Einarbeitungszeit
origin - Herkunft, Ursprung
origin of goods - Warenherkunft
original - Original, ursprünglich
original acquisition cost - Anschaffungskosten
original bill - Primawechsel
original capital - Gründungskapital
original cash outlays - Anschaffungskosten
original copy - Erstausfertigung
original cost - Anschaffungskosten, Selbstkosten
original cost standard - Selbstkostenpreis
original financing - Neufinanzierung
original insurer - Direktversicherer
original order paper - geborenes Orderpapier
original share - Stammaktie
originate - herrühren, entstehen
originator - Urheber
originator-must-pay principle - Kostenverursacherprinzip
ornamental - dekorativ
ornamental design - Geschmacksmuster
orthogonal basis - Orthogonalbasis
oscillating series - oszillierende Reihe
oscillation - Schwankung, Schwingung
ostensible - angeblich, vorgeschoben
ostensible company - Scheingesellschaft
ostentatious consumption - Geltungskonsum
other equipment manufacturer (OEM) - Zulieferbetrieb
other equipment manufacturer market - Zulieferermarkt

other things being equal - ceteris paribus, unter sonst gleichen Umständen
oust - enteignen, verdrängen
oust from the market - vom Markt verdrängen
ouster - Besitzvorenthaltung, Enteignung
out-of-court settlement - außergerichtlicher Vergleich
out-of-line - abweichend
out-of-line situation - Plan-Ist-Abweichung
out-of-operation /service - außer Betrieb
out-of-order - defekt
out-of-pocket cost /expense - Baraufwendungen, Spesen
out-of-stock - nicht vorrätig
out-of-stock cost - Fehlmengenkosten
out-of-the-money option - Option ohne inneren Wert
out-of-town - auswärtig
out-of-work - arbeitslos
out-of-work pay - Erwerbslosenunterstützung
outdoor media - Außenwerbungsmedien
outfit - Ausrüstung, Ausstattung, ausrüsten, ausstatten
outfitter - Ausrüster
outflow of funds - Mittelabfluß
outflow of reserves - Reserveabgänge
outgoes /outgoings - Ausgaben
outgoing lot control - Warenausgangskontrolle
outlay - Auslagen, Ausgaben, Kostenaufwand
outlay contour - Isokostenlinie
outlay curve - Haushaltsausgabenkurve
outlet - Verkaufsstelle, Absatzmöglichkeit
outline agreement - Rahmenvertrag
outpayment - Auszahlung
outplacing - Unterbringung von Mitarbeitern in anderen Unternehmen
output - Ausstoß, Arbeitsleistung, Ertrag, Produktionsmenge
output constraint - Produktionsbeschränkung
output elasticity - Produktionselastizität
output expansion path - Produktionsexpansionspfad
output figures - Produktionszahlen
output gains - Produktionssteigerungen
output gap - Produktionslücke
output market - Absatzmarkt

output method - Entstehungsrechnung
output prices - Güterpreise
output-capital ratio - Kapitalproduktivität
outright transaction - normales Offenmarktgeschäft, reines Termingeschäft
outrival runner - Vorläufer
outside broker - freier Makler
outside capital - Fremdkapital
outside contract - Fremdauftrag
outside equity - Beteiligungskapital
outside interest - Fremdanteil, Fremdbeteiligung
outside interest in the result - Dritten zustehender Gewinn
outside lag - äußere Zeitverzögerung
outside market - ungeregelter Freiverkehr
outside money - Außengeld
outside production - Fremdfertigung
outside purchasing - Fremdbezug
outside research - Auftragsforschung
outsourcing - Ausgliederung von Betriebsfunktionen, Fremdbeschaffung
outstanding - ausstehend, offenstehend, unerledigt
outstanding accounts - Außenstände
outstanding capital stock - ausstehende Aktien
outstanding debts - Außenstände, Forderungen
outstanding interest - Zinsrückstände
outstanding order - unerledigter Auftrag
outstandings - Außenstände
outturn - Ausfall
outturn sample - Ausfallmuster
outward arbitrage - Auslandsarbitrage
outward carriage - abgehende Ladung, Hinfracht
outward-oriented - auswärtsorientiert
outworker - Außen-/ Heimarbeiter
over the long term - langfristig
over the medium term - mittelfristig
over the short term - kurzfristig
over-aged population - überalterte Bevölkerung
over-and-short account - Differenzkonto
over-the-counter market - Freiverkehr
overabsorption - Überdeckung
overabsorption of overhead - Gemeinkostenüberdeckung

overall

overall - insgesamt, Gesamt-
overall budget deficit - Gesamtdefizit
overall company result - Unternehmensergebnis
overall construction activity - Baukonjunktur
overall consumption - Gesamtverbrauch
overall cut - pauschale Kürzung
overall economic equilibrium - gesamtwirtschaftliches Gleichgewicht
overall economic goal - gesamtwirtschaftliches Ziel
overall equilibrium in real terms - güterwirtschaftliches Gleichgewicht
overall income - Gesamteinkommen
overall labor productivity - gesamtwirtschaftliche Produktivität
overall marketing program - Gesamtabsatzplan
overall production planning - Produktionsauftragsplanung
overall productivity - gesamtwirtschaftliche Produktivität
overall profits - Gesamtgewinn
overbalance of exports - Exportüberschuß
overbalance of imports - Importüberschuß
overcapacity - Überkapazität
overcapitalize - überkapitalisieren
overcertification - Überbrückungskredit
overcharge - Aufschlag, Mehrbelastung, Überteuerung
overcharge for arrears - Säumniszuschlag
overcharged - zu hoch berechnet
overdepreciation - Überabschreibung
overdraft - Kontoüberziehung
overdraw - überziehen
overdue - überfällig
overemployment - Überbeschäftigung
overexertion - Überbeanspruchung
overflow - Überschwemmung, Überschuß
overfreight - Überfracht
overfulfil - übererfüllen
overfund - überfinanzieren
overhang of unspent money - zwangsgesparte Beträge
overhaul - Überprüfung, Überholung
overhead - Gemeinkosten
overhead allocation base - Gemeinkostenschlüssel

overhead allocation sheet - Betriebsabrechnungsbogen
overhead budget - Gemeinkostenbudget, Gemeinkostenplan
overhead capital - laufende Kosten
overhead costs /expenses - Gemeinkosten
overhead department - Gemeinkostenstelle
overhead rate - Gemeinkostenanteil
overhead value analysis - Gemeinkostenwertanalyse
overhead variance - Gemeinkostenabweichung
overheated economy - überhitzte Volkswirtschaft
overinvestment - Überinvestition
overinvestment theory - Überinvestitionstheorie
overlap - Überschneidung
overload - überladen, Überbelastung
overlook - übersehen, überblicken
overmanning - personelle Überbesetzung
overorganization - Überorganisation
overpay - überbezahlen
overpopulation - Überbevölkerung
overproduce - überproduzieren
overproduction - Überproduktion
overrun - Kostenüberschreitung
overseas - Übersee, überseeisch
overseas investment - Auslandsinvestition
overshoot - überschießen, überschäumen
overshoot targets - Ziele überschreiten
overstock - Markt überschwemmen
overstored - überfüllt
oversubscribe - überzeichnen
oversubscription - Überzeichnung
oversupply - Überangebot
overt advertising - offene Werbung
overtime - Überstunden
overtime pay - Überstundenlohn
overtime rate /premium - Überstunden-/Mehrarbeitszuschlag
overtrading - Überspekulation
overvaluation - Überbewertung
overvalue - überbewerten
overvalued currency - überbewertete Währung
overweight - Übergewicht
overweighted - überbelastet
owe - schulden, Schulden
owing to - infolge, wegen
own - besitzen

own funds - Eigenmittel
own holdings - Eigenbestand
own label - eigene Marke
own rate of interest - Eigenzinsfuß
own security deposit - Eigendepot
owner - Besitzer, Inhaber
owner's equity - Eigenkapital
owner's land charge - Eigentümergrundschuld
owner's mortgage - Eigentümerhypothek
owner's risk - auf Gefahr des Eigentümers
owner-manager - Eigentümer-Unternehmer
owner-operated enterprise - Eigenbetrieb
ownership - Besitz, Eigentum(srecht)
ownership structure - Eigentumsverhältnisse
ozone-depleting chemicals - ozonzerstörende Chemikalien

P

pacemaker /-setter - Schrittmacher
pack goods - Ballengüter
package - Packung, Verpackung
package advertising - Versandwerbung
package deal - Kopplungsgeschäft
package goods - Versandgeschäftsartikel
package of goods - Warensendung
package offer - Kopplungsangebot
package tour - Pauschalreise
package wage increase - pauschale Lohnerhöhung
packaging - Verpackung
packaging direction - Verpackungsverordnung
packaging slip - Packzettel
packery - Versandabteilung
packet - Paket, Päckchen
packing - Füllung, Verpackung
packing department - Packerei, Verpackungsabteilung
packing free - Verpackung frei
packing house - Konservenfabrik
packing inclusive - Verpackung inbegriffen
packing instructions - Verpackungsanweisungen
packing regulations - Verpackungsvorschriften
pact - Vertrag, Pakt
padding of accounting records - Fälschen von Buchungsunterlagen
paid up - voll eingezahlt
painkiller - schmerzstillendes Mittel
painstaking - fleißig
pair of scales - Waage
paired comparison - Paarvergleich
palaver - Besprechung, Geschwätz
palliative - beschönigend, erleichternd
palm-grease - Schmiergeld
pamphlet - Flugblatt, Streitschrift
panacea - Allheilmittel
panegyric - Lobrede
panel discussion - Podiumsdiskussion
panel questioning - Panelbefragung
panellist - Diskussionsteilnehmer
panhandle - betteln, schnorren
paper clip - Büroklammer
paper credit - offener Wechselkredit

paper currency - Papiergeld
paper days - Verhandlungstage
paper profit - Scheingewinn
paper tiger - Papiertiger
paper war - Pressefehde
paperboy - Zeitungsjunge
paperless office - EDV-dominiertes Büro
papers and periodicals - Zeitungen und Zeitschriften
papers of a business concern - Geschäftsunterlagen
par - Gleichwertigkeit
par exchange rate - amtlicher Wechselkurs
par of exchange - Wechselparität
par value - Nennwert, Pari, Parität
par value accounting - Nominalwertrechnung
par value principle - Nominalwertprinzip
par value share - Nennwertaktie
paradigm - Paradigma
paradox - Widerspruch
paradox of choice - Wahlparadoxon
paradox of thrift - Sparparadoxon
paragon - Muster, Vorbild
paragraph - Abschnitt, Paragraph
parallel currency - Parallelwährung
parallel shift - Parallelverschiebung
parallel standard - Parallelwährung
parallel system - Parallelsystem
parallel transaction - Parallelgeschäft
parallelism - Parallelität, Übereinstimmung
paralysation - Lahmlegung
parameter - Parameter
paramount - ausschlaggebend, höchst, oberst
paramount importance - allergrößte Bedeutung
parataxis - Beiordnung
parcel - Partie, Posten
parcel of real estate - Grundstück
parcel shipment - Muster-ohne-Wert-Sendung
parcels book - Paketbuch
parcels to be called for - postlagernde Sendungen
pare down - gesundschrumpfen
parent company - Muttergesellschaft
parent population - Grundgesamtheit

passage of ownership

parent-subsidiary relationship - Mutter-Tochtergesellschaft-Verhältnis
Paretian optimum - Pareto-Optimum
Pareto efficiency - Pareto-Effizienz
Pareto optimality condition - Pareto-Optimalität
parity - Parität, Umrechnungskurs
parity change - Wechselkursänderung
parity grid - Paritätenraster
parity of exchange - Wechselkursparität
parity price /rate - Parikurs, Paritätspreis
parlance - Redeweise
parley - Konferenz, Verhandlung
parol - mündliche Erklärung
parol contract - formloser Vertrag
parsimonious - knauserig
part - Teil, Stück, Rolle, teilen, trennen
part loads - Stückgut
part of anyone income - Inländereinkommensbestandteil
part-owner - Miteigentümer
part-payment - Abschlagszahlung, Raten- / Teilzahlung
part-project - Teilprojekt
part-shipment - Teillieferung
part-time - nebenberuflich, Teilzeit
part-time employment - Teilzeitbeschäftigung
part-time job /work - Teilzeitarbeit
partaker - Teilhaber, Teilnehmer
partial - partiell, teilweise
partial analysis - Partialanalyse
partial bond - Teilschuldschein
partial changeover - Teilumstellung
partial derivative - partielle Ableitung
partial differential equation - partielle Differentialgleichung
partial dynamics - dynamische Partialanalyse
partial equilibrium - partielles Gleichgewicht
partial indicator - Teilindikator
partial model - Partialmodell
partial payment - Teilzahlung
partial settlement - Teilliquidation
partial strategy - Teilstrategie
partial studies - Teilstudien
partial survey - Teilerhebung
partial systems - Teilsysteme
partiality - Parteilichkeit, Voreingenommenheit

partially consolidated financial statement - Teilkonzernabschluß
participant - Teilnehmer, Beteiligter
participate - teilhaben, teilnehmen
participating - gewinnbeteiligt, teilnehmend
participating bond - Gewinnobligation, Gewinnschuldverschreibung
participating receipt - Partizipationsschein
participating rights - Gewinnbeteiligungsrechte
participating share - dividendenberechtigte Aktie
participation - Beteiligung, Mitwirkung, Teilhaberschaft
participation certificate - Genußschein
participation in earnings - Reingewinnbeteiligung
participation objective - Partizipationsziel
participation of persons concerned - Betroffenenbeteiligung
participation quota /rate - Beteiligungsquote, Erwerbsquote
participator - Teilhaber, Teilnehmer
particular - spezifisch
particularization level - Detaillierungsniveau
partner - Gesellschafter, Teilhaber
partner with unlimited liability - unbeschränkt haftender Gesellschafter
partnership - Partnerschaft, Teilhaberschaft, Handelsgesellschaft, Personalgesellschaft
partnership balance sheet - Gesellschaftsbilanz
parts list - Stückliste
parts list storage - Stücklistenspeicher
party - Partei, Teilnehmer
parvenu - Emporkömmling, Neureicher
Pascal distribution - Pascal-Verteilung
pass - Abnahme, passieren, durchkommen
pass out - verteilen
pass to the debit of an account - Konto belasten
pass-check - Passierschein
passage - Strecke, Überfahrt
passage of ownership - Übergang des Eigentums

163

passbook

passbook - Bankbuch
passer-by - Passant, Vorübergehender
passing counterfeit money - Falschgeld in Umlauf setzen
passive - untätig, zinslos
passman - Durchschnittskandidat
passport system - Paßwesen
patent - Patent
patent agent - Patentanwalt
patent application - Patentanmeldung
patent assignment - Patentrechtsabtretung
patent claim - Patentanspruch
patent exploitation - Patentausübung
patent holder - Patentinhaber
patent infringement - Patentverletzung
patent law - Patentgesetz
patent lawyer - Patentanwalt
patent monopoly - Patentmonopol
patent office - Patentamt
patent pending - angemeldetes Patent
patent proceedings - Patentklage
patent protection - Patentschutz
patent register - Patentrolle
patent solution - Patentlösung
patent violation - Patentverletzung
patentability - Patentfähigkeit
paternalism - Paternalismus
paternity - Urheberschaft
path - Pfad, Verlauf
path of economy - Konjunkturverlauf
path of trend growth - Trend des Wachstumspfades
pathfinding - bahnbrechend, vorreitend
pathfinding company - führendes Unternehmen, Technologieführer
patron - Kunde, Mäzen
patronage - Förderung, Gönnerschaft, Kundschaft
patronize - begünstigen, fördern
pattern - Modell, Muster, Vorlage
pattern book - Musterbuch
pattern of competition - Wettbewerbsstruktur
pattern of consumption - Verbrauchsstruktur
pattern of cost behavior - Kostenverlauf
pattern of economic integration - Integrationsmuster
pattern of employment - Beschäftigungsstruktur
pattern of expenditure - Ausgabenstruktur
pattern of fame - Bekanntheitsmuster
pattern of leadership - Führungsstil
pattern of production - Produktionsstruktur
pattern of rationalization - Rationalisierungsmuster
pattern of trade - Handelsstruktur, Handelsströme
paucity - Knappheit
paucity of information - Informationsdefizit
pauperism - Massenarmut
pavilion - Ausstellungsgebäude
pawn - Pfand, Verpfändung
pawn broker - Pfandleiher
pawned securities - lombardierte Effekten
pawnee - Pfandinhaber
pawner - Pfandschuldner
pay - begleichen, zahlen
pay as you earn (PAYE) - Lohnsteuerabzug
pay beforehand - vorausbezahlen
pay damages - Schadensersatz leisten
pay date - Auszahlungstermin
pay day - Zahltag
pay deal - Lohnabschluß
pay grade - Gehaltsgruppe
pay increase - Gehaltserhöhung
pay off - sich auszahlen, bezahlt machen
pay office - Lohnbüro, Zahlstelle
pay packet - Lohntüte
pay pattern - Lohnstruktur
pay phone - Münztelefon
pay policy - Lohnpolitik
pay sheet - Lohnliste
pay through the nose - schwer draufzahlen
payable - zahlbar
payable at sight - zahlbar bei Sicht
payback analysis - Amortisationsrechnung
payback method - Amortisationsrechnung
paybox - Kasse, Schalter
paycheck - Nettolohn
PAYE system - Lohnsteuerabzugsverfahren
payee - Zahlungsempfänger

payee of a bill - Remittent
payer - Auszahler, Bezogener
paying business - rentables Geschäft
paying-in slip - Einlieferungsbescheinigung
payload - Arbeitskosten, Nutzlast
payment - Begleichung, Zahlung
payment by automatic debit transfer - Bankeinzug
payment by instalments - Ratenzahlung
payment by piece rates - Akkordlohn
payment commitment - Zahlungsverpflichtung
payment for honor - Ehrenzahlung
payment in advance - Vorauszahlung
payment in cash - Barzahlung
payment in kind - Bezahlung in Naturalien
payment interval effect - Zahlungsintervalleffekt
payment on account - Abschlags-/Akontozahlung, Anzahlung
payment pattern effect - Zahlungsrhythmuseffekt
payment system - Lohnform
payments agreement - Zahlungsabkommen
payments deficit - Zahlungsbilanzdefizit
payments system - Zahlungsverkehr
payments to meet restructuring costs - Altlastzahlungen
payoff - Auszahlung, Amortisation
payoff matrix - Auszahlungsmatrix
payoff period - Amortisationsperiode
payoff table - Gewinntabelle
payroll - Gehaltsverzeichnis, Lohnliste
payroll clerk - Lohnbuchhalter
payroll computation - Gehaltsberechnung, Lohnberechnung
payroll department - Gehaltsabteilung, Lohnbüro
payroll fringe costs - Lohnnebenkosten
payroll records - Gehaltsliste
payroll voucher - Lohnauszahlungsbeleg
payroller - Lohnempfänger
payslip - Gehaltsstreifen
peace bid - Friedensangebot
peace movement - Friedensbewegung
peaceable - friedfertig, ruhig
peaceful use of atomic energy - friedliche Nutzung der Atomenergie

pension contribution

peak - Spitze, Gipfel, Haupt-, Höchst-
peak capacity - Spitzenbedarf, Höchstbedarf
peak earning - Spitzengehalt
peak hour - Hauptgeschäftszeit
peak income - Höchsteinkommen
peak of demand - Bedarfsspitze
peak price - Spitzenpreis
peak rate - Spitzentarif
peak season - Hochkonjunktur
peak sharing - Höchstdeckung
peak value - Höchstwert
peak wage - Höchstlohn
peanut economics - wirtschaftliches Intrigenspiel
peasant - Bauer, Landarbeiter
peasant holding - bäuerlicher Grundbesitz
peasant labor - landwirtschaftliche Arbeitskraft
peculation - Veruntreuung
pecuniary spillover - monetärer externer Effekt
peddler / pedlar - Hausierer
peg - Aufhänger, stützen
pegged currency - künstlich gestützte Währung
pegged exchange rate - fester Wechselkurs
pegged price - subventionierter Preis
pegged rates - fixe Kurse
pegging - Preisstützung
penal bond - Konventionalstrafe
penal interest - Verzugszinsen
penal sum - Vertragsstrafe
penalize - bestrafen
penalty - Strafe
penalty function - Straffunktion
penalty test - Zusatzprüfung
pending - schwebend, anhängig
pending lawsuit - anhängiger Prozeß
penetrate - durchdringen, eindringen
penetration - Durchdringung
penetration pricing - Penetrationspreispolitik
penetration strategy - Durchdringungsstrategie
pension - Pension
pension claim - Rentenanspruch
pension contribution - Pensionszuschuß

pension expectancy

pension expectancy - Pensionsanwartschaft
pension fund - Pensionskasse, Pensionsfonds
pension obligation - Pensionsverpflichtung
pension plan - Betriebsrentensystem
pension scheme - private Rentenversicherung
pensionable age - Rentenalter
pensioner - Rentner
people's bank - Volksbank
per - gemäß
per annum (p.a.) - jährlich
per capita consumption - Pro-Kopf-Verbrauch
per capita costs - Pro-Kopf-Kosten
per capita demand - Pro-Kopf-Bedarf, Pro-Kopf-Nachfrage
per capita income - Pro-Kopf-Einkommen
per capita material consumption - Pro-Kopf-Materialverbrauch
per capita output - Pro-Kopf-Leistung
per capita real net output - Pro-Kopf-Wertschöpfung
per contra - als Gegenforderung
per pro - im Auftrag, per Prokura
perambulation - Besichtigungsreise
percent sign - Prozentzeichen
percentage - Prozentsatz, Provision
percentage change in quantity - prozentuale Mengenänderung
percentage markup - Kalkulationsaufschlag
percentage of profits - Gewinnanteil
percentage overhead rates - Zuschlagsprozentsätze
percentage return on sales - Umsatzrentabilität
percentage standard deviation - mittlere prozentuale Abweichung
perception - Wahrnehmung
perception test - Wahrnehmungstest
perennial - beständig
perennial debater - Dauerredner
perfect capital mobility - vollständige Kapitalmobilität
perfect competition - vollständige Konkurrenz, vollkommener Wettbewerb
perfect market - vollkommener Markt

perfect market knowledge - vollständige Markttransparenz
perfect ownership - Eigentum
perfectly elastic - vollkommen elastisch
perfectly inelastic - vollkommen unelastisch
perform a contract - Vertrag erfüllen
performable - durchführbar
performance - Leistung, Verrichtung, Ergebnis
performance ability - Qualifikationsmerkmal
performance analysis - Leistungsanalyse
performance appraisal - Personalbeurteilung
performance attribute - Leistungsmerkmal
performance bonus - Leistungsprämie
performance budget - Istetat
performance capabilities - Leistungspotential
performance chart - Leistungsdiagramm
performance curve - Leistungskurve
performance documentation - Leistungsdokumentation
performance evaluation - Leistungsbewertung
performance level - Leistungsgrad
performance measurement - Leistungsmessung
performance objective - Leistungsziel
performance of duty - Pflichterfüllung
performance of earnings - Gewinnentwicklung
performance orientation - Leistungsdenken
performance principle - Leistungsprinzip
performance rating - Leistungsbeurteilung
performance report - Leistungsbericht
performance requirement - Leistungsanforderung, Erfolgsvoraussetzung
performance review - Leistungsüberprüfung
performance specification - Leistungsprofil
performance standard - Leistungsstandard
performance target - Leistungsvorgabe

performance-oriented society - Leistungsgesellschaft
performer - Erfolgsunternehmer, Macher
performing entity - Ausführungsstelle
perfunctoriness - Nachlässigkeit
peril - Gefahr
peril of transportation - Transportrisiko - Frist, Zeitraum, Zeitspanne
period analysis - Periodenanalyse
period cost comparison - Periodenkostenvergleich
period of adjustment - Angleichungsperiode
period of amortization - Amortisationsdauer
period of appointment - Amtsdauer
period of delivery - Lieferzeit
period of depreciation - Abschreibungsdauer
period of dull sales - Absatzflaute
period of grace - Gnadenfrist
period of guaranty - Gewährfrist, Garantiezeit
period of investment - Anlagezeitraum
period of maturity - Reifephase
period of notice - Kündigungsfrist
period of repayment - Tilgungsfrist
period of validity - Geltungsdauer
period of vocational adjustment - Einarbeitungszeit
period output - Periodenleistung
period under review - Berichtszeitraum
period-related taxation - Abschnittsbesteuerung
period-to-period comparison - Periodenvergleich
periodic depreciation - periodische Abschreibungen
periodic repayment of debt - periodische Rückzahlung von Schulden
periodical - Zeitschrift, periodisch
peripheral - peripher
periphery - Peripherie
perishable - leicht verderblich
perishable commodities - Verbrauchsgüter
perishable consumer goods - kurzlebige Konsumgüter
perjure - Meineid leisten
permanent advisory board - ständiger Beirat

permanent assets - Anlagevermögen
permanent crisis - Dauerkrise
permanent employment - Dauerbeschäftigung
permanent holding - Daueranlage
permanent income - ständiges Einkommen
permanent investments - Wertpapiere des Anlagevermögens
permanent medium - feste Währung
permanent position - Dauerstellung
permission - Erlaubnis, Genehmigung
permission for building - Baugenehmigung
permission to transact business - Gewerbegenehmigung
permissive - zulässig
permissive provision - Kannvorschrift
permit - zulassen, bewilligen, Genehmigung
permittee - Berechtigter
peroration - Schlußerörterung
perpendicular - schneller Imbiß, Senklot, senkrecht
perpetual - unbefristet, unkündbar, ewig laufende Anleihe
perpetual bonds - Rentenanleihen
perpetual inventory method - Skontrationsmethode, laufende Inventur
perpetuity - Dauerzustand, ewige Rente
perquisitor - Ersterwerber
persist in a demand - auf einer Forderung bestehen
persistent inflation - Dauerinflation
person - Person, Aufgabenträger
person in law - Rechtssubjekt
person of ordinary prudence - Durchschnittsmensch
personal allowance - persönlicher Freibetrag
personal assistant - persönlicher Assistent / Referent
personal background - Werdegang
personal chattel - persönliche Habe
personal drawing - Privatentnahme
personal income distribution - personelle Einkommensverteilung
personal injury - Personenschaden
personal insurance - Personenversicherung

personal investment

personal investment - persönliche Beteiligung
personal loan - Personalkredit, persönlicher Kredit
personal requirements - Eigenbedarf
personal rights - Personenrechte
personal savings ratio - Sparquote der privaten Haushalte
personal taxes - Personalsteuern
personal time management - persönliches Zeitmanagement
personalized service - persönliche Bedienung
personnel - Personal, Belegschaft
personnel accounting - Lohnbuchhaltung, Personalbuchhaltung
personnel assessment - Personalbemessung
personnel budget - Personalbudget
personnel committee - Personalrat
personnel consultant - Personalberater
personnel cost - Personalkosten
personnel department - Personalabteilung
personnel development - Personalentwicklung, Mitarbeiterförderung
personnel director - Personalchef
personnel file - Personalakte
personnel function - Personalsektor
personnel information system - Personalinformationssystem
personnel layoff - Personalfreisetzung, Personalfreistellung
personnel leasing - Personalleasing
personnel management - Personalverwaltung / -wesen, Personalführung
personnel manager - Personalchef, Leiter der Personalabteilung
personnel marketing - Personalmarketing
personnel office - Personalbüro
personnel officer - Personalsachbearbeiter
personnel placement - Personaleinsatz
personnel planning - Personalplanung
personnel policy - Personalpolitik
personnel procurement /recruitment - Personalbeschaffung
personnel record sheet - Personalbogen

personnel reduction - Personalabbau, Personalreduzierung
personnel reporting - Personalberichtswesen
personnel representation law - Personalvertretungsgesetz
personnel requirements - Personalbedarf
personnel requirements planning - Personalbedarfsplanung
personnel training - Mitarbeiterschulung, Personalfortbildung
personnel turnover - Personalfluktuation
persons of standing - Honoratioren
persuasiveness - Überzeugungskraft
pertain - betreffen, gehören
pertinent - einschlägig, sachdienlich
perturbance variable - Störvariable
pervade - durchdringen
pervasive - allgegenwärtig, durchdringend
perversion of justice - Rechtsbeugung
pest of corruption - Korruptionsseuche
pesticides - Pestizide
petition - Antrag, Eingabe
petition for appeal - Berufungsantrag
petition for dissolution - Auflösungsantrag
petition for reorganization - Vergleichsantrag
petition in bankruptcy - Konkursantrag
petition to wind up - Liquidationsantrag
petitioner - Antragssteller
petitioning creditor - Konkursgläubiger
petroleum - Erdöl, Mineralöl
pettifog - schikanieren
pettifoggery - Rechtsverdrehung
petty cash - Portokasse, Nebenkasse
petty dealer - Kleinhändler
phantom of authority - Scheinautorität
phase - Entwicklungsstufe
phenomenon - Phänomen
phony - Schwindel
physical assets - materielle Güter
physical capital - eigentliches Kapital, Sachanlagevermögen
physical demand - mengenmäßige Nachfrage
physical distribution - physische Distribution von Waren
physical inventory - Lageraufnahme
physical life - technische Nutzungsdauer

physical person - natürliche Person
physical resources - Sachmittel
pick - Auslese, Auswahl
pick apart - herunterreißen
pick up business - Geschäfte machen, Umsatz machen
pick up in capital spending - Investitionsbelebung
pick up in prices - Anziehen der Preise
pick up of orders - Auftragseingangsbelebung
pick up point - Zuladepunkt
picket - Streikposten
pickings - Nebeneinkünfte
picotal column - Pivotspalte
pictograph - Bildstatistik
pictoral advertising - Bildwerbung
piddling sum - Bagatellbetrag
pie chart - Kreisdiagramm
pie diagram - Tortendiagramm
piece rate (earnings) - Stücklohn, Akkordsatz /-lohn, Akkordlohnsatz
piece rate system - Akkordlohnsystem, Prämienlohnsystem
piece rate work - Akkordarbeit
piece wages - Akkordlohn
piece work - Akkord
piece work payroll accounting - Akkordabrechnung
piece worker - Akkordarbeiter
pigeonhole - Ablagefach, einordnen
piggyback service - Huckepackverkehr
pile - Stapel, Menge, Haufen
pile up - ansammeln, sich häufen
pilferage - geringfügiger Diebstahl
pillage - Plünderung
pillar box - Briefkasten
pilot advertising - Testwerbung
pilot lot - Nullserie
pilot model - Vormodell
pilot project - Pilotprojekt
pilot study - Leitstudie
pilot survey - Probeerhebung
pincer-like policy - Zangenpolitik
pink slip - Entlassungsschreiben
pink slipper - Entlassener
pinpoint - hervorheben
pioneering advertising - Initialwerbung
pioneering stage - Einführungsphase
pip - kleinste Preisveränderung bei Terminkontrakten (in London)

piracy - Plagiat, Patentverletzung, Raubdruck
pit - Maklerstand, Grube
pit closure - Grubenschließung
pit of slump - Talsohle
pit trader - Makler auf eigene Rechnung
pivot - Dreh- und Angelpunkt
pivot element - Pivotelement
pivotal - zentral
pivotal decision - Grundsatzentscheidung
pivotal element - Pivotelement
pivotal industry - Schlüsselindustrie
pivotal position - Schlüsselstellung
pivotal row - Pivotzeile
pivoted - gedreht
pizazz - Reklamerummel
place - deponieren, plazieren
place a risk - Risiko versichern
place an order - Auftrag erteilen, Auftrag vergeben
place of business - Unternehmenssitz
place of consumption - Verbrauchsort
place of delivery - Lieferort
place of destination - Bestimmungsort
place of final use - Endverbrauchsort
place of fulfilment - Erfüllungsort
place of jurisdiction - Gerichtsstand
place of manufacture - Herstellungsort
place of operation - Betriebsstätte
place of transhipment - Umschlagplatz
place of work - Arbeitsstätte
place utility - räumlicher Nutzen
placement - Plazierung, Stellenvermittlung
placement efforts - Vermittlungsbemühungen
placement test - Einstufungstest
placings - Wertpapieremissionen
plagiarism - Plagiat
plain vanilla fixed coupons - Anleihe mit gleichmäßigen Kuponzahlungen
plan - Plan, Vorhaben
plan contracts - Planverträge
plan fulfilment - Planerfüllung
plan implementation - Plandurchführung
plan period - Planperiode
plan sector - Planbereich
plan target - Planziel
plan-rated scale - Plankalkulationssatz
planned budget figure - Etatansatz
planned economy - Planwirtschaft

planned magnitude

planned magnitude - Plangröße
planned obsolescence - geplante Veralterung
planning - Bewirtschaftung, Planung
planning approach - Planungsansatz
planning costs - Planungskosten
planning cycle - Phasenzyklus
planning deviation - Planabweichung
planning goal - Planungsziel
planning horizon - Planungshorizont, Planungszeitraum
planning of plant scale - Betriebsgrößenplanung
planning of standard time - Vorgabeplanung
planning period - Planungszeitraum, Planungsperiode
planning principles - Planungsgrundsätze
planning stage - Planungsphase, Planungsstadium
planning variance - Planungsabweichung
plant - Anlage, Betrieb, Fabrik
plant accounting - Anlagenbuchhaltung
plant agreement - Betriebsvereinbarung
plant and equipment financing - Anlagenfinanzierung
plant area - Betriebsfläche
plant closing - Betriebsschließung
plant council - Betriebsrat
plant division - Betriebsabteilung
plant extension - Betriebserweiterung
plant holidays - Werksferien
plant inspection - Betriebsbegehung
plant operating rate - Auslastungsgrad
plant organization - Betriebsorganisation
plant shutdown - Werksstillegung
plant size - Unternehmensgröße
plant steward - Betriebsobmann
plant-developed standards - Werksnormen
plant-wide shutdown - Betriebsstillegung
plastic - Kreditkarte, Kunststoff
plausibility - Plausibilität
play down - bagatellisieren
play the market - blind spekulieren
plea - Bitte, Gesuch, Einrede
plea of the statute of limitations - Einrede der Verjährung
pleasure - Freude, Vergnügen
pledge - Pfandgegenstand, Bürgschaft, Sicherheit leisten

pledgeable - verpfändbar
pledgee - Pfandgläubiger, Pfandnehmer, Pfandinhaber
pledger - Pfandgeber, Pfandschuldner
pledgor - Pfandbesteller
plot - anstiften, auftragen, planen
plot of land - Grundstück
plotter - Kurvenschreiber, Intrigant
plotting paper - Millimeterpapier
plow back profits - Gewinne reinvestieren
plowback - Reinvestition, Ersatzinvestition
ploy - Masche
plug - unbezahlte Werbebotschaft, Stecker
plug a gap - Lücke schließen
plum - hohe Sonderdividende
plumber - Installateur, Klempner
plumbing - sanitäre Installation
plummet - abstürzen
plunge in prices - Preissturz
plural - mehrfach
plural society - pluralistische Gesellschaft
plurality - Mehrheit, Stimmenmehrheit
plurality of creditors - Gesamtgläubiger
plurality of debtors - Gesamtschuldner
plus - zuzüglich
plus-minus conflict - Ambivalenzkonflikt
poach - abwerben
pocket calculator - Taschenrechner
point estimate - Punktschätzung
point of hire - Mietbüro, Vertretung
point of issue - strittige Frage
point of sale - Verkaufspunkt /-ort
point of view - Standpunkt
point-of-purchase advertising - Werbung am Verkaufsort
poison pill - Antiübernahmestrategie
Poisson (probability) distribution - Poisson-Verteilung
policy - Grundsatz, Verfahrensweise, Politik, Versicherungsschein
policy dilemma - Politikdilemma, politischer Zielkonflikt
policy exception /exclusion - Risikoausschluß
policy goal - Zielvorstellung
policy holder - Versicherungsnehmer
policy improvement technique - Technik der schrittweisen Verbesserung

policy life - Versicherungsdauer
policy mix - Mittelkombination
policy of taxation - Steuerpolitik
policy pronouncement - Politikankündigung
policy rule - Politikregel
policy-making - Richtlinienbestimmung
policy-writing agent - Abschlußagent
political business cycle - politischer Konjunkturzyklus
political consultant - politischer Berater
political economist - Nationalökonom
political fund - Geldmittel für politische Zwecke
political market - Markt für öffentliche Güter
political subdivision - Gebietskörperschaft
poll - Meinungsumfrage, Wahl
poll tax - Kopfsteuer
pollster - Meinungsforscher
polluter-pays principle - Verursacherprinzip
pollution - Verschmutzung
pollution abatement - Verschmutzungsvermeidung
pollution of environment - Umweltverschmutzung
pollution-prone - umweltverschmutzend
polypolistic - polypolistisch
pool - Kartell, Vereinigung, vereinigen
pool expenses - Kosten verteilen
pool funds - Gelder zusammenlegen
pool of costs - Kostenblock
pool of fixed costs - Fixkostenblock
pooling - Poolbildung
pooling of profits - Gewinnverteilung
pooling of risks - Risikostreuung, Risikoverteilung
pop-and-mom corner store - Tante-Emma-Laden
popular - beliebt, populär
popular capitalism - Aktien im Streubesitz, Volkskapitalismus
popularity - Beliebtheit, Popularität
population - Bevölkerung, Einwohnerzahl, Grundgesamtheit
population census - Volkszählung
population growth - Bevölkerungswachstum

postage not prepaid

population structure - Bevölkerungsstruktur
port agent - Hafenspediteur, Hafenvertreter
port charges - Umschlaggebühren
port dues - Hafenabgaben
port of destination - Bestimmungshafen
port of discharge - Ausladehafen, Löschhafen
port of loading - Verladehafen
port of registry - Heimathafen
port of transhipment - Umschlaghafen
portable - tragbar
portend - vorhersagen, verkündigen
portfolio - Wertpapierbestand, Ressort
portfolio analysis - Portfolioanalyse
portfolio buying - Anlagekäufe
portfolio company - Beteiligungsgesellschaft
portfolio decision - Portfolioentscheidung
portfolio insurance - Portfolioversicherung
portfolio investment - Portfolioinvestition
portfolio manager - Vermögensverwalter
portfolio securities - Anlagepapiere
portfolio switch - Effektentausch, Portfolioumschichtung
portfolio technique - Portfoliotechnik
portion of overall costs - Teilkosten
position - Stelle, Stellung
position chart - Stellenplan
position guide - Stellenbeschreibung
position of equilibrium - Gleichgewichtslage
position paper - Positionspapier
position trader - strategisch handelnder Börsenhändler
positional goods - Statusgüter
positioning - Positionierung
positiv definite - positv definit
positivism - Positivismus
possession - Besitz
possessory claim - Besitzanspruch
post - Standplatz, postieren, versenden
post office box (P.O. Box) - Schließfach
post-war period - Nachkriegszeit
postage - Porto
postage due - Nachgebühr
postage meter - Frankiermaschine
postage not prepaid - unfrei

171

postage paid - freigemacht
postal advertising - Postwerbung
postal ballot - Briefwahl
postal dispatch - Postversand
postal order - Postanweisung
postal receipt - Einlieferungsbescheinigung
postal wrapper - Streifband
postdate - nachdatieren
postentry - Nachdeklaration, nachträgliche Buchung
poster advertising - Plakatwerbung
postil - Randbemerkung
postpone - hinausschieben, verschieben, zurückstellen
postponement - Verschiebung
potential - möglich, potentiell, Leistungsfähigkeit
potential analysis - Potentialanalyse
potential customer - Kaufinteressent
potential entrants - mögliche Konkurrenten
potential factors of production - Potentialfaktoren
potential for rationalization - Rationalisierungspotential /-reserve
potential gross national product - Vollbeschäftigungsertrag
potential labor force - Beschäftigungspotential
potential output - möglicher Produktionsausstoß
potential resources - Hoffnungsreserven
potential trouble spot - Schwachstelle
potentiality - Entwicklungsmöglichkeit
poundage - Gebühr, Provision pro Pfund (Sterling)
poverty - Armut
poverty line - Armutsgrenze
poverty-stricken - verarmt, armselig, dürftig
power - Macht, Recht, Strom
power of appointment - Designationsrecht
power of attorney - Vollmacht
power of attorney granted to a bank - Bankvollmacht
power of discretion - Ermessensfreiheit
power of eminent domain - Enteignungsrecht des Staates
power of representation - Vertretungsmacht
power rate - Strompreis
power supply industries - Energieversorgungswirtschaft
powerful - mächtig
practical - praktisch
practical plant capacity - Optimalkapazität
practical value - Gebrauchswert
practice of balance sheet make-up - Bilanzierungspolitik
practitioner - Pragmatiker, Rechtsanwalt
pragmatic - pragmatisch
pragmatic method - Praktikerverfahren
prat boy - Bürobote
pre-assemply time - Rüstzeit
pre-fabricated foodstuffs - vorgefertigte Nahrungsmittel
pre-feasibility study - Vorstudie
pre-tax profit /results - Gewinn vor Steuern
pre-tax results for the year - Jahresergebnis vor Steuern
preamble - Präambel
preapproach - Vertragsvorbereitung
precarious - unsicher, fragwürdig
precaution - Vorkehrung, Vorsicht
precautionary measure - Vorsichtsmaßnahme
precautionary motive - Vorsichtsmotiv
precede - vorangehen, vorgehen
precedence - Vorrang, Vortritt
precedence analysis - Prioritätsanalyse
precedent - Präjudiz
precedent case - Präzedenzfall
preceding - vorhergehend
precept - Zahlungsanweisung
precious - kostbar, wertvoll
precipitate a crisis - Krise hervorrufen
precipitation - Herabstürzen, Niederschlag
precise - exakt, genau, klar
preciseness - Pedanterie, Genauigkeit
precision - Exaktheit, Präzision
precision sample - gezielte Stichprobe
precommit - von vornherein verpflichten
predatory - räuberisch, plündernd
predatory competition - Verdrängungswettbewerb

predatory dumping - Eroberungsdumping
predatory exploitation - Raubbau
predatory practices - rücksichtslose Wettbewerbsmethoden
predatory price differential - gezielte Kampfpreise
predatory pricing - rücksichtslose Preissetzung
predecessor - Vorgänger
predetermine costs - Kosten vorher bestimmen
predetermined variable - vorherbestimmte Variable
predict - vorhersagen, begründen, stützen
predictability - Vorhersagbarkeit
predictant variable - abhängige Variable
predicted costs - Plankosten
prediction - Vorhersage
prediction method - Prognoseverfahren
prediction technique - Prognosetechnik
predictor variable - unabhängige / verursachende Variable
predisposition - Prädisposition
predominant - überwiegend, vorherrschend
prefabricate - vorfertigen
prefer - bevorzugen, einreichen, erheben
prefer a claim - Anspruch erheben
preference - Vorzug, Präferenz
preference bond - Prioritätsobligation
preference dividend - Vorzugsdividende
preference loan - Prioritätsanleihe
preference mix - Präferenzmatrix
preference of creditor - Gläubigerbegünstigung
preference offer - Vorzugsangebot
preference order - Präferenzordnung
preference scale - Präferenzskala
preference segmentation - Präferenzsegmentierung
preference share /stock - Vorzugsaktie
preference shareholder - Vorzugsaktionär
preference system - Bedarfsstruktur
preferential - bevorzugt
preferential arrangements - Vorzugsbehandlung
preferential discount - Vorzugsrabatt
preferential duty - Vorzugszoll
preferential interest rate - Vorzugszins

preferential offer - Vorzugsangebot
preferential rate of duty - Präferenzzollsatz
preferential rates - Vorzugssätze
preferential right of subscription - Vorzugszeichnungsrecht
preferential terms - Vorzugsbedingungen
preferment - Beförderung, Ehrenamt
preferred - bevorzugt
preferred claim - bevorrechtigte Forderung
preferred ordinary shares - Vorzugsstammaktien
preferred stockholder - Vorzugsaktionär
preferred stocks - Vorzugsaktien
prejudgement attachment - Sicherungspfändung
preliminary - vorläufig
preliminary agreement - Vorvertrag
preliminary analysis - Grobanalyse
preliminary balance sheet - Rohbilanz
preliminary budget - Voranschlag
preliminary concept - Grobkonzept
preliminary contract - Vorvertrag
preliminary costing - Vorkalkulation
preliminary costs - Organisationskosten
preliminary design - Grundkonzeption
preliminary examination - Vorprüfung
preliminary injunction - einstweilige Verfügung
preliminary plan - Planvorgabe
preliminary study - Vorstudie
premature termination - vorzeitige Beendigung, vorzeitige Kündigung
premerger balance sheet - Übergabebilanz
premerger notification - Fusionsanmeldung
premise - Prämisse
premise control - Prämissenkontrolle
premises - Grundstück, Haus und Zubehör, Räumlichkeiten
premium - Aufschlag, Agio, Prämie
premium bond - Agiopapier /-anleihe
premium income - Prämienaufkommen
premium offer - Sonderangebot
premium on capital stock - Agio aus Aktienemission
premium pay(ment) - Zahlungszuschlag, Lohnzuschlag
premium price - Höchstpreis

premium rate - Prämienrate, Überstundenzuschlag
prenatal leave - Schwangerschaftsurlaub
prenuptial agreement - Ehevertrag
prepackaging - Vorverpacken von Frischeprodukten
prepaid - vorausbezahlt
prepaid and deferred items - Rechnungsabgrenzungsposten
prepaid legal services - Rechtsschutz
prepare - ausarbeiten
prepare a balance sheet - bilanzieren
prepay - vorausbezahlen
preprocessing - Vorabverfahren
preproduction cost - Vorlaufkosten
prepublication price - Subskriptionspreis
prerequisite - Voraussetzung, Vorbedingung
prescribe - vorschreiben, verjähren
prescription - Rezept, Verordnung
preselection - Vorauswahl
presence of a quorum - Beschlußfähigkeit
present discounted value - diskontierter Gegenwartswert
present value - Barwert, Gegenwartswert
present value maximization - Maximierung des Gegenwartswerts
present value of annuity - Rentenbarwert
present value of future profits - Zukunftserfolgswert
presentation - Präsentation, Vortrag
presentation bill - Sichtwechsel
presentation graphics - Präsentationsgrafik
presentation technique - Präsentations-/Darstellungstechnik
presentment - Vorlage, Darstellung
presentment for acceptance - Akzepteinholung
preservation - Bewahrung, Erhaltung
preservation of capital - Werterhaltung
preservative - bewahrend, Konservierungsmittel, Vorbeugungsmittel
preserve - bewahren, erhalten
preserve obligation - Aufbewahrungspflicht
preserve period - Aufbewahrungsfrist
presidency - Vorsitz
press advertising - Anzeigenwerbung
press agency - Presseagentur
press hit - Pressemappe
press officer - Pressereferent
press release - Pressemitteilung, Verlautbarung
press statement - Presseerklärung
pressure - Druck, Last
pressure cooker - Antreiber
pressure group - Interessengruppe
pressure of taxation - Steuerdruck
pressure to innovate - Innovationsdruck
pressure to make short-term profits - kurzfristiger Erfolgszwang
pressures of a materialistic society - Konsumterror
pressures of competition - Wettbewerbsdruck
prestige advertising - Repräsentationswerbung
presumption - Annahme, Vermutung
presumptive - mutmaßlich
pretest - Vortest, Voruntersuchung
pretest interview - Probeinterview
prevail - vorherrschen, obliegend
prevailing - vorherrschend, obwaltend, maßgebend
prevalent - herrschend, weit verbreitet
prevent - verhindern, abhalten
previous - früher, vorhergehend
previous application - Voranmeldung
previous quotation - Schlußkurs des Vortages
price - Kurs, Preis
price adjustment - Preisangleichung
price adjustment clause - Preisangleichungsklausel, Preisgleitklausel
price adjustment levy - Ausfuhrabschöpfung
price advance - Preisanstieg
price advantage - Preisvorteil
price agreed upon - vereinbarter Preis
price agreement - Preisabsprache
price alteration - Preisänderung
price auditing - Preisprüfung
price boost - Preissteigerung
price ceiling - Höchstpreis
price climb - Preisanstieg
price collapse - Preis-/ Kursverfall
price comparison - Preisvergleich
price concession - Preiszugeständnis
price control - Preiskontrolle
price cut - Preissenkung

price cutter - Preisunterbieter
price cutting war - Preiskrieg
price decline - Kursabfall
price deduction - Preisnachlaß
price determination - Preisfeststellung
price difference - Preisdifferenz, Preisunterschied
price differential - Preisgefälle
price differentiation - Preisentwicklung, Preisdifferenzierung
price discretion - Preisspielraum
price discrimination - Preisdiskriminierung
price distortion - Preisverzerrung
price elasticity - Preiselastizität
price ex factory - Preis ab Werk
price factor - Umrechnungsfaktor zwecks Anleihenvergleich
price fixing - Preisbindung
price fixing cartell - Preiskartell
price fluctuation - Preisschwankung
price formation - Preisbildung
price freeze - Preisstopp
price gap - Preisschere
price guideposts - Preisleitlinien
price including - Inklusivpreis
price increase effect - Preissteigerungseffekt
price index - Preisindex
price labeling - Preisauszeichnung
price labelor - Etikettierpistole
price leader - Preisführer
price led boom - Preiskonjunktur
price level - Preisniveau, Kurshöhe
price line - Bilanzgerade
price list - Kurszettel
price look-up procedure - Preisabrufverfahren
price maintenance - Preisbindung, Kursstützung
price making - Preisbildung
price mark - Auszeichnung
price markdown - Preissenkung
price mechanism - Marktpreismechanismus
price movement - Preisbewegung, Kursverlauf
price of benefit - Nutzenpreis
price out - Preis auszeichnen
price pegging - Kursstützung
price per unit - Preis pro Einheit
price policy - Preispolitik
price quotation - Kursnotierung, Preisangabe
price reduction - Preisreduzierung, Preissenkung
price setting - Preisfixierung, Preissetzung
price stability - Preisstabilität
price stabilization - Kursstützung
price standard - innerbetrieblicher Verrechnungspreis
price surveillance - Preisüberwachung
price taker - Mengenanpasser, Preisnehmer
price taker market - Mengenanpassermarkt
price tendency - Preisbewegung
price theory - Preistheorie
price to consumer - Verbraucherpreis
price variance - Preisabweichung
price war - Preiskrieg
price-consumption curve - Preis-Konsumkurve
price-demand function - Preis-Absatz-Funktion
price-earnings ratio (p/e) - Preis-Gewinn-Verhältnis
price-performance standards - Preismaßstäbe
pricey / pricy - teuer
pricing - Preiskalkulation, Preissetzung
pricing margin - Kalkulationsspanne
pricing ordinance - Preisangabeverordnung
pricing policy - Preissetzungspolitik
pricing practice - Kalkulationsverfahren
pricing pressure - Preisdruck
pricing structure - Preisgefüge
pricing system - Kalkulationssystem
primage - Frachtzuschlag
primal integer programming - primal-ganzzahlige Programmierung
primal problem - Primalproblem
primarily - vor allem, vornehmlich
primary - elementar, wesentlich, primär
primary cost categories - originäre Kostenarten
primary costs - Primärkosten
primary data - Urmaterial
primary deficits - wesentliche Defizite
primary demand - Primärnachfrage

primary deposit

primary deposit - Giralgeld
primary employment - Grundbeschäftigung
primary income distribution - primäre Einkommensverteilung
primary input - Primäraufwand
primary key - Ordnungsbegriff
primary liquidity - Primärliquidität
primary market - Primärmarkt
primary marketing area - Hauptabsatzgebiet
primary offering - Neuemission
primary producer - Rohstoffproduzent
primary-producing country - Rohstoffland
prime - erstklassig, vorzüglich, wichtigst
prime acceptance rate - Privatdiskontsatz
prime acceptance market - Privatdiskontmarkt
prime cost - Anschaffungswert, Einkaufspreis, Selbstkosten
prime market - Hauptabsatzmarkt
prime rate - Leitzinssatz
prime target - Hauptziel
prime time - Hauptsendezeit
principal - Auftraggeber, Vorsitzender, Grundkapital, Nominalwert
principal and interest - Kapital und Zinsen
principal appartment - Hauptwohnung
principal authorization - Grundsatzbewilligung
principal creditor - Hauptgläubiger
principal debtor - Hauptschuldner
principal market - Hauptabsatzgebiet
principal office - Hauptgeschäftsstelle, Zentrale
principal plant - Hauptbetrieb
principal share - Hauptanteil
principal shareholder - Hauptaktionär
principal with interest accrued - Kapital und aufgelaufene Zinsen
principle - Grundsatz, Prinzip
principle of causation - Verursacherprinzip
principle of caution - Vorsichtsprinzip
principle of classifying accounts - Abschlußgliederungsprinzip
principle of least squares - Kleinste-Quadrate-Methode

principle of proportionality - Proportionalitätsprinzip
principle of subsidiarity - Subsidiaritätsprinzip
principle of the lower of cost or market - Niederstwertprinzip
principle of the rule of law - Rechtsstaatsprinzip
principles of taxation - Besteuerungsgrundsätze
printed advertising material - Werbedrucksachen
printed form - Vordruck
printed matter - Drucksache
printed notice - vorgedruckte Mitteilung
prior charge / claim - bevorrechtigte Forderung
prior engagement - frühere Vereinbarung
prior probability - a-priori-Wahrscheinlichkeit
prior publication - Vorabveröffentlichung
prior right - Vorzugsrecht
prior tax - Vorsteuer
prior to maturity - vor Fälligkeit
prior turnover - Vorumsatz
prior turnover method - Vorumsatzverfahren
prior turnover tax method - Vorsteuerverfahren
prior year results - Vorjahresergebnis
priority - Vorrang, Vorzug, Priorität
priority bonds - Vorzugsobligationen
prisoner's dilemma - Gefangenendilemma
private broker - freier Makler
private company - personenbezogene Kapitalgesellschaft
private creditor - Privatgläubiger
private enterprise - Privatwirtschaft, freie Marktwirtschaft
private enterprise solution - privatwirtschaftliche Lösung
private firm - Privatunternehmen
private goods - Individualgüter
private insurance - Privatversicherung
private insurer - Privatversicherer
private law corporation - privatrechtliche Körperschaft
private limited company - Gesellschaft mit beschränkter Haftung (GmbH)

private market economy - freie Marktwirtschaft
private plot - privates Grundstück / Parzelle
private sector loan demand - private Kreditnachfrage
private sector of the economy - Privatwirtschaft
private wants - individuelle Bedürfnisse
privatization - Privatisierung
privilege - Privileg, Vorrecht, bevorrechtigen
privileged communication - vertrauliche Mitteilung
privileged debt - bevorrechtigte Forderung
pro rata - anteilig
pro rata consolidation - Quotenkonsolidierung
pro rata payments - anteilsmäßige Zahlungen
proactive - zuvorkommend
probability - Wahrscheinlichkeit
probability calculus - Wahrscheinlichkeitsrechnung
probability density - Wahrscheinlichkeitsdichte
probability density function - Dichtefunktion
probability distribution - Wahrscheinlichkeitsverteilung
probability distribution function - Verteilungsfunktion
probability function - Wahrscheinlichkeitsfunktion
probability mass - Wahrscheinlichkeitsmasse
probability of acceptance - Annahmewahrscheinlichkeit
probability of loss - Schadenseintrittswahrscheinlichkeit
probability of occurence - Eintrittswahrscheinlichkeit
probability paper - Wahrscheinlichkeitsnetz
probability sampling - Wahrscheinlichkeitsauswahl
probation(ary) period - Probezeit, Referendarzeit
probe - Untersuchung, prüfen, untersuchen

probe question - Ergänzungsfrage
probing of a market - Markterkundung
probity - Integrität, Rechtschaffenheit
problem cluster - Problemkreis
procedure - Handlungsweise, Verfahren, Vorgehen
procedure log sheet - Laufzettel
procedure on voting - Abstimmungsverfahren
procedure-oriented language - verfahrensorientierte Programmiersprache
proceed - weitergehen, fortschreiten
proceeding - Sitzung, Verfahren, Verhandlung
proceeds - Einnahmen, Erlös, Ertrag
proceeds of a tax - Steuerertrag
process - Prozeß, Vorgang, verarbeiten, reproduzieren
process consulting - Prozeßberatung
process control - Qualitätskontrolle
process costing - Divisionskalkulation
process engineering - Verfahrenstechnik
process integration - Ablaufintegration
process of production - Herstellungsvorgang /-verfahren
process of readjustment - Umstellungsprozeß
process organization - Ablauforganisation
process planning - Arbeitsvorbereitung
process time - Bearbeitungszeit
processing - Verarbeitung, Veredelung
processing industry - (weiter)verarbeitende Industrie
processing location - Bearbeitungsplatz
processor - Weiterverarbeiter
procompetitive - wettbewerbsfördernd
procompetitive policy - Wettbewerbspolitik
procure - beschaffen, herbeiführen
procure funds - Kapital beschaffen
procurement - Beschaffung, Vermittlung
procurement cost - Beschaffungskosten
procurement marketing - Beschaffungsmarketing
procurement policy - Beschaffungspolitik
procurement of outside capital - Fremdkapitalbeschaffung
procurement system - Beschaffungswirtschaft

procurement tying

procurement tying - gebundene Entwicklungshilfe
produce - Erzeugnis, erzeugen
producer - Erzeuger, Hersteller
producer advertising - Herstellerwerbung
producer country - Herstellungsland
producer goods - Produktionsgüter
producer goods industry - Produktionsgüterindustrie
producer price - Erzeugerpreis
producer's risk - Produzentenrisiko
producer's surplus - Produzentenrente
producer-price-index (PPI) - Produzentenpreisindex
producers' cooperative - Erzeugergenossenschaft
producing country - Förderland
producing industry - Produktionswirtschaft
product - Produkt, Ware
product analysis - Produktanalyse
product change - Produktwechsel
product characteristics - Produkteigenschaften
product conception - Produktkonzeption
product contour - Isoproduktkurve
product costing - Stückkostenkalkulation
product design - Produktgestaltung
product development - Produktentwicklung
product differentiation - Produktdifferenzierung
product diversity - Produktvielfalt
product elimination - Produkteliminierung
product engineering - Fertigungstechnik
product family - Produktfamilie
product features - Produkteigenschaften
product field - Produktfeld
product identification - Warenidentifizierung
product image - Produktimage
product improvement - Produktverbesserung
product indifference curve - Produktindifferenzkurve
product information - Produktinformation
product innovation - Produktinnovation
product leader - Produktführer

product liability - Produkthaftung
product life - Produktlebensdauer
product life cycle - Produktlebenszyklus
product line - Produktlinie / -gruppe
product loss - Verkauf unter Wert
product management - Produktmanagement
product mix - Produktmix
product organization - Spartenorganisation
product orientated classification - Produkt-Gliederung
product personality - Produktprofil
product pioneering - Einführung neuer Produkte
product placement - Produktplazierung
product placement test - Produkteinführungstest
product positioning - Produktpositionierung
product program - Produktprogramm
product range - Produktauswahl, Sortiment
product range optimization - Sortimentsoptimierung
product reliability - Produktzuverlässigkeit
product selection - Produktauswahl
product simplification - Produktvereinfachung
product specialization - Produktspezialisierung
product specification - Produktbeschreibung
product status analysis - Produktstatusanalyse
product supporting measures - produktflankierende Maßnahmen
product test - Produkttest
product wastage - Produktverschleiß, Produktverschwendung
product-market - Produktmarkt
product-market scope - Produkt-Markt-Matrix
production - Produktion, Fertigung
production advance - Produktionssteigerung
production bottleneck - Kapazitätsengpaß
production bottleneck sector - Engpaßsektor

production bug - Produktionsfehler
production capacity - Produktionskapazität
production change-over - Produktionsumstellung
production coefficient - Inputkoeffizient
production cost center - Fertigungs-/ Hauptkostenstelle
production cost level - Herstellkostenniveau
production costs - Herstellungs-/ Produktionskosten
production decline - Produktionsrückgang
production delay - Produktionsverzögerung
production engineer - Fertigungsingenieur, Betriebsingenieur
production factor - Produktionsfaktor
production function - Produktionsfunktion
production hour - Fertigungsstunde
production manager - Betriebsleiter
production method of depreciation - verbrauchsbedingte Abschreibung
production mode - Produktionsform
production output - Produktionsausbringung
production plan - Produktionsplan
production planning and scheduling (PPS) - Produktionsplanung und -steuerung (PPS)
production possibility curve - Produktionsmöglichkeitskurve, Transformationskurve
production possibility frontier - Produktionsmöglichkeitsgrenze
production program planning - Produktprogrammplan
production schedule - Produktionsreihenfolge
production scheduling - Arbeitsvorbereitung
production smoothing - Produktionsglättung
production surface - Produktions-/ Ertragsgebirge
production technique - Produktionstechnik
production type - Produktionstyp

production volume - Auslastungs-/ Beschäftigungsgrad
production-basis method of depreciation - Abschreibung auf Produktionsbasis, Abschreibung nach Beanspruchung
production-order accounting - Zuschlagskalkulation
productive - erzeugend, produktiv, wertschaffend
productive capital - Produktionskapital
productive fixed overhead - Herstellungsgemeinkosten
productive income - Leistungseinkommen
productive resources - Produktionsgüter
productive services - Faktorleistungen
productive time - produktive Arbeitszeit
productivity - Leistungsfähigkeit, Produktivität, Rentabilität
productivity gain /improvement - Produktivitätssteigerung
productivity of capital stock - Investitionsproduktivität
productivity ratio - Produktivitätskennzahl
profession - akademischer Beruf
professional - akademisch, berufsmäßig, Fachmann
professional class - akademischer Berufsstand
professional recruitment - Führungskräftevermittlung
professional secrecy - Berufsgeheimnis
proficiency pay - Leistungszulage
profile of benefit - Nutzenprofil
profit - Profit, Gewinn
profit analysis - Gewinnanalyse
profit and loss account - Gewinn- und Verlustrechnung, Aufwands- und Ertragsrechnung
profit and loss statement - Erfolgsrechnung
profit carried forward - Gewinnvortrag
profit center - Ertragszentrum, Gewinn-Verantwortungsbereich
profit center accounting - Abteilungserfolgsrechnung
profit center organization - Divisionalorganisation

profit comparison method - Gewinnvergleichsrechnung
profit contribution - Deckungsbeitrag
profit control - Gewinnkontrolle
profit cover - Gewinndeckung
profit distribution - Gewinnverteilung
profit expectations - Gewinnerwartungen
profit for the year - Jahresüberschuß
profit forecast - Gewinnprognose
profit from coinage - Münzgewinn
profit from different value dates - Float-Gewinn
profit impact of market strategies (PIMS) - Gewinnauswirkung von Marketingstrategien
profit income - Gewinneinkommen
profit management - Gewinnsteuerung
profit margin - Gewinnspanne, Handelsspanne, Umsatzrendite
profit margin of commodity group - Warengruppenspanne
profit markup - Gewinnzuschlag
profit participation rights - Genußrechte
profit per unit - Gewinn pro Verkaufseinheit
profit planning - Gewinnplanung
profit pool - Gewinnabrechnungsgemeinschaft
profit potential - Gewinnpotential
profit push - inflatorischer Gewinnstoß
profit push inflation - Gewinndruckinflation
profit responsibility - Ergebnisverantwortung
profit retention - Thesaurierung, Gewinnrücklage
profit sharing - Gewinnbeteiligung
profit sharing certificate - Gewinnanteilschein
profit shifting - Gewinnverlagerung
profit situation - Ertragslage
profit squeeze - Gewinndruck
profit taking - Gewinnmitnahme
profit tax - Gewinnsteuer
profit transfer agreement - Gewinnabführungsvertrag
profit variables - Gewinngrößen
profit wedge - Gewinnzone
profitability - Einträglichkeit, Ertragskraft, Rentabilität

profitability aspects - Rentabilitätsgesichtspunkte
profitable - gewinnbringend, rentabel
profiteering - Wuchergewinne
profligacy - Verschwendungssucht
proforma invoice - Proformarechnung
profusion - Überfülle, Verschwendung
prognostic - voraussagend, warnend
prognostication - Vorhersage
program - Programm
program flowshart - Programmablaufplan
program linkage - Programmverknüpfung
program planning - Programmplanung
program sequence plan - Programmablaufplan
program trading - Börsenprogrammhandel
program-controlled - programmgesteuert
programming in the large - Makroprogrammierung
progress - Entwicklung, Fortschritt, Verlauf, weiterkommen
progress chart - Arbeitsfortschrittsdiagramm
progress control - Terminüberwachung
progression - Steigerung, Weiterentwicklung
progressive - progressiv, fortschreitend, gestaffelt
progressive cost estimate - progressive Kalkulation
progressive costs - progressive Kosten
progressive tax - Progressionssteuer, gestaffelte Steuer
prohibited risk - unversicherbares Risiko
prohibition - Verbot
prohibition to build - Bauverbot
prohibitive price - Prohibitivpreis, unerschwinglicher Preis
project - Entwurf, Plan, Projekt, Vorhaben
project assignment - Projektauftrag
project auditing / control - Projektkontrolle
project documentation - Projektdokumentation
project financing - Projektfinanzierung
project funds - Projektmittel

project implementation - Projekteinführung
project information - Projektinformation
project launching - Einführung
project manager - Projektleiter
project management - Projektleitung
project monitoring - Projektüberwachung
project organization - Projektorganisation
project participants - Projektbeteiligte
project phase - Projektphasen
project planning - Projektplanung
project request - Projektauftrag
project scheduling - Projektplanung
project steering - Projektsteuerung
project structure - Projektorganisation
project structure chart - Projektstrukturplan
project team - Projektgruppe
project time schedule - Projektzeitplan
project tying - Projektbindung
projection - Prognose, Projektion, Hochrechnung
projective - projektiv
proliferation - Wachstum, Wucherung, starke Erhöhung
prolongation - Prolongation, Verlängerung
promise - Versprechen, Zusicherung
promissory note - Schuldschein, Wechsel
promote - befördern, höherstufen, fördern
promote sales - Verkauf fördern
promoter - Veranstalter
promoter's shares - Gründeraktien
promotion - Beförderung, Höhergruppierung, Verkaufsförderung
promotion department - Verkaufsförderungsabteilung
promotion ladder - Karriereleiter
promotion of competition - Wettbewerbsförderung
promotion of original innovation - Innovationsförderung
promotion of tourism - Fremdenverkehrsförderung
promotional - Reklame-, Werbe-
promotional strategy - Verkaufsförderungsstrategie
prompt - sofort, unverzüglich
prompt cash - Sofortkasse
prompt note - Zahlungserinnerung
proof - Beweis, Prüfung, erprobt, bewährt
proof sheet - Abstimmungsbogen
propagation mechanism - Verbreitungsmechanismus
propellant - Treibstoff, Antrieb
propellant forces - Auftriebskräfte
propensity - Hang, Neigung
propensity to consume - Konsumfreudigkeit / -neigung
propensity to export - Exportquote
propensity to hoard - Hortungsneigung
propensity to import - Importquote
propensity to incur debts - Verschuldensneigung
propensity to invest - Investitionsneigung /-quote
propensity to monopolize - Neigung zur Monopolbildung
propensity to save - Sparneigung, Sparquote
propensity to spend - Ausgabenneigung
propensity to take up credits - Verschuldungsbereitschaft
property - Besitz, Eigentum, Grundstück
property accounting - Anlagenbuchhaltung
property balance - Vermögensbilanz
property class - Merkmalsklasse
property development - Grundstückserschließung
property rights - Eigentumsrechte
property structure - Vermögensstruktur
property tax - Vermögenssteuer
property undertaking - Grundstücks-/Immobiliengeschäft
proponent - Befürworter, Verfechter
proportion - Anteil, Ausmaß, Verhältnis
proportional - anteilmäßig, proportional, verhältnismäßig
proportional costing - Proportionalkostenrechnung
proportional costs - proportionale Kosten
proportional representation - Verhältniswahlrecht
proposal - Angebot, Vorschlag
propose - Antrag stellen, vorschlagen
proposed capital - in Aussicht genommene Kapitalausstattung
proposition - Behauptung, Lehrsatz

proprietary capital

proprietary capital - Eigenkapital
proprietary company - Holding-Gesellschaft
proprietary right - Vermögensrecht, Eigentumsrecht
proprietor - Besitzer, Eigentümer, Geschäftsinhaber, Gesellschafter
proprietor's income - Unternehmerlohn
proprietorship - Eigentumsrecht, Einzelunternehmen
proprietory possessor - Eigenbesitzer
prospect - Aussicht, Interessent
prospective - voraussichtlich, zukünftig
prospective customer - potentieller Kunde, Kaufinteressent
prospective yield - voraussichtlicher Gewinn
prospectus - Subskriptionsanzeige, Werbeprospekt
prosperity - Wohlstand, Prosperität, Hochkonjunktur
prosperity factor - Wohlstandsfaktor
prosperity index - Wohlstandsindex
prosperous - erfolgreich, wohlhabend
protect - akzeptieren, einlösen, schützen
protection - Schutz, Schutzzoll
protection against dismissal - Kündigungsschutz
protection money - Schutzgebühr
protection of industrial property - gewerblicher Rechtschutz
protection of registered design - Gebrauchsmusterschutz
protectionism - Protektionismus, Schutzzollpolitik /- system
protectionist - protektionistisch
protectionist measures - protektionistische Maßnahmen
protectionist tool kit - protektionistisches Instrumentarium
protective clothing - Schutzkleidung
protective duty - Schutzzoll
protest bill - Protestwechsel
protest for absence - Abwesenheitsprotest
protest strike - Proteststreik
prototype - Versuchsmodell
protracted - langwierig
proven - bewährt, erprobt
proven reserves - sichere Vorräte
provide - beschaffen, bereitstellen

provided for - vorgesehen für, bestimmt für
provided that - vorbehaltlich
province - Provinz, Unternehmensbereich
provision - Bereitstellung, Rückstellung, Maßnahme, Vorkehrung
provision for contingent losses - Delkredere
provisional - interimistisch, vorläufig
provisions dealer - Feinkosthändler
provisions for guaranties - Garantierückstellungen
provisions for operating expense - Aufwandsrückstellungen
provisions for welfare expenditure - Sozialrückstellungen
provoke - provozieren
proximate - unmittelbar, annähernd
proximate consequence - unmittelbare Folge
proximate determinant - unmittelbarer Bestimmungsgrund
proxy - Bevollmächtigter, Handlungsvollmacht, Stellvertretung
proxy shareholder - Vollmachtsaktionär
proxy voting power - Depot-/ Vollmachtsstimmrecht
prudence - Klugheit, Vorsicht
pseudo problem - Scheinproblem
pseudo random number - Pseudo-Zufallszahl
psychic income - Arbeitszufriedenheit
psychological need - psychologisches Bedürfnis
public accountant - Bücherrevisor
public assistance - Sozialhilfe
public authorities - öffentliche Hand / Haushalte
public body - öffentlich-rechtliche Körperschaft
public debt - öffentliche Schuld
public demand - öffentliche Nachfrage
public demand-pull inflation - Budgetinflation
public enterprise - staatlicher Betrieb
public expenditure theory - Theorie der öffentlichen Ausgaben
public finance - öffentliche Finanzwirtschaft
public goods - Kollektivgüter, öffentliche Güter

public information office - Pressestelle
public inspection - Einsichtnahme durch die Öffentlichkeit
public law - öffentliches Recht
public limited company (plc) - Aktiengesellschaft (AG)
public monopoly - staatliches Monopol
public opinion - öffentliche Meinung
public opinion research - Meinungsforschung, Demoskopie
public opinion survey - Befragung, Meinungsumfrage
public ownership - Gemeineigentum
public register of cooperatives - Genossenschaftsregister
public relations (PR) - Öffentlichkeitsarbeit
public relations department - Abteilung für Öffentlichkeitsarbeit
public relations officer - Pressechef, Pressesprecher
public relations work - Öffentlichkeitsarbeit
public relief work - öffentliche Wohlfahrtsarbeit
public sector - öffentlicher Bereich, öffentlicher Sektor
public securities - Staatspapiere
public service - Staatsdienst
public service company - öffentlicher Dienstleistungsbetrieb
public utilities - öffentliche Versorgungsbetriebe, gemeinnützige Unternehmungen
public utility commission - Kommission für öffentliche Versorgungsbetriebe
public wants - Kollektivbedürfnisse
public welfare - öffentliche Wohlfahrt, Fürsorge
public works - öffentliche Anlagen / Bauten
publicity - Reklame, Werbung
publicity agent - Werbefachmann,
publicly owned undertakings - Unternehmen der öffentlichen Hand
publish - herausgeben, verlegen, veröffentlichen
publisher - Herausgeber, Verleger
pump priming - Ankurbelung
pump priming measures - Ankurbelungsmaßnahmen

punctual performance - rechtzeitige Leistung
punishment - Bestrafung, Schinderei
punter - Spekulant
purchase - Anschaffung, Kauf, erwerben, kaufen
purchase account - Wareneinkaufskonto
purchase cost - Anschaffungskosten
purchase decision - Kaufentscheidung
purchase discount - Einkaufsrabatt
purchase fund - Ankaufsfonds
purchase intention - Kaufabsicht
purchase money - Kaufsumme
purchase on credit - Zielkauf
purchase order - Bestellung, Kaufauftrag
purchase order disposition - Einkaufsdisposition
purchase pattern - Kaufverhaltensmuster
purchase price - Kaufpreis
purchase proposition - Verkaufsargumentation
purchase tax - Kaufsteuer
purchaser - Erwerber, Käufer
purchasing agent - Einkäufer, Einkaufssachbearbeiter
purchasing association / cooperative - Einkaufsgenossenschaft
purchasing department - Einkaufsabteilung
purchasing frequency - Einkaufshäufigkeit
purchasing manager - Einkaufsleiter
purchasing power - Kaufkraft
purchasing power index - Kaufkraftkennzahl
purchasing power parity (PPP) - Kaufkraftparität
purchasing power research - Kaufkraftforschung
purchasing power risk - Kaufkraftrisiko
pure - echt, rein
pure competition - reiner Wettbewerb, vollkommene homogene Konkurrenz
pure cycle income - Sozialprodukt ohne Budgeteinfluß
purloin - stehlen
purport - Sinn, Bedeutung, Tragweite
purpose - Vorhaben, Vorsatz, Zweck, beabsichtigen
pursue a policy - Politik betreiben
purvey - liefern, beliefern

purveyor

purveyor - Lieferant
purview - Betätigungsfeld, Wirkungskreis
push - Schub
push cart - Einkaufswagen
push money - Verkaufsprämie
pusher - Draufgänger, Emporkömmling, Streber
pushing into deficit - Passivierung
put - Verkaufsoption
put a writ on - beschlagnahmen, pfänden

put away - Geld zurücklegen
put by- auf die hohe Kante legen, zurücklegen
put in overtime - Überstunden machen
put into liquidation - liquidieren
put into operation - Inbetriebnahme
put out - in Auftrag geben
put-up job - abgekartetes Spiel, Schiebung
putative -vermeintlich, mutmaßlich

Q

quadratic - quadratisch
quadratic programming - quadratische Programmierung
quadruplicate - vierfach
qualification - Befähigung, Qualifikation, Voraussetzung
qualification pattern - Qualifikationsstruktur
qualification profile - Qualifikationsprofil
qualified employee - qualifizierte Arbeitskraft
qualified majority - qualifizierte Mehrheit
qualified minority - qualifizierte Minderheit
qualify - sich eignen, qualifizieren, relativieren
qualifying turnovers - steuerbare Umsätze
qualitative data - qualitative Daten
qualitative job evaluation - qualitative Arbeitsplatzbewertung
qualitative personnel requirements - qualitativer Personalbedarf
quality - Eigenschaft, Güte, Qualität
quality awareness - Qualitätsbewußtsein
quality changes - Qualitätsveränderungen
quality circle - Qualitätszirkel
quality competition - Qualitätswettbewerb
quality control - Qualitätskontrolle, Qualitätssteuerung
quality costs - Qualitätskosten
quality grade - Qualitätsklasse
quality improvement - Qualitätsverbesserung
quality of personnel - Personalqualität
quality of work - Arbeitsqualität
quality principle - Qualitätsprinzip
quality protection - Qualitätssicherung
quality specifications - Qualitätsnormen
quality work - Qualitätsarbeit
quality-based strategy - Qualitätsstrategie
quantify - quantifizieren, messen
quantitative - quantitativ
quantitative data - quantitative Daten
quantitative evaluation - quantitative Bewertung
quantitative restriction - Mengenbegrenzung
quantity - Menge
quantity adjuster - Mengenanpasser
quantity analysis - Mengenanalyse
quantity buyer - Großabnehmer
quantity effect - Mengeneffekt
quantity of acceptance - Akzeptanzmenge
quantity of sales - Absatzmenge
quantity planning - Mengenplanung
quantity rebate - Mengenrabatt
quantity restriction - Mengenbeschränkung
quantity standard - Mengenvorgabe
quantity supplied - Angebotsmenge
quantity tax - Mengensteuer
quantity theory - Quantitätstheorie
quantity theory of money - Quantitätstheorie des Geldes
quantum leap - Mengensprung, Mengenausdehnung
quarantine - Isolierung, Quarantäne
quarter figures - Quartalszahlen
quarter loss - Quartalsverlust
quarter profit - Quartalsgewinn
quarter report - Quartalsbericht
quarter result - Quartalsergebnis
quarterly dividend - Vierteljahresdividende
quarterly premium - Vierteljahresprämie
quasi-boom - Quasi-Aufschwung
quasi-collective goods - quasi-öffentliche Güter
quasi-money - Beinahegeld
quasi-rent - Quasi-Rente
quasi-revaluation - Quasi-Aufwertung
query - Frage, Rückfrage, beanstanden, in Zweifel ziehen
question of costs - Kostenfrage
questioning - Befragung, Verhör
questioning experiment - Befragungsexperiment
questionnaire - Fragebogen
questionnaire technique - Fragebogenmethode
queue - Warteschlange, anstehen
queue discipline - Warteschlangendisziplin
queue time - Wartezeit
queueing theory - Warteschlangentheorie

quick fix - Bilanzkosmetik
quick returns /turnover - schneller Umsatz
quid pro quo - Gegenleistung
quintile - Quintil
quintuble - fünffach
quip - Bonmot, Witz
quit - kündigen, verzichten, aufgeben
quit claim - Verzicht auf Rechte
quit deed - Grundstückverkauf ohne Mängelhaftung
quit of charges - nach Abzug der Kosten, spesenfrei
quit rent - Miet-/ Pachtzins
quorum - beschlußfähige Anzahl, Beschlußfähigkeit
quota - Anteil, Kontingent, Quote
quota restriction - Mengenbeschränkung
quotation - Angebot, Kursnotierung, Preisangabe
quotation department - Abteilung für Börsenzulassung
quotation in percentage - Prozentnotierung
quote - ansetzen, notieren
quote a price - Preis nennen, Preisangebot machen
quoted at - im Kurs zu, notiert mit
quoted company - börsennotierte Gesellschaft
quoted price - Angebotspreis
quoted securities - amtlich notierte Werte
quotient optimization - Quotientenoptimierung

R

rack department - Sortierabteilung
rack jobber - Regalgroßhändler
rack optimization - Regaloptimierung
rack up profits - Gewinne machen
racket - betrügerisches Unternehmen
racketeering - Gangstermethoden, Schiebungen, Insidergeschäfte
rackrent - Wuchermiete
radical cuts down the line - drastischer Personalabbau
rag business - Damenbekleidungsindustrie
raid - Kurse drücken
raider - Unternehmenshai
rail shuttle - Pendelzug
railage - Bahntransport-/ Frachtkosten
railman - Eisenbahner
railroad agent - Bahnspediteur
railroad freight - Bahnfracht
railroad rates - Eisenbahntarif
railway consignment - Bahnfrachtbrief
railway system - Eisenbahnnetz
rainforest destruction - Regenwaldzerstörung
rainy-day reserves - Notrücklagen
raise - anheben, erhöhen
raise a claim - Forderung geltend machen
raise a credit - Kredit aufnehmen
raise a mortgage - Hypothek aufnehmen
raise external funds - Fremdmittel aufnehmen
raise money - Geld aufnehmen
raising of funds - Mittelaufbringung
rake in profits - hohe Gewinne einstreichen
rake off - Gewinnanteil, Provision
rally - anziehen, sich erholen, verbessern
rally in prices - Kurserholung
ramification - Verzweigung
random - Zufall
random access - Direktzugriff
random error - Zufallsfehler
random event - Zufallsereignis
random experiment - Zufallsexperiment
random numbering - Zufallszahlen
random observation - Zufallsbeobachtung

random process - stochastischer Prozess
random sample - Zufallsstichprobe, Stichprobenerhebung
random sample method - Stichprobenverfahren
random variable - Zufallsvariable
randomize - randomisieren
range - Spannweite, Spielraum, Umfang
range of activity - Beschäftigungsbereich
range of goods - Kollektion, Sortiment, Warenangebot
range of goods offered - Angebotspalette
range of merchandises - Sortiment von Waren
range of parameters - Parameterbereiche
range of participants - Teilnehmerkreis
range of products - Produktpalette
range of services offered - Angebotspalette
rank and file - Belegschaft
rank correlation - Rangkorrelation
ranking order - Rangfolge
rapid - rasch, schnell
rapid amortization - beschleunigte Abschreibung
rapid money transfer - Eilüberweisung
rapidity - Geschwindigkeit, Schnelligkeit
rat - Akkordbrecher
rat race - Postenjägerei, harte Berufskonkurrenz
ratable property - steuerpflichtiger Grundbesitz
ratchet effect - Sperrklinkeneffekt
rate - Zins, Tarif, Satz, einschätzen, bewerten
rate adjustment - Zinsanpassung
rate base - zugesicherte Mindestauflage
rate card - Anzeigenpreisliste
rate ceiling - Zinsobergrenze
rate change - Prämienänderung
rate deficiency grant - Ausgleichszuweisung
rate differential - Zinsgefälle
rate discrimination - Preisdiskriminierung
rate fixing - behördliche Preisfestlegung, Kursfestsetzung
rate fluctuations - Kursschwankungen

rate hedging

rate hedging - Kurssicherung
rate hike - Gebührenerhöhung
rate of absenteeism - Abwesenheitsquote
rate of accumulation - Akkumulationsquote
rate of activity - Beschäftigungsgrad
rate of capital formation - Kapitalbildungsrate
rate of change - Änderungsrate
rate of commission - Provisionssatz
rate of depreciation - Geldentwertungsrate
rate of discount - Diskontsatz
rate of equity turnover - Umschlaghäufigkeit des Kapitals
rate of escalation - Steigerungsrate
rate of exchange - Wechselkurs, Umrechnungskurs, Tauschverhältnis
rate of failure - Störungsrate
rate of flow - Stromgröße
rate of gain in productivity - Produktivitätszuwachsrate
rate of growth /increase - Wachstumsrate
rate of inflation - Inflationsrate
rate of interest - Zinssatz, Verzinsung
rate of interest effect - Zinseffekt
rate of investment - Investitionsrate
rate of merchandise turnover - Umschlagshäufigkeit des Warenbestandes
rate of money turnover - Umlaufgeschwindigkeit des Geldes
rate of premium - Prämiensatz
rate of production - Produktionshöhe
rate of progression - Progressionssatz
rate of public acceptance - Sättigungspunkt
rate of redemption - Rückzahlungskurs
rate of return - Ertrag, Rentabilität
rate of return on equity - Eigenkapitalrentabilität
rate of return on investment - Kapitalzinssatz
rate of saving - Ersparnisrate
rate of selling - Absatzgeschwindigkeit
rate of substitution - Substitutionsrate
rate of taxation - Steuersatz
rate of time-discounting - Zeitdiskontierungsrate
rate of total capital turnover - Umschlagshäufigkeit des Gesamtkapitals
rate of turnover - Umschlagziffer, Umsatzgeschwindigkeit
rate of unemployment - Arbeitslosenquote
rate of usage - Lagerabgangsrate
rate of working - Leistungsgrad
rate of yield - Ausbeutesatz
rate risk - Zinsrisiko
rate setting - Festsetzung der Abgabepreise, Tarifgestaltung
rate spread - Zinsspanne
rate support - Kurssicherung
rate war - Preiskrieg
rated capacity - Sollkapazität
rated output - Soll-Leistung
rates - Gebühren, Gemeindesteuer, Kommunalabgaben
rates relief - Grundsteuerermäßigung
rating - Bonitäts-/ Leistungsbewertung, Kreditwürdigkeit
rating scale - Bewertungsskala
ratio - Verhältnis, Kennzahl
ratio of allotment - Zuteilungsquote
ratio of conversion - Umtauschverhältnis
ratio of debt to net worth - Verschuldungsgrad
ratio of equity to fixed assets - Anlagendeckung
ratio of farming population to total labor force - Agrarquote
ratio of total trade to national income - Außenhandelsquote
ratio system - Kennzahlensystem
ratio variable - Verhältnisgröße
rational behavior - Rationalverhalten
rational expectations - rationale Erwartungen
rationality - Rationalität, Vernunft
rationalization - Rationalisierung
rationalization advantage - Rationalisierungsvorteil
rationalization investment - Rationalisierungsinvestition
rationalization measure - Rationalisierungsmaßnahme
rationalization methods - Rationalisierungsmethoden
rationing - Bewirtschaftung, Zuteilung
raw commodity market - Rohstoffmarkt
raw land - unerschlossene Grundstücke

raw material - Rohmaterial, Rohstoff
raw materials and supplies - Roh-, Hilfs- und Betriebsstoffe
raw materials inventory - Rohstoffbestände
raw materials scarcity - Rohstoffknappheit
re-education - Umschulung
re-election - Wiederwahl
re-employment - Wiedereinstellung
re-entry rate - Wiedereinstellungsrate
re-export - Wiederausfuhr
reach - Anwendung, Geltungsbereich, Reichweite
reaction curve - Reaktionskurve
readers per copy - Leser pro Exemplar
readership analysis - Leseranalyse
readiness to deliver - Lieferbereitschaft
readiness to save - Sparbereitschaft
readiness to sell - Verkaufsbereitschaft
readiness to spend - Ausgabebereitschaft
reading intensity - Leseintensität
ready cash - Bargeld
ready for delivery - lieferbar
ready message - Fertigmeldung
ready sale - schneller Absatz
ready to operate - betriebsbereit
ready-to-wear financial pattern - Standardfinanzierung
real account - Bestandskonto
real agreement - dinglicher Vertrag
real assets - Realgüter
real balance - realer Kassensaldo
real balance effect - realer Kasseneffekt
real business cycle - realer Konjunkturzyklus
real capital - Realkapital
real cash balance - reale Kassenhaltung
real consumer spending - reale Verbrauchsausgaben
real consumption - tatsächlicher Konsum
real cost terms of trade - Realkostenaustauschverhältnisse
real demand function of labor - Realnachfragefunktion der Arbeit
real disposable income - verfügbares Realeinkommen
real earnings - Realeinkommen
real estate - Grundstücke, Immobilien
real estate agent - Immobilienmakler
real estate investment fund - Immobilienanlagefond
real final demand - reale Endnachfrage
real growth - reales Wachstum
real income - Realeinkommen
real income comparison - Realeinkommensvergleich
real income losses - reale Einkommenseinbußen
real interest rate - realer Zinssatz
real national income - reales Volkseinkommen
real net output - Wertschöpfung
real property tax - Grundsteuer
real rate of interest - realer Zinsfuß
real resources - reale Produktivkräfte
real return - Realrendite
real rights - Grundpfandrechte
real servitude - Grunddienstbarkeit
real trade surplus - realer Außenhandelsüberschuß
real value - Realwert
real wage - Reallohn
real wage cut - realer Einkommensverlust
real wealth - Realvermögen
real yield - Realverzinsung
realignment of exchange rates - Wechselkursanpassung
realizable - absetzbar, ausführbar
realizable value - Veräußerungswert
realization - Kapitalisierung, Veräußerung
realization account - Liquidationsbilanz
realization of profits - Gewinnerzielung
realization rule - Realisationsprinzip
realization task - Realisationsaufgabe
realize profits - Gewinne erzielen
realized appreciation - realisierte Wertsteigerung
realized depreciation - verdiente Abschreibungen
realized investments - durchgeführte Investitionen
reallocation of import quotas - Neuzuteilung von Einfuhrkontingenten
realm - Bereich, Gebiet, Gegend
realty - Immobilien
realty transfer tax - Grunderwerbssteuer
reap - ernten, erzielen

reap benefits

reap benefits - Gewinn ziehen, Nutzen ziehen
reappointment - Wiedereinstellung
reappraisal - Neubewertung
rearrange - ändern, umordnen
rearrangement - Neuordnung
reason - Grund, Motiv, Ursache
reason-why advertising - Aufklärungswerbung
reasonable - angemessen, vernünftig
reasonable notice - angemessene Kündigungsfrist
reasonable price - angemessener Preis
reasoning - Begründung, Schlußfolgerung
reassessment - Neubewertung, Neuveranlagung
reassurance - Beruhigung, Rückversicherung
reassure - beruhigen, wieder versichern
rebate - Rabatt
rebound - Umschwung, zurückfallen
rebuild inventory - Lager auffüllen
rebut - widerlegen
rebuttal - Widerlegung
rebuy - Rückkauf, Wiederkauf
rebuy rate - Wiederkaufrate, Bedarfsdeckungsrate
recalcitrant character - widerspenstiger Charakter
recall - Aufruf, Widerruf, widerrufen
recapitalization - Kapitalumschichtung, Neufinanzierung
recapitalization gains - Sanierungsgewinne
recapture - Enteignung
recapture cost - Kosten hereinholen
recapture tax - Wiedergewinnungssteuer
recargo - Aufschlag
receding market - rückläufiger Aktienmarkt
receipt - Beleg, Empfang, Quittung
receipt of delivery - Ablieferungsbescheinigung
receipt of goods - Warenannahme
receipt of payment - Zahlungseingang
receipts - Einnahmen, Einkünfte
receivable - ausstehend
receive - annehmen, in Empfang nehmen
received for shipment - zur Beförderung übernommen

receiver - Empfänger, Konkurs-/ Vermögensverwalter
receiving office - Annahmestelle
receiving order - Konkurseröffnungsbeschluß
recent - vor kurzem
recent accession - Neuanschaffungen
reception - Rezeption, Empfang
receptive - aufnahmefähig, empfänglich
receptive market - aufnahmebereiter Markt
receptive to innovation - innovationsbewußt
recession - Rezession, Wirtschaftskrise
recession-led slump in demand - rezessionsbedingter Nachfragerückgang
recessionary trough - konjunkturelle Talsohle
recipient - Empfänger
recipient country /nation - Empfängerland
recipient of services - Leistungsempfänger
reciprocal - wechselseitig, gegenseitig
reciprocal aid - gegenseitige Hilfe
reciprocal buying - wechselseitige Lieferbeziehungen
reciprocal deal - Gegenseitigkeitsgeschäft
reciprocal matrix - inverse Matrix
reciprocal value - Kehrwert
reciprocity principle - Reziprozitätsprinzip
reclassification - Neueinteilung /-gliederung
recognition lag - Erkenntnisverzögerung
recognition test - Anzeigenwiedererkennungstest
recognize - erkennen, einsehen
recognized training occupation - anerkannte Ausbildungsberufe
recommendation - Einigungsvorschlag, Empfehlung
recommended price - Richtpreis
recommended retail price - empfohlener Abgabepreis
recompense - Entschädigung, Vergütung
reconcile - schlichten, vereinbaren, in Einklang bringen
reconciliation - Schlichtung
reconsider - überlegen, überdenken

record - Aufzeichnung, Beleg, aufzeichnen, beurkunden
recorded economy - offizielle Wirtschaft
recoup - ersetzen, entschädigen
recoup a loss - Verlust ausgleichen
recoupment - Minderung, Entschädigung
recourse - Rückgriff, Regreß
recover - zurückbekommen, wiedergewinnen, erholen
recovery - Aufschwung, Aufstieg, Besserung, Wiederbelebung
recovery cost - Wiederbeschaffungskosten
recovery of demand - Nachfragebelebung
recovery of replacement cost - Substanzerhaltung
recovery property - Abschreibungsgüter
recovery strategy - Sanierungskonzept
recovery time - Wiedergewinnungszeit
recovery value - Restwert
recruit - anwerben, einstellen, rekrutieren
recruit labor - Arbeitskräfte anwerben
recruiting - Anwerbung, Rekrutierung, Personalbeschaffung
recruiting expenses - Einstellungskosten
recruiting officer - Sachbearbeiter für Personaleinstellung
recruiting policy - Personalbeschaffungspolitik
recruiting sources - Anwärterkreis
recruitment - Anwerbung
recruitment advertising - Stellenangebote
recruitment agreement - Anwerbevereinbarung
recruitment ban - Anwerbestopp
recruitment consultancy - Personalberatungsunternehmen
recruitment country - Anwerbeland
recruitment fee - Anwerbegebühr
recruitment officer - Einstellungssachbearbeiter
recruitment stop - Anwerbestopp
rectangular distribution - Rechteckverteilung
rectification - Beseitigung, Berichtigung, Korrektur
rectify - berichtigen, korrigieren

recur - zurückgreifen, wiederkehren
recurrence - Wiederkehr, Zuhilfenahme
recurrent - wiederholend, wiederkehrend
recurrent taxation - Mehrfachbesteuerung
recursion equation - Rekursionsgleichung
recursion formula - Rekursionsformel
recursive equation - rekursive Gleichung
recursive programming - rekursive Programmierung
recycle - regenerieren, wiederverwenden
recycling - Wiederverwendung / -verwertung
red tape - Papierkrieg
red tapism - Bürokratismus
redeem - amortisieren, tilgen, zurückzahlen
redeemable - rückzahlbar
redeemable bond - Tilgungsanleihe
redelegation - Rückdelegation
redemption - Einlösung, Tilgung
redemption before due date - Rückzahlung vor Fälligkeit
redemption date - Fälligkeitstermin
redemption loan - Amortisationsanleihe
redemption price - Rückkaufpreis
redemption value - Rückzahlungswert
redemption yield - Tilgungserlös
redeployment of assets - Vermögensumschichtung
redesign - neu gestalten
redetermination of quotas - Neufestsetzung von Quoten
redevelopment - Sanierung
redevelopment area - Sanierungsgebiet
redirect - nachschicken, weiterleiten
redirecting consumer demand - Bedarfslenkung
rediscount - Abzinsung
redistribution - Umverteilung
redistribution consequences - Umverteilungswirkungen
redistribution mechanism - Umverteilungshaushalt
redistribution of income - Einkommensumverteilung
redistribution of losses - Schadens-/Verlustumschichtung

redistribution of wealth

redistribution of wealth - Vermögensumverteilung
redress - Abhilfe, Ersatz, Regreß, abhelfen, abstellen
reduce - senken, verringern
reduced interest financing - zinsgünstige Finanzierung
reduced price - herabgesetzter Preis
reducible - reduzierbar
reducing instalment system - degressive Abschreibung
reduction - Nachlaß, Verringerung
reduction in normal hours of work - Arbeitszeitverkürzung
reduction in turnover - Minderumsatz
reduction in workforce - Belegschaftsabbau
reduction in workload - Arbeitsentlastung
reduction of barriers to trade - Abbau von Handelshemmnissen
reduction of capital - Kapitalherabsetzung
reduction of contract price - Kaufpreisminderung
reduction of expenses - Kostenverringerung
reduction of indebtedness - Entschuldung
reduction of prior provisions - Auflösung von Wertberichtigungen und Rückstellungen
reduction of the interest rate - Zinssenkung
reduction of working hours - Arbeitzeitverkürzung
redundancy - Arbeitslosigkeit, Entlassung, Überflüssigkeit
redundancy payment - Arbeitslosenunterstützung, Entlassungsabfindung
redundant - arbeitslos, überflüssig
redundant code - Sicherheitscode
refer - verweisen, überlassen, Bezug nehmen
reference - Anspielung, Bezugnahme, Empfehlung
reference currency - Bezugswährung
reference figure - Bezugsgröße
reference group - Bezugsgruppe

reference number (Ref. No.) - Bezugsnummer, Aktenzeichen
reference price - Referenzpreis
referendum - Volksentscheid
refinancing - Umschuldung, Refinanzierung
refinancing policy - Refinanzierungspolitik
refinement - Raffinesse, Verbesserung, Verfeinerung
reflationary policy - Ankurbelungspolitik
reflect - nachdenken, überlegen, widerspiegeln
reflection - Reflektion, Überlegung, Widerspiegelung
reflection in an axis - Achsenspiegelung
reflexive - rückbezüglich, zurückwirkend
reflexivity - Reflexivität
refloat - sanieren
reflux of notes - Bargeldrückfluß
reforge - wieder flottmachen
refrain - Abstand nehmen, etwas unterlassen
refund - Rückerstattung, rückvergüten, zurückerstatten
refund of costs - Kostenerstattung
refunding - Umfinanzierung
refunding bond - Umtauschobligation
refusal - Ablehnung
refusal rate - Ausfallrate
refusal to accept - Annahmeverweigerung
refusal to sell - Liefersperre
refuse - Abfall, Müll, ablehnen, ausschlagen
refutation - Widerlegung
regard - beachten, berücksichtigen
regardless - unabhängig
regeneration point - Regenerationspunkt
region of prices - Preisbereich
regional aid - Regionalförderung
regional development - regionale Entwicklung
register - Register, Verzeichnis, anmelden, eintragen, registrieren
register a company - Firma handelsgerichtlich eintragen
register of companies - Handelsregister
registered bond - Namensschuldverschreibung

registered capital - Grundkapital
registered design - Gebrauchsmuster
registered land charge - Buchgrundschuld
registered letter - Einschreiben
registered office - statutarischer Sitz
registered partnership - Kollektivgesellschaft
registered security - Rektapapier
registered share - Namensaktie
registered share not freely transferable - vinkulierte Namensaktie
registered trade mark - eingetragenes Warenzeichen
registrar - Standes-/ Urkundsbeamter, Registerrichter
registrar's office - Standesamt
registration - Eintragung, amtliche Registrierung
regress - zurückgreifen, Rückkehr
regression - Regression
regression analysis - Regressionsanalyse
regression coefficient - Regressionskoeffizient
regressive costs - regressive Kosten
regressive supply - inverse Angebotsmenge
regressivity - Regressionswirkung
regrouping - Umgruppierung
regular annual payment - Annuität
regular customer - Stammkunde
regular depreciation - planmäßige Abschreibung
regular equipment - Standardausrüstung
regular occupation - Hauptberuf
regular readers - regelmäßige Leser, Stammleser
regular transactions - autonome Transaktionen
regularly employed - fest angestellt
regulate - ordnen, regeln, regulieren
regulate competition - Wettbewerb regeln
regulated industry - öffentlich regulierter Wirtschaftszweig
regulation - Regelung, Vorschrift
regulation of the market - Marktregulierung
regulator - Regler
regulatory agency - Aufsichtsbehörde

regulatory function - ordnungspolitische Aufgabe
rehire - wieder einstellen
rehiring - Wiedereinstellung
reimbursement - Schadensersatz
reimbursement of costs - Kostenerstattung
reimport - Wiedereinfuhr
reinforce - verstärken
reinstatement - Weiterbeschäftigung, Wiedereinsetzung
reinterprete - umdeuten
reinvested earnings - einbehaltene Gewinne
reinvestment - Wiederanlage, Reinvestition
reinvestment of proceeds - Wiederanlage der Erlöse
reinvestment problem - Ersatzinvestitionsproblem
reinvigorating effect - Belebungseffekt
reject - ablehnen, zurückweisen
reject claims - Ansprüche zurückweisen
rejection - Ablehnung, Zurückweisung
related enterprises - verbundene Unternehmen
related industry - Zulieferindustrie
relation - Beziehung, Verhältnis
relations between goals - Zielbeziehungen
relationship - Beziehung, Verhältnis
relationship of dependence - Abhängigkeitsverhältnis
relative - relativ, im Verhältnis
relative class frequency - relative Häufigkeit
relaxation - Abschwächung
relaxation of monetary policy - Lockerung der Geldpolitik
release - bekanntgeben, mitteilen, entlassen
release documents - Dokumente übergeben / übertragen
release from liability - Haftungsfreistellung
relentless - unnachgiebig, hartnäckig
relevance - Belang, Sachdienlichkeit
relevant - einschlägig, sachdienlich, wichtig
reliability - Zuverlässigkeit, Vertrauenswürdigkeit

reliable

reliable - kreditwürdig, zuverlässig
reliance - Vertrauen, Verlaß
relief - Entlastung, Freibetrag, Unterstützung
reload - umladen
reloading problem - Umladeproblem
relocatable expression - relativer Ausdruck
relocation - Umzug
relocation dictionary - Relativierungstabelle
relocation expenses - Umzugskosten
relocation of industry - Industrieverlagerung
remain stationary - unverändert bleiben
remainder - Restbetrag
remainder of a debt - Restschuld
remaining life - Restlaufzeit
remaining stock - Restbestand
remark - Äußerung, Bemerkung
remarkable - außergewöhnlich, beachtlich, bemerkenswert
remarketing - Revitalisierungsmarketing
remedy - Gegenmaßnahme, Rechtsmittel, Abhilfe schaffen
remedy defects - Mängel beseitigen
remedy grievances - Beschwerden abstellen
remind - erinnern
reminder - Mahnbrief
reminder of payment - Zahlungserinnerung
reminiscence - Erinnerung, Memoiren
remission - Erlaß, Vergebung
remission of a debt - Forderungsverzicht
remission of taxes - Steuererlaß
remit - überweisen
remit money - Geld überweisen
remittance - Geldsendung, Rimesse, Überweisung
remittance fee - Überweisungsgebühr
remittee - Zahlungsempfänger
remitter - Geldsender
remote - entlegen, entfernt
remote data transmission - Datenfernübertragung
remoteness - Abgelegenheit
remove the heat - entschärfen
remunerate - belohnen, entschädigen
remuneration - Bezahlung, Entschädigung, Vergütung

remunerative - einträglich, lukrativ
renegotiate - neu aushandeln, neu verhandeln
renegotiation - Neuverhandlung
renewal - Erneuerung, Prolongation
renewal coupon - Erneuerungsschein
renewal fund - Wiederbeschaffungsrücklage
rent - Miete, Pacht, Rente
rent control - Mietpreisbindung
rent factor - Rentefaktor
rental - Miete, Mietgegenstand
rental cost of capital - Leihkosten des Kapitals, Zinsen
rental income - Mieteinnahmen
renunciation - Verzicht, Ablehnung, Zurückweisung
reorder cycle - Wiederbeschaffungszyklus
reorder period - Reorganisationsphase
reorder system - Bestellwesen
reordering quantity - Meldebestand
reorganization - Reorganisation, Umstrukturierung
reorganization gain - Umwandlungsgewinn
reorganization of land - Landumlegung
reorganization of loans - Umstrukturierung der Kredite
reorganize - reorganisieren, umwandeln
reorientation - Kursänderung
reparation - Reparationszahlung
repatriate - Umsiedler
repatriation - Wiedereinbürgerung
repatriation of capital - Kapitalrückführung
repatriation of profits - Gewinntransfer
repay - zurückerstatten, zurückzahlen
repayable - rückzahlbar
repayment - Rückzahlung
repayment claim - Erstattungsantrag, Rückzahlungsantrag
repayment period - Abzahlungsperiode
repayment time - Amortisationsdauer
repeal - Aufhebung, Widerruf
repeat - wiederholen
repeat order - Nachbestellung
repeating audit - periodische Prüfung
repercussion - Auswirkung, Rückwirkung

repercussion effect - Rückwirkungseffekt
repetitive work - Routinetätigkeit
rephasing of time periods - Fristentransformation
rephrase - umformulieren
replaceable - austauschbar, auswechselbar, ersetzbar
replacement - Ergänzung, Ersatzlieferung
replacement cost - Ersatzkosten, Wiederbeschaffungskosten
replacement demand - Ersatzbedarf
replacement financed through accumulated depreciation - Finanzierung aus Abschreibungen
replacement investment - Reinvestition, Erhaltungs-/ Ersatzinvestition
replacement part - Ersatzteil
replacement price - Wiederbeschaffungspreis
replacement problem - Wiederbeschaffungsproblem
replacement time - Ersatzzeitpunkt, Wiederbeschaffungszeit
replacement value - Wiederbeschaffungswert
replenish - ergänzen, auffüllen
replenishment - Ergänzung
repo rate - Wertpapierpensionssatz
report system - Berichtssystem
reported earnings - ausgewiesener Gewinn
reporting - Berichtswesen
reporting effects - Meldeeffekte
reporting requirements - Berichtsnormen
repositioning - Umpositionierung
repositioning impact - Umpositionierungseffekt
repossession - Wiederinbesitznahme
represent - darstellen, repräsentieren, vertreten
representation - Vertretung, Darstellung
representation of professional group - Berufsvertretung
representative - Vertreter, Beauftragter
representative consumer - repräsentativer Verbraucher
representative cross-section - repräsentativer Querschnitt
representative sample - repräsentative Stichprobe
representative survey - Repräsentativerhebung
repressed inflation - zurückgestaute Inflation
reproduction - Nachbildung, Wiedergabe
reproduction value - Reproduktionswert
reproductive capital - werbendes Kapital
repudiation - Nichtanerkennung, Zurückweisung
repurchase - Wiederholungskauf, Rückkauf
repurchase agreement - Rückkaufübereinkommen, Wertpapierpensionsgeschäft
repurchase in the open market - freihändiger Rückkauf
repurchase market - Markt für Wertpapierpensionsgeschäfte
repurchase prior to maturity - vorzeitiger Rückkauf
reputation - Ruf, Ansehen
request - Anstoß, Aufforderung, Auftrag, Bitte
request for payment - Zahlungsaufforderung
require - benötigen, erfordern
required - erforderlich, notwendig
required margin - Bedarfsspanne
required reserves - Mindestreserven
requirement - Anforderung, Bedarf, Voraussetzung
requirement of authorization - Bewilligungspflicht
requirement plan - Bedarfsplan
requirement planning - Bedarfsplanung
requirements specification - Anforderungsprofil
requiring large numbers of staff - personalintensiv
requisition - Beschlagnahme, Forderung
rerating - Neubewertung
resale - Weiterverkauf
resale value - Wiederverkaufswert
rescind - rückgängig machen, stornieren, zurücktreten
rescue company - Auffanggesellschaft
research - Forschung, erforschen

research and development (R&D)

research and development (R&D) - Forschung und Entwicklung (F&E)
research associate - wissenschaftlicher Mitarbeiter
research department - Forschungsabteilung
research director - Forschungsleiter
research tool - Erhebungs-/Forschungsinstrument
reseller - Wiederverkäufer
reservation - Vorbehalt, Vorbestellung
reservation cost - Reservierungskosten
reservation of ownership - Eigentumsvorbehalt
reservation price - Reservationspreis
reserve - reservieren, Rücklage
reserve a right - Recht vorbehalten
reserve assets ratio - Mindestreservesatz
reserve balances - Mindesteinlagen
reserve base - Basisgeldreserven
reserve currency - Reservewährung
reserve demand - Eigennachfrage
reserve for reinvestment - Reinvestitionsrücklage
reserve for sinking fund - Tilgungsrücklage
reserve losses - Reserveverluste
reserve ratio policy - Mindestreservepolitik
reserve requirements - Mindestreserven
reserve requirements ratio - Mindestreservesatz
reserve stock - Mindestbestand
reserve the right - Recht vorbehalten
reserve transaction - Reservetransaktion
reserve-deposit ratio - Reserve-Einlagen-Relation
reserved surplus - Gewinnvortrag
reset - Darlehensrückzahlung
resettlement - Wiedereingliederung
reshuffle - Umstrukturierung
residence - Wohnsitz
residence allowance - Ortszuschlag
residence permit - Aufenthaltsgenehmigung
resident - Einwohner, ortsansässig, wohnhaft
residential - Wohn-
residential district - Wohnviertel
residential investment - Wohnungsbauinvestitionen

residential unit - Wohneinheit
residual - zurück-/ übrigbleiben, Rest-
residual cost - Restanlagewert
residual discharge - Restzahlung
residual unemployment - Restarbeitslosigkeit
residual value - Restwert
residual value costing - Restwertrechnung
resign - aufgeben, kündigen
resort - zurückgreifen, Zuhilfenahme
resource acquisition - Mittelbeschaffung
resource allocation - Betriebsmittelzuweisung, Kapazitätsbedarfsermittlung
resource market - Faktormarkt
resource price - Faktorpreis
resource requirements - Bedarf
resources - Betriebsmittel, Güter, Lagerbestände
resources of cash - Barmittel
respect - Rücksicht, Hochachtung
respective - jeweilig, entsprechend
respectively - beziehungsweise
respite - Stundung, Zahlungsaufschub, aufschieben
respondent - Befragter, Proband
response-time distribution - Zeit-Wirkungs-Verteilung
responsibility - Funktion, Zuständigkeit, Verantwortung
responsibility accounting - traditionelles Rechnungswesen
responsible - verantwortlich
restocking - Lageraufüllung
restoration - Wiederherstellung, Rückerstattung
restore - wiederherstellen
restore a right - Recht wiederherstellen
restraining clause - Wettbewerbsbeschränkung
restraining monetary policy - restriktive Geldpolitik
restraint - Verhinderung, Einschränkung
restraint of competition - Wettbewerbsbeschränkung
restraint of trade - Handelserschwernis
restraints of poverty - Fesseln der Armut
restrict - begrenzen, einschränken

restricted convertibility - beschränkte Konvertierbarkeit
restricted transferability of shares - Vinkulierung von Aktien
restriction - Einschränkung, Beschränkung
restriction of entry - Eintrittssperre
restrictions on imports - Einfuhrbeschränkungen
restrictive - beschränkend, einschränkend
restrictive combination - Restriktionskombination
restrictive course - Restriktionskurs
restrictive endorsement - Rektaindossament
restrictive open market policy - kontraktive Offenmarktpolitik
restrictive practices - wettbewerbsbeschränkende Verhaltensweisen
restrictive taxation - einschränkende Besteuerung
restrictive trade agreement - Kartellvereinbarung
restructuring - Umstrukturierung, Neuorganisierung
restructuring aid - Strukturhilfe
result - Ergebnis, Folge, ergeben, resultieren
result in - zur Folge haben
result wage - Erfolgslohn
results accounting - Leistungsrechnung
resume - wiederaufnehmen
resume business - Geschäft wiedereröffnen
resumption - Wiederaufnahme, Wiederbeginn
resurgence - Wiederaufleben / -auftauchen
resurgence of inflation - Wiederaufleben der Inflation
retail - Einzelhandelsabsatz
retail business - Einzelhandelsbetrieb
retail dealer - Einzelhändler
retail level - Einzelhandelsstufe
retail outlet - Einzelhandelsgeschäft
retail price - Einzelhandelspreis, Verbraucherpreis
retail representative - Einzelhandelsvertreter

retail sale - Ladenverkauf
retail trade - Einzelhandel
retailer - Einzelhändler
retain - einbehalten, zurückhalten
retained earnings - einbehaltene / thesaurierte Gewinne
retained income - Gewinnrücklage
retained profits - einbehaltene Gewinne
retaliate - vergelten, rächen
retaliation - Vergeltung
retaliatory action / measure - Gegen-/ Vergeltungsmaßnahme
retention - Selbstbeteiligung
retention of earnings - Gewinneinbehaltung
retire - ausscheiden, in den Ruhestand treten, zurücktreten
retired - im Ruhestand, pensioniert
retirement - Rücktritt, Ruhestand
retirement age - Rentenalter
retirement allowance - Altersrente, Pensionszuschuß
retirement benefits - Altersversorgung, Pensionsbezüge
retirement income - Alters-/ Pensionseinkommen,
retirement insurance - Rentenversicherung
retirement pension - Altersruhegeld, Pension
retraining course - Umschulungskurs
retransfer - Rückübertragung
retrieval - Wiedergutmachung
retrieve - wiederfinden, wiederbekommen
retrospective - rückblickend, Rück-
retrospective payment - rückwirkende Bezahlung
return on capital employed (ROCE) - Kapitalrentabilität
return on investment (ROI) - Rentabilität
return on net worth - Eigenkapitalrentabilität
return on total investment - Gesamtkapitalrentabilität
return privilege - Rückgaberecht
return to capital - Kapitalertrag
return to labor - Arbeitsertrag
return to land - Bodenertrag
returnable - rückzahlbar

returnable bottle - Pfandpflasche
returnable-bottle deposit - Flaschenpfand
returned check - Retourscheck
returned empties - zurückgesandtes Leergut
returns - Ertrag, Gegenleistung, Gewinn, Nutzen, Rückgut
returns to scale - Skalenerträge
reusability - Wiederverwendbarkeit
revaluation - Neubewertung, Umwertung
revaluation of assets - Neubewertung des Anlagevermögens
revaluation reserves - Rückstellungen für Wertberichtigungen
revalue - neubewerten
revalue assets - nachaktivieren
reveal - aufdecken, enthüllen, offenbaren
revealed preference - offenbarte Präferenz
revealed profitability - bekundete Gewinnerzielung
revealing - aufschlußreich
revelation - Enthüllung, Entdeckung, Offenbarung
revelation mechanism - Enthüllungsverfahren
revenue - Einkommen, Einnahmen, Ertrag, Steueraufkommen
revenue and expense structure - Aufwands- und Ertragsstruktur
revenue authority - Steuerbehörde
revenue controlling - Ertragscontrolling
revenue deductions - Erlösschmälerung
revenue expenditure - Aufwendungen
revenue function - Erlösfunktion
revenue isoquant - Ertragsisoquante
revenue planning - Erlösplanung
revenue reserves - Gewinnrücklagen
reversal - Umschwung, Wende
reverse logistics - Entsorgungslogistik /-wirtschaft
reverse repurchase agreement - umgekehrtes Wertpapierpensionsgeschäft
reversed call - R-Gespräch
reversible - umkehrbar
reversing entry - Gegenbuchung
review - Revision, Überprüfung, überprüfen
revise - überprüfen, revidieren

revise estimates - Neukalkulation vornehmen
revision - Revision, Überarbeitung, Überprüfung
revision of prices - Preisberichtigung
revitalizing effect - Belebungseffekt
revival of demand - Nachfragebelebung
revival of sales - Absatzbelebung
revive - auffrischen, beleben
revocable - widerruflich
revocable letter of credit - widerrufliches Akkreditiv
revocation - Widerruf, Zurücknahme
revocation clause - Widerrufsklausel
revoke - annullieren, aufheben, widerrufen
revolving - drehbar, Dreh-
revolving planning - revolvierende Planung
reward - Belohnung, Vergütung
rhythm-diagram - Rhythmendiagramm
rider - Allonge, Zusatz
ridge line - Kammlinie
right in course of acquisition - Anwartschaft
right in rem - Grundpfandrecht
right of abandonment - Abandonrecht
right of building - Baurecht
right of election - Wahlrecht
right of ownership - Besitzrecht
right of preemption - Vorkaufsrecht
right of purchase - Kaufrecht
right of redemption - Rückkaufsrecht
right of residence - Niederlassungsrecht, Wohnrecht
right of retention - Retentionsrecht, Zurückbehaltungsrecht
right of vote - Stimmrecht
right to call a loan prior to maturity - vorzeitiges Kündigungsrecht
right to seek asylum - Asylrecht
rights issue - Bezugsrechte zur Kapitalerhöhung
rights of priority - Vorzugsrechte
rigour - Härte, Unnachgiebigkeit
rise in market prices - Kursanstieg
rise in value - Werterhöhung
rise of costs - Kostenanstieg
rise sharply - haussieren
rising market - Marktsteigerung
rising tendency - Aufwärtstrend

risk - Risiko, Gefahr, wagen, riskieren
risk adjustment - Risikoanpassung
risk analysis - Risikoanalyse
risk assessment - Risikobewertung
risk assets - Risikoanlagen
risk aversion - Risikoscheue / -vermeidung
risk costs - Risikokosten
risk function - Risikofunktion
risk management - Risikomanagement
risk markup - Risikozuschlag
risk of type one /two - Risiko erster /zweiter Art
risk on receivables - Forderungsrisiko
risk premium - Wagniszuschlag
risk spreading - Risikostreuung
risk-chance-analysis - Risiko-Chancen-Kalkül
risk-preference function - Risikopräferenzfunktion
risky asset - riskanter Vermögenswert
rival - Konkurrent, Mitbewerber
rival analysis - Konkurrenzanalyse
rival business - Konkurrenzunternehmen
rival demand - konkurrierende Nachfrage
rival offer - Konkurrenzangebot
river traffic - Flußverkehr
role - Funktion, Rolle
role conflict - Rollenkonflikt
roll back - senken, zurückschrauben
roll-back method - Rekursionsverfahren
roll-back principle - Rekursionsprinzip
rolling capital - Betriebskapital
rolling forecast - rollende Prognose
rolling planning - rollende Planung
rolling stock - rollendes Material
root - Wurzel
root idea - Grundgedanke
roster - Dienstplan
rostrum - Rednerbühne
rota - Dienstliste, Turnus
rotating shift - Wechselschicht
rotation - Rotation, Wechsel
rotten - faul, korrupt
rottenness - Korruptheit
rough balance - Probebilanz
rough estimate - grober Überschlag
rough planning - Grobplanung
rough study - Vorstudie

round of negotiations - Verhandlungsrunde
round of tariff reductions - Zollsenkungsrunde
round transaction - abgeschlossenes Börsengeschäft
roundabout - umwegig
roundabout production - Umwegproduktion
roundaboutness - Umwegigkeit
route planning - Tourenplanung
routine operations /work - Routinetätigkeit
routing slip - Laufzettel
row - Reihe, Zeile
royalty - Lizenzgebühr, Patentgebühr, Honorar
royalty payments - Lizenzgebühren
rudimentary - grundlegend, Anfangs-
ruin - Verfall, Untergang
rule - Regel, Handelsbrauch
rule of inference - Ableitungsregel
rule of per se illegality - Verbotsprinzip
rule of valuation and classification - Bewertungs- und Gliederungsvorschrift
rule out liability - Haftung ausschließen
rule-bend - regelgebunden
rules for structuring debt capital - Finanzierungsregeln
rules for the preparation of balance sheets - Bilanzierungsrichtlinien
rules of financing - Finanzierungsgrundsätze
rules versus discretion - Regeln versus freies Ermessen
ruling - vorherrschend
ruling price - Marktpreis, Tagespreis
rum-running - Alkoholschmuggel
run down - auflösen, heruntergewirtschaften, vermindern
run of business - Konjunkturverlauf
run out of cash - illiquide werden
run time - Laufzeit
run-down prices - gedrückte Preise
run-down stocks - niedrige Lagerbestände
run-up in interest rates - Zinssteigerung
run-up in the money supply - Zunahme der Geldmenge
runaway boom - überlaufende Konjunktur

runaway inflation - galoppierende Inflation
runner - Erfolgsprodukt, Renner, Laufbursche
running - Betriebsführung, Leitung, Verwaltung
running time - Laufzeit

runs - Iterationen
rural - ländlich
rural exodus - Landflucht
rural population - Landbevölkerung
rush of orders - rege Nachfrage
rush order - Eilauftrag

S

sabotage - Sabotage
sacrifice - Opfer, Verzicht
sacrifice ratio - Opferquotient
saddle - aufhalsen, belasten, Sattel
saddle point - Sattelpunkt
safe - sicher, zuverlässig
safe custody - Verwahrung
safe custody of securities - Effektenverwaltung
safe custody receipt - Depotschein
safe deposit - Stahlkammer, Tresor
safe deposit balance - Depotguthaben
safe deposit box insurance - Depotversicherung
safe deposit register - Depotbuch
safe investment - mündelsichere Anlage
safe pledge - Kaution
safe sum in hand - sicherstehender Betrag
safe undertaking - gefahrloses Unternehmen
safeguard - Sicherung, Vorsichtsmaßnahme, schützen, sichern
safeguard clause - Schutzklausel
safeguarding depositors' accounts - Einlagensicherung
safeguarding of credits - Kreditsicherstellung
safeguarding of interests - Interessenwahrnehmung
safekeeping - Depotaufbewahrung
safety level - Sicherheitsgrad
safety loading - Sicherheitszuschlag
safety need - Sicherheitsbedürfnis
safety representative - Sicherheitsbeauftragter
sagging market - abgeschwächter Markt
sagging prices - sinkende Kurse
sailing - Abfahrt, Schiffspassage
sailing time - Abfahrtszeit
salad - Durcheinander
salaried - bezahlt, festangestellt
salaried employee - Angestellter, Mitarbeiter
salaries of staff - Belegschaftsgehälter
salary - Gehalt
salary account - Gehaltskonto
salary adjustment - Gehaltsangleichung

salary administrator - Gehaltsbuchhalter, Lohnbuchhalter
salary advance - Gehaltsvorschuß
salary appendant to a position - mit einer Stellung verbundenes Gehalt
salary arrears - Gehaltsrückstand
salary by arrangement - Gehalt nach Vereinbarung
salary class - Gehaltsklasse
salary classification - Gehaltseinstufung
salary conditions - Besoldungsverhältnisse
salary cut - Gehaltskürzung
salary demand - Gehaltsanspruch
salary differential - Gehaltsgefälle
salary expense - Gehaltskosten
salary figures - Gehaltsziffern
salary increase - Gehaltserhöhung
salary level - Gehaltsniveau
salary printout - Gehaltsabrechnung
salary range - Gehaltsrahmen, Gehaltsspielraum
salary review - Gehaltsüberprüfung, Gehaltsübersicht
salary scale - Besoldungsordnung
salary slip - Gehaltsstreifen
salary structure - Gehaltsstruktur
sale - Absatz, Verkauf, Vertrieb, Schlußverkauf
sale at a valuation - Bestimmungsverkauf
sale by auction - Verkauf im Wege der Versteigerung
sale by description - Gattungskauf
sale by order of the court - Zwangsverkauf
sale by private contract - privatrechtlicher Verkauf
sale by sample - Kauf nach Probe
sale by tender /sealed bids - Submissionsverkauf
sale for account - Kreditkauf
sale for prompt delivery - Verkauf zur sofortigen Lieferung
sale for the settlement - Terminverkauf
sale lag - Verkaufslücke
sale of a licence - Lizenzverkauf
sale of ascertained goods - Stückkauf
sale of chattels - Verkauf beweglicher Sachen
sale of real property - Verkauf von Grundbesitz, Immobilienverkauf

sale of shareholdings - Veräußerung von Beteiligungen
sale of shares - Vertrieb von Aktien
sale of unascertained goods - Gattungskauf
sale of work - Verkauf zu Wohltätigkeitszwecken
sale on account - Verkauf auf Rechnung
sale on approval - Kauf auf Probe
sale on credit - Kreditverkauf
sale on return - Verkauf mit Rückgaberecht
sale on the spot - Verkauf an Ort und Stelle
sale on trial - Kauf auf Probe
sale price - Kaufpreis
sale tax - Umsatzsteuer
saleability - Verkäuflichkeit, Absetzbarkeit
saleable - verkäuflich, absetzbar
saleable stock - börsenfähige Aktie
sales - Absatz, Umsatz, Vertrieb
sales account - Warenausgangskonto
sales activities - Absatz-/ Verkaufstätigkeit
sales agent - Handelsvertreter
sales agreement - Kaufvertrag
sales aid - Verkaufsunterstützung
sales allowance - Preisnachlaß
sales analysis - Absatzanalyse
sales and service force - Verkaufs- und Kundendienstnetz
sales anticipations - Absatzerwartungen
sales appeal - Verkaufsappell
sales approach - Verkaufsmethode, Verkaufsstrategie
sales area - Absatzgebiet
sales argument - Verkaufsargument
sales association - Vertriebsgesellschaft
sales ban - Verkaufsverbot
sales barometer - Absatzbarometer
sales base - Verkaufsgrundlage
sales book - Warenverkaufsbuch
sales branch - Verkaufsniederlassung
sales budget - Verkaufsbudget
sales call - Kunden-/ Vertreterbesuch
sales campaign - Verkaufsaktion
sales cancellation - Verkaufsstornierung
sales canvassing - Akquisition
sales capacity - Verkäufertätigkeit

sales cartel - Absatzkartell, Vertriebskartell
sales chain - Absatzkette
sales channel - Vertriebskanal, Absatzweg
sales charge - Abschlußgebühr
sales chart - Absatzstatistik, Umsatzkurve
sales classification - Absatzgliederung
sales clerk - Verkäufer
sales club - Verkäufervereinigung
sales combine - Vertriebsgemeinschaft
sales commission - Verkaufsprovision
sales committee - Vertriebsausschuß
sales company - Vertriebsgesellschaft
sales concept - Verkaufskonzeption
sales conditions - Verkaufs-/ Vertragsbedingungen
sales consultant - Verkaufsberater
sales contest - Verkaufswettbewerb
sales contract - Kaufvertrag
sales control - Absatzkontrolle
sales convention - Absatztagung
sales cost - Absatzkosten
sales counter - Ladentisch /-theke
sales crisis - Umsatzkrise, Umsatztief
sales curve - Umsatzkurve
sales data capturing - Verkaufsdatenerfassung
sales decrease - Absatzrückgang
sales deduction - Erlösschmälerung
sales demonstration - Verkaufsvorführung
sales department - Verkaufsabteilung
sales device - Vertriebseinrichtungen
sales difficulties - Verkaufsschwierigkeiten
sales dip - Umsatzrückgang
sales director - Verkaufsdirektor
sales discount - Verkaufsrabatt
sales display - Verkaufsauslage
sales drive - Verkaufskampagne
sales effort - Absatzanstrengung, Verkaufsanstrengung
sales elasticity - Absatzelastizität
sales engineer - technischer Kaufmann
sales estimate - Umsatzschätzung
sales event - spezieller Verkaufsanlaß
sales executive - Verkaufsleiter
sales expectations - Absatzerwartungen
sales expenses - Vertriebskosten
sales experience - Verkaufserfahrung

sales figures - Umsatzzahlen
sales finance company - Absatzfinanzierungsgesellschaft
sales fluctuations - Absatz-/Umsatzschwankungen
sales force - Verkaufspersonal, Verkaufsstab
sales forecast - Absatzprognose
sales frequency - Umsatzgeschwindigkeit
sales gains - Umsatzgewinne
sales girl - Verkäuferin
sales group - Verkaufsgemeinschaft
sales guaranty - Umsatzgarantie
sales impact - Verkaufserfolg der Werbung
sales inducement - Kaufanreiz
sales information system - Vertriebsinformationssystem
sales invoice - Verkaufsrechnung
sales jump - sprungartiger Umsatzanstieg
sales ledger - Debitorenbuch
sales letter - Werbeschreiben
sales limit - Umsatzgrenze
sales literature - Verkaufsprospekte
sales load - Verkaufsspesen
sales manager - Verkaufsleiter
sales margin - Vertriebsspanne
sales market - Absatzmarkt
sales marketing - Absatzmarketing
sales markup - Verkaufsaufschlag
sales measures - Verkaufsaktivitäten
sales meeting - Verkäuferschulung / -tagung
sales message - Werbebotschaft
sales method - Verkaufsmethode
sales mission - Verkaufsdelegation
sales monopoly - Vertriebsmonopol
sales objective - Umsatzziel
sales of securities - Wertpapierverkäufe
sales offer - Verkaufsofferte
sales opportunities - Absatzchancen
sales organization - Absatzorganisation, Vertriebsapparat
sales outlet - Vertriebsstelle
sales outlet pilot - Absatzwegkapitän
sales outlook - Verkaufsaussichten
sales pattern - Umsatzstruktur, Umsatzentwicklung
sales performance - Verkaufstätigkeit
sales permit - Veräußerungsgenehmigung
sales plan - Absatzplan

sales planning - Absatzplanung, Umsatzplanung
sales plus - Verkaufsplus
sales policy - Absatzpolitik
sales possibilities - Absatzchancen
sales potential - Absatzpotential
sales premium - Umsatzprämie
sales price - Verkaufspreis
sales profit - Verkaufserlös
sales prohibition - Veräußerungsverbot
sales projection - Absatzplan
sales promoter - Verkaufsförderer
sales promotion - Verkauf-/Absatzförderung
sales promotion agency - Absatzvertretung
sales promotion aids - Mittel der Verkaufsförderung
sales promotion budget - Verkaufsförderungsetat
sales promotion measure - Verkaufsförderungsmaßnahme
sales promotion technique - Absatzförderungsverfahren
sales proportion - Absatzquote
sales prospects - Absatzchancen
sales psychology - Verkaufspsychologie
sales publicity - Verkaufswerbung
sales push - Verkaufsanstrengungen
sales report - Verkaufsabschluß
sales representative - Vertriebsbeauftragter
sales resistance - Kaufabneigung
sales response function - Marktreaktionsfunktion
sales restriction - Absatzbeschränkung
sales result - Umsatzergebnis
sales resurgence - Absatzbelebung
sales return model - Absatzerlösmodell
sales returns - Rücksendungen, Verkaufserlöse
sales revenue - Absatzergebnis, Absatzertrag, Verkaufserlös
sales sheet - Verkaufsbescheinigung
sales shipment - Versendungsverkauf
sales statistics - Umsatzstatistik
sales strategy - Absatzstrategie
sales supervisor - Verkaufsleiter
sales take-off - Umsatzexplosion
sales talk - Verkaufsgespräch
sales tax - Umsatzsteuer

sales territory

sales territory - Absatzgebiet
sales to third parties - Außenabsatz, Außenumsatz
sales training - Verkaufsschulung
sales trend - Umsatzentwicklung
sales volume - Absatz-/ Verkaufsvolumen
sales worldwide - Weltumsatz
sales year - Verkaufsjahr
sales-minded - absatzbewußt
sales-profit ratio - Gewinn-Umsatz-Verhältnis
sales-related return on investment - umsatzbezogene Kapitalrentabilität
salesclerk - Verkäufer
saleslady - Verkäuferin
salesman - Kaufmann
salesmanship - Verkaufskunst / -technik
salesperson - Verkäufer
salutation - Anrede, Grußformel
salvage agreement - Bergungsvertrag
sample - Auswahl, Querschnitt, Stichprobe, Typenmuster, Warenprobe
sample frequency - Stichprobenhäufigkeit
sample frequency function - Stichprobenhäufigkeitsfunktion
sample mean - Stichprobenmittelwert
sample of households - Haushaltserhebung
sample regression line - Regressionsgrade der Stichprobe
sample space - Stichprobenraum
sample statistic - Maßzahl einer Stichprobe, Stichprobenstatistik
sample survey - Repräsentativstichprobe
sample values - Stichprobenwerte
sampling - Stichprobenentnahme, Musterverteilung
sampling distribution - Stichprobenverteilung
sampling frame - Stichprobenrahmen
sampling method - Stichprobenmethode
sampling unit - Auswahleinheit
satiate the market - Markt sättigen
satiation - Sättigung, Übersättigung
satiation of wants - Bedürfnisbefriedigung
satisfaction - Befriedigung, Genugtuung
satisfaction level - Versorgungsgrad
satisfaction maximization - Nutzenmaximierung

satisfaction of demand - Bedarfsbefriedigung
satisfaction of requirements - Bedarfsdeckung
satisfaction of wants - Bedürfnisbefriedigung
satisfactory - ausreichend, zufriedenstellend
satisfy - befriedigen, zufriedenstellen
satisfy a claim - Forderung erfüllen
saturate - durchtränken, sättigen
saturated market - gesättigter Markt
saturation - Sättigung
saturation demand - Sättigungsnachfrage
saturation of demand - Sättigung der Nachfrage
saturation of the market - Marktsättigung
saturation point - Sättigungspunkt
save - ersparen
saver - Sparer, sparsames Gerüst
saving behavior - Sparverhalten
saving of expense - Kostenersparnis
savings - Ersparnisse, Spareinlagen, Spartätigkeit
savings account - Sparkonto
savings activity - Spartätigkeit
savings and loan association /institution - Spar- und Kreditinstitut
savings association - Sparverein
savings bonds - Sparkassenobligationen
savings book - Sparbuch
savings capital - Sparkapital
savings certificate - Sparbrief
savings department - Sparabteilung
savings depositor - Spareinleger
savings deposits - Spareinlagen, Spargelder
savings function - Sparfunktion
savings measure - Sparmaßnahme
savings passbook - Sparkassenbuch
savings performance target - Einsparungsvorgabe
savings plan - Sparvertrag
savings propensity - Sparneigung
savings rate - Sparquote
savings securities - mündelsichere Anlagepapiere
scale - Größenordnung, Maßstab, Umfang, skalieren

scale analysis - Skalierungsverfahren, Skalenanalyse
scale of charges - Preisliste
scale of commission - Courtagetarif
scale of operations - Produktionsniveau
scale of plant - Unternehmensgröße
scale of wages - Lohnskala /-tabelle
scale rate - Listenpreis
scaling down - Zuteilung von Wertpapieren
scaling routine - Einstufungsverfahren
scalper - auf schnelle kleine Gewinne ausgerichteter Börsenhändler
scapegoat - Sündenbock
scarce - selten, knapp
scarce commodity - Mangelware
scarcity - Mangel, Knappheit
scarcity-induced profits - Knappheitsgewinne
scare - Panik an der Börse
scare monger - Bangemacher
scatter diagram - Streudiagramm
scenario - Drehbuch, Szenarium
scenario painting - Szenarienentwurf
schedule - Aufstellung, Verzeichnis, festlegen, planen
schedule of commission charges - Gebührenordnung
schedule of property - Vermögensaufstellung
scheduled - geplant, vorgesehen
scheduled prices - Listenpreise
scheduling - Disposition, Zeitplanung
scheme - Plan, Programm, Projekt
scheme for creating employment - Arbeitsbeschaffungsmaßnahme
scheme of composition - Vergleichsvorschlag
scheme of early retirement - Vorruhestandsregelung
scholarship - Stipendium
scholarship system - Ausbildungsförderungssystem
school attendance - Schulbesuch
school leaving certificate - Abschlußzeugnis
school of thought - Gedankenrichtung
schooling - Ausbildung
scientific management - wissenschaftliche Betriebsführung

scope - Bereich, Betätigungsfeld, Möglichkeit, Wirkungskreis
scope of application - Anwendungsbereich
scope of business - Geschäftsrahmen
scope of decision-making - Entscheidungsspielraum
score an advance - einen Kursgewinn verzeichnen
scramble - heftige Nachfrage nach Aktien
scrap - verschrotten, Ausschuß
scrap iron /metal - Schrott
scrap value - Schrottwert
screen - Bildschirm, Maske
screening device - Selektionsmethode
screw - Druck ausüben, Geizhals
screw up - hochschrauben
scrip - Berechtigungsschein, Bezugsschein
scrip bonus /share - Gratisaktie
scrip issue - Ausgabe von Gratisaktien
scrutineer - Stimmenzähler
scrutinize - genau prüfen, untersuchen
scrutiny - Kontrolle, Prüfung, Untersuchung
sea level rise - Meeresspiegelanstieg
seal - Plombe, Siegel, plombieren, versiegeln
search method - Suchverfahren
search plan - Suchplan
search word - Suchbegriff
seasonal - saisongemäß
seasonal analysis - Saisonanalyse
seasonal demand - saisonbedingte Nachfrage
seasonal downswing - saisonbedingter Abschwung
seasonal fluctuation - Saisonschwankungen
seasonal loan - Saisonkredit
seasonal movement - Saisonverlauf
seasonal recovery /upswing - saisonbedingter Aufschwung
seasonal trade - Saisongewerbe
seasonal unemployment - saisonale Arbeitslosigkeit
seasonal variation - saisonale Schwankung
seasonally adjusted - saisonbereinigt
seasonally adjusted unemployment - saisonbereinigte Arbeitslosigkeit
seasoned - eingeführt, renommiert

seasoned securities

seasoned securities - gut eingeführte Wertpapiere
seat on the stock exchange - Börsensitz
seaworthy packing - seemäßige Verpackung
second chance education - zweiter Bildungsweg
second exchange - Sekundawechsel
second lien - nachrangiges Pfandrecht
second mortgage - nachrangige Hypothek
second to none - erstklassig
second-best - zweitbeste
second-best fallacy - Trugschluß der Zweitbestlösung
second-best theory - Zweitbest-Theorie
second-class papers - zweitklassige Wertpapiere
second-hand trade - Altwarenhandel, Gebrauchtwagenhandel
second-rate - mittelmäßig, zweitklassig
secondary appartment - Zweitwohnung
secondary boycott strike - mittelbarer Boykottstreik
secondary brand name - Zweitmarke
secondary cost - Sekundärkosten
secondary credit - Gegenakkreditiv
secondary employment - Zweitbeschäftigung
secondary guaranty - Nachbürgschaft
secondary income distribution - sekundäre Einkommensverteilung
secondary loan - nachrangige Anleihe
secondary market - Sekundärmarkt
secondary school - weiterführende Schule
secondary stocks - Nebenwerte
secondary strike - Sympathiestreik
secret reserves - stille Rücklagen
secretariat - Sekretariat
secretary - Sekretärin
secretary of state - Staatssekretär, Kabinettminister
section - Abteilung, Sektion
sectional market - Teilmarkt
sector - Bereich, Sektor
sector analysis - Branchenanalyse
sector trends - Branchenkonjunktur
sectoral inflation - sektorale Inflation
sectoral unemployment - sektorale Arbeitslosigkeit
secular inflation - säkulare Inflation

secular stagnation thesis - Stagnationsthese
secular trend - langfristiger Entwicklungstrend
secure - sicher, fest, garantieren, beschaffen
secure interests - Beteiligungen erwerben
secure profits - Gewinne erzielen
secured advance - gedecktes Darlehen
secured credit - gedeckter Kredit
secured creditor - gesicherter Gläubiger
secured debt - bevorrechtigte Forderung
securities - Wertpapiere, Effekte
securities account reconciliation - Depotabstimmung
securities account - Depotkonto
securities accounts department - Depotbuchhaltung
securities administration - Wertpapierverwaltung
securities broker - Effektenmakler
securities business - Effektengeschäft
securities clearing bank - Kassenverein, Effektengirobank
securities collateral loan - Lombardkredit
securities dealer - Börsenhändler
securities department - Effektenabteilung
securities description - Wertpapierbezeichnung
securities holdings - Effektenbestand
securities house - Wertpapierbank
securities information system - Wertpapierinformationssystem
securities issue - Wertpapieremission
securities issue for account of another - Fremdemission
securities listing by categories - Wertpapiergattungsaufnahme
securities on offer - Angebot von Wertpapieren an der Börse
securities portfolio - Wertpapierdepot
securities sold at a discount - Abzinsungspapiere
securities trading - Wertpapierhandel
securities transactions on commission - Effektenkommissionsgeschäft
security - Bürgschaft, Kaution, Schuldverschreibung, Sicherheit
security analysis - Wertpapieranalyse
security analyst - Wertpapieranalytiker /-experte

security bond - Bürgschaftsschein
security clearing - Effektengiroverkehr
security dealer - Effektenhändler
security deposit account - Depotkonto
security deposit business - Depotgeschäft
security holdings - Wertpapierportfolio
security loan - Effektenkredit
security motive - Sicherheitsmotiv
security transaction - Wertpapiergeschäft
security transfer check - Effektenscheck
see-through packet - Klarsichtverpackung
seeds - Saatgut
seek - suchen, erbitten
seek the quotation of shares - Einführung an der Börse beantragen
segment profit analysis - Gewinnanalyse nach Marktsegmenten
segmentation - Gliederung, Segmentierung
segmentation of consumers - Zielgruppenbildung
segregation - Aussonderung
select - auslesen, auswählen
selection - Auslese, Auswahl
selection procedure /process - Ausleseverfahren /-prozeß
selective - auswählend, wählerisch, selektiv
selective advertising - gezielte Werbung
selective credit policy - selektive Kreditpolitik
selective demand - spezifischer Bedarf
selective distribution - selektive Distribution
selective system - Auswahlsystem
self-adjusting - selbstregulierend
self-consumption - Eigenverbrauch
self-contained - selbständig, unabhängig
self-control - Selbstkontrolle
self-dependence - Unabhängigkeit
self-employed person - Selbständiger
self-feeding recovery - selbsttragender Aufschwung
self-financing - Selbstfinanzierung
self-generating model - selbsterzeugendes Modell
self-governed - selbstverwaltet
self-help program - Selbsthilfeprogramm
self-imposed - selbst auferlegt
self-listing - Selbstaufschreibung

self-motivation - Eigenmotivation
self-organizing system - selbstorganisierendes System
self-realization - Selbstverwirklichung
self-regulating forces of the market - Selbstheilungskräfte des Marktes
self-report - Selbstaufschreibung
self-selling article - Selbstläuferartikel
self-service - Selbstbedienung
self-service economy - Selbstversorgungswirtschaft
self-starting qualities - Eigeninitiative
self-sufficiency - Autarkie, Selbstversorgung, wirtschaftliche Unabhängigkeit
self-supporter - Selbstversorger
self-supporting enterprise - kostendeckender Betrieb
self-sustaining recovery - selbsttragender Aufschwung
sell at a discount - mit Verlust verkaufen
sell by public auction - zwangsversteigern
sell on commission - gegen Provision verkaufen
seller - Händler, Verkäufer
sellers' market - verkaufsgünstiger Markt, Verkäufermarkt
selling agent - Verkaufsagent
selling appeal - Verkaufsanreiz
selling campaign - Verkaufsfeldzug
selling capacity - Absatzkapazität
selling center - Verkaufsgremium
selling concept - Verkaufskonzeption
selling conditions - Verkaufsbedingungen
selling costs - Vertriebskosten
selling expenditure - Verkaufsaufwand
selling expenses - Verkaufsspesen, Vertriebskosten
selling group - Verkaufskonsortium
selling option - Verkaufsoption
selling order - Verkaufsauftrag
selling organization - Verkaufsorganisation
selling period - Absatzperiode
selling price - Verkaufspreis
selling price level - Verkaufspreisniveau
selling rate - Briefkurs
sellout - Ausverkauf
semi-annual - halbjährlich
semi-conductor market - Halbleitermarkt

semi-detached house

semi-detached house - Doppelhaus
semi-finished/manufactured products - halbfertige Produkte, Halbfabrikate
semi-manufactures - Halbfabrikate, Halbzeug
semi-skilled worker - angelernte Arbeitskraft
semi-variable costs - teilproportionale Kosten
senior adviser - leitender Berater
senior management - Chefetage
senior official - leitender Beamter
senior staff - leitende Angestellte
sense of responsibility - Verantwortungsgefühl
sensible - vernünftig, erkennbar
sensitive market - empfindlich reagierende Börse, schwankender Markt
sensitive to cyclical fluctuations - konjunkturanfällig
sensitivity analysis - Sensitivitätsanalyse
separable function - trennbare Funktion
separable preferences - trennbare Präferenzen
separate - gesondert, getrennt, isoliert, teilen
separate assessment - getrennte Veranlagung
separation - Trennung, Kündigung, Abgang
separation rate - Abgangsrate
sequence - Folge, Reihe, Serie, Sequenz
sequence of operations - Arbeitsablauf
sequence of task fulfilment - Folgebeziehung
sequence plan - Folgeplan
sequence structure - Folgestruktur
sequencing system - Reihenfolgesystem
sequential - folgend, konsequent, sequentiell
sequential algorithm - sequentieller Algorithmus
sequential analysis - Sequenzanalyse
sequential progress - sequentieller Fortschritt
serfdom - Leibeigenschaft
serial maturity - Anleiheserienfälligkeit
series - Reihe, Serie
series of payments - Zahlungsreihe
serious - bedenklich, ernsthaft, gefährlich
serious damage - empfindlicher Schaden

serious offer - ernsthaftes Angebot
service - Dienstleistung, Kundendienst
service certificate - Dienstausweis
service channels - Servicekanäle
service charge - Bedienungsgeld, Vermittlungs-/ Verwaltungsgebühr
service company - Dienstleistungsbetrieb
service department - Stabsabteilung
service economy - Dienstleistungsgesellschaft
service enterprise - Dienstleistungsbetrieb /-unternehmen
service facilities - Serviceeinrichtungen
service income - Arbeitseinkommen
service industry - Dienstleistungsgewerbe
service information system - Kundendienstinformationssystem
service life - Nutzungsdauer
service market - Dienstleistungsmarkt
service marketing - Dienstleistungsmarketing
service policy - Dienstleistungspolitik
service sector - Dienstleistungsbereich /-sektor
service society - Dienstleistungsgesellschaft
service time - Dienstzeit
service transactions - Dienstleistungsverkehr
services account - Dienstleistungsbilanz
servicing - Wartung, Instandhaltung
set free - freisetzen
set of action alternatives - Menge von Handlungsalternativen
set of equations - Gleichungssystem
set of preferences - Präferenzordnung
set off - aufrechnen, verrechnen
set out in detail - ausführlich darlegen
set the pace - Tempo angeben
set up production - Produktionsstätte etablieren
setback - Rückschlag
setback in economic activity - Konjunktureinbruch
setoff - Aufrechnung
settle - abrechnen, einigen
settle a dispute - Konflikt beilegen
settle an account - Konto ausgleichen
settle an invoice - Rechnung begleichen
settle the balance - Konto ausgleichen

settlement - Begleichung, Schlichtung, Ansiedlung
settlement of liquidation - Liquidationsvergleich
settlement proposal - Einigungsvorschlag
settling-in grant - Eingliederungshilfe
severance - Trennung, Teilung
severance fund - Abfindungsfond
severance pay - Abfindung
severance tax - Förderabgabe
severe - schonungslos, schwerwiegend, streng
severe recession - scharfe Rezession
sewage - Abwasser
sewage levy - Abwasserabgabe
sewer - Kanalisation
shadow factory - Ausweichbetrieb
shadow price - Schattenpreis, innerbetrieblicher Verrechnungspreis
shadow revaluation - versteckte Aufwertung
shadowy interstice - Grauzone
shambles - Trümmerhaufen, Schlachtfeld
shanty town - Elendsquartier
share - Aktie, Anteil, Beteiligung, teilhaben
share capital - Aktienkapital, Stammkapital
share capital of a corporation - Aktienkapital der Unternehmung
share certificate - Aktienurkunde
share holding - Aktienbesitz
share in a cooperative - Genossenschaftsanteil
share in property - Vermögensanteil
share in results - Erfolgsanteil
share list - Kursliste
share market - Aktienmarkt
share of materials cost - Materialkostenanteil
share option - Aktienbezugsrecht
share price - Aktienkurs
share price index - Aktienindex
share register - Aktienbuch
share split - Aktiensplit
share warrant - Aktienurkunde
shared taxes - Gemeinschaftssteuern
shareholder - Aktionär, Kommanditist, Anteilseigner, Teilhaber
shareholders' meeting - Hauptversammlung
shareholdings - Aktienbesitz, Beteiligungen
shareowner - Anteilseigner
sharepushing - Börsenmanöver, Kurstreiberei
shattered finances - zerrüttete Finanzen
shave a price - Preisabstriche machen
shell - Firmenmantel
sheltered industries - subventionierte Industriezweige
shift - Schicht, Veränderung, verschieben
shift in demand - Nachfrageverschiebung
shift in needs - Bedarfsverlagerung
shift in supply - Angebotsverschiebung
shift of resources - Faktorverlagerung
shift system - Schichtsystem
shift work - Schichtarbeit
shifting - Umschichtung
shifting equilibrium - sich verschiebendes Gleichgewicht
shifting of the national product - Umschichtung des Sozialprodukts
shifting potential - Umwälzungsspielraum
ship - verschiffen
ship goods - Waren verschiffen / versenden
shipowner - Reeder, Schiffseigner
shipping - Versand, Verschiffung
shipping agent - Schiffsmakler, Spediteur
shipping department - Versandabteilung
shipping note - Verladeschein, Versandanzeige
shipping papers - Transportpapiere
shipping space - Schiffsraum, Transportraum
shop - Geschäft, Betriebseinheit, einkaufen
shop assistant - Verkäufer
shop closing act - Ladenschlußgesetz
shop floor - Fabrik, Werkstatt
shop front - Ladenfront
shop steward - Betriebsobmann, Vertrauensmann
shopaholic - kaufsüchtig
shopkeeper - Geschäftsinhaber
shoplifting - Ladendiebstahl
shopper - Käufer
shopping - Einkaufsbummel
shopping goods - gehobene Konsumgüter
short bill - Inkassowechsel

short distance passenger traffic - Personennahverkehr
short distance traffic - Nahverkehr
short haul transportation - Güternahverkehr
short of cash - Geldmangel
short position - Leerverkaufsposition
short sale - Leerverkauf
short-dated stock - Wertpapier mit kurzer Laufzeit
short-hedge - gegenwärtige Kursniveausicherung
short-period equilibrium - kurzfristiges Gleichgewicht
short-period supply price - kurzfristiger Angebotspreis
short-run - kurzfristig
short-run effects - kurzfristige Effekte
short-run equilibrium - kurzfristiges Gleichgewicht
short-term - kurzfristig
short-term deposits - kurzfristige Einlagen
short-term economic forecast - kurzfristige Konjunkturprognose
short-term expectation - kurzfristige Erwartung
short-term liabilities - kurzfristiges Fremdkapital
short-term monetary support - kurzfristiger Währungsbeistand
short-term operating credit - kurzfristiger Betriebsmittelkredit
short-term planning - kurzfristige Planung
short-time worker - Kurzarbeiter
short-time working - Kurzarbeit
shortage - Knappheit, Mangel
shortage in weight - Gewichtsmanko
shortage of delivery - Fehlmenge
shortage of labor - Arbeitskräftemangel
shortage of manpower - Personalknappheit
shortage of material - Materialknappheit
shortage of personnel - Personalmangel
shortage of supplies - Angebotsknappheit
shortage of work - Auftragsmangel
shortcoming - Fehler, Mangel
shorten commitments - Aufträge zurückziehen

shortest-path problem - kürzester Pfad-Problem
shortfall in foreign exchange - Devisenknappheit
shortfall in revenue - Einnahmerückgang
shorthand - Kurzschrift, Stenographie
shortness of money - Geldknappheit
shorts - leerverkaufte Aktien
show a deficit /loss - Defizit /Verlust aufweisen
show an advance - Kurssteigerung aufweisen
show card - Werbeplakat
show of hands - Handzeichen
show one's right - Eigentumsanspruch nachweisen
showroom - Ausstellungsraum
shrinkage of the export trade - Exportrückgang
shrug - Achseln zucken
shrunk - abgemagert
shuffle - Ausflucht, Trick, hin- und herschieben
shuffle of holdings - Beteiligungsumstellung
shuffle through one's work - seine Arbeit vernachlässigen
shuffler - Schwindler
shut down a factory - Betrieb stillegen
shut for dividends - Dividendenschluß
shutdown in production - Produktionsstillegung
shutout - Ausschließung
shuttle - Pendelverkehr
shy of money - knapp bei Kasse
sick benefit fund - Krankenkasse
sick certificate - Krankenschein
sick insurance - Krankenversicherung
sick pay - Krankengeld
sickness benefits - Krankengeld
sickness figure - Krankenstand
side condition - Nebenbedingung
sideline employment - Nebenbeschäftigung
sideways movement - Seitwärtsbewegung
sight a bill - Wechsel mit Sicht versehen
sight bill /draft - Sichtwechsel, Sichttratte
sight deposits - Sichteinlagen
sight items - Sichtpapiere
sign - Zeichen, unterschreiben, zeichnen

sign a bond - Schuldschein ausstellen
sign a check - Scheck unterschreiben
sign test - Zeichentest
signatory - Vertragspartner
significance level - Signifikanzzahl
significant rate of interest - ausschlaggebender Zinsfuß
signing of a contract - Vertragsunterzeichnung
similarity - Gleichartigkeit
simple interests - einfache Zinsen
simplex algorithm - Simplexalgorithmus
simplex method - Simplexverfahren
simplex operation - Simplexbetrieb
simplification - Vereinfachung
simplification method - Vereinfachungsverfahren
simplification of administration - Verwaltungsvereinfachung
simplified - vereinfacht
simulated annealing - simuliertes Abkühlen
simulation model - Simulationsmodell
simultaneous - gleichzeitig, simultan
simultaneous equation system - simultanes Gleichungssystem
simultaneous estimate - Simultanschätzung
simultaneous financing model - simultanes Finanzierungsmodell
simultaneous planning - Simultanplanung
single - ledig, einzeln
Single European Market - Europäischer Binnenmarkt
single market - Einzelmarkt
single market model - Elementarmarkt
single sum - einmalige Zahlung
single valuation - Einzelbewertung
single-digit inflation rate - einstellige Inflationsrate
single-item production - Einzelfertigung
single-line store - Spezialwarengeschäft
single-line system - Einliniensystem
single-part production - Einzelanfertigung
single-sampling - einfache Stichprobennahme
single-schedule tariff - Einheitszolltarif
single-sourcing - Beschaffung bei einem Zulieferer

single-stage - einstufig
sink - tilgen, Senke
sink a debt - Schuld tilgen
sink money in an undertaking - Geld in ein Unternehmen stecken
sink prices - Preise herabsetzen
sinking fund - Amortisationsfonds, Schuldentilgungsfonds,
sinking fund instalment - Tilgungsrate
sinking fund method of depreciation - Abschreibungsmethode mit steigenden Quoten
sinking payment - Amortisationszahlung
siphoning-off of profits - Gewinnabschöpfung
sit in a conference - tagen
sit on high interests - hohe Zinsen zahlen
sit-down strike - Sitzstreik
site - Areal, Grundstück
site selection - Standortwahl
situation - Position, Stelle
situation analysis - Situationsanalyse
situation audit - Situationsanalyse
situations required /vacant /wanted - Stellengesuche
size - Größe, Volumen
size of business - Betriebsgröße
size of income - Einkommenshöhe
size of order - Auftragshöhe
size of sample - Stichprobenumfang
size of the market - Marktvolumen
sizeable - ansehnlich, groß
skeleton agreement - Rahmenabkommen
skeleton bill - Wechselblankett
sketch design - Entwurfskizze
skew-symmetric - schiefsymmetrisch
skewness - Schiefe
skid in profits - Gewinnabfall
skilled - erfahren, geschickt
skilled female operatives - Facharbeiterinnen
skilled labor - Fachkraft
skilled trades - Spezialberufe
skilled worker - Facharbeiter, ausgebildeter Arbeiter
skim the market - Markt abschöpfen
skimming-the-market strategy - Abschöpfungsstrategie
skimp - schludrig arbeiten
skip - überspringen
skulduggery - Mauschelei

sky truck - Transportflugzeug
skywriting - Luftwerbung
slack - Flaute
slack business - ruhiges Geschäft
slack demand - geringe Nachfrage
slack in economy - Konjunkturflaute
slack market - flauer Markt
slack variable - Hilfsvariable, Schlupfvariable
slacken - nachlassen, stocken
slander - üble Nachrede, Verleumdung
slash - zusammenstreichen
slash a budget - Etat kürzen
slashing criticism - vernichtende Kritik
slaughtered price - Schleuderpreis
slaughtering - Verkauf mit Verlust
sleeping account - totes Konto
sleeping partner - stiller Gesellschafter
slice of a loan - Tranche einer Anleihe
sliding rate of interest - Staffelzins
sliding stock - fallende Aktie
sliding-scale tariff - Staffeltarif
slip - Flüchtigkeitsfehler, Zettel
slip book - Belegbuch
sloganeer - Werbetexter
slope - Steigung
slot machine - Verkaufsautomat, Spielautomat
slow assets - feste Anlagen
slow down economy - Konjunktur verlangsamen
slow growth - langsames Wachstum
slowdown strike - Bummelstreik
sloyd - praktische Unterweisung
slum worker - Sozialarbeiter
slump - Rückgang, Baisse
slump in prices - Preissturz
slump in sales - Absatzkrise, Absatzeinbruch
slump in the stock market - Baisse
slump in trade - Konjunkturrückgang
slump-proof - krisenfest
small and medium sized enterprises - Klein- und Mittelbetriebe
small establishment - Kleinbetrieb
smartness - Geschäftsgewandtheit
smashed - ruiniert
smashup - Bankrott
smog (smoke and fog) - Smog
smoothing constant - Glättungskonstante
smoulder - glimmen, schwelen

social acceptability - Sozialverträglichkeit
social accounting - Sozialstatistik
social advancement - gesellschaftlicher Aufstieg
social behavior - Sozialverhalten
social benefit - gesellschaftlicher Nutzen, gesamtwirtschaftlicher Vorteil
social capital investments - Sozialinvestitionen
social charges - soziale Lasten
social costs - volkswirtschaftliche / soziale Kosten
social decision mechanism - gesellschaftlicher Entscheidungsmechanismus
social dumping - Abbau von Sozialleistungen
social expenditure ratio - Sozialleistungsquote
social impact - soziale Auswirkung
social indifference curve - soziale Indifferenzkurve
social insurance - Sozialversicherung
social insurance contribution - Sozialversicherungsbeitrag
social insurance pensioner - Sozialrentner
social legislation - Sozialgesetzgebung
social market economy - soziale Marktwirtschaft
social marketing - gesellschaftsfreundliches Marketing, Soziomarketing
social need - soziales Bedürfnis
social overhead capital - Infrastruktur
social pattern - soziales Gefüge
social plan - Sozialplan
social policy report - Sozialbilanz
social preference function - gesellschaftliche Präferenzfunktion
social research - Sozialforschung
social reserves - Sozialrücklagen
social returns - volkswirtschaftliche Erträge
social science - Sozialwissenschaft
social security - Sozialversicherung
social security benefits - Sozialversicherungsleistungen, Sozialhilfe
social security card - Angestelltenversicherungskarte

social security contributions - Sozialversicherungsbeiträge
social security tax - Sozialabgaben
social service - Sozialversorgung
social status - Sozialstatus
social stratification - soziale Schichtung
social system - soziales System
social value - gesellschaftlicher Wert
social wage - Soziallohn
social wants - Kollektivbedürfnisse
social welfare - Sozialfürsorge
social welfare expenditure - Soziallasten
social welfare housing - sozialer Wohnungsbau
social work - Sozialarbeit
socialism - Sozialismus
socialize - sozialisieren, vergesellschaften
socially acceptable shaping of technology - sozialverträgliche Technologiegestaltung
society goods - Gemeinschaftseigentum
socio-technical - soziotechnisch
socio-technical system - soziotechnisches System
socioeconomics - Sozioökonomie
soft budget constraint - weiche Budgetbeschränkung
soft goods - kurzlebige Verbrauchsgüter
soft job - leichte Arbeit
softness in demand - Nachfrageschwäche
sold for cash - gegen bar verkauft
sold on order - auf Bestellung verkauft
sold out - ausverkauft
sole agency - Alleinvertretung
sole debtor - Einzelschuldner
sole owner - Alleineigentümer
sole proprietorship - Einzelunternehmung
sole selling rights - Alleinverkaufsrecht
sole trade - Monopol
sole trader - Einzelkaufmann
sole trader business - Ein-Mann-Unternehmen
solicitation - Aufforderung, Bitte
solicitor - Anwalt, Rechtsanwalt
solidarity tax - Solidaritätsabgabe
solidity - Solidität
solution - Lösung
solution model - Lösungsmodel
solution space - Lösungsraum
solvency - Zahlungsfähigkeit

solvent - zahlungsfähig, kreditwürdig
solvent estate - liquider Nachlaß
sophisticated - hochentwickelt, intelligent, kultiviert
sordid gains - unerlaubte Gewinne
sort - Marke, Qualität, Sorte
sort key - Sortierschlüssel
sorter - Sortierer
sorting machine - Sortiermaschine
sound - gesund, solide
sound bites - Worthülsen
sound investment - gute Investition
source - Herkunft, Quelle, Ursprung
source data acquisition - Primärdatenerfassung
source of capital - Kapitalquelle
source of energy - Energiequelle
source orientation - Herkunftsorientierung
sources of funds - Mittelherkunft
sources of growth - Ursachen des Wachstums
sources of inefficiency - Gründe für Ineffizienz
sovereignty - Souveränität, oberste Staatsgewalt
sovkhozy - Sowchose
space - Raum
space charge - Streukosten
space of a month - Monatsfrist
span of control - Kontroll-/Leitungsspanne
spanning of a tree - Aufspannung eines Baumes
spanning tree - spannender Baum
spare capacity - freie Kapazitäten, Kapazitätsreserve
spare no expenses - keine Kosten scheuen
spare part - Ersatzteil
spatial - räumlich
spatial pattern of purchasing power - Kaufkraftverteilung
spatial patterning - räumliche Strukturierung
spawning ground - Brutstätte
speaker - Sprecher
speakership - Sprecherfunktion
spearhead - Anführer, Vorkämpfer
special - Sonderangebot
special aptitude - Eignungsschwerpunkt
special assets - Sondervermögen

special bonus

special bonus - Sonderzulage
special case - Spezialfall
special conditions of contract - besondere Vertragsbedingungen
special covenant - Sondervereinbarung
special depreciation allowance - Sonderabschreibung
special discount - Sonderrabatt
special drawing right (SDR) - Sonderziehungsrecht
special expenditure - Sonderausgaben
special expenses - Sonderkosten
special item - Sonderposten
special item with accrual character / an equity portion - Sonderposten mit Rücklagenanteil
special leave - Sonderurlaub
special partnership - Arbeitsgemeinschaft, Projektgruppe
special price - Vorzugspreis
special property - Sondervermögen
special provision - Sondervorschrift
special purpose reserve - Sonderrücklage
special representative - Sonderbeauftragter
special tax - Sonderabgabe
specialist staff - Fachpersonal
specialist task - Fachaufgabe
speciality - Neuheit, Sonderartikel
speciality goods - Spezialitäten
specialization - Spezialisierung
specialized economy - arbeitsteilige Wirtschaft
specialty - Spezialität, formgebundener Vertrag
specie-flow adjustment mechanism - Goldautomatismus
specific - spezifisch
specification - Einzelausgaben, Spezifizierung
specification sheet - Datenblatt
specify - einzeln angeben, spezifizieren
specimen - Muster
speculate - nachdenken, spekulieren
speculation - gewagtes Unternehmen, Spekulation
speculation in futures - Terminspekulation
speculation in real estate - Grundstücks-/ Immobilienspekulation
speculative - spekulativ, unternehmend

speculative demand - spekulative Nachfrage
speculative motive - Spekulationsmotiv
speculative profit - Spekulationsgewinn
speculative shares - Spekulationsaktien
speculative value - Spekulationswert
speed of response - Reaktionsgeschwindigkeit
speed of turnover - Umschlagsgeschwindigkeit einer Ware
speed up - beschleunigen
speedy - schnell, zügig
spell - Zeitabschnitt, Faszination
spendable earnings - frei verfügbares Einkommen
spending - Ausgabe
spending decision - Ausgabenentscheidung
spending flow - Ausgabenfluß
spending group - Käufergruppe
spending plans - Ausgabenpläne
spending power - Kaufkraft
spending unit - Verbrauchereinheit
sphere of action - Aufgabenbereich, Wirkungsbereich
sphere of influence - Machtbereich, Einflußbereich
spillover - Überlauf, Nebenwirkungen
spillover effect - Ausstrahlungseffekt
spinoff - Nachfolge-/ Zusatzgeschäft, Aktientausch
spinoff effect - Nebeneffekt /-wirkung
spinoff product - Nebenprodukt, Abfallprodukt
spiral of rising interest rates - Zinsspirale
split company - Doppelgesellschaft
split exchange rate - gespaltener Wechselkurs
split shares - Aktien stückeln
splurge - Bemühung, Anstrengung
spokespeople - Sprecher
sponsor - Bürge, Förderer, Sponsor, bürgen, fördern
sponsorship - Bürgschaft, Schirmherrschaft, Gönnerschaft
spot contract - Loko-Kontrakt
spot dealing - Kassahandel
spot exchange transaction - Devisenkassahandel
spot price - Lokopreis

standard time

spot rate - Platzkurs, Kassakurs
spouse - Ehegatte
spread - streuen, ausbreiten
spreadsheet - Aufgliederung in Matrizenform
spreadsheet analysis - Tabellenkalkulation
spurious - falsch, unecht, Schein-
spurious correlation - Scheinkorrelation
spurt - Preisanstieg
squander - durchbringen, verprassen
squatter - Hausbesetzer, illegaler Siedler
squeeze - wirtschaftlicher Engpaß, Geldknappheit
squeeze out - verdrängen
stability - Beständigkeit, Stabilität
stability of spending power - Kaufkraftstabilität
stabilization loan - Stabilitätsanleihe
stabilization phase - Stabilisierungsphase
stabilization policy - Stabilitätspolitik
stable currency - stabile Währung
stable economic relations - stabile Wirtschaftsbeziehungen
stable equilibrium - stabiles Gleichgewicht
stable exchange rate - starrer Wechselkurs
stable price level - stabiles Preisniveau
stable prices - gleichbleibende Preise
staff - Belegschaft, Personal
staff costs - Personalaufwand
staff council - **Personalrat**
staff cut - Personalreduzierung
staff department - Personalabteilung
staff function - Stabsfunktion
staff hiring - Personalbeschaffung
staff meeting - Personalversammlung, Belegschaftsversammlung
staff member - Mitarbeiter
staff position - Stabsstelle
staff promotion policy - Personalförderungspolitik
staff qualification - Personalqualifikation
staff reduction - Personalabbau
staff relocation - Mitarbeiterversetzung
staff representation - Personalvertretung
staff shortage - Personalmangel
staff training - Personalschulung
staff welfare - Personalvorsorge
stag - Spekulant

stage of completion - Herstellungsstufe
stagflation - Stagflation (Stagnation und Inflation)
staggering - schwankend, überwältigend, verblüffend
stagnancy - Stagnation, Stillstand
stagnant industry - wachstumsschwacher Wirtschaftszweig
stagnation - Stagnation, Stockung
stagnation of sales - Absatzstockung
stainless steel - rostfreier Stahl
stake - Anteil, Einsatz
stamp - Stempel, frankieren
stamp duty - Stempelgebühr, Stempelsteuer
stamped money - gestempeltes Geld
stand at parity - pari stehen
stand proxy - als Stellvertreter fungieren
standard - Maßstab, Norm
standard cost - Plan-/ Standardkosten
standard cost method - Bewertung zu festen Verrechnungspreisen
standard costing - Prognosekostenmethode, Plankostenrechnung
standard design - Normalausführung
standard deviation - Standardabweichung
standard elasticity - Standardelastizität
standard error - Standardfehler
standard figures of distribution - Absatzkennzahlen
standard form - Standardform
standard model - Standardmodell
standard of deferred payments - Bemessungsgrundlage für Ratenzahlungen
standard of living - Lebensstandard
standard of measurement - Maßstandard
standard of valuation - Bewertungsgrundsatz
standard of value - Wertmaßstab
standard quotation - Einheitskurs
standard rate - Grundpreis, Normalsatz, Normaltarif
standard subroutine - Standardunterprogramm
standard tax deduction - Pauschalfreibetrag
standard terms and conditions - Allgemeine Geschäftsbedingungen (AGB)
standard time - Vorgabezeit

standard value

standard value - Vorgabewerte, Einheitswert
standard wage - Tariflohn
standardization - Normierung, Standardisierung, Typisierung
standardization cartel - Normierungs- und Typungskartell
standardize - normieren, standardisieren
standardized variable - standardisierte Zufallsvariable
standby - Springer, Stütze, Reserve-, Bereitschaft-, Warte-
standby credit - Beistandskredit, Kreditzusage
standby time - Wartezeit
standing - Bonität, Rang, Stellung
standing expense - fixe Kosten
standing order - Dauerauftrag
standstill agreement - Stillhalteabkommen
standstill credit - Stillhaltekredit
staple article - Massenprodukt
start business - Geschäfte aufnehmen
start event - Startereignis
start node - Startknoten
starting cost - Anlaufkosten
starting point - Ausgangspunkt
starting salary - Anfangsgehalt
starting wage - Anfangslohn
starve - verhungern, verkümmern
state - Staat, Zustand, erwähnen, feststellen
state bound by the rule of law - Rechtsstaat
state capitalism - Staatskapitalismus
state insurance - Sozialversicherung
state law - Rechtsordnung
state of affairs - Geschäftslage
state of confidence - Vertrauenszustand
state of credit - Kreditzustand
state of demand - Bedarfslage
state of economy - Wirtschaftslage
state of equilibrium - Gleichgewichtszustand
state of expectations - Erwartungszustand
state of flux - Wechselstadium / -phase
state of ignorance - Ungewißheitsgrad
state of the art - neuester Stand
state of the market - Marktkonstellation
state probability - Zustandswahrscheinlichkeit

state variable - Zustandsvariable
state-owned - im Staatsbesitz
state-ownership - Staatsbesitz
state-run - staatlich finanziert / unterhalten
state-trading country - Staatshandelsland
stated - angegeben, ausgedrückt, festgesetzt
statement - Aussage, Kontoauszug, Aufstellung
statement in lieu of an oath - eidesstattliche Versicherung
statement of account - Bankauszug, Kontoauszug, Rechenschaftsbericht
statement of charges - Kostenverzeichnis
statement of cost - Kostenaufstellung
statement of credit position - Kreditstatus
statement of expenses - Auslagenabrechnung
statement of operating results - Ergebnisrechnung
statement of origin - Ursprungsangabe
static market - statischer Markt
static society - statische Gesellschaft
static state - statischer Zustand
stationary - gleichbleibend, stationär
stationary economy - statische Wirtschaftsordnung
Stationers' Company - Buchhändlergilde
stationery industry - Schreibwarenindustrie
statism - Planwirtschaft, Dirigismus
statistic - Maßzahl
statistical cost accounting - Nachkalkulation
statistical distribution - statistische Verteilung
statistical error - zufälliger Fehler
statistical inference - Schluß von der Stichprobe auf die Grundgesamtheit
statistics - Statistik
status - Zustand, Rechtsstellung
status inquiry - Kreditauskunft, Zustandsabfrage
status parameter - Istparameter
status report - Lagebericht
statute - Gesetz, Satzung, Statut
statute of limitations - Verjährung
statutory - gesetzlich vorgeschrieben, satzungsgemäß

statutory balance sheet audit - Bilanzprüfung
statutory basis - gesetzliche Grundlage
statutory corporation - Körperschaft des öffentlichen Rechts
statutory deductions - gesetzliche Abzüge
statutory features - gesetzliche Bestandteile
statutory limitation - Verjährung
statutory period of notice - gesetzliche Kündigungsfrist
statutory reserves - gesetzlich vorgeschriebene Reserven, Mindestreserve
stay of the period of limitation - Hemmung der Verjährung
steady demand - gleichbleibende Nachfrage
steady state - langfristiges Gleichgewicht
steady state equilibrium - stationäres Gleichgewicht
steady state growth - Wachstumsgleichgewicht
steep - steil
steepest ascent - steilster Anstieg
steering committee - Entscheidungsgremium
step - Schritt, Maßnahme
stepped cost - sprungfixe Kosten
sterilization - Sterilisierung
sterilization of money - Geldstillegung
stick to one's knitting - diversifikationsunwillig
sticky wages - starre Löhne, unbewegliche Löhne
stimulational marketing - Anreizmarketing
stimulus-contribution theory - Anreiz-Beitrags-Theorie
stipulate - ausbedingen, festsetzen, vereinbaren
stipulation - Übereinkunft, Klausel
stochastic - stochastisch
stochastic demand - stochastischer Bedarf
stochastic optimization - stochastische Optimierung
stochastic process - stochastischer Prozeß
stochastic variable - Zufallsvariable
stochastical - zufallsabhängig

stochastically independent - stochastisch unabhängig
stock - Aktie, Lagerbestand, Material
stock account - Effektenkonto
stock allotment warrant - Aktienbezugsschein
stock book - Lagerbuch, Aktienbuch
stock broker - Börsenmakler, Wertpapiermakler
stock certificate - Aktienurkunde, Globalaktie
stock check - Lagerüberprüfung
stock clearance - Lagerräumung, Sortimentsbereinigung
stock company - Aktiengesellschaft
stock conditions - Bestandsbedingungen
stock corporation - Kapitalgesellschaft
stock exchange - Aktienbörse, Wertpapierbörse, Börsenplatz
stock exchange authorities - Börsenorgane
stock exchange committee (SEC) - Börsenvorstand
stock exchange rules - Börsenordnung
stock exchange turnover tax refund - Börsenumsatzsteuervergütung
stock floatation - Aktienemission
stock holding - Aktiengesellschaft
stock index - Aktienindex
stock ledger - Aktienbuch
stock list - Bestandsverzeichnis
stock market - Aktienmarkt, Börse, Effektenmarkt
stock market reaction - Börsenreaktion
stock market table - Kurstabelle
stock market trend - Börsentendenz
stock of deposits - Bankeinlagen
stock of money - Geldmenge, Zahlungsmittelbestand
stock on hand - Lagerbestand, Warenbestand
stock portfolio - Aktienbestand
stock price index - Aktienindex
stock purchase warrant - Aktienbezugsrecht, Optionsschein
stock quotation - Aktiennotierung
stock register - Aktienbuch
stock right - Aktienbezugsrecht
stock rotation - Lagerbewegung
stock split - Aktienstückelung
stock turnover - Lagerumschlag

stock up

stock up - auf Lager nehmen, speichern
stock valuation - Aktienbewertung
stock variable - Bestandsgröße
stock voting right - Aktienstimmrecht
stock-in-trade - Warenbestand
stockbuilding - Lagerbildung
stockholder - Aktionär, Lagerhalter
stocking-up of funds - Kapitalaufstockung
stockkeeping - Lagerhaltung
stockpile - Rohstoffreserve
stockpiling - staatliche Lagerhaltung, Vorratslagerung
stocks - Staatspapiere
stocks in process - in Verarbeitung befindliches Material
stocktaking - Bestandsaufnahme, Inventur
stop - aufgeben, aufhören
stop-buy-order - preisfixierte Kauforder
stop-loss-limit - Preisgrenze für Aktienverkauf
stop-sell-order - preisfixierte Verkaufsorder
stoppage in transit - Aussonderung
storage - Lagerung, Lagergeld
storage capacity - Lagerkapazität, Lagerraum, Speicherkapazität
storage costs - Lagerkosten
storage planning - Lagerplanung
storage protection key - Speicherschlüssel
storage rent - Lagermiete
store - Geschäft, Lager, einlagern, speichern
store of value - Wertaufbewahrungsmittel
store site - Geschäftsraum, Ladenfläche
storehouse - Depot
storehouse location - Lagerstandort
storekeeper - Lagerist
storeman - Lagerarbeiter
storey ownership - Stockwerkeigentum
storing charges - Lagerkosten
storing expenses - Lagerspesen
straight line - Gerade
straight line demand curve - lineare Nachfragekurve
straight line depreciation - lineare Abschreibung
straight line organization - Einliniensystem

straight line rate - linearer Abschreibungssatz
straight piecework - linearer Akkord
straightforward - offensichtlich, freimütig
strain - Überanstrengung, Anspannung
strained budget - angespannte Haushaltslage
strategic - strategisch
strategic business area - strategisches Geschäftsfeld
strategic business unit (SBU) - strategische Geschäftseinheit (SGE)
strategic competitor - strategischer Wettbewerber
strategic early warning - strategische Frühaufklärung /Frühwarnung
strategic gap - strategische Lücke
strategic goal - strategisches Ziel
strategic management - strategisches Management
strategic planning - strategische Planung
strategic stockpile - strategische Rohstoffreserve
strategic success position - strategische Erfolgsposition
stratified sample - geschichtete Stichprobe
stratum of buyers - Käuferschicht
streamline - modernisieren, rationalisieren
streamlining of product range - Sortimentsbereinigung
strength - Kraft, Macht
strength of demand - Nachfrageintensität
strenght of public opinion - Macht der öffentlichen Meinung
strengths-weaknesses-opportunities-threats (SWOT)-analysis - Stärken-Schwächen-Chancen-Risiken-Analyse
stress - betonen, hervorheben, Druck
stress of performance - Leistungsdruck
stretch - sich ausdehnen, überspannen
strict - exakt, genau, streng
strike - Arbeitsniederlegung, Ausstand, Streik
strike ballot - Urabstimmung
strike benefit - Streikunterstützung
strike deadline - Streikende
strike deterrent - Streikvermeidungsmittel

strike notice - Streikankündigung
strike pay - Streikgeld
strike picket - Streikposten
strike price - Basispreis, Ausübungspreis
strike settlement - Streikschlichtung
strike-like tactics - streikähnliche Mittel
strikebreaker - Streikbrecher
striking - auffallend, bemerkenswert
string - Zeichenfolge
stringency - Strenge, Knappheit
stringent - streng, zwingend
strong box - Stahlkassette, Geldschrank
structural adaptation - strukturelle Anpassung
structural analysis - Strukturanalyse
structural change - Strukturwandel
structural constraints - Systemzwänge
structural function - Strukturfunktion
structural improvement - Strukturverbesserung
structural planning - Strukturplanung
structural unemployment - strukturelle Arbeitslosigkeit
structurally weak area - strukturschwache Region
structure - Aufbau, Struktur, regeln, strukturieren
structure diagram - Strukturbild
structure of interest rates - Zinsstruktur
structure organization - Aufbauorganisation
structuring of operations - Ablauforganisation
struggle for power - Machtkampf
struggle of wills - auseinandergehende Bestrebungen
struggle with poverty - Kampf gegen die Armut
struggle-for-income inflation - konfliktinduzierte Inflation
stub - Kontrollabschnitt
Student's distribution - Students-t-Verteilung
student's loan - Bildungsdarlehen
style - Art, Stil
style of leadership - Führungsstil
subcontract - Zuliefervertrag
subcontractor - Subunternehmer
subgraph - Teilgraph
subgroup - Teilkonzern
subject bid - Angebot ohne Festpreis

subject to - unterliegend, vorbehaltlich
subject to certain conditions - abhängig von bestimmten Bedingungen
subject to prior sale - Zwischenverkauf vorbehalten
subject to strict regulations - strengen Bestimmungen unterliegen
subjective job situation - subjektive Arbeitssituation
subjective utility - individueller Nutzen
subjective value - subjektiver Wert
submarket - Teilmarkt
submersion - Untertauchen
submission - Behauptung, Unterordnung, Vorlage
submit - einreichen, unterbreiten
submit a quotation - Preisangebot unterbreiten
submit an offer - Angebot unterbreiten
suboptimization - Optimierung eines Subsystems
subordinate - Untergebener
subordination - Unterordnung, Unterstellung
subordination agreement - Beherrschungsvertrag
subpopulation - Teilgesamtheit
subproject - Teilprojekt
subrogation of creditors - Gläubigerwechsel
subsample - Gruppe der Varianzanalyse
subscribe - abonnieren, unterzeichnen
subscribe a sum - einen Betrag zur Verfügung stellen
subscribe for shares - Geschäftsanteile / Aktien zeichnen
subscriber - Unterzeichner, Fernsprechteilnehmer, Abonnent
subscriber trunk dialling facilities - Selbstwählferndienst
subscription - Abonnement, Beitrag, Vorbestellung
subscription period - Zeichnungsfrist
subscription price - Zeichnungspreis, Bezugspreis
subscription right - Bezugsrecht
subsequent approval - Genehmigung
subsidiary - Tochtergesellschaft/ -unternehmen
subsidiary product - Nebenerzeugnis

subsidize

subsidize - mit öffentlichen Mitteln unterstützen, subventionieren
subsidized price - gestützter Preis
subsidizing interest rates - Zinsverbilligung
subsidy - Beihilfe, Subvention
subsidy financing - Subventionsfinanzierung
subsidy investment - Investitionssubvention
subsidy orientation - Subventionsorientierung
subsistence economy - Bedarfsdeckungswirtschaft, Bedarfswirtschaft
subsistence level - Existenzminimum
substance - Gehalt, Substanz
substance tax - Substanzsteuer
substandard goods - Ausschußware
substantial - beträchtlich, kapitalkräftig
substantial benefit - erheblicher Vorteil
substantial market share - erheblicher Marktanteil
substantiation - Begründung, Bekräftigung
substantive goals - Sachziele
substitutable goods - substituierbare Güter, Substitutionsgüter
substitute - Ersatzmann, Ersatzteil, ersetzen
substitute cover - Ersatzdeckung
substitute money - Geldersatzmittel, Geldsurrogat
substitute reserve currency - Ersatz-Reservewährung
substitution - Ersatz, Substitution
substitution effect - Substitutionseffekt
substitution gap - Substitutionslücke
substitution of leisure - Substitution der Freizeit
substitutive - stellvertretend, Ersatz-, Substitutions-
substore - Zwischenlager, Vorratslager
subsume - einordnen, subsumieren, unterordnen
subsystem - Untersystem
subtask - Teilaufgabe
subtenant - Untermieter
subtile / subtle - spitzfindig
subtlety - Rafinesse, Spitzfindigkeit
subtotal - Zwischensumme

subtour - Teiltour
subtract - abziehen
subtraction - Subtraktion
subtype - Unterklasse
success - Erfolg
success factor - Erfolgsfaktor
success indicator - Erfolgsindikator
success rate - Erfolgsrate / -quote
successive - aufeinanderfolgend, sukzessiv
successive approximation - sukzessive Annäherung
successively - der Reihe nach, nacheinander
successor - Nachfolger
successor organization - Nachfolgeorganisation
sufficient - ausreichend, genügend
sufficient capital - ausreichendes Kapital
sufficient condition - hinreichende Bedingung
sufficient-funds proviso - Guthabenklausel
suggestion system - betriebliches Vorschlagswesen
suggestive advertising - Suggestivwerbung
suitability - Eignung
suitable - angemessen, geeignet
sulphurdioxide emmissions - Schwefeldioxidemissionen
sum - Summe, Betrag
sum-of-the-years digit method of depreciation - arithmetisch-degressive Abschreibung, digitale Abschreibung
summary - Abriß, Übersicht
summary dismissal - fristlose Kündigung
summary job costing - summarische Zuschlagskalkulation
summit - Gipfelkonferenz
sunday trading laws - Gesetze zur Regelung des Sonntagsverkaufs
sunrise industry - aufstrebender Wirtschaftszweig, Innovationsindustrie
sunset industry - niedergehender / krankender Wirtschaftszweig
super-boom - Überkonjunktur
superabundant - äußerst reichlich
superannuation - Pension
superannuation contribution - Altersversicherungsbeitrag
superannuation fund - Pensionsfonds

superfluity - Überfluß
superfluous - überflüssig
superintendent - Betriebsleiter, Vorsteher, Verwalter
superior - Vorgesetzter, erlesen, hervorragend, überlegen
superior goods - höherwertige Güter, erstklassige Ware
superiority - Überlegenheit
supermarket - Supermarkt, Lebensmittelselbstbedienungsgeschäft
supermarket chain - Supermarktkette
supersede - ablösen, aufheben
supersedence - Enthebung, Ersetzung, Verdrängung
supersonic aircraft - Überschallflugzeug
supervise - beaufsichtigen, überwachen
supervising authority - Aufsichtsbehörde
supervision - Aufsicht, Kontrolle
supervisor - Aufseher, Inspektor
supervisory - Aufsichts-
supervisory board - Aufsichtsrat
supervisory employees - Aufsichtspersonal
supervisory training - Vorgesetztenschulung
supplementary - ergänzend, Zusatz-, Nachtrags-, Ergänzungs-
supplementary benefits - Sozialhilfe
supplementary budget - Ergänzungshaushalt
supplementary costs - ergänzende Kosten
supplementary entry - Nachbuchung
supplementation - Ergänzung
supplier - Anbieter, Lieferant, Zulieferer
supplier country - Lieferland
supplier credit - Lieferantenkredit
supplies - Hilfsstoffe
supply - Angebot, Vorrat, beliefern, bereitstellen
supply and demand - Angebot und Nachfrage
supply behavior - Angebotsverhalten
supply bottleneck - Versorgungsengpaß
supply commitment - Lieferverpflichtung
supply curve - Angebotskurve
supply decision - Angebotsentscheidung
supply difficulties - Lieferschwierigkeiten
supply function - Angebotsfunktion
supply gap - Angebotslücke

supply of labor - Arbeitsangebot
supply of money - Geldversorgung
supply price - Angebotspreis
supply push inflation - Angebotsdruckinflation
supply schedule - Angebotstabelle
supply shock - Angebotsschock
supply situation - Versorgungslage
supply source - Bezugsquelle
supply-side economics - angebotsorientierte Volkswirtschaftslehre
support - unterstützen, finanzieren, decken
support price - Stützungspreis
support purchases - Interventionskäufe, Stützungskäufe
suppose - annehmen
suppositional - hypothetisch
suppressed inflation - zurückgestaute Inflation
supremacy - Vormachtstellung
surcharge - zusätzlich fordern / belasten, Nachgebühr, Preisaufschlag
suretyship - Bürgschaft
surface - Oberfläche, Fläche, Außenseite
surface value - äußerer Eindruck
surmount - übersteigen, überwinden
surname - Nachname
surplus - Mehrbetrag, Überschuß, überschüssiger Gewinn
surplus agricultural production - landwirtschaftliche Überproduktion
surplus cash - Liquiditätsüberschuß
surplus country - Überschußland
surplus demand - Nachfrageüberschuß
surplus fund - Reservefonds, Überschußfonds
surplus on current account - aktive Leistungsbilanz, Leistungsbilanzüberschuß
surplus on visible trade - Handelsbilanzüberschuß
surplus production - Überschußproduktion
surplus reserve - gesetzliche Rücklage, zweckgebundene Rücklage
surplus statement - Gewinnverwendungsaufstellung
surplus to requirement - überflüssig
surplus value - Mehrwert
surplus variable - Überschußvariable

surprise dividend

surprise dividend - außerordentliche Dividende
surrender - Auslieferung, Übergabe, aushändigen, übergeben
surrender value - Rückkaufwert
surrounding industry - Nachbarindustrie
surtax - Ergänzungsabgabe, Steuerzuschlag
surveillance - Überwachung
surveillance machinery - Überwachungsmaschinerie
survey - Erhebung, Überblick, prüfen, überblicken
survey fee - Begutachtungsgebühr, Prüfungsgebühr
surveyor - Gutachter, Landvermesser, Sachverständiger
survivors' social security system - Hinterbliebenenversorgung
susceptible - anfällig, empfänglich
suspend - aufschieben, suspendieren, unterbrechen
suspend a quotation - Kurs aussetzen
suspend actions - Maßnahmen einstellen
suspend payments - Zahlungen einstellen
suspend work - Arbeit aussetzen, streiken
suspended - außer Kraft gesetzt
suspended account - transitorisches Konto
suspended sentence - Bewährungsstrafe
suspense - Ausschub, Schwebe
suspense account - transitorisches Konto, Auffangkonto, Übergangskonto
suspension - Aussetzung, Amtsenthebung, Außerkraftsetzung
suspension of business - Geschäftsschließung
suspension of prescriptive period - Hemmung der Verjährung
suspension of work - Arbeitseinstellung
sustain - ertragen, fortsetzen, standhalten, stützen
sustain a loss - Verlust erleiden
sustainability - Haltbarkeit
sustainable growth - beständiges Wachstum
sustained - anhaltend, andauernd
sustained growth - stetiges Wachstum
sustained pickup - nachhaltige Erholung
sustenance - Auskommen, Lebensunterhalt

swap - Tauschhandel, Swapgeschäft, Devisentauschgeschäft, tauschen
swap arrangement - Swap-Abkommen
swap transaction - Umtauschaktion
swaption - Swap-Option
swatch - Farbmuster, Musterbuch
sway - Einfluß, Macht, beeinflussen
sweat - Schweiß, für Hungerlohn arbeiten
sweat shop - Ausbeutungsbetrieb
sweated - unterbezahlt
sweated money - Hungerlohn
sweater - Schinder
sweep away - wegräumen, beiseite schaffen
sweep off - Geld einstreichen
swim - Lauf der Dinge
swim against the tide - gegen den Strom schwimmen
swindle - Betrug, Schwindel, schwindeln
swindler - Gauner, Hochstapler
swing - Konjunkturperiode
swing back - Umschwung, Rückschlag
swing shift - Spätschicht
swings in employment and unemployment - Arbeitsmarktbewegungen
switch - Umstellung, Switchgeschäft
switch lever - Schalthebel
switch over production - Produktion umstellen
switch-off point - Endpunkt, Schlußpunkt
switchboard - Telefonvermittlung
SWOT-analysis - Stärken-Schwächen-Chancen-Risiken-Analyse
symbiotic marketing - symbiotisches Marketing
symbolic delivery - fingierte Übergabe
symbolic programming language - Symbolprogrammiersprache
symmetric - gleichmäßig, symmetrisch
symmetric distribution - symmetrische Verteilung
symmetry - Symmetrie
symmetry attribute - Symmetrieeigenschaft
symposium - Konferenz
symptom of discontent - Anzeichen von Unzufriedenheit
synchronous mode - Synchronverfahren
syndicate - Interessengemeinschaft, Konsortium

syndicate account - Beteiligungskonto
syndicate on original terms - Gründungskonsortium
syndicate transaction - Konsortialgeschäft
synergetic / synergistic - zusammenwirkend
synergy - Synergie
synergy effect - Synergieeffekt
synthesize - künstlich herstellen, zusammenfügen
synthetic - künstlich, synthetisch
synthetic fibre - Kunstfaser
system - Anordnung, Methode, System
system boundry - Systemgrenze
system construction - Systembau
system evaluation - Anlagenbeurteilung
system limits - Systemgrenzen
system maintenance - Systemerhaltung
system of equations - Gleichungssystem
system of linear inequalities - System linearer Ungleichungen
system of management development - Personalentwicklungssystem

system of objectives - Zielsystem
system of payment by results - Akkordlohnsystem
system of utilization - Ausnutzungsmodus
system program - Systemprogramm
system reliability - Systemzuverlässigkeit
system residence disk - Systemplatte
systematic - systematisch
systematic error - systematischer Fehler
systematic sample - systematische Stichprobe
systemic - systemisch
systemic pattern of rationalization - systemisches Rationalisierungsmuster
systemic rationalization - systemische Rationalisierung
systems analysis - Systemanalyse
systems approach - Systemansatz
systems design - Systementwurf
systems engineering - Systemplanung
systems logic - Systemansatz
systems theory - Systemtheorie

T

t-distribution - Students-t-Verteilung
tab - Rechnung, Tabulatorsprung
table - Tabelle, Übersicht
table technique - Tabellentechnik
tabloid - Boulevardblatt
tabular - tabellarisch
tabulate - ordnen, tabellarisieren
tabulation - tabellarische Aufstellung
tacit - stillschweigend
tackle - angreifen, in Angriff nehmen
tacky - billig, klebrig, schäbig
tactic - Taktik
tactical - planvoll, taktisch
tactician - Taktiker
tag - Etikett, Preisschild
tail - beschränktes Erbrecht, sich hinziehen
tail off - abnehmen, schwinden
tailor - Schneider
tailor-made - maßgefertigt
tailor-made course - den Bedürfnissen angepaßter Kurs
tailored - klassisch
take an oath - Eid leisten
take down - aufschreiben, abreißen
take home pay - Nettogehalt
take into account - berücksichtigen
take inventory /stock - Inventur machen
take on - einstellen, engagieren
take out an insurance - Versicherung abschließen
take the initiative - den ersten Schritt tun, Initiative ergreifen
take undue advantage - ausnutzen
take-off - wirtschaftlicher Aufstieg
take-over - übernehmen, Übernahme
take-over bid - Übernahmeangebot
take-up - Inanspruchname
taker - Käufer, Abnehmer
taker of an option - Stillhalter
taking of evidence - Beweiserhebung
talent - Begabung, Fähigkeit
talk - Gespräch, Unterredung
talk out - ausdiskutieren
talk over - besprechen
talkback - Wechselsprechanlage
tally - Frachtliste, Rechnung, tabellieren, buchführen

tally business - Ratengeschäft
tally chart - Strichliste
tally clerk - Kontrolleur
tamper - fälschen, frisieren
tangency condition - Tangentialbedingung
tangent - Tangente, berühren
tangential - am Rande berühren, tangential
tangible assets - materielle Vermögenswerte
tangible benefits - materielle Leistungen / Zuwendungen
tangle - Gewirr, Verflechtung, verflechten
tap - anzapfen, abhören, erschließen
tap issue - Daueremission
tap issuer - Daueremittent
tap resources - Ressourcen erschließen
tape - Band, Fernschreiber, Tonband
taper off - Produktion zurückschrauben / auslaufen lassen
tapereader - Lochstreifenleser
taperecording - Bandaufnahme
tardy - spät, verspätet
tare - Leergewicht, Tara
target - Soll, Ziel, Planziel, zielen
target analysis - Zielanalyse
target audience - Zielgruppe
target concept - Sollkonzept
target cost - Sollkosten
target costing - Zielkostenmanagement
target event - Zielereignis
target figures - Zielgrößen
target function - Zielfunktion
target group - Zielgruppe
target market - Zielmarkt
target range - Zielband
target-performance comparison - Soll-Ist-Vergleich
targeted advertising - gezielte Anzeigenwerbung
targeted growth rate - angepeiltes Wachstumsziel
targeted programs - gezielte Programme
tariff - Gebühren, Tarif, Zoll
tariff cut - Zollsenkung
tariff equilibrium - zollpolitisches Gleichgewicht
tariff laws - Zolltarifrecht
tariff policy - Zollpolitik

tax relief

tariff preferences - Zollpräferenzen
tariff rate - Tarifsatz, Zollsatz
tariff reduction - Zollsenkung
tariff revenue - Zolleinnahmen
tariff wall - Zollschranke
task - Aufgabe, Pensum
task allocation - Personal-/
Arbeitsorganisation
task analysis - Aufgabenanalyse
task and bonus system -
Prämienakkordsystem
task assignment - Aufgabenzuordnung /
-verteilung
task characteristic - Aufgabenmerkmal
task description - Aufgabenbeschreibung
task force - Planungs-/ Projekt-/
Arbeitsgruppe
task fulfilment - Aufgabenerfüllung
task matrix - Funktionendiagramm
task modification - Aufgabenwandel
task organization - Personalorganisation
task sequence plan - Aufgaben-Folgeplan
task sequence structure -
Aufgaben-Folgestruktur
task structure - Aufgabenstruktur(bild)
task structuring - Aufgabenanalyse /
-gliederung /-strukturierung
taste - Geschmack
tastes of household - Bedarfsstruktur des
Haushalts
tawdry - flitterhaft, kitschig
tax - Steuer, besteuern
tax abatement - Steuerermäßigung
tax accounting - Steuerbuchhaltung
tax adviser - Steuerberater
tax agreement - Steuerabkommen
tax assessment note /notice-
Steuerbescheid, Veranlagungsbescheid
tax authorities - Steuerbehörde
tax avoidance - Steuerumgehung
tax balance sheet - Steuerbilanz
tax base - Steuerbemessungsgrundlage
tax benefit - Steuererleichterung
tax bracket - Steuerklasse
tax break - Steuervergünstigung
tax burden - Steuerbelastung
tax burden minimization -
Steuerlastminimierung
tax burden transfer clause -
Steuerabwälzung
tax collection - Steuereinziehung

tax concession - Steuervergünstigung,
Steuerbefreiung
tax consultant - Steuerberater
tax credit procedure -
Steueranrechnungsverfahren
tax cut - Steuersenkung
tax deducted at source -
Quellensteuerabzug
tax deduction - Steuerabzug
tax deemed to be imposed on a person -
Personensteuer
tax depreciation - Abschreibung für
Abnutzung (Afa)
tax depreciation tables - Afa-Tabellen
tax diffusion - Steuerdiffusion
tax dodger - Steuerhinterzieher
tax evasion - Steuerhinterziehung
tax exemption - Steuerfreiheit,
Steuerbefreiung
tax foreclosure - Steuerpfändung
tax from income and property -
Besitzsteuer
tax haven - Steueroase
tax holidays - befristeter Steuerfreibetrag
tax impact - Steuerwirkung
tax incentive - Steueranreiz
tax incentive plans - Steueranreizpläne
tax incentive policy - Steueranreizpolitik
tax increase - Steuererhöhung
tax indexation - Steuerindexierung
tax item - Steuerposten
tax lawyer - Steueranwalt
tax loophole - Steuerlücke
tax management - Steuerlehre
tax offense - Steuerdelikt
tax on income - Ertragssteuer
tax on land /real estate - Grundsteuer
tax on motor vehicles -
Kraftfahrzeugsteuer
tax orientation - Abgabenorientierung
tax overprovided - überhöhte
Steuerrückstellung
tax prepayment - Steuervorauszahlung
tax push inflation - Steuerdruckinflation
tax rate - Steuerrate
tax receipts - Steuereinnahmen,
Steueraufkommen
tax reduction - Steuererleichterung
tax refund - Steuererstattung
tax relief - Steuervergünstigung,
Steuerentlastung

tax reserve - Veranlagungsreserve
tax return - Steuererklärung
tax revenue - Steueraufkommen, Steuereinnahmen, Steuerertrag
tax savings - Steuerersparnis
tax search - Steuerfahndung
tax writeoff - steuerliche Abschreibung
tax year - Steuerjahr
tax-deductible expenses - abzugsfähige Ausgaben
tax-exempt - steuerfrei
tax-exempt assets - steuerbefreite Wirtschaftsgüter
tax-favored - steuerbegünstigt
tax-favored saving - steuerbegünstigtes Sparen
tax-free - steuerfrei
tax-free amount - Steuerfreibetrag
taxable - steuerpflichtig
taxable income - steuerpflichtiges Einkommen, steuerpflichtiger Gewinn
taxable object - Steuereinheit, Steuerobjekt
taxable performance - besteuerbare Leistung
taxation - Besteuerung, Steuerveranlagung
taxation adjustment - Steuerberichtigung
taxation at a flat rate - Pauschalbesteuerung
taxation law - Steuergesetz
taxman - Finanzbeamter
taxpayer - Steuerzahler
tayloristic pattern of rationalization - tayloristisches Rationalisierungsmuster
teach - lehren, unterrichten
teachers college - pädagogische Hochschule
teaching profession - Lehrberuf
team - Abteilung, Arbeitsgruppe, Gruppe
team effort - gemeinsame Anstrengung
team up - sich zusammentun
team work - Gemeinschaftsarbeit
tear - zerfleischen, zerreißen
tear-off - Abreiß-
tear-off form - Abreißformular
teaser campaign - Lock-/ Neckwerbung
technical - fachlich, sachlich, technisch
technical analysis - technische Analyse
technical analysis of stock trends - technische Aktientrendanalyse

technical consultant - Fachberater
technical function - Fachfunktion
technical language - Fachsprache
technical progress - technischer Fortschritt
technical progress function - Fortschrittsfunktion
technical rate of substitution - technische Substitutionsrate
technique - Maßnahme, Technik
technocentric approach - technozentrischer Ansatz
technologic - technologisch
technological constraint - technische Beschränkung
technological determinism - technologischer Determinismus
technological unemployment - technologische Arbeitslosigkeit
technologist - Technologe
technology - Technik, Technologie
technology assessment estimation - Technologiefolgenabschätzung
technology assessment research - Technikwirkungsforschung
technology push - Technologieschub
telecast - Fernsehsendung, senden
telecommunications - Fernmeldewesen
telegram / telegraph - Nachricht, Telegramm, telegraphieren
telegraph boy - Telegrammbote
telegraphese - Telegrammstil
telephone - Fernsprecher, Telefon
telephone directory - Telefonbuch
telephone extension - Nebenanschluß
telephone marketing - Telefonmarketing
telephone subscription - Grundgebühr
teleprinter /-writer - Fernschreiber
television commercial - Werbefernsehen, Werbesendung
teller - Kassierer
teller's department - Hauptkasse
temp - Aushilfssekretärin, aushilfsweise arbeiten
temporal constructs - Zeitkomponenten
temporary - befristet, zeitweilig
temporary data set - temporäre Datei
temporary importation - vorübergehende Einfuhr
temporary investment - vorübergehende Kapitalanlage

temporary staff - Aushilfspersonal
temporary store - Verwahrungslager
temporary transfer - zeitweise Abstellung
temporary work - Gelegenheitsarbeit
temporary work agency - Zeitarbeitsunternehmen
tenancy - Mietverhältnis, Pacht, Pachtdauer
tenancy agreement - Mietvertrag
tenant - Mieter, Pächter
tenantless - unvermietet
tendency - Richtung, Tendenz
tender - Angebot, anbieten, sich an einer Ausschreibung beteiligen
tenet - Glaubenssatz, Lehrsatz
tenfold - zehnfach
tenseness - Gespanntheit, Spannung
tension free growth - spannungsfreies Wachstum
tentative - vorläufig, zögernd
tentative agreement - Vertragsentwurf
tenure - Amtszeit, Anstellung, Besitz
term - Dauer, Studienzeiteinheit
term insurance - Risikolebensversicherung
term insurance policy - Risikolebensversicherungspolice
term loans - mittel-/langfristige Tilgungskredite
term money - Termingeld
term of a patent - Patentdauer
term of notice - Kündigungsfrist
terminate - ablaufen, beenden
termination - Ablauf, Beendigung
termination of employment - Beschäftigungsende
termination pay - Abfindung
terms and conditions - Lieferungs- und Zahlungsbedingungen
terms and conditions of employment - Beschäftigungsbedingungen
terms and conditions of sale and delivery - Verkaufsbedingungen
terms of competition - Wettbewerbsbedingungen
terms of contract - Vertragsbedingungen
terms of credit - Kreditbedingungen
terms of delivery - Lieferbedingungen
terms of elasticity - Elastizitätsformen

terms of payment - Zahlungsbedingungen
terms of trade - reales Austauschverhältnis, Handelsbedingungen
terms policy - Konditionenpolitik
tertiary sector - Dienstleistungssektor
test - Test
test advertising - Testwerbung
test market - Testmarkt
test of needs - Bedürftigkeitsprüfung
test of significance - Hypothesenprüfung
test result - Versuchsergebnis
test specification - Prüfvorschrift
test-retest technique - Wiederholungsverfahren
testator - Erblasser
tester - Prüfer, Prüfgerät
testify - beurkunden, bezeugen
testimonial - Zeugnis, Empfehlungsschreiben, Attest
testing ground - Versuchsfeld, Versuchsgebiet
theft - Diebstahl
theme - Leitmotiv, Thema
theorem - Theorem, Grundsatz
theorem of compound probability - Multiplikationssatz der Wahrscheinlichkeit
theorem of total probability - Additionssatz der Wahrscheinlichkeit
theoretical - theoretisch
theory of action - Handlungstheorie
theory of business structures - Institutionenlehre
theory of choice - Wahlhandlungstheorie, Theorie der Wahlakte
theory of competition - Wettbewerbstheorie
theory of distribution - Verteilungstheorie
theory of income - Einkommenstheorie
theory of income distribution - Theorie der Einkommensverteilung
theory of managerial finance - Finanzierungstheorie
theory of portfolio selection - Portfoliotheorie
theory of probability - Wahrscheinlichkeitstheorie
theory of rational behavior - Theorie des Rationalverhaltens

theory of relative prices

theory of relative prices - Theorie der relativen Preise
theory of statistics - theoretische Statistik
theory of taxation - Steuerlehre
theory of value - Werttheorie
thesis - Diplomarbeit, Dissertation, These, Behauptung
thief-proof - diebessicher
thieve - stehlen
third party - dritte Person, Dritte
third world - Dritte Welt
third-party account - Anderkonto
third-party debtor - Drittschuldner
third-party deposit notice - Fremdanzeige
third-party funds - Fremdgelder
third-party liability - Haftpflicht
third-party liability claims - Haftungsansprüche Dritter
third-party liability insurance - Haftpflichtversicherung
third-party motor insurance - Kfz-Haftpflichtversicherung
third-party owner - Dritteigentümer
third-party property - fremdes Eigentum
third-party purchaser - Dritterwerber
third-party rights - Rechte Dritter
third-party securities account - Kundendepot
third-party security deposit - Anderdepot
third-party transaction - Dreiecksgeschäft
thorough - sorgfältig, genau
thorough reform - durchgreifende Reform
thoroughness - Gründlichkeit, Solidität, Sorgfalt, Vollendung
thrash out - ausdiskutieren, erörtern
thread mark - Silberfaden in Banknoten
threat - Gefahr, Drohung
three-column account - Dreispaltenkonto
three-party paper - Wertpapier mit drei Beteiligten
three-quarter majority - Dreiviertelmehrheit
three-sector economy - Dreisektoren-Wirtschaft
threshold - Schwelle
threshold amount - Höchstbetrag
threshold country - Schwellenland

threshold effect - erster Eindruck, Eingangseindruck
threshold of divergence - Abweichungsschwelle
threshold of perception - Wahrnehmungsschwelle
threshold price - Schwellenpreis
thrift - Sparsamkeit, Wirtschaftlichkeit
thrift department - Sparkundenabteilung
thrift deposit - Sparkonto, Spargeld, Spareinlage
thrift institution - Sparkasse
thrift price - Niedrigpreis
thrift program - Sparprogramm
thriftless - verschwenderisch
thrifty - sparsam, wirtschaftlich
through the usual channels - auf dem üblichen Weg
throughput agreement - Abnahmevertrag mit Durchleitungsanspruch
throughput capacity - Durchsetzungskapazität
throughput economy - Durchflußwirtschaft
throughput time - Durchlaufzeit
throw-away leaflet - Flugblatt
throw-away society - Wegwerfgesellschaft
throwing on the market - auf den Markt bringen
thrust of economic activity - Konjunkturverlauf
thwart - durchkreuzen, vereiteln
tick - ankreuzen, kleinste Preisveränderung von Terminkontrakten (in USA)
tick off - abhaken
ticker - Börsenticker
tickertape - Papierstreifen des Börsentickers
ticket - Fahrkarte, Preisschild, Strafzettel
tide over - über Wasser halten
tide-over credit - Überbrückungskredit
tie - binden, befestigen, verknüpfen
tie up - Stillstand, Stillegung
tie-breaking vote - ausschlaggebende Stimme
tie-in clause - Kopplungsklausel
tie-in sale - Kopplungsgeschäft
tied trade - gebundener Handel

tied-in cost system - monistisches System der Kostenrechnung
tied-up capital - gebundenes Kapital
tied-up funds - festgelegte Mittel
tight budget situation - angespannte Haushaltslage
tight labor market - Arbeitskräftemangel
tight monetary policy - restriktive Geldpolitik
tighten credit - Kredit verknappen
tighten purse strings - Ausgaben kürzen
tightened inspection - verschärfte Prüfung
tightening of the money market - Versteifung des Geldmarktes
tightly knit markets - vernetzte Märkte
tightness of a market - Marktenge, knappe Verfassung des Marktes
till - Kasse
till money - Kassenhaltung
till receipt - Kassenstreifen
timber - Bauholz
timber trade - Holzhandel
time - Frist, Zeit, Zeitaufwand
time account - Festgeldkonto
time analysis - Zeitanalyse
time and motion study - Arbeitsstudie, Zeit- und Bewegungsstudie
time bargain - Termingeschäft
time bill - Zielwechsel
time buffer - Terminpuffer
time card - Stechkarte, Lohnkarte
time clock - Kontrolluhr, Stechuhr
time clock card - Stechkarte
time cost - Periodenkosten
time delay - Zeitverzögerung
time deposit - befristete Einlage, Festgeldeinlagen, Termineinlagen
time division multiplex method - Zeitmultiplexverfahren
time draft - Nachsichtwechsel
time element - Zeitelement
time fixed for performance - Erfüllungsfrist
time frame - Zeitrahmen
time lag - Wirkungsverzögerung, Zeitverzögerung
time liabilities - Terminverbindlichkeiten
time money - Festgeld, Termineinlagen
time of expiration - Verfallszeit
time parameter - Zeitparameter

time pattern - Zeitablauf
time payment - Ratenzahlung
time rate plus premium wage - Zeit- und Prämienlohn
time relationships - zeitliche Folgebeziehungen
time series - Zeitreihen
time series analysis - Zeitreihenanalyse
time series forecast - Zeitreihenprognose
time serving policy - Anpassungspolitik
time study - Zeitstudie
time to maturity - Laufzeit, Fristigkeit
time value - Zeitwert
time window - Zeitfenster
time-adjusted methods - dynamische Methoden
timekeeper - Arbeitszeitkontrolleur
timekeeping - Zeitkontrolle
timetable - Fahrplan, Stundenplan
timework rate - Zeitlohn
timeworker's bonus - Akkordausgleich
tin pan alley - Schlagerindustrie
tip - Hinweis, Trinkgeld, Wink
tipperlorry - Kipplaster
title - Anrede, Anrecht, Dokument
title deed - Eigentumsurkunde
titular - nominell, Titel, Titelträger
toady - Speichellecker
tobacco tax - Tabaksteuer
toil - abmühen, schaffen
token - Bon, Gutschein, Notgeld
token money - Zeichengeld
token strike - Warnstreik
tolerance interval - Toleranzintervall
toll - Benutzungsgebühr, Maut, Zollgebühr
tombstone - Finanzanzeigen
tombstone advertising - Emissionsanzeige
ton - Tonne
tone down - mildern, dämpfen
tone of the market - Preisverhalten
tonnage - Tonnage, Tragfähigkeit, Frachtraum
tool - Werkzeug, Sachmittel, Instrument
tool kit - Werkzeugkasten
tool system - Sachmittelsystem
tool up - ausrüsten
tooling up costs - Ausrüstungskosten
tools of monetary policy - geldpolitisches Instrumentarium

top brass

top brass - Unternehmensleitung
top executive - Manager
top product - Spitzenprodukt
top ranking - von hohem Rang
top-down - von oben nach unten
top-down planning - retrograde Planung
top-grade securities - erstklassige Wertpapiere
top-level executive - oberste Führungskraft
top-level representative - Spitzenvertreter
top-of-the line model - Spitzenmodell
topic - Thema
torch - Schweißbrenner, Fackel
Tory - Konservativer
Toryism - Konservativismus
toss-up - ungewisse Sache
total - Gesamtbetrag, Gesamtzahl, sich belaufen auf
total accumulation of annuity - Endwert
total assets - Vermögenssubstanz, Bilanzsumme
total buffer - Gesamtpuffer
total capital - Gesamtkapital
total change - Gesamtveränderung
total cost - Gesamtkosten
total cost curve - Gesamtkostenkurve
total cost function - Gesamtkostenfunktion
total employees - gesamte abhängige Erwerbspersonen
total equity and liabilities - Aktiva und Passiva
total estate - Vermögenssubstanz
total expenditures - Gesamtausgaben
total external transactions - gesamte außenwirtschaftliche Transaktionen
total fixed costs - Fixkostenblock
total income - Gesamteinkommen
total lending - Gesamtschulden
total operating performance - Gesamtleistung
total outlay - Gesamtaufwand, Gesamtkosten
total output - Gesamtleistung
total population - Gesamtbevölkerung
total production cost - Selbstkosten
total result - Gesamtergebnis
total spending - Gesamtausgaben
total utility - Gesamtnutzen

totality - Gesamtheit, Vollständigkeit
touch-and-go - prekäre Situation
touchy topic - Reizthema
tour operator - Touristikunternehmer
tourism - Fremdenverkehr, Touristik
tourist board - Fremdenverkehrsbehörde
tourist receipts - Einkünfte aus dem Fremdenverkehr
tourist resort - Fremdenverkehrsort
touristy - touristisch ausgerichtet
tout - Kundenfänger, Schlepper
tout around - Information anbieten, schwarz verkaufen
tower block - Hochhaus
township - Stadtgemeinde, Verwaltungsbezirk
trace - auffinden, Spur
trace back - zurückverfolgen
tracer - Laufzettel, Suchzettel
tracer information - Inkassoauskunft
tracing file - Suchkartei
track - Spur, Strecke
track down - aufspüren
track record - Entwicklungsprofil, Qualifikationsnachweise
trackage - Streckenbenutzungsgebühr
trade - Handel, Geschäftszweig
trade advertising - Händlerwerbung
trade agreement - Handelsabkommen, Handelsvertrag
trade association - Wirtschaftsverband
trade balance - Handelsbilanz
trade barriers - Handelsschranken
trade bill - Handelswechsel
trade convention - Wirtschaftsabkommen
trade creation - Handelserweiterung
trade criteria - Kompensationskriterium
trade curbs - Handelsbeschränkungen
trade curve - Substitutionskurve
trade cycle - Konjunkturzyklus, Wirtschaftskreislauf
trade date - Schlußtag
trade debtor - Kontokorrentschuldner
trade directory - Branchenverzeichnis, Handelsadreßbuch
trade discount - Handelsrabatt
trade diversion - Handelsablenkung
trade earnings - Gewerbeertrag
trade embargo - Handelssperre
trade fair - Handelsmesse
trade in - in Zahlung geben

trade indemnity insurance - Warenkreditversicherung
trade investments - Vermögensanlagen
trade margin - Handelsspanne
trade mission - Handelsdelegation
trade off - ausgleichen
trade on - ausnützen
trade press - Fachpresse, Wirtschaftspresse
trade register - Handelsregister
trade registrar -Handelsregisterverwalter
trade regulation - Handelsbestimmung
trade regulation act - Gewerbeordnung
trade restriction - Handelsbeschränkung
trade route - Handelsstraße
trade sanctions - Wirtschafts-/ Handelssanktionen
trade supervisory authority - Gewerbeaufsichstamt
trade surplus - Handelsüberschuß, Handelsbilanzüberschuß
trade tax - Gewerbesteuer
trade tax on earnings - Gewerbeertragssteuer
trade union (TU) - Gewerkschaft
trade union congress (TUC) - Gewerkschaftskongress
trade unionism - Gewerkschaftsbewegung /-wesen
trade unionist - Gewerkschaftler
trade-distorting - handelverzerrend
trade-expanding - handelausdehnend
trade-weighted exchange rate - Außenwert der Währung
trademark - Handelsmarke, Warenzeichen
trademark owner - Inhaber eines Warenzeichens
trademark protection - Warenzeichenschutz
tradeoff - Austauschbeziehung
tradeoff criteria - Kompensationskriterien
trader - Händler
tradesman - Geschäftsmann, Handwerker, Ladenbesitzer
trading - Handel
trading area - Absatzbereich
trading capital - Gewerbekapital
trading capital tax - Gewerbekapitalsteuer

trading currency - Transaktionswährung
trading day - Börsentag
trading establishment - Handelsniederlassung
trading estate - Gewerbegebiet
trading floor - Börsenparkett /-saal
trading for own account - Eigenhändlergeschäft
trading in options - Optionshandel
trading in stocks - Effektenhandel
trading in subscription rights - Bezugsrechtshandel
trading invoice - Handelsrechnung
trading loss - Betriebsverlust, Geschäftsverlust
trading nation - Handelsnation
trading partner - Handelspartner
trading possibilities - Handelsmöglichkeiten
trading profit - Geschäftsgewinn
trading results - Handelsergebnisse
trading stamp - Rabattmarke
trading system - Handelssystem
trading up - Preiserhöhungsstrategie
tradition - Tradition, Überlieferung
traffic - Verkehr, Umschlag, handeln, schieben, verschieben
trafficker - Dealer, Händler, Schieber
trail behind - hinterherhinken, weit zurückliegen
trail-net - Schleppnetz
trailer - Kraftfahrzeuganhänger
train - ausbilden, unterweisen
trained worker - Facharbeiter
trainee - Auszubildender, Kursteilnehmer, Praktikant,
training - Praktikum, Schulung
training consultancy - Ausbildungsberatung
training contract - Lehrvertrag
training costs - Ausbildungskosten
training course - Schulungskurs
training credit - Ausbildungskredit
training off-the-job - betriebsexterne Einarbeitung
training on-the-job - Anlernung / Einarbeitung am Arbeitsplatz
training place - Ausbildungsplatz
trajectory - Flugbahn
transact - abwickeln, durchführen
transact goods - Waren eintauschen

transaction

transaction - Abwicklung, Geschäftsabschluß, Transaktion
transaction costs - Transaktionskosten
transaction demand - Transaktionsnachfrage
transaction fee - Buchungsgebühr
transaction motive - Transaktionsmotiv
transactional analysis - Transaktionsanalyse
transactions balance - Transaktionskasse
transactions velocity - Umlaufgeschwindigkeit des Geldes
transatlantic - transatlantisch
transceiver - Sende- und Empfangsgerät, Sender und Empfänger
transcend - übersteigen, übertreffen
transcontinental - transkontinental
transcribe - abschreiben, übertragen
transcript - Abschrift, Protokoll
transfer - Überweisung, Übertrag, übertragen
transfer company - Speditionsgesellschaft
transfer income - Transfereinkommen
transfer instruction - Transferbefehl, Überweisungsauftrag
transfer of claims - Forderungstransfer
transfer of ownership - Eigentumsübertragung
transfer of profits - Gewinnabführung
transfer of purchasing power - Kaufkrafttransfer
transfer of right to vote - Stimmrechtsübertragung
transfer of unemployment - Ausfuhr von Arbeitslosigkeit
transfer payment - Transferzahlung
transferability - Übertragbarkeit
transferable - übertragbar
transformation - Umwandlung, Transformation
transfrontier carriage of goods - grenzüberschreitender Warentransport
transgress - verletzen, verstoßen, übertreten
tranship - umladen, umschlagen
transhipment - Umladung, Umschlag
transit - Beförderung, Transport
transit intensity - Durchgangsintensität
transit number - Bankleitzahl (BLZ)
transition - Übergang

transitional budget - Übergangsbudget
transitional period - Übergangsdauer, Übergangszeit
transitional provisions - Übergangsbestimmungen
transitional stage - Übergangszustand
transitivity - Transitivität, Übergangsverpflichtung
transitory - vorübergehend
transitory item - Übergangsposten
translate - umrechnen, übersetzen
transmission mechanism - Transmissionsmechanismus
transparency - Transparenz
transparency of the market - Markttransparenz
transplant - ausländische Fabrikationsstätte, verpflanzen, umsiedeln
transport - Beförderung, Transport, Verkehr, befördern, versenden
transport algorithm - Transportalgorithmus
transport arrangements - Transportvereinbarungen
transport industry - Transportgewerbe
transport-intensive goods - transportintensive Güter
transport route - Transportweg
transportation - Transport, Beförderung
transportation costs - Transportkosten
transportation insurance - Transportversicherung
transportation problem - Transportproblem
transportation time - Transportzeit
transpose - transponieren
transvaluation - Umbewertung
trash - Kitsch, Schund
trashy - minderwertig, wertlos
travel agency /agent - Reisebüro / -agentur
travel allowance - Reisespesen
travel expense report - Reisekostenabrechnung
travel expenses - Reiseausgaben
travel organizer - Reiseunternehmer
traveler's check - Reisescheck
traveling on business - auf Geschäftsreise
traveling salesman /agent - Handelsvertreter, Handlungsreisender

treasurer - Kassenwart, Leiter der Finanzabteilung, Schatzmeister
treasury - Fiskus, Finanzministerium, Schatzamt
treasury bill - Schatzanweisung, Schuldverschreibung
Treasury Department (TD) - Finanzministerium
treatise - Abhandlung, Bericht
treatment - Behandlung, Bewirtung, Darstellung
treaty - Abkommen, Vertrag
treaty of association - Assoziierungsvertrag
treaty of commerce - Handelsabkommen
treaty on the law of the sea - Seerechtsvertrag
treaty port - Vertragshafen
tree - Baum
tree diagram - Baumdiagramm
tremendous - enorm, ungeheuer
trend - Richtung, Tendenz, Trend
trend analysis - Trendanalyse
trend of business - Geschäftsgang
trend of demand - Nachfrageentwicklung
trend of earnings - Ertragsentwicklung
trend of employment - Beschäftigungsentwicklung
trend of events - Lauf der Dinge
trend of profitability - Ertragsentwicklung
trend of the market - Marktentwicklung
trend path - Trendverlauf
trend rate of growth - Wachstumstrend
trend reversal - Trendwende
trend-adjusted - trendbereinigt
triadic product test - Dreiprodukttest
trial - Versuch, Test
trial and error - Versuch und Irrtum, systematisches Ausprobieren
trial order - Probeauftrag
triangle - Dreieck
triangular - dreieckig
triangular arbitrage - Dreiecksarbitrage
tribunal - Gerichtshof, Untersuchungsausschuß
tribute - Tribut
trickle across - horizontal ausbreiten
trickle down - durchsickern
trickster - Betrüger, Gauner
triennial - dreijährlich

triennium - Zeitraum von drei Jahren
trifle - Kleinstbetrag, Bagatelle
trifle away - vergeuden
trimming - Verstauen, Trimmen, Opportunismus
triplicate - dreifach
trivial - trivial, unbedeutend
trotting inflation - trabende Inflation
trough - Konjunkturtief
trousseau - Aussteuer
truck - Lastwagen
truckage - Transport, Wagengeld, Rollgeld
truckload - Wagenladung
true inflation - absolute Inflation
true value - Istwert
trump - Trumpf, übertrumpfen, ausstechen
trump up - erfinden
trumpery - Kitsch, Plunder
trunk call - Ferngespräch
trunk line - Fernleitung, Hauptstrecke
trust - Kartell, Treuhand, Vertrauen, anvertrauen, erwarten
trust account - Anderkonto
trust company - Treuhandgesellschaft
trust fund - Fondsvermögen, Investmentfonds, Treuhandfonds
trust institution - Treuhandgesellschaft
trust manager - Fondsverwalter
trustee - Treuhänder, Vermögensverwalter
trustee savings bank - gemeinnützige Sparkasse
trusteeship - Treuhänderschaft, Kuratorium
trustworthiness - Solidität
tub-thumping - Hetzrede
tugboat - Schlepper
tuition - Unterricht, Anleitung
tuition fee - Kurs-/ Schulgebühr
turbine - Turbine
turmoil - Aufruhr, Tumult, Unruhe
turnabout of the market - Marktumschwung
turnaround - Trendwende
turnaround in economic activity - Konjunkturumschwung
turnaround in interest rate movements - Zinswende
turnover - Umsatz, Umschlag

turnover growth - Umsatzsteigerung
turnover level - Umsatzniveau
turnover rate - Umschlagshäufigkeit
turnover ratio - Umschlagskennziffer
turnover tax - Umsatzsteuer
tutelage - Unmündigkeit
two-commodity case - Zwei-Güter-Fall
two-country case - Zwei-Länder-Fall
two-digit inflation - zweistellige Inflation
two-dimensional - zweidimensional
two-tier - gespalten
two-tier board - gestaffelte Geschäftsführung
two-tier gold market - gespaltener Goldmarkt
two-tier gold price - gespaltener Goldpreis
two-tier wage system - gespaltenes Lohnsystem
two-way package - Mehrwegpackung
two-way trade - bilateraler Handel
twofold - zweifach
tying agreement - Ausschließlichkeitsabkommen
tying clause - Bindungsklausel
tying contract - Exklusivvertrag
type - Muster, Gattung, tippen,
type of costs - Kostenarten
type of expenditure format - Gesamtkostenverfahren
type of financing - Finanzierungsart
type of investment - Anlageart
type one error - Fehler erster Art
type two error - Fehler zweiter Art
typewriter - Schreibmaschine
typify - symbolisieren, typisieren, verkörpern
typist - Schreibkraft
tyro - Anfänger, Neuling

U

ubiquitous - allgegenwärtig, weltweit
ugly customer - unangenehmer Kunde
ullage - Schwund, Leckage
ultimate - endlich, entscheidend, End-
ultimate borrower - Endkreditnehmer
ultimate buyer - Endabnehmer
ultimate consumer - Endverbraucher
ultimate consumption - Endverbrauch
ultimate goal - höchstes Ziel
ultimate strain - Maximalbelastung
ultimate target - Endziel
umbrella agreement - Rahmenabkommen
umbrella branding principle - Dachmarkenstrategie
umbrella group - Dachorganisation, Spitzenorganisation
umbrella organization - Dachverband
unable - unfähig, untauglich
unacceptable - unannehmbar, untragbar
unacceptable employment - unzumutbare Beschäftigung
unaccountable - unerklärlich, seltsam
unaddressed mailing - Postwurfsendung
unadjusted - unbereinigt
unaffected - unbetroffen
unaffiliated independent - Einzelhändler
unaffiliated union - unabhängige Gewerkschaft
unambiguous - eindeutig, unzweideutig
unambiguous presentation of balance sheet items - Bilanzklarheit
unanimous - einstimmig
unanticipated inflation - unerwartete Inflation
unappropriated - nicht zugeteilt, nicht gebraucht
unappropriated earned surplus income - Gewinnrücklage
unassured - nicht versichert
unattended - unbeaufsichtigt
unattested - nicht überprüft
unauthorized - nicht bevollmächtigt
unauthorized strike - wilder Streik
unavoidable - unanfechtbar, unvermeidlich
unaware - nicht gewahr, nichtsahnend
unbalance - Gleichgewicht stören
unbalanced - unausgeglichen

unbalanced account - unausgeglichenes Konto
unbalanced budget - unausgeglichener Haushalt
unbalanced growth - ungleichgewichtiges Wachstum
unbiased - sachlich, unbeeinflußt, vorurteilslos
unbiased error - reiner Zufallsfehler
unbiasedness - Erwartungstreue
unblock - freigeben
unblocking - Freigabe
unbridled competition - uneingeschränkter Wettbewerb
unbundling - Entbündelung, Zerlegung
uncallable - unkündbar
uncertain - unsicher, ungewiß
uncertainty - Unsicherheit
uncertainty problem - Unsicherheitsproblem
unclaimed - nicht abgeholt, nicht beansprucht
unclaimed property - herrenloser Besitz
uncleared goods - unverzollte Waren
uncleared invoice - offene Rechnung
uncollectibles - uneinbringliche Forderungen
uncommercial - unwirtschaftlich
uncommitted - neutral, ungebunden
uncompensated costs - soziale Zusatzkosten
uncompetitive - nicht wettbewerbsfähig
unconditional - bedingungslos, vorbehaltslos
unconditional acceptance - uneingeschränktes Akzept
unconscionable - sittenwidrig
unconscionable bargain - sittenwidriges Geschäft
uncontrolled brand association - unkontrollierte Markenassoziation
uncorrelated - unkorreliert
uncovered check - ungedeckter Scheck
uncustomed goods - unverzollte Waren
undeclared - nicht deklariert, ohne Angabe
undeclared legal production - Schwarzhandel
undeliverable - unzustellbar
under age - Minderjährigkeit
under construction - im Bau befindlich

235

under duty - verpflichtet
under notice - gekündigt
under separate cover - mit gleicher Post
under the authority of - im Auftrag von, mit Genehmigung von
under the counter - illegal, heimlich
under value - unter Wert
underbid - unterbieten
undercapacity - Unterkapazität
undercapitalized - unzureichend kapitalisiert
undercharge - zu geringe Belastung, zu wenig belasten
underconsumption - Unterverbrauch
underconsumption theory - Unterkonsumptionstheorie
undercurrent - verborgene Tendenz
undercut - unterbieten
undercut a competitor - Konkurrenz unterbieten
undercutting - Preisunterbietung
underdemand - Unternachfrage
underdepreciation - Unterabschreibung
underdeveloped nation - unterentwickeltes Land
underdeveloped world - Dritte Welt
underdevelopment - Unterentwicklung
underdog - Außenseiter
underemployment - Unterbeschäftigung
underestimate - unterschätzen
underexploited - unausgeschöpft, ungesättigt
underfunded - unzureichend kapitalisiert
underground economy - Schattenwirtschaft
underlying - grundsätzlich, zugrundeliegend
underlying company - Tochtergesellschaft
underlying deal - Grundgeschäft
underlying instrument - Basisobjekt
underlying mortgage - vorrangige Hypothek
underlying tendency - Grundtendenz
undermanned - ungenügend besetzt, unterbesetzt
undermentioned (u/m) - unten erwähnt
undermine - untergraben
underneath - unterhalb
undernourishment - Unterernährung
underorganization - Unterorganisation

underpin - stärken
underpinning - Grundlage, Unterstützung
underpopulation - Unterbevölkerung
underprivileged - unterprivilegiert, schlechter gestellt
underproduction - Unterproduktion
underqualified - unterqualifiziert
underrate - unterbewerten, zu niedrig veranschlagen
undersell - unterbieten
understaffed - unterbesetzt
understanding - Absprache, Übereinkunft, Vereinbarung
understate - unterbewerten
understatement - Unterbewertung, Untertreibung
understocked - unterversorgt
undertake - übernehmen, unternehmen
undertaking - Unternehmung, Zusage
underutilization - ungenügende Auswertung / Nutzung
underutilized - unterbeschäftigt
undervalued - unterbewertet
undervalued currency - unterbewertete Währung
underwrite - Versicherung übernehmen, versichern
underwriter - Versicherer, Bürge, Emissionsbank, Konsorte
underwriting agent - Versicherungsagent /-bevollmächtigter
underwriting agreement - Übernahmevertrag
underwriting banks - Konsortialbanken
underwriting business - Emissionsgeschäft
underwriting department - Garantieabteilung
underwriting group - Übernahmekonsortium
underwriting guaranty - Übernahmegarantie
underwriting house - Emissionsinstitut
underwriting margin - Konsortialspanne
underwriting premium - Emissionsagio
underwriting price - Übernahmekurs
underwriting profit - Emissionsgewinn
underwriting reserve - Schadensreserve
underwriting risk - Emissionsrisiko
undeveloped land - unerschlossene Grundstücke

undeveloped real estate - unbebaute Grundstücke
undisbursed - nicht ausgezahlt
undisclosed accounting - Geheimbuchführung
undisclosed agent - mittelbarer Stellvertreter
undisclosed principal - mittelbarer / stiller Auftraggeber
undisclosed profits - nicht ausgewiesene Gewinne
undisclosed reserves - stille Reserven
undisturbed growth - störungsfreies Wachstum
undo - aufmachen, öffnen
undue - übertrieben, unzulässig
undue hardship - unbillige Härte
undue influence - unzulässige Beeinflussung
unearned - nicht erarbeitet
unearned income - Einkünfte aus Kapitalbesitz, Besitzeinkommen
uneasy square - magisches Viereck
uneasy triangle - magisches Dreieck
uneffective - untauglich
unemployed - arbeitslos
unemployed person - Arbeitsloser
unemployment - Arbeitslosigkeit
unemployment assistance - Arbeitslosenhilfe
unemployment benefit - Arbeitslosenunterstützung
unemployment claim - Antrag auf Arbeitslosengeld
unemployment drop - Arbeitslosigkeitsrückgang
unemployment exchange - Arbeitsvermittlung
unemployment figure - Arbeitslosenzahl
unemployment insurance benefit - Arbeitslosenunterstützung
unemployment insurance - Arbeitslosenversicherung
unemployment pay - Arbeitslosengeld
unemployment pool - Arbeitslosenpotential
unemployment rate - Arbeitslosenquote
unemployment relief - Arbeitslosenfürsorge
unexperienced risks - unerwartete Risiken

unexpired time - Restlaufzeit
unfair- unfair, unlauter
unfair competition - unlauterer Wettbewerb
unfair dismissal - ungerechtfertigte Kündigung
unfair trade - unlauterer Handel
unfettered competition - uneingeschränkter Wettbewerb
unfilled vacancies - offene Stellen
unfitness for work - Arbeitsunfähigkeit
unfootnoted - bedingungslos
unforeseeable - unvorhersehbar
unforeseen - unerwartet
unfranked - nicht besteuert
unfreeze funds - Guthaben freigeben
unhampered trade - uneingeschränkter Handel
unhedged - ungesichert
unification - Vereinheitlichung, Vereinigung
unified accounting - Gesamtbuchhaltung
unified management - einheitliche Leitung
unified price structure - einheitliches Preisgefüge
uniform - einheitlich, konstant
uniform classification of account for industrial enterprises - Industriekontenrahmen
uniform classification of accounts - Kontenrahmen
uniform distribution - Gleichverteilung
uniform duty - Einheitszoll
uniform market - einheitlicher Markt
uniform price - Einheitspreis
uniform rules for collections - einheitliche Richtlinien für Inkassi
unify - vereinheitlichen
unilateral commercial transactions - einseitige Handelsgeschäfte
unilateral obligation - einseitige Verpflichtung
unincorporated business /firm - Personengesellschaft
unintended disinvestment - ungeplante Desinvestition
unintended dissaving - ungeplantes Entsparen

unintended inventory accumulation

unintended inventory accumulation - ungewünschte Lagerhaltung, unbeabsichtigte Lagerakkumulation
union - Gewerkschaft
union chief - Gewerkschaftsführer
union dues - Gewerkschaftsbeiträge
union member - Gewerkschaftsmitglied
union power politics - Machtpolitik der Gewerkschaften
union representative - Gewerkschaftsvertreter
union strike call - Streikaufruf
union wage rate - Tariflohn
unionized - gewerkschaftlich organisiert
unique - einzigartig
unique copy - Unikat
unique selling proposition (USP) - einzigartiges Verkaufsargument
unique steady-state equilibrium - goldener Wachstumspfad
unissued stock - nicht ausgegebenes Aktienkapital
unit - Einheit, Anteil
unit advertising cost - Werbestückkosten
unit banking - Einzelbankwesen
unit contribution margin - Deckungsbeitrag je Ausbringungseinheit
unit control - Lagerkontrolle
unit cost - Kosteneinheit, Stückkosten
unit cost function - Stückkostenfunktion
unit labor costs - Arbeitsstückkosten, Kosten einer Arbeitseinheit
unit linked insurance policy - objektbezogene Versicherungspolice
unit of account (U/A) - Rechnungseinheit
unit of cost - Kostenträger
unit of currency - Währungseinheit
unit of effort - Müheeinheit
unit of labor - Arbeitseinheit
unit of output - Produktionseinheit
unit of quantity - Mengeneinheit
unit of trading - Kontrakteinheit, Mindestmenge
unit of value - Wertmaßstab, Werteinheit
unit price - Einheitspreis, Stückpreis
unit trust - Investmenttrust, Investmentgesellschaft
unit wages - Stücklohn, Akkordlohn
unit-of-output costing statement - Kostenträgerrechnung

unitholder - Anteilscheinbesitzer, Investmentbesitzer
unitize - in Einheiten verpacken
unity of command - Einheit der Auftragserteilung
univariate - eindimensional
universal - universal, generell
universal agent - Generalbevollmächtigter
universal bank - Universalbank
universal partnership - allgemeine Gütergemeinschaft
universal patent - Weltpatent
universe - Grundgesamtheit
unleaded - unverbleit
unleash a product - Produkt vorstellen
unlimited - unbegrenzt, unbefristet
unlimited company - Gesellschaft mit unbeschränkter Haftung
unlimited liability - unbeschränkte Haftpflicht
unliquidated - unbezahlt, unbeglichen, offenstehend
unlisted - nicht verzeichnet, geheim, Geheim-
unlisted number -Geheimnummer
unlisted securities - Freiverkehrswerte
unloading charges - Entladekosten
unofficial - inoffiziell
unofficial broker - freier Makler
unofficial strike - wilder Streik
unpalatable - unangenehm, widerwärtig
unpegged - nicht gestützt
unplanned depreciation - außerplanmäßige Abschreibung
unposted - uninformiert, nicht abgeschickt
unprecedented - beispiellos, ohne Präzedenzfall
unpredictable - nicht vorhersagbar
unprofitable investment - Fehlinvestition
unprotested - nicht protestiert
unqualified - ungeeignet, unqualifiziert
unqualified cover - Volleindeckung
unreasonable - unvernünftig
unrelated to accounting period - periodenfremd
unreliability - Unzuverlässigkeit
unreliable - unzuverlässig
unrivalled - beispiellos, konkurrenzlos
unsaleable - unverkäuflich

unsatisfactory - unbefriedigend, unzureichend
unsatisfied demand - Nachfragelücke
unsecured creditor - einfacher Konkursgläubiger, Massengläubiger
unskilled - ungelernt
unskilled worker - Hilfsarbeiter
unsolvable - unlösbar
unsound goods - schlechte / verdorbene Ware
unstable - instabil, labil, schwankend
unstable market - ungleichgewichtiger Markt
unsuitable - ungeeignet
untaxed - unversteuert
untied capital - ungebundenes Kapital
untrammeled competition - freier Wettbewerb
untrammeled power - ungehemmte Macht
up to sample - dem Muster entsprechend
up-market - in der gehobenen Preisklasse
up-to-date - aktuell, auf dem laufenden, auf dem neuesten Stand
upfront - im voraus
upgrade - Aufstieg, befördern, verbessern
upkeep - Instandhaltung
uplift - Konjunkturaufschwung
upper price - oberer Preis
ups and downs of the market - Kursschwankungen
upside target - Kursziel
upstick in interest rates - Zinsanstieg
upsurge - steiler Aufstieg
upsurge in bonds prices - Rentenhausse
upsurge in inflation - Inflationsstoß
upswing - Konjunkturaufschwung
uptrend - steigende Tendenz
upturn - Aufschwung, Kursanstieg
upvaluation - Aufwertung
upward business trend - Konjunkturaufschwung
upward integration - Aufwärtsintegration
urban dwelling - Stadtwohnung
urban family - Stadtfamilie
urban renewal - Stadtsanierung
urbanization - Verstädterung, Verfeinerung
urbanize - verstädtern, verfeinern
urbiculture - Stadtplanung

urge - drängen, nötigen, Drang, Impulse
urgency - Dringlichkeit, Druck
urgent - dringend, eilig
urgent order - Eilauftrag
usable - brauchbar, verwendbar
usage - Geschäftsbrauch
usage-based - verbrauchsgebunden
usance - Handelsbrauch, Wechselfrist, Wechsellaufzeit
use - Gebrauch, Verwendung, benutzen, verwenden
used-capacity cost - Nutzkosten, Nutzungskosten
useful life - Nutzungsdauer
usefulness - Brauchbarkeit, Nützlichkeit, Zweckmäßigkeit
user - Anwender, Betroffener, Verbraucher
user acceptance - Benutzerakzeptanz
user acceptance analysis - Akzeptanzanalyse
user acceptance research - Akzeptanzforschung
user advisory information - Benutzerberatung
user channel - Bedienerkanal
user commitment - Beteiligungsbereitschaft
user cost - Gebrauchskosten
user friendliness - Benutzerfreundlichkeit
user friendly /responsive - benutzerfreundlich
user interface - Benutzerschnittstelle
user software - Anwenderprogramm
user surface - Benutzeroberfläche
usher - Gerichtsdiener
usurious contract - Wuchervertrag
usurious interest - Zinswucher
usurpation of franchise - Rechtsanmaßung
usury - Wucher
usury law - Wuchergesetz
U-turn - Kehrtwende
util - Nutzeneinheit
utilitarian - Nützlichkeits-
utilitarian considerations - Nützlichkeitserwägungen
utility - Nutzen, Gebrauchs-
utility frontier - Nutzenmöglichkeitskurve
utility function - Nutzenfunktion

utility maximization

utility maximization - Nutzenmaximierung
utility model patent - Gebrauchsmuster
utility possibilities frontier - Nutzenmöglichkeitsgrenze
utility possibilities schedule - Nutzenmöglichkeitsplan
utility possibilities set - Nutzenmöglichkeitsmenge

utilization - Ausnutzung, Verwendung, Verwertung
utilize - benutzen, verwenden, verwerten
utmost - äußerst, möglichst
Utopia - Idealstaat
utter - völlig, endgültig, Falschgeld verbreiten

V

vacancies notified - gemeldete offene Stellen
vacancy - unbesetzte Stelle, Stellenangebot, Vakanz
vacant - frei, unbesetzt
vacant office - freie Stelle
vacate - annullieren, verlassen
vacation - Ferien, Urlaub, Räumung
vacation job - Ferientätigkeit
vacation pay - Urlaubsgeld
vacation shut-down - Betriebsferien
valid - gültig, rechtskräftig, stichhaltig
validity - Gültigkeit, Rechtskraft, Validität
valley bottom - Talsohle
valorize - aufwerten, valorisieren, Preis stützen
valorization - Aufwertung
valuable - wertvoll, schätzbar
valuate - bewerten, schätzen, taxieren
valuation - Bewertung, Schätzung, Wert
valuation adjustment - Wertberichtigung
valuation at replacement cost - Bewertung zum Wiederbeschaffungspreis
valuation at the lower of cost or market - Bewertung nach dem Niederstwertprinzip
valuation basis - Bewertungsgrundlage
valuation clause - Wertklausel
valuation date - Bewertungsstichtag
valuation for customs purposes - Zollbewertung
valuation item - Bewertungsgegenstand
valuation leeway - Bewertungsspielraum
valuation method - Bewertungsmethode
valuation of a company as a whole - Unternehmensbewertung
valuation of assets based on standard value - Festbewertung des Anlagevermögens
valuation process - Bewertungsverfahren
valuation reserve - Abschlag
valuation technique - Bewertungstechnik
valuation variance - Bewertungsunterschied
valuator - Schätzer, Taxator
value - Betrag, Nutzen, Wert, Kaufkraft
value added - Wertschöpfung

value added costing - Wertzuschlagskalkulation
value added pattern - Wertschöpfungsstruktur
value added reseller - Wiederverkäufer
value added services - Mehrwertdienste
value added tax (V.A.T.) - Mehrwertsteuer (MWSt)
value adjustment - Wertkorrektur, Wertberichtigung
value analysis - Wertanalyse
value chain - Wertschöpfungskette
value control - Erfolgskontrolle
value date - Wertstellung, Valutatag
value in exchange - Tauschwert
value in use - Gebrauchswert
value insured - Versicherungswert
value judgement - Werturteil
value of additions - Zugangswert
value of an enterprise as a whole - Gesamtwert der Unternehmung
value of collateral - Beleihungswert
value of comparison - Vergleichswert
value of current production - Wert der Endprodukte
value of marginal product - Wertgrenzprodukt
value of money - Geldwert
value of shipment - Versandwert
value of subject matter - Geschäftswert
value tax - Wertsteuer
value variance - Wertabweichung
valued - taxiert, veranschlagt
valve inventory - Materialzwischenlager
van - Lastwagen, Lieferwagen
vanity - Eitelkeit, Stolz
variable - Variable, veränderlich, variabel
variable cost /expense - variable Kosten
variable gross margin - Deckungsbeitrag
variable levy - variable Abgabe
variable price trading - variabler Handel
variable rate - variabler Kurs
variable space - Merkmalsraum
variable yield bond - Schuldverschreibung mit variablem Ertrag
variance - Abweichung, Varianz
variance analysis - Varianzanalyse, Abweichungsanalyse
variance function - Varianzfunktion

variance ratio distribution - F-Verteilung
variant - abweichend, Variante
variate - Zufallsvariable
variation in quality - Qualitätsabweichung
variety - Auwahl, Vielfalt
variety shop - Gemischtwarenhandlung
variety store - Kleinkaufhaus
vary - variieren
varying prices - schwankende Preise
vault cash - Tresorgeld
vehicle currency - Leitwährung
vehicle pool - Fuhrpark
vehicle routing problem - Fahrzeugtourenproblem
veil of charity - Deckmantel der Nächstenliebe
veil of money - Geldillusion
velocity (of circulation) - Umlaufgeschwindigkeit
velocity of money movement - Umlaufgeschwindigkeit des Geldes
velvet - leicht erzielter Gewinn, Samt
venal - bestechlich, korrupt
venality - Bestechlichkeit, Käuflichkeit
vend - verkaufen
vendee - Käufer
vending machine - Verkaufsautomat
vendor - Verkäufer
vendue - Auktion
vendue master - Auktionator
venture - geschäftliches Unternehmen, Risiko, Wagnis, riskieren, wagen
venture capital - Risikokapital
venture capital field - Spekulationsgebiet
venture of exchange - Valutarisiko
venturesome - risikofreudig
venue - Gerichtsstand, Messestandort
verbal - mündlich
verdict - Urteil der Geschworenen
verification - Beglaubigung, Nachprüfung
verified tare - verifizierte Tara
verify - Echtheit feststellen, nachprüfen, verifizieren
versatility - Vielfalt, Vielseitigkeit
versedness in trade - Geschäftserfahrung
version - Fassung, Version
vertical - vertikal
vertical balance - vertikaler Ausgleich
vertical combine - Vertikalkonzern

vertical competition - vertikale Konkurrenz
vertical cooperation advertising - Gemeinschaftswerbung von Produzent und Händler
vertical integration - vertikaler Zusammenschluß
vertical intercept - vertikaler Achsenabschnitt
vertical mergers - vertikale Zusammenschlüsse
vertical price fixing - vertikale Preisbindung
vertical rules for structuring debt capital - vertikale Finanzierungsregeln
vessel - Schiff
vested with powers - mit Vollmachten versehen
vesting - Eigentumsübergang
veto - Veto, Einspruch
vetoing stock - Sperrminorität
via - per, über
viability - Entwicklungsfähigkeit, Lebensfähigkeit, Rentabilität
viability state - finanzielle Leistungsfähigkeit
viable - lebensfähig, brauchbar
vibrant - pulsierend, lebenssprühend
vice - stellvertretend
vice chancellor - geschäftsführender Universitätsrektor
vice president - Vizedirektor
vice-versa - umgekehrt
vicinity - Umgebung, Nachbarschaft
vicious - unmoralisch, verwerflich
vicious circle / cycle - Teufelskreis
vicious-circle theorem - Teufelskreistheorem
victuals - Nahrungsmittel, Proviant
videophone - Bildtelefon
video display - Datensichtgerät
vie - wetteifern
view - betrachten, beurteilen
view data - Bildschirmtext
viewership - Fernsehpublikum
viewpoint - Standpunkt
vigilance - Sorgfalt, Umsicht
vigilance committee - Sicherheitsausschuß
vilify - verleumden, verunglimpfen

vindictive damages - Bußgeld, Schadenersatz
violant measures - Gewaltmaßnahmen
violation of a contract - Vertragsverletzung
violation of professional ethics - Pflichtverletzung
virgin cruise - Jungfernfahrt
virgin market - unbearbeiteter Markt
virtual - faktisch, tatsächlich
virtually - eigentlich, im Grunde genommen, praktisch
virtue - Eigenschaft, Tugend
vis major - höhere Gewalt
visa - Sichtvermerk, Visum
visible reserves - offene Reserven
visible trade - sichtbarer Handel, Warenaustausch
vision - Vorstellungsvermögen
visitation right - Inspektionsrecht
visiting book - Besuchsliste
visiting lecture - Gastvortrag
visiting professor - Gastprofessor
visualization - Visualisierung
vital - entscheidend, grundlegend, lebenswichtig
vital interest - berechtigtes Interesse
vital statistics - Bevölkerungsstatistik
vitalization - Belebung, Aktivierung
vocational - Beruf, Neigung
vocational - beruflich, Berufs-
vocational certificate - Ausbildungszeugnis
vocational counselling /guidance - Berufsberatung
vocational education - berufliche Bildung
vocational rehabilitation - berufliche Rehabilitation
vocational school - berufsbildende Schule, Berufsschule
vocational training - Berufsausbildung
vogue - Beliebtheit, Mode
vogue word - Modewort
voice in the management - Mitspracherecht
voiceless - nicht stimmberechtigt
void - ungültig, nichtig
void of seizable property - unpfändbar
voidability - Anfechtbarkeit
voidable - anfechtbar, aufhebbar
voidable contract - anfechtbarer Vertrag

voidable transaction - anfechtbares Rechtsgeschäft
voidance - Räumung
voidness - Nichtigkeit, Ungültigkeit
volatile - impulsiv, sprunghaft, unbeständig
volatility - Preisschwankung, Unbeständigkeit, Volatilität
volumetric - Raum-
volumetric analyis - Maßanalyse
volume - Umfang, Volumen
volume business - Massengeschäft
volume effect - Mengeneffekt
volume input - Faktoreinsatzmenge
volume of advertising - Werbeanteil
volume of business - Geschäftsumfang
volume of employment - Beschäftigungsmenge
volume of expenditure - Ausgabenvolumen, Ausgabenumfang
volume of investment - Investitionsmenge
volume of labor - Arbeitsmenge
volume of notes and coins in circulation - Bargeldvolumen
volume of output - Produktionsvolumen
volume of saturation - Sättigungsmenge
volume of work - Arbeitsanfall
voluntary - freiwillig, spontan
voluntary agreement - außergerichtlicher Vergleich
voluntary chain - Handelskette auf freiwilliger Basis
voluntary jurisdiction - freiwillige Gerichtsbarkeit
voluntary redundancy - freiwillige Kündigung
voluntary restraint - freiwillige Selbstbeschränkung
voluntary settlement - außergerichtlicher Vergleich
voluntary unemployment - freiwillige Arbeitslosigkeit
volunteer - Freiwilliger, Voluntär
vote - abstimmen, Beschluß, Wahl
vote catcher - Wahllokomotive
vote of thanks - Danksagung
voter - Stimmberechtigter
voter reaction - Wählerreaktion
voter resistance - Wählerwiderstand
voting - Abstimmung, Wahl

voting paradox

voting paradox - Abstimmungsparadoxon, Wahlparadox
voting right - Stimmrecht
voting shares / stock - Stimmrechtsaktien
voting stockholder - stimmberechtigter Aktionär
voting-trust certificate - Stimmberechtigungsschein
vouch - urkundlich belegen
voucher - Abrechnungsbeleg, Bon, Kassenzettel
voucher audit - Belegprüfung
voucher check - Verrechungsscheck
voucher scheme - Gutschriftenprogramm
vouchsafe - gewähren, bewilligen
voyage policy - Reiseversicherungspolice
vulgar - gemein, gewöhnlich
vulgarian - Protz, vulgärer Mensch
vulnerable - anfällig, verwundbar
vulnerability - Verwundbarkeit, Anfechtbarkeit
vying - wetteifernd

W

wad of notes - Banknotenbündel
wafer thin margin - extrem geringe Gewinnspanne
wage - Lohn
wage adjustment - Lohnanpassung
wage agreement - Tarifvertrag
wage and salary administration - Lohn- und Gehaltswesen
wage arrears - Lohnrückstände
wage bargaining - Lohnverhandlungen
wage bill - Lohnrechnung
wage claim /demand - Lohnforderung
wage contract - Tarifvertrag
wage controls - Lohnkontrollen
wage drift - Lohndrift
wage earner - Lohnempfänger
wage explosion - Lohnexplosion
wage freeze - Lohnstopp
wage funds - Lohnfonds
wage goods - Lohngüter
wage group - Lohngruppe
wage guideposts - Lohnleitlinien
wage income - Erwerbseinkommen
wage increase - Lohnerhöhung
wage indexation - Lohnindexierung
wage inflation - Lohninflation
wage packet - Lohntüte
wage per hour - Stundenlohn
wage raise - Lohnerhöhung
wage scale - Lohnskala /-tabelle
wage spread - Lohnspanne
wage stickiness - Lohnstarrheit
wage talk - Tarifgespräch
wage tax - Lohnsteuer
wage theory - Lohntheorie
wage unit - Lohneinheit
wage-fund theory - Lohnfondstheorie
wage-push inflation - Lohndruckinflation
wage-related pension - dynamische Rente
wages of entrepreneurship - Unternehmerlohn
wagon - Waggon, grüne Minna
waiting period - Sperrfrist
waiting-line - Warteschlange
waiting-line model - Warteschlangenmodell
waiting-line network - Warteschlangennetzwerk

waiting-line theory - Warteschlangentheorie
waive - aufgeben, verzichten
waiver - Verzicht
waiver of claims outstanding - Forderungsverzicht
waiver of interest - Zinsverzicht
waiver of liability - Haftungsverzicht
waiver of premium - Beitragsbefreiung
walk - Weg
walking papers - Entlassungspapiere
walkout - Arbeitsniederlegung
walkover - leichtes Spiel
wallet-size - Brieftaschengröße
want - Mangel, wollen, wünschen
want pattern - Bedürfnisstruktur
wantage - Fehlbetrag
wanton and wilful damage - mutwillige Sachbeschädigung
wanton negligence - grobe Fahrlässigkeit
wants (and needs) - Bedürfnisse
ware - Ware, Handelsartikel
warehouse - Lagerhaus, Speicher, einlagern
warehouse account - Lagerkonto
warehouse bond - Lagerschein
warehouse capacity - Lagerkapazität
warehouse capacity problem - Lagerkapazitätsproblem
warehouse keeper - Großhändler, Spediteur
warehouse location problem - Lagerstandortproblem
warehouse man - Lagerist, Spediteur
warehouse worker - Lagerarbeiter
warehousing costs - Lagerkosten
warning strike - Warnstreik
warrant - Berechtigung, Vollmacht, bevollmächtigen, garantieren, zusichern
warrant issue - Optionsanleihe
warranted - garantiert
warrantee - Garantienehmer
warranter - Bürge
warranty - Garantie, Gewährleistung, Ermächtigung
warranty clause - Garantieklausel
warranty implied in law - gesetzliche Gewährleistung
warranty period - Garantiezeit
warranty risk - Gewährleistungswagnis
wash trade - Scheingeschäft

wash transaction

wash transaction - Börsenscheingeschäft
waste - Ausschuß, Verschwendung, verbrauchen
waste disposal - Abfallbeseitigung
waste dump - Mülldeponie
waste management - Entsorgung
waste paper - Altpapier
waste processing - Müllverarbeitung
waste quota - Ausschußquote
waste water - Abwasser
wasteful exploitation - Raubbau
wasting asset - Abbaufläche
watchdog - Aufpasser, Aufseher
water down - verwässern
water pollution - Gewässerverschmutzung
water rate - Wasserabgabe, Wassergeld
watermark - Wasserzeichen
waterways - Schiffahrtswege, Wasserstraßen
wave of price increases - Preissteigerungswelle
way of production - Produktionsmethode/-verfahren
waybill - Frachtbrief
ways and means advance - Kassenkredit
weak market - Marktschwäche
weak point - Schwachpunkt
weak preference - schwache Präferenz
weak products - schwache Produkte
weaken - schwächer werden, sich abschwächen
weaker demand - abgeschwächte Nachfrage
weakness - Schwäche
weakness of economic activity - Konjunkturschwäche
wealth - Vermögen, Wohlstand
wealth budget constraint - Vermögensbedingung, Vermögensbeschränkung
wealth effect - Realkasseneffekt
wealth formation - Vermögensbildung
wealth tax - Vermögenssteuer
wear and tear - Abnutzung, Verschleiß, Abschreibung für Wertminderung
weigh up - abwägen, abschätzeb
weighing by stage - stufenweise Gewichtung / Abwägung
weighing of interests - Interessenabwägung

weight - Gewicht, relative Bedeutung, bewerten, gewichten
weight basis - Gewichtsbasis
weight function - Gewichtsfunktion
weighted average - gewichteter Durchschnitt, gewichtetes Mittel
weighted sample - gewichtete Stichprobe
weighted sum of utility - gewichtete Summe des Nutzens
weighting coefficient - Gewichtungskoeffizient
weighting figure - Gewichtungs-/ Äquivalenzziffer
weighting figures calculation - Äquivalenzziffernkalkulation
welfare - Wohlfahrt, Fürsorge
welfare benefits - Sozialhilfe
welfare center - Fürsorgeamt
welfare economics - Wohlfahrtsökonomie
welfare facilities - soziale Einrichtungen
welfare function - Wohlfahrtsfunktion
welfare gains - Wohlfahrtsgewinne
welfare losses - Wohlfahrtsverluste
welfare program - Wohlfahrtsprogamm
welfare recipient - Fürsorgeempfänger
welfare returns - Wohlfahrtserträge
welfare spending - Sozialaufwand
welfare state - Wohlfahrtsstaat
welfare work - Sozialarbeit
well - Senke
well-funded - kapitalkräftig
well-informed - gutinformiert
well-known commodity - bekanntes Produkt
well-off - besser gestellt
well-structured problem - wohlstrukturiertes Problem
West German Central Bank - Deutsche Bundesbank
wharf - Dock, Pier
what-if game - Planspiel
wheel and deal - intensiv verhandeln
wheel diagram - Kreisdiagramm
wheel of retailing - Einzelhandelsrad
when due - fristgerecht
white-collar occupation - Büroberuf
white-collar worker - Angestellter
whiz-kid - hochbegabte junge Person
whole life insurance - Lebensversicherung auf den Todesfall
wholesale - massenweise, Großhandels-

wholesale association - Großhandelsvereinigung
wholesale business /trade - Großhandel
wholesale buyer - Aufkäufer, Großeinkäufer
wholesale cooperative - Einkaufsgenossenschaft
wholesale enterprise - Großhandelsunternehmen
wholesale establishment - Großhandelsbetrieb
wholesale margin - Großhandelsspanne
wholesale quotation - Großhandelspreis
wholesale unemployment - Massenarbeitslosigkeit
wholesaler - Großhändler
wholesaling - Großhandel
wholesaling function - Großhandelsfunktion
wholly-owned subsidiary - hundertprozentige Tochtergesellschaft
wide assortment of products - breites Sortiment
wide circulation - hohe Auflage
wide quotations - große Kursspanne
wide range of products - breites Sortiment
widen - erweitern, verbreitern
wild card - Joker
wild fluctuations - starke Kursausschläge
wild inflation - ungezügelte Inflation
wildcat securities - hochspekulative Wertpapiere
wildcat strike - wilder Streik
wilful - bewußt, vorsätzlich
wilful negligence - grobe Fahrlässigkeit
will to achieve - Leistungswille
willing - bereit, gewillt
willing buyer - kaufbereiter Konsument
willingness - Bereitschaft, Bereitwilligkeit
willingness to achieve - Leistungsbereitschaft
willingness to buy - Kaufbereitschaft
win a contract - Auftrag erhalten
windfall gains - Überraschungsgewinne
windfall losses - Überraschungsverluste
windfall profit - ungeplanter Gewinn, Zufallsgewinn
winding-up sale - Verkauf wegen Geschäftsaufgabe
window display - Schaufensterauslage, Auslagewerbung
window dressing - Bilanzverschleierung /-kosmetik, Schaufensterdekoration
winter sales - Winterschlußverkauf
wipe out - tilgen, vernichten
with profits policy - Versicherung mit Gewinnbeteiligung
with regard/respect to - bezüglich, hinsichtlich
withdraw - zurückziehen
withdraw money - Geld abheben
withdrawal - Sickerverlust, Widerrufung, Zurückziehung
withdrawal of capital - Kapitalentzug
withdrawal of funds - Mittelentzug
withdrawal of material - Materialentnahme
withdrawal period - Kündigungsfrist
withheld accounts - Rückstellungen
withhold - vorenthalten, einbehalten
withhold payment - Zahlung vorenthalten
withholding income tax - Lohnsteuerabzug
withholding tax - Abzugssteuer, Quellensteuer
without charge - gebührenfrei
without engagement - freibleibend, unverbindlich
without formalities - ohne Umstände
without obligation - freibleibend, unverbindlich
without portfolio - ohne Geschäftsbereich
without restrictions - uneingeschränkt
women's movement - Frauenbewegung
woodworking industry - Holzverarbeitungsindustrie
words per minute (wpm) - Wörter pro Minute
work - Arbeit, Tätigkeit, arbeiten, kultivieren
work area evaluation - Arbeitsplatzbewertung
work assignment - Arbeitsanweisung
work attitude - Arbeitseinstellung
work distribution - Arbeitsteilung
work ethic - Arbeitsethik /-ethos
work fatigue - Arbeitsermüdung
work flow - Arbeitsfluß, Arbeitsablauf
work flow planning - Arbeitsablaufplanung

work flow organization

work flow organization - Arbeitsablauforganisation
work flow structuring - Arbeitsablaufgestaltung
work flow study - Arbeitsablaufstudie
work from door to door - hausieren, Klinken putzen
work group - Arbeitsgruppe
work history - beruflicher Werdegang
work humanization - Humanisierung der Arbeit
work in process - unfertige Erzeugnisse
work instructions - Arbeitsanweisung
work label - Laufzettel
work load - Arbeitsbelastung, Auslastung
work measurement - Arbeitszeitermittlung
work off the books - schwarzarbeiten
work on hand - gegenwärtiger Auftragsbestand
work on the knocker - Klinken putzen
work one's way up - sich hocharbeiten
work organization - Personalorganisation
work overtime - Überstunden machen
work permit - Arbeitserlaubnis, Arbeitgenehmigung
work process - Stückprozeß
work promotion - Arbeitsförderung
work sampling - Multimomentverfahren
work scheduler - Arbeitsvorbereiter
work scheduling - Arbeitsvorbereitung
work screen - Arbeitsmaske
work sharing - Arbeitsaufteilung
work simplification - Arbeitsvereinfachung
work specification - Arbeitsbeschreibung
work standards - Arbeitsrichtlinien
work station - Arbeitsplatz, Arbeitsplatzrechner
work structuring - Arbeitsgestaltung
work study - Zeitstudie
work-in-process inventory - Bestand an unfertigen Erzeugnissen
work-providing measure - Arbeitsbeschaffungsmaßnahme
workable - funktionsfähig
workable competition - funktionsfähiger Wettbewerb
workaholic - Arbeitssüchtiger, arbeitssüchtig
workday - Werktag

worker - Arbeiter
worker bees - fleißige Mitarbeiter
worker participation - Arbeitnehmerbeteiligung
worker self management - Arbeiterselbstverwaltung
workforce - Arbeiterschaft, Belegschaft, Personalbestand
workhorse - Arbeitspferd
workhouse - Armenhaus
working age - Erwerbsalter
working area - Arbeitsbereich
working assets - Betriebsvermögen, Güter des Umlaufvermögens
working atmosphere - Betriebsklima
working below capacity - Unterbeschäftigung
working capacity - Arbeitsleistung
working capital - Betriebskapital, Umlaufkapital
working capital fund - Fonds des Nettoumlaufvermögens
working capital ratio - Liquiditätskoeffizient
working climate - Betriebsklima
working collective - Arbeitskollektiv
working conditions - Arbeitsbedingungen
working council - Betriebsrat
working hypothesis - Arbeitshypothese
working life - Berufsleben
working lunch - Arbeitsessen
working majority - arbeitsfähige Mehrheit
working method - Arbeitsverfahren
working notes - Arbeitsnotizen
working paper - Arbeitspapier
working party - Arbeitsausschuß
working population - arbeitende Bevölkerung, Erwerbsbevölkerung
working session - Arbeitssitzung
working to rule - Dienst nach Vorschrift
working vacation - Arbeitsurlaub
workload - Arbeitsbelastung
workload curve - Arbeitskräfteauslastungskurve
workload planning - Kapazitätsplanung
workplace safety - Sicherheit am Arbeitsplatz
works canteen - Werkskantine
works clerk - Werkstattleiter, Meister
Works Constitution Act -

Betriebsverfassungsgesetz (BetrVG)
works council - Betriebsrat
works manager - Betriebsleiter
workshop - themenbezogene Arbeitstagung
world commodity markets - Weltmärkte
world economic order - Weltwirtschaftsordnung
world economic summit - Weltwirtschaftsgipfel
world economy - Weltwirtschaft
world interest rate - Weltzinssatz
world market price - Weltmarktpreis
world order - Weltordnung
world trading system - Welthandelsordnung, Weltwirtschaftsordnung
worldwide - weltweit, weltumspannend
worldwide annual accounts - Weltabschluß
worldwide balance sheet - Weltbilanz
worldwide depression - Weltwirtschaftskrise
worldwide inflation - weltweite Inflation
worldwide market strategy - Weltmarktstrategie
worldwide reputation - Weltruf
worst-case analysis - Schlechtester-Fall-Analyse
worthwhile - lohnend
would-be entrepreneur - Möchtegern-Unternehmer

would-be politician - Stammtischpolitiker
wrecker - Abbruchunternehmen
writ - gerichtliche Verfügung, gerichtlicher Beschluß, Vorladung
writ of attachment - Pfändungsbeschluß
write an option - Optionsverkauf
write down - abwerten
write off - abschreiben, ausbuchen
write off as incurred - Sofortabschreibung
write out - ausschreiben, ausstellen
write up - hinaufsetzen, aufwerten
writedown of securities portfolio - Kursberichtigung von Wertpapieren
writeoff ceiling - Höchstabschreibung
writeoff facilities - Abschreibungserleichterungen, Abschreibungsmöglichkeiten
writeoff in full - Sofortabschreibung
writeoff on securities portfolio - Abschreibung auf Wertpapiere
writeoff on uncollectible receivables - Abschreibung auf Forderungen
writeoff period - Afa-Nutzungsdauer
writer - Aussteller
writeup - Besprechung, Beurteilung
written consent - schriftliches Einverständnis
written-down value - Restwert
wrong - rechtswidrige Handlung
wrongful dismissal - unbegründete Entlassung

X

x-ray examination - Röntgenuntersuchung
xenial - gastfreundlich
xerography - elektrostatisches Druckverfahren

xenophobic - fremdenfeindlich
xerox - Fotokopie
Xmas - Weihnachten
xyloid - holzähnlich

Y

yankee bond market - US-Anleihemarkt für ausländische Emittenten
yardstick - Referenzpreis, Maßstab
year of acquisition - Zugangsjahr
year of assessment - Veranlagungsjahr
year of maturity - Fälligkeitsjahr
year plan - Jahresplan
year under review /revision - Berichtsjahr
year-end figures - Jahresabschlußzahlen
year-end financial statements - Jahresabschluß
year-end inventory - Jahresinventur
year-end report - Geschäftsbericht
year-end results - Jahresabschluß
year-on-year target - Verlaufsziel
year-value-unit - Jahreswerteinheit
yearly economic cycle - Jahreswirtschaftsrhythmus
yearly high - Jahreshöchstkurs
yearly low - Jahrestiefstkurs
yearly quota - Jahreskontingent
yearly salary - Jahresgehalt
yearly settlement - Jahresabrechnung
years of grace - tilgungsfreie Jahre
yellow press - Boulevardpresse
yellow-dog contract - Arbeitsvertrag der den Beitritt zur Gewerkschaft verbietet
yield - Ertrag, Nominalverzinsung, Rendite, abwerfen, einbringen
yield a return - Nutzen abwerfen
yield adjustment - Renditeangleichung
yield curve - Ertragskurve, Zinsstrukturkurve
yield interest - verzinsen, Ertragszins

yield on assets employed - Vermögensertrag
yield on bonds outstanding - Umlaufrendite
yield on capital - Zinsertrag
yield on capital employed - Kapitalertrag
yield on shares - Aktienrendite
yield on shorts - Kurzläuferrendite
yield on subscription - Zeichnungsrendite
yield rate - Effektivverzinsung
yield spread - Renditenspanne
yield structure - Renditenstruktur
yield to average life - Rendite auf durchschnittliche Laufzeit
yield to call - Rendite auf Kündigung
yield to call date - Rendite auf Kündigungstermin
yield to early call - Rendite auf früheste Kündigung
yield to equivalent life - Rendite entsprechend der Laufzeit
yield to final date - Rendite auf Endfälligkeit
yield variance - Ertragsabweichung
young executives - Führungsnachwuchs
youth opportunity programme (YOP) - Schulungsprogramm für jugendliche Arbeitnehmer
youth training scheme (YTS) - Berufsbildungsplan, Jugendausbildungsprogramm
youth unemployment - Jugendarbeitslosigkeit
yuppie (young urban professional people) - erfolgsorientierte junge Großstadtmenschen

Z

zap - jemanden fertigmachen
zeal - Arbeitseifer
zealot - Enthusiast, Fanatiker
zealotry - blinder Eifer
zero - Ausgangspunkt, Tiefpunkt, Null
zero bond issue - Nullkupon-Emission
zero bonds - Nullkupon-Anleihe
zero bracket amount - Nullzone
zero coupon bonds - Nullkupon-Anleihe, Zero Bonds
zero growth - Nullwachstum
zero rated - mehrwertsteuerbefreit
zero rating - Mehrwertsteuerbefreiung
zero sum game - Nullsummenspiel
zero sum society - Nullsummengesellschaft

zero value - Nullwert
zero-based budgeting - Nullbasisbudgetierung
zest - Begeisterung
zigzag - Zickzackkurs
zip code - Postleitzahl
zonal - zonenförmig
zone - Gebiet, Tarifgruppe
zone campaign - regionale Werbekampagne
zone of influence - Einflußgebiet
zone of preference - Präferenzbereich
zone pricing - regionale Preisdifferenzierung
zoning - Abgrenzung regionaler Teilmärkte

Deutsch - Englisch

German - English

A

ab Werk - ex factory, ex works
abändern - modify
Abänderung - modification
Abandon - abandonment
Abandonrecht - right of abandonment
Abbau - dismantlement, drawdown
Abbau von Handelshemmnissen - reduction of barriers to trade
Abbau von Lagerbeständen - disinvestment in stocks, inventory liquidation
Abbau von Sozialleistungen - social dumping
abbauen - dismantle, draw down, reduce, abolish
Abbaukonzession - mining licence
Abbauwirtschaft - exploitation management
Abberufung - dismissal, recall
abbestellen - cancel
Abbestellung - cancellation, countermanding
abbilden - depict, illustrate, display
Abbildung - illustration
abbrechen - exit, break off
Abbruchpreis - breakup price
Abbruchunternehmen - wrecker
Abbuchungsverfahren - direct debiting service
ABC-Analyse - ABC evaluation analysis
ABC-Lagerhaltungssystem - ABC inventory control system
Abendschule - night school, evening classes
Aberkennung - deprivation, abjudication
Abfahrt - sailing, departure
Abfahrtszeit - sailing time, time of departure
Abfall - refuse, waste, scrap, spoilage
Abfallbeseitigung - waste disposal
Abfallprodukt - byproduct, spinoff product
abfassen - compose
Abfertigungsgebühr - clearance fee
Abfindung - indemnity, severance pay, termination pay
Abfindungsfond - severance fund
Abgabe - imposition, levy, duty

Abgabefrist - deadline
abgabenfreie Einfuhr - duty and tax-free importation
Abgabenorientierung - tax-orientation
Abgabeverpflichtung - firm offer
Abgang - asset disposal, separation
Abgangsrate - separation rate
abgasarmer Motor - lean-burn engine
abgasarmes Auto - low emission car
Abgasvorschriften - exhaust standards
abgehende Ladung - outward carriage
abgekartetes Spiel - collusive action
abgelaufen - mature, expired
Abgeld - disagio, discount
Abgelegenheit - remoteness
abgeleitet - derived
abgeleitete Nachfrage - derived demand, indirect demand
abgeleitetes Einkommen - derived income
abgelten - pay in settlement of claims
Abgeltung - discharge
Abgeordnetenversammlung - diet, parliament
Abgeordneter - deputy, delegate, representative
Abgesandter - emissary, envoy
abgeschafft - extinct
abgeschlossen - self-contained, isolated
abgeschlossenes Börsengeschäft - round transaction
abgeschwächt - eased off
abgeschwächte Nachfrage - weak demand
abgeschwächter Markt - sagging market
abgesicherter Kredit - collateral credit
abgestimmte Intervention - joint intervention
abgestimmtes Verhalten - conspiracy, concerted action, parallel behavior
abgewirtschaftet - run-down, rotten
abgezinste Kosten - discounted costs
abgezinster Ertrag - discounted revenue
abgrenzen - delineate, delimit
Abgrenzung - accruals and deferrals, delimitation
Abgrenzung der Aufwendungen - accruals and deferrals of expenses
Abgrenzung regionaler Teilmärkte - zoning

Abgrenzungsposten

Abgrenzungsposten - item of accrual and deferral
abhaken - tick off
Abhandlung - discourse, dissertation
abhängig - dependent, conditional
abhängig Beschäftigter - dependent employee
abhängig von bestimmten Bedingungen - subject to certain conditions
abhängige Beschäftigung - dependent employment
abhängige Erwerbspersonen - dependent labor force
abhängige Variable - dependent variable
abhängiger Lieferant - captive contractor
abhängiges Unternehmen - controlled enterprise
Abhängigkeit - dependence
Abhängigkeitsbericht - dependent company report
Abhängigkeitsprüfung - dependence audit
Abhängigkeitsverhältnis - relationship of dependence
Abhebung - drawing, withdrawal
Abhebungsauftrag - order of withdrawal
abhelfen - redress, correct
Abhilfe - cure, remedy
Abhilfe schaffen - take remedial action
Abhilfsmaßnahmen - corrective action, corrective measures
Abholung - collection
Abholung vom Werk - collection from plant
Abholzung - deforestation
Abitur - secondary school final
abkanzeln - tear into
Abkommen - agreement, contract, treaty
Abkommen über die Stabilität der Rohstoffpreise - commodity stabilization agreement
abkürzen - abbreviate
abladen - offload
Ablage - file system
Ablagefach - pigeon hole
Ablauf - expiration, expiry, operation, procedure, termination
ablaufen - run down, terminate
Ablaufintegration - process integration
Ablauflinie - flow line

Ablauforganisation - process / workflow organization, operational structure
Ablaufplan - flow diagram
Ablaufplanung - scheduling and sequencing, operations planning
Ablaufplanungsdilemma - operations planning dilemma
Ablaufsteuerung - job control
ablegen - file
ablehnen - refuse, reject
Ablehnung - refusal, rejection, renunciation
Ablehnungsbereich - rejection area
ableiten - derive, infer
Ableiten einer Lösung - derivation of a solution
Ableitung - derivation
Ableitungsregel - rule of inference
Ablieferungsbescheinigung - receipt of delivery
ablösen - supersede
Abmachung - agreement
abmahnen - dissuade
Abmahnung - dissuasion
abmessen - gauge, measure
Abmessung - measurement
abmühen - toil
Abnahme - diminution, decline, acceptance
Abnahmekontrolle - acceptance sampling
Abnahmenorm - acceptance criterion
Abnahmevertrag mit Durchleitungsanspruch - throughput agreement
abnehmen - pass, diminish, decrease, accept
abnehmend - declining
abnehmende Ausfallrate - declining failure rate
abnehmender Grenzertrag - diminishing marginal return
abnehmender Grenznutzen - decreasing marginal utility
Abnehmer - consumer, customer
Abnehmerland - importing country, customer country
Abneigung - aversion, dislike
Abnutzung - depreciation, new for old, wear and tear
Abnutzungswert - carrying rate of asset
Abonnement - subscription

256

Abonnent - subscriber
abonnieren - subscribe
abordnen - depute
Abordnung - delegation, deputation
abrechnen - liquidate,
Abrechnung - clearing, accountancy, settlement, liquidation
Abrechnungsbeleg - voucher
Abrechnungsperiode - account period
Abrechnungsroutine - accounting routine
Abrechnungsstelle - clearing house
Abrechnungsstichtag - accounting date
Abrechnungssystem - accounting system
Abrechnungstag - day of settlement, account day
abreißen - tear off
Abreißformular - tearoff form
Abrufauftrag - call order, call-off purchase agreement
abrüsten - disarm
Abrüstzeit - dismantling time
Absage - cancellation, refusal
Absatz - consumption, sales
Absatzaktivität - marketing activity, sales activity
Absatzanalyse - sales analysis
Absatzanstrengung - sales effort
Absatzaufgabe - marketing task
Absatzbarometer - sales barometer
Absatzbelebung - revival of sales, sales resurgence
Absatzbemühung - marketing effort, selling endeavor
Absatzbereich - trading area
Absatzbeschränkung - sales restriction
absatzbewußt - sales minded
Absatzbuchhaltung - marketing accounting
Absatzchance - sales opportunity, sales prospect
Absatzeinbruch - slump in sales
Absatzelastizität - sales elasticity
Absatzergebnis - sales result
Absatzerlösmodell - sales return model
Absatzertrag - sales revenue
Absatzerwartung - sales anticipation, sales expectation
absatzfähig - marketable, saleable
Absatzfinanzierung - marketing financing, sales financing

Absatzfinanzierungsgesellschaft - sales finance company
Absatzflaute - flagging, low level of sales, period of dull sales
Absatzförderung - sales promotion
Absatzförderungsverfahren - sales promotion technique
Absatzforschung - marketing research
Absatzgebiet - distribution area, outlet, sales area, sales territory
Absatzgenossenschaft - marketing cooperative
Absatzgeschwindigkeit - rate of selling
Absatzgliederung - sales classification
Absatzgremium - sales marketing conference
Absatzkampagne - marketing campaign
Absatzkapazität - selling capacity
Absatzkartell - sales cartel
Absatzkennzahlen - standard figures of distribution
Absatzkette - sales chain
Absatzkontingent - market quota
Absatzkontrolle - sales control
Absatzkosten - distribution costs, sales cost
Absatzkrise - slump in sales, sales crisis
Absatzlage - market situation
Absatzlehre - marketing
Absatzleiter - marketing manager
Absatzmangel - lack of sales
Absatzmarketing - sales marketing
Absatzmarkt - outlet, output market, sales market
Absatzmenge - quantity of sales, sales volume, amount of sales
Absatzmengenplan - budget of sales volume
Absatzmethode - distribution method
Absatzmittler - distribution middleman, marketing institution
Absatzmöglichkeit - sales opportunity /possiblity
Absatzorganisation - sales organization, marketing organization
Absatzorientierung - marketing orientation
Absatzperiode - selling period
Absatzplan - sales plan, sales projection
Absatzplanung - sales planning

Absatzpolitik

Absatzpolitik - distribution policy, marketing policy, sales policy
Absatzpotential - sales potential
Absatzprognose - sales forecast
Absatzquote - sales proportion
Absatzrisiko - merchandising risk
Absatzrückgang - decline in sales, drop in sales, sales decrease
Absatzschwankungen - sales fluctuations
Absatzschwierigkeiten - marketing difficulties
Absatzstatistik - marketing statistics, sales chart
Absatzsteigerung - sales increase
Absatzstockung - stagnation of sales
Absatzstrategie - sales strategy
Absatztagung - sales convention
Absatzvertretung - sales promotion agency
Absatzvolumen - sales volume
Absatzweg - marketing channel, sales channel
Absatzwegkapitän - sales outlet pilot
Absatzwirtschaft - distributive trade
Absatzzentrum - distribution center
Absatzzusammenschluß - marketing association
Abschaffung - abolition, abrogation
Abschaffung der Zölle - abolition of tariffs
abschätzen - gauge, evaluate
Abschlag - advance pay, valuation reserve, price reduction, discount
Abschlagsdividende - interim dividend
Abschlagszahlung - instalment, part payment, payment on account
abschließen - close, complete, conclude, finish
Abschluß - conclusion, completion, closure
Abschluß eines Geschäftes - deal
Abschlußagent - policy writing agent
Abschlußanalyse - close statement analysis, financial statement analysis
Abschlußbericht - final report
Abschlußbuchung - closing entry, final entry
Abschlußergebnis - annual result
Abschlußformel - complimentary close
Abschlußgebühr - acquisition fee, sales charge

Abschlußgliederungsprinzip - principle of classifying accounts
Abschlußkonsolidierung - consolidation of final statements
Abschlußkonto - closing account
Abschlußprüfer - independent auditor, balance sheet auditor, auditor
Abschlußstichtag - accounting date
Abschlußzeugnis - school leaving certificate, diploma
Abschnitt - section
Abschnittsbesteuerung - period-related taxation
abschöpfen - absorb, skim
Abschöpfung - absorption, adjustment levy
Abschöpfungsstrategie - skimming
abschrecken - defer, discourage
abschreckend - deterrent, forbidding
Abschreckung - deterrence
Abschreckungsmittel - disincentive
abschreibbare Kosten - depreciable cost
abschreiben - amortize, depreciate, write off, transcribe
Abschreibung - amortization, capital consumption allowance, depreciation
Abschreibung auf Anlagevermögen - depreciation of fixed assets /long-term investments
Abschreibung auf Basis der Produktion - production-basis method of depreciation
Abschreibung auf Betriebsanlagen - depreciation of plant and equipment
Abschreibung auf Finanzanlagen - depreciation on financial assets
Abschreibung auf Forderungen - writedown of uncollectible receivables
Abschreibung auf Gebäude - building depreciation
Abschreibung auf Geschäftswert - amortization of goodwill
Abschreibung auf Sachanlagen - fixed-asset depreciation
Abschreibung auf Warenbestände - depreciation of inventories
Abschreibung für Wertminderung - depreciation on wear and tear
Abschreibung mit konstanten Quoten - straight-line depreciation

Abschreibung nach Maßgabe der Beanspruchung - production-unit-basis method of depreciation
Abschreibungsart - method of depreciation
Abschreibungsaufwand - depreciation expense
Abschreibungsbegünstigung - recovery property
Abschreibungsbetrag - depreciation allowance
Abschreibungsdauer - period of depreciation
abschreibungsfähig - amortizable, depreciable
Abschreibungskorrektur - adjustment for depreciation
Abschreibungsmethode - depreciation method
Abschreibungsmethode mit steigenden Quoten - sinking fund method of depreciation
Abschreibungsmöglichkeit - writeoff facility
Abschreibungsplan - depreciation schedule
Abschreibungsprozentsatz - depreciation rate
Abschreibungsreserve - depreciation fund
Abschreibungssumme - depreciation charge
Abschreibungsursache - factor of depreciation
Abschreibungszeitraum - depreciation period
Abschrift - transcript, copy
abschwächen - depress, mitigate, weaken
Abschwächung - decline, mitigation, sagging, relaxation
Abschwung - downturn
Abschwungphase - contraction phase, business cycle contraction
Absender - consignor, forwarder, sender
Absetzbarkeit - saleability
absetzen - sell, market, deduct
Absetzung für Abnutzung - tax depreciation, tax writeoff
Absicht - intention
Absichtserklärung - letter of intent
absolut - absolute

absolute Abweichung - absolute deviation
absolute Einkommenshypothese - absolute income theory /hypothesis
absolute Häufigkeit - absolute frequency
absolute Inflation - true inflation
absolute Klassenhäufigkeit - absolute class frequency
absoluter Kostenvorteil - absolute advantage
Absolutwert - absolute value
absondern - segregate, separate
absorbieren - absorb
Absorptionskapazität - absorptive capacity
Absorptionstheorie - absorption approach
Absorptionswahrscheinlichkeit - absorbing probability
Absprache - understanding, arrangement, agreement
absprechen - arrange, agree
abspringen - defect
abstammen - descend
Abstand nehmen - forgo, refrain
Abstandssumme - compensation, indemnity
Abstandszahlung - indemnity payment
absteigende Arbeitspartizipation - descending worker participation
abstellen - detach, disconnect, turn off
Abstellung - temporary transfer
Abstiegsmobilität - downward mobility
abstimmen - coordinate, vote
Abstimmung - voting, ballot, coordination, matching
Abstimmungsbogen - proof sheet
Abstimmungsparadoxon - voting paradox
Abstimmungsverfahren - procedure on voting
Abstinenztheorie des Zinses - abstinence theory of interest
abstoßen - offload, prune
abstrakt - abstract
abstraktes Rechtsgeschäft - abstract / legal transaction
abstraktes Schuldversprechen - abstract contractual performance
Abstraktionsniveau - level of abstraction
Absturz - crash, downrush
abstürzen - plummet, crash, fall

Abszisse

Abszisse - axis of abscisses
Abszissenabschnitt - horizontal intercept
Abteilung - department, division, section
Abteilung für Börsenzulassung - quotation department
Abteilung für Öffentlichkeitsarbeit - public relations department
Abteilung für Verkaufsförderung - promotion department
Abteilungsbildung - departmentation
Abteilungsdenken - suboptimization
Abteilungserfolgsrechnung - activity accounting, profit center accounting
Abteilungsgewinn - departmental profit
Abteilungskostenrechnung - departmental costing
Abteilungsleiter - head of department, head of division, departmental manager,
Abteilungsorganisation - departmental organization
Abteilungsumlage - departmental charge
abtragen - amortize, clear off, liquidate
abtrennen - tear off, detach, remove
Abtretender - assignor
Abtretung - assignment, abandonment
Abtretungserklärung - declaration of assignment
Abtretungsverbot - nonassignment clause
Abtretungsvertrag - contract of assignment
abwägen - weigh up
Abwanderung - migration
Abwanderung von Wissenschaftlern - brain drain
Abwärtsintegration - downward integration
Abwärtstrend - downtrend
Abwasser - sewage, waste water
Abwasserabgabe - sewage levy
Abwasserabgabengesetz - water pollution control levy law
abwehren - fend, ward off
Abwehrmaßnahme - insulating measure, preventive measure
Abwehrwerbung - counter-offensive advertising
abweichend - out-of-line, divergent
Abweichung - deviation, discrepancy, difference, divergence
Abweichungsanalyse - variance analysis, deviation analysis

Abweichungsbericht - deviation report
Abweichungsindikator - divergence indicator
Abweichungsprozeß - deviation process
Abweichungsschwelle im EWS - divergence threshold
Abweichungsspanne - divergence margin
abwerben - entice away, poach, bid away, contract away
Abwerbung - headhunting, bidding away, labor piracy
abwerten - depreciate, devalue
Abwertung - currency devaluation, depreciation
Abwertung wegen Preisrisiko - adjustment for price risk
Abwertungskonkurrenz - devalorization of competition, competitve currency devaluation
Abwesenheit - absence, absenteeism
Abwesenheitsprotest - protest for absence
Abwesenheitsquote - rate of absenteeism
Abwesenheitszeit - absence time
abwickeln - handle, transact
Abwicklung - transaction
Abwicklungsabteilung - backoffice
abzahlen - amortize
Abzahlung - instalment
Abzahlungsgeschäft - business on the instalment system, instalment transaction
Abzahlungsgesetz - Hire-Purchase Act
Abzahlungshypothek - instalment mortgage, constant payment mortgage
Abzahlungskauf - hire purchase
Abzahlungsperiode - repayment period
Abzahlungssystem - instalment plan, instalment system
abzeichnen - initial
Abzeichnungsvermerk - visa
abziehbare Vorsteuerbeträge - deductible input tax
abziehen - subtract, deduct
Abzinsung - discounting, rediscount
Abzinsungsfaktor - discount factor
Abzinsungspapier - security sold at a discount
Abzinsungssatz - discount rate
Abzug - discount, drawing, deduction
abzüglich - minus, less
Abzugsbetrag - statutory deduction

abzugsfähig - deductible
abzugsfähige Ausgabe - tax-deductible expense
Abzugsfähigkeit - deductibility
Abzugskapital - capital items deducted from total
Abzugsmethode - exclusion method
Abzugsrate - discount rate
Abzugssteuer - withholding tax
Achsenabschnitt - intercept of an axis
Achtstundenschicht - eight-hour shift
Achtstundentag - eight-hour working day
Adaption - adaptation
adaptive Erwartung - adaptive expectation
Additionssatz - addition rule
additiver Algorithmus - additive algorithm
additiver Fehler - accumulated error
Adjazenzmatrix - adjacency matrix
administrativ - administrative
administrative Handelshemmnisse - administrative barriers to trade
administrativer Protektionismus - administrative protectionism
administrierte Preisfestsetzung - business controlled pricing
administrierte Preisinflation - administered price inflation
administrierter Preis - administered price
administrierter Zinssatz - administered rate of interest
Adressat - addressee
Adressenliste - mailing list
Adreßbuch - directory
Afa-Nutzungsdauer - writeoff period
Afa-Tabelle - tax depreciation table
Affektionswert - fancy value
affin - affome
affine Funktion - affine function
affine Transformation - affine transformation
affine Unabhängigkeit - affine independence
Agentur - agency
Agenturprovision - agency commission
Agenturvertrag - agency agreement
Aggregation - aggregation
Aggregationsmethode - bottom-up method, summation
aggregiert - aggregate

aggregierte Größen - aggregates
Agio - premium
Agio aus Aktienemission - premium on capital stock
Agioanleihe - premium bond
Agrarabschöpfung - agricultural levy
Agrarbevölkerung - rural population
Agrareinkommen - farm income
Agrarerzeugnis - agricultural product
Agrarexporte - agricultural exports
Agrarimporte - agricultural imports
Agrarkrise - farm crisis
Agrarmarkt - agricultural commodities market
Agrarmarktordnung - agricultural market organization
Agrarministerrat - council of agricultural ministers
Agrarpolitik - agricultural policy
Agrarpreis - agricultural /farm price
Agrarpreisrunde - annual farm prices round
Agrarproblem - farm issue
Agrarproduktion - agricultural production
Agrarquote - ratio of farming population to total
Agrarsektor - agricultural sector
Agrarsubvention - agricultural aid
Agrarüberschuß - farm product surplus
Agrarwissenschaft - agricultural economics, agronomy
ähnlich - similar
Ähnlichkeit - similarity, conformity
akademisch - professional, academic
akademischen Grad erlangen - graduate
akademischer Beruf - profession
akademischer Grad - degree
Akkord - friendly settlement of disputes, piecework
Akkordabrechnung - piecework payroll accounting
Akkordarbeit - job work, piece rate work, piecework
Akkordarbeiter - piece worker, jobber
Akkordausgleich - timeworkers' bonus
Akkordbrecher - job spoiler, rate buster
Akkordlohn - piece wage, piece rate, piecework rate
Akkordlohnsatz - job rate
Akkordlohnsystem - piece rate system

Akkordrichtsatz - basic piece rate
Akkordsatz - piece rate
Akkordstundenanteil - hours on incentive
Akkordsystem - piece rate system, piecework system
Akkordverdienst - piece rate earnings
Akkordzeit - allowed time, incentive time
Akkordzettel - job ticket
Akkordzuschlag - bonus increment
akkreditieren - accredit
Akkreditiv - letter of credit
Akkreditiv eröffnen - open a letter of credit
Akkreditiv mit aufgeschobener Zahlung - deferred-payments credit
Akkreditivbank - credit-issuing bank
Akkreditivbevorschussung - anticipatory credit
Akkreditivdokument - commercial credit document
Akkreditivgeschäft - documentary credit business
Akkreditivklausel - letter of credit clause
Akkumulationsquote - rate of accumulation
akkumulierte Abschreibung - accumulated depreciation
Akkumulierung - accumulation
Akontozahlung - payment on account
Akquisition - business getting, sales canvassing
Akquisitionskosten - acquisition cost
Akte - file
Akteneinsicht - access to the files
Aktentasche - briefcase
Aktenzeichen - file number, reference number
Akteur - agent
Aktie - security, share, stock
Aktien stückeln - split shares
Aktienanalyse - equity research
Aktienausgabe - issue of shares
Aktienaustausch - exchange of shares
Aktienbesitz - shareholding
Aktienbestand - stock portfolio
Aktienbewertung - stock valuation
Aktienbezugsrecht - stock right, stock purchase warrant, share option
Aktienbezugsschein - stock allotment /subscription warrant

Aktienbörse - stock exchange
Aktienbuch - share register, stock ledger / register
Aktienemission - issue of stock
Aktiengesellschaft (AG) - corporation, joint-stock company
Aktiengesetz - Corporation Law, Companies Act
Aktienhändler - jobber, stockbroker
Aktienindex - stock /share index
Aktienkapital - joint stock, share capital of a corporation, capital stock, equity capital
Aktienkurs - share price
Aktienmarkt - share market, stock market
Aktiennotierung - stock quotation
Aktienrendite - yield on shares
Aktienstimmrecht - stock voting right
Aktienstreubesitz - widely scattered shareholdings, popular capitalism
Aktienurkunde - share /stock certificate, share warrant
Aktion - action, campaign
Aktionär - shareholder, stockholder
Aktionsforschung - action research
Aktionsparameter - action parameter
Aktionsplan - action plan
Aktiva - assets
Aktiva und Passiva - assets and liabilities
aktive Leistungsbilanz - surplus on current account
aktive Zahlungsbilanz - favorable/active balance of payments
aktiver Umlauf - active circulation
Aktivforderung - claim outstanding
aktivieren - capitalize
aktivierte Eigenleistung - internally produced and capitalized asset
aktivierte Kosten - capitalized expenditures
Aktivierung - capitalization
Aktivierungspflicht - legal obligation to capitalize
Aktivierungsverbot - legal prohibition to capitalize
Aktivität - activity
Aktivposten - credit item, asset item
Aktivsaldo - credit balance
Aktivseite - asset side

Aktivswap - asset swap, interest rate swap
Aktivtausch - accounting exchange on the asset side
Aktivvermögen - actual net worth
Aktivwert - asset value
Aktualitätsverlust - loss of up-to-dateness
aktuell - up-to-date, current
Akzelerationsprinzip - acceleration principle
Akzelerator - accelerator
Akzeleratormodell der Investitionen - accelerator model of investment
Akzept - acceptance, accepted draft
Akzept gegen Dokument - document against acceptance
Akzept im Umlauf - acceptance outstanding
Akzeptant - acceptor
Akzeptanz - (market) acceptance
Akzeptanzanalyse - user acceptance analysis
Akzeptanzforschung - user acceptance research
Akzeptanzmenge - quantity of acceptance
Akzeptbank - acceptance corporation
Akzepteinholung - presentment for acceptance
Akzeptgebühr - acceptance charge
Akzepthaus - merchant bank
akzeptieren - accept
Akzeptkredit - acceptance credit
Akzeptprovision - acceptance commission
algebraisch - algebraical
Algorithmus - algorithm
Alkoholsteuer - alcoholic beverage tax
Alleineigentümer - sole owner
Alleinverkauf - exclusive sale
Alleinverkaufsrecht - franchise, sole selling right
Alleinvertreter - exclusive distributor
Alleinvertretung - sole agency
allergrößte Bedeutung - paramount importance
allgegenwärtig - pervasive
allgemein - common, general, universal
allgemeine Bemessungsgrundlage - general basis of assessment
allgemeine Besteuerung - general taxation
Allgemeine Geschäftsbedingungen (AGB) - Standard Terms and Conditions
allgemeine Hilfskostenstelle - general indirect-cost center
allgemeine Kostenstelle - general cost center
allgemeine Lohnerhöhung - across-the-board wage increase
allgemeine Preiserhöhung - general price increase
allgemeine Richtlinie - general policy
allgemeine Steuersenkung - general cut in taxes
allgemeine Wirtschaftslage - general business conditions
allgemeiner Schaden - damage in law
allgemeines Gleichgewicht - general equilibrium
allgemeines Preisniveau - general price level
Allgemeingültigkeit - generality
Allgemeinverbindlichkeit - universal validity
Allheilmittel - panacea
allmählich - gradually
Allmendeproblem - common resource problem
Allokationseffizienz - allocative efficiency
Allokationsfunktion - allocative function
Allokationsmechanismus - allocation mechanism
Allonge - allonge, rider
Allphasen-Brutto-Umsatzsteuer - all-stage gross turnover tax
Allphasen-Netto-Umsatzsteuer - all-stage net turnover tax
Alphabetisierungskampagne - literacy campaign
Altbausanierung - modernizing older buildings
alternativ - alternative
Alternativauftrag - either-or order
Alternative - alternative, choice, option
alternative Kosten - alternative costs, opportunity costs
Alternativensuche - alternative search
Alternativhypothese - alternative hypothesis

Alternativlösung

Alternativlösung - alternative solution
Alternativplanung - contingency planning, alternative planning
Alternativproduktion - alternative production
Alternativsubstitution - alternative substitution
alternierende Folge - alternating sequence
Altersaufbau - age distribution
Alterseinkommen - retirement income
Altersentlastungsbetrag - old-age percentage reduction
Altersfreibetrag - old-age tax free allowance, age allowance
Altersgruppe - age group
Altersprofil - age profile
Alterspyramide - age pyramid
Altersrente - retirement allowance
Altersruhegeld - old-age pension, retirement pension
Alterssicherung - old-age protection
Altersstruktur - age pattern
Altersversicherung - old-age insurance, old-age pension fund
Altersversicherungsbeitrag - superannuation contribution
Altersversorgung - old-age pension, retirement benefits
Altexemplar - backcopy
Altlast - polluted size
Altlastzahlung - payment to meet restructuring costs
Altmaterial - junk, scrap
Altmaterialwert - scrap value
altmodisch - dated, old-fashioned, outmoded
Altpapier - waste paper
Altwarenhandel - second-hand trade
Ambivalenzkonflikt - plus-minus conflict
amerikanische Buchführung - columnar bookkeeping
Amortisation - amortization, redemption
Amortisationsanleihe - redemption loan
Amortisationsdauer - period of amortization, repayment time
Amortisationsfonds - sinking fund
Amortisationsperiode - payoff period
Amortisationsplan - amortization schedule

Amortisationsrechnung - payback analysis, payback method
Amortisationszahlung - sinking payment
amortisieren - amortize, redeem
Amt - board, function
Amt für öffentliche Arbeiten - Board of Works
amtierend - acting, incumbent, officiating
amtlich - authoritative, ministerial, official
amtlich notierter Wert - quoted /listed security
amtliche Bekanntmachung - official announcement
amtliche Finanzstatistik - official financial statistics
amtliche Preisüberwachung - official price surveillance
amtliche Währungsreserven - official reserves
amtlicher Handel - official trading, official dealings
amtlicher Kursmakler - official broker
amtlicher Wechselkurs - par exchange rate
amtlicher Wirtschaftshandel - official trade
Amtsdauer - period of appointment
Amtsenthebung - suspension
Amtsgericht - local first-instance court
Amtsinhaber - incumbent, office bearer
Amtszeit - statutory term, tenure
an Ort und Stelle - on the premises, on the spot, there and then
analog - analogous
Analogieverfahren - analogy method
Analphabetenrate - illiteracy rate
Analphabetentum - illiteracy
Analyse - analysis, breakdown
Analysetechnik - analysis technique
analysieren - analyze
analytisch - analytic, analytical
Anamnese - case history
Anatomie der Arbeitslosigkeit - anatomy of unemployment
anbaufähig - tillable
anbieten - offer, supply, tender
Anbieter - supplier, offerer, bidder
Anbieterinflation - offerer inflation
andauernd - sustained, continuous

Anderdepot - third-party security deposit
Anderkonto - third-party account, trust account
ändern - modify, rearrange, adjust, alter
Änderung - adjustment, alteration
Änderungsrate - rate of change
andeuten - hint, denote
Aneignung - contraction
anerkannter Ausbildungsberuf - recognized training occupation
Anerkennungszinsen - notional interest
anfallen - accrue
anfallend - attributable
anfällig - susceptible
Anfang - commencement, beginning
anfangen - begin, commence, start
Anfänger - novice, amateur, learner
anfänglich - initially
Anfangsgehalt - starting salary, initial salary
Anfangsgewinne - early gains
Anfangskurs - opening price
Anfangslohn - starting wage, entrance wage
Anfangsschwierigkeiten - breaking-in difficulties
Anfangsstadium - inchoateness
Anfangsverzinsung - initial coupon
anfechtbar - open to criticism, avoidable
anfechtbarer Vertrag - voidable contract
anfechtbares Rechtsgeschäft - voidable transaction, voidable act in the law
Anfechtbarkeit - voidability, vulnerability
Anfechtung- avoidance, impeachment
Anforderung - requirement
Anforderungsprofil - requirements specification, job specification
Anfrage - inquiry
Anfrage über die Kreditwürdigkeit - credit inquiry
Anfrage über Finanzlage einer Firma - status inquiry
anfügen - annex
Angabe - indication, statement
angeblich - ostensible, alleged
Angebot - offer, proposal, quotation, bid, supply, tender
Angebot einholen - obtain an offer
Angebot ohne Festpreis - subject bid

angesammelte Zinsen

Angebot und Nachfrage - supply and demand
Angebot unterbreiten - submit an offer
Angebot von Wertpapieren an der Börse - securities on offer
Angebot-Nachfrage Ausgleich - demand-supply balance
Angebotsdruckinflation - supply push inflation
Angebotsempfänger - offeree
Angebotsentscheidung - supply decision
Angebotsfunktion - supply function
Angebotsknappheit - shortage of supplies
Angebotskurve - supply curve
Angebotslücke - supply gap
Angebotsmenge - quantity supplied
angebotsorientierte VWL - supply-side economics
Angebotspalette - range of goods/services offered
Angebotspreis - offer price, quoted price, bid price
Angebotsschock - supply shock
Angebotsschwankung - fluctuation in supply
Angebotstabelle - supply schedule
Angebotsüberschuß - excess supply
Angebotsverhalten - supply behavior
Angebotsverschiebung - shift in supply
angeführt - headed, spearheaded
angegeben - indicated, stated
angehen - approach
angelegtes Geld - money put up
angelernte Arbeitskraft - semi-skilled worker
angemessen - compatible, reasonable, adequate, appropriate, moderate
angemessene Entschädigung - just compensation
angemessene Kündigungsfrist - reasonable notice
angemessene Wachstumsrate - adequate increase rate
angemessener Preis - adequate price, reasonable price
Angemessenheit - adequacy, fairness
angenommen - assumed
angepaßt - customized
angepeiltes Wachstumsziel - targeted growth rate
angesammelte Zinsen - accrued interest

angeschlossen

angeschlossen - affiliated
angespannte Haushaltslage - tight budget situation, strained budget
Angestelltenversicherungskarte - social security card
Angestellter - salaried employee, white collar worker, clerk
angestellter Börsenhändler - firm broker
angewiesen auf - dependent on
angleichen - equal, adapt
Angleichung - alignment
Angleichungsperiode - period of adjustment
angliedern - affiliate
Angliederung - affiliation
angreifen - tackle, attack
angrenzend - adjacent, neighboring
angrenzende Zone - contiguous zone
angrenzendes Gebiet - neighboring area
Angriffslust - belligerence
anhaltend - sustained
Anhang - notes to the financial statement, appendix
anhängig - pending
anhängiger Prozeß - pending lawsuit
anhäufen - accumulate, congest, hoard, pile up
Anhäufung - cluster, accumulation, amassing
anheben - raise, lift
anheften - attach
Ankauf - purchase, acquisition
Ankaufsfonds - purchase fund
Ankergebühr - keelage
Anklage - accusation, charge, impeachment
anklagen - accuse, charge
Anklang finden - appeal
ankreuzen - tick
Ankündigung - announcement
Ankündigungseffekt - announcement effect
Ankurbelung - pump priming, stimulation
Ankurbelungsmaßnahme - pump priming measure
Ankurbelungspolitik - reflationary policy
Anlage - annex, appendix, enclosure, investment, plant, facility
Anlageart - type of investment

Anlageberater - investment adviser, investment consultant
Anlageberaterfunktion - investment counselor function
Anlageberatung - investment counseling, investment management
Anlagedeckungsgrad - fixed-asset-to-net-worth ratio
Anlageentscheidung - investment decision
Anlagefonds - investment fund, fund
Anlagegüter - capital equipment
Anlageinvestition - business fixed investment
Anlagekapital - fixed assets, capital assets
Anlagekäufe - portfolio buying
Anlagemöglichkeiten - investment outlet
Anlagenbeurteilung - system evaluation
Anlagenbewertung - asset valuation
Anlagenbuchhaltung - fixed-asset accounting, plant accounting, property accounting
Anlagendeckung - asset covering
Anlagendeckungsgrad - equity-to-fixed assets ratio
Anlagenfinanzierung - plant and equipment financing
Anlagenintensität - capitalization ratio
Anlagenmiete - leasing
Anlagenstreuung - diversification
Anlagenverkauf - fixed assets retirement
Anlagepapier - portfolio security
Anlagepublikum - investors
Anlagerendite - compound yield
Anlagespiegel - fixed-asset movement schedule
Anlagevermögen - fixed assets, capital assets, permanent assets
Anlagewagnis - depreciation risk
Anlagewert - investment value
Anlagezeitraum - period of investment
Anlageziel - investment goal
Anlaß - inducement
Anlaufkosten - launching costs, starting cost
anlegen - invest
Anleger - investor
Anleihe - loan, bond

Anleihe mit konstanten Kuponzahlungen - plain vanilla fixed coupons
Anleihekapital - bond capital
Anleihemarkt für ausländische Emittenten - yankee bond market
Anleihenform - bond design
Anleihentilgung - redemption proceeds
Anleiheserienfälligkeit - serial maturity
Anleihevertrag - loan agreement
anleiten - guide
Anleitung - guidance, instruction, tutelage
Anlernung am Arbeitsplatz - training on the job
Anlieferung - delivery
anliegend - adjacent
anmahnen - admonish, urge, declare, file
anmelden - announce, register
Anmeldung der Waren - goods declaration
Anmerkung - notation
annähernd linearer Verlauf - linear approximation
Annäherung - approximation, approach
Annahme - assumption, acceptance
Annahmebereich - acceptance region
Annahmeerklärung - declaration of acceptance
Annahmetest - acceptance test
Annahmeverweigerung - refusal to accept
Annahmeverzug - default in acceptance
Annahmewahrscheinlichkeit - probability of acceptance
annehmbare Bedingungen - fair terms, acceptable terms
annehmbarer Preis - acceptable price
annehmen - adopt, assume, accept, suppose
Annehmlichkeit - convenience
Annonce - advertisement
Annuität - regular annual payment, annuity
Annuitätendarlehen - annuity loan
annullierbar - avoidable
annullieren - revoke, vacate, cancel
Annullierung - invalidation, countermand, annulment, cancelation
anomale Angebotskurve - backward bending supply curve

anomale Kurve - backward bending curve
anomale Nachfragekurve - backward bending demand curve
anonymer Aktienbesitz - nominee shareholding
Anordnung - classification, decree, format, lay-out, order
Anordnungsproblem - assignment problem
Anordnungsstatistik - order statistics
- assimilate, match, adapt, conform
anpassende Politik - accommodative policy
Anpassung - assimilation, adjustment, adaptation
Anpassung an Angebotsschocks - accommodation of supply shocks
Anpassung des Nachfragewachstums - adjusted demand growth
anpassungsfähig - flexible, adaptable
Anpassungsfähigkeit - flexibility
Anpassungsgeschwindigkeit - adjustment speed
Anpassungsgrad - adaptation
Anpassungsinflation - adjustment inflation
Anpassungskoeffizient - coefficient of adjustment
Anpassungspfad - adjustment path
Anpassungspolitik - time-serving policy
Anpassungsprozeß - adjustment process
Anrechnungsverfahren - imputation system
Anrecht - entitlement
Anrecht haben auf - entitled to
Anrechtschein auf Dividende - dividend warrant
Anrede - salutation, title
anreden - address
Anreiz - impulse, incentive
Anreiz-Beitrags-Theorie - stimulus-contribution theory
Anreiz-Marketing - stimulational marketing
Anreizartikel - inducement article, leader article
Anreizsystem - incentive scheme, incentive system
Anrufbeantworter - answering machine
ansammeln - accumulate, pile up

267

Ansammlung

Ansammlung - congestion, accumulation, aggregation
Ansatz - approach
Anschaffung - purchase, procurement
Anschaffungskosten - acquisition /assets cost, original cash outlays
Anschaffungskostenprinzip - historical cost concept
Anschaffungsnebenkosten - incidental acquisition cost
Anschaffungswert - cost price, net cash outflow
Anschaffungswertprinzip - cost-value principle
Anschaffungszeitpunkt - date of acquisition
Anschein - appearance, semblance
Anschlagtafel - billboard
anschließen - affiliate, team
Anschlußauftrag - follow-up order
Anschlußfinanzierung - ongoing finance
Anschriftenliste - mailing-list
Ansehen - standing, reputation
ansehnlich - sizeable, considerable
ansetzen - quote, estimate
Ansiedlung - settlement
Ansporn - incentive, stimulus
ansprechend - appealing
Anspruch - claim, entitlement
Anspruch anmelden - file a claim
Anspruch erheben auf - lay /prefer a claim
Anspruch haben auf - entitled to
Anspruchsniveau - aspiration level
Anspruchsregulierung - adjustment of claims
anspruchsvoll - demanding
Anspruchsvoraussetzung - eligibility standard requirement
Anstalt - institution
Anstellung - engagement, position, post
Anstellungsvertrag - contract of employment, hiring contract
Anstieg - rise, increase, ascent
Anstiftung - incitement, instigation
Anstoß - impulse, initiation, request
Anstoßmultiplikator - impact multiplier
Anstoßwirkung - impact effect
Anstrengung - effort, strain
Anteil - quota, stake, share, allotment, proportion

anteilig - pro rata, proportional
Anteilschein - equity, certificate of participation
Anteilscheinbesitzer - unitholder
Anteilseigner - shareholder, shareowner
anteilsmäßige Zahlung - pro rata payment
Antenne - aerial
Antiinflationsmaßnahme - counter-inflation measure
Antithese - antithesis
antizipativ - anticipatory
antizipative Aktiva - accrued assets / income
antizipative Passiva - accrued expense / payables
antizyklisch - countercyclical
antizyklische Haushaltspolitik - anticyclical budgetary policy
antizyklische Politik - countercyclical policy
antizyklische Wirtschaftspolitik - anticyclical economic policy
Antrag - petition, request
Antrag auf Arbeitslosengeld - unemployment claim
Antrag genehmigen - approve an application
Antrag stellen - make an application, propose, apply for
Antragssteller - claimant, petitioner, applicant
Antreiber - pressure cooker
Antrieb - propellant, impulsion, incentive
Antriebskraft - expansionary force
anvertrauen - commit, deposit
anwachsen - accumulate
Anwalt - attorney at law, lawyer, solicitor
Anwärter - contender, candidate
Anwärterkreis - recruiting sources
Anwartschaft - expectancy, right in course of acquisition
anweisen - assign, instruct
Anweisung - instruction, briefing, directive
Anweisung im Hintergrund - talkback
Anweisungen geben - brief
anwendbar - applicable, adaptable
Anwendbarkeit - applicability
anwenden - apply, employ, exert

Anwendung - application, exercise
Anwendungsbereich - scope of application
Anwendungsmaske - applications screen
Anwendungsprogramm - applications software, user software
Anwerbegebühr - recruitment fee
Anwerbeland - recruitment country
anwerben - recruit
Anwerbestop - recruitment stop, recruitment ban
Anwerbevereinbarung - recruitment agreement
Anwerbung - enlistment, recruitment
Anwesenheit - attendance
Anwesenheitsnachweis - attendance record
Anwesenheitsprämie - attendance bonus
Anzahl - number, tally, quantity
anzahlen - deposit, pay down
Anzahlung - downpayment, deposit, payment on account, first instalment
Anzahlungsgarantie - advance payment bond, advance guaranty
Anzeichen - evidence, indication
Anzeichen von Unzufriedenheit - symptom of discontent
Anzeige - notification, advert
anzeigen - indicate, notice, notify
Anzeigengrundpreis - advertising base price
Anzeigenpreis - ad rate, advertising charge
Anzeigenpreisliste - rate card
Anzeigenschluß - closing date
Anzeigentarif - advertising rate
Anzeigentext - advertising copy
Anzeigentexter - copywriter
Anzeigenwerbung - press advertising
Anzeigenwiedererkennungstest - recognition test
anziehen - rally, attract, advance
Anziehen der Preise - firming up of prices
Anziehungskraft - appeal, pulling power
Anzulernender - trainee
aperiodisch - not identified with a specific period
Approximationsmethode - approximation method

apriori Wahrscheinlichkeit - prior probability, a priori probability
Apparat - organization, machine
äquivalent - equivalent
Äquivalenzeigenschaft - equivalent quality
Äquivalenzprinzip - compensatory principle of taxation
Äquivalenzziffer - weighting figure
Äquivalenzziffernkalkulation - weighting figures calculation
Ära - era
Arbeit - labor, work
arbeiten - operate, function, work
arbeitende Bevölkerung - working population
arbeitendes Kapital - active capital
Arbeiter - laborer, blue-collar-worker, worker
Arbeiterbewegung - labor movement
Arbeiterklasse - working class
Arbeiterschaft - body of workers, workforce
Arbeiterselbstverwaltung - worker self management
Arbeiterstunde - man-hour, manpower-hour
Arbeitgeber - employer
Arbeitgeberanteil - employer's contribution
Arbeitgeberdarlehen - loan by employer to employee
Arbeitgeberverband - employers' association
Arbeitnehmeranteil - employee contribution
Arbeitnehmerbeteiligung - worker participation
Arbeitnehmerfreibetrag - earned income relief
Arbeitnehmerhandbuch - company information manual
Arbeitnehmermobilität - labor mobility
Arbeitnehmersparzulage - employee's savings premium
Arbeitnehmervertreter - labor representative
Arbeitsablauf - opening /operational sequence, workflow
Arbeitsablaufanalyse - analysis of workflow

Arbeitsablaufdiagramm

Arbeitsablaufdiagramm - labor explosion chart
Arbeitsablaufgestaltung - work flow structuring
Arbeitsablaufplan - flowchart
Arbeitsablaufplanung - work flow planning
Arbeitsablaufstudie - work flow study
Arbeitsamt - Labor Exchange, Labor Office
Arbeitsanalyse - job analysis
Arbeitsanfall - volume of work
Arbeitsangebot - labor supply
Arbeitsanreiz - incentive to work
Arbeitsanweisung - job instruction, work assignment
Arbeitsausschuß - working party
Arbeitsbedingungen - conditions of employment /service, working conditions
Arbeitsbereich - working area, area of operation
Arbeitsbereicherung - job enrichment
Arbeitsbeschaffungsmaßnahme (ABM) - work-providing measure, make-work policy, job creation measure
Arbeitsbeschaffungsprogramm - government job program, job creation scheme, job fostering scheme
Arbeitsbeschaffungsprojekt - make-work project
Arbeitsbeschreibung - work specification
Arbeitsbewertung - job evaluation
Arbeitsdirektor - personnel director
Arbeitseffizienz - labor efficiency
Arbeitseifer - eagerness to work, zeal
Arbeitseinheit - unit of labor
Arbeitseinkommen - earned income, labor /service income
Arbeitseinsatz - input, labor allocation
Arbeitseinstellung - cessation / suspension of work, work attitude
Arbeitseintritt - accession to work
Arbeitsentfremdung - alienation from work
Arbeitsentlastung - reduction in workload
Arbeitserlaubnis - labor certification, employment permit
Arbeitsermüdung - work fatigue
Arbeitsertrag - return to labor
Arbeitserweiterung - job enlargement

Arbeitsessen - working / business lunch
Arbeitsethik - work ethics
arbeitsfähig - employable, fit for work
arbeitsfähige Mehrheit - working majority
Arbeitsfluß - work flow
Arbeitsförderung - work promotion, employment promotion
Arbeitsfortschritts-Diagramm - progress chart
Arbeitsfrieden - industrial peace
Arbeitsgang - operation step
Arbeitsgemeinschaft - special partnership, working group, study group, team
Arbeitsgenehmigung - work permit
Arbeitsgericht - industrial court, labor court, industrial tribunal
Arbeitsgestaltung - work structuring, job design
Arbeitsgruppe - task force, team
arbeitshemmender Faktor - disincentive
Arbeitshypothese - working hypothesis
Arbeitsinhalt - job content
Arbeitsintensität - labor intensity
arbeitsintensiv - labor-intensive
Arbeitskampf - industrial conflict, industrial dispute, labor dispute
Arbeitskampfmaßnahme - job action, industrial action
Arbeitskapital - human capital
Arbeitsklima - industrial climate
Arbeitskoeffizient - labor output ratio
Arbeitskollektiv - working collective
Arbeitskosten - payload, labor cost
Arbeitskosten je Ausbringungseinheit - labor cost per unit of output
Arbeitskraft - manpower, laborer, capacity to work
Arbeitskräfte anwerben - recruit labor
Arbeitskräfteauslastungskurve - workload curve
Arbeitskräfteangebot - labor supply
Arbeitskräftebedarf - manpower requirement
Arbeitskräfteengpaß - labor bottleneck
Arbeitskräftemangel - labor shortage, tight labor market
Arbeitskräftenachfrage - labor demand
Arbeitskräftepotential - labor force potential

Arbeitskräftereserve - labor reserve, labor shed
Arbeitskräfteüberangebot - excess supply of labor
Arbeitskräftewanderung - labor migration
Arbeitskreis - study group
Arbeitslaufzettel - job ticket
Arbeitsleistung - job performance
arbeitslos - jobless, redundant, unemployed
Arbeitslosenfürsorge - unemployment relief
Arbeitslosengeld - unemployment benefit, redundancy payment
Arbeitslosenhilfe - unemployment assistance
Arbeitslosenpotential - unemployment pool
Arbeitslosenquote - jobless rate, rate of unemployment **Arbeitslosenrückgang** - unemployment drop
Arbeitslosenunterstützung - redundancy payment, unemployment benefit
Arbeitslosenunterstützung beziehen - draw unemployment benefits
Arbeitslosenversicherung - unemployment insurance
Arbeitslosenzahl - unemployment figure
Arbeitsloser - jobless person, unemployed person
Arbeitslosigkeit - joblessness, unemployment, redundancy
Arbeitslosigkeitskosten - costs of unemployment
Arbeitslosigkeitsrückgang - unemployment drop
Arbeitsmarkt - labor market, job market
Arbeitsmarktanpassung - labor market adjustment
Arbeitsmarktbewegungen - swings in employment and unemployment
Arbeitsmarktdaten - labor market data
Arbeitsmarktentwicklung - labor market development, labor market trend
Arbeitsmarkterhebung - labor force survey
Arbeitsmarktlage - job situation, labor market situation
Arbeitsmarktmonopol - labor monopoly
Arbeitsmarktsituation - employment situation, manpower situation
Arbeitsmarktuntersuchung - labor market research
Arbeitsmarktverhalten - labor market behavior
Arbeitsmaske - work screen
Arbeitsmedizin - industrial medicine, occupational medicine
Arbeitsmethode - method of working
Arbeitsministerium - Department of Employment, Labor Department
Arbeitsmobilität - fluidity of labor, mobility of labor
Arbeitsmoral - on-the-job morale
Arbeitsnachfrage - demand for labor
Arbeitsniederlegung - industrial stoppage, strike, walkout
Arbeitsnotizen - working notes
Arbeitsökonomie - labor economics
Arbeitsorganisation - organization of work
Arbeitspause - break
Arbeitspferd - workhorse
Arbeitsplatz - duty station, work place, work station, job site
Arbeitsplatzanalyse - job analysis
Arbeitsplatzbeschaffung - job creation
Arbeitsplatzbeschreibung - job description, job specification
Arbeitsplatzbewertung - job evaluation, work area evaluation
Arbeitsplatzeinstufung - job ranking
Arbeitsplätze schaffen - generate jobs, create jobs
Arbeitsplatzförderung - job promotion
Arbeitsplatzgestaltung - job layout
Arbeitsplatzmangel - lack of jobs, job shortage
Arbeitsplatzmerkmal - job characteristic
Arbeitsplatzrisiko - occupational hazard
Arbeitsplatzteilung - job sharing
Arbeitsplatzverlust - job loss
arbeitsplatzvernichtende Technologie - job displacing technology
Arbeitsplatzvernichter - job killer
Arbeitsplatzvernichtung - job destruction
Arbeitsplatzwahl - job choice
Arbeitsplatzwechsel - job change
Arbeitsprinzip - operation principle

Arbeitsproduktivität

Arbeitsproduktivität - labor productivity, labor efficiency
Arbeitsprogramm - job program
Arbeitspsychologie - occupational psychology
Arbeitsqualität - quality of work
Arbeitsrecht - industrial law, labor law
Arbeitsrichtlinie - work standard
Arbeitsrückstand - backlog of work
Arbeitsschutzgesetz - labor protection law
Arbeitsschutzrecht - employment protection right
Arbeitssicherheit - on-the-job safety
Arbeitssitzung - working session
Arbeitsstätte - place of work
Arbeitsstückkosten - unit labor costs
Arbeitsstudie - job analysis, job study, time and motion study
Arbeitsstundensatz - cost per man-hour
Arbeitssuche - job search, job hunting
Arbeitssuchender - job seeker
arbeitssüchtig - workaholic
Arbeitstagung - workshop, business meeting
arbeitsteilige Wirtschaft - specialized economy
Arbeitsteilung - division of labor, work distribution
Arbeitsüberwachung - job control
Arbeitsumgebung - job context
arbeitsunfähig - incapacitated, unfit for work
Arbeitsunfähigkeit - unfitness for work, inability to work
Arbeitsunfall - industrial accident, occupational accident
Arbeitsunterbrechung - break from work, interruption of work
Arbeitsunterteilung - job breakdown
Arbeitsunzufriedenheit - job dissatisfaction
Arbeitsurlaub - vacation, leave
Arbeitsvereinfachung - job simplification
Arbeitsverfahren - working method / process
Arbeitsverfassungsgesetz - labor law
Arbeitsverhältnis - employer-employee relationship, job-working relationship

Arbeitsvermittlung - employment agency, employment bureau, unemployment exchange, job center
Arbeitsvertrag - labor contract, contract of employment
Arbeitsverwaltung - labor market authorities
Arbeitsvorbereiter - work scheduler
Arbeitsvorbereitung - job preparation, process planning, production/work scheduling
Arbeitsweise - method of operation, workings
Arbeitswissenschaft - ergonomics, labor science
Arbeitszeitermittlung (Refa-System) - work measurement, time study
Arbeitszeitkontrolleur - timekeeper
Arbeitszeitverkürzung - reduction of working hours
Arbeitszerlegung - element breakdown, job analysis
Arbeitszerstückelung - fragmentation of work
Arbeitszufriedenheit - job satisfaction
Arbeitszuordnung - assignment of tasks
Arbeitszuwachs - increase in workload
Arbitrage - arbitrage
Arbitrage um drei Ecken - triangular arbitrage
arbitrageloser Wertpapierpensionssatz - breakeven /implied repo rate
Arbitrageur - arbitrager
Arbitriumwert - value of an enterprise as a whole
ärgerlich - aggravating
arglistig - fraudulent
Argument - argument
Argumentation - line of reasoning
argumentieren - argue
arithmetisch-degressive Abschreibung - sum-of-the-years digit method of depreciation
arithmetisches Mittel - arithmetic mean, common average
Armut - poverty
Armutsgrenze - poverty line
Arrows Unmöglichkeitstheorem - Arrow's impossibility theorem
Artikel - article, item, paragraph

Artteilung - qualitative division of responsibilities
ärztliches Gutachten - medical report
Aspekt - aspect
Assembler - assembler
Assoziation - association
Assoziationstest - association test
assoziiertes Unternehmen - associated undertaking
Assoziierungsabkommen - agreement of association
Assoziierungsvertrag - treaty of association
Ast - branch
Asylrecht - right to seek asylum
Asymmetrie - asymmetry
atomistische Konkurrenz - atomistic competition
audiovisuell - audio-visual
auf Abzahlung kaufen - buy on hire purchase
auf Bestellung verkaufen - sell on order
auf dem neuesten Stand - up-to-date
auf den Markt bringen - throw / introduce on the market, launch
auf den Markt kommen - go on sale
auf eigene Rechnung - on one's own account
auf einer Bezugswährung basieren - be linket to a reference currency
auf einer Forderung bestehen - persist in a demand
auf Kosten von - at the expense of
auf Lager halten - have in store, have on stock
auf Verlangen /Wunsch -at request
Aufbau - structure, erection
aufbauen - construct
Aufbauorganisation - organizational structure, company organization structure
aufbereiten - edit, process
Aufbewahrungsfrist - preserve period
Aufbewahrungsort - depot
Aufbewahrungspflicht - preserve obligation
aufbrauchen - clean out, consume, exhaust
aufbürden - impose
aufdecken - reveal
aufdringlich Reklame machen - tout
aufeinander abstimmen - coordinate

aufeinanderfolgend - consecutive, successive
Aufenthaltserlaubnis - immigration permit, residence permit
auferlegen - impose, lay upon
Auferlegung - imposition
auffallend - flamboyant, striking
auffangen - absorb, cushion the impact
Auffanggesellschaft - rescue company
Auffangkonsortium - backing syndicate, support group
Auffangkonto - suspense account
Auffassung - approach, concept
auffinden - trace, discover, locate
Aufforderung - solicitation, request
aufführen - conduct, play
Aufgabe - assignment, task
Aufgabenanalyse - analysis of tasks, functional analysis
Aufgabenausweitung des Arbeitsplatzes - job loading
Aufgabenbereich - sphere of action
Aufgabenbereicherung - job enrichment
Aufgabenbeschreibung - task description
Aufgabenbündelung - grouping of tasks
Arbeitserfüllung - task fulfilment
Aufgabenerweiterung - job enlargement
Aufgabenfolgeplan - task sequence plan
Aufgabenfolgestruktur - task sequence structure
Aufgabengebiet - area of resonsibilities
Aufgabengliederung - task structuring
Aufgabenintegration - integration of tasks
Aufgabenmerkmale - task characteristics
aufgabenorientiert - mission-oriented
Aufgabenspezialisierung - functional specialization
Aufgabenstrukturbild - task structure
Aufgabenstrukturierung - job structuring, task structuring
Aufgabenträger - person, job designee
Aufgabenverteilung - distribution of duties, job / task assignment
Aufgabenwandel - task modification
Aufgabenwechsel - job rotation
Aufgabenzuordnung /-zuweisung - task assignment, assignment of functions
aufgeben - abandon, stop, quit
aufgehen in - merge

aufgeklärtes Selbstinteresse - enlightened self-interest
aufgelaufene Abschreibungen - accumulated amortization
aufgelaufene Dividende - accrued dividend
aufgelaufene Verpflichtungen - accrued liabilities
aufgelaufene Zinsen - accrued interest
aufgelaufener Buchgewinn - accumulated book profit
Aufgeld - extra charge, extra premium
aufgeschobene Kapitaleinzahlung - deferred capital
aufgeschobene Nachfrage - deferred demand
aufgezwungen - enforced, pushed
Aufgliederung - breakdown, splitting up
Aufgliederung in Matrizenform - spreadsheet
aufgrund - on the strength of, because of
Aufhänger - peg
aufhebbar - voidable
aufheben - revoke, supersede
Aufhebung - annulment, avoidance, repeal
Aufhebung der Börsenzulassung - delisting
Aufhebung von Preiskontrollen - decontrol of prices
Aufholhypothese - catching-up hypothesis
Aufkauf - buyout, engrossment
aufkaufen - buy up, corner, make a bid
Aufkäufer - wholesale buyer
Aufkäufergruppe - corner ring
Aufklärung - enlightenment, clarification
Aufklärungspflicht - duty to warn
Aufklärungswerbung - reason-why advertising
Aufkündigung - notice to quit
Auflage - circulation, edition, net paid circulation, charge
Auflassung - conveyance
Auflockerung der Geldpolitik - relaxation of monetary policy
auflösen - run down
auflösend - disruptive
Auflösung - liquidation, retransfer
Auflösung von Rücklagen - liquidation of reserves
Auflösung von Wertberichtigungen und Rückstellungen - reduction of prior provisions
Auflösungsantrag - petition for dissolution
Aufmachung - layout
Aufnahme - admittance, invitation, integration
Aufnahme von Fremdkapital - raising external funds
Aufnahmeantrag - application for admission
aufnahmebereiter Markt - receptive market
aufnahmefähig - receptive
aufnahmefähiger Markt - broad market
Aufnahmekapazität - absorptive capacity
Aufnahmekapazität eines Marktes - absorptive capacity of a market
Aufpasser - watchdog
aufrechnen - offset, set off
Aufrechnung - offset, setoff
aufrechterhaltene Hypothese - maintained hypothesis
Aufrichtigkeit - honesty
Aufruhr - turmoil, insurrection
aufrührerisch - seditious
Aufsatz - cap, composition, essay
aufsaugen - absorb
aufschieben - defer, postpone, respite
Aufschlag - extra charge, markup, premium, overcharge, recargo
Aufschlagskalkulation /-preisbildung - markup pricing
aufschlüsseln - break down
aufschlußreich - revealing
aufschreiben - take down, write down
Aufschrift - endorsement, inscription
Aufschub - deferment, grace, suspense
Aufschwung - boom, burst of expansion, recovery, upturn
Aufschwungsphase - business cycle expansion
Aufseher - supervisor
Aufsicht - custody, inspection, supervision
Aufsichtsbehörde - board of control, supervisory authority / office, regulator
Aufsichtspersonal - supervisory employees

Aufsichtsrat - directorate, supervisory board, board of directors
Aufspaltung - decomposition, disaggregation
Aufspannung eines Baumes - spanning of a tree
Aufstand - insurrection
aufstellen - construct, instal, station
Aufstellung - schedule, statement
Aufstieg - advancement, career development
Aufstiegschancen - career development prospects
Aufstiegserschwernis - career gridlock
aufstrebender Wirtschaftszweig - sunrise industry
auftauchen - emerge
Auftauchen - emergence
Aufteilung der verfügbaren Arbeit - work sharing
Auftrag - commission, contract, order, project assignment
Auftrag abwickeln - handle an order
Auftrag annullieren /streichen - cancel an order
Auftrag ausführen /erledigen - execute an order
Auftrag erhalten - obtain a contract
Auftrag erteilen - award a contract, place an order
Auftrag notieren - book an order
Auftrag vergeben - place an order
Auftrag zurückziehen - shorten a commitment
auftragen - plot
Auftraggeber - client, customer, issuer, orderer, principal, sponsor
Auftragnehmer - contractor, acceptor
Auftragsabrechnung - accounting for job order costs, job accounting
Auftragsabwicklung - job handling, order processing
Auftragsbeschaffung - bidding of orders, order getting
Auftragsbestand - orders on hand, order backlog
Auftragsbestandplan - level of orders plan
Auftragsbestätigung - confirmation of an order

Auftragsbuch - book of commission, order book
Auftragsdurchlaufzeit - lead time
Auftragseingang - incoming orders, inflow of orders, intake of new orders
Auftragseingangsbelebung - picking up of orders
Auftragseingangsplan - order flow plan
Auftragserteilung - placing of an order
Auftragsflut - flood of orders
Auftragsformular - order form
Auftragsforschung - outside research
Auftragsgröße - lot size
Auftragshöhe - size of order
Auftragsmangel - lack of orders, shortage of work
Auftragsrückgang - dropoff in orders
Auftragsrückstand - backlog of orders
Auftragsstornierung - cancellation of an order
Auftragsumlaufzeit - job around time
Auftragszettel - order form, contract note
Auftreten - emergence
Auftrieb - buoyancy, impulse, lift
Auftriebskraft - propellant force, buoyant force
Aufwand - expenditure, expense
Aufwand und Ertrag - income and expense
Aufwandarten - cost classification by type
Aufwands- und Ertragskonsolidierung - consolidation of revenue and expenditure
Aufwands- und Ertragsrechnung - profit and loss account
Aufwands- und Ertragsstruktur - revenue and expense structure
Aufwandsentschädigung - emoluments, indemnity, fringe benefit
Aufwandsrückstellung - provision for operating expense, expense anticipation accrual
Aufwandsverteilung - expense allocation
Aufwärtsintegration - upward integration
Aufwärtstrend - rising tendency
Aufwendung - charge
aufwerten - revalue
Aufwertung - appreciation, revaluation, up-valuation
aufzeichnen - record
Aufzeichnung - record

Aufzinsung

Aufzinsung - accumulation
aufzwingen - force
Auktion - auction
Auktionator - auctioneer, vendue master
aus dem Amt werfen - eject from office
aus dem Kaufvertrag - ex contract
aus Prinzip - on principle
ausarbeiten - compose, draw up, prepare
ausbauen - gear up
Ausbeute - yield, depletion
ausbeuten - exploit
Ausbeutesatz - rate of yield
Ausbeutung - exploitation
Ausbeutung eines Unternehmens - milking
Ausbeutungsbetrieb - sweat shop
ausbilden - train
Ausbildung - background, education, schooling, training
Ausbildungsberatung - training consultancy
Ausbildungsförderungssystem - educational advance system, scholarship system
Ausbildungskosten - training costs
Ausbildungskredit - training credit
Ausbildungsplatz - training place
Ausbildungsverhältnis - apprenticeship
Ausbildungsvertrag - indenture
Ausbildungszeugnis - vocational certificate
ausbreiten - display, trickle down
Ausbreitung - dissemination
Ausbreitung von Innovationen - diffusion of innovations
Ausbringungsmenge - output
Ausbuchung - abandonment
ausdehnen - enlarge, extend, stretch
Ausdehnung - dimension, enlargement, expansion, extension
ausdiskutieren - talk out, thrash out
Ausdruck - expression
ausdrücklich - definitive, distinct
auseinandergehende Bestrebungen - struggle of wills
Auseinandersetzungsbilanz - balance sheet for settlement purposes
auserlesene Qualität - choice
Ausfall - outturn

Ausfallbürgschaft - guaranty of collection, deficit guaranty, indemnity bond
ausfallen - break down, fail
Ausfallmuster - outturn sample
Ausfallrate - failure rate, refusal rate
Ausfallwahrscheinlichkeit - failure probability density
Ausfertigung - copy, draft
Ausfertigungstag - day of issue
Ausfuhr - visible trade, export
Ausfuhr von Arbeitslosigkeit - transfer of unemployment
Ausfuhrabschöpfung - price adjustment levy
Ausfuhranteil - export share
ausführbar - feasible
Ausführbarkeit - feasibility, practicability
Ausfuhrbürgschaft - export guaranty
ausführen - implement, effect, export
ausführende Arbeit - derivative work, operative performance
Ausfuhrerklärung - export declaration
Ausfuhrgarantie - export credit guaranty
Ausfuhrgenehmigung - export authorization
Ausfuhrgüter - export goods, exports
Ausfuhrhandel - export trade
Ausfuhrkontingent - export quota
Ausfuhrland - exporting country
ausführlich - detailed
ausführlich darlegen - set out in detail
Ausfuhrprämie - bounty on exportation
Ausführung - achievement, execution
Ausführung eines Auftrages - execution of an order
Ausführungsstelle - performing entity
Ausfuhrverbot - embargo on exports
Ausfuhrwirtschaft - export sector
ausfüllen - fill in
Ausgabe - expenditure, expense, spending, outlay
Ausgabe von Gratisaktien - capitalization issue, scrip issue
Ausgabedisagio - offering discount
Ausgaben kürzen - tighten purse strings
Ausgabenentscheidung - spending decision
Ausgabenfluß - spending flow

Ausgabenmultiplikator - expenditure multiplier
Ausgabenneigung - propensity to spend
Ausgabenplan - spending plan
Ausgabenpolitik - expenditure policy
ausgabenreduzierende Politik - expenditure-reducing policy
Ausgabenstruktur - pattern of expenditure
Ausgabenumfang - volume of expenditure
ausgabenumlenkende Politik - expenditure-switching policy
Ausgabenumlenkung - expenditure switching
Ausgabenvolumen - volume of expenditure
Ausgabenwährung - expenditure currency
Ausgabepreis - issue price, offer price
Ausgangsland - country of departure
Ausgangspunkt - starting point, zero
ausgeben - issue, spend
ausgebildete Belegschaft - educated workforce
ausgegebenes Aktienkapital - outstanding capital stock
ausgegebenes Kapital - issued capital
ausgeglichen - balanced
ausgeglichener Budgetmultiplikator - balanced budget multiplier
ausgeglichenes Konto - account in balance
ausgenommen von - exempt from
ausgeplündert durch Schulden - debt-ravaged
ausgeprägt - distinctive
ausgereift - elaborate, fully-fledged
ausgeschlossen - barred
ausgeschütteter Gewinn - distributed income /profit
ausgewählt - selected
ausgewiesener Gewinn - reported earnings
ausgezeichnet - distinguished, excellent
Ausgleich - compensation
ausgleichen - balance, compensate, settle
ausgleichende Kraft - countervailing force
ausgleichender Ertrag - offsetting benefit

ausländische Zahlungsmittel

Ausgleichsabgabe - equalization levy, compensatory tariff
Ausgleichsbuchung - adjusting entry
Ausgleichsforderung - equalization claim
Ausgleichsgesetz - law of balancing.
Ausgleichsgesetz der Planung - law of balancing organizational plans
Ausgleichskalkulation - compensatory pricing
Ausgleichslager - buffer stock
Ausgleichsposten - adjustment item, balancing item
Ausgleichstransaktion - accommodating transaction
Ausgleichsverfahren - equalizing process, composition in bankruptcy
Ausgleichszahlung - adjustment payment, compensating variation, deficiency payment
Ausgleichszoll - countervailing duty, compensating tariff
Ausgleichszuweisung - rate-deficiency grant
Ausgliederung - disincorporation, separation, spinoff
Ausgliederung von Betriebsfunktionen - outsourcing
aushändigen - surrender
Aushängeschild - bush
Aushilfspersonal - temporary staff
aushilfsweise angestellt - in temporary employment
Auskommen - sustenance
Auskunftei - information agency
Auskunftssystem - information system
Usladehafen - port of discharge
Auslage - disbursement, display, outlay
Auslagenabrechnung - statement of expenses
Auslagestand - display stand
Auslagewerbung - counter display, window display
ausländisch - foreign
ausländische Direktinvestition - direct foreign investment
ausländische Kapitalgesellschaft - alien corporation
ausländische Transformationsrate - foreign rate of transformation (FRT)
ausländische Zahlungsmittel - foreign money, foreign currency

ausländischer Bankkredit - bank lending abroad
Auslandsabsatz - external sales
Auslandsabteilung - foreign department
Auslandsanlage - foreign investment
Auslandsanleihe - foreign bond, foreign loan, external loan
Auslandsarbitrage - outward arbitrage
Auslandsbank - foreign bank
Auslandsgeschäft - international business, external transaction, foreign trade
Auslandsguthaben - deposits in foreign countries, foreign balances
Auslandshandelskammer - foreign chamber of commerce
Auslandsinvestition - overseas investment, international investment
Auslandskonto - external account
Auslandsmarktrisiko - foreign market risk
Auslandspostanweisung - foreign postal money order
Auslandsreise - trip abroad, foreign travel / trip
Auslandssaldo - net foreign position
Auslandssektor - foreign sector
Auslandsverbindlichkeiten - foreign liabilities
Auslandsverschuldung - foreign indebtedness, external debt
Auslandswechsel - foreign bill
Auslandswertpapier - foreign security
auslassen - omit, leave out
Auslastung - work load
Auslastungsgrad - plant operating rate
auslaufen lassen - taper off
Auslese - pick, readout, selection
auslesen - select
Ausleseprozeß - selection process / procedure
Auslieferung - surrender, delivery
Auslöschung - extinction
ausloten - fathom
Auslotungsverfahren - fathoming procedure
ausmachender Betrag - actual amount
Ausmaß - extent, magnitude, measurement, proportion
Ausnahme - exception, exclusion
ausnahmslos - invariably

ausnahmsweise - exceptionally
ausnutzen - exploit, take undue advantage, utilize
Ausnutzung - utilization
Ausnutzung von Kursunterschieden - arbitrage
Ausnutzungsgrad - efficiency rate
Ausnutzungsmodus - system of utilization
ausrechnen - compute, calculate
ausreichend - satisfactory, sufficient, ample
ausreichendes Kapital - sufficient capital
Ausreißer - maverick
ausrüsten - equip, outfit, tool up
Ausrüster - outfitter
Ausrüstung - equipment, outfit
Ausrüstungskosten - tooling up costs
Ausrüstungslieferant - outfitter
Aussage - allegation, statement
Aussagenanalyse - contents analysis
ausschalten - eliminate
Ausschaltung - elimination
ausscheiden - retire
ausschiffen - debark
Ausschlachten - asset stripping
Ausschlachtungswert - breakup value
ausschlaggebend - decisive, paramount
ausschlaggebende Stimme - tie-breaking vote
ausschlaggebender Zinsfuß - significant rate of interest
ausschließen - crowd out, debar, eliminate, exclude
Ausschließlichkeitsabkommen - tying agreement
Ausschließung - shutout
Ausschluß - debarment, exclusion
Ausschmückung - decor
ausschreiben - invite tenders for
Ausschreibung - invitation to bid, competitive tendering
Ausschreibungsbedingungen - bidding requirements
Ausschreibungsfrist - deadline for tenders
Ausschreibungsverfahren - bidding process
Ausschreibungswettbewerb - bid competition

Ausschuß - board, committee, offal, scrap, waste
Ausschußkostenrechnung - accounting for spoiled goods
Ausschußquote - waste quota
Ausschußware - defective goods, substandard goods
Ausschüttung - distribution of dividends, dividend payment
Ausschüttungsbeschränkung - limitation on profit distribution
ausschwärmen - deploy
aussetzen - discontinue, expose, stop
Aussetzung - abandonment, suspension
Aussicht - prospect
Aussonderung - segregation, stoppage in transit
Aussperrung - lockout
Ausstand - strike, walkout
ausstatten - equip, fit up with, outfit
Ausstattung - endowment, equipment, outfit
Ausstattungsmerkmal - feature
Ausstattungsteil - fitting
ausstehend - outstanding
ausstehender Betrag - amount owing
ausstehendes Geld - money due
aussteigen - bail out
ausstellen - display, draw up
Aussteller - drawer, exhibitor, issuer
Aussteller eines Wechsels - drawer
Ausstellung - exposition, exhibition
Ausstellungsfläche - exhibition space
Ausstellungsgebäude - pavilion
Ausstellungsort - place of issue
Ausstellungsraum - display room, showroom
Ausstellungsstück - display article, exhibit
Aussterben von Berufssparten - job dislocation
Aussteuer - trousseau
Ausstoß - output
ausstoßen - exclude
Ausstrahlungseffekt - spillover effect
Austausch - interchange
Austausch von Informationen - information exchange
austauschbar - exchangeable
Austauschbarkeit - convertibility, exchangeability

Austauschbeziehung - tradeoff
austeilen - distribute
Ausübungspreis - exercise /strike price
Ausverkauf - sellout, clearance sale
Ausverkaufsreklame - sales advertising
ausverkauft - sold out
Auswahl - assortment, choice, collection, pick, sample, selection, shortlisting
Auswahl von Werbeträgern - media selection
Auswahlantwort - multiple choice
Auswahleinheit - sampling unit
auswählen - choose, select
Auswahlkriterien - selection criterion
Auswahlmethode - method of selection
Auswahlsystem - selective system
auswärtige Bank - out-town bank
auswärtsorientiert - outward-oriented
Auswärtsvergabe - farming out
auswechselbar - replaceable
Ausweichbetrieb - shadow factory
ausweichen - avoid
ausweisen - exclude, report, show
ausweiten - enlarge, expand
Ausweitung - expansion
auswerten - evaluate
Auswertung - appraisal, evaluation, follow-up
Auswirkung - effect, repercussion
auszahlen - disburse, pay off
Auszahler - payer
Auszahlung - outpayment, disbursement, payoff
Auszahlungsmatrix - payoff matrix
Auszahlungstermin - pay date
Auszeichnung - award, price mark
Auszubildender - apprentice
auszuschüttender Gewinn - distributable profit
Außenabsatz - external sales, sales to third parties
Außenarbeiter - outworker
Außenbeitrag - net export, net foreign demand
Außendienst - field organization, field service / work
Außendienstmitarbeiter - field staff
Außendienstorganisation - field organization
Außenfinanzierung - debt financing, external financing

Außengeld

Außengeld - outside money
Außenhandel - foreign trade, external trade
Außenhandelsbeziehungen - foreign trade relations
Außenhandelsdirigismus - foreign trade dirigism
Außenhandelsfinanzierung - foreign trade financing
Außenhandelsgeschäft - external transaction
Außenhandelsmonopol - foreign trade monopoly
Außenhandelspolitik - foreign trade policy
Außenhandelsquote - ratio of total trade to national income
Außenmarkt - external market
Außenseiter - underdog
Außenstände - account receivables, outstanding accounts
Außenumsatzerlös - external sales
Außenwährungspolitik - external monetary policy
Außenwerbungsmedien - outdoor media
Außenwert - external value
Außenwert der Währung - trade-weighted exchange rate
außenwirtschaftliche Beziehungen - external economic relations
außenwirtschaftlicher Geldwert - external value of money
außenwirtschaftliches Gleichgewicht - external equilibrium
Außenwirtschaftsgesetz - Foreign Trade Law
Außenwirtschaftspolitik - foreign economic policy
Außenwirtschaftsrecht - foreign trade and payments legislation
Außenwirtschaftsverkehr - foreign trade and payments transaction
Außenwirtschaftsverordnung - Foreign Trade and Payments Ordinance
Außenzoll - external tariff
außer Betrieb - out of operation, out of service
außerbetriebliche Weiterbildung - off-the-job training
außerbörslicher Handel - off-board trading, off-the-floor trading

äußere Zeitverzögerung - outside lag
äußerer Wert - extrinsic value
außergerichtlicher Vergleich - voluntary agreement, voluntary settlement, out-of-court settlement
außergewöhnlich - exceptional
außergewöhnliche Belastung - extraordinary financial burden, amount of extraordinary expenditure
Außerkraftsetzung - suspension
außerordentlich - extraordinary
außerordentliche Aufwendung - extraordinary / nonrecurrent expenditure
außerordentliche Dividende - surprise dividend
außerordentliche Rücklagen - excess reserves
außerordentlicher Ertrag - extraordinary / nonrecurrent income
außerordentlicher Verschleiß - extraordinary loss of service life
außerordentliches Ergebnis - extraordinary profit or loss, extraordinary result
außerplanmäßige Abschreibung - unplanned depreciation
äußerst - utmost
äußerster Preis - lowest price, lowest limit, rock-bottom price
äußerster Termin - deadline
Äußerung - remark, comment
Autarkie - self-sufficiency, autarchy
Autoersatzteil - car spare
Autokorrelation - autocorrelation
automatisch - automatic
automatische Lohnbindung - automatic wage indexation
automatischer Bankschalter - automated teller machine, automatic banking
automatischer Stabilisator - automatic stabilizer
Automatisierung - automation
Automobilindustrie - automotive industry
autonome Arbeitsgruppe - autonomous work group
autonome Ausgaben - autonomous spending
autonome Nachfrage - autonomous demand

autonome Transaktion - regular transaction
autonomer Zoll - autonomous tariff
Autonomie - autonomy
Autoregression - autoregression
autoritäre Führung - authoritative leadership
autoritärer Führungsstil - authoritative style of leadership

Autovermietung - car rental
Aval - guaranty
Avalakzept - collateral acceptance by bank
Avalkredit - credit by way of bank guaranty
Avalprovision - commission on guaranty
Avis - advice, notification
Axiom - axiom

B

Bagatellbetrag - piddling sum, bagatelle sum
bagatellisieren - play down, minimize
bahnbrechend - pathfinding
Bahnfracht - railroad freight
Bahnspediteur - railroad agent
Bahntransport - railage
Baisse - slump at the stock market, depression, drop
Baisse-Engagement - engagement to sell short
Baissegeschäft - bear transaction
Baissemarkt - falling market, bearish market
Baissestimmung - bearish tone at the market, bearishness
Baissetendenz - bearish tendency
Balanceakt - balancing act
Balkencode - bar code
Balkendiagramm - bar chart
Ballengüter - pack goods
Ballungsgebiet - congested urban area
Band - tape
Bandaufnahme - taperecording
Bandbreite - band width
Bandenwerbung - background advertising
Bangemacher - scare monger
Bank - bank, banking house
Bank für internationalen Zahlungsausgleich - Bank for International Settlements
Bankabhebung - bank withdrawal
bankähnliche Institute - near banks
Bankakzept - bankers' acceptance, bank bill
Bankangestellter - bank assistant, bank employee
Bankaufsichtsbehörde - bank supervisory commission
Bankauskunft - bank reference
Bankausleihen - bank lending
Bankauszug - statement of account
Bankautomation - automatic banking
Bankbeleg - bank receipt
Bankbetriebslehre - bank management science
Bankbuch - passbook

Bankdienstleistung - banking service
Bankdiskont - bank discount rate
Bankeinkünfte - bank earnings
Bankeinlage - bank deposit
Bankeinzug - payment by automatic debit transfer
Bankenaufsicht - bank supervision
Bankenfusion - banking amalgamation
Bankengesetzgebung - banking legislation
Bankenkonsortium - banking consortium / syndicate
Bankenpraxis - banking practice
Bankenschließung - bank closure
Bankensystem - banking system
Bankenverband - association of banks
Bankfeiertag - bank holiday
Bankfiliale - bank branch
Bankgarantie - bank guaranty
Bankgeheimnis - banking secrecy
Bankgeschäfte - banking business, banking transactions
Bankgeschäfte in Steueroasen - offshore banking
Bankgewinne - bank earnings
Bankguthaben - bank balance, cash-in-bank
Bankinstitut - bank establishment
Bankkarte - bank card
Bankkonto - (bank) account
Bankleitzahl - transit number, bank code
Banknote - banknote, note
Banknotenfälschung - forgery of bank notes
Banknotenmonopol - note-issuing monopoly
Banknotenumlauf - active circulation of bank notes
Bankobligationen - bank bonds
Bankomat - automated teller machine
Bankrevision - bank examination
Bankrott - bankruptcy, smashup, bust
bankrott - insolvent, bankrupt
Bankschulden - due to banks
Bankschuldverschreibungen - bank bonds
Banküberweisung - bank transfer
Bankverbindlichkeiten - indebtedness to banks
Bankvollmacht - power of attorney
Bankwesen - banking

Bankzusammenbrüche - bank failures
Barabrechnung bei Optionsgeschäften - cash settlement
Barakkreditiv - cash letter of credit
Baraufwendungen - out-of-pocket expense/cost
Barbestand - working cash
Bardividende - cash dividend, cash bonus
Bargeld - cash
Bargeld-Einlagen-Relation - currency-deposit ratio
Bargeldeinlage - contribution in cash
Bargeldeinnahmen - incoming cash receipts
bargeldlose Zahlung - noncash payment, cashless payment
bargeldloser Zahlungsverkehr - noncash payment system, cashless money transfer
Bargeldrückfluß - reflux of notes
Bargeldumlauf - currency in circulation
Bargeldvolumen - volume of notes and coins in circulation
Bargeschäft - cash transaction
Barguthaben - cash assets
Barreserve - cash reserve
Barrierefunktion - barrier function
Barscheck - cashable check, open check
Barvermögen - cash assets
Barvorrat der Bank - bullion at the bank
Barwert - present (discounted) value
Barzahlung - down payment, cash payment / settlement
Barzuschüsse - cash grants
Basis - base, basis
Basisdrift - base drift
Basiseinkommen des Haushalts - breakeven level of income
Basisgeldreserven - reserve base
Basiskurs - initial price
Basislösung - basic solution
Basismatrix - basis matrix
Basisobjekt - underlying instrument
Basisplan - basic plan
Basisvariable - basic variable
Bau - construction
bauen - construct, build
Bauer - peasant, farmer
bäuerlicher Grundbesitz - peasant holding
Baugenehmigung - building permit
Baugewerbe - building trade

Baugrunderschließung - land development
Baugruppe - assembly, unit
Bauholz - timber
Bauinvestition - residential investment
Baukonjunktur - overall construction activity
Baukostenindex - construction cost index
Baumdiagramm - tree diagram
Bauplatz - building site
Baurecht - right of building
Bauspardarlehen - loan from savings and loan association
Bausparkasse - building society, home loan association
Bausparvertrag - building loan contract
Bausteinsystem - modular system
Bauverbot - prohibition to build
Bauwert - construction cost of a building
Bauwirtschaft - building business
beabsichtigen - intend, aim at
beachten - regard
beachtlich - remarkable
Beamtentum - officialdom
Beamter - civil servant
Beanstandung - notice of defect
bearbeiten - belabor
Bearbeitung - treatment, processing, handling
Bearbeitungsgebühr - handling fee, handling charge
Bearbeitungsplatz - processing location
Bearbeitungsschritt - job step
Bearbeitungsverfahren - mode of working
Bearbeitungszeit - operating time, process time, holding time
beaufsichtigen - supervise
Beaufsichtigung - supervision
beauftragen - charge, commission, authorize
Beauftragter - representative, assigned person
bebaute Grundstücke - land built upon
bebildert - illustrated
Bedarf - demand, need, requirement
Bedarf wecken - create a demand
Bedarfsanalyse - demand analysis
Bedarfsartikel - necessaries
Bedarfsbefriedigung - satisfaction of demand

Bedarfsdeckung

Bedarfsdeckung - demand coverage, satisfaction of requirements
Bedarfsdeckungsrate - rebuy rate
Bedarfsdeckungswirtschaft - subsistence economy
Bedarfselastizität - demand elasticity
Bedarfserkennung - demand recognition
Bedarfsfaktoren - factors of demand
Bedarfslenkung - redirecting consumer demand
bedarfsorientiert - demand oriented
Bedarfsorientierung - demand orientation
Bedarfsplan - requirement plan
Bedarfsplanung - requirement planning
Bedarfsprognose - demand forecast
Bedarfsreserven - backlog demand
Bedarfsschaffung - demand creation
Bedarfsspanne - required margin
Bedarfsspitze - peak of demand
Bedarfsstruktur - order of preference, preference system, occupational pattern
Bedarfsstruktur des Haushalts - tastes of household
Bedarfsverlagerung - shift in needs, shift in demand
Bedarfswandel - change of requirements, change in demand
Bedarfsweckung - consumptionism, creation of demand /needs
Bedarfswirtschaft - needs economy, subsistence economy
bedauerlich - deplorable
bedecken - cover
bedenklich - grave, serious
bedeuten - imply
bedeutend - relevant
bedeutende Persönlichkeit - notability
Bedeutung - consequence, denotation, importance, purport, significance
bedeutungslos - insignificant
Bedeutungslosigkeit - insignificance
Bediener - operator
Bedienerfreundlichkeit - operator convenience
Bedieneroberfläche - operator surface
Bedienerstation - control station
bedingen - condition, cause, necessitate
bedingt - conditional, limited, partly
bedingte Ausfuhr - conditional exports
bedingte Einfuhr - conditional imports
bedingte Lieferung - conditional delivery
bedingte Wahrscheinlichkeit - conditional probability
bedingtes Kapital - authorized but unissued capital
Bedingung - condition
Bedingung erster Ordnung - first-order condition
bedingungslos - unfootnoted
bedingungslose Schenkung - absolute gift
bedrohen - menace
Bedürfnis - need, want
Bedürfnisbefriedigung - satiation / satisfaction of wants
Bedürfnishierarchie - hierarchy of needs
Bedürfnislohn - cultural wage
Bedürfnisproduktion - creation of needs
Bedürfnisstruktur - want pattern
Bedürftigkeit - neediness
Bedürftigkeitsprüfung - determining eligibility, test of needs
beeindrucken - impress
beeinflussen - influence, sway, affect, tamper
Beeinflusser - influencer
beeinträchtigen - impair
Beeinträchtigung - curtailment, impairment, infringement, interference
beenden - conclude, terminate
Beendigung - termination
Beengtheit - confinement
befähigt - eligible
Befähigung - eligibility, qualification
befahrbar - navigable
Befehlsausführung - instruction executive
Befehlsfolge - instruction sequence
Befehlsübertragung - instruction fetch
befestigen - fortify
befördern - promote, transport
Beförderung - promotion, transit, transport, advancement
Beförderungsart /-mittel - means /mode of transport
Befrachtungsvertrag - affreightment
Befragung - questioning, interrogation
Befragungsexperiment - questioning experiment
Befragungsmethode - interviewing method

Befragungstechnik - interviewing technique
befreien - disentangle, free, release
Befreiungsklausel - escape clause
befriedigen - satisfy
Befriedigung - satisfaction
befristet - temporary, limited in time
befristete Einlage - time deposit
befristeter Vertrag - fixed-term contract
Befugnis - authority
befugt - competent, authorized
befürworten - advocate, back up
Befürworter - advocate, backer, proponent, supporter
Begabung - aptitude, talent, endowment
begebbare Schuldverschreibung - negotiable bond
Begebungskonsortium - issuing group, issuing syndicate
Begeisterung - enthusiasm
Beginn - commencement, outset, start
beginnen - commence, initiate, start
beglaubigen - authenticate, certify, verify
beglaubigte Kopie - certified copy
Beglaubigung - certification, verification
begleichen - pay, settle
Begleichung - acquittance, discharge, payment, settlement
begleiten - accompany
Begleiterscheinung - implication
Begleitmaterial - backing-up material
Begleitpapiere - accompanying documents
Begleitschein - dispatch note
Begleitumstände - attendant circumstances
begreifen - comprehend, conceive
begrenzen - border, limit, restrict
Begriff - notion, term
begründen - predict, justify
begründete Vermutung - founded guess
Begründung - reasoning, justification
begünstigen - benefit, favor
Begünstigter - beneficiary
Begünstigungsklausel - benefit clause
begutachten - inspect
Begutachtungsgebühr - survey fee
behalten - retain
Behälterzettel - bin card
behandeln - handle
Behandlung - treatment

behaupten - claim, assert, allege
Behauptung - allegation, argument, claim, contention, submission
Behaviorismus - behaviorism
Behendigkeit - nimbleness
beherrschende Stellung - dominant position
Beherrschungsvertrag - subordination agreement, control agreement
behindern - hamper, impede
Behörde - authority
behördliche Preisfestlegung - rate fixing
bei Erlöschen - on expiry
bei Fälligkeit - at maturity
beifügen - enclose, adjoin, add
Beihilfe - subsidy
beimessen - attribute
Beimessung - imputation
beizumessen - imputable
Beinahegeld - quasi money
Beiordnung - parataxis
beiseite schaffen - sweep away
Beispiel - illustration, instance, example
beispiellos - unrivalled, unprecedented
Beitrag - contribution, subscription
Beitrag für wohltätige Zwecke - charitable contribution
Beitragsbefreiung - waiver of premium
Beitragsbemessungsgrenze - income threshold
beitragspflichtig - contributory
Beitritt - adhesion, accession, enrollment
Beitrittsantrag - application for entry
Beitrittsklausel - accession clause
Beitrittsland - acceding country
Beitrittsverhandlungen - accession talks
bekannt - acquainted, known
bekannte Größe - known quantity
bekanntgeben - declare, release
Bekanntheitsgrad - degree of acquaintance /fame
Bekanntschaft - acquaintance
Bekleidungsindustrie - apparel industry, clothing industry, garment industry
bekommen - obtain, get
Bekräftigung - substantiation
bekundete Gewinnerzielung - revealed profitability
bekundete Präferenzen - revealed preferences
Belang - relevance

Belangslosigkeit

Belanglosigkeit - insignificance
belastbar - resilient
belasten - encumber, saddle
belästigen - inconvenience, bother, irritate
Belästigung am Arbeitsplatz - mobbing
Belastung - charge, debit, encumbrance
Belastungsaufgabe - debit note
beleben - revive
Belebtheit - briskness
Belebungseffekt - reinvigorating effect, revitalizing effect
Beleg - receipt
Belegbuch - receipt /slip book
Belegbuchhaltung - bookless accounting, ledgerless accounting
Belegexemplar - backcopy
belegloses Scheckinkasso - check truncation procedure
Belegprüfung - voucher audit, documentary check
Belegschaft - labor force, workforce, staff, rank and file
Belegschaftsabbau - layoff
Belegschaftsaktien - employee stocks /shares
Belegschaftsgehälter - salaries of staff
Belegungsproblem - occupancy problem
belehren - instruct
Beleidigung - offence, offense
beleihbar - acceptable, marginal
Beleihungsgrenze - lending ceiling, lending limit
Beleihungswert - value of collateral
beliebig - arbitrary, discretionary
beliebt - popular
Beliebtheit - popularity, vogue
beliefern - supply
Belieferungsplan - delivery schedule
belohnen - remunerate, reward
Belohnung - reward
bemerken - note
bemerkenswert - conspicuous, remarkable, notable
Bemerkung - remark
bemessen - assess
Bemessungsgrundlage - basis of valuation
Bemessungsgrundlage für Ratenzahlungen - standard of deferred payments

bemühen - endeavor
Bemühung - splurge, effort, endeavor
benachbarte Basislösung - adjoining basic solution
benachrichtigen - advise, notify, inform
Benachrichtigung - advice, message, notice
Benachrichtigungspflicht - duty to notify
Benachrichtigungsschein - dispatch note
benachteiligen - discriminate
benachteiligte Person - deprived person
Benachteiligung am Arbeitsplatz - job discrimination
Benehmen - behavior
benehmen - conduct, behave
beneiden - envy
benötigen - require
Benutzerakzeptanz - user acceptance
Benutzerberatung - user advisory information
Benutzerberechtigung - access right
benutzerfreundlich - user friendly, user responsive
Benutzerfreundlichkeit - ease of use, user friendliness
Benutzeroberfläche - user surface
Benutzerschnittstelle - user interface, man-machine interface
Benutzungsgebühr - toll, user fee
Benzin - gas, petrol
beobachten - note, observe
Beobachter - observer
Beobachtung - observation
Beobachtungsfehler - error of observation
Beobachtungsmaterial - data
Beobachtungswert - observed value
beraten - advise, debate, consult
beratendes Gremium - advisory body
Berater - consultant, advisor
Beratervertrag - advisory contract
beratschlagen - confer
Beratung - consultation, advice
Beratungskosten - consultation fee
Beratungspflicht - duty to furnish tax counsel
Beratungssystem - consulting system
berechnen - calculate, compute
Berechnung - calculation, computation
Berechnungsgrundlage - calculation basis

Berechnungstabelle - calculation table
berechtigen - entitle
berechtigt - justifiable, entitled, authorized
Berechtigter - permittee
berechtigtes Interesse - lawful interest
Berechtigung - authorization, allowance, entitlement
Berechtigungsschein - coupon
Bereich - area, division, region, sector, scope
bereinigt - adjusted
bereinigter Index - adjusted index
bereinigtes Wachstum - net growth
Bereinigung - adjustment, settlement
Bereinigungsfaktor - netting factor
bereit - willing, ready
Bereitschaft - willingness, readiness
Bereitschaftsdienst-Lohnzulage - call-back pay
bereitstellen - furnish, provide, supply
Bereitstellung - provision, appropriation
Bereitstellungskonto - appropriation account
Bereitstellungsprovision - loan commitment fee
Bereitstellungszins - commitment interest
Bereitwilligkeit - willingness
Bereitwilligkeit zum Verbrauch - readiness to consume
Bereitwilligkeit zum Sparen - readiness to save
Bergbau - mining
Bergbauunternehmen - mining company
Bergungsvertrag - salvage agreement
Bergwerksbetrieb - mining, pit
Bergwerksgesellschaft - mining company
Bericht über die Vermögenslage - financial statement
berichtigen - adjust, correct
berichtigende Werbung - corrective advertising
Berichtigungen - adjustments
Berichtigungsaktien - bonus shares
Berichtigungsbuchung - adjusting entry, correcting entry
Berichtsjahr - year under review
Berichtssystem - reporting system
Berichtswesen - reporting
Berichtswesenzeile - reporting row
Berichtszeitraum - period under review

Bernoulli-Experiment - Bernoulli trial
Bernoulli-Verteilung - Bernoulli distribution
berücksichtigen - take into account, regard
Berücksichtigung - consideration
Beruf - occupation, profession
Beruf ergreifen - enter a profession
berufen - nominate, appoint
beruflich - vocational
berufliche Fortbildung - further occupational training
beruflicher Werdegang - work history
Berufsausbildung - job training, occupational training
Berufsberater - career master, job counselor
Berufsberatung - career guidance, occupational guidance, job counseling
Berufsbild - detailed description of a specific occupation
Berufsbildungsplan - youth training scheme (YTS)
Berufserfahrung - career experience
Berufsgeheimnis - professional secrecy
Berufskleidung - career costume
Berufskrankheit - occupational disease
Berufsleben - working life
berufsmäßig - professional
berufsmäßiger Spekulant - operator
Berufsrisiko - occupational hazard
Berufsunfallversicherung - occupational accident insurance
Berufsvertretung - representation of a professional group
Berufung - appeal, nomination, appointment, call
Berufungsantrag - petition of appeal
beruhigen - reassure
Beruhigung - reassurance
berühren - tangent, touch
beschaffen - procure, provide, secure
Beschaffenheit der Ware - nature of goods
Beschaffung - procurement
Beschaffung bei einem Zulieferer - singlesourcing
Beschaffung bei zwei Zulieferern - doublesourcing
Beschaffungskosten - acquisition / ordering /procurement costs

Beschaffungsmarketing - procurement marketing
Beschaffungsmarkt - input market
Beschaffungspolitik - procurement policy
Beschaffungswert - acquisition value
Beschaffungswesen - logistics
Beschaffungswirtschaft - procurement system
beschäftigen - employ, occupy
beschäftigt mit - concerned with, engaged in
Beschäftigung - output, employment, usance
Beschäftigungsabweichung - activity variance, employment deviation, idle capacity variance
Beschäftigungsaussichten - employment outlook
beschäftigungsbedingt - employment-connected
Beschäftigungsbereich - range of activity
Beschäftigungseinbruch - drop in economic activity
Beschäftigungsentwicklung - employment trend
Beschäftigungsgrad - capacity utilization rate, level of activity
Beschäftigungslage - employment situation
Beschäftigungsmenge - volume of employment
Beschäftigungsmöglichkeit - employment opportunity
Beschäftigungsmultiplikator - employment multiplier
Beschäftigungspolitik - manpower policy
Beschäftigungspotential - potential labor force
Beschäftigungsprogramm - job creation program
Beschäftigungsstand - level of employment
Beschäftigungsstruktur - pattern of employment
Beschäftigungswirksamkeit - impact on employment
Bescheinigung - certification
Beschlagnahme - confiscation, distraint, embargo, seizure
beschlagnahmefähige Werte - attachable assets

beschlagnahmen - attach, confiscate, impound
Beschlagnahmeverfügung - confiscation order
beschleunigen - speed up, accelerate
beschleunigte Abschreibung - rapid amortization, accelerated cost recovery system, accelerated depreciation
beschleunigtes Wachstum - accelerated growth, forced-draught-expansion
beschließen - adopt a resolution, conclude
beschlußfähig - be a quorum
beschlußfähige Anzahl - quorum
Beschlußfähigkeit - presence of a quorum, quorum
beschönigend - extenuate, palliative
beschränken - confine, restrict
beschränkend - restrictive
beschränkt - restricted
beschränkte Konvertierbarkeit - restricted convertibility
beschränkte Meistbegünstigung - conditional most-favored-nation treatment
beschränkte Vollmacht - limited authority
beschreiben - describe, delineate
beschriften - mark, inscribe
Beschwerdebehörde - authority of appeal
beseitigen - eliminate
Besetzungsproblem - occupancy problem
besicherter Kompensationshandel - collateralized countertrade
besichtigen - inspect
Besichtigung - inspection
Besichtigungsreise - perambulation
Besitz - possession, holding, ownership, property
Besitz von lebendem Inventar - livestock holdings
Besitzanspruch - possessory claim
Besitzeinkommen - income from property, unearned income
besitzen - own
Besitzer - holder, proprietor, owner
Besitzkonstitut - constitutum possessorium
Besitzrecht - right of ownership
Besitzsteuer - tax from income and property
Besitzurkunde - deed of ownership
Besitzvorenthaltung - ouster

Besoldungsordnung - salary scale
Besoldungsverhältnisse - salary conditions
besondere Vertragsbedingung - special condition of contract
besorgen - attend, supply
besprechen - discuss, talk over
Besprechung - talk, meeting
besser gestellt - well-off
Besserung - recovery
Besserwisser - know-all
Bestand - holding, stock
Bestand an unfertigen Erzeugnissen - work-in-process inventory
beständig - constant, perennial, steady
Beständigkeit - stability
Bestandsaufnahme - stocktaking
Bestandsbedingungen - stock conditions
Bestandsdaten - inventory data
Bestandsgröße - stock (variable)
Bestandskonto - asset /real account
Bestandskontrolle - inventory control
Bestandsplan - inventory plan
Bestandsveränderung - inventory change
Bestandsverwaltung - inventory management
Bestandsverzeichnis - inventory list, stock list
bestärken - confirm
bestätigen - accredit, acknowledge, certify, confirm, ratify
Bestätigung - confirmation, acknowledgement
bestechen - bribe, embrace, grease the palm, tamper
bestechlich - corrupt, rotten, venal
Bestechlichkeit - venality, corruption
Bestechung - bribe
Bestechungsversuch - embracery
bestellbar - tillable
Bestellblock - order pad
bestellen - commission, order
Bestellerkredit - buyer's credit
Bestellformular - order form
Bestellkosten - ordering costs
Bestellmenge - order quantity
Bestellnummer - order number
Bestellung - order
Bestellwesen - order system
Bestellzettel - order slip
bestens - at best

Besteuerung - fiscalization, taxation
bestimmen - determine
bestimmt - definite, distinct, fixed, settled
bestimmt für - intended for, provided for
Bestimmung - clause, definition, decision, determination
Bestimmungsfaktor - determining factor
Bestimmungshafen - port of destination
Bestimmungsort - destination
Bestimmungsverkauf - sale at a valuation
bestrafen - penalize, punish
Bestrafung - penalty, punishment
bestreiten - deny
Bestwert - optimum
Beta-Koeffizient - beta coefficient
Beta-Verteilung - beta distribution
Betätigung - activity
Betätigungsfeld - scope
beteiligen - participate
beteiligt - involved
Beteiligter - participant
Beteiligung - interest, holding, participation, share
Beteiligung an einer Ausschreibung - tender
Beteiligungen und Wertpapiere - bonds and other interests
Beteiligungsbereitschaft - user commitment
Beteiligungsbesitz - shareholding
Beteiligungserträge - income from subsidiaries
Beteiligungsfinanzierung - equity financing
Beteiligungsgesellschaft - portfolio company
Beteiligungskapital - equity capital
Beteiligungskonto - syndicate aaccount
Beteiligungsorganisation - organizing for user commitment
Beteiligungsquote - participation quota
Beteiligungsumstellung - shuffle of holdings
Beteiligungswert - book value of investment
betonen - stress, underline
betrachten - view
Betrag - amount, sum
Betragsspanne - gross margin
Betreff - reference, subject

betreffen

betreffen - pertain, concern
betreiben - operate
Betrieb - operation, plant
Betrieb stillegen - shut down a factory
betrieblich - operating, operational
betriebliche Altersversorgung - company's old-age pension, employee pension scheme
betriebliche Ausbildung - industrial training
betriebliche Bruttoerträge - gross operating revenue
betriebliche Mitbestimmung - codetermination at plant level
betriebliches Informationssystem - business information system
betriebliches Vorschlagswesen - suggestion system
Betriebsabrechnung - industrial cost accounting
Betriebsabrechnungsbogen (BAB) - expense distribution sheet, overhead allocation sheet
Betriebsabrechnungssystem - expense distribution system
Betriebsabteilung - plant division
Betriebsausgaben - business expense
Betriebsbegehung - plant inspection
betriebsbereit - operational, ready to operate
Betriebsbilanz - operating statement
Betriebsbuchführung - operating accounts
Betriebsdaten - operational data
Betriebsdirektor - managing director
betriebseigene Verkaufsstelle - industrial store
Betriebseinheit - business unit, shop
Betriebseinkommen - operating income
Betriebseinnahmen - business receipts, operating receipts
Betriebsergebnis - operating result
Betriebsergebnisrechnung - operating income statement, operating result account
Betriebserlaubnis - operating permit
Betriebserweiterung - plant extension
betriebsexterne Schulung - training off the job
Betriebsfähigkeit - operating condition
Betriebsferien - vacation shut-down

Betriebsfläche - plant area
betriebsfremd - nonoperating
betriebsfremder Aufwand - nonoperating expense
Betriebsführung - running / operational management
Betriebsgelder - cash holding
Betriebsgemeinkosten - factory indirect costs
Betriebsgewinn - earnings from operations, operational profit
Betriebsgröße - business /company size
Betriebsgrößenplanung - planning of plant scale
Betriebshierarchie - management structure
betriebsinterne Förderung - internal sponsorship
Betriebskapazität - operating capacity
Betriebskapital - floating capital, operating /working capital
Betriebsklima - organizational climate, working climate
Betriebskonzentration - business concentration
Betriebskosten - operating costs, working expenses
Betriebskostenzuschuß - operational grant
Betriebsleiter - production manager
Betriebsmittel - operating/ operational resources
Betriebsmittelkredit - short-term operating credit
Betriebsmittelzuweisung - appropriation of operating funds, facility assignment
betriebsnotwendiges Kapital - necessary operating capital
Betriebsobmann - plant steward, shop steward
Betriebsoptimum - ideal capacity, optimum output
Betriebsorganisation - corporate / plant organization
Betriebsplanspiel - management game
Betriebsprüfung - government tax audit, external audit
Betriebspsychologie - industrial psychology
Betriebsrat - factory committee, workers council, plant council

Bewertung zum Niederstwertprinzip

Betriebsrechnungswesen - trading accounting
Betriebsschließung - plant closing
Betriebsstätte - place of operation
Betriebsstelle - office of operation
Betriebssteuer - operating tax
Betriebsstillegung - plant-wide shutdown
Betriebsstörung - breakdown
Betriebsunfall - occupational accident
Betriebsvereinbarung - plant agreement
Betriebsverfassungsgesetz (BetrVG) - Works Constitution Act
Betriebsvergleich - comparison of organizations, interfirm comparison
Betriebsvermögen - business property, business capital, working assets
Betriebsversammlung - employee / workshop meeting
Betriebswagnis - operating risk
Betriebswirt - graduate in business administration
Betriebswirtschaftslehre - business administration, business economics
Betriebszweck - business use
Betroffenenbeteiligung - participation of persons concerned
Betrug - deceit, deception, swindle
betrügen - cheat, defraud, deceive
Betrüger - defrauder, deceiver, trickster
betrügerisch - deceitful, fraudulent
betrügerischer Bankrott - fraudulent bankruptcy
betrügerisches Einverständnis - collusion
betrügerisches Unternehmen - racket
betteln - panhandle, beg
Bettlerstrategie - beggar-the-neighbor strategy
beurkunden - record, testify
beurteilen - judge, gauge, view
Beurteilung - assessment, writeup
Beurteilungskriterium - appraisal factor
Beurteilungszentrum - assessment center
Bevölkerung - population
Bevölkerungsschicht - demographic stratum
bevölkerungsstatistisch - demographic
Bevölkerungsstruktur - population structure
Bevölkerungswachstum - population growth

bevollmächtigen - authorize, empower
Bevollmächtigter - commissioner, proxy, mandatory, agent
bevorrechtigen - privilege
bevorrechtigte Forderung - preferred claim, prior charge, secured debt
bevorstehen - approach, impend
bevorstehend - forthcoming, impending
bevorzugen - prefer
Bewachung - guard
bewahren - preserve
bewahrend - preservative
bewährt - proven, successful, well-tried
Bewahrung - preservation
Bewährungsstrafe - suspended sentence
bewältigen - cope with
Bewässerung - irrigation, watering
bewegen - induce
Beweggrund - inducement, motive
Beweggrund der finanziellen Vorsicht - motive of financial prudence
Beweggrund der Unternehmung - motive of enterprise
Beweggrund der Verbesserung - motive of improvement
beweglich - flexible
bewegliches Eigentum - chattels
bewegliches Vermögen - movable estate
Bewegung auf Bankkonten - fluctuation on bank accounts
Bewegungsbilanz - flow of funds analysis, flow statement
Beweis - evidence, proof
Beweiserhebung - taking of evidence
Beweisurkunde - instrument of evidence
bewerben - apply
Bewerber - contender, applicant, job candidate
Bewerberauswahl - applicant selection, shortlisting
Bewerbung - application
bewertbar - appreciable
bewerten - evaluate, rate
Bewertung - appraisal, evaluation
Bewertung zu Durchschnittspreisen - average cost method
Bewertung zu festen Verrechnungspreisen - standard cost method
Bewertung zum Niederstwertprinzip - valuation at the lower of cost or market

Bewertung zum Wiederbeschaffungspreis

Bewertung zum Wiederbeschaffungspreis - valuation at replacement cost
Bewertungs- und Gliederungsvorschrift - rule of valuation and classification
Bewertungsgrundlage - valuation basis
Bewertungsgrundsatz - standard of valuation
Bewertungskriterium - evaluation criterion
Bewertungsrichtlinien - assessment principles
Bewertungsskala - rating scale
Bewertungsstetigkeit - continuity of valuation
Bewertungsstichtag - valuation date
Bewertungstechnik - valuation technique
Bewertungsunterschied - valuation variance
Bewertungsverfahren - valuation process
bewilligen - allot, allow, grant
bewilligtes Kapital - authorized capital
Bewilligung - allocation, appropriation, approval, grant
Bewilligungsbehörde - authority of first instance
Bewilligungskontingent - authorization quota
Bewilligungspflicht - requirement of authorization
Bewilligungssperre - stoppage of authorization
bewirtschaften - administer, run
bewirtschaftete Währung - blocked currency /exchange
Bewirtschaftung - exploitation
Bewohner - dweller, inhabitant, resident
bewußt- deliberate
bewußte Auswahl - judgment sampling
bezahlte aber nicht geleistete Güter und Dienste - dead horse
bezahlte Feiertage - paid holiday
Bezahlung - discharge, payment
Bezahlung in Naturalien - payment-in-kind
bezeichnen - denote, indicate, identify
Beziehung - relation, relationship
Beziehungen pflegen - networking
beziehungsweise - respectively
Bezirksdirektor - district manager
Bezirksgericht - district court

Bezirksregierung - district council
Bezirksstaatsanwalt - district attorney (DA)
Bezogener - drawee, payer
Bezug - purchase, reference
Bezug nehmen - refer
bezüglich - with regard to
Bezugnahme - reference
Bezugsgröße - reference figure
Bezugsgrößenkalkulation - base costing
Bezugsland - supplying country
Bezugsmarke - coupon
Bezugspreis - subscription price
Bezugsquelle - supply source
Bezugsrecht - subscription right
Bezugsrechtshandel - trading in subscription rights
Bezugsrechtsobligation - option bond
Bezugswährung - reference currency
Bezugswert - relative value
Bezuschussung - drip feeding
BGB-Gesellschaft - civil-law association, civil-code company, nontrading partnership
bieten - offer
Bilanz - balance (sheet)
Bilanz abschliessen - bring down a balance
Bilanz des Lagerbestands - balance of stock
Bilanz ziehen - balancing
Bilanzanalyse - balance sheet analysis, analytical study of balance sheet
Bilanzänderung - alteration of balance sheet
Bilanzaufstellung - balance sheet
Bilanzbuch - balance ledger
Bilanzbuchhaltung - balance-sheet department
Bilanzgerade - price line
Bilanzgewinn - net profit
Bilanzgleichung - accounting equation
Bilanzgliederung - layout of balance sheet
bilanzielle Abschreibung - accounting (provision for) depreciation, depreciation for reporting purposes
bilanzieren - make out a balance sheet, prepare a balance sheet
Bilanzierung nach Nominalwertprinzip - actual cost basis method

Bilanzierungsgrundsatz - accounting principle
Bilanzierungshandbuch - accounting manual
Bilanzierungspolitik - practice of balance sheet make-up
Bilanzierungsrichtlinie - accounting convention
Bilanzierungszeitraum - accounting reference period
Bilanzjahr - financial year
Bilanzkennziffer - balance sheet ratio
Bilanzklarheit - unambiguous presentation of balance sheet items
Bilanzkontinuität - continuity of balance sheet presentation
Bilanzkosmetik - quick fix
Bilanzkritik - critical appraisal of a balance sheet
Bilanzkurs - book value
bilanzneutral - off balance
Bilanzpolitik - accounting policy
Bilanzposten - balance (sheet) item / title
Bilanzprüfer - accountant, auditor
Bilanzprüfung - statutory balance sheet audit
bilanzrechtliche Vorschrift - accounting regulation
Bilanzrichtlinie - accounting directive
Bilanzrichtliniengesetz - accounting directives law
Bilanzstichtag - accounting (reference) date, balance sheet date
Bilanzsumme - balance sheet total, total assets
Bilanzvergleich - comparison of balance sheets
Bilanzverlust - net loss
Bilanzverschleierung - window dressing
Bilanzwert - balance sheet value
bilateral - bilateral
bilaterales Handelsabkommen - bilateral trade agreement
Bild - image, picture
Bildschirmarbeitsplatz - video workstation
Bildschirmtext - view data
Bildstatistik - pictograph
Bildtelefon - videophone
Bildung - education, formation

Bildung von Geldmitteln - appropriation of funds
Bildungschance - educational opportunity
Bildungsdarlehen - student's loan
Bildungsinvestition - investment in the educational system
Bildungsökonomie - economics of education
Bildungsstand - cultural level, education
Bildunterschrift - caption
Bildwerbung - pictorial advertising
billig - equitable, low-priced, cheap
billig und geschmacklos - tawdry
billige Forderung - equity
billige Ware - bargain
billiges Geld - cheap money
Billigflagge - flag of convenience
Billigkeit - equitableness, equity
Billigtarif - cheap rate
binär - binary
Binärdarstellung - binary representation
binäre Suche - binary search
binäre Variable - binary / dummy variable
binden - attach, bind, fix, tie
Binnengrenze - internal frontier
Binnenhafen - inland port
Binnenhandel - domestic trade, internal / home trade
Binneninflation - domestic inflation
Binnenkonnossement - inland waterway bill of lading
Binnenmarkt - domestic market, home market
Binnenschiff - vessel of inland navigation
Binnenumsatz - internal turnover
Binnenwährung - domestic currency
Binnenwirtschaft - domestic economy
binnenwirtschaftlicher Geldwert - internal value of money
binnenwirtschaftliches Gleichgewicht - internal economic equilibrium, internal balance
Binnenzoll - internal customs duty
Binomialverteilung - binomial distribution
Binomialwahrscheinlichkeit - binomial probability
bipartit - bipartite
Bitte - application, request

Bitte um Kreditauskunft

Bitte um Kreditauskunft - credit inquiry, status inquiry
blanko - blank
Blankoabtretung - assignment in blank
Blankoakzept - blank acceptance
Blankoauftrag - blank order
Blankoindossament - blank /general endorsement
Blankokredit - blank /clean credit
Blankoscheck - blank check
Blankounterschrift - blank signature
Blankovollmacht - blank power of attorney
Blaupause - blueprint
Blechwaren - sheet metal goods
Blickfang - attention getter, eye-catcher
blind spekulieren - play the market
blinder Eifer - zealotry
blinder Passagier - deadhead
Blindmuster - dummy
Blitzprognose - flash estimate
Blitzstart - jumpstart, kickstart
Block - block
Blockbildung - bloc-building
Blockdiagramm - block diagram
blockieren - block
Blockierung von Vermögenswerten - freezing of assets
bloßstellen - expose
Bloßstellung - exposure
Blüte - dud note
Boden - base, floor, ground
Boden erschöpfen - impoverish the soil
Bodenarbeitslosigkeit - hardcore unemployment
Bodenertrag - return to land
Bodenpersonal - ground crew
Bodenreform - land reform
Bodenrente - ground rent
Bodenschätze - natural resources
Bodenspekulant - land jobber
Bodenverbesserung - improvement of soil, amelioration
Bodenzins - ground rent
Bonität - credit status, standing, general ability to pay
Bordkonnossement - bill of lading
Borel-Menge - Borel set
Börse - bourse, stock exchange, stock market

Börsenabrechnungspreis - exchange delivery settlement price
Börsenabwicklungsstelle - clearing corporation /house
Börsenauftrag - matched order
Börsenbewertung - market assessment
Börseneinführung - admission to official listing
börsenfähig - marketable
börsengültig - valid for one day
Börsenhandel - stock exchange transaction
Börsenhändler - securities dealer
Börsenkredit - bank loan for financing stock exchange dealings
Börsenkurs - quotation
Börsenkurs-Analytiker - chartist
Börsenmakler - stockbroker
Börsenmanöver - sharepushing
börsennotierte Gesellschaft - quoted company
Börsenordnung - stock exchange rules
Börsenorgan - stock exchange authority
Börsenparkett - trading floor
Börsenplatz - stock exchange
Börsenprogrammhandel - program trading
Börsenreaktion - stock market reaction
Börsenrecht - stock exchange transaction law
Börsenscheingeschäft - wash transaction
Börsenschiedsgericht - exchange arbitration tribunal
Börsenschluß - close of stock exchange
Börsensitz - exchange seat
Börsensitzung - market hours
Börsenspekulant - jobber, local
Börsentag - trading day
Börsentendenz - stock market trend
Börsentheorie - market theory
Börsenticker - ticker tape
Börsenumsatzsteuer - exchange turnover tax
Börsenumsatzsteuervergütung - stock exchange turnover tax refund
Börsenvorstand - stock exchange committee (SEC)
Börsenzulassung - admission to the stock exchange
Botschaft - embassy
Boulevardblatt - tabloid, yellow press

Buchhaltung

Boykott / boykottieren - boycott
Boykottunterstützung - boycott assistance
Brachland - land not built upon
brachliegend - idle
brachliegendes Geld - idle money
Brachzeit - dead time, machine down time
Branche - industry, branch of business
Branche bei vollkommenem Wettbewerb - competitive industry
Branchenanalyse - sector analysis
Branchenkonjunktur - sector trends
Branchenverzeichnis - trade directory
brauchbares Kriterium - acceptable criterion
Brauchbarkeit - usefulness, availability
Bräuche - customs, routines, usages
breites Sortiment - wide assortment of products
Briefgrundschuld - certificated land charge
Briefhypothek - certificated mortgage
Briefkasten - mail box, letter box
Briefkastenadresse - accommodation address
Briefkurs - ask, asked price, offered, selling rate
brieflich - by letter, by mail
briefliche Auszahlung - mail transfer
Briefpapier - notepaper
Brieftasche - notecase
Brieftaschengröße - wallet-size
Briefträgerproblem - Chinese-postman-problem
Briefwahl - absentee ballot /voting, postal ballot
Briefwechsel - correspondence
Broschüre - brochure, leaflet
Bruch - break, fraction
Bruchteilsaktie - fractional share
Bruchteilseigentum - fractional share of property
Brutstätte - spawning ground
brutto - gross
Bruttoanlageninvestition - gross investment in fixed assets
Bruttodividende - gross dividend
Bruttoeinkaufspreis - gross purchase price
Bruttoeinkommen - gross earnings, gross income
Bruttoerlös - gross revenue / sales
Bruttoertrag - gross proceeds
Bruttoertragsanalyse - cash flow statement
Bruttoertragsziffer - cash flow
Bruttoetat - gross budget
Bruttogewinn - marginal balance
Bruttogewinnaufschlag - gross markon
Bruttogewinnspanne - gross profit margin
Bruttoinlandsausgaben - gross national expenditure
Bruttoinlandskäufe - gross domestic purchases
Bruttoinlandsprodukt (BIP) - gross domestic product (GDP)
Bruttoinvestition - gross investment
Bruttoinvestitionsausgaben - gross investment spending
Bruttokapitalproduktivität - gross capital productivity (GCP)
Bruttomarge - gross margin
Bruttoproduktionswert - gross output
Bruttoselbstfinanzierung - gross ploughback
Bruttosozialprodukt (BSP) - gross national product (GNP)
Bruttostundenlohn - gross hourly wage
Bruttoüberschuß - gross surplus, gross balance
buchen - book, record, register, tally
Bücher - accounting records, books
Bücher abschließen - close / balance books
Bücher führen - keep commercial books
Bücherrevisor - public accountant
Buchforderungen - accounts receivables, book receivables
Buchführung - accounting
Buchgeld - bank account money, book /deposit money, deposit currency
Buchgewinn - accounting profit
Buchgrundschuld - registered land charge
Buchhalter - accountant
buchhalterischer Zusammenhang - accounting trail
Buchhaltung - bookkeeping, accounting department

295

Buchhaltungs- und Kostenrechnungsabteilung

Buchhaltungs- und Kostenrechnungsabteilung - accounts and costing department
Buchhaltungsrichtlinien - accounting conventions
Buchhaltungsunterlagen - accounts
Buchhändlergilde - Stationers' Company
Buchhypothek - mortgage entered in the land register, inscribed mortgage
Buchkredit - book credit
buchmäßige Materialentnahme - accounting issue
buchmäßiger Verlust - accounting loss
Buchprüfung - audit
buchtechnischer Trick - accounting gimmick/trick
Buchung - booking, entry
Buchungsbeleg - accounting voucher
Buchungsdaten - accounting data
Buchungsfehler - bookkeeping error
Buchungsgebühr - transaction fee
Buchungsposten - booking item
Buchungsproblem - accounting problem
Buchungsschnitt - accounting deadline
Buchungsvorfall - accounting event
Buchungszeitpunkt - date of entry
Buchverlust - accounting loss
Buchwert - book figure, book value, going-concern value
Buchwertmethode - book value method
Budgetabweichung - budget deviation
Budgetbeschränkung - budget constraint
Budgetdefizit - budget deficit
Budgetgerade - budget line, opportunity curve
Budgetierung - budgeting
Budgetinflation - public demand-pull inflation
Budgetkontrolle - budgetary control
Budgetkosten - budgeted cost, ideal standard cost
Budgetüberschuß - budget surplus
Bummelstreik - labor slowdown, work to rule
Bündel - bundle
Bundesamt für Finanzen - Federal Tax Agency
Bundesaufsichtsamt für das Kreditwesen - Federal Banking Supervisory Office
bundesbankfähige Wechsel - bills rediscountable at the Bundesbank
Bundesbankfähigkeit - eligibility for rediscount at the Bundesbank
Bundesbürgschaft für einen Kredit - federal loan guaranty
Bundesgerichtshof - Federal Supreme Court
Bundeshaushalt - federal budget
Bundeskartellamt - Federal Cartel Office
Bundeskonzession - federal charter
Bundeskreditbank - Federal Home Loan Bank
Bundesoffenmarkt-Kommitee - Federal Open-Market Commitee
Bundesrecht - federal law
Bundesrechnungshof - General Accounting Office
Bundesregierung - federal government
Bundesregulierungsmaßnahmen - federal regulation
Bundesschatzbriefe - federal treasury bills
Bundessteuer - federal tax
Bundesverfassung - federal constitution
Bundesversammlung - federal assembly
Bürge - guarantor, sponsor, warrantor
bürgen - sponsor, guaranty, surety
bürgerlich - civil
bürgerliche Gesellschaft - civil society
Bürgerschaft - citizenry
Bürgschaft - bail, suretyship, guaranty
Bürgschaftserklärung - declaration of suretyship
Bürgschaftsschein - security bond
Büro - office
Büroangestellter - office clerk
Büroarbeit - office work
Büroarbeitsplatz - office work area
Büroautomation - office automation
Bürobedarf - office supply
Bürobote - prat boy
Büroklammer - bulldog clip, paper clip
Bürokommunikation - office communication
Bürokommunikationssystem - office communications system
Bürokrat - bureaucrat
Bürokratie - bureaucracy
Bürokratietheorie - theory of bureaucracy

bürokratisch - bureaucratic
Bürokratismus - bureaucratism, officialism
Bürolandschaft - open office area
Büroleiter - office manager
Büromobiliar - office furniture
Büropersonal - office staff

Bürorationalisierung - rationalization of office work
Büroräume - office accomodation
Bürotechnik - office technology
Bürozeit - office hours
Buße - forfeit, fine
Bußgeld - vindictive damage

C

Cauchy-Verteilung - Cauchy distribution
Chancen-Risiken-Analyse - opportunities and threats analysis
Chancengleichheit - equal opportunities
Charakteristikum - feature
charakteristisch - distinctive, characteristic
charakteristische Funktion - characteristic function
Chart-Analyst - chartist
chartern - charter
Check-Listen-Verfahren - check-list-method
Chefetage - senior management
Chemiemarkt - chemicals market
Chemiewerte - chemicals, chemical issues
Chemikalie - chemical
chemisch - chemical
chemische Industrie - chemical industry
chemisches Düngemittel - chemical fertilizer
Chi-Quadrat-Test - chi-square test
Chi-Quadrat-Verteilung - chi-square distribution
Chiffre - code
Chiffreanzeige - keyed advertisement
Chinesisches Briefträgerproblem - Chinese-postman-problem

Clearing - clearing
Clearingzentrum - clearing house
Clusteranalyse - cluster analysis
Code - code
Codierung - coding
Codierzeile - code line
computergestützte Produktionsplanung - computer-based production planning
computergestütztes Konstruieren - computer-aided design (CAD)
computerintegrierte Fertigung - computer-integrated manufacturing (CIM)
Computerkenner - computer literate
Computerkommunikation - computer communication
Computerlaie - computer illiterate
Computermanipulation - databation
Computerpost - computer mail, electronic mail
computerunterstützte Montage - computer-aided assembling (CAA)
computerunterstützte Planung - computer-aided planning (CAP)
computerunterstützte Qualitätssicherung - computer-aided quality assurance (CAQ)
computerunterstütztes Büro - computer-aided office (CAO)
Copyrightverletzung - piracy, plagiarism
Courtage - brokerage
Courtagetarif - scale of commission

D

Dachdecker - roofer
Dachgesellschaft - holding company
Dachmarkenstrategie - umbrella branding principle
Dachorgansation - umbrella group
Dachverband - umbrella organization
Damenbekleidungsindustrie - rag business
Damnum - debt discount
dämpfen - tone done, dampen, moderate
Danksagung - vote of thanks
Darlehen - advance, loan, credit facility
Darlehensantrag - loan application
Darlehensbank - loan bank
Darlehensgesellschaft - loan society
Darlehensgewährung - loan grant
Darlehenskasse - loan office
Darlehenskonto - loan account
Darlehensrückzahlung - amortization of a loan
Darlehenstilgung - repayment of a loan
Darlehensvaluta - loan proceeds
Darlehenszusage - loan commitment
darstellen - delineate, represent, display
Darstellung - demonstration, presentation, treatment
Darstellungstechnik - presentation technique
Daten - data
Daten schönfärben - data coloration
Datenanalyse - data analysis
Datenbank - data bank, data base
Datenbanksystem - data base system
Datenbankverwaltung - data base management
Datenbearbeitung - data capture
Datenblatt - specification sheet
Datenerfassung - data capture
Datenerfassungssystem - data handling system
Datenfernübertragung - remote date transmission
Datenflußplan - data flow chart
Datenlücke - data lag
Datenmodell - data model
Datensammlung - data base
Datenschutz - data privacy protection, data protection
Datensichtgerät - video display

Datenspeicher - data memory, data storage
Datenstoß - factfile, data file
Datentypist - keyboarder
Datenübertragung - data transmission, data transfer
Datenverarbeitung - data processing
Datenverarbeitungsanlage - data handling / processing system
Datowechsel - after-date bill of exchange, fixed-dated bill
Dauer - continuance, duration
Daueranlage - permanent holding
Daueranleger - long-term investor
Dauerarbeitslosigkeit - chronic unemployment, long-term unemployment
Dauerauftrag - money transfer order, standing order
Dauerbeobachtung - continuous observation
Dauerbeschäftigung - permanent employment
Daueremission - constant issue
Daueremittent - constant issuer, tap issuer
dauerhafte Konsumgüter - durable consumer goods
Dauerinflation - persistent inflation
Dauerkredit - long-term credit
Dauerkrise - permanent crisis
dauernd - continually
Dauerprüfung - continuing audit
Dauerredner - perennial debater
Dauerschuldzinsen - interest on permanent debt
Dauerstellung - permanent position
Dauerzustand - perpetuity
dazwischenliegend - intermediary
Debatte - debate
debattieren - debate
Debetsaldo - debit balance, balance owing
debitieren - charge, debit
Debitoren - accounts receivable, debtors
Debitorenbuch - sales ledger
Debitorenbuchhaltung - accounts receivable department
Debitorenverwaltung - debtor management
Debitorenziehung - bill drawn by a bank on a debtor
dechiffrieren - decode

decken

decken - coincide, cover, reimburse
Deckladungsversicherung - deck cargo insurance
Deckmantel der Nächstenliebe - veil of charity
Deckname - assumed name
Deckung - backing, cover, reimbursement, security
Deckungsbeitrag - amount of coverage, contribution margin, profit contribution, variable gross margin
Deckungsbeitrag je Ausbringungseinheit - unit contribution margin
Deckungsbeitragsrechnung - contribution analysis, contribution costing, contribution pricing
Deckungsgeschäft - covering transaction
Deckungsgrad - cover ratio
Deckungspunktanalyse - breakeven analysis
Deckungsschutz - insurance cover, coverage
Deckungsspanne - margin
Deckungszusage - binding receipt
deduktive Methode - deductive method
Defekt - defect, flaw
defekt - out of order
Defensivstrategie - defensive strategy
definieren - define
Definition - definition
Defizit - deficit
Defizit aufweisen - show a deficit
Deflation - deflation
deflationistisch - deflationary
Degenerationsphase - decline stage
degenerierte Basis - degenerated basis
deglomerative Preisdifferenzierung - dual pricing
degressive Abschreibung - declining balance method, reducing instalment system
degressive Besteuerung - graduated taxation
degressive Kosten - degressive costs
degressive Steuer - degressive tax
Deklarationsschein - declaration certificate
Dekomposition - decomposition
Dekor - decor
dekorativ - ornamental
Delegation - delegation, deputation

Delegation von Kompetenz - delegation of authority
delegieren - depute, delegate
Delkredere - del credere, provision for contingent losses
Delkredereversicherung - del credere insurance
Delphi-Methode - delphi-method
dem Muster entsprechend - up to sample
dematerialisieren - dematerialize
Dementi - denial
dementieren - deny
demographisch - demographic
demographische Struktur - demographic structure
demographische Zeitbombe - demographic time bomb
demographischer Übergang - demographic transition
Demontage - dismantlement, dismantling, disassembling
demontieren - dismantle, disassemble
Demoskopie - opinion research
den ersten Schritt tun - take the initiative
den Zweck erfüllen - do the trick
Depeschenkassette - dispatch box
Deponent - depositor
deponieren - place
Deport - delayed delivery penalty, backwardation
Depositenkonto - deposit account
Depot - storehouse, securities account
Depotabstimmung - securities account reconciliation
Depotaufbewahrung - safekeeping
Depotbank - depositary bank
Depotbuch - safe deposit register
Depotbuchhaltung - securities accounts department
Depotgeschäft - custody business, security deposit business
Depotguthaben - safe deposit balance
Depotkonto - security deposit account
Depotprüfung - audit of security deposit holdings
Depotschein - safe custody receipt, deposit receipt
Depotstimmrecht - proxy voting power
Depotversicherung - safe deposit box insurance

Depotverwaltung - management of deposit securities
Depotwechsel - collateral bill
Depotzusammensetzung - deposit mix
Depression - depression panic, business panic, depression
der Reihe nach - successively
derivativer Firmenwert - aquired goodwill
derzeit - currently
Design - design
Designationsrecht - power of appointment
desillusionieren - disenchant
Desinvestition - disinvestment, negative investment
Detaillierungsniveau - particularization level
Detailzeichnung - detail drawing
Determinante - determinant
deterministisch - deterministic
deterministische Optimierung - deterministic optimization
deuten - construe, interpret
deutlich - clear, distinct, definite, evident, obvious
Deutsche Angestelltengewerkschaft (DAG) - German Salaried Employee Union
Deutsche Abgabenordnung - German Fiscal Code
Deutsche Bundesbank - German Central Bank
Deutscher Beamtenbund (DBB) - German Public Service Federation
Deutscher Gewerkschaftsbund (DGB) - German Trade Union Federation
Deutsches Aktiengesetz - German Stock Corporation Law
Devisen - foreign exchange, foreign currency
Devisenabfluß - flow of foreign funds
Devisenarbitrage - arbitration of exchange
Devisenbeschränkung - (foreign) exchange restriction
Devisenbestimmung - exchange regulation
Devisenbewirtschaftung - foreign exchange control, currency control, rationing

Devisenbewirtschaftungsbestimmung - exchange control regulation
Devisenbilanz - foreign exchange account
Devisenbörse - foreign exchange market
Deviseneigengeschäfte - foreign exchange dealings for own account
Devisengeschäft - foreign exchange transaction, swap
Devisenhandel - exchange dealings
Devisenhändler - exchange dealer, exchange jobber
Devisenkassahandel - spot exchange transaction
Devisenknappheit - shortfall in foreign exchange
Devisenkontingent - foreign quota
Devisenkonto - foreign exchange account
Devisenkontrolle - exchange control
Devisenkurs - foreign exchange rate
Devisenmakler - foreign exchange broker
Devisenmarkt - foreign exchange market
Devisenoption - foreign exchange option
Devisenreserven - exchange reserves, foreign currency reserves
Devisentermingeschäft - forward exchange dealing
Devisenwerte - foreign assets
Devisenzuflüsse - currency inflows
Devisenzuteilung - foreign currency allocation
dezentrales Führungssystem - decentralized management system
dezentrales Lager - decentralized inventory
dezentralisierte Arbeitszuweisung - decentralized dispatching
Dezentralisierung - decentralization
Dezil - decile
Diagnosemodell - diagnostic model
Diagramm - chart, graph, diagram
dialektischer Materialismus - dialectic materialism
dicht - dense
dicht besiedelt - densely populated
Dichte - density
Dichtefunktion - probability density function
Diebstahl - theft
Dienst - duty
Dienst nach Vorschrift - working to rule
Dienstausweis - service certificate
Dienstbezüge - emoluments, salary

Dienstgeheimnis

Dienstgeheimnis - industrial secret
Dienstleistung - service
Dienstleistungsbereich - service sector
Dienstleistungsbetrieb - service enterprise, service company
Dienstleistungsbilanz - balance on services, services account, invisible balance
Dienstleistungsgesellschaft - service economy, service society
Dienstleistungsgewerbe - service industry
Dienstleistungskosten - cost of services
Dienstleistungsmarketing - service marketing
Dienstleistungsmarkt - service market
Dienstleistungspolitik - service policy
Dienstleistungssektor - service sector, tertiary sector
Dienstleistungsunternehmen - service enterprise
Dienstleistungsverkehr - service transactions
Dienstplan - duty roster, rota, service schedule
Dienstreise - business trip
Dienststunden - office hours
Dienstunfähigkeit - unfitness for work
Dienstweg - official channel
Dienstzeit als Direktor - directorate
Differentialeinkommen - differential income
Differentialgleichung - differential equation
Differentialrechnung - differential calculus
Differentialrente - differential rent
Differentialzoll - differential duty
Differenz - balance
Differenzgeschäft - margin business
differenzierbar - differentiable
differenzieren - differentiate
Differenzinvestition - fictitious investment
Differenzkonto - over-and-short account
Differenzkosten - avoidable cost, differential cost, alternative cost
Diffusion - diffusion
Digitalabschreibung - life period method of depreciation, sum-of-the-years-digit method of depreciation
Diktat - dictation
diktieren - dictate

Diktiergerät - dictaphone
Dilemma - dilemma
Dilemmaproblem - dilemma problem
Dimension - dimension
dinglicher Vertrag - real agreement
dingliches Recht - real right
Diplom - diploma
Diplomarbeit - thesis
Diplomat - diplomat
Diplomatenpost - diplomatic bag
diplomatisch - diplomatic, kid-glove
diplomatischer Dienst - diplomatic service, foreign service
diplomatische Gesandschaft - diplomatic mission
direkt - direct
direkte Kosten - direct expenses
direkte Steuer - direct tax
Direktinvestition - direct investment
Direktionsassistent - assistant to the director
Direktmarketing - direct marketing
Direktor - director, manager
Direktorium - managing board
Direktorstelle - directorship
Direktversicherer - original insurer
Direktvertrieb - direct selling
Direktwerbung - direct advertising
Direktzugriff - random access
Disaggregation - disaggregation
Disagio - disagio, discount
Disagio und Kreditaufnahmekosten - debt discount and expense
Disagiokonto - discount account
Diskettenlaufwerk - floppy disk drive
Diskontgeschäft - discount business
diskontierte Einnahmeüberschußanalyse - discounted cash flow analysis
diskontierter Einnahmeüberschuß - discounted cash flow
diskontierter Gegenwartswert - present discounted value
Diskontierung - discounting
Diskontkredit - discount credit
Diskontpolitik - bank rate policy, discount rate policy
Diskontsatz - rate of discount, bank rate
Diskontsatzhebung - increase in the bank rate
Diskontsatzsenkung - fall in the bank rate

drastisch

Diskontzusage - discount commitment
Diskrepanz - discrepancy
diskret - discrete, confidential
diskrete Variable - discontinuous variable
diskrete Verteilung - discrete distribution
Diskretion - discretion
diskretionär - discrete
Diskriminanzanalyse - discriminatory analysis
diskriminieren - discriminate
diskriminierende Preisgestaltung - differential pricing
Diskurs - discourse
Diskussionsteilnehmer - debater, panelist
diskutierbar - debatable
Disponent - factor manager
Disposition - disposition, scheduling, arrangement
Dispositionspapiere - documents of title
Dissertation - dissertation, doctoral thesis
Distributions-Index - distribution index
Distributions-Mix - distribution mix
Distributions-Planung - distribution planning
Distributionskette - distribution chain
Distributionskostenanalyse - distribution cost analysis
Distributionsweg - channel of distribution
Disziplinarregelung - disciplinary procedure
Divergenz - divergence
Divergenzschwelle - divergence threshold
Diversifikation - diversification
diversifikationsunwillig - stick to the knitting
Dividende - dividend
Dividendenausschüttung - dividend distribution, dividend payout
dividendenberechtigt - dividend bearing
dividendenberechtigte Aktie - participating share
Dividendenbereinigung - dividend netting
Dividendenkonto - dividend payout account
Dividendenpapier - equity
Dividendenrendite - dividend yield
Dividendenschluß - shut for dividends
Dividendenzahlung - dividend payment, dividend payout
dividieren - divide

Divisionalisierung - divisionalization
Divisionalorganisation - profit-center-organization
Divisionskalkulation - process costing
Dock - wharf
Dogmengeschichte der Wirtschaftswissenschaft - history of economic thought
Doktorarbeit - dissertation, doctoral thesis
Doktrin - doctrine
Dokument - document, deed
Dokument gegen Akzept - document against acceptance (D/A)
Dokument gegen Bezahlung - document against cash, documents against payment (D/P)
Dokument übergeben - release a document
Dokumentation - documentation
Dokumentenakkreditiv - documentary letter of credit
Dokumenteninkasso - documentary collection
Dokumentenstudium - document analysis
Dokumententratte - documentary bill
dokumentieren - document
Dollar-Lücke - dollar gap
Dollar-Raum - dollar area
Dollarprämie - dollar premium
dolmetschen - interpret
Dolmetscher - interpreter
dominante Werbung - dominant advertising
dominieren - dominate
Domizilakzept - domiciled acceptance
Domizilwechsel - addressed bill, domiciled bill
Doppelbesteuerung - double taxation
Doppelgesellschaft - split company
doppelseitig - double spread
doppelte Buchführung - bookkeeping by double entry
Doppeldenken - double thinking
Doppelverdiener - dual job holder
Doppelwährung - double standard
Doppelzählung - double counting
Dosis - dose
dramatisch - dramatic
drängen - constrain, urge
drastisch - drastic

303

drastischer Personalabbau - radical cuts-down on line
Drecksarbeit - messy job
Dreh- und Angelpunkt - pivot
drehbar - revolving
Drehbuch - scenario, script
Dreieck - triangle
dreieckig - triangular
Dreiecksarbitrage - triangular arbitrage
Dreiecksgeschäft - third-party transaction
dreijährlich - triennially
Dreiprodukttest - triadic product test
Dreischichtler - three-shift worker
Dreisektoren-Wirtschaft - three-sector economy
Dreispaltenkonto - three-column account
Dreiviertelmehrheit - three-quarter majority
dringend - urgent
Dringlichkeit - urgency
dritte Person - third party
Dritte Welt - third world, underdeveloped world
Dritteigentümer - third-party owner
Dritten zustehender Gewinn - outside interest in the result
Dritterwerber - third-party purchaser
Drittschuldner - factor garnishee, third-party debtor
Drittverwahrung - custody by third party
drohen - impend, threaten
drohend - impending, threatening
Drohung - threat
Druck - impact, pressure, urgency
Druckfehler - misprint
Drucksache - printed matter
dual zulässige Lösung - dual feasible basis
duale Distribution - dual distribution
dualer Abstieg - dual descent
Duales System der Berufsausbildung - dual system of job education
Dualität - duality
Dubiosenkonto - bad debts account
Duldung - acquiescence
Dumping - dumping
Dünger - fertilizer
dunkel - dark, grim
durch Bevollmächtigten - by proxy
durch Rundschreiben bekannt machen - circularize

durch Verlust vermindertes Kapital - impaired capital
durchbringen - squander
durchdringen - penetrate, prevail
durchdringend - pervasive, keen
Durchdringung - infiltration, penetration
Durchdringungsstrategie - penetration strategy
Durcheinander - salad
Durchfallquote - drop-out rate
Durchflußwirtschaft - throughput economy
durchführbar - feasible, performable
Durchführbarkeit - feasibility, practicality
Durchfuhrbescheinigung - transit certificate
durchführen - execute, transact
Durchführung - execution, implementation, performance
Durchführungsbestimmungen - implementation clauses
Durchführungsplanung - operational planning
Durchführungsverzögerung - action lag
Durchgangsintensität - transit intensity
durchgeführte Investitionen - realized investments
durchgreifend - drastic, far-reaching
Durchhaltekosten - carrying cost
durchkreuzen - thwart, block
durchlaufende Kredite - conduit credits
Durchlaufzeit - execution / processing time
Durchmesser - diameter
durchpausen - trace
Durchschnitt - average
durchschnittlich - middle-of-the-road, average
durchschnittliche Exportquote - average propensity to export
durchschnittliche Gesamtkosten - average total cost
durchschnittliche Importquote - average propensity to import
durchschnittliche Investitionsquote - average propensity to invest
durchschnittliche Jahreszuwachsrate - annual average growth rate
durchschnittliche Kapitalproduktivität - average investment productivity

durchschnittliche Konsumquote - average propensity to consume
durchschnittliche Laufzeit - average maturity, average utilization
durchschnittliche Sparquote - average propensity to save
durchschnittlicher Marktpreis - certain price, natural price
Durchschnittsbesteuerung - income averaging
Durchschnittsbewertung des Inventars - inventory valuation at average prices
Durchschnittsertrag - average revenue / return / yield
Durchschnittskandidat - passman
Durchschnittskosten - average costs
Durchschnittskurs - market average
Durchschnittsmensch - person of ordinary prudence
Durchschnittspreis - average price
Durchschnittssaldo - balance of account
Durchschnittsstichprobe - average sample
Durchschnittsumsatz - average turnover
Durchschnittsverbraucher - average customer
Durchschnittsverzinsung - average interest rates
Durchschnittswert - average value
durchsetzbar - enforceable
durchsetzen - carry through, enforce
Durchsetzungskapazität - throughput capacity

Durchsicht - revision
durchsickern - trickle down
durchtränken - saturate, soak
durchtränkt - saturated
Durchwahl - extension number, direct dial
durchwursteln - muddle through
durchzeichnen - tracing
Dürre - draught, drought
dynamisch - dynamic
dynamische Bilanz - dynamic accounting
dynamische Buchführung - dynamic accounting
dynamische Konsistenz - dynamic consistency
dynamische Methode - time-adjusted method
dynamische Optimierung - dynamic optimization
dynamische Partialanalyse - partial dynamics
dynamische Rente - wage-related pension
dynamische Simulation - dynamic simulation
dynamische Wirtschaftstheorie - dynamic economic analysis
dynamischer Multiplikator - dynamic multiplier
Dynamisierung - dynamization
Dyopol - duopoly

E

Ebene - level
echter Bedarf - effective demand
echtes Factoring - old-line factoring
Echtheit - authenticity, genuineness
Echtheitsnachweis - verification
Ecke - corner, edge
Ecklohn - basic hourly rate
Eckpunktlösung - node solution
EDV-dominiertes Büro - paperless office
Effekten - securities
Effektenabteilung - securities department
Effektenbank - investment bank
Effektenbestand - securities holdings
Effektendifferenzgeschäft - margin business
Effektengeschäft - securities business
Effektengiroverkehr - security clearing
Effektenhandel - dealing in stocks, trading in stocks
Effektenhändler - security dealer
Effektenkommissionsgeschäft - securities transactions on commission
Effektenkonto - stock account
Effektenkredit - security loan
Effektenlombard - advance on securities, collateral advance
Effektenmakler - securities broker
Effektenmarkt - stock market
Effektenscheck - security transfer check
Effektentausch - portfolio switch
Effektentermingeschäft - forward operation in securities
Effektenverwaltung - investment management, safe custody of securities
effektive Kosten - explicit cost
effektive Nachfrage - monetary demand
effektive Stücke - actual securities
Effektivverschuldung - effective indebtedness
Effektivverzinsung - effective interest, yield rate, effective interest yield
Effektivzins - effective rate
Effektivzoll - effective tariff
effizient - efficient
effiziente Schätzung - efficient estimate
Effizienz - efficiency
Effizienzlöhne - efficiency wages
Effizienzlohntheorie - efficiency wage theory
EG-Kommission - common market commission
ehemaliger Yuppie - puppie
Ehegatte - spouse
Ehevertrag - marriage contract
Ehrenakzept - acceptance for honor
ehrenamtlich - honorary
Ehreneintritt - act of honor
Ehrenwort - word of honor
Ehrenzahlung - payment for honor
Ehrlichkeit - honesty
eichen - gauge, calibrate
Eid leisten - take an oath
eidesstattliche Erklärung - affidavit
eidesstattliche Versicherung - assertory oath, statutory declaration
Eifer - diligence
eifrig - diligent
Eigenakzept - bank's acceptance outstanding
Eigenbedarf - personal requirements
Eigenbeleg - internal voucher
Eigenbesitzer - proprietory possessor
Eigenbestand - own holdings
Eigenbetrieb - owner-operated enterprise
Eigendepot - own security deposit
eigene Marke - own label
eigener Wechsel - promissory note
Eigenerstellung oder Fremdbezug - make or buy
Eigenerzeugnis - company-manufactured product
Eigenfertigung - internal production
Eigenfinanzierung - financing from own resources
Eigengeschäft - independent operation
Eigenhändlergeschäft - trading for own account
Eigeninitiative - self-starting qualities
Eigeninvestition - internal investment
Eigenkapital - equity capital, proprietary capital
Eigenkapitalkonto - equity account
Eigenkapitalminderung - decrease in equity
Eigenkapitalrentabilität - equity return, rate of return on equity, return on net worth
Eigenkapitalrücklauf - equity buyback

Eigenkapitalverflechtung - equity link
Eigenkorrelation - autocorrelation
Eigenmächtigkeit - arbitrariness
Eigenmarke - house brand
Eigenmittel - own funds, capital resources
Eigenmotivation - self-motivation
Eigennachfrage - reserve demand
Eigenregression - autoregression
Eigenschaft - attribute, capacity, status, property, virtue
eigentlich - virtual
eigentliches Kapital - physical capital
Eigentum - ownership, property
Eigentümer - proprietor, owner
Eigentümer-Unternehmer - owner manager
Eigentümergrundschuld - owner's land charge
Eigentümerhypothek - owner's mortgage
Eigentumsanspruch nachweisen - show one's right
Eigentumsbeschränkung - restriction of the right of property
Eigentumsbildung - formation of property
Eigentumsnachweis - abstract of title, property qualification
Eigentumsrecht - legal title, proprietary right, proprietorship
Eigentumsübertragung - transfer of ownership, conveyancing
Eigentumsurkunde - deed of ownership, document of title, title deed
Eigentumsverhältnisse - ownership structure
Eigentumsvorbehalt - reservation of ownership
Eigentumswohnung - condominium, freehold flat
Eigenverbrauch - self-consumption, in-house consumption
Eigenwechsel - promissory note
Eigenwerbung - individual advertising
Eigenzinsfuß - own-rate of interest
eignen - qualify
Eignung - acceptability, suitability, aptitude
Eignungsbeurteilung - appraisal of aptitude
Eignungsprüfung /-test - aptitude test, acceptance test
Eignungsschwerpunkt - special aptitude
Eilauftrag - rush order, urgent order
Eilbrief - express letter
eilig - urgent
Eilüberweisung - rapid money transfer
Ein-Mann-Unternehmen - sole trader business
Ein-Sektor-Modell - aggregative model
einander entsprechen - accord
Einarbeitung - training on-the-job
Einarbeitungszeit - break-in period, orientation period, period of vocational adjustment
einbehalten - withhold, retain
einbehaltener Gewinn - reinvested earnings, retained earnings, retained profits
Einbehaltung von Gewinnen - retention of earnings
einbeziehen - incorporate
Einbeziehung - incorporation
Einblick - insight
einbringen - yield
eindeutig - definite, unambiguous
eindeutige Wettbewerbsbeschränkung - naked restraint
Eindeutigkeit - explicitness
eindimensional - one dimensional, univariate
eindimensionale Verteilung - one-dimensional distribution, univariate distribution
eindringen - encroach, impinge, penetrate
Eindringling - invader, intruder, black ship
Eindruck - impression
eindrucksvoll - impressive
einfach - basic, simple
einfache Klassifikation - one-way classification
einfache Stichprobennahme - single-sampling
einfache Zinsen - simple interest
einfacher Konkursgläubiger - unsecured creditor
einfacher Stichprobenplan - single-sampling plan
Einfluß - sway, influence
Einflußaktivitäten - influence activities

Einflußbereich - sphere of influence
Einflußgebiet - zone of influence
Einflußgröße - constraint, influencing factor
Einfuhr - influx, import
Einfuhrabfertigung - clearance on importation
Einfuhranmeldung - import notification
Einfuhrartikel - imports
Einfuhrausgleichsabgabe - import equalization levy
Einfuhrbescheinigung - entry certificate
Einfuhrbeschränkung - import restriction
Einfuhrdeklaration - bill of entry, import entry
einführen - introduce, adopt, import
Einfuhrfinanzierung - import financing
Einfuhrgebühren - import charges
Einfuhrgenehmigung - import authorization, import permit
Einfuhrgeschäft - import transaction
Einfuhrkontingent - allocated quota, import quota
Einfuhrkontingentierung - limitation of imports
Einfuhrkredit - import credit
Einfuhrliste - import calendar
Einfuhrprämie - import bonus
Einfuhrpreis - entry price
Einfuhrquote - import quota
Einfuhrschleuse - import sluice
Einfuhrschranken - import barriers
Einfuhrsendung - import consignment
Einfuhrsteuer - import levy, import excise tax
Einfuhrstopp - cessation of imports
Einführung - adoption, implementation, introduction, project launching
Einführung an der Börse beantragen - seek the quotation of shares
Einführung neuer Produkte - launching of new products, product pioneering
Einführungsangebot - introductory quotation
Einführungskampagne - initial campaign
Einführungskonditionen - introductory terms
Einführungsphase - pioneering stage, implementation period
Einführungspreis - earlybird price, introductory price
Einführungsrabatt - introductory discount, introductory reduction
Einführungsstrategie - launching strategy
Einführungswerbung - novelty advertising, announcement advertising, launch advertising
Einführungszeit - installation time
Einfuhrverbot - embargo on imports, import ban
Einfuhrwaren - imports
Einfuhrzoll - import duty
Einfuhrzollanmeldung - import declaration
Einfuhrzusatzsteuer - import surcharge
Eingabe - petition, input
Eingabemedium - input medium
Eingabeprogramm - input routine, input program
Eingangsabgaben - import charges
Eingangseffekt - threshold effect
Eingangslager - incoming stores
Eingangsstelle - inconnector
Eingangsstufe - entry level
eingebaute Sollbruchstelle - built-in obsolescence
eingebrachtes Kapital - contributed capital
eingefrorene Devisen - blocked foreign exchange
eingeschränkte Rationalität - bounded rationality
eingeschränkter Wettbewerb - restricted competition
eingeschriebenes Mitglied - card-carrying member
eingesetztes Kapital - employed capital
eingetragene Gesellschaft - incorporated society
eingetragenes Warenzeichen - registered trade mark
eingipflig - unimodal
eingliedern - integrate
Eingliederung - integration
Eingliederungshilfe - integration aid, settling-in grant
eingreifen - interfere, intervene
Eingriff - intervention

Eingriff im Ausnahmefall - management by exception
Eingriffsinstrumente - intervention tools
einheften - file
einheimische Arbeitskräfte - local workers
einheimisches Unternehmen - domestic enterprise
Einheit - unit, unity, entity
Einheit der Auftragserteilung - unity of command
Einheitenpreis - unit price
einheitlich - uniform, coherent
einheitliche Leitung - unified management
einheitliche Richtlinien für Inkasso - uniform rules for collections
einheitlicher Markt - uniform market
einheitliches Preisgefüge - unified price structure
Einheitskurs - standard quotation, daily quotation
Einheitsmatrix - identical matrix
Einheitspreis - flat-price, uniform price
Einheitstarif - general tariff
Einheitswert - standard value
Einheitszoll - uniform duty
Einheitszolltarif - single-schedule tariff
einig sein - in agreement
Einigungsstelle - conciliation board
Einigungsvorschlag - recommendation, settlement proposal
einkassieren - collect, encash
Einkauf - purchase
einkaufen - go shopping, buy
Einkäufer - purchasing agent
Einkaufsabteilung - purchasing department
Einkaufsagent - purchasing agent
Einkaufsdisposition - purchase order disposition
Einkaufsgenossenschaft - buying association, purchasing cooperative, wholesale cooperative
Einkaufsgewohnheiten - buying habits
Einkaufsgremium - buying center
Einkaufshäufigkeit - purchasing frequency
Einkaufskraft einer Familie - family-buying power
Einkaufsleiter - head of purchasing

Einkaufsplan - buying plan
Einkaufspreis - base price
Einkaufsverhalten - buying behavior
Einkaufsverhaltensmuster - buying pattern
Einkommen - emoluments, income, revenue, earnings
Einkommen aus nichtselbständiger Arbeit - earned income
Einkommen einer AG - corporate income
Einkommen-Nachfrage-Funktion - income demand function
Einkommensaufstellung - income statement
Einkommensaustauschverhältnis - income terms of trade
Einkommensbestandteile - elements of income
Einkommensbezieher - income recipient
Einkommensdepositen - income deposits
Einkommensdisparitäten - disparities of income
Einkommenseffekt - income effect
Einkommenselastizität - income elasticity
Einkommenserklärung - income statement
Einkommensexpansionspfad - income expansion path
Einkommensfluß - income flow, flow of income
Einkommensgruppe - income group
Einkommenshöhe - income level, size of income
Einkommensklasse - income bracket
Einkommenskonsumkurve - income consumption curve
Einkommenslücke - income gap
Einkommensmotiv - income motive
Einkommensniveau - level of income
Einkommensnivellierung - leveling of incomes
Einkommenspolitik - income policy
Einkommensrechnung - income account
Einkommenssensitivität - income sensitivity
Einkommenssicherung - income maintenance
Einkommenssteuer - income tax

Einkommenssteuererhöhung - income tax hike
Einkommenssteuererklärung - income tax return
Einkommenssteuerermäßigung - income tax relief
einkommenssteuerpflichtig - liable to income tax
Einkommenssteuerpflichtiger - income tax payer
Einkommenssteuertarif - income tax scale
Einkommensstufe - income bracket
Einkommenstheorie - theory of income
Einkommensumlaufgeschwindigkeit - income velocity
Einkommensumverteilung - income redistribution
Einkommensverteilung - distribution of income
Einkommensverteilungsinflation - income-share inflation
Einkreissystem - one-circuit system
Einkünfte -earnings, income, revenue, receipts
Einkünfte aus dem Fremdenverkehr - tourist receipts
Einkünfte aus Kapitalbesitz - unearned income
Einkünfte aus Kapitalvermögen - income from investment of capital, income from capital, investment income
Einkünfte aus Vermietung und Verpachtung - income from rentals and royalties
Einlage - contribution, deposit
Einlagenbuch - depositor's book
Einlagengeschäft - deposit-taking business
Einlagenkonto - deposit account
Einlagenschutz - deposit security arrangement
Einlagensicherung - safeguarding depositors' account
Einlagensicherungsfond - deposit guaranty fund
Einlagenzertifikat - certificate of deposit
einlagern - store, warehouse
Einleger - depositor
einleiten - initiate
einleitende Redewendungen - introductory remarks
einlenken - fall into line
Einlieferungsbescheinigung - paying-in slip
Einlieferungsschein - postal receipt, deposit slip
Einliniensystem - straight-line organization, single-line system
einlösen - cash, honor
Einlösung - conversion, redemption, encashment
einmalig - one-shot, non-recurring
einmalige Gebühr - one-off charge
einmalige Zahlung - single sum
einmaliger Rechnungsposten - non-recurring income
einmischen - interfere, intervene
Einnahmen - revenue, inflows, receipts, proceeds
Einnahmen aus unsichtbaren Leistungen - invisible earnings
Einnahmen-Ausgaben-Plan - cash budget
Einnahmen-und Ausgabenrechnung - bill of receipts and expenditures, accounting on a cash basis
Einnahmendefizit - deficit in revenues
Einnahmerückgang - shortfall in revenue
einpendeln - even out
einprägen - impress, imprint
einräumen - concede
Einrede der Verjährung - plea of the statute of limitations
Einrede geltend machen - allege an objection
einreichen - submit, file
Einreichungsschluß - bid closing date
einrichten - establish, install
Einrichtung - installation, institution, plant
Einsatz - stake, use, mission, input
Einsatzbesprechung - briefing, debriefing
Einsatzelastizität - occupational mobility
einsatzfreudig - dynamic, enthusiastic, keen, zealous
Einsatzmenge - input
Einsatzplanung - applications planning
einsatzsynchron - just-in-time (JIT)

einsatzsynchrone Beschaffung - just-in-time (JIT) purchasing
Einschaltquote - audience rating
einschätzen - rate, assess, estimate
Einschätzung - assessment, estimate
Einschiffung - embarkation
einschlägig - pertinent, relevant
einschließen - comprehend, comprise, cover, involve, enclose
Einschließung - enclosure
einschränken - curtail, restrict
einschränkend - restrictive
einschränkende Besteuerung - restrictive taxation
Einschränkung - confinement, restriction
Einschreiben - registered letter
Einschuß - margin
Einschußkonto - marginal account
einseitige Handelsgeschäfte - unilateral commercial transactions
einseitige Verpflichtung - unilateral obligation
Einsicht - comprehension, insight
Einsichtnahme durch die Öffentlichkeit - public inspection
Einsparung - economies
Einsparungsvorgabe - savings performance target
einsperren - corner
Einspruch - intervention, objection, veto, notice of opposition
Einstandspreis - cost price
einstellen - hire, recruit, take on, cease, engage
einstellige Inflationsrate - single-digit inflation rate
Einstellung - attitude, appointment, recruitment, enlistment
Einstellung in Rücklagen - allocation of reserves
Einstellungsgespräch - interview
Einstellungskosten - hiring expenses, recruiting expenses
Einstellungssachbearbeiter - recruitment officer
Einstellungssperre - hiring freeze
Einstellungsvorgang - hiring procedure
einstimmig - unanimous
einstufen - classify, grade, rate
einstufig - single-stage
Einstufungstest - placement test
Einstufungsverfahren - scaling routine
einstweilige Verfügung - preliminary injunction
einteilen - classify
Einteilung - classification
eintragen - book, list, register
einträglich - profitable, remunerative
Einträglichkeit - profitability
Eintragung - entry, booking
Eintrittsgeld - gate money
Eintrittshäufigkeit - frequency of occurence
Eintrittssperre - restriction to entry
Eintrittstermin - date of admission
Eintrittswahrscheinlichkeit - probability of occurence
einverleiben - incorporate, embody
Einverleibung - incorporation
Einverständnis - agreement, consent
Einwand - objection
Einwanderungsbehörden - immigration authorities
Einwanderungssperre - ban of immigration
Einweg- - non-returnable, disposable, one-way
einwilligen - consent
Einwilligung - agreement, consent
einwirken - impinge, affect
Einwirkung - effect, impact, influence
Einwohner - inhabitant, resident
Einwohnerzahl - population
einzahlen - place, deposit, pay in
Einzahler - depositor, payer
Einzahlung - payment, deposit, lodgment
Einzahlungsüberschuß - excess of new savings
Einzelabnehmer - individual customer
Einzelabschluß - individual account
Einzelanfertigung - individual production, single-part production
Einzelanleger - individual investor
Einzelausgabe - separated edition
Einzelbankwesen - unit banking
Einzelbeschaffung - individual buying
Einzelbewertung - individual valuation, single valuation
Einzelfertigung - individual production, single-item production
Einzelfirma - individual business, one-man business /company

Einzelhandel

Einzelhandel - retail trade
Einzelhandelsabsatz - retail sales
Einzelhandelsbetrieb - retail business
Einzelhandelsgeschäft - retail outlet
Einzelhandelskette - retail chain, retailing organization
Einzelhandelspreis - retail price
Einzelhandelsstufe - retail level
Einzelhandelsvertreter - retail representative
Einzelhändler - retailer, retail dealer
Einzelinterview - individual interview
Einzelkaufmann - sole trader
Einzelkosten - direct expense, direct cost, individual cost
Einzelkredit - individual credit
Einzelmarkt - single market
einzeln angeben - specify
Einzelpolice - individual policy, voyage policy
Einzelschuldner - sole debtor
Einzelsparen - individual saving
Einzelunternehmer - proprietorship
Einzelvollmacht - individual power of representation
Einzelwertberichtigung - individual value adjustment
einziehen - collect
Einziehung - collection, confiscation, forfeiture
einzigartig - unique
einzigartiges Verkaufsargument - unique selling proposition (USP)
Einzugsermächtigung - direct debit authority, direct debit mandate
Einzugsermächtigungsverfahren - direct debit method
Einzugsgebiet - area of supply, catchment area
Einzugskosten - collecting charges
Einzugsverfahren - direct debiting service
Eisbergeffekt - iceberg effect
Eisenbahner - railman
Eisenbahnnetz - railway system
Eisenbahntarif - railroad rate /tariff
Eisenwaren - iron goods
eiserne Bestandsmethode - base stock method of valuation
eiserner Bestand - base stock

elastischer Bereich der Nachfragekurve - elastic range of demand
Elastizität - elasticity, flexibility
Elastizitätsformen - terms of elasticity
Elektroanlagen - electrical equipment
Elektroartikel - electrical supply
Elektroindustrie - electrical industry
Elektrokonzern - electrical group
Elektronik - electronics
elektronische Ablage - electronic filing system
elektronische Datenverarbeitung - electronic data processing
elektrostatisches Druckverfahren - xerography
elektrotechnisch - electrotechnical
Element - component, element, factor
Elementarmarkt - single market model
Elendsquartier - shanty town, slums
Eliminationsmethode /-verfahren - elimination method
emanzipieren - emancipate
Embargo - embargo
Emission - emission, issue
Emission von Obligationen - bond issue
Emissionsagio - underwriting premium
Emissionsanzeige - tombstone advertising
Emissionsbank - investment bank, issuing house, underwriter
Emissionsbedingungen - offering terms
emissionsfähig - issuable
Emissionsgeschäft - issuing business, underwriting business
Emissionsgewinn - underwriting profit
Emissionsinstitut - underwriting house
Emissionspreis - issue price
Emissionsrisiko - underwriting risk
emittieren - issue
emotionales Verkaufsargument - emotional sales argument
Empfang - receipt
Empfang bestätigen - acknowledge receipt
Empfänger - addressee, consignee, recipient
Empfängerland - recipient country
Empfängernation - recipient nation
Empfangsberechtigter - authorized beneficiary
Empfangsbestätigung - acknowledgement, receipt

Empfangschef - desk clerk
Empfangsdame - receptionist
Empfehlung - reference, recommendation
Empfehlungsschreiben - testimonial, letter of recommendation, letter of reference
empfindlich reagierende Börse - sensitive market
empfindlicher Schaden - serious damage
empfohlener Abgabepreis - recommended retail price
empirisch - empirical
empirisch feststellbar - operational
empirische Wirtschaftsforschung - empirical economic research
empirische Wissenschaft - empirical science
Endabnehmer - intended user, ultimate buyer
Endabrechnung - final account
Endbestand - final inventory
Ende - end, switch-off point
Endergebnis - net result
Enderzeugnis - finished product
endgültig - definitive, definite, final
Endkapital - new principal, end value
Endkostenstelle - final cost center
Endkreditnehmer - ultimate borrower
endlich - ultimate
endliche Gesamtheit - finite population
endliche Zahl - finite number
Endnachfrage - final demand
endogen - endogenous
endogene Bestimmungsgröße - endogenous determinant
Endprodukt - finished product, final goods
Endpunkt einer Kante - endpoint of a branch
endverarbeitende Industrie - finishing industry
Endverbrauch - ultimate consumption
Endverbraucher - final consumer, ultimate consumer, end user
Endverbrauchermarkt - end-use market
Endverbraucherpreis - consumer price
Endverkauf - final sale
Endwert - total accumulation of annuity
Endziel - ultimate target
Energiebilanz - energy balance statement
Energieeinsatz - energy input
Energiekrise - energy crunch
Energieorientierung - energy orientation
Energiequelle - source of energy
Energiesparprogramm - energy thrift campaign
Energieversorgung - energy supply
Energiewirtschaft - power-supply industry, power economy
energisch - arduous, energetic
eng - dense, tight
engagieren - take on, engage
Engelkurven - Engel-curves
enklidisch - enclidean
Engpaß - bottleneck
Engpaßfaktor - critical /limiting factor
Engpaßsektor - production bottleneck sector
Engstirnigkeit - insularity
enorm - devastating, tremendous
Entbehrung - deprivation
Entbündelung - unbundling
Entdeckung - revelation
enteignen - dispossess, expropriate
Enteignung - dispossession, expropriation, recapture
Enteignungsrecht - power of eminent domain
Enterbung - disinheritance
entfalten - deploy
entfernen - separate, eliminate
Entfernungskoeffizient - distance coefficient
Entflechtung - dissolution, decartelization
Entfremdung - alienation
entgegengesetztes Ereignis - complementary event
Entgegenkommen - concession
entgeltliche Einfuhren - imports against payment
enthalten - comprise, enclose
enthüllen - expose, reveal
Enthüllung - exposure, revelation
Enthüllungsverfahren - revelation mechanism
Enthusiast - zealot
Entkartellisierung - breaking up cartels
Entladekosten - unloading charges
entladen - offload
Entladestelle - delivery point
entlassen - fire, dismiss

Entlassenenzahl

Entlassenenzahl - bodycount
Entlassener - pink slipper
Entlassung - separation, layoff, dismissal, discharge
Entlassungsabfindung - redundancy payment
Entlassungspapiere - walking papers
Entlassungsschreiben - layoff notice, pink slip
Entlastung - approval, relief
Entleerung - depletion
entlegen - remote
Entleiher - borrower
Entlohnung - compensation
entmutigen - discourage
Entnahme - drawing
entschädigen - indemnify, remunerate, compensate
Entschädiger - indemnitor
Entschädigter - indemnitee
Entschädigung - indemnification, remuneration, compensation
entschärfen - remove the heat
entscheiden - adjudicate, decide, determine, opt
entscheidend - dramatic, final
entscheidende Position - key position
entscheidender Faktor - crucial factor
Entscheidung - determination, decision
Entscheidung unter Risiko - decision under risk
Entscheidung unter Unsicherheit - choice under uncertainty, decision under uncertainty
Entscheidungs- und Risikoanalyse - decision and risk analysis
Entscheidungsbaum - decision tree, logical tree
Entscheidungsbaumanalyse - decision tree analysis
Entscheidungsbefugnis - competence
Entscheidungsdelegation - delegation of decision-making
Entscheidungsdezentralisation - decentralization of decisions
Entscheidungsebene - decision level
Entscheidungsfeedback - decision feedback
Entscheidungsfeld - decision area
Entscheidungsfindung - decision making
Entscheidungsfindungsprozeß - decision making process
Entscheidungsfreiheit - discretion, option
Entscheidungsfunktion - decision function
Entscheidungsgremium - steering committee
Entscheidungsgröße - decision parameter
Entscheidungskriterium - criterium of decision, decision criterion
Entscheidungsmodell - decision model
entscheidungsorientierte Kostenrechnung - functional accounting
Entscheidungsparameter - decision parameter
Entscheidungsphase - decision phase
Entscheidungsprozeß - decision process
Entscheidungsregel - decision rule
Entscheidungsspielraum - scope for decision-making, decision scope
Entscheidungstabelle -- decision table
Entscheidungstheorie - decision (making) theory
Entscheidungsträger - decider, decision unit, decision maker
Entscheidungsvariable - choice variable, decision variable
Entscheidungsverhalten - decision behavior
entschieden - definitive
Entschlossenheit, Entschluß - determination
entschlüsseln - decipher, decode
entschlußfreudig - decisive
Entschuldung - disencumberment, reduction of indebtedness
Entschwefelung - desulphurisation
Entsorgung - waste management
Entsorgungswirtschaft - reverse logistics
entspannen - relax, ease
entsprechen - equal, comply with, conform
entsprechend - respective, corresponding, conformable to, equivalent
entsprechendes Lager - adequate stock
entstehen - arise, emerge, accrue
Entstehungsrechnung - commodity-service method, output method
Entwässerungsgraben - drain

Entweder-Oder Nebenbedingungen - alternative additional conditions
entwerfen - construct, delineate, design, draw up
entwerten - cancel, devalue
Entwertung - cancellation, depreciation, deterioration, devaluation
Entwertungsfaktoren - factors of depreciation
entwickeln - deploy, develop
Entwicklungsabteilung - development department
Entwicklungsaufwand - development expense
Entwicklungsdauer - developing time
Entwicklungsfähigkeit - ability of development
Entwicklungsfonds - development funds
Entwicklungsgebiet - development area
Entwicklungshilfe - development assistance, development aid
Entwicklungshilfekredit - aid loan
Entwicklungskosten - development cost
Entwicklungsland - developing country, less developed country (LDC), developing nation
Entwicklungsmarketing - developmental marketing
Entwicklungsmöglichkeit - potentiality, development potential
Entwicklungsprojekt - development project
Entwicklungsstufe - phase
Entwicklungstrend - trend
Entwicklungszyklus - development cycle
entwirren - disentangle
Entwurf - draft (version)
Entwurfskizze - sketch design
entziehen - deprive
entziffern - decipher
Erbbaurecht - inheritable building right
Erbe - heir
Erblasser - testator, devisor
Erbschaft - heritage, legacy
Erbschaftssteuer - death duty, inheritance tax, legacy tax
Erbschein - certificate of inheritance
Erdgasleitungen - gas delivery pipes
Erdöl - petroleum
Ereignis - event, incident, occurence

ereignisorientierte Fortschreibung - eventorientated updating
erfahren - experienced
Erfahrungskurve - experience curve
Erfahrungswert - experience figures
Erfahrungswissen - know-how
Erfahrungswissenschaft - factual science
erfassen - generate
erfinden - invent, concoct, devise, trump up
Erfinder - inventor
erfinderisch - ingenious
Erfindung - invention
Erfindungsgabe - ingenuity
Erfolg - result, success
erfolglose Verhandlung - ill-fated talks
erfolgloses Übernahmeangebot - abortive takeover bid
erfolgreich - prosperous
erfolgreiches Unternehmen - going business
Erfolgsanteil - share in results
Erfolgsbeteiligung - profit-sharing
Erfolgsbilanz - operating statement
Erfolgserlebnis - sense of achievement
Erfolgsermittlung - income determination
Erfolgsfaktor - performance factor, success factor
Erfolgsfrühwarnung - early success warning
Erfolgsindikator - success indicator
Erfolgskennzahlen - operating ratios
Erfolgskonto - income statement account, nominal account
Erfolgskontrolle - value control, cost-revenue control
Erfolgslohn - result wage
Erfolgsrate - -success rate
Erfolgsrechnung - earnings /income statement, profit and loss statement
Erfolgsunternehmer - performer
Erfolgsvoraussetzung - performance requirement
Erfolgswahrscheinlichkeit - probability of success
erforderlich - required, essential
erfordern - require
Erfordernis - requirement
erforschen - research, explore
Erforschung - exploration

erfüllen

erfüllen - implement, comply with, fulfil
Erfüllung - fulfilment, implementation
Erfüllungsfrist - time fixed for performance
Erfüllungsort - place of fulfilment
Erfüllungstag - due date
ergänzen - replenish, complete
ergänzend - additional, supplementary
ergänzende Kosten - supplementary cost
Ergänzung - replenishment, completion, supplement
Ergänzungsabgabe - surtax
Ergänzungsfrage - probe question
Ergänzungshaushalt - supplementary budget
Ergänzungswerbung - accessory advertising
ergeben - result, surrender
Ergebnis - performance, result
Ergebnisrechnung - statement of operating results
Ergebnisverantwortung - profit responsibility
Ergonomie - ergonomics
erhalten - derive, obtain, gain, receive, maintain
erhaltene Anzahlungen - customer prepayments
erhältlich - available, obtainable
Erhaltung - maintenance
Erhaltungsaufwand - maintenance expenditure
Erhaltungsinvestition - replacement investment
Erhaltungsmarketing - maintenance marketing
Erhaltungssubvention - maintenance subsidy
erheblicher Marktanteil - substantial market share
erheblicher Vorteil - substantial benefit
Erhebung - census, data collection, inquiry, survey
Erhebungsfehler - ascertainment error, error in survey
Erhebungsinstrument - research tool
Erhebungstechnik - method of data acquisition
erhoffter Gewinn - anticipated profit
erhöhen - increase
erhöhter Zuschuß - increased grant

erhöhtes Risiko - amplified risk
erholen - rally, recover
Erinnerung - memory, reminiscence
Erinnerungswerbung - follow-up advertising
erkennen - recognize, discern
Erkenntnisverzögerung - recognition lag
erklären - assert, define, declare, explain
erklärend - explanatory
Erklärung - assertion, explanation
erkundend - exploratory
erlangen - obtain, acquire
Erlaß - remission
Erlaubnis - license, permission
erlaubte Fangquote - allowable catch
erläutern - explain, illustrate
Erläuterung - explanation, illustration
erledigen - effect, execute
Erledigung - execution
erleichtern - facilitate
erleichternd - alleviating, palliative
Erleichterung - alleviation, mitigation
erlesen - superior
Erlös - revenue, proceeds
erlöschen - expire, extinct
erloschene Konzession / Lizenz - expired licence
Erlösfunktion - revenue function
Erlösplanung - revenue planning
Erlösschmälerung - income deductions, revenue deductions, sales deductions
ermächtigt - authorized
Ermächtigung - authorization
Ermäßigung - allowance
Ermessen - discretion
Ermessensentscheidung - discretionary decision
Ermessensfreiheit - discretionary power
Ermessensmißbrauch - abuse of discretion / authority
Ermessensreserven - discretionary reserves
ermitteln - investigate
Ermittlung gesamtwirtschaftlicher Größen - aggregation
Ermittlung - ascertainment, investigation
ermöglichen - enable
Ermunterung - encouragement
ermutigen - encourage, fortify
Ernährung - nutrition
ernennen - nominate, appoint

Ernennung - call, nomination, appointment
Erneuerungsschein - renewal coupon
erneut erwägen - reconsider
Ernte - yield, crop
Ernteertrag - crop yield
ernten - harvest
Ernteüberschuß - crop surplus
ernüchtern - disenchant
Eroberungsdumping - predatory dumping
Eröffnung des Konkursverfahrens - adjudication order
Eröffnungsbilanz - opening balance sheet
Eröffnungsbuchungen - opening entries
Eröffnungshandel - early trading
Eröffnungskurs - opening price, opening quotation
Eröffnungsphasen-Order - market-on-opening order
Eröffnungssatz - daily opening rate
Erörterung - consideration, debate, discussion
Erpressung - blackmail
erprobt - proven
erreichbar - achievable, accessible, attainable
Erreichbarkeit - accessibility
errichten - construct, erect
Errichtung - establishment, erection
Errungenschaft - attainment
Ersatz - redress, replacement, substitution
Ersatz-Reservewährung - substitute reserve currency
Ersatzbedarf - replacement demand
Ersatzdeckung - substitute cover
Ersatzfinanzierung - compensatory finance
Ersatzinvestition - plowback, replacement investment
Ersatzinvestitionsproblem - reinvestment problem
Ersatzkosten - replacement cost
Ersatzleistung - compensation, indemnification
Ersatzlieferung - replacement
Ersatzmann - substitute
Ersatzteil - spare part
Ersatzzeitpunkt - replacement time
erscheinen - appear, emerge
Erscheinungsform - image

Erschließungsbedarf - latent demand
Erschließungsunternehmen - developer
Erschöpfung - depletion
erschweren - complicate
Erschwerniszulage - hardship pay
Erschwerung - complication
erschwinglich - affordable
ersetzbar - replaceable
ersetzen - substitute, replace, compensate, recoup
Ersparnisrate - rate of savings
Ersparnisse - savings
Ersparnisse auflösen - dissave
Ersparnisse der privaten Haushalte - family savings
Erstangebot - bidding price
Erstattung - refund
Erstattungsantrag - expense claim, repayment claim
Erstbestellung - initial order
erste Kursnotierung - first board
ersteigert - bought by auction
erster Eindruck - threshold effect
erster Grad - first degree
Ersterwerber - first buyer, first purchaser
Erstes Gossensches Gesetz - law of satiety
erstklassig - first-rate, prime
erstklassige Aktie - blue ship
erstklassige Inhaberpapiere - floaters
erstklassige Wertpapiere - top-grade securities
Erstkonsolidierung - initial consolidation
erstrebenswert - desirable
erteilen - confer
Ertrag - earnings, output, return, revenue, yield
ertragbringend - income-producing
ertraglose Aktiva - nonperforming assets
Ertragsabweichung - yield variance
Ertragsbasis - income basis
Ertragscontrolling - revenue controlling
Ertragsentwicklung - trend of profitability, trend of earnings
Ertragsfähigkeit - income productivity, earning power, earning capacity
Ertragsgebirge - production surface
Ertragsgesetz - law of diminishing returns, law of variable proportions
Ertragsisoquanten - revenue isoquants
Ertragskonto - income account

Ertragskraft

Ertragskraft - profitability, earning power
Ertragskurve - yield curve
Ertragslage - operating position, earnings position, profit situation
Ertragsrückgang - diminishing returns
Ertragsschätzung - calculation of earning power
Ertragsspanne - earnings margin
Ertragssteuer - tax on income, earnings-tax
Ertragsstruktur - earnings structure
Ertragsverlauf - earnings progression
Ertragswert - earning capacity value, earning power
Ertragswertabschätzung - income property appraisal
Ertragswertanalyse - income analysis
Ertragswertmethode - earning capacity value analysis
Ertragswertverfahren - gross rental method
Ertragszentrum - profit center
Ertragszins - bear interest, yield interest
erwachsen - fully-fledged, accrue
erwägen - consider, debate
Erwägung - consideration
erwähnen - state, mention
erwarten - expect, await, anticipate
erwartete Inflation - anticipated inflation, expected inflation
erwartete Inflationsrate - expected inflation rate
erwartete Preisgrenze - expected price level
erwartete reale Zinsrate - expected real interest rate
erwartete Verkäufe - expected sales
erwarteter Aufschwung - anticipated economic upswing
erwarteter Nutzen - expected utility
Erwartung - anticipation, expectation
Erwartungseffekt - expectations effect
Erwartungsgleichgewichtsansatz - expectations equilibrium approach
Erwartungsplanung - expectation planning
Erwartungsrechnung - expectation calculus
Erwartungstreue - unbiasedness

Erwartungswert - anticipation term, expected value, expectancy
erweitern - enlarge, widen, expand, increase
erweiterter Jahresabschluß - extended annual financial statement
Erweiterung - enlargement, expansion
Erweiterungsbedarf - expansion demand
Erweiterungsinvestition - investment in new plant capacity, capital widening, increase in capital investment
Erwerb - acquisition, earning
erwerben - earn, purchase, acquire
Erwerber - purchaser, acquirer
Erwerbsalter - working age
Erwerbsbevölkerung - working population, economically active population
Erwerbseinkommen - wage income
Erwerbsfähigkeit - earning power
erwerbslos - out-of-work
Erwerbslosenunterstützung - unemployment pay
Erwerbsperson - gainful person
Erwerbsquote - activity rate, labor force rate, participation rate
Erwerbstätigkeit - gainful employment
Erwerbstrieb - acquisitiveness
Erwerbsunfähigkeit - disability, disablement
erworbene Fähigkeit - acquirement
Erz - ore
erzeugen - create, generate
erzeugend - productive
Erzeugergenossenschaft - producers' cooperative
Erzeugerpreis - producer price
Erzeugerrisiko - producer's risk
Erzeugnis - commodity, product
Erzeugnisse der Maschinenbauindustrie - engineering products
Erzeugnisse für den Eigenbedarf - captive items
Erzeugung - creation, production
Erzeugungsverfahren - process of production
Etat - budget
Etat aufstellen - fix the budget
Etatansatz - planned budget figure
Etatkontrolle - budgetary control
Etatkürzung - budget slash

ethisch - ethical
Etikett - label, tag, ticket
Etikettierung - labelling
Etiekttierungsverfahren - labelling procedure
etwas berechnen - make a charge
etwas unterlassen - refrain
Eulersches Theorem - adding-up theorem
Euro-Dollarmarkt - Eurodollar market
Eurogeldmarkt - Eurocurrency market
Europäische Freihandelszone - European Free Trade Association (EFTA)
Europäische Gemeinschaft (EG) - European Community (EC)
Europäische Währungseinheit - European Currency Unit (ECU)
Europäische Wirtschaftsgemeinschaft (EWG) - European Economic Community (EEC)
Europäischer Binnenmarkt - Single European Market
Europäischer Entwicklungsfond - European Development Fund (EDF)
Europäischer Gerichtshof - European Court of Justice (ECJ)
Europäisches Währungssystem - European Monetary System (EMS)
Eurowährung - Eurocurrency
Eventualentscheidung - contingent decision
Eventualforderungen - contingent claims
Eventualplanung - contingency planning, alternative planning
Eventualverbindlichkeit - contingent liability
Eventualvertrag - aleatory contract
Evidenzzentrale - central risk office
ewige Anleihe / Rente - perpetuity
ex ante-Analyse - ex ante analysis
Ex-Dividende - ex-coupon dividend
exakt - strict
Existenzbedarf - necessities of life
Existenzbedingung - living condition
Existenzentscheidung - bet-the-company decision
Existenzgrundlage - basis of existence
Existenzminimum - minimum of existence, minimum survival needs, subsistence level
exklusive Distribution - exclusive distribution
exklusiver Kreis - coterie
Exklusivverträge - tying contracts
Exklusivvertrieb - exclusive dealing
exogen - exogenous
exogene Bestimmungsgröße - exogenous determinant
expandieren - expand, extend, go-ahead
Expansion - expansion
Expansionsgrenze - ceiling
Expansionspfad - expansion path
expansive Fiskalpolitik - expansionary fiscal policy
expansive Offenmarktpolitik - expansionary open market policy
Experiment - experiment
Expertenbefragung - acquisition of expert knowledge
Expertensystem - expert system
Exponentialtrend - exponential trend
Exponentialverteilung - exponential distribution
exponentiell - exponential
exponentielle Glättung - exponential smoothing
exponentielles Wachstum - exponential growth
exponiert - exposed
Export - exportation, export
export-orientierte Industrialisierung - export oriented industrialization (EOI)
exportabhängige Beschäftigung - base employment
exportabhängiges Einkommen - basic income
Exportauftrag - export order
Exportbasistheorie - economic base concept
Exportbeschränkungen - export restrictions
Exportdokument - export document
Exporteur - exporter
Exportfinanzierung - export financing
Exportförderung - boost to exports, export promotion
Exportgüterstruktur - commodity pattern
exportieren - export
exportierte Arbeitslosigkeit - exported unemployment
exportinduzierter Aufschwung - export-led recovery

exportinduziertes Wachstum - export-led growth, export-led expansion
Exportkartell - export-promoting cartel
Exportkreditversicherung - export credit insurance
Exportquote - export-income ratio, propensity to export
Exportrückgang - export shrinkage
Exportüberschuß - export surplus, overbalance of exports
Exportvolumen - export volume
Exportwirtschaft - export sector
Expreßsendung - express consignment
externe Effekte - externalities, external effects
externe Kosten - discommodities
externe Revision - independent audit
externer Konsumeffekt - external effects of consumption
externes Berufstraining - training off-the-job
externes Gleichgewicht - external balance
extrapolierendes Prognoseverfahren - extrapolating forecast method
extraterritorialer Geltungsanspruch - extraterritorial application
extrem geringe Gewinnspanne - wafer thin margin
extrem niedriger Preis - keen price
extremer Punkt - extreme point
Exzeß - excess

F

F-Verteilung - F-distribution, variance ratio distribution
Fabrik - plant, factory
Fabrikarbeiter - industrial worker
Fabrikat - make, product
Fabrikationsbetrieb - manufactory
Fabrikationsgewinn - factory profit
Fabrikgebäude - factory building
Fachabteilung - line department
Facharbeiter - craftsman, skilled worker, trained worker
Facharbeiterbrief - craft certificate
Facharbeiterin - skilled female operative
Fachaufgabe - specialist task
Fachausschuß - specialist committee
Fachberater - consultant, technical consultant
Fächereinteilung - compartmentalization
Fachfunktion - technical function
Fachgeschäft - one-line business
Fachgewerkschaft - craft union
Fachkenntnis - expert knowledge, expertise
fachlich - technical, special
Fachmann - judge, expert, specialist
fachmännisch - professional
Fachpersonal - specialist staff
Fachpresse - trade press
Fachsprache - technical language, special language
fähig - competent
Fähigkeit - ability, competence, capacity
Fahrgestell - chassis
Fahrkarte - ticket
fahrlässig - negligent
Fahrlässigkeit - negligence
Fahrplan - schedule, timetable
Fahrtkostenzuschuß - commuting allowance
Fahrzeug - craft, vehicle
Fahrzeugtourenproblem - vehicle routing problem
faktisch - actual, effective, real
faktische Gesellschaft - de facto company
Faktor - factor
faktorales Austauschverhältnis - factoral terms of trade
Faktoranalyse - factor analysis
Faktoranteile - factor shares
Faktorausstattung - factor endowment
Faktordifferential - factor differential
Faktoreinsatz - factor input
Faktoreinsatzmenge - volume input
Faktorertrag - factor return, earning of factors of production
Faktorfehlleitung - misallocation of resources
Faktorgrenzkosten - marginal factor cost
Faktorintensität - input ratio of the factors of production
Faktorkombination - combination of inputs, factor mix
Faktorkosten - factor cost
Faktorkurve - factor curve
Faktorleistung - productive service
Faktorlücke - factor gap
Faktormarkt - factor market, input market, resource market
Faktormobilität - factor mobility
Faktorpreis - resource price
Faktorpreisausgleichshypothese - factor price equalization theorem
Faktorpreisgleichgewicht - factor price equilibrium
Faktorsubstitution/-ersatz - factor substitution
Faktorverlagerung - shift of resources
Faktorvervielfachung - factor augmentation
Faktorwanderung - factor movement
Faktura - invoice, bill
fakultativ - optional
Fakultativklausel - optional clause
Fall - case, instance
fallen - drop, decrease
fallende Aktie - sliding stock
fallende Tendenz - downward tendency
fällig - mature, due, payable
fällig bei Erhalt der Ware - due on receipt of goods
fällig werden - become due, fall due
fällige Rechnung - bill payable
fällige Zinsen - interest due
fälliger Betrag - amount due
Fälligkeit - expiration, maturity
Fälligkeitsdatum - maturity date
Fälligkeitsjahr - year of maturity
Fälligkeitsschlüssel - maturity code

Fälligkeitsstruktur

Fälligkeitsstruktur - maturity structure
Fälligkeitstabelle - aging schedule
Fälligkeitstermin - accrual date, maturity date, due date
fallweise Beschaffung - individual buying
Falschbezeichnung - misbranding
Falschbuchung - fraud
falsche Auffassung - misconception
Fälschen von Buchungsunterlagen - padding of accounting records
Falschgeld in Verkehr bringen - passing counterfeit money
Falschheit - deceitfulness
Falschmünze - debased coin
Fälschung - falsification
falsifizieren - falsify
Faltung - convolution
Familie - family, kinfolk
Familien-Aktiengesellschaft - closed corporation, private limited company
Familien-Lebenszyklus - family-life cycle
Familienbeihilfe /-zuschlag - family allowance
Familieneinkommen - family income
Familienstand - marital status
Familienunternehmen - family-owned corporation
Fanatiker - zealot
Farbe - color, colour
Färbungsproblem - coloring problem
Farbzusammenstellung - color scheme
fassen - hold
Fassungsvermögen - comprehension, capacity
fast sicher - almost certain
Faustpfand - dead pledge, pawn
Fehlbetrag - deficit, shortcoming deficiency, wantage, shortfall
Fehlbetrag im Staatshaushalt - fiscal deficit
Fehlbuchung - incorrect entry
Fehlen der Geschäftsgrundlage - absence of valid subject-matter
fehlende Geldmittel - lack of funds
Fehler - defect, error, shortcoming
Fehler erster Art - type one error
Fehler zweiter Art - type two error
fehlerhaft - faulty
Fehlerwahrscheinlichkeit - error probability

fehlgeschlagen - abortive, failed, missed
Fehlinvestition - mistaken investment, unprofitable investment, bad investment
Fehlkalkulation - miscomputing
fehlleiten - misdirect
Fehllieferung - misdelivery
Fehlmenge - shortage in weight
Fehlmenge bei Lieferung - shortage of delivery
Fehlmengenkosten - out-of-stock cost
Fehlrechnung - miscalculation, miscasting
Fehlschlag - failure
fehlschlagen - collapse, fail
Fehlschluß - fallacy
Fehlschluß der Verallgemeinerung - fallacy of composition
Fehlspekulation - bad speculation
Fehlzeitenquote - absence rate, incidence of absence
feilschen - bargain, barter, dicker
Feinabstimmung - fine tuning
Feingehaltsstempel - hallmark
Feldforschung - field research
Feldzug - campaign
Ferien - holiday, vacancy
Ferienwohnung - holiday apartment
Ferngespräch - trunk call, long distance call
Fernlehrgang - correspondence course
Fernleitung - trunk line
Fernmeldewesen - telecommunications
Fernschreiber - tape, teleprinter, teletypewriter
Fernsehpublikum - viewership
Fernsehsendung - telecast
Fernsehsüchtiger - couch potato
Fernsprechteilnehmer - telephone subscriber
fertig werden mit - cope with
Fertigerzeugnisse - finished goods
Fertigkeit - attainment
Fertigmeldung - ready message
Fertigung - manufacture, production
Fertigungseinzelkosten - prime cost
Fertigungsgemeinkosten - factory overhead, indirect labor, indirect material
Fertigungshauptkostenstelle - production cost center
Fertigungshilfskostenstelle - indirect production cost center

Finanzanlagenmarkt

Fertigungsingenieur - production engineer
Fertigungskosten - production cost, manufacturing cost
Fertigungskostenstelle - productive burden center
Fertigungslohn - direct labor costs
Fertigungsmaterial - direct material
Fertigungsmaterialkosten - direct material cost
Fertigungssteuerung - manufacturing control
Fertigungsstraße - assembly line
Fertigungsstunde - production hour
fertigungssynchrone Beschaffung - just-in-time (JIT) purchasing
fertigungssynchrone Materialwirtschaft - just-in-time (JIT) inventory method
Fertigungstiefe - depth of production
Fertigware - finished goods
Fesseln der Armut - restraints of poverty
fest angestellt - regularly employed / salaried
Festbewertung - valuation of assets based on standard value
feste Anlage - slow asset
feste Kosten - direct expense
feste Schulden - fixed debt
feste Währung - fixed currency
fester Preis - constant price
fester Wechselkurs - pegged exchange rate, fixed exchange rate
festes Angebot - firm offer
festes Einkommen - fixed income
festes Wechselkurssystem - fixed exchange rate system
Festgeld - time money
Festgeldanlage /-einlage - fixed-term-deposit, time deposit
Festgeldkonto - time account
festgelegte Mittel - tied-up funds
festgeschriebene Zinsuntergrenze - floor
festgeschriebener Zinsdeckel - cap
festgesetzt - stated
festgesetzter Höchstlohn - ceiling wage
Festhalten - adherence
festhalten - establish, adhere
Festkosten - fixed charges
festlegen - schedule
festsetzen - stipulate, determine

Festsetzung von Abgabepreisen - rate setting
feststehend - fixed
feststellen - note, state
Feststellung - identification
Festübernahme - firm underwriting
Festung Europa - fortress Europe
festverzinslich - fixed interest
festverzinsliches Anlagepapier - investment bond
festverzinsliches öffentliches Wertpapier - national savings certificate
festverzinsliches Wertpapier - fixed interest security
Festwert - fixed valuation
Festzins ohne Aufschlag - absolute rate
Festzinsdarlehen - fixed-rate term loan
Feuerversicherung - fire insurance
Fibonacci-Folge (mathematisches Bildungsgesetz) - Fibonacci Series
fiduziarisches Rechtsgeschäft - fiduciary transaction
Fifo-Methode der Vorratsbewertung - first-in, first-out method of valuation
fiktive Buchung - imputed entry
fiktive Zinsen - imputed interest
fiktiver Vermögenswert - fictitious asset
fiktives Einkommen - imputed income
Filialbank - high-street bank
Filialbankwesen - branch banking
Filialgeschäftskette - high-street chain
Filiale - branch, multiple shop
Filialkalkulation - branch office accounting
Filialleiter - branch manager
Filialprokura - branch procuration
Finanz- und Rechnungswesen - finance and accountancy
Finanzabteilung - finance division
Finanzakzept - accepted finance bill
Finanzamt - local tax office, tax and revenue office
Finanzanalyse - investment analysis, financial analysis
Finanzangelegenheit - matter of finance
Finanzanlage - financial investment
Finanzanlageinvestition - investment in financial assets
Finanzanlagenkonto - investment account
Finanzanlagenmarkt - assets market

323

Finanzanspruch

Finanzanspruch - financial claim
Finanzanzeige - tombstone advertising
Finanzaufkommen - budgetary receipts, budgetary revenue
Finanzbeamter - inspector of taxes
Finanzbedarf - finance/financial requirements
Finanzbehörde - fiscal authority
Finanzberater - financial analyst
Finanzbericht - financial report
Finanzbuchhaltung - administrative accounting, financial accounting, financial bookkeeping
Finanzdecke - available operating funds
Finanzdienstleistungen - financial services
Finanzdiplomatie - dollar diplomacy
Finanzdisposition - management of financial investments
Finanzen - finances
Finanzerträge - financial income
Finanzfluß - financial flow
Finanzflußrechnung - financial flow statement
Finanzforderung - financial claim
Finanzhandel - finance trading
Finanzhilfe - financial support, financial aid
Finanzhochrechnung - calculation projection
Finanzhoheit - financial sovereignty, fiscal prerogative
finanziell - financial, monetary, moneyed, pecuniary
finanzielle Leistungsfähigkeit - viability state
finanzielle Belange - moneyed interests
finanzielle Beteiligung - financial holdings
finanzielle Haftung - financial responsibility
finanzielle Mittel - funds, financial resources
finanzielle Rückstellung - financial reserve
finanzielle Unterstützung - financial backing, subsidy
finanzielle Vorsorge - financial provision
finanzieller Engpaß - financial squeeze
finanzielles Gleichgewicht - financial equilibrium

finanzieren - finance, fund
Finanzierung - financing, funding
Finanzierung aus Abschreibungen - replacement financed through accumulated depreciation
Finanzierung aus Gewinnen - financing through profits
Finanzierung durch Fremdmittel - financing with outside funds
Finanzierungsart - type of financing
Finanzierungsentscheidung - financial decision
Finanzierungsform - method of financing
Finanzierungsfunktion - finance function
Finanzierungsgrundlage - financial basis
Finanzierungsgrundsatz - rule of financing
Finanzierungsinstitut - financial enterprise
Finanzierungsinstrument - financing instrument
Finanzierungskennzahlen - financial ratios
Finanzierungskosten - cost of finance, finance charge
Finanzierungskredit - finance loan
Finanzierungslast - burden of financing
Finanzierungsmethode - financial method
Finanzierungsmöglichkeit - financial capability
Finanzierungsplan - financing plan/scheme
Finanzierungsprogramm - financing program
Finanzierungsquelle - source of financing
Finanzierungsregel - rule for structuring debt capital
Finanzierungsrisiko - financing risk
Finanzierungsschätze - financing treasury bonds
Finanzierungstheorie - theory of managerial finance
Finanzierungsüberschuß - surplus cash
Finanzierungsvertrag - financing agreement
Finanzierungsvorhaben - financial enterprise, financial project
Finanzierungsziele - objectives of financial decisions

Finanzierungszusage - finance commitment commission
Finanzimperium - financial empire
Finanzinnovation - financial innovation
Finanzinvestition - financial investment
Finanzkraft - financial strength
Finanzkrise - financial crisis
Finanzlage - financial condition, financial position, financial standing
Finanzleiter - financial manager
Finanzmakler - finance broker
Finanzmanagement - financial management
Finanzmarketing - investor relations
Finanzmathematik - mathematics of finance
Finanzministerium - Board of Exchequer, Treasury Department, Ministry of Finance
Finanzmittelbindung - absorption of funds
Finanzplan - budget, financial program
Finanzplanung - budgetary accounting, budgetary planning, fiscal planning, budgeting
Finanzpolitik - financial policy
Finanzrisiko - financing risk
Finanzstatus - financial condition
Finanzterminbörse - financial futures market
Finanzverwaltung - fiscal administration, treasury
Finanzwechsel - financial bill
Finanzwelt - financial world
Finanzwesen - finance, financial affairs
Finanzwirtschaft - business finance, financial management
finanzwirtschaftliche Kennzahlen - accounting ratios
Finanzzentrum - financial center
fingierte Übergabe - symbolic delivery
Firma - business, company, enterprise, firm
Firmenanteil - firm's interest
firmengebundener Börsenhändler - firm broker
Firmenkern - essential elements of a firm
Firmenleitung - corporate management
Firmenmantel - shell, umbrella
Firmenwagen - company car
Firmenwert - goodwill, business assets

Firmenzusammenschluß - affiliated group, merger
fiskalischer Widerstand - fiscal drag
fiskalisches Handeln - action de jure gestionis, fiscal action
Fiskalpolitik - fiscal policy, activist policy
Fiskus - exchequer, treasury
fixe Kosten - inflexible expenses, fixed costs, nonvariable costs
fixe Kurse - pegged rates
fixes Kapital - fixed capital
Fixkauf - fixed-date purchase
Fixkostenblock - total of fixed costs, pool of fixed costs
Fixkostendeckung - covering of fixed costs
Fixkostendeckungsrechnung - analysis of fixed-cost allocation
Fixkostenschichten - blocks of fixed costs
Fixkostenstruktur - fixed costs structure
Fixpunkt - fixed point
Fixpunktstrategie - fixed point strategy
Fixum - basic salary, fixed allowance
flach - even, flat, level, plain
Fläche - surface
flächendeckend - area-covering, comprehensive coverage
Flächenstichprobe - area sample
Flaschenhalsproblem - bottleneck problem
Flaschenpfand - returnable-bottle deposit
flau - depressed
flauer Markt - slack market
Flaute - depression, lull, slack season
Fleiß - diligence
fleißig - diligent, painstaking
fleißige Mitarbeiter - worker bees
Flexibilität - flexibility
flexible Arbeitszeit - flexible working hours
flexible Fertigungszelle - flexible manufacturing cell
flexibler Wechselkurs - flexible exchange rate, floating exchange rate
flexibles Fertigungssystem - flexible manufacturing system
Fließband - assembly line, conveyor belt, band conveyor
Fließbandarbeit - assembly line work

Fließbandprinzip

Fließbandprinzip - conveyor belt system
Fließfertigung - continuous process production, line production
Float-Gewinn - profit from different value dates
Flop - non-starter
Floprate - flop rate
Fluchtkapital - fugitive fund, flight capital
Flugabfertigung - handling of flights
Flugblatt - pamphlet, throw-away leaflet
Fluggesellschaft - airline
Flugpreis - air fare
Flugrechte - air rights
Fluktuation - labor turnover, employee turnover, fluctuation
fluktuieren - fluctuate
Fluorchlorkohlenwasserstoff (FCKW) - Chlorofluorocarbons (CFCS)
Flurbereinigung - merger of land
flüssige Mittel - liquid resources
flüssiges Geld - current funds
Flüssigmachen von Kapital - mobilization of funds
Fluß - flow
Flußdiagramm - flow chart
Flußdiagrammtechnik - flow chart technique
Flußkapazität - flow capacity
Flußkonnossement - shipping note
Flußlinie - flow line
Flußschiffahrt - river navigation
Folge - result, consequence
Folgebeziehungen - sequence of task fulfilment
Folgeinvestition - follow-up investment
Folgekosten - consequential expenses, ongoing maintenance charges
Folgeplan - sequence plan
Folger - follower
folgern - implicate, infer
Folgerung - conclusion, deduction
Folgeschaden - indirect loss
Folgestruktur - sequence structure
Fonds - fund
Fonds des Nettoumlaufvermögens - working capital fund
Fondsvermögen - trust fund
Fondsverwalter - trust manager
Förderabgabe - severance tax

Förderband - belt conveyor, conveyor belt
Förderer - sponsor
Fördergebiet - assisted area
Förderland - producing country
fördern - sponsor, facilitate, patronize, promote
Förderung - advancement, boost, patronage, promotion, development
fordern - ask
Forderung - claim, demand
Forderung anmelden - lodge a claim
Forderung einziehen - collect a claim
Forderung erfüllen - satisfy a claim
Forderung geltend machen - raise a claim
Forderungen - accounts receivable, debts receivable, outstanding debts
Forderungen an Konzernunternehmen - indebtedness of affiliates
Forderungen an Kreditinstitute - due from banks
Forderungen-Umsatz-Verhältnis - debtors to sales ratio
Forderungsabtretung - assignation of claim
Forderungsankauf /-verkauf - factoring
Forderungsberechtigter - obligee
Forderungspfändung - attachment of a debt
Forderungsrisiko - risk on receivables
Forderungstransfer - transfer of claims
Forderungsübernahme - assumption of indebtedness
Forderungsverzicht - remission of a debt, waiver of claims outstanding
Förderungswürdigkeit - eligibility for aid
Forfaitierung - non recourse export financing
formale Organisation - formal organization
formalisieren - formalize
Formalisierung - formalization
Formalisierungsgrad - degree of formalization
Formalismus - formalism
Formalitäten - formalities
Format - format
formatierter Datenbestand - formatted data set

Formel - formula
formelle Kreditwürdigkeitsprüfung - formal test of credit standing
Formfehler - irregularity
formgebundener Vertrag - specialty
förmlicher Vertrag - formal contract, formal agreement
formloser Vertrag - informal agreement
Formular - blank, form
Formvorschrift - form requirement
Forschung - research
Forschung und Entwicklung (F&E) - research and development (R&D)
Forschungsabteilung - research department
Forschungsinstrument - research tool
Fortbildung - further training, further education
fortgeschritten - advanced
fortlaufend - continuous
fortlaufende Notierung - consecutive quotation, continuous quotation
Fortpflanzungsmechanismus - propagation mechanism
fortschaffen - convey
Fortschreibungsmethode - grossing-up procedure
fortschreiten - proceed
Fortschritt - improvement, progress
fortschrittlich - modern, progressive, streamlined
Fortschrittsfunktion - technical progress function
Fortschrittsgläubigkeit - naive belief in progress
fortsetzen - sustain, continue
Fortsetzung - continuation
fortwährend - continuous
Fotokopie - xerox, photocopy
Frachtausgaben - freight payments
Frachtbrief - bill of carriage, consignment / freight note, waybill
Frachtbuch - book of cargo
frachtfrei - carriage paid
Frachtführer - carrier
Frachtgeschäft - freighting
Frachtgut - cargo, freight
Frachtkosten - carriage expense, freightage, railage
Frachtkostenstundung - deferred freight payment

Frachtnachlaß - freight rebate
Frachtrate - shipping rate
Frachtrechnung - freight note
Frachtschiff im Liniendienst - cargo liner
Frachtspediteur - cargo agent
Frachttarif - freight tariff
Frachtverabredung /-verpflichtung - freight engagement
Frachtzusammenstellung - consolidated shipment
Frachtzuschlag - excess freight, primage
Frage - query, question
Fragebogen - questionnaire
Fragebogenmethode - questionnaire technique
fraglich - in question
fragwürdig - precarious
Franchisegeber - franchisor
Franchisenehmer - franchisee
Franchisesystem - franchising system
Franchiseunternehmen - franchise company
Franchisevertrag - franchise agreement
frankieren - stamp
Frankiermaschine - postage meter
franko - charges prepaid by sender
Frauenbewegung - women's movement
frei - vacant
frei an Bord - free on board (f.o.b.)
frei längsseits Schiff - free alongside ship (f.a.s.)
frei verfügbares Einkommen - spendable earnings
frei von - exempt from
frei Waggon - free on wagon (f.o.w.)
freiberuflich - self-employed person, free lance
Freibetrag - amount of exemption, allowable deduction, tax free amount
freibleibend - without obligation
freibleibendes Angebot - offer subject to confirmation, offer without engagement
freie Arbeitsstelle - open position
freie Entscheidung - option
freie Kapazität - spare capacity
freie Konsumwahl - free consumers' choice
freie Lieferung - free delivery
freie Marktwirtschaft - free market economy

327

freie Mitgliedschaft

freie Mitgliedschaft - free membership
freie Spanne - free mark-up
freie Stelle - vacancy, job on offer
freie Tarifverhandlungen - free collective bargaining
freier Anfangspuffer - free initial buffers
freier Beruf - liberal profession
freier Endpuffer - free end buffers
freier Grundbesitz - freehold
freier Handel - free trade
freier Makler - outside broker, unofficial broker, private broker
freier Markt - open market
freier Mitarbeiter - free-lance
freier Wettbewerb - free competition, unhampered competition, open competition
freier Wettbewerbspreis - open market price
freies Gut - common property resource
freies Schweben der Wechselkurse - floating
freies Vermögen - free assets
Freigabe - clearance, unblocking
freigeben - unblock, release, pass
Freigelände - open-air site
freigemacht - postage paid
freigesetzte Arbeitskräfte - displaced workers
Freigut - fee simple
Freihafen - free port
Freihandel - free trade, liberal trade
Freihandelsabkommen - free trade treaty
Freihandelspolitik - liberal trade policy, free trade policy
Freihandelszone - free trade area
freihändiger Rückkauf - repurchase in the open market
freihändiger Verkauf - direct offering, direct sale
Freiheitsgrad - degree of freedom
Freilager - bonded warehouse
Freimarkt - open market
Freimaurer - freemasons
freimütig - straightforward
freisetzen - make redundant, set free, lay off
freistehend - unoccupied, undetached
Freistellung - job layoff
Freistellung von Haftung - indemnity against liability
Freistellungsauftrag - direction of exemption
Freistellungsvertrag - indemnification agreement
Freiverkehr - over-the-counter market, outside market, unlisted trading
Freiverkehrskurs - kerb price
Freiverkehrsmakler - kerb broker
Freiverkehrsmarkt - kerb market
Freiverkehrswert - unlisted security
freiwillig - of one's own accord, voluntary, optional
freiwillige Arbeitslosigkeit - voluntary unemployment
freiwillige Gerichtsbarkeit - voluntary jurisdiction
freiwillige Kündigung - voluntary redundancy
freiwillige Pensionszahlung - ex gratia pension payment
freiwillige Sozialleistungen - fringe benefits
freiwillige Zahlung - discretionary outlay
Freiwilliger - volunteer
Freizeichnungsklausel - nonwarranty clause
Freizeit - by-time, leisure, time off
Freizeitindustrie - leisure time industry
Freizeitmarkt - leisure activity market, recreation market
Freizeitökonomie - leisure time economics
Freizone - free zone
Fremdanteil - minority interest
Fremdanzeige - third-party deposit notice
Fremdauftrag - outside contract
Fremdbeleg - external voucher
Fremdbeschaffung - outsourcing
Fremdbeteiligung - outside interest
Fremdbezug - outside purchasing
Fremdemission - securities issue for account of another
fremdenfeindlich - xenophobic
Fremdenverkehr - tourism
Fremdenverkehrsbehörde - tourist board
Fremdenverkehrsbüro - tourist office
Fremdenverkehrsförderung - promotion of tourism
Fremdenverkehrsort - tourist resort
fremdes Eigentum - third-party property
Fremdfertigung - outside production

Fremdfinanzierung - debt financing, loan financing, external financing
Fremdgelder - third-party funds
Fremdinvestition - external investment
Fremdkapital - borrowed capital, debt capital, outside capital, liability
Fremdkapitalbeschaffung - procurement of outside capital
Fremdkapitalkosten - cost of debt
Fremdkapitalmarkt - debt market
Fremdleistungskosten - cost of outside services
Fremdmittel aufnehmen - raise external funds
Fremdvermutung - non-property presumption
Fremdwährung - foreign currency
Fremdwährungsanleihe - currency bond
Fremdwährungspositionen - currency exposure
Frequenz - frequency
Frequenzfunktion - frequency function
Frequenzfunktion der Stichprobe - sample frequency function
Friedensangebot - peace bid
Friedensbewegung - peace movement
friedfertig - peaceful
friedliche Nutzung der Atomenergie - peaceful use of atomic energy
friktionelle Arbeitslosigkeit - frictional unemployment
friktionsloses neoklassiches Modell - frictionless neoclassical model
Frischhaltebeutel - keep-fresh bag
Frist - deadline, period
Frist einhalten - meet the deadline
Fristablauf - expiration of time, lapse of time
Fristenkongruenz - matching of maturities, identity of maturities
Fristentransformation - rephasing of time periods
Fristenverlängerung - extension of deadline, extension of time limit
fristgemäß - in due course, in time
fristgemäß erledigen - carry out within a given time
fristgerecht - when due, on schedule
Fristigkeit - maturity
fristlose Kündigung - dismissal without notice, summary dismissal

Frühaufnehmer - early adopter
früher - former, previous
früher Ladenschluß - early closing
frühere Vereinbarung - prior engagement
frühest möglicher Zeitpunkt - earliest expected time
frühester Anfangszeitpunkt - earliest starting time
frühester Endpunkt - earliest completion time
Frühindikator - forward indicator, leading indicator
Frühkapitalismus - early capitalism
Frühwarnsystem - early warning system
führen - conduct, lead
führender Hersteller - leading producer
führendes Unternehmen - major company, top-ranking company, pathfinding company
Führer - leader
Fuhrpark - haulage fleet, vehicles pool
Führung - management, leadership, conduct, direction
Führung durch Delegation - management by delegation
Führung durch Zielvereinbarung - management by objectives (MbO)
Führung im Ausnahmefall - management by exception
Führungsaufgaben - management functions, managerial functions, executive functions
Führungsbefugnis - managerial authority
Führungsebene - layer of management, level of management
Führungseigenschaften - executive talent
Führungsentscheidung - executive decision
Führungsgröße -controlling variable
Führungsinformationssystem - management information system (MIS)
Führungskraft - executive, manager
Führungslehre - management science
Führungsmodell - management model
Führungsnachwuchs - young executives
Führungsposten - managing position
Führungspotential - leadership potential
Führungsprinzip - management principle
Führungsprovision - manager's commission

Führungsqualität

Führungsqualität - management ability, managerial quality
Führungsstil - leadership style, pattern of leadership, managerial style
Führungssystem - management concept
Führungsverhalten - leadership attitude, pattern of mangement
Fuhrunternehmer - fleet operator
Fülle - abundance
Fundamentalanalyse - fundamental analysis
fundierte Schuld - funded debt
fungieren - act as
Funktion - function, office, responsibility
funktionale Gliederung - functional design
funktionale Organisation - functional organization
funktionelle Einkommensverteilung - functional income distribution
funktionelle Lohnquote - functional share
Funktionendiagramm - function chart / diagram, task-matrix
funktionieren - operate, function, work
Funktionsbeschreibung - job breakdown
funktionsfähig - workable, operative
funktionsfähiger Wettbewerb - workable competition
Funktionsintegration - integration of functions
Funktionsstörung - malfunction
Funktionsüberschneidungen - instances of multiple functions
für eigene Rechnung - for one's own account
für Schulden haften - liable for debts
für später aufheben - keep for a later date
Fürsorge - welfare work, social service
Fürsorgeamt - welfare center, welfare agency
Fürsorgeempfänger - welfare recipient
Fusion - merger, consolidation
fusionieren - merge, amalgamate
Fusionsanmeldung - premerger notification
Fusionskontrolle - merger control
Fußnote - footnote

G

galoppierende Inflation - hyperinflation, cantering inflation, runaway inflation
Gammaverteilung - gamma distribution
Gangstermethoden - racketeering
ganzheitliches Denken - holistic thinking
Ganzheitslehre - holism
Ganztagsarbeit - full-time job
Ganztagsunterricht - full-time education
Ganzzahligkeitsbeschränkungen - integer constraints
Garant - guarantor
Garantie - guaranty, guarantee, warranty
Garantieabteilung - underwriting department
Garantiedividende - guaranteed dividend
Garantieerklärung - indemnity bond
Garantiegeschäft - guaranty business
Garantiehaftung - liability under a guaranty
Garantieklausel - warranty clause
Garantienehmer - warrantee
garantieren - secure, ensure, warrant, guarantee
garantiert - warranted, guaranteed
garantiertes Grundgehalt - base pay
Garantierückstellung - provisions for guaranties
Garantieübertragung - acceptance of guarantee
Garantieverpflichtung - cause obligation
Garantievertrag - contract of guaranty
Garantiezeit - warranty period
Gasgigant - gas supply juggernaut
Gastarbeiter - foreign worker
Gastarbeiterüberweisungen - remittances of foreign workers
gastfreundlich - xenial, hospitable
Gaststättengewerbe - catering trade
Gastwirt - caterer
Gattungsbezeichnung - generic name, established name
Gattungskauf - sale by description, sale of unascertained goods
Gattungsmarke - generic brand
Gattungsschuld - obligation in kind
Gauss-Verteilung - normal distribution, Gauss distribution
Gebäude - building, premises
Gebäude nach Abschreibung - building less depreciation
Gebäudeabschreibung - building depreciation
Geberland - donor country
Gebiet - area, district, zone
Gebietsfremder - nonresident
Gebietskartell - market-sharing cartel
Gebietskörperschaft - political subdivision
geborenes Orderpapier - original order paper
Gebot - bid, bidding
gebotener Preis - bid price
gebrauchen - apply, use
gebräuchlich - customary
Gebrauchsanweisung - instructions for use, operating instructions
Gebrauchsartikel - goods in common use, commodity
Gebrauchsgraphik - commercial art
Gebrauchsgut - durable consumer goods, hard goods, consumer durables
Gebrauchsmuster - utility-model patent, industrial design
Gebrauchsmusterschutz - protection of registered design
Gebrauchswert - practical value, value in use
Gebrauchtwarenhändler - junk dealer
Gebühr - rate, fee, charge
Gebührenerhöhung - rate hike
gebührenfrei - free of charge, without charge
Gebührenordnung - fee scale, schedule of commision charges
Gebührensatz - billing rate
Gebührentarif - tariff
Gebührenzuschlag - excess charge, surcharge
gebundene Entwicklungshilfe - procurement tying
gebundener Handel - tied trade
gebundenes Kapital - tied-up capital
Geburtenkontrolle - birth control
Geburtenrückgang - baby bust
Geburtenziffer - birth rate
Gedanke - concept, thought
gedeckt - secured
gedeckter Güterwagen - box car
gedeckter Kredit - secured credit

gedecktes Darlehen - secured advance
geeignet - applicable, appropriate, eligible, suitable
Gefahr - danger, peril, risk, threat
Gefahr des Eigentümers - owner's risk
Gefahr des Transportunternehmens - carrier's risk
gefährden - jeopardize
Gefahrenklausel - emergency clause
gefährlich - hazardous
gefahrloses Unternehmen - safe undertaking
Gefälle - differential
gefallen - appeal
Gefälligkeitspapier - accomodation paper
Gefälligkeitswechsel - accommodation note / bill
gefälschte Überweisung - forged transfer
Gefängnis - prison
geforderter Preis - asking price
gegeben - given
gegen bar - cash down, for cash, money down
gegen bar und bei eigenem Transport - cash and carry
gegen Nachnahme - cash on delivery (c.o.d.)
gegen Provision verkaufen - sell on commission
Gegenakkreditiv - back-to-back credit, secondary credit
Gegenangebot - counter offer
Gegenbeweis - counter evidence
Gegenbuchung - offsetting entry
Gegengeschäft - counterpurchase, counter trade
Gegenhypothese - alternative hypothesis
Gegenkartell - counter-cartel
Gegenkonto - contra account
gegenläufige Geld- und Güterströme - bilateral flows
Gegenleistung - compensation
Gegenmaßnahme - countermeasure, retaliatory action
gegensätzlich - antithetical
gegenseitig - reciprocal, mutual
gegenseitige Abhängigkeit - interdependence
gegenseitige Hilfe - bilateral aid, reciprocal aid

gegenseitige Mitarbeiterinformation - feedback loop
gegenseitige Verpflichtung - mutual obligation
gegenseitige Verständigung - intercommunication
gegenseitiges Zugeständnis - compromise
Gegenseitigkeitsgeschäft - cross selling, reciprocal deal
Gegenstand - item, matter, object
gegensteuernd - anticyclical
Gegenstromverfahren - down-up planning
Gegenstück - match, counterpart
Gegenteil - contrary
Gegenüber - counterpart
gegenüberstehen - confronted with
gegenüberstellen - confront
Gegenüberstellung - confrontation
gegenwärtige Kurssicherung - short-hedge
gegenwärtiger Auftragsbestand - work on hand
Gegenwartswert - present value, current purchase price
Gegenwert - countervalue, equivalent, value
gegenzeichnen - countersign
Gegenzeichnung - countersignature
Gehalt - salary
Gehalt eines Abgeordneten, Diäten - emoluments of a member of Parliament
Gehalt nach Vereinbarung - salary by arrangement
Gehälterunkosten - salary expense
Gehaltsabrechnung - salary printout
Gehaltsabteilung - payroll department
Gehaltsabtretung - assignment of salary
Gehaltsabzug - deduction from salary
Gehaltsangleichung - salary adjustment
Gehaltsanspruch - salary demand, salary required
Gehaltsberechnung - payroll computation
Gehaltsbuchhalter - salary administrator
Gehaltseinstufung - salary classification
Gehaltserhöhung - salary increase, pay increase
Gehaltsgefälle - salary differential
Gehaltsgruppe - pay grade
Gehaltsklasse - salary class

Geldmengenabgrenzungen

Gehaltskonto - salary account
Gehaltskürzung - salary cut
Gehaltsliste - payroll records
Gehaltsniveau - salary level
Gehaltsrahmen - salary range
Gehaltsrückstand - accrued salaries, back pay
Gehaltsspielraum - salary range
Gehaltsstreifen - payslip, salary slip
Gehaltsstruktur - salary structure
Gehaltsüberprüfung - salary review
Gehaltsverzeichnis - payroll
Gehaltsvorschuß - salary advance, advance pay
Gehaltszahltag - pay day
Gehaltsziffern - salary figures
geheim - confidential, secret
Geheimbuchführung - undisclosed accounting
geheime Abstimmung - ballot
Geheimhaltung - concealment
gehören - belong to
gehortetes Geld - inactive money
Geistesblitz - flash of inspiration
geistiges Eigentum - intellectual property
geistreich - ingenious
geknickte Kurve - kinked curve
geknickte Nachfragekurve - kinked demand curve
geknüpft an - attached to
gekorenes Orderpapier - order paper by transaction
gekündigt - under notice
Geländewagen - off-road car
Geld - money
Geld abheben - withdraw money
Geld anlegen - invest money
Geld aufnehmen/beschaffen - raise money
Geld in ein Unternehmen stecken - sink money in an undertaking
Geld stillegen - immobilize money, neutralize money
Geld überweisen - remit money
Geld-Briefkurs-Differenz - bid-ask-spread
Geld- und Briefkurse - bid and asked quotations
Geldabfluß - drain
Geldangebotsfunktion - money supply function

Geldangebotsregel - monetary rule
Geldangebotsüberhang - excess money supply
Geldangebotsziel - money supply target
Geldangelegenheiten - monetary matters
Geldanlage in der Industrie - corporate investment
Geldanleger - investor
Geldausgabe-Automat - cash dispenser
Geldbeschaffungskosten - cost of raising money
Geldbestand - money stock
Geldeingang - cash receipt
Geldeinkommen - money income
Geldeinlage - money paid in
Geldentwertung - depreciation of currency, inflation
Geldentwertungsrate - rate of depreciation
Gelder - funds
Gelder zusammenlegen - pool funds
Geldersatzmittel - substitute money
Geldflußrechnung - cash flow statement
Geldforderung - financial claim, monetary claim
Geldgeber - sponsor
Geldgeschäft - money-market business
geldgierig - money grubbing
Geldhaltungsbdarf - need to hold money
Geldillusion - money illusion, veil of money
Geldinflation - monetary inflation
Geldkapital - monetary capital
Geldkapitalerhaltung - maintenance of money capital
Geldknappheit - shortness of money
Geldkreislauf - circular flow of money
Geldkurs - bid (price), buying rate
geldlich - monetary
Geldlohn - money wage
Geldmangel - short of cash
Geldmarktsätze - money (market) rates
Geldmarktverflüssigung - easing of money
Geldmarktverschuldung - money market indebtedness
Geldmarktzins - federal funds rate
Geldmenge - money stock, stock of money
Geldmengenabgrenzungen - money supply definitions

Geldmengenregel

Geldmengenregel - monetary rule
Geldmengenregulierung - management of money supply
Geldmengensteuerung - monetary control, money supply control
Geldmengenwachstum - monetary growth
Geldmengenziele - money stock targets
Geldmittel - funds
Geldmittelbestand - cash position
Geldnachfrage - demand for cash
Geldnachfrageüberhang - excess money demand
Geldneuordnung - monetary reform
Geldpolitik - monetary policy
geldpolitische Maßnahmen - measures of monetary policy
geldpolitisches Instrumentarium - tools of monetary policy
Geldsammlung - whipround, collection, gathering, purse
Geldschöpfung - creation of money, cash generation
Geldschöpfungsmultiplikator - deposit multiplier
Geldschrank - strong box, safe
Geldsender - remitter
Geldsendung - remittance
Geldstillegung - locking up of money, sterilization of money
Geldstoff - money commodity
Geldstrafe - forfeit, fine
Geldstrom - moneyflow
Geldstromanalyse - flow-of-funds analysis
Geldsubstitut /-surrogat - substitute money, near money
Geldsystem - monetary system
Geldüberhang - backlog of money
Geldüberweisung - money transfer
Geldumlauf - flux of money, money in circulation
Geldvermögen - financial assets
Geldvermögensbildung - acquisition of financial assets
Geldvernichtung - destruction of money
Geldversorgung - money supply
Geldwachstumsverlangsamung - deceleration of money growth
Geldwert - value of money
Geldwertschwund - monetary erosion

Geldwertstabilität - currency / monetary stability
Geldzinsfuß - money rate of interest
Gelegenheit - occasion, opportunity
Gelegenheitsarbeit - occasional / temporary work
Gelegenheitsarbeiter - jobber
Gelegenheitskauf - (chance) bargain
gelenkter Außenhandel - controlled international trade
gelernter Arbeiter - skilled worker
geltend machen - assert
geltender Preis - going rate
geltendes Recht - applicable law
Geltung verschaffen - enforce
Geltungsbereich - ambit, reach
Geltungsdauer - period of validity
Geltungskonsum - conspicuous consumption, ostentatious consumption
gemein - vulgar
Gemeinde - community, municipality
Gemeindebank - municipal bank
Gemeindegrundsteuer, Gemeindesteuer - rates, municipal tax
Gemeindeverwaltung - local authority
Gemeineigentum - public ownership
gemeiner Wert - fair market value
Gemeinkosten - indirect costs, overhead expenses, overheads
Gemeinkostenabweichung - overhead variance
Gemeinkostenanteil - overhead rate
Gemeinkostenbudget /-plan - overhead budget
Gemeinkostenschlüssel - overhead allocation base
Gemeinkostenstelle - overhead department
Gemeinkostenüberdeckung - overabsorption of overhead
Gemeinkostenumlage - allocation of overhead, apportionment of indirect cost
Gemeinkostenverrechnung - burden absorption rate
Gemeinkostenwertanalyse - overhead value analysis
gemeinnützig - charitable
gemeinnützige Gesellschaft - benevolent corporation
gemeinnützige Sparkasse - trustee savings bank

gemeinsam - collective, cooperative, joint, mutual
gemeinsame Anstrengung - team effort, joint effort
gemeinsame Beschaffung - joint purchasing
gemeinsame Einfuhrregelung - common rule for import
gemeinsame Entschließung - joint resolution
gemeinsame Handelspolitik - common commercial policy
gemeinsamer Besitz - multiple tenure
gemeinsamer Markt - common market
gemeinsamer Zolltarif - common customs tariff
gemeinsames Benutzungsrecht - right of common
gemeinsames Konto - joint account
gemeinsames Umsatzsteuersystem - common turnover tax system
Gemeinsamkeiten - common features, similarities
Gemeinschaft - community
gemeinschaftlich - collective
gemeinschaftliche Absatzorganisation - joint sales organization
gemeinschaftlicher Vertrieb - cooperative distribution
gemeinschaftliches Risiko - joint risk
Gemeinschafts-Indossament - joint endorsement
Gemeinschaftsbudget - common budget
Gemeinschaftseigentum - society goods
Gemeinschaftsfinanzierung - joint financing
Gemeinschaftsfond - mutual trust
Gemeinschaftsforschung - joint research
Gemeinschaftskontenrahmen - joint standard accounting system
Gemeinschaftskonto - joint account
Gemeinschaftssteuern - shared taxes, community taxes
Gemeinschaftsunternehmen - joint undertaking, joint venture, cooperative venture
Gemeinschaftsvertrieb - joint marketing
Gemeinschaftswährung - common currency
Gemeinschaftswerbung - collective advertising, joint advertising

Gemeinschuldner - bankrupt, common debtor
gemeldete offene Stellen - vacancies notified
Gemisch - cocktail
gemischt - miscellaneous
gemischt ganzzahlig - mixed-integer
gemischt ganzzahlige Programmierung - mixed-integer programming
gemischte Gesellschaft - mixed company
gemischter Ausschuß - joint committee
Gemischtwarengeschäft - general store
Gemischtwarenhandlung - variety shop
gemischtwirtschaftliches System - mixed economy
genau - precise, strict, accurate
genau prüfen - scrutinize
genaue Untersuchung - scrutiny
Genauigkeit - precision, accuracy
genehmigen - approve, permit
genehmigtes Kapital - approved capital, authorized capital
Genehmigung - authorization, permit, subsequent approval
Genehmigung einholen - apply for permission
Genehmigungspflicht - licence requirement
Generalbevollmächtigter - universal agent, executive manager
Generaldirektor - chief executive
Generalklausel - blanket clause
Generalkosten - fixed charges
Generalpolice - blank policy, floating policy, open cargo policy
Generalversammlung - general assembly
Generalvollmacht - general power of attorney
Genfer Konvention - Geneva convention
genial wahnsinnig - brainiac
Genossenschaft - cooperative (co-op), association
genossenschaftlich - cooperative
Genossenschaftsanteil - cooperative share
Genossenschaftsbank - bank for cooperatives, cooperative bank
Genossenschaftsregister - public register of cooperatives
Genossenschaftssparkasse - mutual saving bank

genügend

genügend - sufficient, ample
Genugtuung - satisfaction
Genußaktie - bonus share
Genußberechtigter - beneficiary
Genußrecht - profit participation right
Genußschein - certificate of beneficial interest, participation certificate
geometrisch-degressive Abschreibung - declining balance method
geometrische Verteilung - geometric distribution
geordnete Marktverhältnisse - orderly market conditions
geplant - scheduled, planned
geplante autonome Ausgaben - autonomous planned spending
geplante Investition - intended investment
geplante Nettoinvestition - intended net investment
geplante Veralterung - planned obsolescence
geplantes Entsparen - intended dissaving
geplantes Sparen - intended savings
geplatzter Scheck - bounced check
geprüfte Bilanz - audited balance sheet
Gerade - straight line
Gerät - device
gerecht - equitable, fair
gerechtes Spiel - fair game
gerechtfertigt - justifiable
gerechtfertigte Kündigung - fair dismissal
Gerechtigkeit - equity, fairness
gerichtete Kante - arc
gerichteter Graph - directed graph
gerichtliche Schritte - legal action, legal steps
gerichtliche Verfügung - court order, writ
gerichtliche Verwahrung - impoundage
gerichtliche Vorladung - judicial writ
gerichtlicher Vergleich - court settlement
Gerichtshof - court of justice, tribunal
Gerichtsstand - place of jurisdiction, legal venue, legal domicile
Gerichtswesen - judiciary
geringe Nachfrage - slack demand
geringer Umsatz - narrow market
geringer Zuwachs - marginal gain
geringes Engagement - low involvement

geringfügig - insignificant, marginal
geringfügige Beschäftigung - low-paid employment
geringhalten - minimize
geringwertig - inferior
geringwertige Wirtschaftsgüter - assets of low value
geringwertiges Wirtschaftsgut - low-value item
Gerüst - framework
gesamt - aggregate
Gesamtabsatzforschung - all-marketing research
Gesamtabsatzplan - overall marketing program
Gesamtaktie - multiple share certificate
Gesamtangebot - aggregate supply
Gesamtarbeitslosenzahl - jobless total
Gesamtaufwand - total outlay
Gesamtausgaben - total spending, total expenditures
Gesamtausleihungen - total lending
Gesamtbetrag - full amount, total, cumulative total
Gesamtbevölkerung - total population
Gesamtbuchhaltung - unified accounting
Gesamtdefizit - overall budget deficit
gesamte außenwirtschaftl. Transaktion - total external transaction
Gesamteigentum - common ownership
Gesamteinkommen - total income, overall income
Gesamteinlagenbestand - gross deposits
gesamten Markt erfassen - blanket the entire market
gesamter Reallohn - aggregate real wage
Gesamtergebnis - total result
Gesamtetat - master budget
Gesamtgewinn - overall profits
Gesamtgläubiger - joint creditor, plurality of creditors
Gesamtguthaben - credit total
Gesamthaftung - joint liability /risk
Gesamthandeigentum - joint ownership of property
Gesamthandschuld - joint debt
Gesamthandschuldner - joint debtor
Gesamthaushaltseinkommen - aggregate consumer income
Gesamtheit - totality, population
Gesamthypothek - blanket mortgage

Gesamtjahreswachstum - compound annual rate growth rate
Gesamtkapital - total capital
Gesamtkapitalrentabilität - return on total investment
Gesamtkonsum - aggregate consumer expenditure
Gesamtkosten - total cost, total outlay
Gesamtkostenfunktion - total cost function
Gesamtkostenkurve - total cost curve
Gesamtkostenverfahren - expenditure style of presentation, type of expenditure format
Gesamtleistung - total operating performance, gross performance, total output
Gesamtmarktanalyse - census survey
Gesamtnutzen - total utility
Gesamtpreis - all-inclusive price, all-round price
Gesamtpuffer - total buffer
Gesamtrechnungsbetrag - debit total
Gesamtrendite - compound yield
Gesamtschuld - debit total
Gesamtschuldner - plurality of debtors
gesamtschuldnerische Haftung - joint and several liability
Gesamtsteuersatz - combined total rate
Gesamtsumme - aggregation, overall amount, footing
Gesamtveränderung - total change
Gesamtverbrauch - overall consumption
Gesamtverkaufseinnahmen - sales revenue
Gesamtversicherung - all-in insurance, all-loss insurance
Gesamtversicherungssumme - aggregate liability
Gesamtvollmacht - collective power of attorney
Gesamtwert der Unternehmung - value of an enterprise as a whole
Gesamtwert einer fundierten öffentlichen Anleihe - omnium
gesamtwirtschaftliche Angebotskurve - aggregate supply curve
gesamtwirtschaftliche Eckdaten - key economic data
gesamtwirtschaftliche Entwicklung - aggregate development
gesamtwirtschaftliche Grenzkosten - marginal social cost
gesamtwirtschaftliche Konzentration - aggregate concentration
gesamtwirtschaftliche Kosten - social costs
gesamtwirtschaftliche Nachfrage - aggregate demand
gesamtwirtschaftliche Nachfragekurve - aggregate demand curve
gesamtwirtschaftliche Produktivität - overall labor productivity, overall productivity
gesamtwirtschaftlicher Vorteil - social benefit
gesamtwirtschaftliches Angebot - aggregate supply
gesamtwirtschaftliches Gleichgewicht - overall economic equilibrium
gesamtwirtschaftliches Ziel - overall economic goal
Gesamtzahl - total
gesättigt - saturated
Geschäft - shop, store, business, deal
Geschäft aufgeben - close down, go out of business
Geschäfte aufnehmen - start business
Geschäfte machen - pick up business
geschäftliches Ansehen - business reputation
geschäftliches Unternehmen - venture
Geschäftsabschluß - business transaction, business dealing, closing
Geschäftsangelegenheiten - business matters
Geschäftsanteil - share
Geschäftsanteile zeichnen - subscribe for shares
Geschäftsanzeige - business advertisement
Geschäftsaufgabe - discontinuance of a business
Geschäftsauflösung - run-down
Geschäftsausstattung - office furniture and equipment
Geschäftsbank - commercial bank
Geschäftsbereich - operation unit, business segment /unit
Geschäftsbereich ausweiten - enter new lines of business

Geschäftsbericht

Geschäftsbericht - year-end report, annual report
Geschäftsbrauch - usage
Geschäftsbücher - accounting records
Geschäftsdepositen - business deposits
Geschäftsdispositionen - business measures
Geschäftseinheit - business unit
Geschäftsentwicklung - business development
Geschäftserfahrung - experience in trade
Geschäftsfähigkeit - legal capacity to contract, capacity for acts-in-law
geschäftsführender Gesellschafter - managing partner
Geschäftsführer - executive manager, factor manager
Geschäftsführertätigkeit - managership
Geschäftsführung - conduct of business, management
Geschäftsgegend - business section
Geschäftsgeheimnis - business secret, trade secret, industrial secret
Geschäftsgewandtheit - smartness
Geschäftsgewinn - trading profit
Geschäftsgraphik - business graphics
Geschäftsgrundstücke - business property
Geschäftsgründung - business foundation
Geschäftsinhaber - proprietor, shopkeeper
Geschäftsjahr - accounting year, business year, fiscal year
Geschäftskosten - operating costs / expenses
Geschäftslage - business outlook
Geschäftsleitung - corporate management, executive management
Geschäftsmann - businessman
Geschäftsmotiv - business motive
Geschäftspapier - commercial paper
Geschäftspolitik - business economics, business policy
Geschäftsrahmen - scope of business
Geschäftsraum - business premise, store site
Geschäftsreise - business travel
Geschäftsrisiko - business risk, business venture
Geschäftsrückgang - decline in business, dip

Geschäftssegmentierung - business fragmentation
Geschäftssinn - business acumen, business spirit
Geschäftsstelle - branch shop
Geschäftsstellennetz - branch network
Geschäftsstraße - high street
Geschäftstätigkeit - business activity
Geschäftstüchtigkeit - business capacity
Geschäftsumsatz - volume of business
Geschäftsunfähigkeit - incompetence, legal incapacity
Geschäftsunterlagen - books of corporations, papers of a business concern
Geschäftsverbindung - business connection
Geschäftsverlust - trading loss
Geschäftswert - enterprise value, goodwill
Geschäftswertabschreibung - goodwill amortization
Geschäftszeit - office hours, business hours
Geschäftszweig - business branch
geschätzter Liefertermin - estimated delivery
geschätzter Wertminderungsverlauf - estimated loss of service life
geschichtete Stichprobe - stratified sample
Geschicklichkeit - ingenuity
geschickt - skilled
geschlossene Frage - closed probe
geschlossene Gesellschaft - closed / private party
geschlossene Volkswirtschaft - closed economy
Geschmack - taste
Geschmacksmuster - ornamental design
geschützt - proprietary, secure
Geschwätz - palaver
Geschwindigkeit - rapidity, speed
Geschworenenurteil - verdict
Geselle - journeyman
Gesellenprüfung - journeyman's examination
Gesellschaft - corporation, company, assembly, association
Gesellschaft gründen - form a company
Gesellschaft mit beschränkter Haftung (GmbH) - closed corporation, limited

liability company, private limited company
Gesellschafter - associate, member of a company
Gesellschaftereinlage - contribution to partnership capital
gesellschaftliche Präferenzfunktion - social preference function
gesellschaftlicher Aufstieg - social advancement
gesellschaftlicher Entscheidungsmechanismus - social decision mechanism
gesellschaftlicher Nutzen - social benefit
gesellschaftlicher Wert - social value
Gesellschaftsbilanz - partnership balance sheet
gesellschaftsfreundliches Marketing - social marketing
Gesellschaftskapital - capital of partnership, joint capital, joint stock
Gesellschaftsmittel - corporate funds
Gesellschaftsrecht - company law
Gesellschaftssitz - corporate domicile
Gesellschaftssteuer - company tax
Gesellschaftsvermögen - company assets
Gesellschaftsvertrag - deed of partnership
Gesellschaftsversammlung - general assembly
Gesetz - statute, law
Gesetz der großen Zahlen - law of large numbers
Gesetz der Massenproduktion - law of mass production
Gesetz des abnehmenden Grenz-ertrags - law of diminishing returns
Gesetz vom abnehmenden Grenznutzen - law of diminishing marginal utility
Gesetz vom Grenznutzenausgleich - law of equi-marginal returns
Gesetzentwurf - model act, white paper
Gesetzesbruch - break the law
Gesetzesnovelle - amendment
Gesetzgebung - legislation
gesetzlich vorgeschrieben - statutory
gesetzlich vorgeschriebene Reserven - statutory reserves
gesetzliche Bestandteile - statutory features

gesetzliche Gewährleistung - warranty implied in law
gesetzliche Grundlage - statutory basis
gesetzliche Kündigungsfrist - statutory period of notice
gesetzliche Rücklage - surplus reserve, legal reserve
gesetzlicher Feiertag - bank holiday
gesetzliches Zahlungsmittel - legal tender, lawful money
gesicherter Gläubiger - secured creditor
gesondert - separate
gespalten - two-tier
gespaltene Preise - differential prices
gespaltener Goldmarkt - two-tier goldmarket
gespaltener Goldpreis - two-tier gold price
gespaltener Wechselkurs - split exchange rate, multiple exchange rate
gespaltenes Lohnsystem - two-tier wage system
Gespanntheit - tandness
Gespräch - talk
gestaffelte Steuer - progressive tax
gestalten - create
Gestaltung - design
Gestaltungsinhalte - contents of organisational design
Gestaltungstechniken - organization techniques
Gestaltungsträger - project-organization
Gestaltungsziel - creative goal
Gestehungskosten - original costs
Gestehungspreis - prime costs
gestempeltes Geld - stamped money
gestörtes Gleichgewicht - imbalance
gestörtes Wachstum - disturbed growth
gestützte Währung - pegged currency
gestützter Preis - subsidized price
Gesuch - application, plea
gesund - sound, healthy
Gesundheits- und Arbeitsschutzgesetzgebung - health and safety legislation
Gesundheitsindikatoren - health indicators
Gesundheitsschutz - health protection
Gesundheitswesen - health care
gesundschrumpfen - pare down
gesungener Werbespruch - jingle

Getreidepreis

Getreidepreis - grain price
Getreideprodukt - cereal product
getrennt - distinct, separate
getrennte Veranlagung - separate assessment
gewagt - hazardous
gewagtes Unternehmen - speculation
Gewähr - guaranty, guarantee
Gewähr bieten - ensure
gewähren - concede, grant
Gewährfrist - period of guaranty
gewährleisten - guarantee
Gewährleistung - warranty
Gewährleistungsbruch - breach of warranty
Gewährleistungskosten - cost of guaranty commitments
Gewährleistungsvertrag - indemnity agreement
Gewährleistungswagnis - warranty risk
Gewährträgerhaftung - liability of guaranty authority
Gewährvertrag - contract of guaranty
Gewaltmaßnahme - violent measures
Gewandheit - nimbleness, versedness
Gewässerverschmutzung - water pollution
Gewerbe - business, occupation, trade
Gewerbeaufsichtamt - trade supervisory authority
Gewerbeerlaubnis - business licence
Gewerbeertrag - trade earnings
Gewerbeertragssteuer - trade tax on earnings
Gewerbegebiet - trading estate
Gewerbegenehmigung - permission to transact business
Gewerbekapital - trading capital
Gewerbekapitalsteuer - trading capital tax
Gewerbeordnung - trade regulation act
Gewerbesteuer - business profit tax, licence /trade tax
Gewerbeunfallversicherung - industrial accident insurance
Gewerbezweig - branch of industry
gewerblich - commercial, industrial
gewerbliche Erzeugnisse - industrial goods
gewerbliches Eigentum - industrial property

Gewerkschaft - labor union, trade union (TU)
Gewerkschaftler - trade unionist
gewerkschaftlich organisiert - unionized
Gewerkschaftsbeiträge - union dues
Gewerkschaftsbeitritt ausgeschlossen - yellow-dog contract
Gewerkschaftsbewegung - trade unionism
Gewerkschaftsführer - labor leader, union chief
Gewerkschaftsfunktionär - labor union official
Gewerkschaftskongress - trade union congress (TUC)
Gewerkschaftsmitglied - union member
gewerkschaftspflichtiger Betrieb - closed shop
Gewerkschaftsvertreter - union representative
Gewerkschaftswesen - trade unionism
Gewicht - weight
gewichten - weight
gewichtete Stichprobe - weighted sample
gewichteter Durchschnitt, gewichtetes Mittel - weighted average
Gewichtsbasis - weight basis
Gewichtskoeffizient - weighting coefficient
Gewichtsmanko - shortage in weight
Gewichtungsziffer - weighting figure
gewillt - willing
Gewinn - profit, emolument, gain, return
Gewinn nach Steuern - earnings after taxes
Gewinn pro Aktie - income per share
Gewinn pro Verkaufseinheit - profit per unit
Gewinn vor Steuer - pre-tax profit, earnings before taxes
Gewinn ziehen - reap benefits
Gewinn- und Verlustrechnung - income statement, profit and loss account, operating statement
Gewinnabfall - skid in profits
Gewinnabführung - transfer of profits
Gewinnabführungsvertrag - profit transfer agreement
Gewinnabrechnungsgemeinschaft - profit pool

Gewinnabschöpfung - siphoning-off profits
Gewinnanalyse - profit analysis
Gewinnanalyse nach Marktsegmenten - segment profit analysis
Gewinnanteil - percentage of profits, share in profits
Gewinnanteilschein - profit sharing certificate, dividend coupon
Gewinnauswirkung von Marktstrategien - profit impact of market strategies (PIMS)
gewinnbeteiligt - participating
Gewinnbeteiligung - profit sharing, profit share
Gewinnbeteiligungsrechte - participating rights
gewinnbringend - profitable
Gewinndeckung - profit cover
Gewinndruck - profit squeeze
Gewinndruck-Inflation - profit-push inflation
Gewinne erzielen - realize profits, secure profits, rack up profits
Gewinne reinvestieren - plough back profits
Gewinne zurechnen - attribute profits
Gewinneinbehaltung - retained profits
Gewinneinkommen - profit income
gewinnen - gain, win
Gewinnentwicklung - earnings performance, performance of earnings
Gewinnerhaltung - maintenance of profit levels
Gewinnermittlungsmethode /-verfahren - accounting method, method of computing taxable income
Gewinnerwartungen - profit expectations
Gewinnerzielung - profit making, realization of profits
Gewinngrößen - profit variables
Gewinninflation - markup pricing inflation
Gewinnkontrolle - profit control
gewinnlose Konkurrenz - non-profit competition
Gewinnmitnahme - profit taking
Gewinnobligation - income bond, participating bond
Gewinnplanung - profit planning
Gewinnpotential - profit potential

Gewinnprognose - profit forecast
Gewinnrückgang - drop in profits
Gewinnrücklage - appropriated earned surplus, retained income, revenue reserves
Gewinnschrumpfung - diminution of profits
Gewinnschuldverschreibung - income debenture, adjustment bond, participating bond
Gewinnschwelle - breakeven point
Gewinnschwellenanalyse - breakeven analysis
Gewinnspanne - operating margin, profit margin
Gewinnsteuer - profit tax
Gewinnsteuerung - profit management
Gewinntabelle - payoff table
Gewinnteilung - pooling of profits
Gewinntransfer - repatriation of profits
Gewinnverantwortungsbereich - profit center
Gewinnvergleichsrechnung - profit comparison method
Gewinnverlagerung - profit shifting
Gewinnverteilung - bonus distribution, profit distribution
Gewinnverwendung - appropriation of profits, disposition of retained earnings
Gewinnverwendungsaufstellung - surplus statement
Gewinnvortrag - profit carried forward, reserved surplus
Gewinnzone - net earnings area, profit wedge
Gewinnzone erreichen - break even
Gewinnzuschlag - profit markup
gewissenhaft - conscientious, faithful
Gewissenhaftigkeit - conscientiousness
gewiß - confident
gewöhnlich - conventional, ordinary, vulgar
gewünschter Kapitalbestand - desired capital stock
gezielte Anzeigenwerbung - targeted advertising
gezielte Kampfpreise - predatory price differential
gezielte Programme - targeted programs
gezielte Stichprobe - precision sample
gezielte Werbung - selective advertising

gezwungen - constrained, forced
Gigant - titan
Gipfel - culmination, peak
Gipfelkonferenz - summit
gipfeln in - culminate
Giralgeld - bank deposit money, book money, primary deposit
Giralgeld - deposit currency
Giralgeldkontraktion - deposit contraction
Giralgeldschöpfung - bank deposit creation, expansion of credits
Giro - endorsement, giro
Girobank - clearing bank
Girogeschäft - giro business
Girokonto - giro /drawing account, current account, checkable deposit
Gironetz - giro system
Girosammeldepot - central collective deposit
Girozentralen - giro centers
Gitter - grid
Gitteranalyse - grid analysis
Glanzzeit - heyday
Glättungskonstante - smoothing constant
Gläubiger - holder, creditor, debtee
Gläubiger befriedigen - discharge a creditor
Gläubiger-Schuldner-Hypothese - debtor-creditor hypothesis
Gläubigerbegünstigung - preference of creditor
Gläubigerbenachteiligung - delay of creditors, fraudulent conveyance
Gläubigerversammlung - meeting of creditors
Gläubigervorrecht - absolute priority
Gläubigerwechsel - subrogation of creditors
Gläubigerzentralbank - creditor central bank
glaubwürdig - credible
Glaubwürdigkeit - credibility
gleich - equal, uniform
Gleichartigkeit - similarity
gleichberechtigt - equal
gleichbleibend - stationary, steady
gleichbleibende Nachfrage - steady demand
gleichbleibende Preise - stable prices
gleichen - equal

gleichförmige Verteilung - uniform distribution
gleichgestreut - homoskedastic
Gleichgewicht - equilibrium
Gleichgewicht bei Maximalgewinn - best profit equilibrium
Gleichgewicht stören - unbalance
Gleichgewichtsanalyse - equilibrium analysis
Gleichgewichtsannahme - equilibrium assumption
Gleichgewichtsbedingung - equilibrium condition
Gleichgewichtskurve - equilibrium schedule
Gleichgewichtslohnsatz - adjustment rate of wages
Gleichgewichtspreis - equilibrium price
Gleichgewichtsprinzip - equilibrium principle
Gleichgewichtspunkt - equilibrium point
Gleichgewichtsverteilung - equilibrium distribution
Gleichgewichtswahrscheinlichkeit - equilibrium probability
Gleichgewichtswechselkurs - equilibrium exchange rate
Gleichgewichtszustand - state of equilibrium
gleichgültig - indifferent
Gleichheit - equality, parity
gleichmäßig - consistent, equal
Gleichordnungskonzern - horizontal group
Gleichsetzung - equalization
Gleichung - equation
Gleichungsrestriktionen - equation restrictions
Gleichungssystem - system of equations, set of equations, equation system
Gleichverteilung - equal distribution, uniform distribution
gleichwertig - equivalent
Gleichwertigkeit - par
gleichzeitig - simultaneously, coincidental
gleitende Arbeitszeit - flexible working hours
gleitende Lohnskala - escalator scale
gleitende Planung - continuous planning
gleitender Durchschnitt - moving average

Gleitzeit - flextime
Gliederung der Bilanz - balance sheet format
Gliederung in Abteilungen - departmentalism
Globalaktie - multiple certificate, multiple share certificate, stock certificate
globale Ausgabenneigung - global propensity to spend
Globalsteuerung - demand management
Globalurkunde - global bond certificate
Glockenkurve - bell-shaped curve
GmbH-Gesetz - law on limited liability
Gnadenfrist - period of grace
Goldabfluß - gold outflow
Goldaufgeld - gold premium
Goldautomatismus - specie-flow adjustment mechanism
Goldbestand - gold holdings, gold inventory
Golddeckung - gold backing, gold coverage
Golddevisenwährung - gold exchange standard
goldene Bankregel - golden bank rule
goldene Bilanzregel - golden balance-sheet rule
goldener Wachstumspfad - golden age path, unique steady-state equilibrium
Goldkernwährung - gold bullion standard
Goldnotierung - gold quote
Goldoptionen - gold options
Goldparität - gold parity
Goldreserve - bullion reserve
Goldreserve-Deckung - gold reserve cover
Goldumlaufwährung - gold specie currency
Goldwährungssystem - gold-based monetary system
Gönnerschaft - patronage, sponsorship
Gossensche Gesetze - Gossen's laws
Grad - degree
Gradient - gradient
Gradientalgorithmus - gradient algorithm
Gradientensuchverfahren - gradient search method
graduieren - graduate
Graph - graph

Graphentheorie - graph theory
Graphik - chart
graphisch - diagrammatic
graphisches Verfahren - graphic method
Gratifikation - bonus
gratis - no charge, free of charge
Gratisaktie - bonus share, scrip share, melon
Grauzone - shadowy interstice
Grenzanbieter von Kapital - marginal lender
Grenzbereinigung - correction of borders
Grenzbeschäftigung - marginal employment
Grenzbetrag - marginal amount
Grenzbezugskosten - marginal cost of acquisition
Grenzböden - marginal land
Grenze - border
Grenzeinkommen - marginal income
Grenzen des Wachstums - growth limits, limits of growth
Grenzerlös - marginal revenue
Grenzerlösprodukt - marginal revenue product
Grenzertrag - marginal revenue, marginal yield
Grenzgebrauchskosten - marginal user cost
Grenzhang - marginal propensity
Grenzkapazität - marginal capacity
grenzknapp - marginal
Grenzkonsumbereitschaft - marginal propensity to consume
Grenzkosten - marginal cost, marginal incremental cost, differential cost
Grenzkostenkalkulation - marginal costing
Grenzkostenrechnung - marginal costing, direct costing
Grenzleid der Arbeit - marginal disutility of labour
Grenzleistungsfähigkeit des Kapitals - marginal efficiency of capital
Grenznachfrager - marginal buyer
Grenznachfrager nach Kapital - marginal borrower
Grenznachteil - marginal disutility
Grenzneigung - marginal propensity
Grenzneigung zum Konsum - marginal propensity to consume

343

Grenzneigung zum Sparen

Grenzneigung zum Sparen - marginal propensity to save
Grenznutzen - marginal utility, final utility
Grenznutzen des Kapitals - marginal utility of capital
Grenznutzenanalyse - marginal utility analysis
Grenznutzentheorie - marginal utility theory
Grenzplankostenrechnung - direct costing
Grenzprodukt - marginal product, incremental product
Grenzprodukt der Arbeit - marginal product of labor
Grenzprodukt des Kapitals - marginal product of capital
Grenzproduktion - marginal output
Grenzproduktivität - marginal productivity
Grenzproduzent - marginal firm
Grenzrate der Ersparnis - marginal instalment of saving
Grenzrate der Substitution - marginal rate of substitution
Grenzrate der Transformation - marginal rate of transformation
Grenzrate der Zeitpräferenz - intertemporal marginal rate of substitution
grenzüberschreitender Warentransport - transfrontier carriage of goods, cross-frontier movements of goods
Grenzverkehr - border traffic
Grenzverteilung - asymptotic distribution
Grenzvorteil - marginal benefit
Grenzvorteilskurve - marginal benefit curve
Grenzwert - limiting value, critical value
Grenzwert der Freizeit - marginal value of leisure
Grenzwertprodukt - marginal value product
Grenzwertsatz - limit theorem
Grobanalyse - preliminary analysis
grobe Fahrlässigkeit - willful negligence, gross negligence
grober Überschlag - rough estimate
grobes Fehlverhalten - gross misconduct
Grobkonzept - preliminary concept, draft
Grobplanung - rough planning

Großabnehmer - quantity buyer, bulk buyer
Großaktionär - major shareholder
Großanleger - large-scale investor, big investor
Großanzeige - display advertising
Großauftrag - large-scale order, major contract, bulk contract
Großbank - big bank, major bank
Größe - size, dimension
Größennachteile - diseconomies of scale, inefficiencies of scale
Größenordnung - magnitude
Größenvorteile - economies of scale
Großfusion - giant merger, jumbo merger
Großgeschäft - jumbo deal
Großhandel - wholesale business, wholesale trade, wholesaling
Großhandelsbetrieb - wholesale establishment
Großhandelsfunktion - wholesaling function
Großhandelspreis - wholesale quotation
Großhandelsspanne - wholesale margin
Großhandelsunternehmen - wholesale enterprise
Großhandelsvereinigung - wholesale association
Großhandelsvertreter - distributing agent
Großhändler - distributor, wholesaler, jobber
Großkonsument - heavy consumer
Großkredit - big loan, large-scale loan, jumbo loan
Großkunde - major account
Großkundenbetreuer /-manager - key account manager
Großpackung - bulk pack, economy-sized packet, jumbo package
Großprojekt - jumbo project, large-scale project
Großraumbüro - open plan office
Großstadtentwicklung - metropolitan development
großstädtisch - metropolitan
Großverbraucher - bulk customer, large-scale consumer, heavy user
Großverdiener - big income earner
Grubenschließung - pit closure
Grundbedürfnisse - basic needs, bare necessities

Grundbeschäftigung - primary employment
Grundbesitz - real property, estate, landed estate
Grundbesitz vermachen, hinterlassen - devise
Grundbesitzer - land proprietor
Grundbetrag - basic amount, gross rental
Grundbuch - book of original entry, land register
Grundbuchamt - land office
Grundbucheinsicht - estate register inspection
Grundbuchverwalter - land registrar
Grunddienstbarkeit - real servitude
Gründe für Ineffizienz - sources of inefficiency
Grundeigentum - landed estate
gründen - establish, found
Gründer - founder, incorporator
Gründeraktien - promoters' shares, founders' shares
Grunderwerbssteuer - land transfer tax, realty transfer tax
Grundfreibetrag - basic abatement
Grundgebühr - base fee
Grundgedanke - root idea
Grundgehalt - base pay, basic salary
Grundgesamtheit - population, parent population, universe
Grundgeschäft - basic transaction, bread-and-butter business
Grundgleichung - fundamental equation
Grundhandelsgewerbe - general commercial business
Grundkapital - registered capital
Grundkapitalsenkung - decapitalization
Grundkonzeption - preliminary design
Grundkosten - basic cost, bulk-line cost, prime cost
Grundkreditbank - land bank
Grundlage - groundwork, bedrock, foundation
Grundlage der Kapitalflußrechnung - accrued expenditure basis
Grundlage der Preisberechnung - basis of prices
Grundlage legen - lay the groundwork
Grundlagen - basic, base, foundation
Grundlagenforschung - basic research

grundlegend - basic, fundamental, rudimentary
Gründlichkeit - thoroughness
Grundlinie - base
Grundnahrungsmittel - basic food
Grundpacht - ground rent
Grundpfandrecht - encumbrance on real property, real right, right in rem
Grundplatte - base plate
Grundpreis - base price, standard rate
Grundprinzip - guiding principle
Grundrendite - basic yield
Grundsatz - principle
Grundsatz des gerechten Lohnes - just wage principle
Grundsatzbewilligung - principal authorization
Grundsatzdiskussion - discussion in principle
Grundsätze der Wirtschaftsordnung - basic principles of the economy
Grundsatzentscheidung - landmark decision, pivotal decision
grundsätzlich - basic, cardinal, in principle, underlying
grundsätzliche Richtlinien - basic policy
Grundschuld - land charge, encumbrance of real property
Grundsicherung - basic minimum floor of income
Grundsteuer - land tax, real property tax
Grundsteuerermäßigung - rates relief
Grundstoff - basic material
Grundstoffindustrie - basic industry, extractive industry
Grundstück - plot of land, parcel of real estate, site, premise, landed property
Grundstücke und Bauten - land and buildings
Grundstücksbelastung - encumbrance, mortgage
Grundstückserschließung - property development
Grundstücksgeschäft - property undertaking
Grundstückskaufvertrag - land contract
Grundstücksmakler - estate agent, land agent, land-jobber
Grundstücksspekulation - speculation in real estate
Grundtabelle - basic tax table

Grundtarif - autonomous tariff
Grundtendenz - underlying tendency
Gründung - establishment, foundation
Gründungskapital - initial capital stock, original capital
Gründungskonsortium - syndicate on original terms
Gründungskosten - formation expense, organization expense
Gründungsmitglied - incorporator
Gründungsurkunde - memorandum of association
Gründungsvorgang - incorporation procedure
Grundvoraussetzung - basic requirement
grüne Revolution - green revolution
Grüne-Wiese-Standort - greenfield site
Grüngürtel - greenbelt
Gruppe - division, group, team
Gruppenarbeit - team work
Gruppendenken - groupthinking
Gruppeninterview - group interview
Gruppenleiter - chief of section
gruppenspezifische Hilfe - categorical aid
Gruppentarif - blanket rate
Gruppenversicherung - collective insurance
Gruppenwechsel - group change
Gruppenzuordnung - group assignment
Gruppierung - alignment, grouping
Grußformel - salutation
gültig - effective, valid
Gültigkeit - validity
Gültigkeit verlieren - expire
Gültigkeitsdauer eines Wertpapiers - life of a bond
günstig - advantageous, convenient, favorable, opportune
günstige Bedingungen - favorable terms
günstige Lage - favorable site
günstige Zahlungsbedingungen - easy terms of payment
günstiger Kauf - bargain
günstigster Anleiheliefertermin - cheapest-to-deliver
gut bei Kasse - flush with money
gut informiert - well-informed
Gutachten - advisory opinion, survey, expert opinion
Gutachter - expert, consultant, surveyor

Gutachterausschuß - committee of experts
gute Investition - sound investment
Güte der Anpassung - goodness of fit
Gütefaktor - factor of merit
Gütefunktion - power function
Güter - commodities, resources
Güter des täglichen Bedarfs - convenience goods
Güter des Umlaufvermögens - working assets
Güter-Mengen Kombination - commodity combination
Güterabfertigung - dispatching of goods
Güteraustausch - exchange of goods
Güterbündel, -kombination - bundle of goods, bundle of commodities
Güterkraftverkehr - road haulage
Güterkreislauf - circular flow of goods
Gütermarkt - goods market
Gütermarktgleichgewicht - goods market equilibrium
Gütermengenkombination - batch of commodities
Güternahverkehr - short-haul transportation
Güterpreise - output prices
Güterschnellzug - express goods train
Güterstrom - goods flow
Gütertransport - carriage of goods
Gütertrennung - separation of property
Güterversicherung - cargo insurance
Güterwagen - merchandise car
güterwirtschaftliches Gleichgewicht - overall equilibrium in real terms
Güterzug - goods train
Güteüberwachung - quality control
Gütevorschrift - quality specification
Gütezeichen - certification mark, hallmark
gutgehend - flourishing
gutgläubig erwerben - acquire in good faith
gutgläubiger Erwerb - bona fide transaction
Guthaben - credit, deposit
Guthaben freigeben - unfreeze funds
Guthaben sperren - block a credit balance
Guthabenklausel - sufficient-funds proviso

gütliche Einigung - amicable settlement
Gutschein - coupon, ticket, token
gutschreiben - credit
Gutschrift - credit, credit note

Gutschriftenprogramm - voucher scheme
Gutschriftsanzeige - credit memo, credit advice /note
Gutschriftzettel - credit slip

H

Haben - assets, credit
Habenseite - credit side
Hafenabgaben - port dues
Hafennutzungsgebühr - keelage
Hafenspediteur /-vertreter - port agent
haftendes Eigenkapital - liable equity capital
Haftpflicht - third-party liability
Haftpflichtversicherung - bond of fidelity insurance, liability insurance, third-party liability insurance
Haftung - liability
Haftung ausschließen - rule out liability
Haftung übernehmen - assume liability
Haftungsansprüche Dritter - third-party liability claims
Haftungsausschluß - exclusion of liability, disclaimer of liability
Haftungsdauer - indemnity period
Haftungsfreistellung - release from liability
Haftungsverzicht - waiver of liability
Halbfabrikate - semi-finished goods, semi-manufactures, semi-manufactured goods
Halbjahresabschluß - first-half report, half-yearly accounts
Halbjahresprämie - half-yearly premium
halbjährlicher Kontoauszug - semi-annual account
Halbleitermarkt - semi-conductor market
Halbtagsbeschäftigung - part-time work, half-day job
Halbzeug - semi-manufactures
Halsabschneiderei - daylight robbery
Haltbarkeit - durability, sustainability
Handarbeit - manual labor
Handbuch - handbook, manual
Handel - trading, trade, commerce, deal
handelausdehnend - trade-expanding
handeln - act, bargain, buy and sell, deal, operate
Handelsabkommen - commercial treaty, economic agreement, treaty of commerce, trade agreement
Handelsablenkung - trade diversion
Handelsadreßbuch - trade directory
Handelsartikel - commodity, ware

Handelsbank - bank of commerce, commercial bank, merchant bank
Handelsbericht - mercantile advice
Handelsbeschränkung - trade restriction, trade curbs
Handelsbestimmung - trade regulation, economic clause
Handelsbetrieb - commercial firm
Handelsbilanz - balance of trade, trade balance, merchandise account
Handelsbilanzdefizit - merchandise trade deficit
Handelsbilanzüberschuß - surplus on visible trade, trade surplus
Handelsdefizit - trade deficit
Handelsdelegation - trade mission
Handelsergebnisse - trading results
Handelserschwerung - restraint of trade
Handelserweiterung - trade creation
handelsfähig - marketable
Handelsfaktura - commercial invoice
Handelsflotte - merchant fleet
Handelsgesetz - commercial law
Handelsgesetzbuch (HGB) - commercial law code
Handelsgewinne - gains from trade
Handelsgüter - merchandise
Handelshindernis - barrier to trade
Handelshochschule - business / commercial college
Handelskammer - chamber of commerce
Handelskette auf freiwilliger Basis - voluntary chain
Handelskreditbrief - commercial letter of credit
Handelskrieg - economic warfare
Handelsmakler - mercantile agent, commercial /mercantile broker
Handelsmarine - merchant navy
Handelsmarke - brand, trademark
Handelsmesse - trade fair
Handelsministerium - Board of Trade
Handelsmöglichkeiten - trading possibilities
Handelsnation - trading nation
Handelsniederlassung - trading establishment
Handelsoptimum - exchange optimum
Handelspartner - trading partner
Handelspolitik - commercial policy
Handelsrabatt - trade discount

Hauptauftraggeber

Handelsrechnung - commercial invoice, trading invoice
Handelsrecht - commercial law
handelsrechtlich - in terms of commercial law
Handelsregister - commercial register, register of companies, trade register
Handelsregisterverwalter - trade registrar
Handelsreisender - commercial traveller, traveling salesman
Handelssanktionen - trade sanctions
Handelsschiff - merchant ship
Handelsschranke - barrier of trade
Handelsspanne - margin, profit margin, trade margin, operating margin
Handelssperre - trade embargo
Handelsspesen - dealing expenses
Handelsstraße - trade route
Handelsströme - currents of trade
Handelsstruktur - pattern of trade
Handelssystem - mercantile system, trading system
Handelsüberschuß - trade surplus
Handelsunternehmen - commercial undertaking, merchandise enterprise
Handelsverbot - prohibition of trade
Handelsverkauf - commercial sale
Handelsverkehr - commerce, flow of commerce
Handelsvertrag - trade agreement
Handelsvertreter - bagman, commercial / distributing agent, traveling salesman
Handelsvorteile - gains from trade
Handelsware - merchandise
Handelswechsel - commercial / commodity bill, commercial paper, trade bill
handeltreibend - trading
handelverzerrend - trade distorting
Handgeld - earnest money
handhaben - conduct, handle, operate
Händler - seller, dealer, trader
Händlergeschäfte - dealer transactions
Händlerkette - dealer chain
Händlernetz - dealer network
Händlerprovision - dealer allowance
Händlerspanne - jobber's turn
Händlerwerbung - trade advertising
Handlung - action
Handlungsalternative - action alternative

Handlungsgehilfe - commercial clerk, dependent commercial employee
Handlungskoordination - coordination of activities
Handlungsspielraum - action scope, operational freedom
Handlungstheorie - theory of action
Handlungsvollmacht - power of attorney, proxy
Handlungsweise - procedure
Handwerker - artisan, craftsman, tradesman
Handwerksbetrieb - craft business, craft establishment, handicraft
Handzeichen - hand signal, show of hands
Harmonisierung - harmonization
Härte - rigour, hardship
Härtefall - case of hardship
Härteklausel - hardship provision
harter Budgetzwang - hard budget constraints
hartes Verkaufen - hard selling
hartnäckig - relentless
Haufen - cluster, heap, pile
häufig - continual, frequent, often
häufiger Arbeitsplatzwechsel - job hopping
Häufigkeit - frequency
Häufigkeit der Arbeitslosigkeit - frequency of unemployment
Häufigkeitsanalyse - frequency analysis
Häufigkeitsfunktion - frequency function
Häufigkeitspolygon - frequency polygon
Häufigkeitstabelle - frequency table
Häufigkeitsverteilung - frequency distribution
Häufigkeitsverteilung einer Stichprobe - sample distribution
häufigster Wert - mode
Hauptabsatzgebiet - heartland, primary marketing area
Hauptabsatzmarkt - chief market, main market, prime market
Hauptabweichung - main deviation
Hauptaktionär - principal shareholder
hauptamtlich - full-time
Hauptanteil - principal share
Hauptaufgabenbereich - major job segment
Hauptauftraggeber - key account

349

Hauptberuf

Hauptberuf - full-time occupation
hauptberuflich - regular occupation, professional
Hauptbetrieb - principal plant
Hauptbuch - ledger
Hauptbuchkonto - ledger account
Hauptbüro - head office
Hauptdeterminante - key determinant
Haupterzeugnis - main product
Hauptfunktion - key function
Hauptgeschäftsbereich - core business
Hauptgeschäftsführer - managing director
Hauptgeschäftsgegend - central business district
Hauptgeschäftsstelle - head office, principal office
Hauptgeschäftszeit - peak hour
Hauptgewinn - bulk of profit
Hauptgläubiger - principal creditor
Hauptindustrieländer - key industrial countries
Hauptkasse - teller's department
Hauptkonto - general account
Hauptkostenstelle - cost center
Hauptkunde - key account
Hauptmerkmal - key feature
Hauptniederlassung - head office
Hauptproduzent - leading producer
Hauptpunkt - main consideration
Hauptquartier - headquarters
hauptsächlich - cardinal, main
Hauptschuldner - principal debtor
Hauptsendezeit - prime time
Hauptsitz - headquarter
Hauptspeicher - main memory
Hauptstrecke - trunk line
Hauptstudie - main study
Hauptteil einer Schuld - bulk of a debt
Hauptteilhaber - leading partner
Hauptversammlung - general shareholders' meeting
Hauptverwaltung - headquarters, head office, general administration
Hauptwerbeaussage - basic message
Hauptwohnung - principal apartment
Hauptzeuge - key witness
Hauptziel - key goal, prime target
Haus und Grundstück - premises
Haus zu Haus - door-to-door
Hausbesetzer - squatter

hauseigen - in-house
hausgemachte Inflation - internal inflation
Haushalt - household, menage, budget
haushälterisch - economical
Haushaltsausgabenkurve - outlay curve
Haushaltsausgabenstruktur - budgetary expenditure pattern
Haushaltsbedarf - household requirements
Haushaltsbericht - budget proposal
Haushaltsdefizit - budget deficit, budget shortfall
Haushaltsentscheidung - household decision
Haushaltserhebung - housing survey, sample of households
Haushaltsgeld - housekeeping money
Haushaltsgerade - budget line
Haushaltsgeräte - household appliances
Haushaltsgeräteindustrie - appliance industry
Haushaltskonsolidierung - budget consolidation
Haushaltskontrolle - budgetary control
Haushaltsmittel - budget funds, budgetary means
Haushaltspackung - family-size package
Haushaltsperiode - budget period
Haushaltsplan - budget
Haushaltsüberschuß - budget surplus
Haushaltsvorstand - head of household
Hausierer - peddler
Hausmitteilung - in-house memorandum
Hausse - bull market, rise, boom
Haussebewegung - bull movement, bullish trend
Hausseengagement - long position
Haussekauf - bull purchase
Haussemarkt - bull market
Haussespekulant - operator for a rise
Haussespekulation - bull speculation
Haussestimmung - bullish tone
Haussier - bull
haussieren - rise sharply
Hauswirtschaft - domestic economy
Hauswirtschaftslehre - domestic science
Hauszinsfuß - house rate of interest
Hebelwirkung der Finanzstruktur - leverage effect
Hebesatz - municipal factor

350

heftige Nachfrage nach Aktien - scramble
heftiger Kursausschlag - erratic price movement
Heilmittel - nostrum, remedy
Heimarbeiter - outworker, home worker
Heimathafen - port of registry
heimische Industrie - domestic industry
heimische Transformationsrate - domestic rate of transformation (DRT)
heimische Waren - home produced goods
heimische Wirtschaft - domestic economy
heimliche Steuererhöhung - bracket creep
heimliches Einverständnis - collusion
heiß umkämpfter Markt - keenly contested market, fiercely competitive market
heißer Draht - hotline
helfen - aid, help
hemmen - block, hamper, obstruct
Hemmnisse - barriers
Hemmung der Verjährung - stay of the period of limitation, suspension of prescriptive period
herabgesetzter Preis - reduced price
herabsetzen - debase, depreciate
Herabstufung - downgrading
heranbilden - train up
heraufsetzen - increase
herausfordern - challenge
Herausforderung - challenge
herausgeben - edit, publish
Herausgeber - editor, publisher
Herkunft - source
Herkunftsorientierung - source orientation
Herleitung - derivation
herrenloses Eigentum - unclaimed property
herrühren - emanate, originate
Hersteller - manufacturer, producer
Herstellerrisiko - producer's risk
Herstellerwerbung - producer advertising
Herstellkostenniveau - production cost level
Herstellung - fabrication, production
Herstellungsaufwand - construction expenditure

Herstellungsgemeinkosten - productive fixed overhead
Herstellungskosten - cost of production, production costs
Herstellungsland - producer country
Herstellungsort - place of manufacture
Herstellungsstufe - stage of completion
Herstellungsverfahren - manufacturing process
Herstellungsvorgang - process of production
herumstoßen - knock around
heruntergehen - descend
herunterhandeln - knock down
herunterreißen - pick apart
heruntersetzen - mark down
herunterwirtschaften - run down, mismanage
hervorbringen - create, generate
hervorheben - pinpoint, stress
hervorragend - superior, excellent, outstanding
hervorrufen - create
hervortreten - emerge
heterogen - heterogeneous
heterogene Güter - heterogeneous goods
Heuristik - heuristics
heuristisch - heuristic
Hierarchie - hierarchy
Hierarchieabbau - flattening the pyramid
Hierarchiestruktur - hierarchical structure
Hierarchiestufen - echelons of authority
Hierarchisierung - hierarchisation
Hilfe - aid, assistance, help
Hilfen in besonderen Lebenslagen - in-kind benefits
Hilfsarbeiter - unskilled worker
hilfsbereit - cooperative
Hilfsfunktion - auxiliary function
Hilfskostenstelle - indirect cost center
Hilfskräfte - auxiliary personnel, assistents
Hilfslohn - assistance money
Hilfsmittel - aid, resource
Hilfsreferent - assistant head of section
Hilfsstoffe - auxiliary material / supplies
Hilfstheorie - auxiliary theory
Hilfsvariable - slack variable
Hilfswerk - charitable organization
hinauslaufen auf - result in

hinausschieben

hinausschieben - postpone
hinauswerfen - eject
hinderlich - cumbersome
hindern - hinder
Hindernis - hindrance, obstacle, impediment
Hinfracht - outward carriage
hinkende Goldwährung - limping gold standard
hinneigen zu - incline to
hinreichend - adequate, sufficient
hinreichende Bedingung - sufficient condition
hinsichtlich - in respect of, with respect to
Hinterbänkler - backbencher
Hinterbliebenenversorgung - survivors' social security system
hinterherhinken - trail behind
hinterlegte Sache - deposited object
Hinterlegung - lodgment
Hintertür - loophole, backdoor
hinterziehen - defraud
Hinweis - hint, indication, tip
hinweisen - indicate, point out
hinweisend - indicative
Histogramm - histogram
historischer Materialismus - historical materialism
Hochachtung - respect
hochbegabte junge Person - whiz-kid
hochentwickelt - advanced, highly developed
Hochhaus - tower block
Hochkonjunktur - prosperity, boom, peak season
hochmodern - bang up-to-date
Hochpreisstrategie - high price strategy
hochqualifizierte Expertengruppe - brain trust
hochqualifizierte Führungskräfte - high calibre managerial staff
Hochrechnung - extrapolation, projection
Hochsaison - peak season
hochschnellen - boom
Hochseeschiff - ocean vessel
hochspekulatives Wertpapier - wildcat security, junk bond
Hochstabler - swindler
Höchstabschreibung - writeoff ceiling
Höchstbedarf - peak capacity

höchstbesteuert - subject to the highest interest rate
Höchstbetrag - limit, maximum amount, threshold amount
Höchstdeckung - peak sharing
höchste Wahrscheinlichkeit - highest probability
Höchsteinkommen - peak income
Höchstgebot - highest /best bid
Höchstkurs - highest price, maximum rate
Höchstlohn - peak wage
Höchstpreis - maximum price, premium price, ceiling price
Höchstwert - chief value, highest value, maximum value, peak value
höchstzulässiger Personalbestand - job ceiling
hochverzinsliche Anleihe - high-coupon loan
hochwertiges Gut - high value item
Hochzinspolitik - dear money policy, high-interest policy
Hoffnungsreserven - potential resources
hoffnungsvoll - encouraging
höfliche Schlußformel - complimentary close
hohe Auflage - wide circulation
hohe Aufwendungen - heavy spending
hohe Gewinne einstreichen - rake in profits
hohe Sonderdividende - plum
Hoheitsakt - act of state
Höhepunkt - highlight, culmination
hoher Beschäftigungsstand - high-employment level
hoher Rang - top ranking
höhere Gewalt - act of God, force majeure, vis major
höheres Management - senior management
Höhergruppierung - promotion
höherstufen - promote
höherwertige Güter - superior goods
hohes Beschäftigungsniveau - high level of employment
Holismus - holism
holzähnlich - xyloid
Holzhandel - timber trade
Holzverarbeitungsindustrie - woodworking industry

hypothetisches Vorurteil

homo oeconomicus - economic man
homogen - homogeneous
homogene Güter - homogeneous commodities /goods
homogene Konkurrenz - pure competition
homogener Markt - homogeneous market
Homogenitätsgrad - degree of homogenity
homothetisch - homothetic
Honorar - fee, royalty
Honoratioren - persons of standing
horizontale Arbeitsfeldvergrößerung - job enlargement
horizontale Diversifikation - horizontal diversification
horizontale Integration - lateral integration
horizontaler Ausgleich - horizontal balance
horizontaler Zusammenschluß - horizontal merger
horten - hoard
Horten - hoarding
Hortungshang - propensity to hoard
Hortungskäufe - hoarding purchases
Huckepackverkehr - piggyback service
Humanisierung der Arbeit - work humanization
Humankapital - human capital

hundertprozentige Tochtergesellschaft - wholly-owned subsidiary
Hungerlohn - sweated money
Hygienefaktor - job context factor
Hyperexponentialverteilung - hyperexponential function
hypergeometrische Verteilung - hypergeometric distribution-
Hyperinflation - hyperinflation
Hypothek - mortgage
Hypothek aufnehmen - raise a mortgage
hypothekarisch - by mortgage
hypothekarisch absichern - mortgage
Hypothekenbank - land bank, mortgage bank
Hypothekenbelastung - mortgage charge
Hypothekenschuldner - mortgage holder
Hypothekenschuldverschreibung - collateral mortgage bond
Hypothekentilgung - mortgage amortization /redemption
Hypothekenurkunde - mortgage instrument, mortgage deed
Hypothekenzinsen - mortgage interest
Hypothese - hypothesis
Hypothese der schrittweisen Anpassung - gradual adjustment hypothesis
Hypothesenprüfung - test of significance
hypothetisches Vorurteil - logical condition

I

idealisiert - idealized
Ideallösung - ideal solution
Idealstaat - Utopia
idealtypisch - ideally
Idealzustand - ideal state of affairs
Idee - notion, idea
Ideenfindungsprozeß - brainstorming
Identifikationsproblem - identification problem
identifizieren - identify
Identifizierung - identification
Identitätskarte - identity card
Identitätsnachweis - proof of identity
illegal - illegal
illegaler Siedler - squatter
illegales Gericht - kangaroo court
illiquide - out of cash
Illiquidität - insolvency
illustriert - illustrated
im Angebot - on offer
im Auftrag - per pro, on behalf, under authority
im Bau - under construction
im Gegenteil - on the contrary
im großen Umfang - on a large scale
im Nachhinein - ex post
im Namen von - on behalf of
im Ruhestand - retired
im Staatsbesitz - state-owned
im Verzug - in arrears
im voraus - ex ante, in advance, upfront
Image eines Produkts - product image
Imagegewinn - image gain
Imagepflege - image building
Imageträger - image bearer
imaginär - imaginary
imaginärer Zinssatz - notional interest
Imitation - imitation, fake
Imitationsrate - imitation rate
immateriell - intangible
immaterielle Anlagen - intangible assets
immaterielle Bedürfnisse - nonmaterial wants
immaterielle Güter - noneconomic goods, intangible goods
immaterielle Vermögenswerte - intangible assets
immer mehr - more and more
immer wieder - time and again
Immobilien - immovables, real estate, realty
Immobilienanlagefonds - real estate investment fund
Immobiliengeschäft - property undertaking
Immobilienmakler - (real) estate agent, realtor
Immobilienspekulation - speculation in real estate
Immobilienverkauf - sale of property
Imparitätsprinzip - imparity principle
implementieren - implement
Implementierung - implementation
Implementierungsmethode - implementation method
Implikation - implication
implizite Funktion - implicit function
implizite Optionspreisvolatilität - implied volatility
Import - import
Importabgabe - import surcharge
Importabteilung - import department
importersetzende Industrialisierung - import substitution industrialization
Importerstfinanzierung - initial import financing
Importgeschäft - import trade
Importgut - imported good, importable
importieren - import
importierte Deflation - imported deflation
Importkartell - import cartel
Importkonnossement - import bill of lading
Importland - importing country
Importniederlassung - import branch office
Importquote - propensity to import
Importrechnung - import bill
Importsubvention - import subsidy
Importüberschuß - import surplus, overbalance of imports
Importwettbewerb - import competition
imposant - impressive
Improvisation - improvisation
Improvisationslösung - interim solution
improvisierende Planung - intuitive-anticipatory planning
Impulsabfallzeit - decay time

Impulskauf - impulse purchase
in Anbetracht - in consideration of
in Auftrag geben - commission
in Betrieb setzen - activate
in den Ruhestand treten - retire
in Geld gemessener Nutzen - money metric utility
in Kraft - effective
in Rechnung stellen - charge
in Sachwerten - in kind
in Übereinstimmung mit - in line with, in accordance with
in Verbindung mit - in conjunction with
in vollem Umfang - to the full extent
in Zahlung geben für - trade in
Inanspruchname - take-up
inbegriffen - implicit, included
Inbetriebnahme - putting into operation, commissioning
Index - index
Index der Rentenwerte - fixed securities index
Indexanleihe - index-linked loan
Indexbindung - index-linking, indexing
Indexdatenfeld - index data item
Indexliste - index register
Indexlohn - index-linked wage
Indexmodell - index model
Indexrente - index-linked pension
Indexversicherung - index-linked insurance
Indexzahlen - index numbers
indifferentes Gleichgewicht - neutral equilibrium
Indifferenzkurve - indifference curve
Indifferenzkurvenanalyse - indifference curve analysis
Indifferenzort - locus of indifference
Indifferenzpunkt - indifference quality
indikative Planung - indicative planning
Indikator - indicator
Indikatormethode - indicator analysis
Indikatorregeln - indicator rules
indirekte Beteiligung - indirect participation
indirekte Steuer - excise, indirect tax
indirekter Absatz - indirect selling
indirekter Nutzen - indirect benefit
Individualeinkommen - individual income
Individualgüter - private goods

Individualhaftung - individual liability
individualistisch - individualistic
Individualziel - individual goal
individuelle Bedürfnisse - private wants
individuelle Nachfragekurve - individual demand curve
individueller Nutzen - subjective utility
indizierte Anleihe - index-linked bond
indizierte Datei - indexed file
Indossament - endorsement
Indossament und Übergabe - endorsement and delivery
indossieren - endorse
indossierter Wechsel - made bill
induktive Statistik - inferential statistics
induktives Schlußfolgern - inductive inferencing
industrialisieren - industrialize
Industrialisierung - industrialization
Industrie - industry
Industrie- und Handelskammer (IHK) - Chamber of Industry and Commerce
Industrieabgabepreis - industrial selling price
Industrieanlage - industrial plant
Industriebank - industrial bank
Industrieerzeugnis - industrial product
Industriegebiet - industrial area
Industriegelände - industrial estate
Industriegesellschaft - industrial society
Industriegewerkschaft - industrial union, industry-wide union
Industriekaufmann - industrial clerk
Industriekontenrahmen - unified classification of accounts for industrial enterprises
Industriekonzern - industrial concern
Industriekonzern finanziell polstern - bolster an industrial concern
industrielle Beschäftigung - factory employment
industrielle Entwicklung - industrial development
Industrieller - industrialist
industrieller Ausleseprozeß - industry shakeout
Industriemüll - industrial waste
Industrienorm - industry standard
Industrieobligation - industrial bond
Industriepark - industrial estate, industrial park

Industriepolitik

Industriepolitik - industrial policy
Industriepraktikum - industrial placement
Industrieprodukte - industrial goods, manufactured goods
Industriespion - industrial spy
Industriespionage - industrial espionage
Industriestaat - industrialized country, advanced country
Industriestandort - industry location
Industrieverlagerung - relocation of industry
Industriewerbung - industrial advertising
Industriewerte - industrial issues
Industriezone - industrial estate /zone
induzierte Ausgaben - induced spending
induzierte Ineffizienz - induced inefficiency
ineffizient - inefficient
inferiores Gut - inferior good
Inflation - inflation
inflationär - inflationary
Inflationsausgleich - inflation relief
Inflationsauslöser - inflation trigger
Inflationsbekämpfung - combat inflation
inflationsbereinigt - adjusted for inflation, inflation adjusted
inflationsbereinigtes Defizit - inflation-corrected deficit
inflationsbewußt - inflation-conscious
Inflationsdruck - inflationary pressure
Inflationserwartung - inflationary expectation
Inflationsgefahr - danger of inflation
inflationsgefährdet - inflation prone
Inflationsgefälle - inflation differential
Inflationsgewinn - inflation gain
Inflationsklima - inflationary climate
inflationsneutrale Rechnungslegung - inflation accounting
Inflationsrate - rate of inflation, inflation rate
Inflationsschutz - inflation hedge
Inflationsstoß - upsurge in inflation
Inflationszuschlag - inflation charge
inflatorisch - inflationary
inflatorische Politik - inflationary policy
inflatorischer Gewinnstoß - inflationary profit push, profit push
infolge von - in consequence of

informale Organisation - informal organization
Informatik - information science
Information - information
Information anbieten - tout around
Informationsangebot - available information
Informationsaustausch - exchange of information
Informationsbedarf - information requirement
Informationsbedarfsanalyse - information requirement analysis
Informationsbeschaffung - information procurement
Informationseingabe - information input
Informationsfluß - information flow
Informationsflußanalyse - information flow analysis
Informationsgehalt - information content
Informationsindustrie - knowledge industry
Informationskette - information chain
Informationskosten - information costs, cost of collecting information
Informationsmanagement - information resource management
Informationsmaterial - informative material, descriptive literature
Informationsmenge - amount of information
Informationsnachfrage - information demand
Informationsnutzen - information use
Informationsprozeß - information process
Informationsspeicherung - information storage
Informationsstrategie - information strategy
Informationssystem - information system
Informationstechnik - information technology
Informationstheorie - information theory
Informationsträger - data medium
Informationsübermittlung - information transmission
Informationsveranstaltung - information meeting
Informationsverarbeitung - information processing

Informationsverhalten - information behavior
Informationsverlust - loss of information
Informationswert - information value
Informationswirtschaft - information economy
Informationszeitalter - information age
informative Werbung - information-based advertising
Infrastruktur - social overhead capital, infrastructure
Ingenieur - engineer
Ingenieurwissenschaften - engineering sciences
Inhaber - holder, owner
Inhaberaktie - bearer share
Inhaberobligation - coupon bond
Inhaberpapiere - bearer securities
Inhaberpolice - bearer policy
Inhaberscheck - bearer check
Inhaberwechsel - bill to bearer
Inhalt - content
Inhaltsanalyse - analysis of content
inhaltsreich - comprehensive, full with matter
Initialwerbung - pioneering advertising
Initiative - initiative
Initiative ergreifen - take the initiative
Initiator - initiator
Inkasso - collection, encashment
Inkassobasis - collection basis
Inkassogeschäft - debt recovery service
Inkassoinstitut - collection agency
Inkassosystem - collection basis
Inkassowechsel - bill for collection, short bill
Inklusivpreis - price including, inclusive rate
Inkrafttreten - taking effort, coming into force
Inländereinkommensbestandteil - part of anyone income
inländisch - inland, domestic
inländischer Arbeitsmarkt - domestic labor market
inländischer Käufer - domestic purchaser
Inlandsausgaben - domestic spending
Inlandsbedarf - domestic needs
Inlandserzeugnis - domestic article
Inlandsinvestition - domestic investment
Inlandsmarkt - domestic market, local market
Inlandsnachfrage - home demand
Inlandumsatz - home sales
inliegend - enclosed
Innenrevision - operational audit
Innenumsatz - group-internal revenue, company-internal sales
innerbetriebliche Kommunikationswege - internal lines of communication
innerbetriebliche Leistung - intra-plant service output
innerbetriebliche Werbung - in-plant advertising
innerbetrieblicher Handel - intra-firm trade
innerbetrieblicher Verrechnungspreis - internal price, shadow price
innere Angelegenheiten - interior affairs
innere Zeitverzögerung - inside lag
innerer Punkt - inner point
innerer Wert - intrinsic value
innerlich - intrinsic
innewohnend - inherent
Innovation - innovation
innovationsbewußt - receptive to innovation
Innovationsdruck - pressure to innovate
Innovationsförderung - promotion of original innovation
Innovationsindustrie - sunrise industry
Innovationspotential - innovation capability
Innovationsprozeß - innovation process
Innovationsrate - innovation rate
inoffiziell - unofficial
Input-Output Analyse - input-output analysis
Inputkoeffizient - production coefficient
Insellage - insularity
Insellösung - isolated solution
insgesamt - as a whole, in the aggregate, overall
Insider-Geschäft - insider dealing, racketeering
Insolventenliste - black list
Insolvenz - insolvency
Inspektionsrecht - visitation right
Inspektor - supervisor
instabiler Wachstumspfad - knife edge
installieren - install

Instandhaltung

Instandhaltung - maintenance, upkeep
Instandhaltungsaufwand - maintenance charges
Instandsetzungskosten - expenses for repairs
Instanz - instance, authority, management unit
Institution - institution
institutionelle Bedingungen - institutional constraints
institutionelle Voraussetzungen - institutional prerequisites
Institutionenlehre - theory of business structures
instruieren - brief, instruct
Instruktion - briefing, instruction
Instrumentalfunktion - instrumental function
Integrationsfähigkeit - integration ability
Integrationsgrad - degree of integration
Integrationsmuster - pattern of economic integration
Integrationsperiode - integration period
Integrationsprozeß - integration process
integrieren - integrate
Integrierte Operative Planung (IOS) - integrative operative planning
integrierter Bestandteil - integral part
integrierter Schaltkreis - integrated circuit (IC)
Integrität - integrity
intelligent - intelligent, sophisticated
Intensität - efficiency, effectiveness, intensity
Intensitätsabweichung - efficiency variance
intensiv verhandeln - wheel and deal
intensive Distribution - intensive distribution
intensives Bewirtschaftungssystem - intensive methods
Intensivierung - intensification
Intensivwerbung - intensive coverage
Interaktion - interaction
interaktives Absatzsystem - interactive sales system
Interbanken-Markt - interbank market
Interdependenz - interdependence
Interessenabwägung - weighing of interests

Interessenausgleich - accommodation of conflicting interests
Interessengemeinschaft - community of interests, pool, syndicate
Interessengruppe - interest group, pressure group
Interessenkonflikt - interference
Interessent - taker
interimistisch - provisional
Intermediavergleich - intermedia comparison
Internalisierung - internalization
Internalisierung sozialer Kosten - allocation of social costs
Internationale Arbeitsorganisation (IAO) - International Labor Organisation (ILO)
internationale Arbeitsteilung - international division of labor
internationale Beschaffung - global sourcing
Internationale Entwicklungsorganisation - International Development Association (IDA)
internationale Recheneinheit - international unit of account
internationaler Vergleich - international comparison
internationale Währungsreserven - international currency reserves
internationaler Frachtbrief - international consignment note
Internationaler Währungsfonds - International Monetary Fund (IMF)
internationales Abkommen - international agreement
internationales Arbeitsamt - international labor office
internationales Gewohnheitsrecht - customary international law
internationales Handelssystem - international trading system
internationales Rohstoffabkommen - international commodity agreement
internationales Währungssystem - international monetary system
interne Revision - internal auditing, operational audit
interne Zinsfußmethode - internal rate on investment method

interner Buchungsfall - accounting transaction
interner Verrechnungspreis - intercompany billing price
interner Zinsfuß - discounted cash flow rate of return, internal /marginal rate of return
internes Gleichgewicht - internal balance
interpersoneller Nutzenvergleich - interpersonal comparison of utility
interpretieren - interpret
Intervallschätzung - interval estimation
intervenieren - interfere, intervene
Intervention - intervention
Intervention am Devisenmarkt - currency intervention
interventionistische Wirtschaftpolitik - hands-on economic policy, interventionist economic policy
Interventionskäufe - support purchases
Interventionsregeln - intervention rules
Interview /interviewen - interview
Intransparenz - intransparency
Inventar - inventory, stock
Inventarabschreibung - inventory writedown
Inventarbewertung - inventory valuation
Inventarverzeichnis - inventory, inventory sheet
Inventur - inventory, stocktaking
Inventurarbeiten - inventory proceedings
invers - inverse
inverse Angebotsmenge - regressive supply
inverse Matrix - reciprocal matrix
inverse Zinsstruktur - inverse interest rate structure
invertierte Datei - inverted file
investieren - invest
Investition - investment, capital expenditure
Investitionsanreiz - incentive to invest
Investitionsantrag - appropriation request
Investitionsaufschwung - boom in capital investment
Investitionsausgaben - equipment spending, investment expenditure
Investitionsbelebung - investment upturn, pickup in capital spending
Investitionsgüter - investment goods, capital goods

Investitionsgüterindustrie - capital goods industry
Investitionsgüterleasing - equipment leasing
Investitionsgütermarketing - industrial marketing
Investitionsgüternachfrage - demand for capital goods
Investitionsgüterwerbung - industrial advertising
Investitionshemmnis - barrier to investment
Investitionshöhepunkt - boom in capital investment
Investitionskapital - capital investment
Investitionskauf - investor purchase
Investitionsklima - investment climate
Investitionskonjunktur - boom in capital investment
Investitionslenkung - investment steering
Investitionslücke - investment deficit
Investitionsmittel - investment funds
Investitionsmultiplikator - investment multiplier
Investitionsnachfrage - investment demand
Investitionsneigung - inclination to invest, propensity to invest
Investitionsproduktivität - productivity of capital stock
Investitionsprogramm - capital expenditure program
Investitionsquote - propensity to invest, level of investment
Investitionsrechnung - estimate of investment profitability, capital expenditure account
Investitionsrechnungsverfahren - capital expenditure account method
Investitionsschwankungen - investment volatility
Investitionssteigerung - induced investment
Investitionssteuervergünstigung - investment tax credit
Investitionsstoß - injection of capital spending
Investitionssubvention - investment subsidy, subsidy investment

investitionsunabhängiger technischer Fortschritt - disembodied technical progress
Investitionsverbot - investment ban
Investitionsverflechtung - cross investment
Investitionszuschuß - investment grant
Investmentanteil - mutual fund share
Investmentbesitzer - unitholder
Investmentfonds - trust fund
Investmentgesellschaft - investment trust, unit trust
Investor - investor
Inzidenzmatrix - incidence matrix
irreführen - deceive, mislead
irreführende Praktiken - deceptive practices
irreführende Werbung - deceptive advertising, misleading advertising
Irrtum - error
Irrtümer vorbehalten - errors excepted
Isogewinnlinie - isoprofit curve
Isokostenlinie - isocost line, outlay contour

isolieren - insulate
isoliert - separate
Isolierung - isolation
Isoproduktkurve - product contour
Isoquante - isoquant
Isowohlfahrtkurven - isowelfare lines
Istausgabe - actual expenditure
Istbestand - actual balance, actual stock
Istbilanz - actual balance sheet
Isteinnahmen - actual proceeds /receipts
Istetat - performance budget
Istkapazität - actual capacity
Istkosten - actual costs
Istkostenabweichung - deviation of actual costs
Istkostenrechnung - actual cost system
Istleistung - actual attainment /output
Istparameter - status parameter
Istportfolio - actual portfolio
Istwert - true value
Istzeit - actual time
Iterationen - runs

J

Jahresabrechnung - yearly settlement
Jahresabschluß - annual financial statement, year-end results, annual accounts
Jahresabschlußprüfung - final examination, annual audit
Jahresabschlußzahlen - year-end figures
Jahresabschreibung - annual depreciation charge
Jahresbericht - annual report
Jahresbilanz - annual balance sheet
Jahreseinnahmenüberschuß - cumulative annual net cash savings
Jahresendergebnis - year-end results
Jahresergebnis - results for the year, annual results
Jahresergebnis vor Steuern - pre-tax profit for the year, pre-tax results for the year
Jahresfehlbetrag - net loss for the year
Jahresgehalt - yearly salary, annual salary
Jahresgewinn - income for the year, net profit for the year
Jahreshauptversammlung - annual general meeting
Jahreshöchstkurs - yearly high
Jahresinventur - year-end inventory
Jahreskontingent - yearly quota
Jahresmitte - midyear
Jahresplan - year plan
Jahresrechnung - annual account
Jahresrente - annuity
Jahressoll - budget provisions
Jahrestiefstkurs - yearly low
Jahresüberschuß - profit for the year
Jahresumsatz - annual turnover, annual sales
Jahresurlaub - annual leave
Jahresverlust - annual loss
Jahreswirtschaftsbericht - annual economic report
Jahreswirtschaftsrythmus - yearly economic cycle
Jahreszahlungen - annual payment
jahreszeitlich bedingte Nachfrage - seasonal demand
Jahreszinssatz - annual rate of interest
jährlich - per annum (p.a.), annual
jährliche Abschreibung - annual depreciation
jährliche Änderungsrate - annualized rate of change
jährliche Gehaltsanpassung - annual salary review
jährliche Gehaltssteigerung - annual increment
jährliche Veränderungsrate - annual rate of change
jährlicher Preisanstieg - annual price increase
Jahrzehnt - decade
jeweilig - respective
JIT-Produktion - just-in-time (jit) production
Job Sharing - job sharing
Joint Venture mit Mehrheitsbeteiligung - majority joint venture
Joker - wild card
Journal - journal
Journalbeleg - journal voucher
Journalbuchung - journal entry
Jugendarbeitslosigkeit - youth unemployment
Jugendausbildungsprogramm - youth training scheme (YTS)
junges Unternehmen - infant company, young enterprise
Jungfernfahrt - virgin cruise
Jungverkäufer - junior salesman
Jurist - lawyer
juristische Person - entity, legal person, corporate body
justieren - adjust, justify

K

Kabinettsitzung - cabinet meeting
Kahlschlag - deforestation
Kalkulation - calculation, cost accounting
Kalkulationsabschlag - markdown
Kalkulationsaufschlag - markon, markup
Kalkulationsfaktor - calculation item
Kalkulationsschema - cost estimate sheet
Kalkulationsspanne - pricing margin
Kalkulationssystem - pricing system
Kalkulationsunterlagen - cost accounting records, costing data
Kalkulationsverfahren - pricing practices
Kalkulationszinsfuß - internal rate of discount
kalkulatorisch - calculatory, implicit, imputed
kalkulatorische Abschreibung - implicit /imputed depreciation allowance
kalkulatorische Kosten - implicit costs, imputed costs
kalkulatorische Zinsen - implicit interest charge
kalkulatorischer Faktorertrag - implicit factor return
kalkulatorischer Restwert - calculated residual value
kalkulatorisches Betriebsergebnis - imputed operating result
kalkulatorisches Wagnis - imputed risk premium
kalkulieren - compute, calculate
Kalorienaufnahme - calorie intake
kalte Dusche - cold turkey
Kammlinie - ridge line
Kampagne - campaign
Kampf gegen die Armut - struggle with poverty
Kampf um den Absatzmarkt - fight for the market
Kanal - channel
kanalisieren - channel
Kandidat - candidate, nominee
Kannvorschrift - discretion clause, permissive provision
Kannziel - desirable goal
Kanzlei - lawyer's office
Kapazität - capacity

Kapazität ausfahren - operate to capacity
Kapazitätsausgleich - capacity adjustment
Kapazitätsauslastung - capacity utilization
Kapazitätsauslastungsgrad - degree / level of capacity utilization
Kapazitätsbedarf - capacity requirement
Kapazitätsbeschränkung - capacity constraint
Kapazitätsengpaß - capacity bottleneck, production bottleneck
Kapazitätserfordernisse - capacity requirements
Kapazitätserweiterung - expansion of capital stock, increase in capacity
Kapazitätserweiterungseffekt - capacity increasing effect
Kapazitätsplanung - capacity planning, workload planning
Kapazitätsreserve - spare capacity
Kapital - capital, fund
Kapital aufnehmen - gear up capital
Kapital binden - tie up capital
Kapital freisetzen - free up capital
Kapital und Rücklagen - capital and retained earnings
Kapital und Zinsen - principal and interest
Kapital zuführen - inject fresh capital
Kapitalabfluß - capital outflow, capital drain
Kapitalabschlußrechnung - cashflow statement
Kapitalabwanderung - migration of capital
Kapitalanlage - capital investment
Kapitalanleger - investor
Kapitalanteil - share
Kapitalaufstockung - stocking-up of funds
Kapitalaufwand - capital outlay
Kapitalausfuhr - capital export
Kapitalausreifungszeit - gestation period
Kapitalausrüstung - capital equipment
Kapitalausstattung - capital endowment
Kapitalbedarf - capital demand
Kapitalbedarfsplan - incoming and outgoing payments plan
Kapitalbeschaffung - fund raising

Kapitalbeschaffungskosten - cost of funds, capital procurement cost
Kapitalbestand - capital stock
Kapitalbeweglichkeit - capital mobility
Kapitalbilanz - capital account
Kapitalbildung - accumulation of capital, formation of capital
Kapitalbindung - capital lockup
Kapitalbindungsdauer - duration of capital tie-up
Kapitaldesinvestition - capital disinvestment
Kapitalentzug - withdrawal of capital
Kapitalerhaltung - capital maintenance
Kapitalerhöhung - capital increase
Kapitalertrag /-gewinn - capital gain, income from investments, return on capital, yield on capital employed
Kapitalertragsteuer - capital gains tax, capital yields tax
Kapitalfehlleitung - misallocation of capital
Kapitalflucht - capital flight
Kapitalfluß - flow of funds, capital flow
Kapitalflußrechnung - flow-of-funds analysis, flow statement
Kapitalfonds - capital fund
Kapitalfondsplanung - capital fund planning
Kapitalfreisetzung - liberation of capital
Kapitalgesellschaft - stock corporation, joint-stock company, corporate business
Kapitalgüter - capital /instrumental goods
Kapitalherabsetzung - reduction of capital
kapitalintensiv - capital intensive
Kapitalinvestition - capital investment
Kapitalismus - capitalism
Kapitalist - capitalist
kapitalistisch - capitalist, capitalistic
kapitalistisches Wirtschaftssystem - capitalist economy
Kapitalknappheit - capital shortage
Kapitalkonsolidierung - consolidation of investment, actual value method, capital consolidation
Kapitalkosten - cost of capital
kapitalkräftig - well-funded
Kapitallebensversicherung - endowment insurance

Kapitallücke - capital gap
Kapitalmangel - lack of capital
Kapitalmarkt-Gleichgewichtskurve - capital market equilibrium curve
Kapitalmobilität - capital mobility
Kapitalnutzungskosten - capital user cost
Kapitalproduktivität - output-capital ratio
Kapitalquelle - source of capital
Kapitalrechnung - capital account
Kapitalrentabilität - return on capital employed (ROCE)
Kapitalrückführung - repatriation of capital
Kapitalrücklage - capital reserves
Kapitalrückzahlung - capital redemption
Kapitalschnitt - capital writedown
Kapitalsteuer - capital-stock tax
Kapitalstruktur - capital structure
Kapitalübertragung - capital transfer
Kapitalumsatz - capital turnover
Kapitalumschichtung - capital movement, switching of capital
Kapitalumschlag - asset turnover
Kapitalverflechtung - financial interrelation, interlacing of capital
Kapitalverhältnis - capital ratio
Kapitalverkehrskontrolle - capital control
Kapitalverlust - capital loss
Kapitalvernichtung - destruction of capital
Kapitalverschleiß - capital consumption
Kapitalwert - net present value, net present capital
Kapitalwertkurve - net present value curve
Kapitalwertmethode - net present value method
Kapitalwiedergewinnungsfaktor - capital recovery factor
Kapitalzinssatz - rate of return on investment
Kapitalzufluß - capital inflow
Kapitalzuführung - new capital injection
kardinal - cardinal
kardinaler Nutzen - cardinal utility
karitativ - charitable
Karriere - career
Karriere machen - make a career
Karriereknick - career-limiter

Karriereleiter

Karriereleiter - promotion ladder
Kartei - card-index
Kartell - pool, cartel
Kartellabkommen - cartel arrangement
Kartellamt - cartel office
Kartellaufsichtsbehörde - monopolies and mergers commission
Kartellmacht - cartel power
Kartellpolitik - cartelising policy
Kartellrecht - antitrust law
Kartellverbot - cartel ban
Kartellvereinbarung - restrictive trade agreement
Kassa-Terminkurs-Differenz - basis
Kassahandel - spot dealing
Kassakurs - spot rate
Kassaskonto - cash discount
Kasse - cash, paybox, till
Kassenbericht - cash report
Kassenbestand - cash holding, cash balance, cash in hand
Kassenhaltung - till money, cash holding
Kassenhaltungseffekt - balance effect, cash balance effect
Kassenhaltungsmethode - cash management method
Kassenkonto - cash account
Kassenkredit - ways and means advance
Kassenmanagement - cash management
Kassenmittel - cash resources
Kassenmittelintensität - cash resources intensity
Kassenprüfung - cash audit
Kassensaldo - money balance
Kassenstreifen - till receipt
Kassenverein - securities clearing bank
Kassenwart - treasurer
Kassenzufluß - cash-flow
Kassierer - teller
Katalog - catalogue
Katalysator - catalytic convertor
katastrophal - catastrophic, disastrous
Katastrophe - catastrophe, disaster
Katastrophendeckung - calamity coverage
Kategorisierung - categorization
Kauf - purchase, buying
Kauf auf Raten - hire purchase
Kauf nach Probe - sale by sample
Kaufabsicht - purchase intention, buying intention

Kaufanlaß - buying motive
Kaufanreiz - merchandise appeal, buying incentive, sales inducement
Kaufauftrag - buying order, purchase order
Kaufbelebung - increase in sales
kaufbereiter Konsument - willing buyer
Kaufbereitschaft - consumer acceptance, willingness to buy
Kaufeinfluß - buying influence
kaufen - purchase, buy
Kaufen-und-Halten-Strategie - buy-hold-strategy
Kaufentscheidung - purchase decision
Kaufentschlußanalyse - activation research
Käufer - purchaser, shopper
Käufergruppe - buyer category, spending group
Käufermarkt - buyers' market
Käuferschicht - stratum of buyers, category of buyers
Käufersouveränität - consumer sovereignty
Käuferstreik - buyers' strike
Käuferstrukturanalyse - category analysis
Käuferverhalten - sales pattern
Käuferwiderstand - buyers' resistance
Käuferzielgruppe - market target
Kaufgewohnheit - buying habit
Kaufhaus - department store
Kaufinteressent - potential customer, prospective customer
Kaufkraft - buying power, purchasing power, spending power, value
Kaufkraftentzug - drain on purchasing power
Kaufkrafterhöhung - increase of purchasing power
Kaufkraftforschung - purchasing power research
Kaufkraftkennzahlen - purchasing power indices
Kaufkraftparität - purchasing power parity
Kaufkraftrisiko - purchasing power risk
Kaufkraftstabilität - stability of spending power
Kaufkrafttheorie des Geldes - banking theory

Kaufkrafttransfer - transfer of purchasing power
Kaufkraftüberhang - backlog of purchasing power, excess money supply
Kaufkraftverlust - depreciation
Kaufkraftverteilung - spartial pattern of purchasing power
Kaufkraftwährung - index-linked currency
Käuflichkeit - venality
Kauflust - inclination to buy
Kaufmann - dealer, merchant, salesman
kaufmännisch - commercial
kaufmännisches Unternehmen - commercial undertaking
Kaufmotiv - buying motive
Kaufneigung - inclination to buy
Kaufoption - call (option)
Kauforgie - buying binge
Kaufphasen - buying stages
Kaufpreis - purchase price, cost price
Kaufpreisminderung - reduction in price
Kaufrausch - buying binge
Kaufrecht - right of purchase
Kaufsituation - buying situation
kaufsüchtig - shopaholic
Kaufsumme - purchase money
Kaufunlust - disinclination to buy
Kaufverhalten - purchase pattern
Kaufverpflichtung - obligation to buy
Kaufvertrag - sales contract, sales agreement, bill of sale, contract of sale
Kaufvertrag durchführen - execute a bill of sale
Kaufwahrscheinlichkeit - buying probability
Kaufwiderstand - buying resistence
Kaufwunsch - buying desire
Kaufzwang - obligation to buy
kausal - causal
Kausalfaktor - causal factor
Kausalzusammenhang - chain of causation, causality
Kaution - guaranty, security, safe pledge, deposit
Kaution verfallen lassen - forfeit a bond
Kegel - cone
Kehrseite - drawback
Kehrwert - reciprocal value
Kenntnis - acquaintance, acquirement, attainments, knowledge

Kennwortmethode - keying of advertisements
Kennzahl - code number, ratio
Kennzahlensystem - ratio system
Kennzeichen - earmark, feature
kennzeichnen - distinguish, denote
Kennzeichnung - denotation, identification mark
Kennzeichnung abgetretener Forderungen - bookmarking of assigned accounts
kentern - keel over
Kern - core
Kerngeschäftsfeld - core / main business segment
Kerninhalt - core intension
Kernproblem - focal problem
Kernprodukt - main product
Kernzeit - core hours
Kette - chain
Kettenladen - multiple shop, chain shop, high-street store
Kettenregel - chain rule
ketzerisch - heretical
Kfz-Haftpflichtversicherung - third-party motor insurance
Kielgeld - keelage
Kies - dough
Kinderfreibetrag - child exemption, child relief
Kindergeld - family allowances
kinderlose Doppelverdiener - dinkies
Kindersterblichkeit - infant mortality
Kinderzuschlag - children allowance
Kipplaster - tipperlorry, -tip truck
Kiste - box
Kitsch - trash, trumpery
Kladde - daybook, wastebook
Klagbarkeit - actionability
Klage - complaint, lawsuit
Klage aus schuldrechtlichem Vertrag - action ex contractu
Klage aus unerlaubter Handlung - action ex delicto
klar - definite, precise
Klarsichtverpackung - see-through packet
Klasse - class, rate
Klasseneinteilung - grouping
Klassengrenze - class boundary

Klassenhäufigkeit

Klassenhäufigkeit - class frequency, cell frequency
Klassenintervall - class intervall
Klassenkampf - class war
Klassenmitte - class midpoint, class mark
Klassenschranke - class barrier
klassifizieren - classify
klassisch - classical, tailored
klassischer Devisenswap mit Zinskomponente - cross currency-interest rate swap
klassischer Fall - classical case
Klausel - clause
Klein- und Mittelbetriebe - small- and medium sized enterprises
Kleinanzeige - classified advertisement
Kleinbetrieb - small establishment / business
Kleingeld - broken money
Kleinhändler - petty dealer
Kleinigkeit - technicality
Kleinkaufhaus - variety store
kleinst - mimimal
Kleinstbetrag - trifle
kleinste Preisveränderung von Terminkontrakten - pip, tick
kleinste obere Schranke - least upper bound
kleinste Untersuchungseinheit - elementary unit
Kleinste-Quadrate-Schätzung - least-squares estimation
kleinster gemeinsamer Nenner - lowest common denominator
Kleinverbraucher - light user / consumer
Klient - client
Klinken putzen - work from door to door, work on the knocker
Klugheit - cleverness, prudence
Klumpen - chunk, cluster
Klumpenauswahl /-stichprobe - cluster sample
Klumpeneffekt - cluster effect
Klüngelei - refinement
knallen - bang
knapp - scarce, short, stringent
knapp an - short of
knapp bei Kasse - short of money
knapp im Angebot - in short supply
knapp kalkulieren - calculate closely

knappe Verfassung des Marktes - tightness of the market
Knappheit - brevity, shortage, scarcity, stringency
Knappheitsgewinne - scarcity-induced profits
Knappschaft - body of miners
Knappschaftskasse - miners' provident fund
Knappschaftsverband - miners' union
knauserig - mean, parsimonious
Knoten - node
Knotenereignis - node event
Köder - decoy
Koeffizient - coefficient
Koexistenz - coexistence
Kognition - cognition
kognitive Dissonanz - cognitive dissonance
kognitiver Entscheidungsstil - cognitive decision style
kognitiver Prozeß - cognitive process
Kohlendioxid - carbon dioxide
Kohlepapier - carbon paper
Kolchosen - kolkhozy
Kollege - colleague
Kollektion - range of goods, collection
Kollektiv - collective
Kollektivabschreibung - lump-sum depreciation
Kollektivbedürfnisse - social wants, public wants, collective needs
kollektive Bewirtschaftung - collective farming
Kollektivgesellschaft - general / registered partnership
Kollektivgüter - collective goods, public goods
kollektivieren - collectivize
Kollektivierung - collectivisation
Kollision - clash, collision
Kombinat - collective combine
Kombination - combination
Kombinatorik - combinatorial analysis
kombinatorisch - combinational
kombinieren - combine
kombiniertes Devisenkassa- und Termingeschäft - cross currency swap
Kommanditgesellschaft (KG) - limited partnership

Kommanditist - shareholder, limited partner
Kommission - commission
Kommission für öffentliche Versorgungsbetriebe - public utility commission
Kommissionsagent - commission agent
Kommissionsbasis - consignment basis
Kommissionsgeschäft - factorage
Kommissionssendung /-ware - consignment
Kommissionsverkauf - consignment sale
Kommitee - committee
kommunal - local, municipal
Kommunalabgaben - rates, local taxes
Kommunalbank - municipal bank
kommunale Gewerbetätigkeit - municipal trading
kommunale Verwaltung - local government, local authority
Kommunaleinnahmen - local revenues
Kommunalobligationen - muncipal bonds
Kommunalschuldverschreibungen - municipal securities
Kommunikation - communication
Kommunikationsanalyse - communication analysis
Kommunikationsbeziehungen - communication relationships
Kommunikationsbudget - communications budget
Kommunikationskanal - communications channel
Kommunikationslücke - communications gap
Kommunikationsmix - communications mix
Kommunikationsnetz - communications network
Kommunikationsprozeß - communications process
Kommunikationssystem - communications system
Kommunikationstechnik - communications technology
Kommunikationsweg - communications channel
Kommunikationswirtschaft - communication economy

kommunikative Rationalisierung - communicative rationalization
kommunikatives Rationalisierungsmuster - communicative pattern of rationalization
komparativer Vorteil - comparative advantage
kompatibel - compatible
Kompensation - compensation
Kompensationsabkommen - offsetting agreement
Kompensationsgeschäft - barter transaction
Kompensationshandel - countertrade
Kompensationskriterium - tradeoff criteria
Kompensationsprinzip - compensation principle
kompensatorisch - compensating
kompensatorische Kosten - offsetting costs
kompensieren - compensate
Kompetenz - authority, competence
Kompetenzabgrenzung - delineation of power
Kompetenzstreitigkeiten - clash of power
Kompetenzübertragung - delegation of authority
Komplement - complement
komplementär - complementary
Komplementär - ordinary partner, general partner
komplementäre Basislösung - complementary basic solution
komplementäre Nachfrage - joint demand
komplementäre Ziele - complementary goals
komplementäres Angebot - joint supply
komplementäres Ereignis - complementary event
Komplementärgüter - complementary goods, joint goods
Komplementaritätsproblem - complementarity problem
Komplementaritätsrestriktion - complementarity restriction
komplex - complex
komplizieren - complicate

kompliziert

kompliziert - complex, complicated, knotty
Kompliziertheit - intricacy
Komponente - component
Kompromiß - compromise
Kompromiß schließen - compromise
Kompromißlosigkeit - intransigence
Konditionenpolitik - terms policy
Konferenz - symposium, parley, conference
Konferenzverbindung - conference call
Konfidenzbereich - confidence region, confidence belt
Konfidenzgrenze - confidence limit
Konfidenzintervall - confidence interval, confidence range
Konfidenzzahl - confidence coefficient
Konfiguration - configuration
konfiszieren - confiscate
Konflikt - conflict, dispute
Konflikt beilegen - settle a dispute
konfliktär - conflicting
konfliktäre Zielbeziehung - conflictary objective relation
konfliktinduzierte Inflation - struggle-for-income inflation
Konfliktmanagement - conflict management
Konfliktpotential - conflict potential
Konfliktvermeidung - conflict avoidance
Konfrontation - confrontation
Konfrontationsstrategie - confrontation strategy
konfrontieren - confront
konglomerate Zusammenschlüsse - conglomerate mergers
konglomerative Diversifikation - conglomerative diversification
konjekturale Preis-Absatz-Funktion - expected price-sales function
konjekturale Variation - conjectural adjustment
Konjunktur - level of economic /business activity, business cycle
Konjunktur verlangsamen - slow down economy
Konjunkturabfall - falling-off in the economy
Konjunkturabschwung - downswing
konjunkturanfällig - sensitive to cyclical influences
Konjunkturaufschwung - economic upswing, upward business trend, boom, uplift
Konjunkturaussichten - economic outlook
Konjunkturbarometer - business barometer
Konjunkturbeobachter - economic forecaster
Konjunkturberuhigung - easing of cyclical strains
Konjunkturbewegung - cyclical movement
konjunkturdämpfend - anticyclical
Konjunkturdebatte - economic policy debate
Konjunktureinbruch - setback in economic activity
konjunkturell - due to economic factors, related to the business cycle
konjunkturelle Arbeitslosigkeit - deficiency-of-demand unemployment, cyclical unemployment
konjunkturelle Abkühlung - economic slowdown
konjunkturelle Arbeitslosigkeitskosten - costs of cyclical unemployment
konjunkturelle Preisschwankungen - cyclical price swings
konjunkturelle Talsohle - recessionary trough
konjunktureller Aufschwung - cyclical upturn
Konjunkturflaute - slack in economy
Konjunkturforschung - business research, industrial research
Konjunkturgewinn - market profit
Konjunkturindikatoren - economic indicators
Konjunkturlage - economic condition, business cycle situation
Konjunkturoptimismus - business confidence
Konjunkturphase - phase of a business cycle, swing
Konjunkturprognose - business forecast, economic forecast
Konjunkturrückgang - downward business trend, decline in economic activity, slump in trade

Konjunkturschwäche - weakness of economic activity
Konjunkturschwankung - cyclical / economic fluctuation, market vacillation, seasonal variation
Konjunkturspitze - cyclical peak
Konjunkturtief - cyclical depression
Konjunkturumschwung - turnaround in economic activity
Konjunkturverlauf - path of economy, thrust of economic activity
Konjunkturzyklus - economic cycle, business cycle, trade cycle
konkav - concave
Konkurrent - competitor, contender, rival
Konkurrenz - competition, rivalry
Konkurrenz unterbieten - undercut a competitor
Konkurrenzanalyse - rival analysis
Konkurrenzangebot - rival offer
Konkurrenzausschluß - competition clause, exclusivity stipulation
Konkurrenzgleichgewicht - competitive equilibrium
Konkurrenzkampf - business struggle
konkurrenzlos - unrivalled
Konkurrenzreaktion - competitive reaction
Konkurrenzunternehmen - rival business
Konkurrenzvorteil - competitive edge
konkurrieren - compete, rival
konkurrierend - competitive
konkurrierende Nachfrage - alternate demand, rival demand
Konkurs - insolvency, bankruptcy
Konkursanmeldung /-antrag - bankruptcy notice /petition, declaration of bankruptcy
Konkurseröffnungsbeschluß - adjudication order
konkursgefährdetes Unternehmen - cliffhanging company
Konkursgericht - bankruptcy court
Konkursgläubiger - petitioning creditor
Konkursmasse - bankruptcy assets, debtor's estate, insolvent estate
Konkursrecht - bankruptcy law
Konkursschuldner - debtor in bankruptcy

Konkursverfahren - bankruptcy proceedings
Konkursvergleich - composition in bankruptcy
Konkursverwalter - bankruptcy commissioner, manager in bankruptcy
Konnektor - connector
Konnossement - bill of lading
Konnossementklausel - bill of lading clause
Konsens - consensus
Konsens-Management - consensus management
konsequent - consequent, consistent
Konsequenz - implication, consequence
Konsequenzanalyse - analysis of consequences
konservativ - conservative
Konservativismus - Toryism, conservatism
Konservenfabrik - packing house
konservieren - preserve
Konservierungsmittel - preservative
konsistente Schätzfunktion - consistent estimator
Konsistenzmodell - fixed-target policy model
konsolidieren - consolidate
konsolidierte Gewinn- und Verlustrechnung - consolidated profit and loss account
konsolidierter Ertrag - consolidated earnings
Konsolidierung - consolidation
Konsolidierungsbuchung - consolidating entry
Konsorte - participant
Konsortialbanken - underwriting banks
Konsortialgeschäft - syndicate transaction
Konsortialspanne - underwriting margin
Konsortium - consortium, financial syndicate
konstant - constant, uniform
Konstante - constant
konstante Preise - base-period prices
konstante Varianzelastizität - constant elasticity of variance (cev)
konstanter Ertrag - constant return
konstanter Prozentsatz - fixed percentage

konstanter Skalenertrag - constant return to scale
Konstellation - combination of circumstances
konstituieren - assemble, constitute
konstruieren - construct, design
Konstruktion - construction, design
Konstruktionsgemeinkosten - indirect design costs
Konstruktionskosten - design costs
Konstruktionsvorlage - blueprint, construction pattern
Konstruktionszeichner - draftsman
konsultieren - consult
Konsum - consumption, exhaustion
Konsumausgaben - consumption spending, consumer expenditures
Konsumbündel - consumption bundle
Konsument - consumer
Konsumenteninformation - consumer information
Konsumentenpreisindex - Consumer-Price-Index (CPI)
Konsumentenrente - consumer's surplus
Konsumentenrisiko - consumer's risk
Konsumentenschutz - consumer protection
Konsumentensouveränität - consumer sovereignty
Konsumententreue - consumer loyalty
Konsumentenverhalten - consumer behavior
Konsumentenwahrnehmung - consumer perception
Konsumentenzuversicht - consumer confidence
Konsumerismus - consumerism, naderism
Konsumertrag - consumption return
Konsumexplosion - burst of consumption
Konsumfreudigkeit - propensity to consume
Konsumfunktion - consumption function
Konsumgenossenschaft - consumers' cooperative
Konsumgesellschaft - consumer society
Konsumgewohnheiten - consumption pattern, habits of consumption
Konsumgüter - consumer goods, consumption goods

Konsumneigung /-quote - propensity to consume
Konsumterror - pressures of a materialistic society
Konsumverhalten - consumption behavior
Konsumzwang - compulsion to buy
Kontakt - contact
Konten abschließen - close books
Kontenanalyse - account analysis
Kontenausgleich - squaring of accounts
Kontengliederung - account classification
Kontengruppe - account category / group
Kontengruppenbezeichnung - account group title
Kontenklasse - class of accounts
Kontenplan - chart of accounts
Kontenrahmen - uniform classification of accounts
Kontenstand - account balance
Kontextdefinition - contextual definition
Kontextmarketing - context marketing
Kontierung - account allocation
Kontingent - allocation, quota
Kontingent ausschöpfen - exhaust a quota
Kontingentszuteilung - allotment
Kontingenzanalyse - contingency analysis
Kontingenzansatz - contingency approach
kontinuierlich - continuous
Kontinuität - continuity
Konto - account
Konto ausgleichen - adjust an account, settle the balance
Konto belasten - debit an account
Konto eröffnen - open a bank account
Konto haben bei - bank with
Konto in fremder Währung - foreign currency account
Konto überziehen - overdraw an account
Kontoauszug - account statement, abstract of account
Kontoauszugsdrucker - account statement printer
Kontobewegungen - account activities
Kontoform - account form
Kontoführung - account maintanance, account management
Kontoinhaber - depositor, account holder

Kopplungsangebot

Kontokorrentbuch - money lent and lodged book
Kontokorrentkonto - current account
Kontokorrentkredit - advance on current account, open account credit
Kontokorrentschuldner - trade debtor
Kontokorrentverbindlichkeiten - liabilities on current account
Kontonummer - account number
Kontopflege - account maintenance
Kontor - office
Kontorist - clerk
Kontostand - balance, balance of account
Kontounterlagen - account files
Kontrahierungsmix - contract mix
Kontrakt - contract
kontraktbestimmtes Einkommen - income paid under contract
Kontrakteinheit - unit of trading
Kontraktion - contraction
kontraktive Offenmarktpolitik - restrictive open market policy
Kontraktkurve - contract curve
Kontrollabschnitt - counterfoil, stub
Kontrollbudget - accounting-control budget
Kontrolle - control, inspection, scrutiny, supervision
Kontrolleur - supervisor, tally clerk
kontrollierbare Unternehmensumwelt - negotiated environment
Kontrolliste - check list
Kontrollkarte - time card
Kontrollmarke - inspection stamp
Kontrollpunkt - indifference quality
Kontrollspanne - span of control
Kontrollsysteme - control system
Kontrolluhr - time clock
Kontroverse - controversy
Konventionalstrafe - contract penalty
konventionell - conventional
Konvergenz - convergence
Konvergenzsatz - convergence theorem
konvergieren - converge
Konversions-Marketing - conversional marketing
konvertibel - convertible
Konvertierbarkeit - convertibility
Konvertierung - conversion
konvex - convex
Konzentration - concentration

Konzentrationsbewegung - concentration movement
Konzentrationsmaß /-rate - concentration ratio
konzentrieren - concentrate, center on, focus
konzentrische Diversifikation - concentric diversification
Konzeption - concept
Konzeptpaket - bundle of concepts
konzeptualisieren - conceptualize
Konzern - group of affiliated companies, multicorporate enterprise, trust
Konzern-Gewinn- und Verlustrechnung - consolidated statement of income
Konzernabschluß - consolidated accounts
Konzernbilanz - consolidated balance sheet
Konzerngewinn - consolidated profits
Konzerngruppe - consolidated group
konzerninternes Geschäft - intragroup transaction
Konzernkosten - group charges
Konzernrechnungslegung - consolidated accounting
Konzernüberschuß - consolidated surplus
Konzernumsatz - consolidated sales
Konzernunternehmen - allied company
Konzernverflechtung - interlocking combine
Konzernzentrale - central office
Konzession - franchise, concession, licence
konzessionieren - enfranchise
Konzessionsentzug - disfranchising
Konzessionsinhaber - concessionaire
Kooperationskartell - cooperation cartel
kooperativ - cooperative
kooperative Führung - cooperative leadership
kooperieren - cooperate
Koordination - coordination
Koordinator - coordinator
koordinieren - coordinate
Kopfarbeit - brain-work
Kopfsteuer - poll tax
Kopie - flimsy, copy, transcript
kopieren - copy
Kopiergerät - copier
Kopplungsangebot - package offer

Kopplungsgeschäft

Kopplungsgeschäft - tie-in sale, package deal
Kopplungsklausel - tie-in clause
Kopplungsverkauf - bundle sale
körperbehindert - disabled
Körperschaft - corporate body, corporation
Körperschaft des öffentlichen Rechts - statutory corporation, corporation under public law
Körperschaftssteuer - corporate profit tax
Körperschaftssteuer auf einbehaltene Gewinne - accumulated earnings tax
korporativ - corporate
Korrektur - adjustment, rectification
Korrektur nach unten - downward revision
Korrekturposten - correcting entry
Korrelation - correlation
Korrelationskoeffizient - correlation coefficient
korrelierte Variablen - correlated variables
Korrespondenz - correspondence
Korrespondenzbank - correspondent bank
korrigieren - correct, rectify
korrupt - rotten, venal
Korruptheit - rottenness
Korruption - corruption, jobbery
Korruptionsseuche - pest of corruption
Kosinusfunktion - cosine function
kosmopolitisch - cosmopolitan
kostbar - precious
Kosten - charges, costs, expenses, outlay
Kosten begleichen - meet costs
Kosten der Außerbetriebnahme - decommissioning costs
Kosten der Eigenkapitalfinanzierung - cost of equity finance
Kosten der entgangenen Gelegenheit - opportunity cost
Kosten einer Arbeitseinheit - unit labor cost
Kosten hereinholen - recapture cost
Kosten nach Abschreibung - amortized cost
Kosten veranschlagen - figure up the costs

Kosten verbundener Produktion - common cost
Kosten verteilen - pool expenses
Kosten, Versicherung und Fracht - cost, insurance, freight (c.i.f.)
Kosten-Leistungsverhältnis - cost-to-performance ratio
Kosten-Nutzen-Analyse - cost-benefit analysis
Kosten-Preis-Schere - cost-and-price scissors
Kosten-pro-Tausend-Kriterium - cost per thousand criterion
Kosten-Umsatztrend - cost-volume trend
Kosten-Zeit-Kurve - cost-time-curve
Kostenabweichungsanalyse - cost variance analysis
Kostenanalyse - analysis of expenses
Kostenangaben - cost data
Kostenanschlag - cost estimate
Kostenanstieg - rise of costs
Kostenanteil - cost fraction
Kostenarten - categories of costs, types of costs
Kostenartenkonto - cost account
Kostenartenrechnung - cost type accounting
Kostenartenverteilung - allocation of cost types
Kostenaufgliederung - cost breakdown
Kostenaufstellung - statement of cost
Kostenausgleich - cost averaging
Kostenbelastung - burden of costs
Kostenbeteiligung - cost sharing
Kostenbewertung - costing
Kostenbewußtsein - cost consciousness
Kostenblock - pool of costs
Kostendämmung - cost cutting
kostendeckend - cost-covering
kostendeckender Betrieb - self-supporting enterprise
Kostendeckung - cost coverage
Kostendeckungspunkt - breakeven point
Kostendegression - decline of marginal unit costs
Kostendruckinflation - cost-push inflation
Kosteneinheit /-träger - cost unit
Kostenerfassung - cost recording
Kostenersparnis - cost saving

Kostenerstattung - refund of costs, reimbursement
Kostenfaktor - cost factor
Kostenfestsetzung - cost finding
Kostenfrage - question of cost
Kostenführer - cost leader
Kostenführerschaft - cost leadership
Kostenfunktion - cost function
Kostengebühr - service charge
Kostengut - factor of production, input
Kostenhöhe - amount of costs
kosteninduzierte Inflation - cost-push inflation
Kosteninflation - cost inflation
Kostenkategorie - cost category
Kostenkoeffizient - cost coefficient
kostenlos - free of charge, no charge
kostenoptimale Allokation - least-cost allocation
Kostenoptimierung - cost optimization
Kostenoptimum - cost optimum
Kostenplan - cost plan
Kostenplanung - cost planning, expense budgeting
Kostenpreis - cost price
Kostenrechnung - cost accounting, costing
Kostenrechnungsgrundsätze - costing policy
Kostenrechnungssystem - cost system, costing system
Kostenrechnungsverfahren - costing method
Kostenrentabilität - cost effectiveness
Kostenschlüssel - cost allocation base
Kostenspezifizierung - breakdown of expenses
Kostenstelle - burden center, cost center, cost section
Kostenstellengemeinkosten - cost center overhead
Kostenstellenplan - chart of functional accounts
Kostenstellenrechnung - cost center measurement, cost center accounting
Kostenstellenumlage - cost center charge transfer
Kostenstruktur - cost structure
Kostenteilung - cost sharing
Kostenträgerrechnung - unit-of-output costing statement

Kredit für Bauunternehmer

Kostenträgerstückrechnung - cost unit accounting
Kostenübernahme - cost absorption
Kostenüberschreitung - cost overrun
Kostenvergleichsrechnung - cost comparison method
Kostenverläufe - patterns of cost behavior
Kostenverringerung - reduction of expenses
Kostenverteilung - cost distribution
Kostenverursacherprinzip - originator-must-pay principle
Kostenverzeichnis - statement of charges
Kostenvoranschlag - bid, cost estimate
Kostenvorschuß - advance on costs, charges paid in advance
Kostenvorteil - cost advantage
Kostenwert - cost value
Kostenwirksamkeit - cost effectiveness
Kostenwirksamkeitsanalyse - cost-effectiveness-analysis
kostspielig - costly, expensive
Kovarianz - covariance
Kovarianzanalyse - analysis of covariance
kraft - on the strength of
Kraftfahrzeuganhänger - trailer
Kraftfahrzeugsteuer - tax on motor vehicles
krankende Industrie - lame duck industry, sunset industry
Krankengeld - sickness benefits, sick pay
Krankenkasse - sick benefit fund
Krankenschein - sick certificate
Krankenstand - sickness figure
Krankenversicherung - health insurance, sick insurance
Krankenversicherungsbeitrag - health insurance contribution
Krankfeiern - absenteeism
Krankheitsausfalltage - days lost through sickness
kreativ - creative
Kreativität - creativity
Kreativitätstechnik - creativity technique
Kredit - advance, credit, loan
Kredit aufnehmen - borrow money, raise a credit
Kredit für Bauunternehmer - contractor loan

373

Kredit in laufender Rechnung

Kredit in laufender Rechnung - open account credit
Kredit verknappen - tighten credit
Kreditanstalt - loan bank
Kreditantrag - application for a credit
Kreditauskunft - credit information
Kreditauskunftei - mercantile agency, credit inquiry agency
Kreditausweitung - expansion of credit volume
Kreditbedingungen - terms of credit
kreditbedarf - credit requirement
Kreditbestätigung - facility letter
Kreditbremse - credit brake
Kreditbrief - letter of credit (L/C)
Kreditbürgschaft - loan guaranty
Krediteinrichtungen - credit facilities
Krediteinschränkung - credit restriction
Kreditfähigkeit - borrowing power
Kreditgeld - fiduciary money
Kreditgenossenschaft - credit union
Kreditgeschäft - lending business, loan transaction
kreditieren - credit
Kreditinstitut - bank, lending agency
Kreditkarte - plastic, credit card
Kreditkauf - charge purchase, sale for account
Kreditlinie /-rahmen - credit line, credit limit
Kreditmittel - loanable funds
Kreditnehmer - borrower
Kreditoren - accounts payable, bills payable
Kreditprovision - loan commitment fee
Kreditprüfung - credit rating
Kreditreserve - borrowing reserve
Kreditsicherstellung - safeguarding of credits
Kreditspielraum - lending potential
Kreditstatus - statement of credit position
Kreditvereinbarung - borrowing arrangement
Kreditverkauf - charge sale
Kreditversicherung - credit insurance, loan insurance
Kreditversorgung - credit facilities
Kreditvolumen - lending volume
kreditwürdig - creditworthy, reliable
Kreditwürdigkeit - credit standing, credit worthiness

Kreditwürdigkeitsprüfung - credit investigation, credit review
Kreditzusage - standby credit
Kreditzusammenbruch - credit crunch
Kreisdiagramm - pie chart, wheel diagram
kreisen - circuit
Kreislauf - circuit, cycle
Kreuzpreiselastizität - cross price elasticity
Kreuzwechselkurs - cross-rate of exchange
Kreuzwirkungsanalyse - cross-impact analysis
Kriegsdienstverweigerer - conscientious objector
Kriegswirtschaft - wartime economy
Kriminalität - criminal, delinquency
kriminell - delinquent
Krise - crisis
Krise auf dem Wohnungsmarkt - housing crisis
Krise hervorrufen - precipitate a crisis
Krisenbranche - crisis-ridden sector
krisenfest - slump-proof
Krisenmanagement - crisis management
Krisenmanager - trouble-shooter
Kriterium - criterion
Kritik - criticism
Kritiker - critic
kritisch - critical
kritische Auslastung - critical load factor
kritische Beschäftigung - critical activity
kritische Zeit - crucial period
kritischer Erfolgsfaktor - critical success factor
kritischer Pfad - critical path
kritischer Punkt - critical point
kritischer Wettbewerbsfaktor - critical competition factor
kritischer Zinssatz - critical rate of interest
kritisches Stadium - critical stage
kritisieren - criticise
Krösus - nabob
Kuhhandel - horse trading
Küchenkabinett - kitchen cabinet
Kühlraumlagerung - cold storage
kultiviert - civilized, cultured
Kumulante - cumulant

kumulative Reichweite - cumulative audience
kumulatives Lernmodell - cumulative learning model
kumulieren - cumulate
kumulierte Reichweite - accumulated coverage
kumulierte Werbewirkung - accumulated advertising effectiveness
kündbare Obligation - optional bond
Kunde - client, customer, patron
Kunden besuchen - call on a client
Kundenabrechnung - customer accounting
Kundenanpassung - customization
Kundenanzahlung - customer prepayment
Kundenauftrag - customer order
Kundenauftragsfertigung - job-order production
Kundenberater - customer adviser
Kundenbesuch - sales call
Kundenbetreuer - account executive
Kundendepot - third-party securities account
Kundendichte - account density
Kundendienst - after sales service, field service
Kundendienst-Informationssystem - service information system
Kundenfänger - tout
Kundengruppe - group of customers
Kundenkonto - customer account
Kundenkreditkarte - charge card
kundenorientierte Gliederung - customer-orientated classification
kundenspezifisch - customized
kundenspezifisches Markeing - customized marketing
Kundenstamm - established clientele
Kundenstruktur - customer structure
Kundentreue - customer loyalty
Kundenverhalten - customer attitude
Kundenwerbeabteilung - canvassing department
Kundenzufriedenheit - customer satisfaction
kündigen - resign, quit, terminate
Kündigung - dismissal, notice to quit, termination

Kündigungsfrist - term of notice, withdrawal period, period of notice
Kündigungsklausel - notice clause
Kündigungsrecht - cancellation privilege
Kündigungsschreiben - notice of dismissal, termination notice
Kündigungsschutz - dismissal protection, protection against dismissal
Kundschaft - clientele, patronage
kundtun - declare
Kunstfaser - synthetic fibre
künstlich gehaltene Währung - pegged currency
künstlich herstellen - synthetic
künstliche Intelligenz (KI) - articial intelligence
künstliche Marktaktivität - daisychain
künstliche Variable - artificial variable
Kunststoff - plastic
Kunststofferzeugnis - plastics product
Kunststoffindustrie - plastics industrie
Kuponbogen - coupon sheet
Kuppelkalkulation - joint product costing
Kuppelprodukt - joint product
Kuppelproduktionskosten - common cost
Kurs - price, quotation
Kurs aussetzen - suspend a quotation
Kurs-Gewinn-Verhältnis - price earnings ratio
Kursabfall - price decline
Kursabschlag - markdown
Kursänderungen - change of rates, reorientation
Kursanstieg - market advance, upturn
Kursbeeinflussung - manipulation
Kursbewegung - movement in prices
Kurse drücken - bear stocks, raid
Kurserholung - rally in prices
Kursfestsetzung - rate fixing
Kursfixierung - official pegging
Kurshöhe - price level
Kursnotierung - market quotation, price quotation
Kursrückgang - drop in prices
Kursschwankungen - price fluctuations, rate fluctuations, ups and downs of the market
Kurssicherung - rate hedging, rate support

Kursspanne

Kursspanne - difference in quotations, wide quotations
Kurssprung - jump in prices
Kursstabilisierungsmaßnahmen - official support
Kurssteigerung aufweisen - show an advance
Kurssturz - nose dive, sharp tumble in stock prices
Kursstützung - price pegging, price stabilization
Kurstabelle - stock market table
Kursteilnehmer - trainee
Kurstreiberei - sharepushing
Kursunterschied - margin, net change
Kursverfall - price collapse
Kursverhältnis - rate of exchange
Kursverlauf - price movement
Kursverlust - price loss
Kursverlustversicherung - insurance against loss by redemption
Kurswert - market value
Kurszettel - list of quotations, price list
Kursziel - upside target
Kurszuschlag - continuation rate
Kurve konstanter Ausgaben - constant outlay curve
Kurvendiagramm - curve diagram
Kurven gleicher Wahrscheinlichkeit - equiprobability curves
Kurvenschreiber - plotter
Kurzarbeit - short-time working
Kurzarbeiter - short-time worker
Kürze - brevity, shortness
kurze Fernsehwerbung - blurb, spot
kürzen - curtail, abridge
kürzester-Pfad-Problem - shortest path problem

Kurzfassung - abstract, abridged version
kurzfristig - short-run, at short notice, short term
kurzfristige Einlage - short-term deposit
kurzfristige Erfolgsrechnung - operating statement of income
kurzfristige Konjunkturprognose - short-term economic forecast
kurzfristige Planung - short-term planning
kurzfristiger Effekt - short-run effect
kurzfristiger Erfolgszwang - short-term profits pressure
kurzfristiger Plan - short-term plan
kurzfristiger Währungsbeistand - short-term monetary support
kurzfristiges Fremdkapital - short-term liabilities
kurzfristiges Gleichgewicht - short-run equilibrium
kurzfristiges Umlaufvermögen - current assets
Kurzläufer-Rendite - yield on shorts
kurzlebige Konsumgüter - consumer disposables, perishable consumer goods
kurzlebige Verbrauchsgüter - soft goods
Kürzung - cutback, diminution
Kürzungen von Sozialleistungen - cuts in social benefits
Kurzversicherung - term assurance
Kurzzielbestimmung - definition of short-term objectives
Küstenfischerei - inshore fishing
Küstenhandel - inter coastal trade
Küstenschiffahrt - coasting
Küstenstaat - coastal state
Kybernetik - cybernetics

L

Labor - laboratory
Laborexperiment - laboratory experiment
Ladefähigkeit - deadweight capacity
Ladeliste - cargo manifest
Laden - store, shop
Ladenbesitzer - tradesman, shop owner
Ladendiebstahl - shoplifting
Ladenfläche - store site
Ladenfront - shop front
Ladenhüter - dud stock, non-moving item, sleeper
Ladenschluß - closing time
Ladenschlußgesetz - shop closing act
Ladentisch - (sales) counter
Ladung - cargo
Lage - situation, location, circumstance
Lagebericht - status report
Lager -store, warehouse
Lager auffüllen - rebuild inventory, refill, restock
Lagerabbau - liquidation of inventories, stock reduction
Lagerabgang - inventory depletion, issue from store
Lagerabgangsrate - rate of usage
Lagerarbeiter - storeman, warehouse worker
Lageraufbau - buildup of stocks
Lageraufnahme - physical inventory
Lagerbestand - holding level, inventory, stock on hand, goods in stock
Lagerbestandsauffüllung - inventory accumulation
Lagerbewegung - inventory activity, stock rotation
Lagerbewertung - inventory valuation
Lagerbildung - stockbuilding
Lagerdauer - period of storage
Lagergeld - demurrage, storing charges
Lagerhalter - stockholder
Lagerhaltung - stockkeeping
Lagerhaltungsansatz - inventory-theoretic approach
Lagerhaltungskosten - inventory holding costs
Lagerhaltungsmodell - inventory model
Lagerhaltungsproblem - warehouse capacity problem
Lagerhaltungsrezession - inventory recession
Lagerhaltungssystem - inventory (control) system
Lagerhaltungstheorie - inventory theory
Lagerhaltungszyklus - inventory cycle
Lagerinvestition - inventory investment
Lagerist - storekeeper, warehouse man
Lagerkapazität - storage capacity
Lagerkennzahlen - inventory turnover ratios
Lagerkonto - warehouse account
Lagerkontrolle - inventory control, unit control
Lagerkosten - storage /warehousing costs, storing charge
Lagermiete - storage rent
Lagerplanung - storage planning
Lagerraum - warehouse, storeroom
Lagerräumung - stock clearance
Lagerschein - warehouse bond
Lagerspesen - storing expenses
Lagerstandort - warehouse location
Lagerstandortproblem - warehouse location problem
Lagerüberprüfung - stock check
Lagerumschlag - stock turnover, inventory turnover
Lagerung - storage, warehousing
Lagerveränderung - inventory change
Lagerverwalter - inventory clerk
Lagerzettel - bin card
Lahmlegung - paralysation
Landarbeiter - agriculture laborer, peasant
Landbesitz - extensive grounds
Landegebühren - landing fee
Länderkontingent - negotiated quota
Länderrisiko - jurisdiction risk
Landesverteidigung - defense
landesweit - nationwide
Landflucht - rural exodus
ländlich - countrylike, rural
Landreform - land reform
Landvermesser - surveyor
Landweg - overland transportation
Landwirtschaft - agriculture
landwirtschaftlich - agricultural
landwirtschaftliche Arbeitskraft - agricultural /rural worker

landwirtschaftliche Produktionsgenossenschaft - collective farm
landwirtschaftliche Überproduktion - surplus agricultural production
Landwirtschaftsministerium - Board of Agriculture
langfristig - in the long run, over the long term, long-period
langfristige Durchschnittskosten - long-run average cost
langfristige Planung - long-term planning
langfristiger Dauerauftrag - blanket order
langfristiger Effekt - long-run effect
langfristiger Entwicklungstrend - secular trend
langfristiger Plan - long-term plan
langfristiges Fremdkapital - long-term liabilities
langfristiges Gleichgewicht - steady state, long-period equilibrium
langjährig - long-standing
langlebige Güter - durable goods
langlebige Konsumgüter - consumer durables
langsam anziehen - edge up
langsames Wachstum - slow growth
langwierig - protracted
Last - burden
Last der Staatsschuld - burden of the debt
lastend - incumbent
Lastenteilung - burden-sharing
lästig - cumbersome, inconvenient, interfering, burdensome
Lastschrift - debit entry, debit
Lastschriftanzeige - debit note
Lastschriftzettel - debit slip
Lastwagen - truck, van
lateinisches Quadrat - latin square
latente Steuern - deferred taxes
Laufbahn - career
laufend - current
laufende ergänzende Kosten - current supplementary cost
laufende Verbindlichkeit - floating liability
laufende Wirtschaftsperiode - instantaneous period
laufender Preis - current price
laufendes Konto - drawing account, checking account, current account
Laufkundschaft - drop-in customers, occasional customers
Laufzeit - continuance, time to maturity, period of validity, running time
Laufzeitrückkaufeinkommen - term repurchase income
Laufzettel - docket, tracer, work label, procedure log sheet, routing slip
Leasinggesellschaft - leasing company
lebendes Inventar - livestock
Lebensdauer - life
Lebenserfahrung - knowledge of life
Lebenserwartung - life expectancy
lebensfähig - viable
Lebensfähigkeit - viability
Lebenshaltungsindex - cost of living index
Lebenshaltungskosten - cost of living, living cost
lebenslanges Lernen - lifelong learning
lebenslänglicher Nießbrauch - life interest
Lebenslauf - curriculum vitae
Lebensmittelgesetz - food act
Lebensmittelhändler - grocer
Lebensqualität - life quality
lebenssprühend - vibrant
Lebensstandard - living standard, economic standard, standard of living
Lebensversicherung - endowment insurance, life insurance
Lebensversicherungspolice - endowment insurance policy
lebenswichtig - vital
lebenswichtiger Bedarf - necessities of life
Lebenszeiteinkommen - lifetime income
Lebenszyklus - life cycle
Lebenszyklusanalyse - life cycle analysis
Lebenszyklushypothese - life cycle hypothesis
Lebenszykluskonzept - life cycle concept
lebhaft - cheerful, buoyant, vivid
lebhaft gefragte Aktien - glamor stocks
lebhafte Konkurrenz - active competition
lebhafte Nachfrage - active demand, brisk demand

lebhaftes Interesse - keen interest
ledig - single
leer - blank, empty
Leere - emptyness, voidness
Leergewicht - tare
Leerkosten - idle capacity cost
Leerkostenanalyse - idle-capacity-cost analysis
Leerung - clearance
Leerverkauf - bear sale
Leerverkaufsposition - short position
leerverkaufte Aktien - shorts
Legitimation - legitimation
Legitimationskarte - legitimation card
Legitimationsübertragung - transfer of right to vote
legitimierter Inhaber - holder in due course
Lehrbarkeit - teachability
Lehre - apprenticeship
lehren - teach
Lehrer - teacher
Lehrling - apprentice
Lehrlingsausbilder - apprentice master
Lehrmethode - method of instruction
Lehrsatz - proposition, tenet
Lehrstelle - apprenticeship place, trainee place
Lehrvertrag - indenture, training contract
Lehrzeit - apprenticeship
Leibrente - life annuity
leicht verderblich - perishable
leichte Arbeit - soft /easy job
leichte Inflation - moderate inflation
leichter Absatz - ready sales
leichtes Spiel - walkover
Leichtlohngruppe - bottom wage group
Leih-Pacht-Gesetz - lend-lease-act
Leiharbeit - loan employment
Leiharbeitsfirma - loan-employment agency
Leiharbeitskräfte - loaned employees
leihen - borrow, lend, loan
Leihkapital - loanable capital, loanable funds
Leihkosten des Kapitals - rental cost of capital
Leistung - performance, output, result, achievement, efficiency
Leistung Zug um Zug - contemporaneous performance

Leistungsabweichung - capacity variance
Leistungsanalyse - performance analysis
Leistungsanforderung - performance requirement
Leistungsanreiz - incentive, inducement
Leistungsberechtigung - eligibility for benefit
Leistungsbereitschaft - willingness to achieve, performability
Leistungsbericht - performance report
Leistungsbeurteilung - merit rating, performance rating
Leistungsbewertung - appraisal of results, performance evaluation, rating
Leistungsbilanzdefizit - current account deficit
Leistungsbilanzüberschuß - surplus on current account
Leistungsbilanzüberschußpolitik - beggar-my-neighbor policy
Leistungsdauer - indemnity period
Leistungsdenken - performance orientation, emphasis on efficiency
Leistungsdiagramm - performance chart
Leistungsdokumentation - performance documentation
Leistungsdruck - stress
Leistungseinkommen - productive income
Leistungsempfänger - recipient of services
leistungsfähig - efficient
Leistungsfähigkeit - productivity, efficiency
Leistungsgesellschaft - performance-oriented society, meritocracy, achievement-oriented society
Leistungsgrad - performance level, rate of working
Leistungsgrenze - limit of performance
Leistungskurve - performance curve
Leistungslohn - merit pay, incentive wage, incentive pay
Leistungsmerkmal - performance attribute
Leistungsmessung - performance measurement
Leistungsmotivation - motivation of achievement, achievement motivation
Leistungspotential - performance capability /potential

Leistungsprämie - merit bonus, efficiency payment, incentive bonus, performance bonus
Leistungsprinzip - performance principle, achievement principle
Leistungsprofil - performance specification
Leistungsrechnung - results accounting
Leistungsschau - industrial fair
Leistungsstand - level of performance
Leistungsstandard - performance standard
leistungssteigernd - efficiency increasing
Leistungssteigerung - increase in efficiency
Leistungssystem - competitive system
Leistungsüberprüfung - performance review
Leistungsverlust - loss of efficiency
Leistungsverrechnung - charge resulting from services
Leistungsverzug - delay in performance /delivery
Leistungswettbewerb - efficiency contest
Leistungswille - will to achieve
Leistungsziel - performance objective
Leistungszulage - efficiency bonus, incentive bonus
Leitartikel - leader, leading article
Leitbegriff - key concept
leitender Angestellter - executive
leitender Beamter - senior official
leitender Berater - senior adviser
leitender Direktor - managing director
Leiter - director, head
Leiter der Buchhaltung - controller
Leiter der Buchungsabteilung - booking manager
Leiter der Finanzabteilung - treasurer
Leiter der Forschung - research director
Leiter der Personalabteilung - personnel manager
Leitfaden - guide, handbook, manual
Leitlinien - guidelines
Leitmotiv - theme, key note of a policy
Leitstudie - pilot study
Leitung - directorship, leadership, management, supervision
Leitungsaufgaben - managerial functions
Leitungsbeziehungen - lines of command
Leitungsebene - management level

Leitungsorgan - administrative organ of corporation
Leitungsspanne - span of control
Leitungsstelle - management function
Leitungssystem - directional / management system
Leitungstiefe - managerial depth
Leitwährung - key currency, vehicle currency
Leitzins - key interest rate
Leitzinssatz - prime rate
Lektor - desk editor
lenken - guide, channel
Lernfähigkeit - teachability
Lernkurve - learning curve
Leseintensität - reading intensity
Leser per Exemplar - readers per copy
Leseranalyse - readership analysis
Leserkontaktmöglichkeit pro Anzeige - ad-page exposure
letzte Rate - final instalment
Leuchtstift - light pen
liberalisieren - liberalize
Liefer- und Verkaufsbedingungen - conditions of sale and delivery
Lieferant - purveyor, supplier, tradesman
Lieferantenkredit - supplier credit
lieferbar - available, merchantable, ready for delivery
Lieferbedingungen - terms of delivery
Lieferbereitschaft - customer service level, readiness to deliver
Lieferdatum - delivery date
Lieferer-Skonto - discount earned
Lieferfirma - supplier
Liefergebühren /-kosten - delivery charges
Lieferland - supplier country
Liefermenge - batch
liefern - deliver, supply
Lieferort - place of delivery
Lieferposten - lot
Lieferpreis - delivery price
Lieferschein - bill of sale, delivery note
Lieferschwierigkeiten - supply difficulties
Liefersperre - halt of deliveries, refusal to sell
Liefertermine einhalten - keep delivery dates
Lieferung - consignment, delivery

Lieferung frei Haus - free delivery
Lieferverpflichtung - supply commitment
Lieferverzug - default of delivery
Lieferwagen - (delivery) van
Lieferzeit - period of delivery, delivery time
Lieferzusage - delivery promise
Liegenschaft - landed property
Liegezeit - idle time, waiting time
Lifo-Methode der Vorratsbewertung - last in first out-method of inventory valuation
Likelihood Funktion - likelihood function
limitationale Faktoreinsatzmenge - fixed factor inputs
Limitpreis-Order - limit order
lineare Abschreibung - fixed instalment method, straight-line method of depreciation
lineare Annäherung - linear approximation
lineare Gleichung - linear equation
lineare Kausalität - multiple causation
lineare Korrelation - linear correlation
lineare Nachfragekurve - straight-line demand curve
lineare Programmierung - linear programming
lineare Regression - linear regression
linearer Abzahlungssatz - fixed instalment rate
linearer Akkord - straight piecework
linearer Filter - linear filter
linearer Tend - linear trend
lineares Optimierungsmodell - linear model of optimization
Linie - line, line authority
Liniendiagramm - line diagram
Linienfunktion - line function
Linienmanagement - line management
Linienmanager - line manager
Linienorganisation - line organization
Liquidation - liquidation
Liquidationsantrag - petition for winding-up
Liquidationsbilanz - realization account
Liquidationsvergleich - settlement of liquidation
liquider Nachlaß - solvent estate

liquidieren - liquidate, put into liquidation
Liquidität - liquidity
Liquidität ersten Grades - absolute liquidity ratio, acid test ratio
Liquidität zweiten Grades - net quick ratio
Liquiditätseffekt - availability effect
Liquiditätsengpaß - liquidity bottleneck /squeeze
Liquiditätserhaltung - maintenance of liquidity
Liquiditätsfalle - liquidity trap
Liquiditätsgrad - degree of liquidity
Liquiditätskennzahlen - liquid asset ratios
Liquiditätsknappheit - liquidity shortage
Liquiditätskoeffizient - working capital ratio
Liquiditätskrise - liquidity crisis
Liquiditätsnachfrage - demand for cash balances
Liquiditätsnebenbedingung - liquidity constraint
Liquiditätsprämie - liquidity premium
Liquiditätsreserve - liquidity reserve
Liquiditätsspielraum - liquidity margin
Liquiditätssteuerung - liquidity controlling
Liquiditätsüberhang - monetary reserve
Liquiditätsüberschuß - cash surplus
Liquiditätsverhältnis - liquidity ratio
Listenpreis - list price, scale rate, scheduled price
Litfaßsäule - advertising post, bill board
Lizenz - licence
Lizenzeinnahmen - income from royalties
lizenzfreie Einfuhr - imports on general licence
Lizenzgeber - grantor of a licence, licenser
Lizenzgebühren - licence fees, royalty payments
Lizenzinhaber - licence holder
Lizenznehmer - licensee
Lizenzvereinbarung - licence agreement
Lizenzvergabe - franchising
Lizenzverkauf - sale of a licence
Lizenzvertrag - licence agreement
Lizenzvertreter - franchise agent

LM-Kurve

LM-Kurve - liquidity-money curve
Lobby - lobby
Lobbyismus - lobbying
Lobrede - laudatory speech
Lobredner - encomiast, enlogist
Lochstreifenleser - tapereader
Lockartikel - leading article, loss leader
Lockvogel - bait, decoy
Lockvogelpreisbildung - loss-leader pricing
Lockvogeltaktik - bait and switch technique
Lockvogelwerbung - advertising by enticement, loss-leader sales promotion, bait advertising, teaser campaign
Lofo-Methode der Vorratsbewertung - lowest in-first out method
logarithmische Normalverteilung - log-normal distribution
Logarithmus - logarithm
Logistik - logistics
Logistikkosten - logistics costs
Logistiksystem - logistics system
Lohn - earnings, remuneration, wage
lohn- und gehaltsbezogen - earnings-related
Lohn- und Gehaltswesen - wage and salary administration
Lohnabschluß - pay deal, wage bargain
Lohnabschwächung - fall in wages
Lohnabzugsverfahren - checkoff system
Lohnanpassung - wage adjustment
Lohnausfall - loss of wage
Lohnauszahlungsbeleg - payroll voucher
Lohnberechnung - payroll computation
Lohnbindung - wage indexation
Lohnbuchhalter - payroll clerk, salary administrator
Lohnbuchhaltung - personnel accounting, timekeeping
Lohnbüro - pay office, payroll department
Lohndrift - earnings drift, wage drift
Lohndruckinflation - wage-push inflation
Löhne und Gehälter - wages and salaries
Lohneinheit - wage unit
Lohnempfänger - payroller, wage earner
lohnend - profitable, remunerative, worthwhile
Lohnentwicklung - behavior of wages

Lohnerhöhung - wage increase, wage raise
Lohnexplosion - wage explosion
Lohnfonds - wage fund
Lohnforderung - wage claim
Lohnform - payment system
Lohnfortzahlung - continued payment of wages
Lohngefälle - earnings gap
Lohngemeinkosten - payroll overhead
Lohngruppe - wage group
Lohngüter - wage goods
Lohninflation - wage inflation
Lohnkampf - industrial dispute
Lohnkarte - time card
Lohnkontrolle - wage control
Lohnkosten - labor cost, wages bill
Lohnleitlinien - wage guideposts
Lohnliste - payroll, pay sheet
Lohnnebenkosten - payroll fringe costs
Lohnpfändung - garnishment of wages
Lohnpolitik - pay policy
Lohnrechnung - wages bill
Lohnrückstand - wage arrear
Lohnskala - wage scale
Lohnspanne - wage spread
Lohnstarrheit - wage stickiness
Lohnsteuer - wage taxes
Lohnsteuerabzug - withholding income tax
Lohnsteuerabzugsverfahren - PAYE system, pay as you earn-system
Lohnstopp - wage freeze
Lohntabelle - scale of wages
Lohntheorie - wage theory
Lohntüte - pay /wage packet
Lohnverhandlungen - wage bargaining
Lohnzahltag - pay day
Lohnzuschlag - premium pay
Lokaltermin - onrush investigation
Loko-Kontrakt - spot contract
Loko-Preis - spot price
lombardfähig - acceptable, pawnable, suitable for loans
lombardierte Effekten - pawned securities
Lombardkredit - securities collateral loan
Lombardsatz - minimum lending rate
Londoner Finanzwechsel - international trade bill

Londoner Interbanken-Angebotssatz - London Interbank Offering Rate (LIBOR)
Londoner Warenbörse - London Commodity Exchange (LCE)
löschen - discharge, extinguish
Löschhafen - port of discharge
Loseblattausgabe - loose-leaf edition
Losgröße - batch size, lot quantity/ size
Losgrößenproblem - lot-sizing problem
Lösung - solution
Lösungsentwurf - draft solution
Lösungsmodell - solution model
Lösungsraum - solution space
Lösungsvarianten - alterntive solutions
Lücke - gap, loophole
Lücke der Gesamtnachfrage - aggregate deficiency demand

Lücke schließen - plug a gap
Lückenanalyse - gap analysis
Luftfahrt - aviation
Luftfracht - air freight
Luftfrachtgeschäft - air freight forwarding
Luftfrachtkosten - air freight charges
Luftpost - air mail
Luftverschmutzung - air pollution
Luftweg - air transportation
Luftwerbung - skywriting
lukrativ - remunerative
lustloser Markt - dull market
Luxusgut - luxury good

M

Machenschaft - machination, practice
Macher - performer
Macht - force, influence, power, strength
Macht der öffentlichen Meinung - strength of public opinion
Machtbereich - sphere of influence
Machtkampf - struggle for power
Machtpolitik der Gewerkschaften - union power politics
Machtübernahme - assumption of power
Machtverteilung - distribution of power
magisches Dreieck - uneasy triangle
magisches Viereck - uneasy square
Mahnbrief - dunning letter, reminder, debt collection letter
Makler - agent, broker, dealer
Makler auf eigene Rechnung - pit trader
Maklerfirma - brokerage house
Maklergebühr - broker's charges, brokerage, brokerage cost
Maklergeschäft - brokerage business
Maklerprovision - broker's commission
Maklerstand - pit
Maklerunternehmen - brokerage house
makrodynamische Analyse - macrodynamics
makroökonomische Größe - economic aggregate
Makroprogrammierung - programming in the large
Management - management
Management-Informationssystem - management information system (MIS)
Managementlehre - management science
Managementprinzip - management principle
Managementtechniken - management techniques
Manager - top executive, manager
Mangel - dearth, deficiency, lack, shortage, want
Mängel beseitigen - remedy defects
Mängelanzeige - notice of defects
mangelhaft - defective
Mängelhaftung - liability for defects
Mängelrüge - notice of defect, notification of defect, complaint

mangels Annahme - in default of acceptance
Mangelware - scarce commodity
manipulierte Währung - managed currency
mannigfaltig - diversified, miscellaneous
Manteltarifabkommen - master agreement
manuelle Eingabe - keyboard entry
manuelle Fertigung - hand assembly
Marge - margin
Marginalanalyse - marginal analysis
marginale Sickerquote - marginal leakage
Marke - brand
Markenakzeptanz - brand acceptance
Markenartikel - branded goods
Markenausdehnungsstrategie - brand-expansion strategy
Markenbild - brand image
Markenentscheidung - brand decision
Markenentwicklungsindex - brand development index
Markenführer - brand leader
Markenidentität - brand identity
Markenimage - brand image
Markenname - brand name
Markenplazierung - brand placing
Markenpolitik - brand policy
Markenpräferenz - brand preference
markenspezifischer Wettbewerb - intrabrand competition
Markentrend - brandwagon
Markentreue - brand loyalty
Markenvergleich - brand comparison
Markenwahl - brand selection
Markenwerbung - brand advertising
Markenwettbewerb - brand competition
Markenwiedererkennung - brand recognition
Markenzeichen - brand figure, brand label
Marketingabteilung - marketing department
Marketingberater - marketing consultant, marketing counselor
Marketingidee - marketing ploy
Marketingkonzept - marketing concept
Marketingkosten - marketing costs
Marketingmethoden - marketing techniques

Marketingphilosophie - marketing philosophy
Marketingpolitik - marketing policy
Marketingproblem - marketing problem
Marketingstrategie - marketing strategy
Marketingumfeld /-umwelt - marketing environment
Marketingziel - marketing objective, marketing goal
Markierung - buoyage
Markt - market
Markt abschöpfen - skim the market
Markt beherrschen - command the market
Markt beurteilen - gauge the market
Markt erobern - capture a market
Markt für Gesundheitsgüter - medical market
Markt für öffentliche Güter - political market
Markt für Wertpapierpensionsgeschäfte - repurchase market
Markt mit stabiler Preisentwicklung - firm market
Markt mit starken Schwankungen - jumpy market
Markt sättigen - satiate the market, glut the market
Markt überschwemmen - glut the market, flood the market
Marktabdeckung - market covering
Marktabgrenzung - market partitioning
Marktabgrenzungsabkommen - interpenetration agreement
Marktabgrenzungstheorie - market partitioning theory
Marktabschöpfung - skimming of a market
Marktabsprache - informal marketing agreement
Marktanalyse - commercial survey, market analysis, market survey
Marktanteil - market coverage, market share
Marktanteils-Wachstums-Matrix - market share-growth matrix
Marktaufteilung - market sharing, allocation of sales territories
Marktaufteilungsabkommen - market sharing agreement
Marktausgleichslager - bufferstock

Marktaussichten - market outlook
Marktaustritt - exit, market exit
Marktaustrittsschranken - barriers to exit
Marktausweitung - market expansion
marktbeherrschendes Unternehmen - market dominating company
Marktbeherrschung - domination of a market, market control
Marktbewegungen - movements of a market
Marktbewertung - market assessment
Marktbildungsprozeß - market process
Marktchancenanalyse - analysis of sales opportunities
Marktdurchdringung - market penetration
Markteinbruch - market slump
Markteinflüsse - market pressures
Markteinführung - introduction into the market
Markteintrittsschranken - barriers to entry
Marktenge - tightness of a market
Marktentwicklung - market tendency, trend of the market
Markterfahrung - market experience
Marktergebnis - market performance
Markterholung - market recovery
Markterkundung - probing of a market
Markterschließung - opening up new markets
Marktexpansion - market expansion
marktfähig - marketable
Marktfähigkeit - marketability
Marktfinanzierung - external financing
Marktform - market form
Marktforscher - field investigator, market researcher
Marktforschung - market research
Marktfragmentierung - market fragmentation
Marktführer - market leader
Marktführung - market leadership
marktgängiges Wertpapier - open-market paper
Marktgegenmacht - countervailing power
Marktgröße - market volume, market size

385

Marktherausforderer

Marktherausforderer - market challenger
Marktinformation - market information
Marktklima - market conditions
Marktkommunikation - market communications
Marktkonfiguration - current condition of a market
marktkonforme Mittel - market-conform policies
Marktkonstellation - state of the market
Marktkurs - market exchange rate
Marktlösung - market solution
Marktlücke - gap in the market
Marktmacht - market power
Marktmachtmißbrauch - abuse of market power
Marktnachfrage - market demand
marktnah - close to the market
Marktnische - market niche
Marktordnung - market regime
Marktorientierung - market orientation
Marktpflege - cultivation of a market
Marktpflegekäufe - market regulation purchases
Marktportfolio - market portfolio
Marktposition - market position
Marktpotential - market potential
Marktpreis - going / market price, current / ruling price
Marktpreisbildung - formation of market prices
Marktpreismechanismus - price mechanism
Marktpreisorder - market order
Markträumung - market clearing
Markträumungstheorie - market clearing theory
Marktreaktionsfunktion - sales response function
Marktregulierung - regulation of the market
Marktsättigung - market saturation
Marktsatz - market rate
Marktschwäche - weak market
Marktschwankungen - market fluctuations
Marktsegment - market segment
Marktsegmentierung - market segmentation
Marktsignale - market signals

Marktspezialisierungsstrategie - market specialization strategy
Marktsteigerung - rising market
Marktstreuung - market scatter
Marktstruktur - market structure
Marktteilnehmer - market participant, market operator
Markttransparenz - transparency of the market
Marktüberschwemmung - glutted market
Marktübersicht - market survey
Marktumschwung - turnabout of the market
Marktveränderungen - market changes
Marktverfall - declining market
Marktverflechtung - integration of markets
Marktverhalten - market behavior, market performance, market conduct
Marktverhältnis - market ratio, market environment
Marktversagen - market failure
Marktverzerrung - distortion of a market, market-distortion
Marktvolumen - size of the market
Marktwachstum - market growth
Marktwachstumsrate - market growth-rate
Marktwiderstand - market resistance
Marktwirtschaft - market economy
marktwirtschaftliche Ordnung - free market system
marktwirtschaftliches Gleichgewicht - free market equilibrium
Marktzins - current interest rate, loan rate, market rate of interest
Marktzusammenbruch - market meltdown
Marktzutritt - entry
Marktzutrittsschranken - barriers to entry
maschinelle Buchhaltung - mechanical bookkeeping
Maschinen - equipment, machinery
Maschinenausfall - breakdown of machinery
Maschinenbau - mechanical engineering
Maschinenbauindustrie - engineering industry
Maschinenbauprodukte - engineering products

Maschinenbuchhaltung - machine accounting
Maschinenfabrik - engineering works
Maschinenhalle - machine shop
Maschineninstandhaltung - machinery maintenance
maschinenlesbar - machine-readable
Maschinenschaden - breakdown of machinery
Maschinenstunden - machine hours
Maschinenstundensatz - machine hour rate
Massenabsatz - bulk selling, mass marketing
Massenarbeitslosigkeit - mass unemployment
Massenarmut - pauperism
Massenartikel - bulk article
Massenfertigung - large-scale production
Massengeschäft - bottom lines, bulk business
Massengläubiger - unsecured creditor
Massengüter - bulk goods / commodities
Massengutspeicherung - bulk storage
Massenkommunikation - mass communication
Massenmedium - mass medium
Massenprodukt - staple article
Massenproduktion - bulk production, mass production
Massenverhalten - crowd behavior
massenweise - wholesale
Massenwerbung - large-scale advertising
Maß - measure, measurement
Maß für volkswirtschaftliche Wohlfahrt - measure of economic welfare (MEW)
Maßband - measuring tape
Maßeinheit - denomination
Maßgeblichkeitsgrundsatz - authoritative principle
maßgefertigt - tailor-made
mäßig - moderate
mäßigen - moderate
Mäßigung - austerity, moderation
Maßnahme - activity, provision
Maßnahme rückgängig machen - cancel a measure
Maßnahmen einstellen - suspend action
Maßnahmeplanung - action planning
Maßstab - measure, yardstick, scale, standard

Maßzahl - statistic
Maßzahl der Stichprobe - sample statistics
Material - material
Materialanforderung - material requisition
Materialbedarfsplanung - material requirements planning
Materialbewirtschaftung - materials management
Materialeinsatz - material input
Materialentnahme - withdrawal of material
Materialfluß - materials flow
Materialgemeinkosten - indirect material, materials handling overhead
Materialgemeinkostensatz - materials overhead rate
Materialintensität - materials intensity
Materialismus - materialism
Materialknappheit - shortage of material
Materialkosten - cost of materials
Materialkostenanteil - share of materials cost
Materialkostenplan - material budget
Materialliste - bill of materials
Materialtransport - materials handling
Materialverbrauch - consumption of material, materials usage
Materialverbrauchsplan - materials usage plan
Materialvorrat - material supplies
Materialwirtschaft - materials management
Materialzuschlag - materials overhead rate
Materialzwischenlager - valve inventory
materielle Güter - physical assets
materielle Lebenslage - economic well-being
materielle Leistungen /Zuwendungen - tangible benefits
materielle Vermögenswerte - tangible assets
mathematische Erwartung - mathematical expectation
Matrix - matrice, matrix
Matrixorganisation - matrix organization
Matrixprinzip - matrix principle
Mauschelei - skulduggery
Maut - toll

Maximalbelastung - ultimate strain
maximaler Gewinnerwartungswert - maximum earning capacity value
Maximalleistung - maximum output
Maximierung des Gegenwartswerts - present value maximization
Maximierung unter Nebenbedingungen - constrained maximization
Maximum-Likelihood-Methode - maximum likelihood method
Mäzen - patron
Mechaniker - artisan, mechanic
Mechanisierung - mechanization
Mechanismus - mechanism
meckern - kick against
Median - median
Medien - media, visual equipment
Medienreichweite - media reach
Mehrarbeitszuschlag - overtime pay
Mehrausgaben - excess expenditure
Mehrbankensystem - multi-bank system
Mehrbedarf - increased demand
Mehrbelastung - overcharge
Mehrbetrag - excess, exceeding amount, surplus
Mehrdeutigkeit - ambiguity
Mehrdimensional - multivariate
Mehrerlös - excess sales revenue
Mehrertrag - increment, extra proceeds
Mehrfachbeschäftigung - multiple employment
Mehrfachbesteuerung - recurrent taxation, multiple taxation
Mehrfachstimmrecht - multiple voting
mehrfaktoriell - multi-factorial
Mehrgewicht - excess weight
Mehrgüterfluß - multicommodity flow
Mehrgüterflußproblem - multicommodity flow problem
Mehrheit - majority, plurality
Mehrheitsaktionär - controlling shareholder, majority shareholder
Mehrheitsanteil - majority interests
Mehrheitsbeschluß - majority vote
Mehrheitsbeteiligung - majority holding, controlling interest, controlling shareholding
Mehrliniensystem - multiple-line system
Mehrphasenauswahl - multiphase sampling
mehrschichtig - multilayered

mehrseitige Hilfe - multilateral aid
mehrstufig - multi-stage
mehrstufige Stichprobe - nested sample
Mehrwert - surplus value
Mehrwertdienste - value-added services
mehrwertige Entscheidung - multi-valued decision
Mehrwertsteuer (MWSt) - value added tax (VAT)
mehrwertsteuerbefreit - zero rated
Mehrwertsteuerbefreiung - zero rating
Meineid leisten - perjure
meinungsbildend - opinion-forming
Meinungsbildner - opinion leader, opinion-maker
Meinungsforscher - pollster
Meinungsforschung - (public) opinion research
Meinungsführerkonzept - opinion leader concept
Meinungsstreit - controversy
Meinungsumfrage - census of opinion, opinion survey, poll
Meinungsverschiedenheit - disagreement
Meistbietender - highest bidder
Meister - foreman, works clerk
meistern - cope with
Meldebestand - reordering quantity
Meldeeffekt - reporting effect
melden - notice, notify
meldepflichtig - notifiable
Meldung - notification
Menge - amount, batch, quantity, volume
Menge von Handlungsalternativen - set of action alternatives
Mengenanalyse - quantity analysis
Mengenanpasser - price taker, quantity adjuster
Mengenanpassermarkt - price taker market
Mengenausdehnung - quantum leap
Mengenbegrenzung - quantitative restriction
Mengenbeschränkung - quantity-restriction, quota restriction
Mengeneffekt - quantity effect, volume effect
Mengenkonjunktur - effective-demand boom
mengenmäßige Nachfrage - physical demand

Mengenorientierung - indirect quotation
Mengenplanung - quantity planning
Mengenpreis - bulk price
Mengenrabatt - bulk discount, quantity rebate, mass discount
Mengensprung - quantum leap
Mengensteuer - quantity tax
Mengenteilung - quantitative division of responsibilities
Mengentheorie des Geldes - quantity theory of money
Mengenvorgabe - quantity standard
Mensch-Computer-Interaktion - man computer interaction
Mensch-Computer-Schnittstelle - man computer interface
Menschenführung - management of men
menschliches Versagen - human error
Menschlichkeitsfaktor - human factor
meritorische Güter - merit goods
Merkblatt - leaflet
merklich - appreciable
Merkmal - feature, attribute
Merkmalsklasse - property class
Merkmalsraum - variable space
Messe - fair
Messeausweis - fair pass
Messebesucher - fairgoer
Messegelände - fair ground
Messeleitung - fair management
messen - measure, gauge
Meß- und Regeltechnik - instrument engineering
Meßfehler - error of observation
Meßgerät - gauge
Meßwert /-zahl - datum
metallverarbeitende Industrie - metal-working industry
Metallwaren - metal goods
Methode - method, system
Methode der kleinsten Quadrate - method of least squares
Methode des kritischen Pfades - critical path method (CPM)
Methodenanalyse - method analysis
methodologisch - methodological
Mietbüro - leasemonger
Miete - lease, rent, tenancy
Miete mit Kaufoption - lease with purchase option
Mieteinnahmen - rental income

mieten - charter, rent, hire
Mieter - tenant, lodger
Mieterschutzgesetz - tenants protection law
Mietgegenstand - rental
Mietgeräte - leasing equipment
Mietkauf - lease-purchase agreement, leasing, hire purchase
Mietnebenkosten - expenses for building maintenance, incidental rental expenses
Mietpreisbindung - rent control
Mietrecht - law of tenancy
Mietverhältnis - tenancy
Mietvertrag - lease /tenancy agreement
Mikroprozessor - integrated circuit
Milchwirtschaft - dairy industry
mildern - moderate, mitigate
mildernd - alleviating
mildernde Umstände - mitigating circumstances
Milderung - mitigation
Millimeterpapier - plotting paper
mindere Qualität - inferior quality
Mindereinnahme - deficit
Mindererlös - deficiency in proceeds
Minderheitsaktionär - minority shareholder
Minderheitsanteil - minority interest
Minderheitsbeteiligung - minority holding
Minderheitsvotum - dissenting opinion
Minderjährigkeit - under age
mindern - debase, alleviate
Minderung - reduction, decrease
minderwertig - inferior, trashy
Mindestabnahme - minimum purchasing quantity
Mindestakkordsatz - minimum piece rate
Mindestanforderungen - minimum standards
Mindestarbeitsbedingungen - minimum employment standards
Mindestauflage - guaranteed circulation
Mindestbearbeitungszeit - minimum run time
Mindestbestand - minimum inventory, reserve stock
Mindestbesteuerung - minimum taxation
Mindestbetrag - minimum, minimal amount
Mindestbewertung - minimum valuation

Mindesteinkommen

Mindesteinkommen - minimum income
Mindesteinlage - minimum contribution, minimum deposit
mindestens - at least
Mindestertrag - minimum yield
Mindesterzeugerpreis - minimum producer price
Mindestfreibetrag - minimum standard deduction
Mindestgebot - lowest bid
Mindestgewinnspanne - minimum margin
Mindestguthaben - minimum balance
Mindestkapital - minimum capital
Mindestkosten - minimum cost
Mindestlohn - minimum wage
Mindestmenge - contract unit, unit of trading
Mindestnennbetrag - minimum par value of shares
Mindestpacht - dead rent
Mindestreserve - minimum cash reserve, statutory reserves
Mindestreservenpolitik - minimum reserve policy, reserve ratio policy
Mindestreservenverbindlichkeiten - managed liabilities
Mindestreserveprüfung - minimum reserve audit
Mindestreservesatz - minimum reserve ratio, reserve assets ratio, reserve requirements ratio
Mindestreservesoll - minimum reserve requirements
Mindestreservevorschriften - minimum reserve rules
Mindestspanne - minimum margin
Mindeststundenlohn - minimum time rate
Mindestumsatz - minimum turnover, minimum sales
Mineraliengewinnung - mineral extraction
Mineralöl - petroleum
Mineralölindustrie - oil-refining industry
Mineralölsteuer - gasoline tax, mineral oil tax
Mineralölsteuergesetz - law on excise tax on oil and oil products
Mineralvorkommen - mineral deposit

minimale effiziente Größe - minimum efficient scale (MES)
minimale Renditeveränderung - basis-point-value
Minimalebenenprinzip - minimum level principle
Minimalkostenkombination - minimum cost combination, least cost combination
Minimalkostenpfad - minimum cost path
Minimalzeichnungsbetrag - minimum subscription
Minimax-Kriterium - minimax criterion
Minimierungsproblem - minimization problem
Minimum-Quotienten-Test - minimum quotient test
Minimumsektor - bottleneck segment
Ministerium - ministry, department
Ministerium für Umweltschutz - Environmental Protection Agency (EPA), Ministry for the Environment
Minoritätsaktionär - minority holder
Minusbetrag - deficit
Mischarbeit - work mix
Mischfinanzierung - mixed financing
Mischgeldsystem - mixed money system
Mischkalkulation - compensatory pricing
Mischkonzern - conglomerate
Mischpreis - composite price
Mischstrategie - mixed strategy
Mischwirtschaft - mixed economy
Mischzinssatz - composite interest rate
mißbilligen - disapprove, dislike
Mißbilligung - disapproval
Mißbrauch - abuse, misuse, misapplication
Mißbrauch von Marktmacht - abuse of market power
mißbräuchliche Patentnutzung - abuse of patent
mißdeuten - misinterpret, misread
Mißerfolg - failure
Mißernte - crop failure
Mißfallen - disapproval
mißgestimmt - depressed
mißgönnen - begrudge
Mißverhältnis - disproportion
Mißverständnis - misconception
Mißverteilung - misallocation
Mißwirtschaft - mismanagement
mit der Bahn - by rail

mit einer Stellung verbundenes Gehalt - salary appendant to a position
mit Genehmigung von - under the authority of
mit getrennter Post - under separate cover
mit öffentlichen Mitteln unterstützen - subsidize
mit Paketpost - by parcel post
mit Verlust - at a loss
mit Vollmachten versehen - vested with powers
Mitarbeiter - associate, assistant, colleague
Mitarbeiter im Angestelltenverhältnis - salaried employee
Mitarbeiter im Innendienst - indoor staff
mitarbeiterbezogener Führungsstil - employee-oriented style of leadership
Mitarbeiterförderung - personnel development
Mitarbeiterschulung - personnel training
Mitarbeiterversetzung - staff relocation
Mitarbeiterzahl - headcount
Mitbesitz - joint property
Mitbesitzer - co-owner
Mitbestimmung - codetermination
Mitbestimmungsgesetz - law on codetermination
Mitbewerber - rival, competitor
Mitbewohner - flatmate
Miteigentum - joint ownership
Miteigentümer - joint / part owner
mitenthalten - imply
Mitgesellschafter - co-partner
Mitgift - dowry
Mitgläubiger - fellow creditor
Mitglied des Ausschusses sein - be on the committee
Mitgliederhaftung - liability of members
Mitgliedsbeitrag - subscription, membership fee
Mitgliedschaft - membership
mithalten - compete, keep pace, keep up
Mitinhaber einer Firma - member of a firm
Mitläufereffekt - bandwagon effect, demonstration effect
Mitpächter - joint tenant
Mitspracherecht - voice in the management

mitteilen - advise, inform, release
mitteilende Partei - notifying party
Mitteilung - communication, notice
Mitteilungspflicht - duty to notify
Mittel - aid, funds, instrument, resources
Mittel aus Innenfinanzierung - internally-generated funds
Mittel binden - lock up funds
Mittel der Verkaufsförderung - sales promotion aids
mittel-/langfristige Tilgungskredite - term loans
Mittelabfluß - outflow of funds
Mittelaufbringung - raising of funds
Mittelaufnahme am Geld / Kapitalmarkt - borrowing in the money / capital market
mittelbarer /stiller Auftraggeber - indirect principal
mittelbarer Boykott-Streik - secondary boycott strike
mittelbarer Schaden - consequential damage, indirect damage
mittelbarer Stellvertreter - indirect agent
mittelbares Interesse - indirect interest
Mittelbeschaffung - borrowing, resource acquisition
Mittelentzug - withdrawal of funds
mittelfristig - medium-term
mittelfristige Anleihen - medium-term bonds
mittelfristige Finanzierung - intermediate financing
mittelfristige Finanzplanung - medium-term fiscal planning
mittelfristige Papiere - medium-term securities
mittelfristige Planung - medium-term planning
mittelfristige Prognose - medium-term forecast
mittelfristige Schatzanweisung - medium-term treasury bond
mittelfristiger Beistand - medium-term assistance
mittelfristiger Kredit - medium-term loan
mittelfristiger Plan - medium-term plan
mittelfristiger Zinssatz - medium-term rate
mittelgroß - medium-sized

Mittelherkunft

Mittelherkunft - sources of funds
Mittelkombination - policy mix
Mittelkurs - market average
Mittellosigkeit - poverty, destitution
mittelmäßig - mediocre, second rate
Mittelmäßigkeit - mediocracy
Mittelpunkt - center, centre
Mittelsmann - go-between, middleman
Mittelstand - middle class, medium-sized companies
Mittelverwendung - allocation of funds
Mittelwert - average, mean, mean value, mean number
Mittelwertmethode - average value method
Mittelzuweisung - apportionment of funds
mittlere Übertragungsgeschwindigkeit - average transfer rate
mittlerer Fehler - standard error
mittlerer Kapitalkoeffizient - average capital-output ratio
mittlerer Kurs - parity rate
mittleres Management - middle management
mitwirken - contribute, cooperate
mitwirkend - auxiliary
Mitwirkender - contributor
Mitwirkung - cooperation, participation
Mobiliar - chattel, furniture
Mobilität - mobility
Modalwert - mode
Modeindustrie - fashion industry
Modell - model, pattern
Modellerweiterung - model extension
modellieren - modelling
Modellparameter - model parameter
Modelltest - model test
moderate Strategie - moderate strategy
Moderation - moderation
modernisieren - modernize, streamline
Modernisierung - modernization
Modewaren - fancy goods
Modewort - vogue word
Modifikation - modification
modifiziert - modified
modifizierter Algorithmus - modified algorithm
Mogelpackung - deceptive packing
möglich - feasible, possible, potential

mögliche Konkurrenten - potential entrants
möglicher Kunde - potential customer
Möglichkeit - opportunity, potentiality, possibility
möglichst - utmost
möglichst bald - as soon as possible, at your earliest convenience
Molkerei - dairy
Molkereiprodukte - dairy products / produce
Momentenmethode - method of moments
momenterzeugende Funktion - moment generating function
monatliche Rechnung - monthly account
Monatsbericht - monthly report
Monatsfrist - within a month
Monatsgehalt - monthly salary
monetär - monetary
monetäre Gesamtgröße - monetary aggregate
monetäre Grenzproduktivität - marginal revenue productivity
monetäre Kosten - money cost of factor input
monetäre Kostenkurve - monetary cost curve
monetärer Ansatz - monetary approach
monetärer externer Effekt - pecuniary spillover
Monetisierung der Schulden - monetizing of debts
Monetisierung von Defiziten - monetization of deficits
monistisches System der Kostenrechnung - tied-in cost system
Monokultur - one-product economy, one-crop system
Monopol - (market) monopoly
Monopolgewinn - monopoly profit
monopolisieren - monopolize
Monopolisierung - monopolization
Monopolist - monopolist
monopolistisch - monopolistic
monopolistische Konkurrenz - monopolistic competition
Monopolkommission - Monopolies and Mergers Commission
Monopolmacht - monopoly power
Monopolpreis - monopoly price
Monopolrecht - monopoly power

monotone Transformation - monotonic transformation
Monotonie - monotonicity
Montage - assembly, erection, installation
Montageband - assembly line
Montagewerk - assembly plant
Montan-Mitbestimmungsgesetz - Iron and Steel Codetermination Law
Montanaktien - mining stocks
Monteur - assembler
montieren - assemble, install
moralisch - moral
mörderischer Konkurrenzkampf - cut-throat competition
morphologische Methode - morphological method
Motiv - motive
Motivatoren - job content factors
Motivforschung - motivational research
mühsam - arduous
Müllanleihe - junk bond
Mülldeponie - waste dump
Müllverarbeitung - waste processing
Müllverbrennungsanlage - destructor
multilateral - multilateral
Multimarkenstrategie - multiple brand strategy
Multimomentstudie - multi-moment-study
Multimomentverfahren - observation ratio method, work sampling
Multinomialverteilung - multinomial distribution
Multiplikationssatz - theorem of compound probability, multiplication rule
Multipklikator - multiplier
Multiplikator-Akzelerator-Modell - multiplier-accelerator model
Multiplikatoranalyse - multiplier analysis
Multiplikatorunsicherheit - multiplier uncertainty
Multiplikatorwirkung - multiplier effect
multiplizieren - multiply
mündelsichere Anlage - legal placement, safe investment
mündelsicheres Anlagepapier - saving security
mündlich - verbal
mündliche Befragung - oral questioning
mündliche Erklärung - verbal statement
Münzgewinn - profit from coinage
Münzprägung - coinage
Münztelefon - pay phone
Münzverschlechterung - debasement / adulteration of coinage
musikalischer Werbeslogan - jingle
Muster - pattern, specimen, sample
Muster-ohne-Wert-Sendung - parcel shipment
Musterbrief - model letter
Musterbuch - pattern book, swatch
Musterschutz - design copyright
Musterzeichner - draftsman
Muß-Ziel - required goal, constraint
mutmaßlich - presumptive
Mutmaßlichkeit - likelihood
Mutter-Tochter- Verhältnis - parent-subsidiary relationship
Muttergesellschaft - parent company, controlling company
Mutterschaftsurlaub - maternity leave (with pay)
Mutterschaftsversicherung - maternity insurance
Mutterschutz - maternity protection
Muttersprache - native language, mother tongue
mutwillig - malicious, willful
mysteriös - mysterious

N

nach Abzug von - after allowance for, quit of
nach Belieben - at discretion
nach Gewicht - on a weight basis
nachaktivieren - revalue assets
Nachbargrundstück - adjoining property
Nachbarindustrie - surrounding industry
Nachbarschaft - vicinity
Nachbestellung - repeat order
nachbewilligen - grant additionally
Nachbildung - reproduction
Nachbörse - after-hours market, kerb market
nachbörsliche Kurse - after-hours prices
Nachbuchung - supplementary entry
Nachbürgschaft - collateral guaranty, secondary guaranty
nachdatieren - postdate
Nachdeklaration - postentry
nachdenken - reflect, deliberate
Nachdruck - emphasis
Nachdrucksrecht - copyright
nacheinander - successively
nachfassen - follow up
Nachfaßschreiben - follow-up letter
Nachfolgegeschäft - spin-off business
Nachfolgeorganisation - successor organization
Nachfolger - successor
Nachforschung - investigation
Nachfrage - demand, need
Nachfrageanalyse - demand analysis
Nachfrageänderung - change in demand
Nachfrageausfall - demand shortfall
Nachfrageausgabenkurve - demand-outlay curve
Nachfrageballung - accumulated demand
Nachfragebelebung - recovery of demand, increase in demand
Nachfragebestandteil - demand component
Nachfragebeweglichkeit - flexibility of demand
Nachfragedruckinflation - demand-pull inflation, demand-led inflation
Nachfrageelastizität - elasticity of demand, demand elasticity

Nachfrageentwicklung - movement in demand, trend of demand, demand trend
Nachfragefunktion - demand function
Nachfrageinflation - bottleneck inflation, demand-pull inflation
Nachfrageintensität - strength of demand
Nachfragekonjunktur - booming demand
Nachfragekurve - demand curve
Nachfragelücke - unsatisfied demand
Nachfragepreis - demand price
Nachfrageprognose - forecast of volume demand
Nachfragerückgang - decrease in demand
Nachfrageschock - demand shock
Nachfrageschwäche - softness in demand
Nachfrageschwankungen - fluctuations in demand
Nachfragesteuerung - demand control
Nachfragestoß - immediate demand
Nachfragestruktur - demand structure
Nachfragetabelle - demand schedule
Nachfrageüberschuß - surplus demand
Nachfrageverhalten - demand behavior
Nachfrageverteilung - demand distribution
Nachfragezuwachs - increase in demand
Nachfrist - extension of time limit
nachgeben - edge down
Nachgebühr - postage due, surcharge
nachgeordnete Marktsegmente - derivative markets
nachgiebig - flexible
nachhaltige Erholung - sustained pickup
nachher - ex post
Nachholbedarf - catch-up demand, backlog demand
Nachholbesteuerung - recapture
Nachkalkulation - actual accounting, statistical cost accounting
nachkommen - comply with
Nachkriegszeit - post-war period
nachlassen - ease, slacken
nachlässig - negligent
Nachlässigkeit - negligence, perfunctoriness
Nachlaß - reduction, estate of inheritance, deduction, asset
Nachlaßsteuer - estate duty
Nachlaßverwalter - administrator
Nachnahme - cash on delivery

Nachname - surname
nachprüfen - verify
Nachprüfung - verification
nachprüfungspflichtig sein - be subject to review
nachrangige Anleihe - secondary loan
nachrangige Hypothek - second mortage
nachrangiges Pfandrecht - second lien
Nachricht - message, telegraph
Nachrichtenagentur - news agency
Nachrichtensendung - newscast
Nachrichtensperre - black-out on information
Nachsaison - after season
Nachschublager - general depot
Nachschußforderung - margin call
Nachschußpflicht - call for additional cover
Nachschußzahlung - further margin
Nachsichtwechsel - time draft
nachstehend - hereinafter
Nachstoßen - follow-up
Nachteil - detriment, disadvantage, disutility, drawback, scathe
nachteilig - adverse, detrimental, disadvantageous
Nachtrag - endorsement, amendment
Nachtsafe - night safe
Nachtschicht - night shift
Nachwahl - by-election
Nachweis - record, evidence
Nachweis ordnungsmäßiger Buchführung - accounting evidence
Nachwuchskräfte - junior staff (in training)
Nachwuchskräftemangel - lack of junior staff
Nachwuchsmanager - junior manager
Nachwuchsverkäufer - junior salesman
Nachzügler - laggard
nackte Anleihe - naked warrant
Näherungsfehler - approximation error
Näherungsmethode - approximation method
Näherungssatz - convergence theorem
Näherungswert - approximate value, approximation
Nahrungsaufnahme - intake of food
Nahrungsmittel - groceries, victuals
Nahrungsmittelsubvention - food subsidy

nährwertarme Nahrung - junk food
Nahverkehr - short distance traffic
Namensaktie - registered share
Nationale Bauerngewerkschaft - National Farmers' Union (NFU)
Nationale Bergmännergewerkschaft - National Union of Miners (NUM)
Nationale Eisenbahnergewerkschaft - National Union of Railwaymen (NUR)
Nationale Journalistengewerkschaft - National Union of Journalists (NUJ)
Nationale Lehrergewerkschaft - National Union of Teachers (NUT)
Nationale Studentenorganisation - National Union of Students (NUS)
nationaler Handelsbrauch - national trade usage
nationalisieren - nationalize
Nationalisierung - nationalization
Nationalökonom - (political) economist
Nationalstaat - national state
Naturalpachtvertrag - metayer contract
Naturaltausch - barter
Naturkatastrophe - natural disaster
natürliche Arbeitslosenquote - natural rate of unemployment
natürliche Wachstumsrate - natural rate of growth
natürlicher Verschleiß - natural wear and tear
natürlicher Zins - natural interest rate
Nebenanschluß - telephone extension
Nebenbedingung - auxiliary condition, constraint, side condition
nebenberuflich - part-time
Nebenbeschäftigung - by-work, sideline employment
Nebeneffekt - spin-off effect
Nebeneinkünfte - pickings
Nebenerzeugnis - subsidiary product
Nebengebühr - extra charge
Nebenkosten - charges, extra charge, incidental expenses, attendant expenses
Nebenkostenstelle - indirect cost center
Nebenprodukt - spin-off product, by-product
nebensächlich - negligible
Nebenwahl - by-election
Nebenwerte - secondary stocks
Nebenwirkung - side effect, spillover effect

Neckwerbung

Neckwerbung - teaser campaign
negativ - negative
negativ definit - negative definite
negative Einkommensteuer - negative income tax
negative Korrelation - inverse correlation
negative Leistungsbilanz - negative balance on services
negativer Bestätigungsvermerk - adverse audit opinion
negative Schiefe - negative skewness
negatives Gut - bad, discommodity
Negativklausel - negative pledge clause
Negativliste - list of nonliberalized goods
Neigung - inclination, propensity
Neigung zur Monopolbildung - propensity to monopolize
nennenswert - appreciable
Nenner - denominator
Nennwert - denomination, face value, nominal price, par value
Nennwertaktie - par-value share
neoklassisch - neo-classical
nervöser Haussemarkt - frotty market
netto - net
netto Kasse - net cash
Nettoabweichung - net-change
Nettoauslandsinvestitionen - net foreign investment
Nettoauslandsverschuldung - net external indebtedness
Nettobedarfsermittlung - material inventory planning
Nettoeinkaufspreis - net purchase price
Nettoeinkommen - disposable income
Nettoeinnahmen - net pay /receipts
Nettoergebnis - net earnings
Nettoexporte - net exports
Nettogehalt - net salary
Nettogesamtvermögen - capital employed
Nettogeschäft - net price transaction
Nettohaltungskosten - cost-of-carry
Nettohandelsbilanz - net trade balance
Nettokapitalbildung - net capital formation
Nettokapitalproduktivität - net capital productivity
Nettoleistung - net worth
Nettolohn - paycheck
Nettomieteinnahme - net rental

Nettonachfrage - net demand
Nettoneuverschuldung - net credit intake
Nettorealisationswert - net realizable value
Nettorendite - net yield
Nettoreproduktionsziffer - net reproduction rate
Nettosozialprodukt (NSP) - Net National Product (NNP)
Nettoumsatz - net sales
Nettounternehmensgründungen - net business formations
Nettoverschuldung - net national debt
Nettoverzinsung - net return
Nettowertschöpfung - net value added
Nettowohlfahrtsverlust - excess burden, deadweight loss
Nettozahlung - net payment
Nettozins - net interest
Netz - net, network
Netzplan - network planning
Netzplantechnik - network (planning) technique
Netzwerk - network
Netzwerk-Fluß-Theorie - network flow theory
Netzwerkanalyse - network analysis
Netzwerkentwurf - network design
Netzwerkstruktur - network structure
Netzwerktechniken - network techniques
Netzwerktheorie - network flow theory
neu - new
neu bewerten - revalue
neu gestalten - reorganize
neu verhandeln - renegotiate
Neuabschlüsse - new business
neuartig - new
Neubewertung - reappraisal, reassessment, rerating, revaluation
Neubewertung des Anlagevermögens - revaluation of assets
neue Märkte erschließen - open up new markets
neue politische Ökonomie - new political economy
neue Weltordnung - new world order
Neueinstellung - new hiring
Neueinteilung - reclassification
Neuemission - primary offering
Neuerer - innovator
Neuerkrankungsziffer - attack rate

Neuerung - innovation
Neuerungen einführen - innovate
neuester Stand - state-of-the-art
Neufestsetzung von Quoten - redetermination of quotas
Neufinanzierung - original financing
Neuheit - specialty
neuindustrialisierter Staat - newly industrialized country (NIC)
Neukalkulation vornehmen - revise one's estimate
Neukredit - new facility
Neuling - newcomer, novice
neumodisch - newfangled
Neuordnung - rearrangement
Neuorganisierung - restructuring
Neureicher - parvenu
neutral - neutral, uncommitted
neutrales Geld - neutral money
neutrales Gleichgewicht - metastable equilibrium, neutral equilibrium
neutrale Güter - neutral goods
Neutralität des Geldes - neutrality of money
Neuveranlagung - reassessment
Neuverhandlung - renegotiation
Neuverschuldung - new borrowing
Neuwagengeschäft - new car sales
Neuzuteilung von Einfuhrkontingenten - reallocation of import quotas
nicht aufteilbare Fixkosten - joint fixed costs
nicht ausgezahlt - undisbursed
nicht ausüben - abandon
nicht besteuert - unfranked, untaxed
nicht genehmigt - unofficial
nicht handelbares Gut - nontradable
nicht meßbarer Nutzen - intangible benefit
nicht organisiert - nonunionized
nicht standardisiertes Interview - non-standardized interview
nicht stimmberechtigt - voiceless
nicht verbundenes Unternehmen - nonrelated enterprise
nicht vorrätig - out of stock
Nichtanerkennung - repudiation
Nichtbasisvariable - non basic variable
Nichtbeantwortung - non-response
nichtdegenerierte Basis - nondegenerated basis

nichtdifferenzierbar - nondifferentiable
Nichterfüllung - nonperformance
Nichterfüllung eines Kaufvertrages - nonperformance of a contract of sale
nichterwerbstätige Bevölkerung - economically non-active population
nichtfestverzinsliches Wertpapier - non-fixed interest security
nichtformales Modell - naive model
nichtgeldliche Wirtschaft - non-monetary economy
nichtgeschäftsführendes Vorstandsmitglied - non-executive director
nichtig - void
Nichtigkeit - voidness
Nichtigkeitserklärung - nullification
nichtkonkurrierende Gruppe - noncompeting group
nichtkonvertible Währung - blocked / inconvertible currency
Nichtlieferung - nondelivery
nichtlineare Korrelation - curvilinear correlation
nichtlineare Preissetzung - nonlinear pricing
nichtlineare Programmierung - nonlinear programming
nichtmarktgängige Güter - nonmarketed commodities
Nichtnegativitätsbedingung - nonnegativity condition
Nichtnullsummenspiel - non-zero sum game
Nichtrivalität im Verbrauch - jointness of consumption
nichts - nil
nichtsahnend - unaware
nichtsinguläre Matrix - nonsingular matrix
nichtstandardmäßiges Primalproblem - nonstandard primal problem
nichttarifäre Handelshemmnisse - non-tariff barriers to trade
Nichtzahlung - nonpayment
niedergehender Wirtschaftszweig - sunset industry
Niederlassung - establishment
Niederlegung - divestiture
Niederschlag - precipitation
Niederschrift - record

Niederstwert - lower of cost or market
Niederstwertprinzip - principle of the lower of cost or market
niedrig - moderate
niedriger - inferior
niedriger Lagerbestand - run-down stock
Niedrigpreis - thrift price
Niedrigpreisstrategie - low-price strategy
Niedrigsteuerland - low-tax country
Niedrigzinspolitik - easy money policy
Niemandsland - no man's land
Niete - flop
Nische - niche
Niveau - level
Niveauverschiebungseffekt - displacement effect
noch nie dagewesen - unprecedented
Nominaleinkommen - nominal income
Nominalertragsrate des Eigenkapitals - nominal yield on equities
Nominalkapital - nominal capital
Nominallohnsatz - money wage rate, nominal wage rate
Nominalverzinsung - nominal rate of interest, bond rate
Nominalwert - face value
Nominalwert einer Anleihe - principal
Nominalwertprinzip - par value principle
Nominalwertrechnung - par value accounting
Nominalzinssatz - nominal interest rate
Nominalzoll - nominal tariff
nominell - titular
nomineller Wechselkurs - nominal exchange rate
Nordwest-Eckenregel - northwest corner rule
nörgeln - kick against
Norm - standard
normal - ordinary
Normalausbringung - normal output
Normalausführung - standard design
normales Offenmarktgeschäft - outright transaction
Normalgewinn - normal profit
Normalkostenrechnung - normal costing
Normalsatz/-tarif - standard rate
Normalverteilung - normal distribution
Normen- und Typungskartell - standardization cartel
normieren - standardize

Normierung - standardization
Normkosten - ideal standard cost
Not - hardship
Notar - public notary
Notariatskosten - notarial charges
Notenbank - bank of issue, note-issuing bank
Notenbankprivileg - note-issuing privilege
Notenstückelung - denomination of notes
notgedrungen - enforcedly
notgehorchend - bowing to necessity
Notgeld - money of necessity
notieren - quote
notiert mit - quoted at
nötigen - compel, constrain
Nötigung - constraint, duress
Notlage - emergency, calamity, distress
notleidender Wechsel - bill in distress
notleidender Wirtschaftszweig - depressed industry
Notmaßnahmen - austerity measures
Notstandsarbeiten - public relief work
Notstandsgebiet - depressed region
notwendige Bedingung - necessary condition
novellieren - amend
null - nil
null und nichtig - null and void
Null-Basis-Budgetierung - zero-based budgeting (ZBB)
Nullhypothese - null hypothesis
Nullkupon-Anleihe - zero-bond
Nullkupon-Emission - zero bond issue
Nullserie - pilot lot
Nullsummengesellschaft - zero-sum society
Nullsummenspiel - zero sum game
Nullwachstum - zero growth
Nullwert - zero value
Nullzone - zero bracket amount
numerisch - numerical
Nummerierung - numbering, numeration
Nutzanwendung - application
nutzen - benefit, make use of
Nutzen - gain, benefit, return, utility
Nutzen abwerfen - yield a return
Nutzen ziehen - reap benefits
Nutzen ziehen aus - benefit from
Nutzen-Kosten-Analyse - benefit-cost analysis

Nutzen-Kosten-Kennziffer - cost-benefit-ratio
Nutzeneinheit - util
Nutzenfunktion - utility function
Nutzenmaximierung - satisfaction maximization, utility maximization
Nutzenmaximum - maximum utility
Nutzenmöglichkeitsgrenze - utility possibilities frontier, utility possibilities schedule
Nutzenmöglichkeitskurve - utility frontier
Nutzenmöglichkeitsmenge - utility possibilities set
Nutzenpreis - price of benefit
Nutzenprofil - profile of benefit
Nutzenwert von Kosten - cost effectiveness
Nutzfahrzeug - commercial vehicle, industrial vehicle
Nutzkosten - used-capacity cost
Nutzlast - payload
Nutzleistung - effective output
Nützlichkeit - usefulness
Nützlichkeitsdenken - utilitarian thinking
Nützlichkeitserwägung - utilitarian consideration
Nützlichkeitsprinzip - utilitarian principle
Nützlichkeitssystem - utilitarianism
Nützlichkeitswert - utility
Nutznießer - beneficiary
Nutznießung - enjoyment
Nutznießungsrecht - beneficial enjoyment
Nutzschwelle - breakeven point
Nutzung - enjoyment, utilization
Nutzungsdauer - operating / effective life, service / useful life
Nutzungskosten - used-capacity cost
Nutzungszeit - operating time
Nylon - nylon

O

oberer Preis - upper price
oberste Führungskraft - top-level executive
oberste Steuerbehörde - Board of Inland Revenue
oberste Wachstumsgrenze - ceiling growth rate
oberster Grundsatz - leading principle
Objekt - object
objektbezogene Versicherungspolice - unit linked insurance policy
objektiv - dispassionate, objective
Objektivität - dispassion, impartiality
Obligation - debenture, obligation
Obligationsanleihe - debenture loan
Obligationskapital - debenture capital
Obligationsschulden - bond debts
Obligationsschuldner - obligor
obligatorisch - obligatory, compulsory
obligatorische Zahlung - mandatory outlay
Obsoleszenz - obsolescence
obwaltend - prevailing
Oder-Rückkopplung - or-loop
Oder-Verknüpfung - or-merge
Oder-Verzweigung - or-branch
offenbaren - reveal
offenbarte Präferenz - revealed preference
Offenbarung - revelation
offene Frage - open probe
offene Handelsgesellschaft (OHG) - general partnership, ordinary partnership
offene Handelsgesellschaft auf Aktien - joint-stock company
offene Marktoperation - open market operation
offene Police - open policy
offene Rechnung - uncleared invoice
offene Reserven - open reserves, visible reserves
offene Rücklagen - general reserves
offene Stelle - job vacancy, open position, unfilled vacancy
offene Werbung - overt advertising
offener Betrag - amount owing
offener Markt - open market
offener Wechselkredit - paper credit

offenes System - open system
Offenlegung - revelation, disclosure
Offenlegungstad - day of disclosure
Offenmarktausschuß - open market committee
Offenmarktkauf - open market purchase
Offenmarktpolitik - open market policy
offensichtlich - evident, straightforward
offenstehend - outstanding
öffentlich regulierter Wirtschaftszweig - regulated industry
öffentlich-rechtliche Körperschaft - public body
öffentliche Anlagen - public works
öffentliche Ausschreibung - call for bids
öffentliche Finanzwirtschaft - public finance
öffentliche Hand - public authorities, public fisc
öffentliche Investition - government investment
öffentliche Meinung - public opinion
öffentliche Meinung beeinflussen - bias public opinion
öffentliche Nachfrage - public demand
öffentliche Schuld - public debt
öffentliche Urkunde - duly authenticated document
öffentliche Verschuldung durch Anleihe - deficit spending
öffentliche Verwaltung - public administration
öffentliche Wohlfahrt - public welfare
öffentlicher Dienstleistungsbetrieb - public service company
öffentlicher Sektor - public sector
öffentliches Gut - collective goods, public goods
öffentliches Recht - common law, public law
öffentliches Versorgungsunternehmen - public utility company
Öffentlichkeit - general public
Öffentlichkeitsarbeit - public relations (work)
Offenwerbung - open advertising
offerieren - offer
Offerte - bid, offer
offiziell - official
offizielle Reservetransaktionen - official reserve transactions

offizielle Wirtschaft - recorded economy
offizieller Kurs /Wert - central rate
ohne Geschäftsbereich - without portfolio
ohne Gewinn oder Verlust abschließen - break even
ohne weiteres - automatic
ökobewußt - green-conscious
Ökologie - ecology
ökologische Sorglosigkeit - ecological unconcern
ökologisches Marketing - ecological marketing
Ökonometrie - econometrics
ökonomische Leistungsfähigkeit - economic performability
ökonomisches Modell - economic model
ökonomisches Prinzip - efficiency rule
ökonomisches Wachstum - economic growth
Ökosteuer - green tax
Oligopol - oligopoly
Ölkrise - oil crisis
Ölpreiserhöhung - oil price hike
Ölpreisschock - oil price shock
Ölschwemme - oil glut
operationalisieren - operationalize
Operationalitätsprinzip - operationality principle
Operationscharakteristik - operating characteristics
operative Planung - operational planning
operativer Rahmenplan - operating budget
operatives Ziel - operative goal
Opferquotient - sacrifice ratio
Opportunitätskosten - opportunity costs, alternative costs
optimale Bestellmenge - economic order quantity, optimum order quantity
optimale Betriebsgröße - optimum scale of plant
optimale Einkommensverteilung - optimum income distribution
optimale Faktorkombination - optimum input combination
optimale Losgröße - economic batch size, economic lot size
optimale Nutzungsdauer - optimum economic life

optimale Ressourcenallokation - optimum allocation of resources
Optimalentscheidung - optimal choice
optimaler Währungsraum - optimum currency area
optimales Wachstum - optimum growth
Optimalitätsbedingung - optimality condition
Optimalitätskriterium - criterion of optimality
Optimalitätstest - optimality test
Optimalkapazität - practical plant capacity
Optimalpunkt - optimal point
Optimalwert - optimum value
optimieren - optimize
Optimierung - optimization
Optimierung unter Nebenbedingungen - constrained optimization
Optimierungsanalyse - optimizing analysis
Optimierungsmodell - optimization model
Optimierungsprinzip - optimizing principle
Optimierungstechnik - optimization technique
Optimierungsverfahren - optimization method
Optimismus - optimism
Optimum - optimum
Option - option, right of choice
Option mit Basis-Kurspreis-Parität - at-the-money option
Option mit innerem Wert - in-the-money option
Option ohne inneren Wert - out-of-the-money option
optional - optional
Optionsanleihe - warrant issue, optional bond
Optionsbasispreis - strike price
Optionsberechtigter - option holder
Optionsbewertungsmodell - option value model
Optionsempfänger - grantee of an option
Optionsgeschäft /-handel - dealing / trading in options
Optionsgeschäftstätigkeit - exercise
Optionsprämie - option premium
Optionspreis - option price

Optionsrecht

Optionsrecht - option right
Optionsschein - stock purchase warrant
Optionsverkauf - option writing
optische Datenverarbeitung - optical data processing
optisches Texterkennungssystem - optical character recognition (OCR)
ordentliche Hauptversammlung der Aktionäre - meeting of shareholders
ordentliches Betriebsergebnis - operating result
ordentliches Gericht - circuit court
Order - commission, order
Orderkonnossement - order bill of lading
ordern - order
Orderpapier - mercantile paper, order instrument
Orderscheck - order check
ordinaler Nutzen - ordinal utility
Ordinate - axis of ordinates
ordnen - arrange, regulate, settle
Ordnungsbegriff - primary key
ordnungsmäßige Buchführung - adequate and orderly accounting
ordnungspolitische Aufgabe - regulatory function
Organigramm - organizational chart
Organisationsabteilung - management department, organization department
Organisationsanalyse - organizational analysis
Organisationsanweisung - organization instruction / order
Organisationseinheit - organizational unit
Organisationsentwicklung - organizational development
Organisationsform - organizational form
Organisationsforschung - organizational research
Organisationsfunktion - organizational function
Organisationsgrundsatz - organizational principle
Organisationskosten - organization expense, preliminary costs
Organisationslehre - organization theory
Organisationsmethodik - methodology of organizing
Organisationsmodell - organizational model
Organisationsplan - organizational chart, organizational guide
Organisationspsychologie - industrial psychology
Organisationsspielraum - organizing scope
Organisationsstruktur - organizational structure
Organisationstechnik - organization technique
Organisationstechnologie - organizational technology
Organisationstheorie - organizational theory
Organisationsziel - organizational goal
organisatorische Gestaltung - organizational design
organisatorische Umstellung - organizational shake-up
organisatorischer Anreiz - organizational incentive
organisierter Markt - regular market
originäre Kostenart - primary cost category
Orthogonalbasis - orthogonal basis
örtlich - local
örtliche Verordnung - by-law
ortsansässig - resident
Ortsgespräch - local call
Ortsnetzbereich - local network area
Ortszuschlag - residence allowance
oszillierende Reihe - oscillating series
Otto Normalverbraucher - John Citizen, John Doe
Output - output
ozonzerstörende Chemikalie - ozone-depleting chemical

P

Paarvergleich - paired comparison
Pacht - lease, rent, tenancy
Pacht auf Lebenszeit - lease of life
Pachtbesitz /-grundstück - leasehold
Pachtdauer - tenancy
Pächter - leaseholder, tenant
Pachtgut - holding
Pachtvertrag - lease, tenancy
Päckchen - packet
Packerei - packing department
Packung - package
Packzettel - packaging slip
Paket - packet
Paketbuch - parcels book
Panelbefragung - panel questioning
Panik - panic, scare
Panikkauf - scare buying
Papiergeld - paper currency
Papiertiger - paper tiger
Paradigma - paradigm
Paralleldrucker - line printer
Parallelgeschäft - parallel transaction
Parallelisierung - matching
Parallelsystem - parallel system
Parallelverschiebung - parallel shift
Parallelwährung - parallel currency, parallel standard
Parameter - parameter
Parameterbereiche - range of parameters
parameterfrei - nonparametric
Pareto-Effizienz - Pareto efficiency
Pareto-Optimalität - Pareto optimality condition
Pareto-Optimum - Pareto optimum
Pari - par value
pari stehen - stand at parity
Parikurs - parity price
Parität - equality, par value, parity
Paritätenraster - parity grid
Paritätspreis - parity price
Paritätsprüfung - odd-even check, parity check
parlamentarischer Staatssekretär - junior minister
Partei - party
Partialanalyse - partial analysis
Partialmodell - partial model

Partie - parcel
partiell - partial
partielle Ableitung - partial derivative
partielle Differentialgleichung - partial differential equation
partielles Gleichgewicht - partial equilibrium
Partizipationsschein - participating receipt
Partizipationsziel - participation objective
Partnerschaft - partnership
Parzelle - plot
Passanten - passers-by
Passierschein - pass-check
Passiva - liabilities
passive Handelsbilanz - adverse trade balance
passive Zahlungsbilanz - adverse balance of payments
passivieren - carry as liabilities
Passivierung - pushing into deficit
Passivierungswahlrecht - option to accrue
Passivsaldo - adverse balance
Passivswap - liability swap
Passivtausch - accounting exchange on the liabilities side
Paßwesen - passport system
Patent - patent
Patentamt - patent office
Patentanmeldung - patent application
Patentanspruch - patent claim
Patentanwalt - patent lawyer /agent / attorney
Patentausübung - patent exploitation
Patentdauer - term of a patent
Patentfähigkeit - patentability
Patentgebühren - royalties
Patentgesetz - patent law
patentieren - grant a patent
Patentierung - issue of a patent
Patentinhaber - holder of a patent, patent holder
Patentklage - patent proceedings
Patentlösung - patent solution
Patentmißbrauch - abuse of patent
Patentmonopol - patent monopoly
Patentrechtsabtretung - patent assignment
Patentrolle - patent register

Patentschutz

Patentschutz - patent protection
Patenturkunde - patent document
Patentverletzung - patent infringement / violation, piracy
Paternalismus - paternalism
Pattsituation - deadlock
pauschal - lump-sum, all-inclusive
Pauschalbesteuerung - taxation at a flat rate
Pauschalbetrag - lump sum
Pauschalbezugspreis - bulk-order price
Pauschalbilligung - general allowance
Pauschaldeckung - blanket coverage
Pauschale - lump sum
pauschale Kürzung - overall cut, across-the-board cut
pauschale Lohnerhöhung - package wage increase
Pauschalfreibetrag - standard tax deduction
pauschalierte Kosten - bunched cost
Pauschalpolice - open insurance policy
Pauschalprämie - all inclusive premium
Pauschalpreis - all-inclusive price, inclusive terms, blanket price
Pauschalregulierung - lump-sum settlement
Pauschalreise - package tour
Pauschalsteuer - lump-sum tax
Pauschalsumme - lump sum
Pauschaltarif - all-in rate
Pauschalwertberichtigung - general bad-debt provision
Pendelverkehr - shuttle
Pendelzug - rail shuttle
Pendler - commuter
Penetrationspreispolitik - penetration pricing
Pension - pension, superannuation
Pensionär - pensioner
pensioniert - retired
Pensionsanwartschaft - pension expectancy
pensionsberechtigt - eligible for pensions
Pensionsbezüge - retirement benefits
Pensionseinkommen - retirement income
Pensionsfonds - pension fund, superannuation fund
Pensionskasse - pension fund

Pensionsrückstellungen - company pension reserves
Pensionsverpflichtung - pension obligation
Pensionszusage - employer's pension commitment
Pensionszuschuß - pension contribution
Pensum - task
per - via, by, per
per Bahn - by rail
per Bote - by courier
per Express - by special delivery
per Luftfracht - by air freight
per Prokura (pp.) - power of procuration (per pro)
Periode - cycle, period
Periodenabgrenzung - matching of revenue and cost
Periodenanalyse - period analysis
Periodenerfolg - net income of a given period
Periodenertrag - current income
periodenfremd - unrelated to accounting period
periodenfremde Aufwände und Erträge - below-the-line items
periodengerechte Buchführung / Rechnungslegung - accounting on an accrual basis
Periodeninventur - cyclical inventory count
Periodenkosten - time cost
Periodenkostenvergleich - period cost comparison
Periodenleistung - period output
Periodenvergleich - period-to-period comparison
periodische Abschreibungen - periodic depreciation charges
periodische Bestandsaufnahme - cycle count
periodische Prüfung - repeating audit
periodische Rückzahlung von Schulden - periodic repayment of debt
Peripherie - periphery
permanentes Einkommen - permanent income
Permutation - permutation
Person des öffentlichen Rechts - legal entity under public law

Personal - staff, personnel, human resources
Personal im Außendienst - field staff
Personal- und Sachausgaben des Staates - nontransfer expenditures
Personal-Istbestand - actual number of personnel
Personal-Leasing - personnel leasing
Personal-Sollbestand - budgeted manpower
Personalabbau - staff reduction, personnel reduction, cut in employment
Personalabteilung - staff department, personnel department
Personalabwerbung - headhunting
Personalakte - personnel file
Personalanweisungsproblem - manpower assignment problem
Personalanzeige - employment ad
Personalaufwand - staff costs
Personalauswahl - employee selection
Personalausweis - identity card
Personalbedarf - personnel requirements
Personalbedarfsdeckung - meeting of manpower requirements
Personalbedarfsplanung - manpower planning, personnel requirements planning
Personalbemessung - personnel assessment
Personalberater - personnel consultant
Personalberatungsunternehmen - recruitment consultancy
Personalberichtswesen - personnel reporting
Personalbeschaffung - personnel procurement /recruitment, staff hiring
Personalbeschaffungspolitik - recruiting policy
Personalbestand - number of persons employed, workforce
Personalbeurteilung - performance appraisal
Personalbogen - personnel record sheet
Personalbuchhaltung - personnel accounting
Personalbudget - personnel budget
Personalbüro - personnel office
Personalchef - personnel manager
Personaleinsatz - personnel placement

Personaleinstellungsmaßnahmen - hiring procedures
Personalentwicklung - human resources /personnel development
Personalentwicklungssystem - system of management development
personaler Entscheidungsträger - decision maker
Personaletat - manpower budget
Personalfluktuation - personnel turnover
Personalförderungspolitik - staff promotion policy
Personalfortbildung - personnel training
Personalfreisetzung /-freistellung - personnel layoff
Personalführung - personnel management
Personalgemeinkosten - employment overheads
Personalinformationssystem - personnel information system
personalintensiv - requiring large numbers of staff
Personalknappheit - shortage of manpower
Personalkosten - personnel cost / expenses
Personalkosten der Lagerverwaltung - cost of storekeeping personnel
Personalkostensteigerung - increase in employment costs
Personalkredit - personal loan
Personalleiter - personnel manager
Personallücke - manpower deficit
Personalmangel - shortage of personnel, staff shortage
Personalmarketing - personnel marketing
Personalnebenkosten - incidental personnel cost
Personalorganisation - task allocation, work/task organization
Personalplanung - personnel planning
Personalpolitik - personnel policy
Personalqualifikation - staff qualification
Personalqualität - quality of personnel
Personalrat - staff council, personnel committee

Personalreduzierung

Personalreduzierung - personnel reduction, staff cut
Personalressourcen - human resources
Personalsachbearbeiter - personnel officer
Personalschulung - staff training
Personalsektor - personnel function
Personalsteuern - personal taxes
Personalverminderung - reduction in employment
Personalvermögensrechnung - human resource accounting
Personalversammlung - staff meeting
Personalvertretung - staff representation
Personalvertretungsgesetz - personnel representation law
Personalverwaltung - personnel management
Personalvorsorge - staff welfare
Personalwerbung - recruiting
Personalwesen - personnel management
Personalzusatzkosten - additional personal expenses
personelle Einkommensverteilung - personal income distribution
personelle Überbesetzung - overmanning
Personenfernverkehr - long-distance passenger traffic
Personenfirma - family-name firm
Personengesellschaft - general partnership, unincorporated business
Personenhandelsgesellschaft - commercial partnership
Personennahverkehr - short-distance passenger traffic
Personenrechte - personal rights
Personenschaden - personal injury
Personensteuern - taxes deemed to be imposed on a person
Personalsuche mittels Direktansprache - executive search, headhunting
Personenversicherung - personal insurance
persönliche Bedienung - personalized service
persönliche Beteiligung - personal investment
persönliche Habe - personal belongings
persönlicher Kredit - personal loan

persönlicher Referent - personal assistant
persönliches Zeitmanagement - personal time management
Pestizide - pesticides
petrochemische Industrie - oil-related industries
Pfand - collateral, deposit, pawn
pfändbar - mortgageable
Pfändbarkeit - attachability
Pfandbesteller - pledgor
pfänden - put a writ on
Pfandgegenstand - pledge
pfandgesicherte Forderung - claim secured by pledges
Pfandgläubiger /-inhaber /-nehmer - pledgee, pawnee
Pfandleiher - pawn broker
Pfandpflasche - returnable bottle
Pfandschuldner /-geber - pawner, pledger
Pfändung - levy
Pfändungsbeschluß - order of attachment
Pfandzinsen - chattel interest
Pflicht - duty, obligation
Pflicht erfüllen - discharge
Pflichterfüllung - performance of duty
Pflichtlektüre - essential reading
Pflichtmitgliedschaft - compulsory membership
pflichttreu - faithful
pflichtvergessen - delinquent
Pflichtverletzung - violation of professional ethics
Pförtner - janitor
Phänomen - phenomenon
phantastisch - fantastic
Phasenzyklus - planning cycle
Phonotypistin - audio typist
physische Distribution - physical distribution
physisches Grenzprodukt - marginal physical product
Pilotprojekt - pilot project
Pioniergewinn - innovational profit
Pivotelement - pivotal element
Pivotspalte - pivotal column
Pivotzeile - pivotal row
plädieren für - advocate
Plagiat - piracy, plagiarism

Plakatwerbung - bill board advertising, poster advertising
Plan - project, plan, scheme
Planabweichung - planning deviation
Planalternative - alternative plan
Planbereich - plan sector
Planbudget - forecast budget
Plandurchführung - plan implementation
planen - schedule, budget, design, devise
Planer - devisor
Planerfüllung - plan fulfilment
Plangröße - planned magnitude
Plankalkulationssatz - plan-rated scale
Plankontrolle - budget control
Plankosten - budget/standard/predicted costs
Plankostenrechnung - budget accounting, standard costing
Plankostenrechnungsbogen - budget cost estimate sheet
planmäßige Abschreibung - regular depreciation
planmäßiges Handeln - planned action
Planperiode - plan period
Planquadrat - grid
Planspiel - what-if game
Planspieldurchführung - business gaming
Planung - planning
Planung nach dem Gegenstromverfahren - down-up planning
Planung und Steuerung - controlling
Planungs- und Steuerungsabteilung - controlling department
Planungsabweichung - planning variance
Planungsansatz - planning approach
Planungsforschung - operations research
Planungsgrundsätze - planning principles
Planungsgruppe - task force
Planungshorizont - planning horizon
Planungskosten - planning costs
Planungsmethodik - methodology of planning
Planungsperiode - planning period
Planungsphase - planning stage
Planungsrechnung - budgeting

Planungsstadium - planning stage
Planungstechnik - operations engineering
Planungswiderstand - antiplanning biases
Planungszeitraum - planning period, planning horizon
Planungsziel - planning goal
Planvertrag - plan contract
Planvorgabe - preliminary plan
Planwirtschaft - planned economy
Planziel - plan target, target
Plastik / plastisch - plastic
Platzakzept - local acceptance
platzen (Scheck, Wechsel) - bounce
Platzkarte - seat reservation
Platzkurs - spot rate
Plausibilität - plausibility
Plazierung - placement
Pleite gehen - crash, go bust
Plombe - seal
plombieren - seal
Plunder - trumpery
plündern - rob, strip, sack
Pluralinstanz - plural management unit
Podiumsgespräch - panel-discussion
Poisson-Verteilung - Poisson (probability) distribution
polemisch - controversial
Police - policy
Police ausstellen - issue a policy
Police ohne Wertangabe - open policy
Politik des billigen Geldes - loose money policy
Politik des kalten Wasserbades - cold turkey policy
Politik durchsetzen - operate policy
Politikankündigung - policy pronouncement
Politikregel - policy rule
politischer Berater - political consultant
politischer Konjunkturzyklus - political business cycle
politischer Zielkonflikt /Politikdilemma - policy dilemma
polnische Notierung - polish notation
Polytyp - polytype
polypolistisch - polypolistic
polypolistische Konkurrenz - atomistic competition
Poolbildung - pooling

populär - popular
Popularität - popularity
Portfolio-Analyse - portfolio analysis
Portfolio-Entscheidungen - portfolio decision
Portfolio-Investition - portfolio investment
Portfolio-Technik - portfolio technique
Portfolio-Theorie - theory of portfolio selection
Portfolio-Umschichtung - portfolio switching
Portfolio-Versicherung - portfolio insurance
Porto - postage
Portokasse - petty cash
Position - situation, position
Positionierung - positioning
Positionspapier - position paper
positiv definit - positive definite
positive Korrelation - direct correlation
positive Schiefe - positive skewness
Positivismus - positivism
Postanweisung - postal order
Postbote - postman, mailman
Postdienst - postal /mail service
Posten - item, lot, parcel
Postenjäger - carpetbagger
Postfach - P.O. Box
postlagernd - be called for
Postlaufkredit - mail credit
Postleitzahl - zip code, post code
Postsparschein - savings certificate
Postüberweisung - mail transfer
Postversand - postal dispatch
postwendend - by return (of post)
Postwerbung - postal advertising
Postwurfsendung - bulk mail, direct mail advertising, mailshot, unaddressed mailing
Potential - potential
Potentialanalyse - potential analysis
Potentialfaktoren - potential factors of production
Potentialoutput - potential output
potentiell - potential
potentieller Kunde - potential customer
Präambel - preamble
Prachtstück - gem
Prädisposition - predisposition
Präferenz - preference
Präferenzbereich - zone of preference
Präferenzmatrix - preference matrix
Präferenzordnung - preference ordering, preference order, set of preferences
Präferenzordnung der Konsumenten - consumer taste pattern
Präferenzsegmentierung - preference segmentation
Präferenzskala - preference scale
Präferenzzollsatz - preferential rate of duty
Prägeanstalt - mint
Pragmatiker - practitioner
pragmatisch - pragmatic
Präjudiz - precedent
Praktikant - trainee
Praktikerverfahren - pragmatical method, pragmatic method
Praktikum - practical training
praktisch - virtually, convenient
praktisch durchführbar - feasible
praktische Durchführung - implementation
Prämie - bounty, bonus, premium
Prämienakkordsystem - task and bonus system
Prämienänderung - rate change
Prämienaufkommen - premium income
Prämienaufschlag - loading
Prämienerklärungstag - making up day
Prämiengeschäft - optional bargain
Prämienlohn - time rate plus premium wage
Prämienlohnsystem - premium system
Prämienrate - premium rate
Prämienregelungen - bonus based schemes
Prämiensatz - option rate, rate of premium
Prämienstorno - cancellation of premium
Prämiensystem - bonus plan
Prämienzuschlag - additional premium
Prämisse - assumption, premise
Prämissenkontrolle - premise control
Präsentation - presentation
Präsentationsgrafik - presentation graphics
Präsentationstechnik - presentation technique

Präsident - chairman, president
Präzedenzfall - precedent case
Präzision - precision
Preis - price
Preis ab Werk - ex factory price, price ex factory
Preis nennen - quote a price
Preis pro Einheit - price per unit
Preis-Gewinn-Verhältnis - price-earnings ratio (p/e)
Preis-Konsumkurve - price consumption curve
Preisabrufverfahren - price look-up procedure
Preisabsatzfunktion - price-demand function
Preisabsprache - price agreement, common pricing
Preisabstriche machen - shave a price
Preisabweichung - price variance, value variance
Preisänderung - price alteration
Preisangabe - price quotation, quotation
Preisangabeverordnung - pricing ordinance
Preisangebot machen - quote a price
Preisangebot unterbreiten - submit a quotation
Preisangleichung - price adjustment
Preisangleichungsklausel - price adjustment clause
Preisanstieg - price advance, price climb
Preisaufschlag - extra charge, surcharge, markup
Preisauszeichnung - price labeling
Preisbereich - region of prices
Preisberichtigung - revision of prices
Preisbewegung - price movement, price tendency
Preisbildung - price making, price formation
Preisbindung - price maintenance, control of prices
Preisbindungsklausel - tying clause
Preisdifferenz - price difference
Preisdifferenzierung - price differentiation
Preisdiskriminierung - price discrimination, discriminatory pricing
Preisdruck - pricing pressure

Preise drücken - run down prices
Preise herabsetzen - sink prices
Preiseinbruch - break in prices
Preiselastizität - price elasticity
Preisentwicklung - movement in prices
Preiserhöhungsspielraum - money-goods gap
Preiserhöhungsstrategie - trading up
Preisfestsetzung - pricing
Preisfestsetzung durch Kostenaufschlag - mark up pricing
Preisfeststellung - price determination
preisfixierte Kauforder - stop-buy order
preisfixierte Verkauforder - stop-sell order
preisfixiertes Ordergeschäft - market-if-touched order
Preisfixierung - price setting
Preisführer - price leader
Preisgabe - abandonment
Preisgabe von Rechten - abandonment of rights
preisgeben - abandon
Preisgefälle - price differential
Preisgefüge - pricing structure
Preisgleitklausel - price adjustment clause
Preisgrenze - limit
Preisgrenze für Aktienkäufe - stop-loss-limit
Preisindex - price index
preisindexangepaßter Kupon - indexed coupon bond
Preiskalkulation - costing system, pricing
Preiskartell - price fixing cartell
Preiskennzahl - price index
Preiskonjunktur - price led boom
Preiskontrolle - price control
Preiskrieg - price (cutting) war
Preisleitlinien - price guideposts
preislich unterbieten - undercut price-wise
Preisliste - scale of charges
Preismaßstäbe - price-performance standards
Preisnachlaß - discount, price deduction, rake-off, sales allowance
Preisnehmer - price taker
Preisniveau - level of prices, price level

Preisobergrenze

Preisobergrenze - ceiling price
Preispolitik - price policy
Preisprüfung - price auditing
Preisreduzierung - price reduction
Preisrückgang - drop in prices
Preisschild - tag, ticket
Preisschwankung - price fluctuation, volatility
Preissenkung - price markdown, price reduction, price cut, knockdown price
Preissetzung - price setting, pricing
Preissetzungspolitik - pricing policy
Preisspanne - price margin
Preisspanne im Terminhandel - cash and carry arbitrage
Preisstabilität - price stability
Preisstarrheit - inflexibility of prices
Preissteigerung - mounting prices, price boost, price increase
Preissteigerungseffekt - price increase effect
Preissteigerungswelle - wave of price increases
Preisstopp - price freeze
Preissturz - collapse of prices, plunge/dropoff/slump in prices
Preisstützung - pegging
Preistheorie - price theory
Preistreiberei - rigging
Preisüberwachung - price surveillance
Preisunterbieter - price cutter
Preisuntergrenze - lowest-price limit
Preisunterschied - price difference
Preisverfall - price collapse
Preisvergleich - price comparison
Preisverhalten - tone of the market
Preisverzerrungen - price distortions
Preisvorteil - price advantage
preiswert - low-priced
Preiszugeständnis - price concession
prekäre Situation - touch-and-go
Presse - press
Presseagentur - press agency
Pressechef - public relations officer
Presseerklärung - press statement
Pressefehde - paper-war
Pressemappe - press kit
Pressemitteilung - press release
Pressereferent - press officer
Pressesprecher - public relations officer
Pressestelle - public information office

primal-ganzzahlige Programmierung - primal integer programming
Primalproblem - primal problem
primär - primary
Primäraufwand - primary input
Primärdatenerfassung - source data acquisition
primäre Einkommensverteilung - primary income distribution
Primärforschung - field research
Primärhändler - market maker
Primärkosten - primary costs
Primärliquidität - primary liquidity
Primärmarkt - new issue market, primary market
Primärnachfrage - primary demand
Primawechsel - first of exchange, original bill
Prinzip - principle
Priorität - priority
Prioritätsanalyse - precedence analysis
Prioritätsanleihe - preference loan
Prioritätsobligation - preference bond
Privatdiskontmarkt - prime acceptances market
Privatdiskontsatz - prime acceptance rate
private Grenzkosten - marginal private cost
private Kreditnachfrage - private-sector loan demand
private Parzelle - private plot
private Stellenvermittlung - employment agency
Privatentnahme - entrepreneurial withdrawal
privates Grundstück - private plot
Privatgläubiger - private creditor
Privatisierung - privatization
Privatpfändung - levy of execution by private creditor
privatrechtliche Körperschaft - private law corporation
privatrechtlicher Verkauf - sale by private contract
Privatunternehmen - private enterprise, private firm
Privatversicherer - private insurer
Privatversicherung - individual insurance, private insurance

Privatwirtschaft - private sector of the economy
privatwirtschaftliche Lösung - private-enterprise solution
Privileg - privilege
Pro-Kopf-Bedarf - per capita demand
Pro-Kopf-Einkommen - per capita income
Pro-Kopf-Kosten - costs per capita, per capita costs
Pro-Kopf-Leistung - per capita output
Pro-Kopf-Materialverbrauch - per capita material consumption
Pro-Kopf-Nachfrage - per capita demand
Pro-Kopf-Verbrauch - per capita consumption
Pro-Kopf-Wertschöpfung - per capita real net output
Probeanstellung - hirement on probation
Probeauftrag - trial order
Probebilanz - rough balance
Probeerhebung - pilot survey
Probeinterview - pretest interview
Probezeit - probation period, probationary time
Problem - issue
Problemkreis - problem cluster
Produkt - product, produce
Produkt auf den Markt bringen - launch a product
Produkt benennen - label a product
Produkt von Ereignissen - product of events
Produkt vorstellen - introduce /unleash a product
Produkt-Markt-Mix - product-market mix
Produktanalyse - product analysis
Produktauswahl - product range, product selection
Produktbeschreibung - product specification
Produktdifferenzierung - product differentiation
Produkteigenschaften - product characteristics, product features
Produkteliminierung - product elimination

Produktentwicklung - product development
Produktfamilie - product family
Produktfeld - product field
produktflankierende Maßnahmen - product supporting measures
Produktführer - product leader
Produktgestaltung - product design
Produktgliederung - product oriented classification
Produktgruppe - product line
Produkthaftung - product liability
Produkthierarchie - hierarchy of products
Produktinformation - product information
Produktinnovation - product innovation
Produktion - production
Produktion am laufenden Band - belt system of production
Produktionsanlagen - production equipment
Produktionsanstieg - increase in production
Produktionsauftragsplanung - overall production planning
Produktionsausbringung - production output
Produktionsausfall - loss of production
Produktionsbereich - manufacturing division
Produktionsbeschränkung - output constraint
Produktionseinheit - unit of output
Produktionseinschränkung - curtailing of production
Produktionselastizität - output elasticity
Produktionsexpansionspfad - output expansion path
Produktionsfaktor - production factor
Produktionsfaktorausstattung - factor endowment
Produktionsfaktoreinkommen - factor earnings
Produktionsfaktorkosten - factor costs
Produktionsfaktornachfrage - factor demand
Produktionsfehler - production bug
Produktionsform - production mode
Produktionsfunktion - production function

Produktionsgebirge

Produktionsgebirge - production surface
Produktionsglättung - production smoothing
Produktionsgüter - producer / instrumental goods
Produktionsgüterindustrie - producer goods industry
Produktionshöhe - rate of production
Produktionskapazität - capacity of production, production capacity
Produktionskapital - instrumental / productive capital
Produktionskosten - cost of output, production costs
Produktionsleistung je Arbeitsstunde - man-hour output
Produktionslücke - output gap
Produktionsmaterial - direct material
Produktionsmenge - output
Produktionsmethode - way of production
Produktionsmittel - means of production
Produktionsmöglichkeitsgrenze - production possibility frontier
Produktionsmöglichkeitskurve - production possibility curve
Produktionsniveau - scale of operations
produktionsorientiert - product-oriented
Produktionsplan - production plan
Produktionsplanung - budgeted production
Produktionsplanung und -steuerung - production planning and scheduling (PPS)
Produktionsprogramm ausweiten - broaden the line of products
Produktionsprozeßniveau - level of activity
Produktionsreihenfolge - production schedule
Produktionsrückgang - production decline
Produktionsstandort - plant location, production site
Produktionsstatistik - census of production
Produktionsstätte - production facility

Produktionssteigerung - production advance
Produktionssteuer - production tax
Produktionsstillegung - shutdown in production
Produktionsstruktur - pattern of production
Produktionstechnik - production technique
Produktionstiefe - depth of production
Produktionstyp - production type
Produktionsumstellung - production change-over
Produktionsverfahren - method of production, way of production
Produktionsverzögerung - production delay
Produktionsvolumen - volume of output
Produktionswert - production value
Produktionswirtschaft - producing industries
Produktionszahlen - output figures
produktive Arbeitszeit - productive time
Produktivität - productivity
Produktivitätskennzahlen - productivity ratios
Produktivitätssteigerung - gain in productivity, productivity gain / improvement
Produktivitätszuwachsrate - rate of productivity gain
Produktkennzeichnung - descriptive labeling
Produktkonzeption - product conception
Produktlebensdauer - product life
Produktlebenszyklus - product life cycle
Produktlinie - product line
Produktmakler - merchandise broker
Produktmanagement - product management
Produktmix - product mix
Produktpalette - range of products
Produktplazierung - product placement
Produktpositionierung - product positioning
Produktprofil - product personality
Produktprogramm - product program

Produktprogrammplanung - production program planning
Produktspezialisierung - product specialization
Produktstatusanalyse - product status analysis
Produkttest - product test
Produktverbesserung - product improvement
Produktvereinfachung - product simplification
Produktverschwendung - product wastage
Produktvielfalt - product diversity
Produktwechsel - product change
Produktzuverlässigkeit - product reliability
Produzentenhaftung - manufacturer's liability
Produzentenpreisindex - Producer-Price-Index (PPI)
Produzentenrente - producer's surplus
Produzentenrisiko - producer's risk
Produzentenwerbung - dealer aid advertising
produzierend - producing
Profit - profit, gain
profitabel - profitable
profitieren von - benefit from
Proforma-Rechnung - interim invoice, proforma invoice
Prognose - forecast, projection
Prognosefehler - forecasting error
Prognosekostenmethode - standard costing
Prognosetechnik - prediction technique
Prognoseverfahren - prediction method
prognostizieren - forecast
Programm - scheme, program
Programmablaufplan - progam sequence plan, program flow chart
programmgesteuert - program-controlled
Programmhandel - program trading
Programmplanung - program planning
Programmübersetzung - compilation
Programmverknüpfung - program linkage
Progressionssatz - rate of progression
Progressionssteuer - progressive tax
progressiv - progressive

progressive Abnahme - degression
progressive Abschreibung - increasing balance method of depreciation
progressive Kalkulation - progressive cost estimate
progressive Kosten - progressive costs
progressive Leistungsprämie - accelerated premium pay
progressiver Leistungslohn - accelerated incentive
progressives Planungsverfahren - bottom-up planning
Prohibitivpreis - prohibitive price
Projekt - scheme, project
Projektauftrag - project assignment / request
Projektbeteiligter - project participant
Projektbindung - project tying
Projektdokumentation - project documentation
Projekteinführung - project implementation
Projektgruppe - project team, task force, special partnership
Projektinformation - project information
Projektion - projection
projektiv - projective
Projektkontrolle - project control / auditing
Projektleiter - project manager
Projektmanagement - project management
Projektmittel - project funds
Projektorganisation - project organization
Projektphasen - project phases
Projektplanung - project scheduling / planning
Projektsteuerung - project monitoring / steering
Projektstrukturplan - project structure plan
Projektstudie - feasibility study
Projektüberwachung - project monitoring
Projektzeitplan - project time schedule
Prolongation - continuation, extension, renewal, prolongation
Prolongationsabkommen - extension agreement

Prolongationsgebühr

Prolongationsgebühr - contango rate
Prolongationsgeschäft - carrying-over business, contango business
Promotion - doctorate
Propaganda - boomlet
Proportion - proportion
proportionale Kosten - proportional cost, variable cost
Proportionalitätsmethode - method of allocating joint-product cost
Proportionalitätsprinzip - principle of proportionality
Proportionalkostenrechnung - proportional costing
Prospekt - leaflet, folder, prospectus
Prosperität - prosperity
Protektionismus - protectionism
protektionistisch - protectionist
protektionistische Maßnahmen - protectionist measures
protektionistisches Instrumentarium - protectionist tool kit
Protest einlegen - lodge a protest
Proteststreik - protest strike
Protestwechsel - protested bill
Protokoll - transcript, record, minutes
Protz - vulgarian
Proviant - victuals
Provision - brokerage, commission, kickback
Provisionsbasis - commission basis
Provisionsforderung - accrued commissions
Provisionssatz - rate of commisson
provisorisches Mittel - assumed mean
provozieren - provoke
Prozentnotierung - quotation in percentage
Prozentsatz - percentage
prozentuale Mengenänderung - percentage change in quantity

prozentuale mittlere Abweichung - percentage standard deviation
Prozentzeichen - percent sign
Prozeß - process
Prozeßanalyse - activity analysis
Prozeßberatung - process consulting
Prozeßgewinn - recovery
Prozeßkosten - cost of litigation
Prozeßmißbrauch - abuse of process
Prozeßunterlagen - papers in the case
prüfen - consider, inspect, survey, scrutinize
Prüfer/Prüfgerät - tester
Prüffragenkatalog - questionnaire for quality check
Prüfhypothese - alternate hypothesis
Prüfstempel - inspection stamp
Prüfung - inspection, examination
Prüfungsbericht - audit certificate
Prüfungsbogen - working papers
Prüfungsgebühr - examination fee, audit fee
Prüfverfahren - test
Prüfvorschrift - test specification
Pseudo-Zufallszahl - pseudo random number
psychologisches Bedürfnis - psychological need
Publikum - audience
Puffer - buffer
Pufferzeit - float time
pulsierend - vibrant
Punkt - item
Punktdiagramm - dot frequency diagram
punktiert - dotted
punktierte Linie - dotted line
pünktlich - accurate, prompt
Punktschätzung - point estimation

Q

quadratisch - quadratic
quadratische Programmierung - quadratic programming
Qualifikation - qualification
Qualifikationsmerkmal - performance ability
Qualifikationsprofil - qualification profile
Qualifikationsstruktur - qualification pattern
qualifizieren - qualify
qualifizierte Arbeitskraft - qualified employee
qualifizierte Mehrheit - qualified majority
qualifizierte Minderheit - qualified minority
Qualität - quality
qualitative Arbeitsplatzbewertung - qualitative job evaluation
qualitative Daten - qualitative data
qualitativer Personalbedarf - qualitative personnel requirements
Qualitätsabweichung - variation in quality
Qualitätsarbeit - quality work
Qualitätsbewußtsein - quality awareness
Qualitätserzeugnis - high quality product
Qualitätsklasse - quality grade
Qualitätskontrolle /-steuerung - quality control, process control
Qualitätskosten - quality costs
Qualitätsnormen - quality specifications
Qualitätsprinzip - quality principle
Qualitätssicherung - quality assurance / protection
Qualitätsstrategie - quality-based strategy
Qualitätstypen - commodity grades
Qualitätsveränderungen - quality changes
Qualitätsverbesserung - quality improvement
Qualitätswettbewerb - quality competition
Qualitätszirkel - quality circle
qualvoll - agonizing
quantifizieren - quantify
quantitativ - quantitative
quantitative Bewertung - quantitative evaluation
quantitative Daten - quantitative data
Quantitätstheorie - quantity theory
Quantitätstheorie des Geldes - quantity theory of money
Quartalsbericht - quarterly report
Quartalsergebnis - quarterly result
Quartalsgewinn - quarterly profit
Quartalsverlust - quarterly loss
Quartalszahl - quarterly figure
Quartil - quartile
quasi-öffentliche Güter - quasi-collective goods
Quasiaufwertung - quasi-revaluation, backdoor revaluation
Quasigeld - near money
Quasimonopolgewinne - windfall gains
Quelle - source
Quellensteuer - withholding tax
Quellensteuerabzug - tax deducted at source
Querschnitt - sample
Querschnittsanalyse - cross-section analysis
Quintil - quintile
quittieren - acknowledge, receipt
Quittierung - acknowledgement, acquittance, receipt
Quote - quota
Quotenaktie - no-par-value stock
Quotenauswahl - judgement sample
Quotenkonsolidierung - pro rata consolidation
Quotientenoptimierung - quotient optimization

R

R-Gespräch - reversed charge call
Rabatt - discount, rebate, allowance
Rabatt gewähren - allow a discount
Rabattbestimmung - discount term
Rabattmarke - trading stamp, discount ticket
Rabattsatz - discount rate
rächen - retaliate, avenge
Radiowerbung - broadcast advertising
Raffinesse - refinement
Rahmen - frame
Rahmenabkommen - umbrella agreement, skeleton agreement
Rahmenbedingungen - general setting
Rahmenkredit - global credit
Rahmenvertrag - general pact, overall agreement
Ramschware - job lot
Randbedingung - boundary condition
Randbemerkung - sidenote
Randbevölkerung - fringe population
Randentscheidung - boundary choice
Randfläche - facet
randomisieren - randomize
Randverteilung - boundary distribution, marginal distribution
Randzone - fringe
Rang - degree, rank, priority, rate, standing
Rangfolgeverfahren - job ranking method
Rangkorrelation - rank correlation
Rangordnung - ranking
rasch - rapid
Raster - grid
Rasterblatt - grid sheet
Rate - instalment, ratio, proportion
Rate der Kapitalbildung - rate of capital formation
Ratengeschäft - tally business
Ratenkauf - hire purchase
Ratenverkauf - hire purchase sales
Ratenzahlung - time payment, part payment, deferred payment, payment by instalments
rationale Erwartungen - rational expectations
rationalisieren - streamline, modernize, rationalize
Rationalisierung - rationalization measures, rationalization
Rationalisierungsfachmann - efficiency expert
Rationalisierungsinvestition - investment for increased efficiency, rationalization investment
Rationalisierungsmuster - pattern of rationalization
Rationalisierungspotential /-reserve - potential for rationalization
Rationalisierungsvorteil - rationalization advantage
Rationalität - rationality
Rationalverhalten - rational behavior
rationell - efficient, economical
rationelle Ausnutzung - effective utilization
Raubbau - predatory exploitation, wasteful exploitation
Raubdruck - bootleg, piracy
räuberisch - predatory
Raum - space
räumen - clear
rämlich - spatial
räumliche Strukturierung - spatial patterning
räumlicher Nutzen - place utility
Räumlichkeit - premises, locality
Räumung - clearance, vacation, voidance
Räumungsverkauf - clearance sale
rausschmeißen - fire
Reaktion - response, reaction
Reaktionsgeschwindigkeit - speed of response
Reaktionsgleichung - behavioral equation
Reaktionskurve - reaction curve
reale Einkommenseinbuße - real income loss
reale Endnachfrage - real final demand
reale Kassenhaltung - real cash balance
reale Produktivkräfte - real resources
reale Überinvestitionstheorie - nonmonetary overinvestment theory
reale Verbrauchsausgaben - real consumer spending
Realeinkommen - real earnings, real income

Realeinkommensvergleich - real income comparison
realer Außenhandelsüberschuß - real trade surplus
realer Einkommensverlust - real wage cut
realer Kassenhaltungseffekt - real balance effect
realer Kassensaldo - real balance
realer Konjunkturzyklus - real business circle
realer Zinsfuß /-satz - real interest rate
reales Austauschverhältnis - terms of trade, barter terms of trade
reales Volkseinkommen - real national income
reales Wachstum - net growth, real growth
Realgüter - real assets
Realinvestition - fixed investment
Realisationsaufgaben - realization tasks
Realisationsprinzip - realization rule
realisierte Wertsteigerung - realized appreciation
realisierter Gewinn - realized profit, earned income
Realisierung - implementation
Realisierungsphase - implementation phase
Realkasse - real balance
Realkasseneffekt - wealth effect
Realkassenhaltungseffekt - real balance effect
Realkosten - real costs
Realkostenaustauschverhältnisse - real cost terms of trade
Reallohn - real wage, actual wage
Realnachfrage der Arbeit - real demand function for labor
Realsteuer - impersonal tax
Realsteuerbescheid - municipal assessment notice
Realvermögen - real wealth, fixed capital
Realverzinsung - real yield
Realwert - real value, real asset
Recheneinheit - unit of account
rechenkundig - numerate
Rechenschaftsbericht - statement of account
Rechenschaftspflicht - accountability, responsibility

rechenschaftspflichtig - accountable, liable to account
Rechnen - arithmetic, calculation
rechnergestützte Fertigung - computer-aided manufacturing (CAM)
rechnerisch - algebraical
rechnerische Rendite - accountant's return, accounting rate of return
rechnerischer Wert von Aktien - accounting par value of shares
Rechnung - account, invoice, bill, tab
Rechnung begleichen - settle an invoice, clear an account
Rechnungen prüfen - audit, check an invoice
Rechnungsabgrenzung - accrual and deferral
Rechnungsabgrenzungsposten - end-of-year adjustment, prepaid and deferred items, accrued item
Rechnungsbetrag - invoice amount
Rechnungsdatum - date of invoice
Rechnungseinheit - unit of account (U/A)
Rechnungsjahr - accounting year, fiscal year
Rechnungslegungsmethode - accounting method
Rechnungsperiode - accounting period
Rechnungsprüfer - comptroller, controller, auditor
Rechnungsprüfung - audit, accounting control
Rechnungsschreibung - billing
Rechnungsstellung - invoicing
Rechnungsüberschuß - accounting surplus
Rechnungswesen - accountancy, accounting
Rechnungswesenpraxis - accounting practice
Recht der Schuldverhältnisse - law of obligations
Recht übertragen - confer a right
recht und billig - fair and proper
Recht verletzen - infringe upon a right
Recht verlieren - lose a right
Recht verteidigen - defend a right
Recht verwirken - forfeit a right
Recht vorbehalten - reserve a right
Recht wiederherstellen - restore a right

Rechte Dritter

Rechte Dritter - third-party rights
Rechteckverteilung - rectangular distribution
rechtfertigen - justify
Rechtfertigung - justification
rechtlich vertretbar - legally justifiable
Rechtmäßigkeit - legitimacy
Rechtsabteilung - legal department
Rechtsanmaßung - usurpation of franchise
Rechtsanwalt - practitioner, solicitor, lawyer, barrister
Rechtsanwaltskammer - bar council
Rechtsbehelf - legal remedy, defense
Rechtsberater - legal adviser
Rechtsbeugung - perversion of justice
Rechtschaffenheit - probity
Rechtsform - legal form
rechtsgültig - lawful, valid, legal
Rechtshilfe - legal aid
Rechtsirrtum - error in law
Rechtskraft - legal force
rechtskräftig - valid
Rechtslage - legal status
Rechtsmangel - legal infirmity, defective title
Rechtsmißbrauch - abuse of right
Rechtsmittel - legal remedy, appeal
Rechtsordnung - legal framework, legal system
Rechtspersönlichkeit - entity, body corporate
Rechtsprechung - dispensation of justice, jurisdiction
Rechtsschutz - legal redress, legal protection
Rechtsstaat - state bound by the rule of law, constitutional state
Rechtsstaatsprinzip - principle of the "rule of law"
Rechtsstreit - litigation, lawsuit
Rechtssubjekt - person in law
rechtsunfähig - legally unable to hold rights
Rechtsunfähigkeit - legal incapacity
rechtsunwirksam - legally inoperative
rechtsverbindliche Fassung - legally binding formula
Rechtsverbindlichkeit - binding effect, legal force

Rechtsverdrehung - pettifoggery, chicanery
Rechtsverhältnis - legal relationship
Rechtsverzicht - disclaimer of right
Rechtsvorschrift - legislative provision, rule of law
rechtswidrig - illegal
rechtswidrige Bedingung - illegal condition
rechtswidrige Handlung - wrong, wrongful act, tortious act
rechtswidriger Vertrag - illegal contract
Rechtswirksamkeit - legal validity
rechtzeitige Leistung - punctual performance
Redakteur - editor
redaktionell - editorial
Rede - disquisition, talk, address
Redeweise - parlance
Redlichkeit - integrity
Reduktionismus - reductionism
Reduktions-Marketing - demarketing
Redundanz - redundancy
reduzierte Kreditwürdigkeit - impaired credit
Reeder - shipowner
Referendarzeit - probational period
Referent - reporter, department head, reviewer
Referenzpreis - reference price
Refinanzierungspolitik - refinancing policy
reflektieren - reflect
Reflektion - reflection
Reflexivität - reflexivity
Reformhaus - health food store
Regalgroßhändler - rack jobber
Regaloptimierung - rack optimization
rege Nachfrage - rush of orders
Regel - standard, rule, routine, guideline
Regel versus freies Ermessen - rule versus discretion
regelgebundene Ausgaben - entitlement spending
Regelgröße - controlled variable
Regelkreis - feedback control circuit, control loop
regelmäßiger Leser - regular reader
Regelmechanismus - built-in flexibility, built-in stabilizer
regeln - control, determine, regulate

418

Regelung - regulation
Regelverstoß - infringement
regenarmes Gebiet - drought prone area
Regenerationspunkt - regeneration point
Regenwaldzerstörung - rainforest destruction
Regierungsangestellter - government employee
Regierungsapparat - machine of government
Regierungsbeamter - government official, civil servant
Regierungskrise - cabinet crisis
regionale Entwicklung - regional development
regionale Marktuntersuchung - area sampling
Regionalförderung - regional aid
Register - book of record, register
Registerrichter - registrar
Registratur - filing department
registrieren - register
Registrierkasse - cash register
registrierte freie Stelle - notified vacancy
Regler - controller, regulator
Regressionsanalyse - regression analysis
Regressionskoeffizient - regression coefficient
Regressionswirkung - regressivity
regressive Kosten - regressive cost
Regreß - regress, recourse
regreßpflichtig - liable to recourse
regulieren - regulate
regulierter Preis - administered price
regulierter Wettbewerb - administered competition
reibungslos - frictionless
reichlich - flush, ample
Reichweite eines Werbeträgers - media reach
Reife - maturity
Reifephase - maturity stage, period of maturity
Reihe - series
Reihenfolge-System - sequencing system
Reihung - rank-order
rein - clean, net, pure
reine Grenzleistungsfähigkeit - marginal net efficiency
reiner Zahlungsverkehr - clean payment
reiner Zufallsfehler - unbiased error

Reinerlös - net revenue
reines Monopol - absolute monopoly
reines Termingeschäft - outright transaction
Reingewinn - net profit, net income
Reingewinnbeteiligung - participation in net earnings
Reinigung - cleaning
Reinvestition - plowback, replacement investment, reinvestment
Reinvestitionsrücklage - reserve for reinvestment
Reisebüro - travel agency
Reisebürokaufmann - travel agent
Reiseermäßigung - travel concession
Reisegeschwindigkeit - cruising-speed
Reisekosten - travel expense, dead heading allowance
Reisescheck - traveller's check
Reisetasche - kit bag
Reiseunternehmer - travel organizer
Reiseveranstalter - holiday travel company
Reiseziel - destination
Reitwechsel - accommodation bill, kite, windmill
Reizthema - touchy topic
reizvoll - appealing
Reklamation - complaint
Reklamationsabteilung - claim department
Reklame - boost, publicity, advertising
Reklamerummel - ballyhoo, boom
Reklamestreifen - blurb
rekrutieren - recruit
Rekrutierung - recruiting
Rektaindossament - restrictive endorsement
Rektapapier - registered security
Rekursionsformel - recursion formula
Rekursionsgleichung - recursion equation
Rekursionsprinzip - roll-back principle
Rekursionsverfahren - roll-back method
rekursive Gleichung - recursive equation
rekursive Programmierung - recursive programming
Relation - ratio
Relation Arbeiter zu Angestellte - labor mix
relativ - relative, comparative

relative Häufigkeit - relative frequency, frequency ratio
relativer Ausdruck - relocatable expression
relative Summenhäufigkeit - cumulative relative frequency
Relativierungstabelle - relocation dictionary
relevante Kosten - incremental cost, alternative /relevant cost
Reliabilität - reliability
Rembourskredit - documentary acceptance credit
Rembourslinie - acceptance credit line
Remittent - payee of a bill
Rendite - income return, yield
Rendite auf durchschnittliche Laufzeit - yield to average life
Rendite auf Endfälligkeit - yield to final date
Rendite auf früheste Kündigung - yield to early call
Rendite auf Kündigungstermin - yield to call date
Rendite entsprechend der Laufzeit - yield to equivalent life
Rendite kündbarer Anleihe - yield to call
Rendite nach Steuern - after-tax yield
Renditeabhängigkeit des Anleihekurses - dollar duration
Renditeangleichung - yield adjustment
Renditenspanne - yield spread
Renditenstruktur - yield structure
Renditeobjekt - income property
rentabel - profitable
Rentabilität - rate of return, profitability, return on investment, viability
Rentabilitätsberechnung - calculation of earning power, profitability calculation
Rentabilitätsgesichtspunkt - profitability aspect
Rentabilitätsgrenze - margin of productiveness
Rentabilitätsschwelle - breakeven point
rentables Geschäft - paying business
Rente - old-age pension, retire, annuity, rent
Rentenalter - retirement age, pensionable age

Rentenanleihe - annuity bond, perpetual bond
Rentenanspruch - pension claim
Rentenaufwand - annuity cost
Rentenbarwert - present value of annuity
Rentenbestand - bond holdings
Rentenempfänger - annuitant, pensioner
Rentenendwert - accumulation of annuity, final value of annuity
Rentenfaktor - rent factor
Rentenfonds - annuity fund
Rentenhausse - upsurge in bonds prices
Rentenversicherung - pension scheme, retirement insurance
Rentner - pensioner
Reorganisation - organizational reshuffle, reorganization
Reorganisationsphase - reorganization period
reorganisieren - reorganize
Repetierfaktor - consumable factor of production
Repräsentationswerbung - institutional / prestige advertising
repräsentative Stichprobe - average sample, representative sample
repräsentativer Querschnitt - representative cross-section
repräsentativer Verbraucher - representative consumer
Repräsentativerhebung - representative / sample survey
repräsentieren - represent, typify
Reprivatisierung - denationalization
Reproduktionswert - reproduction value
Reservationspreis - reservation price
Reserve - idle-plant capacity, reserve fund, stockpile
Reserve-Einlagen-Relation - reserve-deposit ratio
Reserveabgang - outflow of reserves
Reservefonds - surplus fund
Reservehaltung von Wertpapieren - compulsory reserves in securities
Reserven ansammeln - build up reserves
Reservetransaktion - reserve transaction
Reserveverlust - reserve loss
Reservewährung - reserve currency
reservieren - reserve, set aside
Reservierung rückgängig machen - cancel a reservation

Reservierungskosten - reservation cost
Ressort - department, organizational unit, area of responsibility
Ressourcen erschließen - tap resources
Ressourcenallokation - allocating resources, allocation of resources
Restanlagewert - residual cost, residual value
Restarbeitslosigkeit - residual unemployment
Restbestand - remaining stock
Restbetrag - remainder, residual amount
Restlaufzeit - remaining life /term, unexpired time
restlos zurückgezahltes Geld - money refunded in full
Restposten - job lot, odd lot
Restposten der Zahlungsbilanz - balance of unclassifiable transactions
Restriktion - constraint, restriction
Restriktionserzeugung - constraints generation
Restriktionskombination - restrictive combination
Restriktionskurs - restrictive course
restriktive Geldpolitik - tight monetary policy, monetary stringency, restraining monetary policy
restriktive Wirtschaftspolitik - deflate policy, tight policy
Restschuld - remainder of a debt
Restwert - recovery value, residual value, written-down value
Restwertrechnung - residual value costing
Restzahlung - residual discharge
Resultat - consequence, end, income, issue, result
resultieren - result
Retentionsrecht - right of retention
retrograd - inverse
retrograde Methode - inverse method
retrograde Planung - top-down planning
revidieren - revise
Revision - accounting control, review, revision
Revision durchführen - audit
Revisionsbericht /-vermerk - accountant's report
Revisionsgebühren - audit fee
Revisor - controller

Revitalisierungsmarketing - remarketing
revolvierende Planung - revolving planning
Rezept - prescription, recipe
Rezession - recession
Reziprozitätsprinzip - reciprocity principle
Rhythmendiagramm - rhythm-diagram
richtigstellend - corrective
Richtlinie - administrative regulation, directive, guideline
Richtlinienbestimmung - policy-making
Richtpreis - recommended / leading price
Richtung - tendency, trend, line, drive, direction
Richtwert - benchmark
Rimesse - remittance
Risiko - jeopardy, venture, risk
Risiko abdecken - hedge a risk
Risiko des Spediteurs - carrier's risk
Risiko tragen - bear a risk
Risiko übernehmen - assume a risk
Risiko unehrlicher Angaben - moral hazard
Risiko versichern bei - place a risk with
Risiko-Chancen-Kalkül - risk-chance-analysis
Risikoanalyse - risk analysis
Risikoanlage - risk asset
Risikoanleihe - junk-bond
Risikoanpassung - risk adjustment
Risikoauschluß - policy exclusion, policy exception, elimination of risks
Risikoausschlußklausel - excepted risks clause
Risikobewertung - risk assessment
risikofreier Ertrag - basic yield
risikofreudig - venturesome
Risikofunktion - risk function
Risikokapital - venture capital
Risikokosten - risk cost
Risikolebensversicherung - term assurance, term insurance policy
Risikomanagement - risk management
Risikopräferenzfunktion - risk-preference function
Risikoprämie - bonus for special risk, hazard bonus
Risikoscheue - risk aversion
Risikosteigerung - increase of hazard

Risikostreuung

Risikostreuung - risk spreading, pooling of risks, diversification
Risikovermeidung - risk aversion
Risikozuschlag - risk markup
riskant - hazardous
riskanter Vermögenswert - risky asset
riskieren - venture
Roh-, Hilfs- und Betriebsstoffe - raw materials and supplies
Rohbilanz - preliminary balance sheet, work sheet, trial balance
Rohgewinn - gross profit
Rohöl - crude oil
Rohrpost - blow post
Rohstoff - raw material, basic commodity
Rohstoffbestände - raw materials inventory
Rohstoffgewinnungsbetrieb - extractive enterprise
Rohstoffkauf - material purchase
Rohstoffknappheit - raw materials scarcity
Rohstoffland - primary-producing country
Rohstoffmarkt - raw commodity market
Rohstoffpreis - commodity price
Rohstoffpreisstabilitätsabkommen - commodity stabilization agreement
Rohstoffproduzent - primary producer
Rolle - role
rollende Planung - continuous planning, rolling planning
rollende Prognose - rolling forecast
rollendes Material - rolling stock
Rollenkonflikt - role conflict
Rollfuhrdienst - cartage service
Röntgenuntersuchung - x-ray examination
rostfreier Stahl - stainless steel
Routineangelegenheit - matter of routine
Routinetätigkeit - daily dozen, routine work, repetitive work, routine operation
Rubrik - column, special section
rückbezüglich - reflexive
Rückblende - cutback
rückblickend - retrospective
Rückdelegation - redelegation
Rückendeckung - backing, support
Rückerstattung - restoration, refund
Rückfracht - back freight
Rückfrage - query

Rückgaberecht - return privilege
Rückgang - decline, drop, recession, relapse, slump, setback,
rückgängig machen - rescind, cancel, countermand, undo
Rückgriff - recourse
Rückkaufgeschäft - buy-back
Rückkaufpreis - redemption price
Rückkaufsrecht - option of repurchase, right of redemption
Rückkaufswert - cash-in value, redemption value, surrender value
Rückkaufübereinkommen - repurchase aggreements
Rückkoppelung - feedback
Rückladung - backload
Rücklage - nest egg, rainy-day reserves, reserve, surplus reserve
Rücklage für Abschreibungen - depreciation fund
rückläufiger Aktienmarkt - receding market
rückläufiger Industriezweig - delaying industry
Rücklaufkanäle - feedback-channels
Rücklaufquote - number of responses
Rücknahmewert - bid price, bid value
Rückruf - calling in
Rucksackproblem - knapsack problem
Rückscheck - returned check
Rückschlag - recession, setback, swingback
Rückschlußwahrscheinlichkeit - inverse probability
Rücksendung - sales return
Rücksicht - regard, respect
rücksichtslose Wettbewerbsmethode - predatory practice
rücksichtslose Preissetzung - predatory pricing
Rücksprache - consultation
Rückstand - arrear, backlog, lag, remnant
Rückständigkeit - backwardness
Rückstellung - liability reserve, operating reserve, provision, withheld account
Rückstellung auflösen - dissolve a liability reserve
Rückstellung für Provisionen - reserve for accrued commissions

Rückstellung für Steuern - reserve for accrued taxes
Rückstellungen für Wertberichtigungen - revaluation reserves
Rücktritt - retirement, repudiation, recision
Rücktrittsrecht - cancellation right
rückvergüten - refund
Rückversicherung - reassurance
Rückversicherungsoption - facultative reinsurance
Rückwanderung - return migration
Rückwärtsintegration - backward integration
Rückwärtspfeil - backward arc
Rückwärtssteuerung - backward supervision
ruckweise Nachfrage - intermittent demand
Rückweisungsbereich - rejection region
rückwirkende Bezahlung - retrospective payment
rückwirkende Lohnerhöhung - back-dated pay rise
Rückwirkung - repercussion
Rückwirkungseffekt - repercussion effect

rückzahlbar - redeemable, repayable
Rückzahlung - repayment
Rückzahlung vor Fälligkeit - redemption before due date
Rückzahlungsantrag - repayment claim
Rückzahlungskurs - rate of redemption
Rückzahlungswert - redemption value
Rückzinsen - interest returned
rudimentär - inchoate, rudimentary
Ruf - call, reputation
Ruhegehalt - pension
Ruhestand - retirement
Ruhestandsalter - retirement age
ruhig - peaceable, quite
ruhiges Geschäft - slack business
Ruin - crash, ruin, decay, bankruptcy
ruiniert - smashed, lost
ruinöse Konkurrenz - cut-throat competition
Rundfunk - broadcasting
Rundfunksendung - broadcast
Rundschreiben - circular, newsletter
Rüstungskontrolle - arms control
Rüstzeit - change-over-time, pre-assembly time

S

Saatgut - seeds
Sabotage - sabotage
Sachanlagen - capital assets, fixed assets
Sachanlagevermögen - physical capital
Sachbearbeiter - clerk
Sachbearbeitungsaufgabe - clerical task
Sachbuch - non-fiction book
sachdienlich - pertinent
Sachdienlichkeit - relevance
Sacheinkommen - income-in-kind
Sacheinlage - capital payed in property
Sachkapital - capital equipment
Sachkonto - impersonal account
Sachleistung - in-kind benefit
sachlich - objective, technical
Sachmittel - equipment, physical resources, tool
Sachmittelsystem - equipment system, tool system
Sachschaden - injury to property
Sachverhalt - circumstance, fact
Sachvermögen - fixed capital
Sachverständiger - surveyor, expert consultant
Sachziel - substantive goal
Sachzwang - inherent necessity
saft- und kraftlos - milk-and-water
saisonale Arbeitslosigkeit - seasonal unemployment
Saisonanalyse - seasonal analysis
saisonbedingte Nachfrage - seasonal demand
saisonbedingter Abschwung - seasonal downswing
saisonbedingter Aufschwung - seasonal recovery
saisonbereinigt - seasonally adjusted
saisonbereinigte Arbeitslosigkeit - seasonally adjusted unemployment
saisongemäß - seasonal
Saisongewerbe - seasonal trade
Saisonkredit - seasonal loan
Saisonschlußverkauf - end-of-season clearance sale
Saisonschwankung - seasonal variation, seasonal fluctuation
Saisonverlauf - seasonal movement
säkulare Inflation - secular inflation

saldieren - balancing, liquidate, netting out
Saldo - balance
Saldovortrag - balance brought/carried forward
Sammelbewertungsverfahren - group valuation method
Sammelkonto - absorption account, collective account, omnibus account
Sammelladung - aggregated shipment
Sammelwerk - compilation
Sammelwertberichtigung - global value adjustment
Sammlung - collection
sanieren - refloat, reforge
Sanierung - redevelopment
Sanierungsgebiet - redevelopment area
Sanierungsgewinne - recapitalization gains
Sanierungskonzept - recovery strategy
Sanierungsmaßnahme - recovery measure
Sattelpunkt - saddle point
sättigen - saturate
Sättigung - satiation, saturation
Sättigung der Nachfrage - saturation of demand
Sättigung des Marktes - saturation of the market
Sättigungsgesetz - law of satiety
Sättigungsmenge - volume of saturation
Sättigungspunkt - rate of public acceptance, absorption point
Satzung - statute, charter, by-law, memorandum of association
satzungsgemäß - statutory
satzungsmäßige Rücklage - statutory reserve
Saugpost - absorbent paper
Säulendiagramm - block diagram, column diagram
säumig - in default
säumiger Schuldner - debtor in arrears, debtor in default
Säumniszuschlag - overcharge for arrears
saurer Regen - acid rain, acid precipitation
Schachtelgesellschaft - consolidated corporation
Schachtelprinzip - intercompany consolidation principle

Schaden - scathe, damage, loss
Schaden melden - notify a claim
Schadeneintrittswahrscheinlichkeit - probability of loss
Schadenersatz - indemnification, reimbursement, compensation
Schadenersatz leisten - pay damages
Schadenersatzanspruch - damage claim
Schadenersatzklage - damage suit, action for damages
Schadenersatzlimit - aggregate limit
Schadenersatzrecht - law of torts
Schadenfreiheitsrabatt - no claims bonus / discount
Schadenhäufigkeit - incidence of loss
Schadenmeldung - notice of damage
Schadenminderung - mitigation of damage
Schadenquote - loss ratio
Schadenregulierer - claim adjuster
Schadensbericht - damage report
Schadensreserve - loss reserve
Schadenssachverständiger - adjuster
Schadenumschichtung - redistribution of losses
Schadenversicherung - casualty insurance
schädliches Gut - illth, discommodity
schadstoffarmes Auto - low emission car
Schadstoffemission - harmful emission
schaffen - create, establish
Schaffung - establishment, creation
Schaffung von Arbeitsplätzen - job creation
Schalter - counter, paybox
Schalterstunden - banking hours
Schaltplan - circuit diagram
scharf kalkulierter Preis - keen price
scharfe Konkurrenz - keen competition
scharfe Rezession - severe recession
Schattenpreis - shadow price
Schattenwirtschaft - underground economy, informal economy
Schatzamt - treasury
Schatzamtspapier /-anweisung - treasury bill
schätzen - estimate, guess
Schätzer - estimator, valuator
Schätzfehler - error of estimation
Schätzfunktion - estimator

Schätzung - appraisal, estimate, estimation
Schätzverfahren - method of estimation
Schätzwert - estimated value
Schau - display, exhibition
Schaubild - graph, diagram
Schaufensterauslage - window display
Schaukasten - display cabinet, display case
Scheck - cheque, check
Scheck ausstellen - draw a check
Scheck einlösen - cash a check
Scheckbestätigung - certification of a check
Scheckheft - check book
Scheckinkasso - check collection
Scheckkarte - bank card
Scheidung - separation, divorce
Scheinautorität - phantom of authority
Scheinfirma - cowboy contractor
Scheingeschäft - wash-trade
Scheingesellschaft - ostensible company
Scheingesellschafter - holding-out partner
Scheingewinn - fictitious profit, paper profit, illusory earning
Scheinkauf - mock purchase
Scheinkorrelation - spurious correlation
Scheinproblem - pseudo problem
Scheinprozeß - mock trial
Scheinvertrag - feigned contract
scheitern - break down, fail
Scheitern der Verhandlungen - breakdown of negotiations
Schema - scheme, formula, diagram
schematisch - diagrammatic, mechanical
Schenkung - bestowal, gift, donation
Schenkungssteuer - gift tax
scheußlich - dreadful, forbidding
Schichtarbeit - shift work
Schichtsystem - shift-system
Schichtung - stratification
schieben /verschieben - push, traffic
Schieber - trafficker
Schieberei - trafficking
Schiebungen - racketeering
Schiedsamt - board of conciliation, board of arbitration
Schiedsgericht - mediation court
Schiedsgerichtshof - court of arbitration
Schiedsspruch - arbitrament, arbitration, judgement

Schiedswert - arbitration value
Schiefe - skewness, asymmetry
Schienentransport - carriage by rail
Schiff - vessel, boat, ship
Schiffahrt - navigation
Schiffahrtswege - waterways
schiffbar - navigable
Schiffseigner - shipowner
Schiffsfrachtvertrag - affreightment
Schiffsführung - navigation
Schiffsmakler - shipping agent
Schiffspassage - sailing
Schiffsraum - shipping space
schikanieren - pettifog
Schinder - sweater
Schirmherrschaft - sponsorship, patronage
Schlachtbank - shambles
Schlagbaum - barrier
schlagen - bang
Schlagerindustrie - tin pan alley
Schlagzeile - caption, headline
schlanke Produktion - lean production
schlecht - grim
schlecht strukturiertes Problem - ill-structured problem
schlechte Ware - unsound goods
schlechter werden - deteriorate
schlechtester-Fall-Analyse - worst-case analysis
Schlechtwetterzulage - hard-weather allowance
schleichende Inflation - creeping inflation
schleichende Steuererhöhung - bracket creep
schleppendes Geschäft - depressed business
Schlepper - tug
Schleppnetz - trail net
Schleuderpreis - give-away price, cut-throat price, knockout price
schlichten - arbitrate, reconcile
Schlichter - mediator
Schlichtung - settlement, reconciliation, arbitration
Schlichtungsausschuß - board of arbitration, mediation committee
Schlichtungsstelle - conciliation board
schließen - close down
Schließfach - safe deposit

schließlich - ultimate
Schließung eines Betriebes - closure
Schlinge - loop
schludrig arbeiten - skimp
Schlupfvariable - slack variable
Schlüsselbegriff - key concept
Schlüsselbranche - key industry
Schlüsselfaktor - key factor
Schlüsselfigur - key figure
Schlüsselindikator - key indicator
Schlüsselindustrie - bellwether industry, pivotal industry
Schlüsselinformation - information chunk
Schlüsselmarkt - key market
Schlüsselposition - key position
Schlüsselstellung - pivotal position
Schlüsseltechnologie - key technology
Schlußbilanz - final balance sheet
Schlußdividende - final dividend
Schlußfolgerung - reasoning, inference, conclusion
Schlußkurs des Vortages - previous quotation
Schlußnotierung - late quotation
Schlußphasen-Order - market-on-close order
Schlußpunkt - switch-off point
Schlußregel - rule of inference
Schlußschein - contract note
Schlußtermin - closing date
Schlußverkauf - sale
schmälern - curtail
Schmälerung - curtailment, impairment
Schmiergeld - bribe money, palm-grease
Schmuck - jewellery
schmutziges Floaten - dirty floating
Schneider - tailor
schnell - rapid, speedy
schneller Absatz - ready sale
schneller Imbiß - perpendicular, fast food
schneller Umsatz - quick returns, quick turnover
Schnelligkeit - rapidity
Schnellzugriff - immediate access
Schnitt - cut
Schnittebene - cutting plane
Schnittebenenalgorithmus - cutting plane algorithm
Schnittebenenverfahren - cutting plane technique

Schnittpunkt - intersection
Schnittstelle - interface
schnorren - panhandle
schöpferisch - fertile, creative
Schöpfung - creation
Schrägstellung - inclination
Schranke - barrier
Schreiben mit Diktiergerät - audio-typing
Schreibkraft - typist
Schreibmaschine - typewriter
Schreibtisch - desk
Schreibwarenindustrie - stationery industry
schriftlich bestätigen - confirm in writing
schriftlich niederlegen - record
schriftliches Einverständnis - written consent
Schrittmacher - pacemaker, pacesetter
schrittweise - gradually, stepwise, step by step
Schrott - scrap iron /metal
Schrottwert - junk /scrap value
Schubladenplanung - alternative planning, contingency planning
Schuhe - footwear, shoes
Schulbesuch - school attendance
Schuld - fault
Schuld tilgen - sink a debt
Schuldanerkenntnis - acknowledgment of debt
Schulden - arrears, debts
schulden - owe
Schulden begleichen - discharge debts, honor obligations
Schulden machen - contract /incur debts
Schulden-Einkommensquotient - debt-income ratio
Schulden-Swap - debt equity swap
Schuldenbombe - debt bomb
Schuldendienst - debt service
Schuldendienstquote - debt service ratio
Schuldenerlaß - cancellation of a debt, debt relief
Schuldenerlaß gegen Umweltschutz - debt-for-nature swap
Schuldenerleichterung - debt alleviation
Schuldenfinanzierung - debt financing
schuldenfrei - afloat, free from encumbrances

schuldengeplagt - debt-distressed
Schuldenhandel - debt equity swap
Schuldenkrise - debt crisis
Schuldenlast - debt burden
Schuldenpolitik - debt management
Schuldentilgung - amortization
Schuldentilgungsfähigkeit - debt repaying capability
Schuldentilgungsfonds - sinking fund
Schuldner - borrower, debtor
Schuldpapier - debt, security
Schuldposten - debt item
Schuldsalden - debtor balances
Schuldschein - certificate of indebtedness, promissory note
Schuldschein ausstellen - sign a bond
Schuldscheindarlehen - loan against borrower's notes
Schuldübernahme - assumption of indebtedness
Schuldverschreibung - bond, debenture, security
Schuldverschreibung mit variablem Ertrag - variable yield bond
Schulgebühr - tuition fee
Schulung - instruction, training
Schulungskurs - training course
Schulungsprogramm für jugendliche Arbeitslose - youth opportunity programme (YOP)
Schutz - custody, protection
schützen - protect, safeguard
Schutzgebühr - nominal fee
Schutzimpfung - vaccination
Schutzklausel - safeguard clause
Schutzkleidung - protective clothing
Schutzzoll - protective duty
Schutzzollpolitik /-system - protectionism
Schwäche - weakness
schwache Präferenz - weak preference
schwächer tendieren - edge down
schwaches Produkt - weak product
Schwachpunkt - weak point
Schwachstelle - potential trouble spot
Schwangerschaftsurlaub - prenatal leave
schwanken - fluctuate
schwankend - staggering
schwankende Nachfrage - lumpy demand
schwankende Preise - varying prices

schwankende Wechselkurse - fluctuating exchange rates
schwankender Zins - floating interest rate
Schwankung - fluctuation, variance
schwarz verkaufen - tout around
Schwarz-Weiß-Denker - binary thinker
Schwarzarbeit - illicit work
schwarzarbeiten - work off the books
Schwarzarbeiter - moonlighter, fly-by-night worker
schwarzes Brett - notice board
Schwarzhandel - black bourse, black trading, illicit trade
Schwarzmarkt - black market
Schwarzmarktpreis - black market price
schweben - float
schwebend - floating, pending
schwebende Schuld - floating debt
schwebendes Kapital - floating capital
Schwefeldioxid-Emissionen - sulphurdioxide-emissions
Schweiß - sweat
Schweißbrenner - torch
schwelen - smoulder
Schwelle - threshold
Schwellenland - newly industrializing country (NIC), threshold country
Schwellenpreis - threshold price
schwer draufzahlen - pay through the nose
schwer verdient - hard-earned
schwer vermittelbar - hard-to-place
Schwergut - deadweight cargo
Schwerindustrie - heavy industry
Schwerpunkt - focus
Schwerpunktstreik - key strike
schwerwiegend - severe, grave
schwierig - arduous, complicated
Schwierigkeit - difficulty
schwimmen - float, swim
schwimmende Ware - goods afloat
schwimmender Container - lash-leichter
Schwindel - fraud, phony, swindle
Schwindelfirma - bogus company, long firm
schwinden - tail off
Schwund - leakage, shrinkage
Schwung - initiative, swing
schwunghaft - flourishing
Schwungkraft - buoyancy

schwungvoll - flowing
Seefahrt - navigation
Seefracht - ocean freight
Seefrachtbrief - ocean bill of lading
Seehandel - maritime trade
seemäßige Verpackung - seaworthy packing
Seerechtsvertrag - treaty on the law of the sea
Seeschadentransportversicherung - marine insurance
Seeweg - transportation by sea
Segmentierung - segmentation
segmentspezifische Preisgestaltung - differential pricing
Seiteneinsteiger - gatecrasher
Seitwärtsbewegung - sideways movement
Sekretär - secretary
Sekretariat - secretariat
Sekretariatsfunktion - office function
Sektion - department, section
Sektor - division, sector
sektorale Arbeitslosigkeit - sectoral unemployment
sektorale Inflation - sectoral inflation
sekundär - derivative, secondary
sekundäre Einkommensverteilung - secondary income distribution
sekundäre Kennziffer - advanced ratio
sekundäre Kosten - secondary costs
sekundäres Giralgeld - derived demand deposits
Sekundärforschung - desk research
Sekundärmarkt - secondary market, after market
Sekundawechsel - second exchange
selbst auferlegt - self-imposed
selbständig - independent, self-employed
selbständiger Handelsvertreter - independent agent
Selbständiger - self-employed person
selbständiger Unternehmer - independent contractor
Selbständigkeit - independence
Selbstaufschreibung - self-report, self-listing
Selbstbedienung - self-service
Selbstbeschränkung - voluntary restraint
Selbstbeschränkungsabkommen - orderly market agreement
Selbstbeteiligung - retention

selbsterzeugendes Modell - self-generating model
Selbstfinanzierung - self-financing
Selbstheilungskräfte des Marktes - self-regulating forces of the market
Selbsthilfeprogramm - self-help program
Selbstkontrolle - self control
Selbstkosten - original cost, total production cost, prime cost
Selbstkostenpreis - cost price, original cost standard
Selbstkostenrechnung - calculation of cost
Selbstläuferartikel - self-selling article
selbstorganisierendes System - self-organizing system
Selbstprüfung - built-in check
selbstregulierend - self-adjusting
selbstschuldnerische Bürgschaft - absolute guaranty, absolute suretyship
selbsttragender Aufschwung - self-sustaining /self-feeding recovery
Selbstüberhebung - hubris
Selbstversorger - self-supporter
Selbstversorgung - self-sufficiency
Selbstversorgungswirtschaft - self-service economy
selbstverwaltet - self-governed
Selbstverwaltungsorgan - self-governing body
Selbstverwirklichung - self-realization
Selbstwählferndienst - subscriber trunk dialling facilities
Selektionsmethode - screening device
selektiv - selective
selektive Distribution - selective distribution
selektive Kreditpolitik - selective credit policy
selten - scarce
senden - broadcast, telecast
Sendung - consignment
Seniorenmarkt - grey market
Senke - sink, well
senken - decrease, lower, reduce, roll-back
Senkung - cutback, reduction
Sensitivitätsanalyse - sensitivity analysis
sequentiell - sequential
sequentieller Algorithmus - sequential algorithm

sequentieller Fortschritt - sequential progress
Sequenzanalyse - sequential analysis
Serie - series
Serienfertigung - large-scale manufacture
serienreif - operationally
Serviceeinrichtungen - service facilities
Servicekanäle - service channels
Servicezeit - service time
sicher - safe, secure
sichere Vorräte - proven reserves
sicheres Ereignis - certain event
Sicherheit - security, pledge
Sicherheit am Arbeitsplatz - workplace safety, job safety
Sicherheit des Arbeitsplatzes - job security
Sicherheit leisten - furnish collateral, pledge
Sicherheitsbeauftragter - safety representative
Sicherheitsbedürfnis - safety need
Sicherheitsbestand - emergency stock, inventory reserve
Sicherheitscode - redundant code
Sicherheitsgrad - safety level
Sicherheitskoeffizient - margin of safety
Sicherheitsleistung - lodging of security, collateral security
Sicherheitsleistungsmarge - initial margin
Sicherheitsleistungsuntergrenze - maintenance margin
Sicherheitsmotiv - security motive
Sicherheitszahlung bei Termingeschäften - margin
sichern - safeguard, secure
sicherstehender Betrag - safe sum in hand
sicherstellen - ensure, secure
Sicherung - safeguard
Sicherungsgelder - funds pledged as security
Sicherungsgeschäft am Terminmarkt - hedge, hedging
Sicherungskopie - data backup
Sicherungspfändung - prejudgement attachment
Sicherungsreserve - deposit security reserve
sichtbarer Handel - visible trade

Sichteinlagen

Sichteinlagen - sight deposits, checkable deposits, demand deposits
Sichtpapiere - sight items
Sichttratte - sight draft, sight bill
Sichtwechsel - bill on demand
Sickerverluste - withdrawals
Siegel - seal
Signifikanzzahl - significance level
Silberfaden in Banknoten - thread mark
Simplexalgorithmus - simplex algorithm
Simplexbetrieb - simplex operation
Simplexverfahren - simplex method
simuliertes Abkühlen - simulated annealing
Simulationsmodell - simulation model
simultan - simultaneous
simultane Finanzierungsmodelle - simultaneous financing model
simultanes Gleichungssystem - simultaneous equation system
Simultanplanung - simultaneous planning
Simultanschätzung - simultaneous estimate
Singularinstanz - singular management unit
sinken - decrease, fall
sinkende Kurse - sagging prices
sinkender Skalenertrag - decreasing returns to scale
Sitte - custom
sittenwidrig - immoral
Situationsanalyse - situation analysis
situativer Ansatz - contingency approach
Sitzstreik - sit-down strike, sit-in
Sitzung - meeting, proceedings
Sitzungsbericht - minutes
Sitzungsprogramm - order paper
Skalenanalyse - scale analysis
Skalenerträge - returns to scale
skalieren - scale
Skalierungsverfahren - scale analysis
Skonto - cash discount
Skontoprozentsatz - cash discount percentage
Skontrationsmethode - perpetual inventory method
Smog - smog
sofort - at once, straight away
sofort zu erfüllende Order - fill-or-kill order

Sofortabschreibung - writeoff as incurred, writeoff in full
Sofortauftrag - crash job
sofortig - instant, prompt
sofortige Zahlung - immediate payment
Sofortkasse - prompt cash
Solidarität - solidarity
Solidaritätsabgabe - solidarity tax
Solidarschuldner - fellow debtor
solide - sound
Solidität - solidity, trustworthiness, solvency
Soll - target, debit
Soll-Ist-Vergleich - actual versus target comparison
Soll-Leistung - rated output
Sollarbeitsstunden - nominal manhours
Sollbuchung - debit entry
Sollkapazität - rated capacity
Sollkonzept - target concept
Sollkosten - attainable standard cost, budget costs, target cost
Sollkostenrechnung - budget accounting
Sollseite - debit side, debit
Sollwert - target value
Sollzins - debit rate, debtor interest
Sollzinssatz - borrowing rate
Solvenz - capacity /ability to pay
Sonderabgabe - special tax
Sonderabschreibung - additional capital allowance, special depreciation allowance, accelerated depreciation
Sonderabteilung - built-in department
Sonderangebot - flash item, special bargain /offer
Sonderausgabe - special expenditure
sonderbar - odd
Sonderbeauftragter - special representative
Sonderkosten - special expenses
Sonderposten - off-the-line item, special item
Sonderposten mit Rücklagenanteil - special item with accrual character
Sonderpreis - exceptional price
Sonderrabatt - special discount
Sonderrecht - privilege
Sonderrücklage - special purpose reserve
Sonderrückstellung - special provision
Sondertermin - special appointment
Sonderurlaub - special leave

Sondervereinbarung - special covenant
Sondervermögen - special property, special assets
Sonderzahlung - bunce
Sonderziehungsrecht - special drawing right (SDR)
Sonderzulage - special bonus
sondieren - explore
sondierend - exploratory
sonstige Forderungen und Verbindlichkeiten - miscellaneous debtors and creditors
sonstige Wagnisse - miscellaneous risks
Sorgfalt - thoroughness
sorgfältig - diligent, thorough
Sorte - brand
Sortierabteilung - rack department
Sortiermaschine - sorting machine
Sortierschlüssel - sort key
sortiert - assorted
Sortiment - choice, range of goods, product range
Sortimentsabteilung - new book department
Sortimentsausweitung - expansion of assortment
Sortimentsbereinigung - streamlining of product range, stock clearance
Sortimentsbreite - buying choice
Sortimentsoptimierung - product range optimization
Souveränität - sovereignty
Sowchosen - sovkhozy
Sozialabgaben - social security tax
Sozialarbeit - social work, welfare work
Sozialarbeiter - social /slum worker
Sozialaufwand - welfare spending
Sozialbilanz - social policy report
soziale Auswirkung - social impact
soziale Einrichtungen - welfare facilities
soziale Grundrisiken - basic social risks
soziale Indifferenzkurve - social indifference curve
soziale Kosten - social costs
soziale Lasten - social charges
soziale Marktwirtschaft - social market economy
soziale Schichtung - social stratification
soziale Zusatzkosten - uncompensated costs, uncharged disservices

sozialer Wohnungsbau - social welfare housing
soziales Bedürfnis - social need
soziales Gefüge - social pattern
soziales System - social system
sozialethisch gerechter Lohn - decent subsistence
Sozialforschung - social research
Sozialfürsorge - social welfare
Sozialgesetzgebung - social legislation
Sozialhilfe - in-kind benefits, social security benefits, welfare benefits
sozialhilfeberechtigt - eligible for welfare benefits
Sozialinvestitionen - social-capital investments
Sozialismus - socialism
Soziallasten - social welfare expenditure
Sozialleistungen - fringe benefits
Sozialleistungen in Anspruch nehmen - claim one's benefits and allowances
Sozialleistungsquote - social expenditure ratio
Soziallohn - socially subsidized wage, social wages
Sozialmarketing - social marketing
Sozialpaket - fringe packet
Sozialplan - social plan
Sozialprodukt - national product, aggregate output
Sozialprodukt ohne Budgeteinfluß - purecycle income
Sozialrentner - social insurance pensioner
Sozialrücklagen - social reserves
Sozialrückstellungen - provisions for welfare expenditure
Sozialstatistik - social accounting
Sozialstatus - social status
Sozialverhalten - social behavior
Sozialversicherung - National Insurance, social insurance, social security insurance
Sozialversicherungsbeitrag - social security contribution
Sozialversicherungsleistungen - social security benefits
sozialversicherungspflichtig - liable for social insurance
Sozialversicherungssteuer - employment tax
Sozialversorgung - social service
sozialverträglich - socially acceptable

sozialverträgliche Technikgestaltung - socially acceptable shaping of technology
Sozialverträglichkeit - social acceptability
Sozialwissenschaft - social science
Sozioökonomie - socioeconomics
soziotechnisch - socio-technical
soziotechnisches System - socio-technical system
Spalt - interstice, gap
Spalte - column
spalten - disrupt
Spalten-Zeilen-Kombination - column-row combination
Spaltung - disruption, dissociation
Spanne - margin, range
spannend - dramatic
spannender Baum - spanning tree
Spannkraft - buoyancy
spannungsfreies Wachstum - tension free growth
spannungslos - frictionless
Spannweite - range
Spar- und Kreditinstitute - savings and loan institutions
Spar- und Kreditvereinigung - savings and loan association /bank /company
Sparabteilung - savings department
Sparanreiz - incentive to save
Sparbuch - savings book
Spareinlagen - savings, thrift deposits
Spareinlagenzuwachs - growth in savings deposits
Spareinleger - savings depositor
Sparer - saver
Sparfunktion - savings function
Spargelder - savings deposits, thrift deposits, savings units
Sparkapital - savings capital
Sparkasse - thrift institution, savings bank
Sparkassenbuch - savings book
Sparkassenobligationen - savings bonds
Sparkonto - savings account, savings deposit, thrift deposit
Sparkunden-Abteilung - thrift department
Sparmaßnahme - savings measure, austerity measure
Sparneigung - savings propensity, propensity to save

Sparparadoxon - paradox of thrift
Sparpolitik - belt-tightening policies
Sparprogramm - thrift program
Sparquote - savings rate
Sparquote der privaten Haushalte - personal-savings ratio
sparsam - economical, thrifty
Sparsamkeit - economy, thrift
Spartätigkeit - savings activity
Sparte - line of business (LOB)
Spartenleiter - divisional manager
Spartenorganisation - divisional organization
Sparverein - savings association
Sparverhalten - savings behavior
Sparvertrag - savings plan
spätestmöglicher Endzeitpunkt - latest completion time
Spätindikator - lagging indicator
Spediteur - freight forwarder, haulage contractor, carrier
Spediteur-Empfangsschein - forwarder's receipt
Spediteurhaftung - carrier liability
Spedition - haulage
Speditionsrechnung - bill of conveyance
Speichellecker - toady
Speicher - warehouse
Speicherkapazität - memory capacity, storage capacity
speichern - stock up, store
Speicherschlüssel - storage protection key
Spekulant - position trader, punter, stag
Spekulation - speculation
Spekulationsaktien - speculative shares
Spekulationsgebiet - venture capital field
Spekulationsgewinn - speculative profit
Spekulationskasse - idle balances, idle money
Spekulationsmotiv - speculative motive
Spekulationswert - speculative value
spekulativ - speculative
spekulieren - speculate
Spende - contribution, donation
Sperre - barrier, embargo
Sperrfrist - blocking period, waiting period
Sperrgebiet - forbidden zone, prohibited area
Sperrklinkeneffekt - ratchet effect
Sperrminorität - vetoing stock

Sperrung eines Kontos - blocking of an account
Spesen - expenses, fees, out-of-pocket cost
Spesenaufgliederung - breakdown of expenses
spesenfrei - free /quit of charges
Spesenkonto - expense account
Spesensatz - daily expense allowance
Spezialberufe - skilled trades
Spezialfall - special case
Spezialisierung - specialization
Spezialitäten - specialty goods, specialties
Spezialsortiment - model stock
Spezialwarengeschäft - single-line store
spezieller Verkaufsanlaß - sales event
spezifisch - particular, specific
spezifischer Bedarf - selective demand
spezifischer Deckungsbeitrag - marginal income per scarce factor
spezifizieren - itemize, specify
Spezifizierung - specification
Spiegelung an der Achse - reflexion on an axis
Spielraum - range
Spieltheorie - game theory
Spitze - peak
Spitzenbedarf - peak capacity
Spitzengehalt - peak earning
Spitzenkennzahl - key ratio
Spitzenkraft - key egg-head, key executive
Spitzenmanagement - managerial excellence
Spitzenmarke - brand leader
Spitzenmodell - top-of-the line model
Spitzenorganisation - umbrella group
Spitzenpreis - peak price
Spitzenprodukt - top product
Spitzentarif - peak rate
Spitzentechnologie - advanced /high technology
Spitzenunternehmen - highfly
Spitzenvertreter - top-level representative
Spontankauf - impulse buying, impulse purchase
sporadisches Dumping - intermittent dumping
Sprachanalyse - speech analysis

Sprachrohr - organ
Sprecher - speaker, spokesperson
Sprecherfunktion - speakership
Springer - standby, fill-in-person
sprungartiger Umsatzanstieg - sales jump
sprungfixe Kosten - step cost
sprunghaft - volatile
Spur - track
Spurweite - gauge
staatlich - state, state-run
staatlich finanziert - state-financed
staatlich gelenkte Währung - managed currency
staatliche Aufsichtsbehörde - government regulatory commission
staatliche Bewirtschaftung - government control
staatliche Enteignung - government expropriation
staatliche Kontrolle / Lenkung - government control
staatliche Kreditkontrolle - government credit control
staatliche Lagerhaltung - government stockpiling
staatliche Rohstoffbevorratung - government stockpiling
staatliche Subvention - government subsidy
staatliche Vorratsstelle - government storage agency
staatlicher Betrieb - public enterprise
staatlicher Eingriff - government interference
staatliches Budgetdefizit - government budget deficit
staatliches Monopol - public monopoly
Staatsangehörigkeit - citizenship
Staatsanleihen - government bonds, government funds
Staatsausgaben - government expenditures, government spending
Staatsbankrott - national bankruptcy
Staatsbedienstete - government employees
Staatsbesitz - state-ownership
Staatsdienst - civil service, public service
Staatseinnahmen - government revenues
Staatshandelsland - state-trading country
Staatshaushalt - government budget

staatsinterne Bürokratie - internal government bureaucracy
Staatskapitalismus - state capitalism
Staatsmechanismus - mechanism of government
Staatsminister - junior minister
Staatsmonopol - government monopoly
Staatsnachfrage - official demand
Staatspapiere - federal securities, government funds, public securities
Staatsversagen - government failure
Staatsverschuldung - deficit financing
Stab - staff
Stab-Linienorganisation - line-staff organization structure
Stabdiagramm - bar chart, bar diagram
stabile Währung - stable currency
stabile Wirtschaftsbeziehungen - stable economic relations
stabiles Gleichgewicht - stable equilibrium
stabiles Preisniveau - stable price level
Stabilisierungsphase - stabilization phase
Stabilisierungspolitik - stabilization policy
Stabilität - stability
Stabilitätsanleihe - stabilization loan
Stabilitätsbedingung - convergence condition
Stabilitätspolitik - stabilization policy
Stabilitätsprogramm - deflationary program
Stabsabteilung - service department
Stabsfunktion - staff function
Stabstelle - staff position
Stadtbüro - metropolitan office, city office
Stadtfamilie - urban family
Stadtgemeinde - township
Stadtmarketing - city marketing
Stadtplanung - urbiculture
Stadtsanierung - urban renewal
Stadtverwaltung - local authority, municipal corporation, municipality
Stadtwohnung - urban dwelling
Staffelbild - histogram
staffeln - graduate
Staffeltarif - differential price, sliding-scale tariff
Staffelzins - sliding rate of interest
Stagflation - stagflation
Stagnation - stagnation
Stagnationsthese - secular stagnation thesis
Stahlkassette - strong box
Stahlwerk - steelworks
Stammaktie - common share, ordinary share, original share
Stammaktionär - common stockholder, ordinary shareholder
Stammbelegschaft - core workers, key workers
Stammdividende - common stock dividend
Stammkapital - share capital
Stammkunde - regular customer
Stammleser - regular reader
Stammpersonal - cadre of personnel
Stammtischpolitiker - would-be politician
Stand - degree, level
Standardabweichung - mean square deviation, standard deviation
Standardausrüstung - regular equipment
Standardelastizität - standard elasticity
Standardfinanzierung - ready-to-wear financial pattern
Standardform - standard form
standardisieren - standardize
Standardisierung - standardization
Standardisierungsgrad - degree of standardization
Standardkosten - standard costs
Standardmodell - standard model
Standardunterprogramm - standard subroutine
Standardwert - blue chip
Standesamt - register office
ständiger Beirat - permanent advisory board
Standleitung - leased line
Standort - location, facility location
Standort "auf der grünen Wiese" - greenfield site
Standortentscheidung - locational decision
Standortfaktoren - location factors
standortgebundene Subvention - location specific subsidy
Standortlehre - economics of location
Standortnachteil - locational disadvantage

Standortqualität - locational quality
Standortvorteil - locational advantage
Standortwahl - locational choice, site selection
Standpunkt - point of view, viewpoint
Stapel - batch, pile
Stapelverarbeitung - batch processing
starke Erhöhung - proliferation
starke Kursausschläge - wild fluctuations
stärken - strengthen, underpin
Stärken/Schwächen-Chancen/Risiken-Analyse - strengths/weaknesses-opportunities/threats (SWOT) analysis
starre Löhne - sticky wages
starre Plankostenrechnung - fixed budget cost accounting
starrer Wechselkurs - stable exchange rate
Starrheit - inflexibility
Startereignis - start event
Startknoten - start node
stationär - stationary
statische Gesellschaft - static society
statische Wirtschaftsordnung - stationary economy
statischer Markt - static market
statischer Zustand - static state
Statistik - statistics
statistische Verteilung - statistical distribution
statistischer Fehler - statistical error
Statistisches Bundesamt - bureau of the census
Statusgüter - positional goods
Statut - statute, charter
statutarischer Sitz - registered office
Stechkarte - time card, time ticket
Stechuhr - time stamping clock
stehlen - purloin, thieve
steigende Kurse - bull market
steigende Nachfragewirkung - bandwaggon effect
steigende Tendenz - bullish tendency
steigern - enhance, intensify
Steigerung - progression
Steigerungsbehörde - auction authority
Steigerungskorridor - growth bracket
Steigerungsrate - rate of escalation
Steigung - slope
steil - steep
steiler Aufstieg - upsurge

steilster Anstieg - steepest ascent
Stelle - position, situation
Stellenangebot - job offer, vacancy, recruitment advertising
Stellenaufschlüsselung - job breakdown
Stellenausschreibung - job advertisement
Stellenbeschreibung - position guide, job description, job analysis
Stellenbesetzung - job assignment
Stellenbesetzungsplan - job assignment / cover plan, manning table
Stellenbewerber - job applicant
Stellenbildung - job creation
Stellengesuch - job application, situation wanted
Stellenmarkt - employment market
Stellenplan - position chart
Stellentausch - job rotation
Stellenvermittlung - employment service
Stellung - position, standing
Stellungnahme - approach, comment
Stellungssuchender - job hunter, office-seeker
Stellungsunterschied - disparity in position
stellvertretend - vice
stellvertretender Direktor - deputy director, vice director
stellvertretender Leiter - deputy manager
Stellvertreter - deputy
Stellvertretung - deputizing, proxy, substitution
Stempel - seal, stamp
Stempelgebühr - stamp duty
Stempelgeld - dole
Stenographie - shorthand
Sterbetafel - life table
Sterbeziffer - death rate
Sterblichkeitsberechnung - mortality projection
Sterilisierung - sterilization
stetig - continuous, consistent
stetige Funktion - continuous function
stetige Verteilung - continuous distribution
stetige Wachstumsrate erreichen - achieve a steady rate of growth
stetiges Wachstum - sustained growth
Stetigkeit - continuity
Steuer - rate, duty, tax

Steuer auf das Gewerbekapital

Steuer auf das Gewerbekapital - trading capital tax
Steuer aufheben - abandon a tax
Steuer erheben - levy a tax
Steuerabkommen - tax agreement
Steuerabwälzung - tax burden transfer clause
Steuerabzug - tax deduction
Steueranrechnungsverfahren - tax credit procedure
Steueranreiz - tax incentive
Steueranreizpläne - tax incentive plans
Steueranreizpolitik - tax incentive policy
Steueranstoß - tax impact
Steueranwalt - tax lawyer
Steuerarrest - attachment for tax debts
Steueraufkommen - tax revenue
steuerbare Leistung - taxable performance
steuerbare Umsätze - qualifying turnovers
Steuerbeamter - taxman
steuerbefreite Kasse - exempt fund
steuerbefreite Wirtschaftsgüter - tax-exempt assets
Steuerbefreiung - tax exemption, tax concession
Steuerbefreiung bei der Ausfuhr - exemption of export deliveries
Steuerbefreiung bei der Einfuhr - exemption from import tax
steuerbegünstigt - tax favored
steuerbegünstigtes Sparen - tax-favored savings
Steuerbehörde - board of assessment, revenue /fiscal authority, federal tax agency
Steuerbelastung - tax burden
Steuerbemessungsgrundlage - tax base
Steuerberater - tax consultant, tax adviser
Steuerberatungsgesetz - law on tax advisers
Steuerberatungskosten - fees for tax consulting services
Steuerberechnung - computation of a tax
Steuerberichtigung - taxation adjustment
Steuerbescheid - bill of taxes, formal assessment note, tax assessment note
Steuerbilanz - tax balance sheet
Steuerbuchhaltung - tax accounting

Steuerdelikt - tax offense
Steuerdiffusion - tax diffusion
Steuerdruck - pressure of taxation
Steuerdruckinflation - tax push inflation
Steuereinheit - taxable object
Steuereinnahmen - inland revenue, tax receipts, tax revenue
Steuereinziehung - tax collection
Steuerentlastung - tax relief
Steuererhöhung - tax increase
Steuererklärung - tax return
Steuererklärungsfrist - due date for annual income tax return
Steuererlaß - remission of taxes
Steuererleichterung - tax benefit, tax reduction
Steuerermäßigung - tax abatement
Steuerersparnis - tax savings
Steuererstattung - tax refund
Steuerertrag - proceeds of a tax, tax revenue
Steuerfahndung - tax search
Steuerfiskus - tax authorities
Steuerflexibilität - elasticity of tax revenue
steuerfrei - tax exempt, tax free
Steuerfreibetrag - basic abatement, tax-free amount, allowance
Steuerfreibetrag für bestimmte Zeit - tax holidays
Steuerfreiheit - tax exemption, immunity from taxation
Steuergesetz - taxation law
Steuerhinterzieher - tax dodger
Steuerhinterziehung - tax evasion
Steuerhöchstsatz - maximum tax rate
Steuerhoheit - jurisdiction to tax
Steuerindexierung - tax indexation
Steuerjahr - tax year
Steuerklasse - tax bracket
Steuerlast - burden of taxation
Steuerlastminimierung - tax burden minimization
Steuerlehre - theory of taxation
steuerlich - fiscal
Steuerliste - list of tax assessment
Steuerlücke - tax loophole
Steuern - taxation, taxes
Steuern eintreiben - collect taxes
Steuern hinterziehen - evade taxes, defraud the revenue

Steueroase - tax haven
Steuerobjekt - taxable object
Steuerorgane - controls
Steuerpfändung - tax foreclosure
Steuerpflicht unterliegen - liable for tax
steuerpflichtig - taxable
steuerpflichtiger Gewinn - taxable income
steuerpflichtiger Grundbesitz - taxable property
steuerpflichtiges Einkommen - taxable income
Steuerpolitik - fiscal policy, policy of taxation
steuerpolitische Maßnahme - tax measure
Steuerposten - tax item
Steuerprogramm - control program
Steuerrate - tax rate
Steuerrecht - law of taxation
Steuerrückerstattung - tax refund
Steuersatz - rate of taxation
Steuersenkung - tax cut
Steuersystem - fiscal system
Steuerumgehung - tax avoidance
Steuerung - control, monitoring
Steuerungsinstrument - control instrument
Steuerungsprozeß - control process
Steuerungstechnique - control engineering
Steuerveranlagung - taxation
Steuervergünstigung - tax concession, tax break, tax relief
Steuervorauszahlung - tax prepayment
Steuerzahler - taxpayer
Steuerzuschlag - surtax
Stichprobe - sample
Stichprobenabnahmekontrolle - acceptance sampling
Stichprobenentnahme - sampling
Stichprobenerhebung - random sampling, sample survey
Stichprobenhäufigkeit - sample frequency
Stichprobenmethode - sampling method
Stichprobenrahmen - sampling frame
Stichprobenumfang - sample size
Stichprobenverfahren - sampling
Stichprobenverteilung - sampling distribution

Stichprobenwert - sample value
Stichtag - deadline, effective date, key date
Stichtaginventur - end-of-period inventory
Stickstoffemissionen - nitrogen-oxides-emissions
Stifter - founder
Stiftung - endowment, foundation
Stiftungskapital - endowment capital
stille Reserven - hidden reserves, latent reserves, secret reserves
Stillhaltergeschäft - option writing
Stillegung - abandonment, plant shutdown, tie-up
stiller Gesellschafter - sleeping partner
stillgelegt - laid up
Stillhalteabkommen - blocking arrangement, standstill agreement
Stillhaltekredit - standstill credit
stillschweigend - tacit
stillschweigende Bedingung - implied condition
stillschweigende Einwilligung - acquiescence
stillschweigende Übereinkunft - implicit understanding
stillschweigende Vertretungsmacht - implied authority
Stillstand - tie-up, stagnancy
Stillstandszeit - idle time
Stimmberechtigter - voter
stimmberechtigter Aktionär - voting stockholder
Stimmberechtigungsschein - voting-trust certificate
Stimme - vote
Stimmenminderheit - minority vote
Stimmenzähler - scrutineer
Stimmrecht - right of vote
Stimmrechtsaktie - voting right share, voting stock
Stimmzettel - ballot, ballot-paper
Stipendium - scholarship
stochastisch - stochastic
stochastische Abhängigkeit - stochastic dependence
stochastische Optimierung - stochastic optimization
stochastische Unabhängigkeit - stochastic independence

stochastische Variable - random variable, variate
stochastischer Bedarf - stochastic demand
stochastischer Prozeß - random process
stocken - slacken
Stockung - slump
Stockwerkseigentum - storey ownership
Stockwerkseigentümer - storey owner
Stolz - vanity
störend - inconvenient, interfering
Störgröße - perturbance variable
stornieren - rescind, cancel
Stornierung / Stornobuchung - cancellation
Störungsbericht - failure report
störungsfreies Wachstum - disturbance-free / undisturbed growth
Störungsrate - rate of failure
Störvariable - perturbance variable
Stoß - impulsion
Strafe - penalty
straffällig - delinquent
Straffunktion - penalty function
Strafrecht - criminal law
Strafzettel - ticket
Strafzins - negative interest
Straßenfertigung - line production
Strategie einschlagen - embark on a strategy
Strategie entwickeln - lay out a strategy
Strategieentscheidung - choice of strategy
strategisch - strategic
strategisch handelnder Börsenhändler - position trader
strategische Allianz - strategic alliance
strategische Erfolgsposition - strategic success position
strategische Frühaufklärung - strategic early warning
strategische Geschäftseinheit (SGE) - strategic business unit (SBU)
strategische Kursniveausicherung - long-hedge
strategische Lücke - strategic gap
strategische Planung - strategic planning
strategische Rohstoffreserve - strategic stockpile
strategischer Wettbewerber - strategic competitor

strategisches Geschäftsfeld - strategic business area
strategisches Management - strategic management
strategisches Ziel - strategic goal
streben nach - endeavor
Streifband - postal wrapper
Streifbanddepot - individual deposit
Streifzug - incursion
Streik - strike, industrial stoppage
streikähnliche Mittel - strike-like tactics
Streikarbeit - blackleg work
Streikaufruf - union strike call
Streikausfalltage - days lost through industrial action /strike
Streikbrecher - black sheep, strikebreaker, backleg
Streikende - strike deadline
Streikgeld - dispute benefit, strike pay
Streikkasse - indemnity fund
Streikposten - picket
Streikschlichtung - strike settlement
Streikvermeidungsmittel - strike deterrent
Streitpunkt - bone of contention
Streitschrift - pamphlet
Streitsucht - belligerence
streng - strict
Strenge - rigidity, stringency
strengen Bestimmungen unterliegen - subject to strict regulations
Streudiagramm - scatter diagram
Streudichte von Werbemedien - density of circulation
streuen - spread
Streukosten - space charge
Streuplan für Werbeträger - media schedule
Streuung - dispersion
Streuungsmatrix - dispersion matrix
Streuungszerlegung - analysis of variance
Strichcode - bar code
Strichcodeleser - bar code scanner
Strichcodierung - bar coding
Strichliste - tally chart
strittig - debatable, controversial
strittige Frage - matter in dispute
Strohmann - dummy
Stromgröße - rate of flow
Strompreis - power rate

Strömung - tendency
Struktur - pattern
Strukturanalyse - structural analysis
Strukturbild - structure diagram
strukturelle Anpassung - structural adaptation
strukturelle Arbeitslosigkeit - structural unemployment
Strukturfunktion - structural function
Strukturhilfe - restructuring aid
Strukturplanung - structural planning
Strukturpolitik - development (area) policy, adjustment policy
strukturschwache Region - structurally weak area
Strukturveränderung - changing pattern
Strukturverbesserung - structural improvement
Strukturwandel - structural change
Stückelung bei Aktien - denomination
Stückgut - part loads
Stückgutbefrachtung - berth freighting
Stückgutladung - berth cargo
Stückgutsendung - mixed carload
Stückkauf - sale of ascertained goods
Stückkosten - unit cost
Stückkostenfunktion - unit cost function
Stückkostenkalkulation - product costing
Stückliste - parts list
Stücklistenspeicher - parts list storage
Stücklohn - piece rate
Stückmuster - bulk sample
Stückpreis - unit price
Stückprozeß - work process
Stückzinsen - accrued interest
Studienzeiteinheit - term
Stufenplan - multi-stage plan
stufenweise Planung - level-by-level planning
stufenweise Gewichtung - weighing by stage
Stundenlohn - wage per hour
Stundenplan - schedule
Stundensatz - hourly rate
Stundung - moratorium
stützen - support, back
stützend - incumbent
Stützungskäufe - backing, official buying-in
Stützungspreis - support price

subjektive Stichprobe - judgement sample
subjektiver Wert - subjective value
Submissionsverkauf - sale by sealed bid, sale by tender
Subordinationsquote - span of control
Subsidaritätsprinzip - principle of subsidiarity
Subskriptionsanzeige - prospectus
Subskriptionspreis - prepublication price, subscription price
Substanzauszehrung - erosion of assets in real terms
substanzbedingte Wertminderung / Substanzverringerung - depletion
Substanzerhaltung - recovery of replacement cost
Substanzerhaltungsrücklage - inflation reserve
Substanzsteuer - substance tax
Substanzwert - net asset value
Substitution - substitution
Substitution der Freizeit - substitution of leisure
Substitutionseffekt - substitution effect
Substitutionselastizität - elasticity of substitution
Substitutionsgüter - substitutable goods
Substitutionskurve - tradeoff curve
Substitutionslücke - substitution gap
Substitutionsrate - rate of substitution
subsumieren - subsume
Subtraktion - subtraction
Subunternehmer - subcontractor
Subvention - subsidy, bounty
subventionieren - subsidize
subventionierte Industriezweige - sheltered industries
subventionierter Preis - pegged price
Subventionserschleichung - double-dipping
Subventionsfinanzierung - subsidy financing
Subventionsjäger - bounty hunter
Subventionsorientierung - subsidy orientation
Suchbegriff - search word
Suche nach preisgünstigen Aktien - bottom-fishing
suchen - seek, search
Suchplan - search plan

Suchverfahren

Suchverfahren - search method
Suchzettel - tracer
Suggestivfrage - loaded / leading question
Suggestivwerbung - suggestive advertising
sukzessiv - successive
sukzessive Annäherung - successive approximation, gradual approximation
Sukzessivplanung - multi-stage planning
summarische Zuschlagskalkulation - summary costing
Summe - sum, amount
Summenhäufigkeit - cumulative frequency
Summenwahrscheinlichkeit - cumulative probability
summierend - accumulative
Sündenbock - scapegoat
superiore Güter - superior goods
Supermarkt - supermarket
Supermarktkette - supermarket chain
suspendieren - suspend
Swap-Abkommen - swap arrangement
Swap-Option - swaption
symbiotisches Marketing - symbiotic marketing
Symbolprogrammiersprache - symbolic programming language
Symmetrie - symmetry
Symmetrieeigenschaft - symmetry attribute
symmetrisch - symmetric
symmetrische Verteilung - symmetric distribution
Sympathiestreik - secondary strike
Synchronisation - dubbing
Synchronverfahren - synchronous mode

Syndikat - syndicate
Synergetik - synergetics
Synergie - synergy
Synergieeffekt - synergy / synergetic effect
synthetisch - synthetic
synthetische Methode - artificial method
System - framework, system
System linearer Ungleichungen - system of linear inequalities
System sozialer Sicherheit - conception of social security
Systemanalyse - systems analysis
Systemansatz - systems approach
systematisch - systematic
systematische Stichprobe - systematic sample
systematischer Arbeitsplatzwechsel - job rotation
systematischer Fehler - inherent bias
Systembau - system construction
Systemdenken - system approach
Systementwurf - system design
Systemerhaltung - system maintenance
Systemgrenzen - system limits
systemisch - systemic
systemische Rationalisierung - systemic rationalization
systemisches Rationalisierungsmuster - systemic pattern of rationalization
Systemplanung - systems engineering
Systemplatte - system residence disk
Systemprogramm - system program
Systemreliabilität - system reliability
Systemtheorie - systems theory
Systemzwänge - structural constraints
Szenarium - scenario
Szenariumentwurf - scenario painting

T

Tabaksteuer - tobacco tax
tabellarisch - tabular
tabellarische Aufstellung - tabulation
tabellarisieren - tabulate
Tabelle - index, schedule, table
Tabellenkalkulation - spreadsheet analysis
Tabellentechnik - table technique
Tag der Arbeit - Labor Day
Tagebuch - diary, journal
Tagegeld - daily allowance
Tagegeldversicherung - daily benefit insurance
tagen - sit in a conference, hold a meeting
Tagesdurchschnitt - average per day
Tageseinnahme - daily cash receipt
Tagesgeld - call money
Tageskurs - daily quotation, current market value
Tageskurs für Berufstätige - day release course
Tagesordnung - order paper, agenda
Tagespreis - day's price, current price, current market value
Tagesumsatz - daily turnover
Tageszinsen - interest on daily balances
täglich abrufbare Darlehen - debts at call
tägliche Abrechnung - daily clearing
täglicher Kassenbericht - daily cash report
Tagschicht - day shift
Tagung - conference, convention
Tagungszentrum - convention center
Taktik - tactics
Taktiker - tactician, manoeuvrer
taktisch - tactical
Talent - ability, aptitude
Talsohle - pit of slump, tailspin
Tangente - tangent
tangential - tangential
Tangentialbedingung - tangency condition
Tante-Emma-Laden - pop-and-mom corner store
Tarif - scale, tariff, rate
Tarifabschluß - labor settlement, bargaining

Tarifautonomie - free collective bargaining, autonomous wage bargaining
Tarifforderungen - bargaining demands
Tarifgespräch - wage talk
Tarifgestaltung - rate setting
Tarifgruppe - bargaining unit, wage class
tariflich - collectively agreed
Tariflohn - standard wage, union wage rate, negotiated rate
Tarifsatz - tariff rate
Tarifverhandlung - collective bargaining, wage negotiation, labor bargaining, contract talks
Tarifverhandlungen führen - bargain collectively
Tarifvertrag - wage agreement, labor agreement, wage contract
Taschenrechner - pocket calculator
Tastatur - keyboard
Tastatureingabe - keyboard entry
Tatbestand - state of affairs
tätig sein - function
Tätigkeit - operation, performance, function
Tätigkeitsbeschreibung - job description
Tätigkeitsgebiet - field of activity
Tätigkeitsmerkmal - job characteristic
Tätigkeitswechsel - job rotation
Tätigkeitszeit - performance time, total activity time
Tatsache - fact, matter of fact
Tatsachendokument - factsheet
tatsächlich - actual, real
tatsächliche Nachfrage - effective demand
tatsächliche Nutzungsdauer - actual service life
tatsächlicher Kassensaldo - actual balance
tatsächlicher Konsum - real consumption
tatsächlicher Marktwert - actual market value
tatsächlicher Steuersatz - effective tax rate
Tausch - exchange, trade
tauschen - barter, exchange, swap
täuschen - deceive
Tauschgeschäft /-handel - swap, barter transaction, counter trade
Tauschgewinn - gains from exchange
Tauschkurve - offer curve

Tauschmittel - medium of exchange
Tauschmittelfunktion des Geldes - exchange function of money
Täuschung - deceit, deception
Tauschverhältnis - rate of exchange
Tauschwert - value in exchange
Tauschwirtschaft - barter economy
Tausend-Leser-Preis - cost per thousand readers
Tausenderpreis - milline
Taxator - valuator
taxieren - estimate, valuate
taxiert - valued
tayloristisches Rationalisierungsmuster - tayloristic pattern of rationalization
Technik - technique, technology, engineering
Technik der schrittweisen Verbesserung - policy-improvement-technique
Techniker - engineer
Technikwirkungsforschung - technology assessment research
technisch - technical
technische Abschreibung - production method of depreciation
technische Abteilung - engineering department
technische Aktienanalyse - technical analysis
technische Aktientrendanalyse - technical analysis of stock trend
technische Beschränkung - technological constraint
technische Daten - engineering data
technische Nutzungsdauer - physical life
technische Substitutionsrate - technical rate of substitution
technischer Fortschritt - engineering progress, technical progress
technischer Kaufmann - sales engineer
technischer Kundendienst - after-installation service, customer engineering
technischer Zeichner - draftsman
technisches Verbrauchsgut - durable consumer good
Technologie - technology
Technologiefolgenabschätzung - technology assessment estimation
Technologieschub - technology push
technologisch - technologic

technologische Arbeitslosigkeit - technological unemployment
technologischer Determinismus - technological determinism
technozentrischer Ansatz - technocentric approach
Teil - part, fraction, component
Teilamortisationsvertrag - non-full-payout leasing contract
Teilaufgabe - subtask
teilbar - divisible
teilen - separate
Teilerhebung - incomplete census, partial survey
Teilgesamtheit - subpopulation
Teilgraph - subgraph
teilhaben - participate
teilhaben an - share in
Teilhaber - associate, shareholder, partaker, partner, participator
Teilhaberschaft - participation, partnership
Teilindikator - partial indicator
Teilkonzern - subgroup
Teilkonzernabschluß - partially consolidated financial statement
Teilkosten - portion of overall costs
Teilkostenrechnung - direct costing
Teillieferung - part shipment
Teillieferungsvertrag - instalment contract
Teilliquidation - partial settlement
Teilmarkt - sectional market, submarket
Teilnahme - attendance, share
teilnehmen an - share in, take part, cooperate
Teilnehmer - participant, participator, accomplice
Teilnehmerkreis - range of participants
Teilnehmerverzeichnis - attendance register
Teilprojekt - part project, subproject
teilproportionale Kosten - semi-variable costs
Teilschuldschein - partial bond
Teilschuldverschreibung - fractional bond
Teilstrategie - partial strategy
Teilstudie - partial study
Teilsystem - partial system
Teiltour - subtour

Teilumstellung - partial changeover
teilweise - partial
teilweise Nichterfüllung - incomplete performance
Teilzahlung - part payment, instalment
Teilzahlungsgeschäft - instalment sale
Teilzahlungskauf - budget payment, hire purchase
Teilzahlungskredit - hire purchase credit, instalment credit, add-on instalment loan
Teilzahlungskreditgeschäft - fringe banking
Teilzahlungsplan - instalment plan
Teilzahlungsvertrag - hire purchase agreement
Teilzeit - part-time
Teilzeitarbeit - part-time job, part-time work
Teilzeitbeschäftigung - part-time employment
Telefonbuch - telephone directory
Telefonmarketing - telephone marketing
Telefonvermittlung - switchboard, telephone exchange
Telefonzelle - call box, telephone booth
Telegramm - telegram
Telegrammbote - telegraph boy
Telegrammstil - telegraphese
telegraphieren - telegram, wire
Tempo angeben - set the pace
temporäre Datei - temporary data set
Tendenz - tendency, trend
tendenziell steigender Markt - buoyant market
Terminbörse - forward exchange
Termineinlagen - time deposits, time money
termingebundene Option - European option
Termingeld - term money, time deposit
Termingeschäft - commodity futures, dealing in futures, forward exchange transaction, time bargain
Terminhandel mit Devisen - currency futures trading
Terminjäger - expediter, progress chaser
Terminkalender - diary
Terminkauf - forward buying
Terminkontrakt - contract for future delivery, futures contract
Terminkurs - forward rate, futures price

Terminmarkt - forward market
Terminmarktsicherungsgeschäft - cross-hedge
terminoffene Option - American option
Terminpuffer - time buffer
Terminsatz - forward rate
Terminspekulation - speculation in futures
Terminüberwachung - progress control
Terminverbindlichkeit - time liability
Terminverkauf - forward sale, sale for the settlement, sale on credit, sale on delivery
Test - trial, test
Testmarkt - test market
Testwerbung - pilot advertising, test advertising
teuer - costly, dear, expensive
Teuerungszulage - cost-of-living allowance
Teufelskreis - vicious circle
Teufelskreistheorem - vicious-circle theorem
Textanalyse - content analysis
Thema - topic
Theorem - theorem
theoretisch - theoretical
theoretische Statistik - theory of statistics
theoretisches Konstrukt - theoretical construct
Theorie der Einkommensverteilung - theory of income distribution
Theorie der fallenden Profitrate - falling-rate-of-profit theory
Theorie der öffentlichen Ausgaben - public expenditure theory
Theorie der relativen Preise - theory of relative prices
Theorie der Wahlakte - theory of choice
Theorie des Haushalts - consumer theory
Theorie des Rationalverhaltens - theory of rational behavior
Theorie des Rechnungswesens - accountancy theory
thesaurierte Gewinne - retained earnings
Thesaurierung - earnings retention, income retention, profit retention
Thesaurierungsfonds - cumulative fund, cumulative trust
Tiefpunkt - zero, bottom

Tiefpunkt des Konjunkturzyklus

Tiefpunkt des Konjunkturzyklus - bottom of business cycle, depression low
Tiefstand überschreiten - bottom out
Tiefstkurs - bottom price, lowest price
tilgen - amortize, extinguish, liquidate, redeem
Tilgung - amortization, extinction, redemption, liquidation
Tilgungs- und Zinslast - debt servicing burden
Tilgungsanleihe - redeemable bond
Tilgungserlös - redemption yield
Tilgungsfonds - sinking fund
tilgungsfreie Jahre - years of grace
Tilgungsfrist - period of repayment
Tilgungsgewinn - gain on redemption
Tilgungsrate - amortization rate, sinking-fund instalment
Tilgungsrücklage - reserve for sinking fund
tippen - type
Tischkalender - desk diary
Tochtergesellschaft - affiliated company, allied company, subsidiary
Todesfallversicherung - endowment assurance, whole-life insurance
Toleranzgrenzen - tolerance limits
Toleranzintervall - tolerance interval
Tonbandgerät - tape recorder
Tonnage - tonnage
Tonne - ton
Topmanager - key executive
Tortendiagramm - pie chart, pie diagram
Totalanalyse - general analysis
Totalerhebung - census, complete survey
totales Gleichgewicht - general equilibrium
Totalverlust - dead loss
totes Kapital - barren money, idle funds
totes Konto - sleeping account
totes Papier - inactive security
Touristenklasse - economy class
Touristikunternehmer - tour operator
touristisch ausgerichtet - touristy
trabende Inflation - trotting inflation
traditionelle Kostenrechnung - conventional cost accounting
tragbar - portable
tragbarer Personalcomputer - laptop
tragbares Telefon - peepie-creepie, portable phone, yuppiephone

Tragbarkeit von Risiken - acceptability of risks
Träger - carrier
Träger der öffentlichen Meinung - organ of public opinion
Trägheitsverkauf - inertia selling
Tragweite - purport, range, reach
Tranche einer Anleihe - slice of a loan
Transaktionsanalyse - transactional analysis
Transaktionskasse - transactions balance, transactions holdings
Transaktionskosten - transactions costs
Transaktionsmotiv - transactions motive
Transaktionsnachfrage - transactions demand
Transaktionswährung - transactions currency
Transferbefehl - transfer instruction
Transfereinkommen - nonfactor income, transfer income
Transfergeschwindigkeit - data transfer rate
Transferzahlung - transfer payments
Transformation - transformation
Transformationskurve - production possibility curve
Transitivität - transitivity
transitorische Passiva - deferred assets
transitorischer Posten - deferred item
transitorisches Konto - suspended account
Transmissionsmechanismus - transmission mechanism
Transparenz - transparency
Transport - transport, transportation, truckage, carriage, haulage, transit,
Transport ab Werk - collection from works
Transport zu Lande - carriage by land
Transport zur See - carriage by sea
Transportband - band conveyor
Transportflugzeug - sky truck
Transportgewerbe - transport industry
Transportgut - cargo
transportieren - carry
transportintensives Gut - transport-intensive good
Transportkosten - carriage expense, transportation costs, carrying cost

Transportmittel - means of conveyance / transport
Transportpapiere - shipping papers
Transportproblem - transportation problem
Transportraum - cargo space, shipping space
Transportrisiko - peril of transportation, transport risk
Transportunternehmen - carrying business, truckage
Transportunternehmer - carrier, haulage contractor, hauler
Transportversicherung - transportation insurance
Transportvertrag - contract of carriage
Transportweg - transport route
Transportzeit - transportation time
Trassant - drawer
Trassat - drawee
Trassierungskredit - documentary acceptance credit, drawing credit
Tratte - bill of exchange, draft
Tratte mit Zinsvermerk - interest bearing draft
treiben - float
Treibhauseffekt - greenhouse effect
Treibstoff - fuel, gas, petrol, propellant
Trend - mainstream, trend
Trend des Wachstumspfades - trend of growth-path
Trendanalyse - trend analysis
trendbereinigt - trend adjusted
Trendextrapolation - extrapolating the trend line
Trendverlauf - trend path
Trendwende - trend reversal, turnaround
trennbar - separable

trennbare Funktion - separable function
trennbare Präferenzen - separable preferences
Trennung - separation
Treppendiagramm - histogram
Tresor - safe deposit
Tresorgeld - vault cash
Treuestatus - loyalty status
Treuhänder - depositary, fiduciary, trustee
treuhänderisches Rechtsgeschäft - fiduciary transaction
Treuhänderschaft - trusteeship
Treuhandfonds - trust fund
Treuhandgeschäft - fiduciary transaction
Treuhandgesellschaft - trust institution / company
Treuhandkonto - account in trust
Treuhandurkunde - debenture trust deed
Treuhandvertrag - deed of trust
Treunehmer - fiduciary debtor, bailee, trustee
Trieb - drive, urge
Trinkgeld - tip
Trittbrettfahrer - free-rider
Trockenheit - drought
Trödler - old-clothes man
Trugschluß der Zweitbestlösung - second-best fallacy
Trumpf - trump
Trust - combine, combination, trust
Tugend - virtue
Tumult - turmoil
Typ - type, make
Typenmuster - sample
typisieren - typify, standardize
Typisierung /Typung - standardization

U

über Wasser halten - tide over
Über-die-Verhältnisse-leben - dissaving
Überabschreibung - overdepreciation
überaltert - obsolete, superannuated
überalterte Anlage - dead plant
überalterte Bevölkerung - over-aged population
Überalterung - obsolescence, superannuation
Überangebot - excess supply, glut, oversupply
Überanstrengung - strain
Überarbeitung - revision, finishing touch, overwork
Überbeanspruchung - overexertion
überbeliefern - overstock
Überbeschäftigung - overemployment
Überbevölkerung - overpopulation
überbewerten - overvalue
überbewertete Währung - overvalued currency
Überbewertung - overvaluation
überbezahlen - overpay
Überblick - survey, summary
überblicken - survey, review
Überbringerklausel - bearer clause
Überbrückungsdarlehen - bridging loan, adjustment credit, tide-over credit
Überdeckung - excess cover, overabsorption
überdurchschnittliches Wachstum - above-average growth
Übereignung - transfer, conveyance
Übereignungsvertrag - bill of sale, fiduciary contract
Übereinkunft - stipulation, understanding, agreement, compromise, convention
übereinstimmen - agree, accord, square, settle, tally
übereinstimmend - congruent, agreeing, identical
Übereinstimmung - agreement, accordance, conformity
übererfüllen - overfulfil
Überfahrt - crossing
überfällig - overdue

überfällige Forderung - delinquent account receivable
überfälliger Betrag - amount overdue
überfälliges Wertpapier - accelerated paper
Überflieger - high flier
überflüssig - redundant, superfluous, spare
Überfluß - abundance, superfluity
überfluten - inundate, flood
Überflutung - inundation
überfordern - overcharge
Überfracht - overfreight
Überfremdung - excessive foreign control, control by foreign capital
Überfülle - profusion, superabundance
überfüllen - congest, overcrowd, overstore
Übergabe - surrender, delivery, transfer
Übergabebilanz - premerger balance sheet
Übergang - transition, crossing
Übergang des Eigentums - passage of ownership
Übergangsbestimmung - transitional provision
Übergangsbudget - transitional budget
Übergangsdauer - transitional period
Übergangskonto - suspense account
Übergangsperiode - intervening period
Übergangsposten - transitory item
Übergangszeit - transitional period
Übergangszustand - transitional stage
übergeben - surrender, entrust, hand over, deliver
übergehen in - pass into
Übergewicht - overweight
Übergewinnsteuer - excess profits tax
überhitzte Volkswirtschaft - overheated economy
überhöhte Steuerrückstellung - tax overprovided
überhöhter Preis - heavy price, excessive price
überholt - dated, reconditioned, obsolete
Überholung - overhaul, obsolescence
Überinvestitionstheorie - overinvestment theory
Überkapazität - overcapacity, excess capacity
überkapitalisieren - over-capitalize

Überkonjunktur - super-boom
Überkreuzmandat - interlocking directorate
überladen - overload
Überlagerungseffekt - carry-over effect
Überlänge - excessive length
überlassen - commit, entrust, relinquish
überlasten - surcharge
Überlastung - overtaxing, strain
Überlauf - spillover
überlaufende Konjunktur - runaway boom
überlegen - consider, reflect
Überlegenheit - superiority, advantage
Überlegung - reflection, consideration, deliberation
Überlieferung - tradition
übermäßig - undue, excessive
Übernachfrage - exaggerated demand, excessive demand
Übernahme - defrayal, defrayment, takeover, acquisition
Übernahmeangebot - takeover bid
Übernahmeerschwernis - poison pill
Übernahmegarantie - underwriting guaranty
Übernahmegewinn - gain on takeover
Übernahmekonsortium - underwriting group
Übernahmeverlust - loss on takeover
Übernahmevertrag - underwriting agreement, acquisition agreement
übernehmen - take over, adopt, absorb
übernehmende Gesellschaft - absorbing company
übernehmender Spediteur - on-carrier
Überorganisation - overorganization
Überproduktion - overproduction
überproduzieren - overproduce
überprüfen - review, revise
Überprüfung - review, revision
Überraschungsgewinn - windfall gain
Überraschungskauf - dawn raid
Überraschungsverlust - windfall loss
überregionale Werbung - national advertising
Überschallflugzeug - supersonic aircraft
überschäumen - boil over
überschießen - overshoot
überschießender Wechselkurs - exchange rate overshooting

Überschlag - computation, sketch, estimation
Überschneidung - overlapping
überschreiten - exceed, go beyond
Überschrift - title
überschuldet - encumbered
Überschuldung - heavy indebtedness/encumbrance
überschüssiger Gewinn - surplus
Überschuß - excess, overflow, surplus
Überschußangebot - excess supply
Überschußfinanzierung - cash flow financing
Überschußfonds - surplus fund
Überschußkasse - liquidity of a bank
Überschußland - surplus country
Überschußnachfrage - excess demand
Überschußproduktion - surplus production
Überschußreserven - excess reserves, free reserves, idle money
Überschußvariable - surplus variable
überschwemmen - inundate, glut, flood
Überschwemmung - inundation, glut
Übersee - overseas
Überseehandel - overseas trade
überseeisch - overseas
übersehen - overlook
Übersensitivität - excess sensitivity
Übersicht - summary
überspannen - stretch
Überspekulation - overtrading
Überspezialisierung von Mitarbeitern - job dilution
übersteigen - transcend, surmount, exceed
Überstrahlungseffekt - halo effect
Überstunden - overtime of workers, overtime
Überstunden machen - do overtime, work overtime
Überstundenbezahlung nach Dienstschluß - call-back pay
Überstundenlohn - overtime pay/rate
Überstundenzuschlag - overtime premium
Überteuerung - overcharge
Übertrag - carry forward, balance brought forward, transfer
übertragbar - negotiable, transferable

447

Übertragbarkeit

Übertragbarkeit - assignability, transferability
übertragen - assign, transfer, depute, transcribe
Übertragungsfunktion - admittance function
Übertragungsurkunde - deed of conveyance
Übertragungswirtschaft - grants economy
übertreffen - transcend
übertreiben - enhance, exaggerate, overdo
Übertretung - contravention
übertrieben - excessive
übertriebener Diensteifer - officiousness
übervoll - flush
überwachen - monitor, supervise
Überwachung - surveillance, control
Überwachungsmaschinerie - surveillance machinery
überwältigend - staggering, overwhelming
überweisen - assign, remit, transfer
Überweisung - assignment, remittance, transfer
Überweisungsauftrag - transfer instruction, remittance order
überwiegend - predominant
überwinden - surmount
überzeichnen - oversubscribe
Überzeichnung - oversubscription
überzeugen - convince
Überzeugungskraft - persuasiveness
überziehen - overdraw
Überziehung - overdraft
Überziehungsgebühr - charge
überzogenes Konto - overdrawn account
üble Nachrede - slander
üblich - conventional, customary, common
umändern - alter, convert
Umbuchung - (book) transfer
umdeuten - reinterprete
Umfang - dimension, scale, volume
Umfang einer Stichprobe - size of a sample
umfassen - comprehend, comprise, cover
umfassende Menge - inclusive set
Umfinanzierung - refunding
umformulieren - rephrase

Umfrage - survey
Umgebung - vicinity, environment
umgehend - by return
umgekehrt - converse, vice versa
umgekehrtes Wertpapierpensionsgeschäft - reverse repurchase agreement
Umgruppierung - regrouping
umkehrbar - reversible
Umkehrfunktion - inverse function
Umkehrkoeffizient - tilling coefficient
Umkreis - circuit, periphery
umladen - reload, transship
Umladeproblem - reloading problem
Umladung - transshipment
Umlage - allocation
Umlauf - circulation, flow
umlaufen - circulate
Umlaufgeschwindigkeit - velocity of circulation
Umlaufgeschwindigkeit des Geldes - velocity of money, transactions velocity
Umlaufkapital - working capital
Umlaufrendite - yield on bonds outstanding
Umlaufvermögen - floating assets, circulation assets, current assets
umlegen - allocate
Umlenkung der Handelsströme - deflection of trade
Umpositionierung - repositioning
Umpositionierungseffekt - repositioning impact
umrechnen - translate, convert
Umrechnungsfaktor - conversion /price factor
Umrechnungskurs - exchange rate, parity
Umrechnungssatz - basis of exchange
Umrüstkosten - change-over costs
Umsatz - turnover, sales, stockturn
Umsatz machen - pick up business
Umsatz-Gewinnschwellenbereich - operating breakeven sales
Umsatzaufwendungen - cost of goods sold
umsatzbezogene Kapitalrentabilität - sales-related return on investment
Umsatzentwicklung - sales trend, sales pattern
Umsatzergebnis - sales result

Umsatzertrag - sales revenue
Umsatzexplosion - sales take-off
Umsatzfrühwarnung - early sales warning
Umsatzgarantie - sales guaranty
Umsatzgeschwindigkeit - rate of turnover, sales frequency
Umsatzgewinne - sales gains
Umsatzgrenze - sales limit
Umsatzkosten - cost of goods sold
Umsatzkostenverfahren - cost sales style of presentation
Umsatzkrise - sales crisis
Umsatzkurve - sales curve, sales chart
Umsatzmotiv - transactions motive
Umsatzniveau - turnover level
Umsatzplanung - sales planning
Umsatzprämie - sales premium
Umsatzrendite - profit margin, percentage return on sales
Umsatzrückgang - drop/decline in sales, sales dip
Umsatzschätzung - sales estimate
umsatzschwache Geschäftszeit - dead hours
Umsatzschwankungen - sales fluctuations
Umsatzstatistik - sales statistics
Umsatzsteigerung - turnover growth
Umsatzsteuer - sales tax, turnover tax
Umsatzstruktur - sales pattern
Umsatztief - sales crisis
Umsatzzahlen - sales figures
Umsatzziel - sales objective
Umschichtung - shifting
Umschichtung des Sozialprodukts - shifting of national product
Umschichtungshandel - switch trading
Umschlag - sales, traffic, transshipment, turnover
umschlagen - transship
Umschlaggebühren - port charges
Umschlaghafen - port of transshipment
Umschlaghäufigkeit - rate of turnover
Umschlaghäufigkeit des Kapitals - rate of equity turnover, rate of total capital turnover
Umschlaghäufigkeit des Warenbestandes - rate of merchandise turnover
Umschlagkennziffer - turnover ratio
Umschlagplatz - place of transshipment

Umschlagsgeschwindigkeit des Lagers - stock turnover
Umschlagsgeschwindigkeit einer Ware - speed of turnover
Umschlagskapazität - handling capacity
Umschlagziffer - rate of turnover
umschließen - embrace
Umschuldung - debt conversion, refinancing
Umschuldungsanleihe - funding bond
Umschulung - retraining
Umschulungskurs - retraining course
Umschwung - reversal
Umsiedler - repatriate
Umstand - circumstance, factor
umstellen - convert, modify
Umstellkosten - change-over costs
Umstellung - changeover, conversion, modification, switch
Umstellungsprozeß - process of readjustment
Umstrukturierung - reshuffle, restructuring, reorganization
Umstrukturierung der Kredite - reorganization of loans
Umtausch - conversion, exchange
Umtauschaktion - swap transaction
umtauschfähig - exchangeable
Umtauschobligation - refunding bond
Umtauschverhältnis - ratio of conversion
Umverteilung - redistribution
Umverteilung in Sachleistungen - in-kind redistribution
Umverteilungshaushalt - redistribution mechanism
Umverteilungswirkungen - redistribution consequences
umwälzend - cataclysmic, revolutionary
Umwälzungsspielraum - shifting potential
umwandelbar - convertible
Umwandelbarkeit - convertibility
umwandeln - convert, reorganize
Umwandlung - transformation
Umwandlungsgewinn - reorganization gain
Umwechslung - conversion
Umwegproduktion - circuitous route of production, indirect production
Umwelt - environment
Umweltanalyse - environmental analysis

Umweltbedingungen

Umweltbedingungen - environmental conditions
umweltbewußt - eco-sensitive, ecology-minded, environment-conscious
umweltbewußtes Denken - environmental thinking
umweltbezogene Flexibilität - external flexibility
Umweltbundesamt - federal environment agency
Umwelteinflüsse - environmental influences
Umwelterhaltung - environmental sustainability
Umweltfrage - environmental issue
Umweltkommission - environmental health commission
Umweltkonstellation - combination of environmental forces
Umweltkontrolle - environmental control
Umweltökonomie - environmental economics
Umweltplanung - environmental planning
Umweltprognose - environmental forecast
Umweltrestriktionen - environmental restrictions
Umweltschaden - environmental damage
Umweltschutz - environmental protection
Umweltschutzbehörde - Environmental Protection Agency (EPA)
Umweltschützer - conservationist, environmentalist
Umweltschutzgesetz - Environmental Criminal Act, Environmental Policy Act
Umweltüberwachungskosten - environmental control costs
Umweltüberwachungssystem - environment-surveillance system
umweltverschmutzend - pollution-prone
Umweltverschmutzung - pollution of environment
Umweltwirkung - environmental effect
Umweltwirkungsbeurteilung - environmental impact assessment
Umweltzerstörung - environmental destruction
Umweltzustand - environmental constellation
Umwertung - revaluation, transvaluation
Umzäunungspatent - fencing-off patent
Umzugskosten - relocation expenses

unabhängig - independent, regardless
unabhängige Bank - independent operator
unabhängige Fachgewerkschaft - independent union, unaffiliated union
unabhängige Variable - independent variable, predictor variable
unabhängiger Börsenmakler - floor broker
unabhängiger Politiker - maverick
unabhängiges Ereignis - independent event
Unabhängigkeit - independence, self-dependence
Unabhängigkeitsannahme - independence assumption
Unachtsamkeit - negligence
unanfechtbar - incontestable
Unanfechtbarkeit - incontestability
Unanfechtbarkeitsklausel - incontestability clause
unangemessen - inadequate
Unangemessenheit - inadequacy
unangenehm - disagreeable, unpalatable
Unannehmlichkeit - inconvenience
unanwendbar - inapplicable
Unanwendbarkeit - inapplicability
unausgeglichen - unbalanced
unausgeglichene Zahlungsbilanz - imbalance in payments
unausgeglichener Haushalt - unbalanced budget
unausgeglichenes Konto - unbalanced account
Unausgeglichenheit - imbalance
unausweichlich - inevitable
unausweichliche Schlußfolgerung - inescapable conclusion
unbeabsichtigt - accidental
unbeabsichtigte Lagerakkumulation - unintended inventory accumulation
unbearbeiteter Markt - virgin market
unbeaufsichtigt - unattended
unbebaute Grundstücke - land not built on, undeveloped real estate
Unbedenklichkeitsbescheinigung - certificate of nonobjection
unbedeutend - insignificant, negligible
unbeeinflußt - unbiased
unbefriedigend - unsatisfactory
unbefristet - perpetual, unlimited

unbegrenzt - indefinite, unlimited
unbegründete Entlassung - wrongful dismissal
unbequem - inconvenient
Unbequemlichkeit - inconvenience
unbereinigt - unadjusted
Unbescholtenheit - integrity
unbeschränkt - unlimited
unbeschränkt haftbar - absolutely liable
unbeschränkt haftender Gesellschafter - general partner, ordinary partner, partner with unlimited liability
unbeständig - volatile
Unbeständigkeit - volatility
unbestimmt - indefinite, intangible
unbetroffen - unaffected
unbewegliche Löhne - sticky wages
unbezahlt - nil paid, unpaid, unsettled
unbezahlte Werbebotschaft - plug
unbezahlter Urlaub - leave without pay
unbillige Härte - undue hardship
unbrauchbar - obsolete
Unbrauchbarkeit - obsolescence
Und-Verknüpfung - and-merge
Und-Verzweigung - and-branch
undatiert - dateless
undeutlich erscheinen - loom
undurchsichtiger Unternehmenskomplex - daisychain
unechte Arbeitslosigkeit - fictitious unemployment
unechter Bruch - improper fraction
Uneigennützigkeit - altruism
uneinbringbare Forderungen - bad debts, uncollectibles
uneingeschränkt - without restrictions
uneingeschränkter Handel - unhampered trade
uneingeschränkter Wettbewerb - unbridled competition, unfettered competition
uneingeschränktes Akzept - general acceptance, unconditional acceptance
unelastisch - inelastic, rigid
unelastische Nachfrage - inelasticity of demand
unelastischer Markt - inelasticity of a market
unelastisches Arbeitsangebot - inelastic labor supply
unempfindlich - insensitive

unendlich - infinite
unendliche Anzahl - infinite number
unendliche Grundgesamtheit - infinite population
unendliches Spiel - infinite game
unentgeltliche Einfuhren - imports free of payment
unentgeltliche Übertragung - gratuitous transfer
unerlaubt - illegal
unerlaubte Gewinne - sordid gains
unerlaubte Werbung - illicit advertising
unerledigter Auftrag - outstanding order
unerschlossene Grundstücke - raw land, undeveloped land
unerwartet - unforeseen
unerwartete Inflation - unanticipated inflation
unerwartete Risiken - unexperienced risks
unerwarteter Gewinn - velvet, windfall profit
unfähig - inapt, unable
Unfähigkeit - inability, inefficiency, inaptitude
unfallgeneigt - accident prone
Unfallhäufigkeitsziffer - accident rate
Unfallneigung - accident proneness
Unfallrente - accident benefit
unfaßbar - intangible
unfertige Erzeugnisse - work in process, in-process items
unfrei - postage not prepaid
unfreiwillige Abgänge - involuntary quits
unfreiwilliger Lagerabbau - involuntary inventory reduction
ungeachtet - albeit, despised
ungebildet - illiterate
ungebunden - uncommitted
ungebundenes Kapital - untied capital
ungedeckter Geldumlauf - fiduciary circulation
ungedeckter Scheck - bad check, uncovered check
ungeeignet - unsuitable, unqualified
ungeheuer - tremendous
ungehinderter Marktzutritt - freedom of entry
ungelernt - unskilled
ungelernter Arbeiter - unskilled worker
Ungenauigkeit - inaccuracy

ungenügend besetzt - undermanned
ungenügende Auswertung /Nutzung - underutilization
ungeplante Desinvestition - unintended disinvestment
ungeplanter Gewinn - windfall profit
ungeplantes Entsparen - unintended dissaving
ungerade - odd
ungerechtfertigte Kündigung - unfair dismissal
ungeregelter Freiverkehr - outside market
ungesättigt - under-exploited, unsaturated
ungeschützt - exposed
ungesetzlich - illegal
ungesichert - unhedged
ungesicherte Schuldverschreibung - debenture bond, naked debenture
ungewisse Sache - toss-up
Ungewißheitsgrad - degree /state of ignorance
ungewünschte Lagerhaltung - unintended inventory accumulation
ungezielte Kundenwerbung - cold canvassing
ungezügelte Inflation - wild inflation
Ungleichgewicht - disequilibrium
ungleichgewichtiger Markt - unstable market
ungleichgewichtiges Wachstum - unbalanced growth
Ungleichheit - inequality, disparity
Unglück - accident, calamity, disaster
ungültig - expired, void, cancelled
ungültig machen - invalidate, nullify, void
ungültiger Vertrag - naked contract
Ungültigkeit - invalidity, voidness
ungünstig - adverse, detrimental, disadvantageous
ungünstiger Angebotsschock - adverse supply shock
Unikat - unique copy
Universalbank - full-service bank, universal bank
Universalcomputer - all-purpose computer
Universitätsabsolvent - graduate
Universitätskanzler - vice chancellor
unklar - obscure

unkontrollierte Markenassoziation - uncontrolled brand association
unkontrollierte Stichprobe - haphazard sample
unkontrolliertes Stichprobenverfahren - accidental sampling, haphazard sampling
unkorreliert - uncorrelated
Unkostenaufteilung - burden adjustment
unkündbar - perpetual, uncallable
unlauter - dubious
unlauterer Handel - unfair trade
unlauterer Wettbewerb - unfair competition, mean competition
unlogisch - incoherent
unlösbar - unsolvable
unmittelbar - direct, instant
unmittelbare Folge - proximate consequence
unmittelbarer Arbeitsaufwand - direct labor
unmittelbarer Bestimmungsgrund - proximate determinant
unmittelbares Ziel - ultimate goal
unmögliches Ereignis - impossible event
Unmöglichkeitstheorem - impossibility theorem
unmoralisch - vicious
unmündig - legally unable to hold rights
unnachgiebig - inflexible, relentless, unyielding
Unnachgiebigkeit - rigor
unpfändbar - judgement proof, void of seizable property
unproduktiv - idle
unproduktive Aktiva - dead assets
Unregelmäßigkeit - irregularity, inequality
Unrichtigkeit - inaccuracy
Unruhe - turmoil
unsicher - precarious, uncertain
Unsicherheit - uncertainty
Unsicherheitsproblem - uncertainty problem
unsichtbare Einkünfte/Erträge - invisible earnings, invisibles
unsichtbare Hand - invisible hand
unsichtbarer Handel /Handelsverkehr - invisible trade
unstetig - unsteady, discontinuous
Unstimmigkeit - disagreement, discrepancy

untätig - passive
untauglich - insufficient, unsuitable
unteilbar - indivisible
Unteilbarkeit von Gütern - indivisibility of goods, jointness of goods
unten erwähnt - undermentioned
unter dem Strich - below the line
unter Druck - under pressure
Unterabschreibung - underdepreciation
unterbeschäftigt - underutilized
Unterbeschäftigung - working below capacity, underemployment
unterbesetzt - undermanned, understaffed
Unterbevölkerung - underpopulation
unterbewerten - understate, undervalue
unterbewertete Währung - undervalued currency
unterbieten - underbid, undersell
unterbrechen - intercept, discontinue, suspend, interrupt
Unterbrechung - disruption, interruption
unterbreiten - submit
unterentwickelter Wirtschaftszweig - infant industry
unterentwickeltes Land - underdeveloped country
Unterentwicklung - underdevelopment
unterer Preis - lower price
Unterernährung - malnutrition, undernourishment
Untergang - ruin
Untergebener - subordinate
untergraben - undermine
unterhalb - underneath
unterhaltende Informationsvermittlung - infotainment
Unterhaltungsindustrie - entertainment industry
unterhandeln - mediate, negotiate
Unterhändler - mediator, negotiator
Unterkapazität - undercapacity
Unterklasse - sub-type
Unterkonsumptionstheorie - underconsumption theory
Unterkonto - auxiliary account
Unterkunft - accommodation
Unterlagen - data, documents, records
unterlassen - eschew, neglect, omit
Unterlassung - failure, omission
Unterlassungsklage - action for injunction

Unterlegenheit - inferiority
unterliegend - subject to
Untermieter - subtenant
Unternachfrage - underdemand
unternehmen - undertake
Unternehmen - business, company, enterprise, venture
Unternehmen der öffentlichen Hand - publicly owned undertakings
Unternehmen hochpäppeln - nurse a business
Unternehmen mit Gewerkschaftszwang - closed shop
unternehmend - enterprising
Unternehmensaufkauf durch Angestellte - employee buy-out
Unternehmensberater - management adviser
Unternehmensbericht - company comment
Unternehmensbewertung - valuation of a company as a whole
Unternehmensergebnis - overall company result
Unternehmensfinanzierung - business finance
Unternehmensgröße - plant size, scale of plant
Unternehmenshai - raider
Unternehmensidentität - corporate identity
Unternehmensimage - corporate image
unternehmensinterne Versetzung - internal transfer
Unternehmenskonzentration - corporate concentration
Unternehmenskultur - corporate culture, corporate identity
Unternehmensleiter - manager
Unternehmensleitung - top management, top brass
Unternehmensmodell - corporate model
Unternehmensplan - corporate plan
Unternehmensplanung - business planning
Unternehmenspolitik - corporate policy
Unternehmenssitz - place of business
Unternehmenssteuer - corporate tax
Unternehmensstrategie - corporate strategy

Unternehmensumwelt

Unternehmensumwelt - corporate ecosystem / environment
Unternehmensverbindungen - interlocking relationship
Unternehmenszentrale - headquarters
Unternehmensziel - corporate goal, corporate objective
Unternehmenszusammenschluß - combine, merger
Unternehmer - businessman, industrialist, entrepreneur
Unternehmergeist - entrepreneurial spirit
unternehmerisch - entrepreneurial, managerial
Unternehmerkredit - contractor loan
Unternehmerlohn - entrepreneurial / proprietor's income
Unternehmerrisiko - entrepreneurial risk
Unternehmung - undertaking, corporation
unterordnen - subordinate
Unterorganisation - sub-/ underorganization
unterqualifiziert - underqualified
Unterricht - tuition
unterrichten - teach
Unterrichtsstoff - educational content
untersagen - forbid
unterschätzen - underestimate
unterscheiden - discern, distinguish, discriminate
Unterscheidung - distinction
Unterscheidungsmerkmal - distinctive feature
Unterschied - difference, distinction, disparity
unterschlagen - defraud, embezzle
Unterschlagung - embezzlement, misapplication
Unterschlagung öffentlicher Gelder - misuse of public funds
Unterschlagungsversicherung - fidelity insurance
Unterschrift - signature
unterstellen - assume
unterstellte Kündigung - constructive dismissal
Unterstellung - assumption, subordination
unterstützen - back, bolster up, encourage, support

Unterstützung - backing, encouragement, relief
Unterstützungsberechtigung - eligibility for relief
Unterstützungszahlungen - grants, benefit payments
untersuchen - examine, investigate, inspect
Untersuchung - examination, inspection, investigation, hearing
Untersuchung der Werbewirksamkeit - impact study
Untersuchungsausschuß - board of inquiry, committee of investigation, tribunal
Untersuchungseinheit - elementary unit
Untersuchungsgegenstand - area under investigation
Untersuchungsgericht - court of inquiry
Untersystem - subsystem
Untertauchen - submersion
Untertitel - subtitle
unterversorgen - understock
unterwegs - forthcoming, in transit, underway
unterweisen - instruct, train
unterwertige Münze - base coin
unterzeichnen - subscribe
Unterzeichner - subscriber
unumstößliche Garantie - cast iron guaranty
ununterbrochen - continuous
unveränderlich - invariable
unverändert bleiben - remain stationary
unverbindlich - without obligation, non binding
unverbindlich offerieren - offer without engagement
unverbindliche Preisempfehlung - nonbinding price recommendation
unverbleit - unleaded
Unvereinbarkeit - disparity
Unverfallbarkeit - nonforfeitability
Unverfälschtheit - genuineness
unverhältnismäßig - disproportionate, unreasonable
unverkäuflich - unsaleable, non-saleable
unvermeidlich - inevitable, unavoidable
Unvermeidlichkeit - inevitability
unvermietet - tenantless
Unvermögen - inability

unvernünftig - unreasonable
unversicherbares Risiko - prohibited risk
unverständlich - obscure
unversteuert - untaxed, no tax paid
unverteilter Reingewinn - earned surplus
Unverträglichkeit von Zielen - inconsistency of goals
unverzinslich - non-interest-bearing
unverzollt - no duty paid, uncleared
unverzollte Waren - uncleared goods, uncustomed goods
unverzollter Wert - bonded value
unverzüglich - instantaneous, prompt
unvollkommen - imperfect, defective
unvollkommene Verbindlichkeiten - imperfect obligations
unvollkommener Markt - imperfect market
unvollkommener Wettbewerb - imperfect competition
unvollkommenes Recht - imperfect right
Unvollkommenheit - imperfection
unvollständig - incomplete
unvollständige Information - imperfect information
unvollständige Konkurrenz - imperfect competiton
unvorhersehbar - unforeseeable
unwesentliche Beteiligung - immaterial holding
unwiderruflich - irreversible, irrevocable
unwiderrufliches Abkommen - binding agreement
unwiderrufliches Akkreditiv - irrevocable letter of credit
unwillig - unwilling, reluctant
unwirksam - ineffective
unwirtschaftlich - inefficient, uncommercial
Unwirtschaftlichkeit - diseconomies
unzulänglich - deficient, inadequate, insufficient
Unzulänglichkeit - deficiency, inadequacy, insufficiency
unzulässig - undue

unzulässige Beeinflussung - undue influence
unzulässiger Befehl - illegal instruction
unzumutbare Beschäftigung - unacceptable employment
unzureichend - inadequate, unsatisfactory
unzureichend kapitalisiert - undercapitalized, underfunded
unzustellbar - undeliverable
unzuverlässig - unreliable
Unzuverlässigkeit - unreliability
Urabstimmung - ballot vote, strike ballot
Urheber - initiator, originator
Urheberschaft - paternity
Urkunde - deed, certificate, document
urkundlich belegen - document
Urkundsbeamter - registrar
Urlaub - vacation, leave, holiday
Urlaubsgeld - vacation pay
Urlaubsplan - leave schedule
Urlaubsüberschreitung - leave breaking
Urmaterial - primary data
Urne - urn
Ursache - cause
Ursache-Wirkungs-Analyse - cause and effect analysis
Ursachen des Wachstums - sources of growth
Ursachenanalyse - analysis of causes
ursächlich - causal
Ursächlichkeit - causality
Ursprung - source, origin
ursprünglich - original
ursprüngliche Anschaffungskosten - historical cost
ursprünglicher Kapitaleinsatz - initial investment
Ursprungsangabe - statement of origin
Ursprungsbezeichnung - identification of origin
Ursprungsland - country of origin
Ursprungszeugnis - certificate of origin
Urteil - award, judgement
utilitaristisch - utilitarian

V

Vakanz - vacancy
Validität - validity
Valuta - currency, loan proceeds
Valuta-Exporttratte - export draft in foreign currency
Valutageschäft - foreign currency transaction
Valutarisiko - venture of exchange
Valutaschwankung - fluctuation in exchange
Valutatag - value date
Valutatrassierungskredit - foreign currency acceptance credit
variabel - variable
variabel verzinsliche Anleihe - floating rate bond /note
Variable - variable
variable Abgabe - variable levy
variable Durchschnittskosten - average variable costs
variable Kosten - variable expense, variable cost, variable charges
variabler Handel - variable-price trading
variabler Kurs - variable rate
variabler Zins - floating rate
Variante - variant, alternative
Varianz - variance
Varianzanalyse - variance analysis
Varianzfunktion - variance function
variieren - vary, diversify
verabreden - conspire, arrange, appoint
verallgemeinern - generalize
Verallgemeinerung - generalization
veraltet - obsolete
veränderlich - fluctuating, variable
verändern - alter
Veränderung - alteration, change, modification
veranlagen - assess
veranlagte Einkommensteuer - assessed income tax
Veranlagungsbescheid - tax assessment notice
Veranlagungsgrundlage - basis of assessment
Veranlagungsjahr - year of assessment
Veranlagungsreserve - tax reserve
veranlassen - induce, cause

veranschaulichen - illustrate, visualize
veranschlagen - estimate, rate
Veranschlagung - estimation
Veranstalter - promoter, organizer, manager
verantwortlich - accountable, responsible
verantwortlicher Außenprüfer - accountant in charge
Verantwortlichkeit / Verantwortung - accountability, responsibility
Verantwortung - responsibility
Verantwortungsbereich - area of responsibility
verarbeitende Industrie - processing industry, manufacturing industry
Verarbeitung - processing
Verarmung - impoverishment
Veräußerer - vendor
veräußerlich - negotiable, saleable
veräußern - alienate, dispose of, sell, transfer
Veräußerung - alienation, disposal, realization
Veräußerung von Beteiligungen - sale of shareholdings
Veräußerungsgenehmigung - sales permit
Veräußerungsgewinn - gain on disposal
Veräußerungsverbot - sales prohibition
Veräußerungswert - realizable value
verbale Bewertung - verbal evaluation
Verband - association, organization
verbergen - conceal
verbessern - ameliorate, improve, upgrade
Verbesserung - advance, improvement, betterment
Verbesserungsinvestition - capital deepening, deepening investment
verbieten - forbid
verbilligtes Nachttelegramm - night letter
verbinden - combine, connect, associate
verbindlich - binding, obliging
verbindliche Zusage - definite undertaking
Verbindlichkeit - account payable, commitment, liability, negative asset, obligation
Verbindlichkeit ausgleichen - discharge a liability

Verbindlichkeit begleichen - honor a debt, honor a liability
Verbindung - attachment, connection, conjunction, contact
Verbindungseffekt - linkage effect
verblüffend - staggering
verborgener Mangel - hidden defect
verboten - illicit
Verbotsprinzip - rule of per se illegality
Verbrauch - consumption, expenditure, exhaustion
verbrauchen - clean out, consume, waste
Verbraucher - consumer
Verbraucheranteil - consumer share
Verbraucherbefragung - consumer inquiry, consumer survey
Verbraucherbefriedigung - consumer satisfaction
Verbraucherberatung - consumer counseling, consumer association, consumer advisory service
Verbrauchereinheit - spending unit
Verbrauchereinkommen - consumer income
Verbrauchererziehung - consumer education
Verbraucherforschung - consumer research
Verbrauchergewohnheiten - consumer habits
Verbraucherinformation - consumer information
Verbraucherinteresse - consumer interest
Verbrauchermarkt - consumer market
Verbrauchermotiv - consumer motive
Verbrauchernachfrage - consumer demand
Verbraucherpolitik - consumer policy
Verbraucherpreis - retail price, consumer price
Verbraucherrisiko - consumer's risk
Verbraucherschicht - class of consumers
Verbraucherschutz - consumer protection
Verbraucherschutzorganisation - consumer protection organization
Verbraucherschutzrecht - consumer legislation
Verbrauchertestgruppe - consumer panel
Verbraucherwerbung - consumer advertising

Verbraucherwunsch - consumer desire
Verbrauchsabgabe - excise tax, customs duty
Verbrauchsabweichung - budget variance, expense variance
Verbrauchsanalyse - budget analysis
verbrauchsbedingte Abschreibung - production method of depreciation
Verbrauchsfunktion - consumption function
verbrauchsgebunden - usage-based
Verbrauchsgewohnheit - consuming habit
Verbrauchsgut - consumer goods, nondurable goods, perishable commodity
Verbrauchskapital - consumption capital
Verbrauchskauf - consumer purchase
Verbrauchsmenge - consumed quantity
Verbrauchsnachfrage - consumption demand
Verbrauchsort - place of consumption, place of final use
Verbrauchsrückgang - decrease in consumption
Verbrauchssteuer - consumer tax, excise duty
Verbrauchsstruktur - pattern of consumption
Verbrauchswert - consumption value
verbreitern - widen
Verbreitung - dissemination, dispersion, distribution, circulation, spread
Verbreitungsgebiet - circulation area, covered sector
Verbreitungsmechanismus - propagation mechanism
Verbrennung - combustion, burning, incineration
verbrieftes Recht - chartered right
verbuchen - book, register, enter
Verbundanalyse - conjoint analysis
verbunden - conjoint
verbundene Lebensversicherung - joint insurance
verbundene Unternehmen - related enterprises, associated undertaking
verbundener Graph - linked graph
Verbundgeschäft - linked deal
Verbundmessung - conjoint measurement
Verbundwerbung - association advertising

verdeckte Arbeitslosigkeit - camouflaged unemployment
verdeckte Inflation - camouflaged inflation
verdeckter Bedarf - latent demand
Verderb - decay, deterioration, spoilage
verderben - decay, deteriorate
verdienen - earn, gain
Verdienst - earnings, merit, profit, wage
Verdienstausfall - loss of earnings
verdiente Abschreibungen - realized depreciation
verdorbene Ware - spoilt goods
Verdrängen von Wettbewerbern - squeezing
Verdrängung - displacement, superseding
Verdrängungseffekt - crowding-out effect
Verdrängungswettbewerb - crowding-out competition, exclusionary conduct, predatory pricing competition
Veredelung - processing, refining
vereidigter Zeuge - deponent
vereinbar - compatible, consistent
vereinbaren - reconcile
Vereinbarkeit - compatibility, consistency
vereinbarter Preis - price agreed upon
vereinbartes Messen - measurement per fiat
Vereinbarung - understanding, accordance, settlement
Vereinbarung einer Konventionalstrafe - penal bond
Vereinbarung für den Transport - transport arrangement
vereinfacht - simplified
Vereinfachung - simplification
Vereinfachungsverfahren - simplification method
vereinheitlichen - standardize, unify
Vereinheitlichung - standardization, unification
vereinigen - aggregate, merge, pool
vereinigt - conjoint, aggregate, corporate
vereinigte Fachgewerkschaft - amalgamated craft union
Vereinigung - amalgamation, association, federation, merger, pool, unification
vereiteln - thwart, frustrate
Verelendung - impoverishment

Verelendungswachstum - immiserizing growth
Verfahren - procedure, proceedings, process of production
verfahrensorientierte Programmiersprache - procedure-oriented language
Verfahrenstechnik - process engineering
Verfall - decay, expiration, expiry
verfallen - decay, expire, forfeit
verfallene Mittel - lapsed funds
Verfallsklausel - acceleration clause
Verfallszeit - maturity, time of expiration
Verfalltag - due date, expiration day
verflechten - interlock
Verflechtung - interdependence, interlocking, network
Verflechtung mit vorgelagerten Sektoren - backward linkage
Verflechtungsbilanz - interlacing balance
Verflüssigung - liquidation
Verflüssigung von Vermögenswerten - liquidation of assets
verfolgen - follow, trace
Verfrachtung - charter
Verfremdungseffekt - estrangement effect
verfügbar - available, disposable, uninvested
verfügbare Mittel - available funds
verfügbares Einkommen - disposable income
verfügbares Geld - current funds
verfügbares persönliches Einkommen - disposable personal income
verfügbares Realeinkommen - real disposable income
Verfügbarkeit - availability
verfügen - dispose, direct
Verfügung - decree, disposition
Verfügungsermächtigung - drawing authorization
Verfügungsrecht - disposing capacity, drawing right, power of disposition
Vergabeverfahren - bidding procedure
vergebliche Pfändung - futile distraint
Vergehen - offence
vergelten - retaliate
Vergeltungsmaßnahme - retaliatory measure, retaliation
vergesellschaften - incorporate, socialize

vergeuden - trifle away, waste
vergiften - contaminate, poison
Vergleich - comparison, settlement
vergleichen - compare
vergleichend - comparative
vergleichende Studie - comparative study
vergleichende Werbung - comparative advertising
Vergleichsantrag - petition for reorganization
Vergleichskostenmethode - historical costing
Vergleichsrechnung - comparative cost accounting
Vergleichsverfahren - method of comparison, insolvency proceedings
Vergleichsvorschlag - scheme of arrangement, scheme of composition
Vergleichswert - value of comparison
Vergnügen - pleasure
Vergnügungssteuer - entertainment tax
vergrößern - amplify, enhance, enlarge, extend, increase
Vergrößerung - enlargement, extension, augmentation
Vergünstigung - concession, benefit
Vergünstigung für Mitarbeiter - employee benefit
vergüten - compensate, remunerate
Vergütung - remuneration, emolument, compensation, reward
Verhalten - behavior, demeanor, conduct
verhaltensabgestimmte Gruppe - concert party
Verhaltensforschung - behavior observation, ethology
Verhaltensmuster - behavior pattern
Verhaltenswissenschaft - behavioral science
Verhältnis - relationship, relation, ratio, proportion
Verhältnis Arbeiter zu Angestellten - labor mix
Verhältnis Forderungen zu Umsatz - debtors to sales ratio
Verhältnis Gewinn zu Dividende - earnings-dividend ratio
Verhältnis Gewinn zu Umsatz - sales-profit ratio
Verhältnis Reingewinn zu Nettoerlös - net profit ratio

Verhältnisgröße - ratio variable
verhältnismäßig - proportional, comparatively
verhandeln - negotiate, deal with
Verhandlung - negotiation, hearing, proceedings, argument, parley
Verhandlung abbrechen - break off the negotiation
Verhandlungsangebot - bargaining offer
Verhandlungsauftrag - negotiating mandate
Verhandlungsmacht - bargaining power
Verhandlungsmandat - authority to negotiate
Verhandlungsobjekt - bid for bartering
Verhandlungspartner - negotiating party
Verhandlungsposition - negotiating position
Verhandlungsrunde - round of negotiations
Verhandlungssache - matter of negotiation
Verhandlungsspielraum - bargaining room
Verhandlungsstärke - negotiating strength, bargaining power
Verhandlungsstruktur - bargaining structure
Verhandlungstag - juridical day, paper day
Verhandlungstechnik - negotiating technique
Verhandlungstisch - negotiating table
verheerend - disastrous, devastating
verheimlichen - conceal, hide
Verheimlichung - concealment
verhindern - hamper, prevent
Verhinderung - restraint, impediment
verifizieren - verify
verifizierte Tara - verified tare
verjährt - barred by limitations
verjährte Schuld - barred debt
Verjährung - statute of limitations, extinctive prescription, superannuation
Verjährungsfrist - statutory limitation
Verkauf an Ort und Stelle - sale on the spot
Verkauf auf Rechnung - sale on account
Verkauf beweglicher Sachen - sale of chattels
Verkauf fördern - promote sales

Verkauf im Wege der Versteigerung

Verkauf im Wege der Versteigerung - sale by auction
Verkauf mit Rückgaberecht - sale on return
Verkauf mit Verlust - slaughtering
Verkauf unter Eigentumsvorbehalt - bailment lease, conditional sale
Verkauf unter Wert - product loss
Verkauf von Grundbesitz - sale of real property
Verkauf wegen Geschäftsaufgabe - winding-up sale
Verkauf zu Wohltätigkeitszwecken - sale of work
Verkauf zur Probe - sale by sample
Verkauf zur sofortigen Lieferung - sale for prompt delivery
verkaufen - dispose, sell, vend
Verkäufer - salesclerk, salesperson, seller, shop assistant, vendor
Verkäuferin - sales girl, sales lady, saleswoman
Verkäufermarkt - seller's market
Verkäuferschulung - sales meeting
Verkäufervereinigung - sales club
verkäuflich - marketable, negotiable, salable, vendible, on offer
Verkäuflichkeit - saleableness
Verkaufs- und Kundendienstnetz - sales and service force
Verkaufsabschluß - conclusion of a sale, sales report
Verkaufsabteilung - sales department
Verkaufsagent - selling agent
Verkaufsagentur - distributing agency
Verkaufsaktion - sales campaign
Verkaufsaktivität - sales activity, sales measure
Verkaufsanreiz - selling appeal
Verkaufsanstrengung - sales effort, sales push
Verkaufsargument - sales argument, purchase proposition
Verkaufsaufschlag - sales markup
Verkaufsauftrag - order to sell, selling order
Verkaufsaufwand - selling expenditure
Verkaufsauslage - sales display
Verkaufsaussicht - sales outlook
Verkaufsautomat - slot machine, vending machine, vendor

Verkaufsbedingungen - conditions of sale, terms and conditions of sale, selling conditions
Verkaufsberater - sales consultant
Verkaufsbereitschaft - readiness to sell
Verkaufsbescheinigung - sales sheet
Verkaufsbudget - sales budget
Verkaufsdatenerfassung - sales data capturing
Verkaufsdelegation - sales mission
Verkaufsdirektor - sales director
Verkaufserfahrung - sales experience
Verkaufserfolg der Werbung - sales impact
Verkaufsergebnis /-erlös - sales revenue, sales profit, sales result
Verkaufsertrag - sales returns
Verkaufserwartung - sales expectancy
verkaufsfähig - marketable
Verkaufsfeldzug - selling campaign
Verkaufsförderer - sales promoter
Verkaufsförderung - sales promotion
Verkaufsförderungsetat - sales promotion budget
Verkaufsförderungsmaßnahme - sales promotion measure
Verkaufsförderungsstrategie - promotional strategy
Verkaufsgemeinschaft - joint sales agency, sales group
Verkaufsgespräch - sales talk
Verkaufsgremium - selling center
Verkaufsgrundlage - sales base
Verkaufsjahr - sales year
Verkaufskampagne - sales campaign /drive
Verkaufskonzeption - selling concept, sales concept
Verkaufskunst - salesmanship
Verkaufsleiter - sales executive, sales manager, sales supervisor
Verkaufslücke - sales lag
Verkaufsmethode - sales approach, sales method
Verkaufsniederlassung - sales branch
Verkaufsofferte - sales offer
Verkaufsoption - put, selling option
Verkaufsorganisation - selling organization
Verkaufspersonal - sales force
Verkaufsplus - sales plus

Verkaufspreis - sales price, offer price, selling price
Verkaufspreisniveau - selling price level
Verkaufsprospekt - sales literature
Verkaufsprovision - sales commission
Verkaufspsychologie - sales psychology
Verkaufspunkt /-ort - point of sale
Verkaufsrabatt - sales discount
Verkaufsrechnung - sales invoice
Verkaufsrundreise - journey cycle
Verkaufsschlager - bestseller
Verkaufsschulung - sales training
Verkaufsschwierigkeiten - sales difficulties
Verkaufsspesen - sales load, selling expenses
Verkaufsstab - sales force
Verkaufsstelle - retail outlet, sales agency
Verkaufsstornierung - sales cancellation
Verkaufsstrategie - sales approach
Verkaufstätigkeit - sales performance / activity
Verkaufsunterlagen - sales records
Verkaufsunterstützung - sales aid
Verkaufsverbot - sales ban
Verkaufsverpackung - sales packaging
Verkaufsvolumen - sales volume
Verkaufsvorführung - sales demonstration
Verkaufswerbung - sales promotion, consumer advertising
Verkaufswettbewerb - sales contest
Verkehr - traffic, transport
verkehren - associate with
Verkehrsnetz/-system - communications system, transportation network
Verkehrssitte - general usage
Verkehrswert - sales value
Verknappung - scarcity, shortage
verkünden - announce, manifest
Verladehafen - port of loading
Verladeschein - shipping note
Verladung - embarkation, loading
Verlängerung - extension
Verlängerungsklausel - evergreen clause
Verlängerungsvereinbarung - extension agreement
verlangsamen - decelerate
Verlaß - reliance
verläßlich - reliable, calculable
Verläßlichkeit - reliability, dependability

Verlauf - behavior, course
Verlaufsrichtung - trend
Verlaufsziel - year-on-year target
Verlautbarung - press release, proclamation
verlegen - edit, publish
Verleger - publisher
verleihbar - loanable
verleihen - lend, loan, rent
Verleihung - award, grant, vesting, appointment
verletzen - violate, transgress, offend, damage
Verletzung - infringement, violation
verleumden - vilify
Verleumdung - defamation, slander
verlieren - forfeit, lose
Verlogenheit - mendacity
Verlust - forfeit, leakage, loss, deficit
Verlust ausgleichen - recoup a loss
Verlust erleiden - incur a loss, sustain a loss
Verlustantizipation - loss anticipation
Verlustbeteiligung - sharing a loss
Verlustfunktion - loss function
Verlustgeschäft - lose-maker, losing bargain
Verlustsendung - miscarriage of goods
Verlustspanne - deficit margin
Verlustübernahmevertrag - loss-sharing agreement
Verlustumschichtung - redistribution of losses
Verlustvortrag - accumulated losses brought forward, loss carryover
Verlustzeit - idle time
Verlustzone - losses wedge
Vermächtnisnehmer - devisee
Vermarktung von Persönlichkeiten - marketing of celebrities
vermehrender Pfad - augmenting path
vermeiden - avoid, prevent
Vermeidung - aversion, avoidance
Vermerk - endorsement, notice
Vermessung - measurement, survey
vermieten - let
Vermieter - landlord, lesser
vermindern - diminish, impair, run down
Verminderung - diminution, reduction
vermitteln - deal, intervene, mediate
Vermittler - intermediary

Vermittlung

Vermittlung - exchange, intervention
Vermittlungsbemühung - placement effort
Vermittlungsgebühr - service charge
Vermögen - wealth, assets, estate
Vermögensabgabe - capital levy
Vermögensanlage - investment, bearing asset, trade investment
Vermögensanteil - equity, share in property
Vermögensaufstellung - financial statement, schedule of property
Vermögensbilanz - property balance
Vermögensbildung - capital formation, wealth formation
Vermögenseinbuße - damnum datum, loss of property
Vermögensendbewertung - final asset value method
Vermögensertrag - yield on assets employed
Vermögensgegenstand - asset, item of property
vermögensgestützt - asset-backed
Vermögenslage - financial situation, net worth position, financial condition
Vermögensnachweis - fund statement, property qualification
Vermögensrecht - proprietary right
Vermögensschaden - property tort
Vermögenssperre - blocking of property
Vermögenssteuer - capital stock tax, wealth tax, net worth tax, property tax
Vermögenssteuerdurchführungsverordnung - ordinance regulating the net worth tax law
Vermögenssteuererklärung - net worth tax return
Vermögenssteuergesetz - net worth tax law
Vermögenssteuerpflicht - liability to pay net worth tax
Vermögensstruktur - assets and liabilities structure, property structure
Vermögenssubstanz - total estate, total assets
Vermögensübertragung - asset transfer
Vermögensumschichtung - redeployment of assets
Vermögensumverteilung - redistribution of wealth

Vermögensverhältnisse - financial circumstances
Vermögensverwalter - portfolio manager, trustee
Vermögenswert - asset, financial worth, property value
Vermögenswerte der Bank - bank assets
Vermögenswertzusammensetzung - asset-mix
vermögenswirksame Ausgaben - asset-creating expenditure
Vermutung - impression, presumption, guess
Vernebelungseffekt - conspicuous-consumption effect
Verneinung - negation
vernetzte Märkte - tightly knit markets
vernichten - wipe out, destruct
vernichtende Kritik - slashing criticism
Vernichtung - extinction, annulment
vernünftig - reasonable, sensible
veröffentlichen - publish
Verordnung - decree, direction, ordinance
Verpächter - landlord, lesser
Verpachtung - lease, farming out
verpacken - box, wrap up, pack
Verpackung - package, packaging
Verpackung inbegriffen - packing inclusive
Verpackung nicht inbegriffen - not including packing
Verpackungsabteilung - boxing department, packing department
Verpackungsanweisung - packing instruction
Verpackungsart - mode of packing
Verpackungsmaterial - packaging material
Verpackungsvorschrift - packaging regulation / direction
verpfändbar - pledgeable
verpfänden - bond, pawn, pledge
Verpfändung - pawn, hypothecation
verpflichten - commit, oblige
verpflichtend - binding
verpflichtet - under a duty
Verpflichtung - commitment, duty, obligation
Verpflichtung eingehen - contract debts, enter into an obligation

Verpflichtung erfüllen - honor an obligation
Verpflichtung nachkommen - discharge a liability
Verpflichtungsermächtigung - commitment authorization
verrechnete Gemeinkosten - absorbed overhead
verrechnete Kosten - allocated cost, applied cost
Verrechnungsabkommen - clearing agreement
Verrechnungsbank - clearing bank
Verrechnungskonto - offset account, clearing account
Verrechnungspreis - internal price
Verrechnungsrate - clearing rate
Verrechnungsscheck - crossed check, voucher check
Verrechnungsvereinbarung - offset agreement
Verrechnungsverfahren - clearing procedure
Verrechnungsverkehr - clearing system
Verrichtung - action, execution, performance
verringern - diminish, reduce, decrease
Verringerung - debasement, reduction
Versager - flop, lame duck
versammeln - convene
Versammlung - assembly
Versammlung einberufen - convene an assembly
Versand - delivery, dispatch, transport
Versandabteilung - dispatch department, shipping department, packery
Versandanweisung - instruction for dispatch, forwarding instruction
Versandanzeige - advice of dispatch
Versandauftrag - dispatch order
Versandbehälter - container
Versandgeschäftsartikel - package goods
Versandhaus - mail-order house
Versandkosten - forwarding charges
Versandmeldung - notice of shipment
Versandtasche - envelope
Versandwerbung - package advertising
Versandwert - value of shipment
Versäumnis - failure, neglect, miss
verschärfen - aggravate, exacerbate, tighten, intensify

verschärfte Prüfung - tightened inspection
Verschärfung - exacerbation, tightening
verschieben - shift, postpone
Verschiebung - postponement, shift
Verschiebung der Einkommensverteilung - distributional shift
Verschiebung der Nachfrage - shift in demand
Verschiebung des Angebots - shift in supply
Verschiedenes - miscellaneous items, miscellanies, sundries
verschiffen - ship
verschlechtern - impair, decline, deteriorate
Verschlechterung - decline, deterioration
Verschleiß - wear and tear
verschlimmern - exacerbate
Verschlüsselung - coding
verschmutzen - contaminate, pollute
Verschmutzung - pollution, contamination
Verschmutzungsvermeidung - pollution abatement
verschrotten - scrap
Verschulden - default, fault
verschulden - encumber with debts
Verschuldensneigung - propensity to incur debts
verschuldet - encumbered, debt-strapped
Verschuldung - debt assumption, indebtedness, contraction / level of debts
Verschuldungsbereitschaft - propensity to take up credits
Verschuldungsgrad - debt-equity ratio, gearing, leverage, ratio of debt to net worth
Verschuldungsgrenze - debt ceiling, debt limit
Verschuldungsspielraum - debt margin
verschweigen - conceal
verschwenden - waste
verschwenderisch - thriftless, lavish
Verschwendung - profusion, waste, extravagance, thriftness
Verschwendungssucht - profligacy
verschwinden - diminish
Verschwinden von Berufen - job dislocation

Versehen

Versehen - error, mistake, negligence
versehentlich - inadvertently, in error
versenden - post, transport, dispatch, forward
Versendungsverkauf - sales shipment
verseuchen - contaminate
Verseuchung - contamination, contagion
versicherbar - insurable
versicherbares Risiko - insurable risk
Versicherer - underwriter, insurer, assurer
versichern - insure, underwrite, assure
Versicherung - insurance, assurance
Versicherung abschließen - take out an insurance
Versicherung mit Gewinnbeteiligung - with-profits policy
Versicherung mit langer Vertragsdauer - long-term policy
Versicherung übernehmen - underwrite, write insurance
Versicherungsagent /-vertreter - underwriting agent, insurance broker
Versicherungsaktie - insurance stock
Versicherungsaufsichtsbehörde - supervising authority for insurances
Versicherungsbegrenzung - exclusion
Versicherungsberater - claim adjuster
Versicherungsberechtigter - beneficiary of insurance
Versicherungsdauer - policy-life
versicherungsfähig - insurable
Versicherungsfähigkeit - insurability
Versicherungsgesellschaft - insurance company
Versicherungsgewerbe - insurance industry
Versicherungsleistung - insurance benefit
Versicherungsmathematik - actuarial science
Versicherungsnehmer - policy holder
Versicherungspolice - insurance policy
Versicherungsprämie - insurance premium
Versicherungsschein - insurance certificate
Versicherungsschutz - insurance cover / coverage
versicherungsstatistisch - actuarial
Versicherungssteuer - insurance tax
Versicherungssumme - insured value

Versicherungssumme auszahlen lassen - cash the policy
Versicherungsunternehmen - insurance company
Versicherungsvertrag - coverage contract
Versicherungswert - value insured
versiegeln - seal
Version - version
Versorger - supplier
Versorgung - supply, provision
Versorgungsengpaß - supply bottleneck
Versorgungsgrad - level of satisfaction, level of utility
Versorgungslage - supply situation
Verspätung - delay
versperren - obstruct, jam
verstaatlichen - nationalize
Verstaatlichung - nationalization
verstädtern - urbanize
Verstädterung - urbanization
verständlich - comprehensible
Verständnis - comprehension, understanding
verstärken - reinforce, fortify, intensify
Versteck - hiding place
versteckte Arbeitslosigkeit - disguised unemployment, fictitious unemployment, hidden unemployment
versteckte Aufwertung - shadow revaluation
versteckte Fähigkeit - hidden talent
versteckte Reserve - hidden reserve
versteckte Subvention - hidden subsidy
versteckter Streik - camouflaged strike
Versteifung des Geldmarktes - tightening of the money market
Versteigerer - auctioneer
versteigern - auction
Versteigerung - auction
verstopfen - congest
Verstoß gegen die Geschäftsordnung - breach of order
verstricken - involve, embroil
Versuch - attempt, test, trial, experiment
Versuch und Irrtum - trial and error
versuchen - seek, endeavor, try
Versuchsanordnung - experimental design
Versuchsergebnis - test result
Versuchsfehler - experimental error
Versuchsfeld/-gebiet - testing ground

Versuchsmodell - prototype
Verteidigungsausgaben - defense expenditure
verteilbar - distributable
verteilen - allocate, distribute, deal out
Verteiler - distributor
Verteilergewerbe - distributive trade
Verteilerlager - distribution depot
Verteilernetz - distribution network
Verteilung - distribution, disposition, allocation, apportionment
Verteilungsfunktion - distribution function
Verteilungsgewicht - distributional weight
Verteilungskampf - distributive battle
Verteilungskette - chain of distribution
Verteilungsmethode - method of allocation
Verteilungsprogrammierung - distribution programming
Verteilungsquote - distributive share
Verteilungsschlüssel - allocation base, allocation formula
Verteilungsspielraum - distributive margin, scope for income redistribution
Verteilungstheorie - theory of distribution
verteilungsunabhängige Verfahren - nonparametric methods
Verteilungsverschiebung - distributional shift
Verteilungswirkung - distributional effect, distributional consequence
Verteilungszentrum - distribution center
vertikal - vertical
vertikale Finanzierungsregeln - vertical rules for structuring debt capital
vertikale Konkurrenz - vertical competition
vertikale Preisbindung - vertical price fixing
vertikaler Achsenabschnitt - vertical intercept
vertikaler Ausgleich - vertical balance
vertikaler Zusammenschluß - vertical merger, vertical combination
Vertikalkonzern - vertical group
Vertrag - treaty, contract, agreement
Vertrag abschließen - conclude a contract, conclude an agreement
Vertrag erfüllen - perform a contract
Vertrag ohne Abschlußgebühr - no-load contract
vertraglich - contractual
vertragliche Vereinbarung - contractual agreement
Vertragsablauf - expiration of contract
Vertragsabschluß - conclusion of an agreement, formation of a contract
Vertragsannahme - acceptance of contractual offer
Vertragsarbeiter - contract worker
Vertragsbedingungen - contractual terms
Vertragsbruch - breach of contract
Vertragsbruch begehen - break a contract
Vertragsfähigkeit - capability to contract
vertragsgemäß - contractual, conventional, as agreed upon
Vertragsgrundlage - basis of agreement
Vertragshafen - treaty port
Vertragspartei - contracting party
Vertragspartner - signatory
Vertragsrecht - law of contracts
Vertragsrücktritt - cancellation of a contract
Vertragssparen - contractual saving
Vertragsstrafe - penal sum
Vertragsunterzeichnung - signing of a contract
Vertragsverpflichtung - contractual obligation
Vertragsvorbereitung - preapproach
vertragswidrig - violative of a contract
Vertragswidrigkeit - contravention to a treaty
Vertrauen - reliance, trust, confidence
Vertrauen der Verbraucher - consumer confidence
Vertrauensbereich - confidence region, confidence interval/belt
Vertrauensfrage - cabinet question
Vertrauensgrenze - confidence limit
Vertrauensmann - shop steward
Vertrauenswerbung - goodwill advertising
Vertrauenswürdigkeit - reliability
vertraulich - confidential
vertrauliche Mitteilung - privileged communication

vertraulicher Bericht - confidential report
vertreiben - distribute, sell, banish
Vertretbarkeit - justifiability, fungibility
vertreten - justify, represent
Vertreter - commercial traveller, representative, agent, sales representative, deputy
Vertreter mehrerer Firmen oder Produkte - joint agent
Vertreterbericht - call slip
Vertreterbesuch - salescall
Vertretung - representation, substitution, replacement, delegation
Vertretungsmacht - power of representation
Vertretungszwang - mandatory representation
Vertrieb - sales, distribution
Vertriebsapparat - sales organization
Vertriebsausschuß - sales committee
Vertriebsbeauftragter - sales representative
Vertriebseinrichtung - sales device
Vertriebsgemeinschaft - sales combine, sales syndicate
Vertriebsgesellschaft - sales association, sales company
Vertriebsinformationssystem - sales information system
Vertriebskanal - sales channel, trade channel
Vertriebskartell - sales cartel
Vertriebskennzahlen - distribution indices
Vertriebskosten - sales expenses, selling costs, distribution expenses
Vertriebskostenrechnung - distributive costing
Vertriebsleiter - circulation manager, marketing manager
Vertriebsmethode - distribution method
Vertriebsmittel - marketing tools
Vertriebsmonopol - sales monopoly
Vertriebsnetz - marketing network
Vertriebsorientierung - marketing orientation
Vertriebsstelle - sales outlet
Vertriebstochter - marketing subsidiary
Vertriebswagnis - accounts receivable risk

Vertriebszentrum - distributing center
verunglimpfen - demigrate, vilify
verunreinigen - contaminate
Verunreinigung - contamination
veruntreuen - embezzle
Veruntreuung - embezzlement, peculation
verursachen - cause
verursachende Variable - predictor variable
Verursacherprinzip - polluter-pays principle, principle of causation
Vervielfältiger - multiplier
verwahrende Bank - custodian bank
Verwahrungsbuch - custody ledger
Verwahrungsgebühr - custody fee
Verwahrungsgeschäft - custody transaction
Verwahrungslager - temporary store
Verwahrungsort - depository
verwalten - administer, manage
Verwalter - administrator, manager, keeper
Verwaltung - administration
Verwaltungsarbeit - administrative work
Verwaltungsaufgaben - administrative tasks
Verwaltungsbezirk - county, administrative unit, civil district
Verwaltungsdienst - civil service
Verwaltungsfachmann - administrator
Verwaltungsgebühr - service charge
Verwaltungsgemeinkosten - administrative overhead
Verwaltungsgesellschaft - management company
Verwaltungskosten - administration cost
verwaltungsmäßig - ministerial
Verwaltungsrat - board of directors
Verwaltungsrichtlinie - administrative regulation
Verwaltungsvereinfachung - simplification of administration
Verwaltungsverfahren - administrative procedure/practise
Verwandte - kinfolk, relatives
verwässertes Grundkapital - diluted capital
Verwässerung - dilution, watering down
Verwässerung des Aktienkapitals - dilution of equity

Verwechslung - mix-up, confusion
Verweildauer /-zeit - length of stay, job around time
verweisen - refer
verwendbares Eigenkapital - distributable equity capital
verwenden - utilize
Verwendung - use, disposal, utilization
Verwendung des Reingewinns - appropriation of net income
Verwendungsfähigkeit - employability, usability
Verwendungszwang - mixing and tying requirements
verwerfen - reject
verwerflich - vicious
Verwerfungsbereich - critical region
verwerten - exploit, utilize
Verwertung - exploitation, utilization
verwickeln - hamper, complicate, involve, knot
verwickelt - complex, complicated
Verwicklung - complication
verwirken - forfeit
verwirren - tangle up
verworren - complicated
Verwundbarkeit - vulnerability
Verwüstung - havoc, devastation
verzehren - consume
Verzeichnis - schedule, catalogue
Verzeichnis unsicherer Kunden - black book
verzerrende Besteuerung - distortionary taxation
verzerrt - biased, distorted
Verzerrung - bias, distortion
Verzicht - renunciation, waiver
verzichten - forgo, give up, release
verzinsen - yield / pay / bear interest
Verzinsung - rate of interest, return
verzögern - delay
verzögerte Anpassung - lagged adjustment
verzögerte Ausstoßvariable - lagged output term
Verzögerung - lag, delay, procrastination
Verzögerungsmultiplikator - delay multiplier
verzollbar - declarable
verzollt - duty paid
Verzollung - customs clearance

Verzollung am Bestimmungsort - bonded to destination
Verzollungsvorschrift - bonding requirement
Verzug - delay, default
Verzugskosten - demurrage
Verzugszinsen - late charge, penal interest, interest on defaulted payment
Verzweigung - ramification, branch
verzwickt - knotty
Veto - veto, negative
Vielfalt - versatility, variety, complexity
vielschichtige Verwaltungsmethoden - multilevel government
vielseitig - multilateral, versatile
vielversprechend - encouraging
vierfach - quadruplicate
Vierteljahresdividende - quarterly dividend
Vierteljahresprämie - quarterly premium
vinkulierte Namensaktie - registered share not freely transferable
Vinkulierung - restricted transferability of shares
Vision - vision
visionäres Management - management by vision
Visualisierung - visualization
Vitrine - display cabinet, display case
Vizedirektor - Vice President
Völkerrecht - international law
Volksbank - credit union, people's bank
Volkseinkommen - aggregate income, national income
Volkseinkommensrechnung - national income accounting
Volksentscheid - plebiscite, referendum
Volksgunst - bandwagon
Volkshochschule - adult evening classes
Volksvermögen - national wealth
Volkswirtschaft - (national) economy
volkswirtschaftliche Erträge - social returns
volkswirtschaftliche Gesamtanalyse - macroeconomic analysis
volkswirtschaftliche Gesamtgrößen - economy-wide totals
volkswirtschaftliche Gesamtrechnung - national income accounting, macroeconomic accounting
volkswirtschaftliche Kosten - social costs

volkswirtschaftliche Planung - economic planning
volkswirtschaftliche Sparquote - aggregate savings ratio
volkswirtschaftliche Vermögensbildung - aggregate wealth formation
volkswirtschaftliche Wertschöpfung - aggregate value added
volkswirtschaftlicher Kuchen - economic pie
Volkswirtschaftsgleichgewicht - balanced economy
Volkszählung - census of population
voll eingezahlte Aktie - fully paid share
voll finanziert - fully funded
Vollamortisationsvertrag - full payout leasing contract
Vollbeschäftigung - full employment, full time job
Vollbeschäftigungsproduktion /-output - potential gross national product
Vollbeschäftigungsrate - full employment rate
Vollbeschäftigungsüberschuß - full employment surplus
Vollbeschäftigungsziel - full employment goal
volle Ausnutzung der Betriebskapazität - full utilization of plant
volle Konvertierbarkeit - full convertibility
Volleindeckung - unqualified cover
Vollendung - completion
voller Verdrängungseffekt - full crowding out effect
volles Konnossement - full bill of lading
Vollindossament - full endorsement
Vollkaskoversicherung - full coverage insurance
vollkommen elastisch - perfectly elastic
vollkommen unelastisch - perfectly inelastic
vollkommene Information - complete /perfect information
vollkommene Konkurrenz - pure competition
vollkommener Markt - perfect market
vollkommener Wettbewerb - perfect competition
Vollkonsolidierung - full consolidation
Vollkosten - full cost

Vollkostenbasis - absorbed basis, full cost basis
Vollkostenprinzip - full cost principle
Vollkostenrechnung - absorption /full costing
Vollmacht - power of attorney, warrant
Vollmacht widerrufen - cancel a power of attorney, revocation of a warrant
Vollmachtsaktionär - proxy shareholder
Vollmachtsstimmrecht - proxy voting power
Vollmachtsurkunde - letter of authorization
vollständig ganzzahlige Matrix - all-integer matrix
vollständige Kapitalmobilität - perfect capital mobility
vollständige Konkurrenz - perfect competition
vollständige Markttransparenz - perfect market knowledge
Vollständigkeit - completeness
vollstreckbar - enforceable by execution
vollstreckbare Forderung - judgement debt
Vollstreckungsbefehl - judicial order for execution, writ
Vollstreckungsbehörde - law enforcement authority
Volumen - volume
Volumenverlust - loss in business volume
Volontär - volunteer, trainee
vor Fälligkeit - prior to maturity
vorab - ex ante
Vorabveröffentlichung - prior publication
vorangehen - precede
Voranmeldung - previous application, advance notice
Voranschlag - preliminary budget, calculation, estimate
Vorarbeiter - foreman
Vorausbewilligung - advance appropriation
vorausbezahlen - pay beforehand, prepay
vorausbezahlt - prepaid
vorausgesetzt - assumed
Voraussage /-schätzung - forecast, prediction
voraussagen - forecast, predict
voraussehen - anticipate

voraussetzen - assume
Voraussetzung - prerequisite, qualification, requirement
Voraussicht - foresight, anticipation
voraussichtlich - prospective
voraussichtlicher Ausfall - contingent loss
voraussichtlicher Bedarf - anticipated requirements
voraussichtlicher Ertrag - prospective yield
Vorausveranlagung - advance assessment
Vorauswahl - preselection
Vorauszahlung - advanced payment
Vorbedacht - foresight, prepense
Vorbedingung - prerequisite, precedent condition
vorbehaltlich - provided that, subject to
vorbestellen - order in advance, reserve
Vorbestellung - subscription, reservation
Vorbeugungsmittel - preservative
Vorbild - model, paragon
Vorbildung - educational background, qualification
vordatieren - antedate
vorderste Front - cutting edge
Vordiplom - intermediate examination
Vordruck - printed form
Voreingenommenheit - partiality
vorenthalten - withhold
Vorfall - occurrence, incidence
Vorfinanzierung - advance financing
vorführen - demonstrate, produce
Vorführung - demonstration, display, performance
Vorführwagen - demonstration car
Vorgabekosten - attainable standard cost, target cost
Vorgabeplanung - planning of standards
Vorgabewert - standard value
Vorgabezeit - allowed /standard time
Vorgänger - predecessor
Vorgangsintegration - integration of activities
vorgedruckte Mitteilung - printed notice
vorgefertigte Nahrungsmittel - pre-fabricated foodstuffs
vorgehen - procede, occur
Vorgehen - procedure, line of action, plan
Vorgehensmodell - action model

vorgerückt - advanced
vorgeschoben - ostensible
vorgesehen - provided, scheduled
Vorgesetztenbeurteilung - appraisal by subordinates
Vorgesetztenschulung - supervisory training
Vorgesetzter - superior, senior
Vorhaben - project, purpose, plan
vorherbestimmte Variable - predetermined variable
vorhergehend - preceding, previous
vorherrschen - prevail
vorherrschend - predominant, prevalent, prevailing, ruling
Vorhersagbarkeit - predictability
Vorhersage - forecast, prediction, prognosis, prognostication
Vorhersageintervall - forecast interval
vorhersagen - forecast, predict
Vorjahresergebnis - prior year results
Vorkalkulation - preliminary costing, estimate
Vorkaufsrecht - option, option of purchase, right of pre-emption
Vorkehrung - provision
Vorkommen - appearance, occurrence, incidence
Vorlage - pattern, submission, presentation
Vorläufer - precursor, outrival runner, forerunner
vorläufig - tentative, provisional, preliminary
Vorlaufkosten - preproduction cost
vorlegen - submit, file
Vorlesung - lecture
Vormachtstellung - supremacy, hegemony
Vormodell - pilot model
vornehmlich - primarily
Vorprüfung - preliminary examination
Vorrang - eminence, precedence, priority
vorrangige Hypothek - underlying mortgage
Vorrat - provision, reserve, store, supply, stock (in hand)
vorrätig - in stock, available
Vorratsabbau - destocking
Vorratsbestand - inventory
Vorratsbewertung - inventory valuation

Vorratsintensität - inventory intensity
Vorratslager - stock of provisions
Vorratslagerung - stock piling
Vorratsoptimierung - inventory optimization
Vorrecht - privilege
Vorrichtung - contrivance, device, mechanism
vorrücken - advance
Vorruhestandsregelung - early retirement scheme
Vorsaison - early season
vorsätzlich - willful
Vorschlag - proposal, suggestion
vorschlagen - propose, suggest
vorschreiben - prescribe
Vorschrift - directive, formula, instruction, regulation
Vorschriften beachten - keep the rules
Vorschubbefehl - feed instruction
Vorschuß - advance payment
Vorsicht - prudence, caution, care
vorsichtige Bewertung - conservative valuation
vorsichtiger Optimismus - guarded optimism
Vorsichtsmaßnahme - safeguard, precaution, precautionary measure
Vorsichtsmotiv - precautionary motive
Vorsichtsprinzip - principle of caution
Vorsitz - chairmanship, presidency
Vorsitzender - chairperson, chairman
Vorsorge - foresight, precaution
Vorsprung - edge, advance
Vorstand - board
Vorstandsbüro - office of the chief executive (OCE)
Vorstandsmitglied - member of the managing board
Vorstandssitzung - board meeting
Vorstandsvorsitzender - chairman of the board
Vorstellungsgespräch - interview
Vorsteuer - prior tax, input tax
Vorsteuerverfahren - prior turnover tax method
Vorstudie - pre-feasibility study, preliminary study, rough study
Vorteil - advantage, edge
Vorteil aufgeben - waive

Vorteile der Massenfertigung - economies of mass production
vorteilhaft - advantageous
Vortest - pretest
Vortrag - presentation
vortragen - carry forward
Vortrefflichkeit - excellence
Vortritt - precedence
vorübergehend - temporary, transitory
vorübergehend angestellt - in temporary employment
vorübergehend Arbeitslose - layoffs
vorübergehende Einfuhr - temporary importation
vorübergehende Entlassung - layoff
vorübergehende Kapitalanlage - temporary investment
Vorumsatz - prior turnover
Vorumsatzverfahren - prior turnover method
Voruntersuchung - pretest
Vorverpacken - prepackaging
Vorvertrag - letter of understanding, preliminary agreement
Vorwahlnummer - dialling code
vorwärtsbringen - advance
Vorwärtsintegration - forward integration
Vorwärtspfeil - forward arc
Vorwärtsrechnung - forward calculation
Vorwegnahme - anticipation
Vorzeichen - sign
vorzeitige Beendigung - premature termination
vorzeitige Fälligkeit - accelerated maturity
vorzeitige Kündigung - early call
vorzeitige Rückzahlung - advance redemption /repayment
vorzeitiger Rückkauf - repurchase prior to maturity
vorzeitiger Ruhestand - early retirement
vorzeitiges Kündigungsrecht - right to call a loan prior to maturity
vorzeitiges Veralten - obsolescence
Vorzug - merit, priority, preference
Vorzugsaktie - preference share /stock
Vorzugsaktionär - preference shareholder
Vorzugsangebot - preference / preferential offer
Vorzugsbedingung - preferential term

Vorzugsbehandlung - preferential arrangement
Vorzugsdividende - dividend on preferred stock, preference dividend
Vorzugskauf - preference purchase
Vorzugsobligation - priority bond
Vorzugspreis - special price
Vorzugsrabatt - preferential discount
Vorzugsrecht - prior right, right of priority
Vorzugssatz - preferential rate
Vorzugsstammaktie - preferred ordinary share
Vorzugszeichnungsrecht - preferential right of subscription
Vorzugszins - preferential interest rate
Vorzugszoll - preferential duty

W

wachsen - develop, expand, grow, increase
wachsende Wirtschaft - expansionary economy
wachsender Wettbewerb - growing competition
Wachstum - advancement, augmentation, growth, increase
Wachstum der Gesamtproduktivität - growth of total factor productivity
Wachstumsbuchhaltung - growth accounting
Wachstumsfähigkeit - growth potential
Wachstumsfonds - cumulative fund, no-dividend fund
Wachstumsgleichgewicht - steady state growth
Wachstumsgrenze - limits of growth
wachstumsorientiert - growth minded
Wachstumsphase - growth stage
Wachstumsphase des Produktlebenszyklus - growth stage of product life cycle
Wachstumspolitik - growth policy
Wachstumspotential - growth potential
Wachstumsprognose - forecast of growth
Wachstumsrate - growth rate, rate of growth
Wachstumsschranken - barriers to economic growth
wachstumsschwacher Wirtschaftszweig - flat-growth industry, stagnant industry
Wachstumsstadium - growth stage
Wachstumsstrategie - growth strategy
Wachstumstrend - trend rate of growth
Wachstumsverlangsamung - deceleration of growth, easing the pace of expansion
Wachstumswert - growth stock
Wachstumsziel - growth rate target
Waffenexporte - arms exports
wagen - risk, venture
Wagenladung - truckload
Wagenpark - car pool, fleet of cars
Wagnis - hazard, risk, venture
Wagnisverlust - encountered risk
Wagniszuschlag - risk premium
Wahl - ballot, election, selection
wählerisch - particular, selective

Wählerreaktion - voter reaction
wahlfrei - elective, optional
Wahlfreiheit /-möglichkeit - free voting, option
Wahlhandlungstheorie - analysis/theory of choice
Wahlkreis - constituency
Wahllokomotive - vote-catcher
Wahlmann - delegate, elector
Wahlparadoxon - paradox of choice, voting paradox
Wahlrecht - right of election
Wahlurne - ballot box
wahlweise - alternatively, optional
Wahrheit - genuineness, truth
wahrnehmen - notice, perceive, seize
Wahrnehmung - observation, perception
Wahrnehmung von Interessen - safeguarding of interests
Wahrnehmungsschwelle - threshold of perception
Wahrnehmungstest - perception test
wahrscheinlich - likely, probable
Wahrscheinlichkeit - likelihood, probability
Wahrscheinlichkeitsauswahl - probability sampling
Wahrscheinlichkeitsdichte - probability density function
Wahrscheinlichkeitsfunktion - probability function
Wahrscheinlichkeitsmasse - probability mass
Wahrscheinlichkeitsrechnung - calculation of probabilities
Wahrscheinlichkeitstheorie - theory of probability
Wahrscheinlichkeitsverteilung - probability distribution
Währung - currency
Währungs- und Devisenmanagement - cash management
Währungsabsprache - currency deal
Währungabstimmung - currency coordination
Währungsabwertung - currency depreciation / devaluation
Währungsänderungsklausel - multicurrency clause
Währungsanleihe - foreign currency loan

Währungsaufwertung - currency upvaluation
Währungsbehörde - monetary authority
Währungsdifferenzkupon - duet coupon
Währungseinheit - unit of currency
Währungsgewinn - currency gain, foreign exchange earning
Währungsinflation - inflation
Währungsinflation beseitigen - deflate
Währungskonto - foreign currency account
Währungskorb - currency basket, currency cocktail
Währungskrise - currency crisis
Währungslage - monetary situation
Währungspolitik - monetary policy
Währungsreform - currency reform, monetary reform
Währungsrisiko - foreign exchange risk, currency exposure
Währungsschlange - currency snake
Währungsschwankung - currency fluctuation
Währungsspekulant - currency speculator
Währungsspekulation - currency speculation
Währungsstabilität - monetary stability
Währungssystem - monetary system, currency regime
Währungsumstellung - currency reform
Währungsunion - currency union, monetary union
Wandelanleihe /-obligation - convertible bond
Wandelschuldverschreibung - convertible debenture
Wanderung der Arbeitskräfte - migration of labor
Wandlungsverhältnis - conversion ratio
Ware - commodity, merchandise
Ware ausstellen, - exhibit, display
Ware eintauschen - transact goods
Ware unter Zollverschluß - bonded good
Ware verteilen - distribute goods
Ware verschiffen - ship goods
Ware versenden, befördern - forward goods
Waren außer Lebensmitteln - non-foods
Warenabteilung - merchandise department

Warenakkreditiv - documentary letter of credit
Warenangebot - range of goods, offerings, supply of merchandise
Warenanhäufung - backup of goods
Warenannahme - receipt of goods, product acceptance
Warenannahmeschein - goods received note, receiving sheet
Warenausgangskonto - sales account
Warenausgangskontrolle - outgoing-lot control
Warenaustausch - trade, barter, exchange of commodities
Warenauszeichnungspflicht - legal duty to price goods displayed
Warenbegleitschein - bond note, bill of delivery
Warenbestand - stock on hand, merchandise inventory, stock in trade
Warenbezeichnung - identification of goods
Warenbörse - commodity exchange, commodity market
Wareneingang - incoming merchandise
Wareneingangskontrolle /-prüfung - inspection of incoming shipments, incoming-lot control
Wareneinkauf - purchase
Wareneinkaufskonto - merchandise purchase account
Wareneinzelspanne - item-related margin
Warenfluß - flow of goods
Warenforderung - merchandise receivable, trade debtor
Warengeld - commodity money
Warengläubiger - mercantile creditor
Warengruppe - commodity group
Warengruppenspanne - profit margin of commodity group
Warenhandel - merchandise trade
Warenhandelsanteil am Außenhandel - commodity concentration
Warenhaus - department store
Warenhauskette - department store chain
Warenherkunft - origin of goods
Warenidentifizierung - product identification
Warenkorb - basket of commodities, batch of commodities

Warenkreditversicherung

Warenkreditversicherung - trade indemnity insurance
Warenlager - merchandise inventory
Warenlombard - advance on goods
Warenmarkt - commodity market
Warenprobe - merchandise sample
Warensendung - package of goods, consignment of goods
Warensortiment - range of merchandise
Warensteuer - excise duty, commodity tax
Warenumsatz - merchandise turnover
Warenumschlag - movement of goods
Warenverkaufsbuch - sales book
Warenversand - merchandise shipment, transit operation
Warenvorrat - goods carried in stock, merchandise on hand
Warenwechsel - bill drawn on goods sold, mercantile bill
Warenwirtschaft - materials management, goods administration
Warenwirtschaftssystem - goods administration system
Warenzeichen - merchandise mark, trademark
Warenzeichenrecht - law of trademarks
Warenzeichenschutz - trademark protection
Warenzinsfuß - commodity rate of interest
Warnstreik - token strike, warning strike
Wartekosten - cost of waiting time
Warteschlange - waiting line, queue
Warteschlangenmodell - waiting-line model
Warteschlangennetzwerk - waiting-line network
Warteschlangentheorie - waiting-line theory, queueing theory
Wartezeit - standby time, latency period
Wartezeitproblem - congestion problem
Wartung - maintenance, servicing
Wartungsanforderung - maintenance request
Wartungsetat - maintenance budget
Wartungskosten - maintenance costs
Wartungsplan - maintenance schedule
Wartungsvertrag - maintenance agreement, maintenance contract
Wartungszeit - maintenance time

waschmaschinenfest - machine-washable
Wasserabgabe /-geld - water rate
Wasserkraft - hydropower
Wasserstraße - waterway
Wasserzeichen - watermark
Wechsel - bill of exchange, draft, promissory note
Wechsel annehmen - accept a bill
Wechsel mit Sicht versehen - sight a bill
Wechsel ziehen - draw a bill
Wechsel zur Annahme - draft for acceptance
Wechselannahme - acceptance of a bill
Wechselaussteller - drawer of a bill
Wechselbeziehung - correlation, interrelation
Wechselblankett - skeleton bill, blank bill
Wechselbürgschaft - bill guaranty
Wechselcourtage - bill commission
Wechseldeckung - bill cover
Wechseldiskont - bill discount
Wechselfrist - usance, custom in exchange
Wechselinhaber - bearer of a bill
Wechselklage - action on a dishonored bill, suit on a bill
Wechselkonto - acceptance account
Wechselkredit - acceptance credit
Wechselkurs - currency rate, exchange rate
Wechselkursänderung - parity change
Wechselkursanpassung - realignment of exchange rates, exchange rate readjustment
Wechselkursberichtigung - exchange rate rearrangement
Wechselkurserwartung - exchange rate expectation
Wechselkursgewinne - gains on currency translations
Wechselkurskorrektur - exchange rate adjustment
Wechselkursnotierung - exchange rate quotation
Wechselkursparität - parity of exchange
Wechselkursregime - exchange regime
Wechselkursrisiko - exchange rate exposure, exchange risk
Wechselkursstabilität - exchange rate stability

Wechselkursverschlechterung - exchange rate fall
Wechsellaufzeit - usance
Wechselmakler - note broker
wechselnd - variable, alternating
Wechselobligo - contingent liabilities, bill commitments, notes payable
Wechselparität - parity of exchange
Wechselphase - state of flux
Wechselprotest - act of protest, bill protest
Wechselreiterei - kiting, bill jobbing
Wechselschicht - rotating shift, alternate shift
Wechselschulden - bills payable
wechselseitig - reciprocal, mutual
wechselseitige Lieferbeziehungen - reciprocal buying
wechselseitiger Kredit - back-to-back credit
Wechselspesen - bill charges
Wechselspiel - interplay
Wechselsprechanlage - talkback
Wechselstadium - state of flux
Wechselverbindlichkeiten - acceptance commitments, bills payable
Wechselwirkung - interaction, reciprocation
Weg - walk
weglassen - omit, leave out
Wegweiser - guide
Wegwerfgesellschaft - throw-away society
weibliche Führungskraft - lady executive
weiche Budgetbeschränkung - soft budget constraint
Weihnachtsgeld - Christmas bonus
Weisung - directive, order, instruction, assignment
Weisungsbeziehung - managerial relationship
Weisungswege - lines of command
weit zurückliegen - trail behind
Weiterbeförderer - on-carrier
Weiterbeförderung - on-carriage
Weiterbeschäftigung - reinstatement
Weiterbestehen - continuance
Weiterbildung - further education
Weiterbildung am Arbeitsplatz - on-the-job training

weiterführende Schule - secondary school
Weiterführung - continuation
Weitergabe von Atomwaffen - proliferation
weiterleiten - redirect, transmit onward
weiterverarbeiten - process
weiterverarbeitende Industrie - processing industry
Weiterverarbeiter - processor
weiterverfolgen - follow up
Weiterverkauf - resale, reselling
Weltabschluß - worldwide annual accounts
Weltbilanz - worldwide balance sheet
weltbürgerlich - cosmopolitan
Welthandelsordnung /-system - world trading system
Weltmarkt - world commodity market, global market
Weltmarktintegration - global market integration
Weltmarktpreis - world market price
Weltmarktstrategie - worldwide market strategy
Weltordnung - world order
Weltpatent - universal patent
Weltruf - world-wide reputation
Weltumsatz - sales worldwide
Weltvorräte - global reserves
Weltwährungsfonds - International Monetary Fund (IMF)
Weltwährungssystem - international monetary system
weltweit - world-wide, ubiquitous, global
weltweite Beschaffung - global sourcing
weltweite Inflation - worldwide inflation
weltweite Rezession - global downturn
weltweite Zulieferung - global sourcing
Weltwirtschaft - global economy, world economy
Weltwirtschaftsgipfel - world economic summit
Weltwirtschaftskrise - world-wide depression, great depression
Weltwirtschaftsordnung /-system - world trade order, international economic order
Weltzinssatz - world interest rate
Wende - reversal, turn
Wendepunkt - hinge, turning point

Werbeagentur

Werbeagentur - advertising agency
Werbeanteil - volume of advertising
Werbeanzeige - advertisement, ad
Werbeaufwand - ad spending, advertising expense
Werbebeilage - advertising supplement
Werbebotschaft - advertising message, sales message
Werbebranche - advertising business, advertising industry
Werbebudget - advertising budget
Werbebüro - publicity office
Werbedrucksache - printed advertising material
Werbeeinblendung - chain break
Werbeeinnahmen - advertising revenue
Werbeerfolg - advertising effectiveness
Werbeerfolgskontrolle - control of advertising effectiveness
Werbeetat - advertising appropriation, ad budget
Werbeetatbetreuer - account executive
Werbefachmann /-leiter - publicity agent, advertising expert
Werbefeldzug - advertising campaign
Werbefernsehen - television commercials/advertising
Werbefläche - advertising space
Werbefunk - broadcast advertising
Werbegag - advertising stunt
Werbegeschenk - advertising specialty, give-away article
werbeintensives Produkt - highly advertised product
Werbekampagne - advertising campaign
Werbekosten - advertising costs
Werbemaßnahme - advertising effort
Werbemittel - advertising medium
Werbemittelanalyse - analysis of advertising media
werben - advertise, attract customers
werbendes Kapital - reproductive capital
Werbeplakat - show card, show bill, placard
Werbeprospekt - prospectus
Werberundschreiben - advertising circular
Werbeschreiben /-schrift - mailing, sales letter, brochure
Werbesendung - advertising spot, TV commercial, broadcast production

Werbespezialist - advertising specialist
Werbespot - advertising spot, commercial
Werbestückkosten - unit advertising cost
Werbetexter - ad writer, copywriter, sloganeer
Werbetextstrategie - copy-strategy
Werbeträger - media vehicle, advertising media, advertising vehicle, communication media
Werbeträgeranalyse - media analysis
Werbeträgerforschung - media research
Werbewirksamkeit /-wirkung - advertising effectiveness, advertisement appeal, advertising impact
Werbewirkungsuntersuchung - copy testing
Werbung - advertising, publicity
Werbung am Verkaufsort - point-of-purchase advertising
Werbung für Sonderangebote - bargain sales advertising
Werbung mit Lockartikeln - bait advertising
Werbung versenden - circularize
Werbungskosten - business allowance, income-related expenses, professional outlay
Werdegang - personal background
Werkmeister - foreman, shop master
Werkserzeugnis - industrial product
Werksferien - plant holidays
werksintern - intra-plant
Werkskantine - works canteen, catering department, factory snackshop
Werksnorm - plant-developed standard
Werkstatt - shop floor
Werkstattfertigung - intermittent production, job shop operation
Werkstattleiter - works clerk
Werkstoff - material
Werktag - workday, weekday
werktätig - laboring
Werkunterricht - sloyd
Werkvertrag - bailment for repair, contract for work
Werkzeug - tool, implement, kit
Werkzeugkasten - tool kit
Werkzeugmacher - toolmaker
Werkzeugmaschine - machine tool
Werkzeugmaschinensteuerung - machine tool control

Wert - value, significance, worth
Wert der Endprodukte - value of current production
Wertanalyse - value analysis
Wertansatz - valuation
Wertaufbewahrungsmittel - store of value
Wertberichtigung - accounting adjustment, valuation adjustment, allowance for loss in value
Wertberichtigung auf immaterielle Werte - accumulated amortization
Wertberichtigung einer Obligation - bond valuation
Wertbestimmung - valuation
Werteinheit - unit of value
wertentsprechende Gebühr - ad valorem tariff
wertentsprechende Menge - ad valorem equivalent
Werterhaltung - preservation of capital
Werterhöhung - rise in value, appreciation
Wertewandel - change in values
Wertgrenzprodukt - value of marginal product
Wertklausel - valuation clause
Wertkorrektur - value adjustment
wertlos - trashy, useless, trifling
wertloses Wertpapier - gold brick
wertmäßige Konsolidierung - consolidation in terms of value
Wertmaßstab - measure of value, unit of value, standard of value
Wertminderung - loss of serviceability, diminution in value, impairment of value, depreciation
Wertpapier - security, bond, commercial paper
Wertpapier des Anlagevermögens - permanent investment
Wertpapier mit drei Beteiligten - three-party paper
Wertpapier mit kurzer Laufzeit - short-dated stock
Wertpapier mit langer Laufzeit - long-dated stock
Wertpapier mit mittlerer Laufzeit - medium-dated stock
Wertpapieranalyse - security analysis
Wertpapieranalytiker - security analyst

Wertpapierbank - securities house
Wertpapierbestand - security portfolio
Wertpapierbezeichnung - security description
Wertpapierbörse - stock exchange
Wertpapierdepot - safe custody, securities portfolio
Wertpapieremission - securities issue
Wertpapierexperte - security analyst
Wertpapiergattungsaufnahme - securities listing by categories
Wertpapiergeschäft - security transaction
Wertpapierhandel - securities trading
Wertpapierhaus - securities house
Wertpapierinformationssystem - securities information system
Wertpapierkredit - advance on securities
Wertpapiermakler - stock broker
Wertpapiernotierung - quotation
Wertpapierpensionsgeschäft - sale and repurchase scheme, repurchase agreement
Wertpapierpensionssatz - repo rate
Wertpapierportfolio - security holdings
Wertpapierverkauf - sale of securities
Wertpapierverwaltung - securities administration
Wertpapierzins - bond rate
wertschaffend - productive
Wertschöpfung - real net output, value added
Wertschöpfungskette - value chain
Wertschöpfungsstruktur - value added pattern
Wertschwankung - fluctuation in value
Wertsteigerung - appreciation in value, increase in value
Wertstellung - value date
Wertsteuer - value tax
Werttheorie - theory of value
Werturteil - value judgement
Wertveränderung - addition and improvement
Wertverlust - deterioration, decrease in value
wertvoll - precious, valuable
Wertzollsteuer - ad valorem tax
Wertzolltarif - ad valorem tariff
Wertzuschlagskalkulation - value added costing
Wertzuwachs - accession, gains, incremental value

Wertzuwachssteuer

Wertzuwachssteuer - betterment tax
wesentlich - intrinsic, essential
wesentliches Defizit - primary deficit
Wettbewerb - contest, competition, rivalry
Wettbewerb regeln - regulate competition
Wettbewerbsanalyse - competition / competitive analysis
Wettbewerbsbedingungen - terms of competition
wettbewerbsbeschränkende Abrede - conspiracy in restraint of trade
wettbewerbsbeschränkende Verhaltensweise - restrictive practice
Wettbewerbsbeschränkung - restraining clause, restraint of competition, barrier to competition
Wettbewerbsdruck - pressure of competition
wettbewerbsfähig - competitive
wettbewerbsfähiger Preis - competitive price
Wettbewerbsfähigkeit - capacity to compete, competitive ability
Wettbewerbsfaktor - competition factor
wettbewerbsfeindliches Verhalten - anticompetitive behavior
wettbewerbsfördernd - pro-competitive
Wettbewerbsförderung - promotion of competition
Wettbewerbsfreiheit - freedom of competition
Wettbewerbsgrad - level of competition
Wettbewerbsmarkt - free and open market, competitive market
Wettbewerbsniveau - competitive level
Wettbewerbspolitik - competitive policy
Wettbewerbspreis - free price
Wettbewerbsrahmen - competitive framework
Wettbewerbsrecht - competition law
Wettbewerbsstrategie - competitive strategy
Wettbewerbsstruktur - pattern of competition
Wettbewerbsteilnehmer - competitor, contestant
Wettbewerbstheorie - theory of competition

Wettbewerbsverhalten - competitive behavior
Wettbewerbsverzerrung - distortion of competition, falsification of competition
Wettbewerbsvorteil - competitive advantage
Wettbewerbswirkung - competitive impact
wetteifern - contend
wetten - bet
wettmachen - offset
wichtig - essential, fundamental
widerlegen - refute, disprove
Widerlegung - falsification, refutation
widerlich - disagreeable, disgusting
Widerruf - revocation, countermand, cancellation
widerrufen - revoke, annul, countermand
widerruflich - revocable
widerrufliches Akkreditiv - revocable letter of credit
Widerrufsklausel - revocation clause, repeating clause
widerspenstiger Charakter - recalcitrant character
widerspiegeln - reflect
Widerspiegelung - reflection
widersprechen - contradict
Widerspruch - objection, discrepancy, protest, contradiction
Widersprüchlichkeit - incoherence
widerspruchsvoll - incoherent
Widerstand der Wähler - voter resistance
widerstreitende Interessen - clashing interests
widerwärtig - unpalatable
Widerwille - dislike
wieder auffüllen - replenish
Wiederanlage - reinvestment
Wiederanlage der Erlöse - reinvestment of proceeds
Wiederaufleben - resurgence
Wiederaufnahme - resumption
wiederaufnehmen - resume
Wiederausfuhr - re-export
Wiederbeginn - resumption, recommence
Wiederbelebung - recovery
Wiederbeschaffungskosten - recovery cost, replacement cost, replacement price

Wiederbeschaffungsproblem - replacement problem
Wiederbeschaffungsrücklage - renewal fund
Wiederbeschaffungswert - cost of replacement, replacement value
Wiederbeschaffungszeit - reorder cycle, replacement time
Wiedereinbürgerung - repatriation
Wiedereinfuhr - re-import
Wiedereingliederung - resettlement
Wiedereinstellung - reappointment, recall, reemployment, rehiring
Wiedereinstellungsrate - reentry rate
wiedererhalten /-finden - retrieve
wiedergewinnen - reclaim, recover
Wiedergewinnungsfaktor - capital recovery factor
Wiedergewinnungssteuer - recapture tax
Wiedergewinnungszeit - recovery time
Wiedergutmachung - reparation
wiederherstellen - restore
Wiederherstellung - restoration
Wiederholbarkeit - repeatability
wiederholen - repeat
Wiederholung - iteration, repetition
Wiederholungskauf - repurchase, rebuy
Wiederholungsverfahren - test-retest technique
Wiederinbesitznahme - repossession
Wiederkaufrate - rebuy rate
Wiederkehr - recurrence
wiederkehrend - recurrent
wiederum - in turn
Wiederverkäufer - reseller, value added reseller
Wiederverkaufswert - resale value
Wiederverwendbarkeit - re-usability
wiederverwenden - recycle
Wiederverwendung - recycling
Wiedervorlagemappe - follow-up file
Wiederwahl - re-election
wilder Streik - unauthorized strike, unofficial/wild-cat strike
Willensbildung - decision making
Willkür - arbitrariness
willkürlich - arbitrary
willkürliche Annahme - arbitrary assumption
Wink - tip
Winterschlußverkauf - winter sales

wirksam - effective
Wirksamkeit - impact, effectiveness, efficiency
Wirksamkeitsprüfung - impact test
Wirkung - impact, effect, result
Wirkungsanalyse - effectiveness / impact analysis
Wirkungsbereich - sphere of action
Wirkungshierarchie - hierarchy of effects
Wirkungskraft - appeal
Wirkungskreis - line /scope of business activity
Wirkungslosigkeit - inefficiency
Wirkungsprozeß - implementation process
Wirkungsverzögerung - operational lag, time lag
wirkungsvoll - effective
wirtschaften - economize
wirtschaftlich - economic, economical, thrifty
wirtschaftlich benachteiligt - economically disadvantaged
wirtschaftliche Aussichten - economic prospects
wirtschaftliche Betrachtungsweise - economic approach
wirtschaftliche Blütezeiten - boom years
wirtschaftliche Eingliederung - economic integration
wirtschaftliche Entwicklung - general thrust of the economy, economic development
wirtschaftliche Größenverhältnisse - economies of scale
wirtschaftliche Leistung - economic performance
wirtschaftliche Losgröße - minimum-efficient scale (MES)
wirtschaftliche Unabhängigkeit - economic self-sufficiency
wirtschaftlicher Aufschwung - economic revival
wirtschaftlicher Aufstieg - economic takeoff
wirtschaftlicher Eigentümer - beneficial /equitable owner
wirtschaftlicher Hauptsektor - main economic sector
wirtschaftliches Gut - commodity

wirtschaftliches Intrigenspiel - peanut economics
wirtschaftliches Ungleichgewicht - economic disequilibrium
Wirtschaftlichkeit - economic efficiency, operational efficiency
Wirtschaftlichkeitsanalyse - economic feasibility study
Wirtschaftlichkeitskontrolle - control of economic efficiency
Wirtschaftlichkeitsrechnung - calculation of profitability, capital budgeting, efficiency calculation
Wirtschaftlichkeitsstudie - economic analysis
Wirtschafts- und Währungsunion - economic and monetary union
Wirtschaftsabkommen - economic accord, trade convention
Wirtschaftsberatungsunternehmen - management consultancy
Wirtschaftsberichterstatter - economic correspondent
Wirtschaftsbeziehungen - economic relations
Wirtschaftsdemokratie - industrial democracy
Wirtschaftseinheit - business entity, economic unit
Wirtschaftsentwicklung - economic development
Wirtschaftserholung - economic recovery
Wirtschaftsethik - business ethics
Wirtschaftsfachmann - economic expert/specialist
wirtschaftsfeindlich - antibusiness
Wirtschaftsflaute - recession
Wirtschaftsforschung - economic research
Wirtschaftsforschungsinstitut - economic research institute
Wirtschaftsforum - economic forum
Wirtschaftsfrieden - industrial peace
Wirtschaftsführer - business leader
Wirtschaftsfürsorge - industrial welfare
Wirtschaftsgesetzgebung - industrial legislation
Wirtschaftsgespräch - economic talk
Wirtschaftsgipfel - economic summit

Wirtschaftsgut - business goods, commodity, economic asset
Wirtschaftshilfe - economic aid
Wirtschaftsimperialismus - economic imperialism
Wirtschaftsindikator - economic indicator
Wirtschaftsisolationismus - economic isolationism
Wirtschaftsjurist - industrial lawyer
Wirtschaftskreislauf - circular flow, trade circle
Wirtschaftskrise - depression, economic crisis, recession
Wirtschaftslage - state of economy
Wirtschaftsmacht - industrial power
Wirtschaftsministerium - Board of Trade
Wirtschaftsnachrichten - business news
Wirtschaftsordnung - economic system
Wirtschaftspolitiker - economic policy maker
wirtschaftspolitische Beratung - economic counseling
wirtschaftspolitische Instrumente - economic policy mix
Wirtschaftsprüfer - auditor, chartered accountant, certified public accountant
Wirtschaftsprüfung - audit
Wirtschaftssanktionen - trade sanctions, economic reprisals/sanctions
Wirtschaftsschwierigkeiten - economic woes
Wirtschaftssprache - economists' parlance, economic jargon, industry parlance
Wirtschaftsstörungen - economic disturbances
Wirtschaftssubjekt - economic transactor, economic unit
Wirtschaftsteil einer Zeitung - business section
Wirtschaftstheorie - economic theory
Wirtschaftsverband - industrial association, trade association
Wirtschaftswissenschaft - economics
Wirtschaftswissenschaftler - economist
Wirtschaftszentrum - trade center
Wirtschaftszweig - business line, industry, branch of economic activity
wirtschaftszweiggebundene Gewerkschaft - industrial union

Wissen - knowledge
wissenschaftliche Betriebsführung - scientific management
wissenschaftlicher Mitarbeiter - research associate
wissenschaftlicher Assistent - assistant professor
Wissenserweiterung - knowledge engineering
wohlabgewogenes Risiko - calculated risk
Wohlfahrt - welfare
wohlfahrtminderndes Wachstum - immiserizing growth
Wohlfahrtserträge - welfare returns
Wohlfahrtsfunktion - welfare function
Wohlfahrtsgewinn - welfare gain
Wohlfahrtskosten - deadweight costs
Wohlfahrtsökonomie - welfare economics
Wohlfahrtsorganisation - charitable organization
Wohlfahrtsprogamm - welfare program
Wohlfahrtsstaat - welfare state
Wohlfahrtsverbesserung - improvement of welfare
Wohlfahrtsverlust - deadweight/welfare loss
Wohlstand - prosperity
Wohlstandsfaktor - prosperity factor
Wohlstandsgesellschaft - affluent society
Wohlstandsindex - prosperity index
wohlstrukturiertes Problem - well-structured problem
wohltätig - charitable
Wohltätigkeitsorganisation - charitable organization
wohlwollend - benign, inclined
Wohneinheit - dwelling unit, residential unit
wohnhaft - resident
Wohnhaus - dwelling house/unit
Wohnrecht - right of residence
Wohnsitz - domicile, dwelling place, residence
Wohnungsbauinvestition - residential investment
Wohnungsmangel /-not - housing shortage
Wohnungsvermietung - flat-letting business
Wohnviertel - residential district/area
Wörter pro Minute - words per minute (wpm)
Wörterbuch - dictionary
Worthülse - sound bite
Wortlaut - tenor, wording, phraseology
Wucher - usury
Wuchergewinne - profiteering
Wuchermiete - rackrent
Wucherpreis - exorbitant price
wünschenswert - advisable, desirable
Wurzel - root

Z

Zahl - number
zahlbar - payable
zahlbar bei Sicht - payable at sight
zahlen - pay
Zähler - numerator
zahlreich - numerous
Zahltag - payday, account day
Zahlung - payment
Zahlung aufschieben - defer payment
Zahlung gegen Dokumente - payment against documents
Zahlung leisten - remit, effect a settlement, effect payment
Zahlung vorenthalten - withhold payment
Zahlungen einstellen - suspend payments
Zahlungs- und Lieferungsbedingungen - terms and conditions of payment and delivery
Zahlungsabkommen - payments agreement
Zahlungsabwicklung - handling of payments
Zahlungsanweisung - precept, allocation
Zahlungsanzeige - advice of payment
Zahlungsaufforderung - application for payment, request for payment, dunning notice
Zahlungsaufschub - forbearance, respite
Zahlungsaufschub gewähren - indulge
Zahlungsausgleichskrise - balance-of-payments crisis
Zahlungsbedingungen - terms of payment
Zahlungsbeschränkungen - exchange restrictions
Zahlungsbevollmächtigter - person authorized to make payments
Zahlungsbilanz - balance of payment
Zahlungsbilanzdefizit - payments deficit
Zahlungsbilanzprobleme - balance-of-payments crisis
Zahlungseingang - receipt of payment
Zahlungseinstellung - default in payment
Zahlungsempfänger - remittee, payee
Zahlungserinnerung - application for payment, reminder of payment

Zahlungserleichterungen - facilitation of payments
zahlungsfähig - solvent
Zahlungsfähigkeit - capacity to pay, solvency
Zahlungsfrist - deferment, grace
Zahlungsintervalleffekt - payment interval effect
Zahlungsmittel - medium of exchange, means of payment, currency
Zahlungsmittelbestand - stock of money
Zahlungsmittelfunktion - medium of exchange
Zahlungsmittelumlauf einschränken - deflate a currency
Zahlungsreihe - series of payments, expenditure-receipts columns
Zahlungsrhythmuseffekt - payment pattern effect
zahlungsunfähig - insolvent, illiquid
zahlungsunfähig erklären - declare bankrupt
zahlungsunfähige Firma - failed firm
Zahlungsunfähigkeit - default, financial insolvency, inability to pay
Zahlungsverkehr - monetary transaction, payments system
Zahlungsverpflichtung - payment commitment
Zahlungsverzug - delay in payment, default in payment
Zahlungsweise - method of payment
Zahlungsziel einräumen - allow time for payment
Zahlungszuschlag - premium payment
Zähne zusammenbeißen - bite the bullet
Zangenpolitik - pincer-like policy
Zaster - dough
Zedent - assignor
zehnfach - tenfold
Zeichenfolge - string, bit string
Zeichengeld - token money
Zeichensystem - notation
zeichnen - design
Zeichner - subscriber
Zeichnung - drawing
Zeichnungspreis - subscription price
Zeichnungsrendite - yield on subscription
Zeichnungsvollmacht - authority to sign
zeigen - display, demonstrate

Zeile - row
Zeit - time
Zeit- und Bewegungsstudie - time and motion study
Zeit-Rendite-Veränderungsmaß - convexity
Zeit-Wirkungs-Verteilung - response-time distribution
Zeitablauf - time pattern
Zeitabschnitt - period, spell
Zeitabstand - interval
Zeitanalyse - time analysis
Zeitarbeitsunternehmen - temporary work agency
Zeitaufwand - time spent
Zeitdauer - length of time
Zeitdepositen - time deposits
Zeitdiskontierungsrate - rate of time-discounting
Zeitelement - time element
Zeitkomponenten - temporal constructs
Zeitkontrolle - timekeeping
zeitliche Beschränkung - limitation in time
zeitliche Folgebeziehung - time relationship
Zeitlohn - timework rate
Zeitmultiplexverfahren - time-division multiplex method
Zeitparameter - time parameter
Zeitplanung - scheduling
Zeitpunkt - date, moment
Zeitrahmen - time frame
Zeitraum - period, term, interval
Zeitraum von drei Jahren - triennium
Zeitreihen - time series
Zeitreihenanalyse - time series analysis
Zeitreihenprognose - time series forecast
Zeitschrift - magazine, periodical
Zeitspanne - period
Zeitstudie - time study
Zeitungen und Zeitschriften - papers and periodicals
Zeitungsabriß - paragraph
Zeitungsjunge - paperboy
Zeitvertrag - fixed-term contract
Zeitverzögerung - time delay /lag
zeitweilig - temporary
Zeitwert - market value, time value
Zeitwertmethode - current market value method

Zelle - cell
zentral - central, pivotal
Zentralbank - central bank, Federal Reserve Bank (FED)
Zentralbankensystem - federal reserve system
Zentralbankgeld - high-powered money
Zentralbankintervention - central bank intervention
Zentralbankrat - federal reserve board
Zentralbearbeitung - centralized processing
Zentralbereich - central division
Zentralbüro - front/ head office
Zentrale - head office, principal office
zentrale Abrechnungsstelle - accounting center
zentrale Dienststelle - central staff division, central office
zentrale öffentliche Stellen - central and regional authorities
zentrale Planungsbehörde - central planning board (CPB)
Zentraleinheit - central processing unit (CPU)
zentraler Grenzwertsatz - central limit law
zentrales Moment - central moment
Zentralisation / Zentralisierung - centralization
Zentralisierungsgrad - degree of centralization
Zentralmarktausschuß - central market committee
Zentralrechner - host computer
Zentralspeichereinheit - core memory
Zentralverwaltungswirtschaft - centrally administered economy, centrally planned economy
Zentralwert - median
Zentrum - center, centre
zerbrechen - disrupt
zerbrechlich - fragile
Zerfall - deterioration, disruption
zerfallen - collapse
zerlegen - decompose
Zerlegung - analysis, unbundling
zerrüttete Finanzen - shattered finances
zersetzend - disruptive
zerstörender Funktionstest - destructive testing

Zerstörung - destruction, havoc
zerstörungsfreie Werkstoffprüfung - non-destructive testing
Zerstreuung - dispersion
Zession - assignation of claim
Zessionar - assignee
Zettel - label, slip
Zeugnis - certificate, letter of reference, testimonial
Zickzackkurs - zigzag
Ziehen mit Zurücklegen - drawing with replacement
Ziehen ohne Zurücklegen - drawing without replacement
Ziehungsermächtigung - drawing authorization
Ziel - goal, target
Zielanalyse - target analysis
Zielanpassung - goal adjustment
Zielantinomie - conflicting goals
Zielband - target range
Zielbeziehungen - relations between goals,. goal relationships
Zielbildungsprozeß - goal setting process, objective-setting process
zielen - target
Zielentscheidungsprozeß - goal formation process
Zielereignis - target event
Zielerfüllungsgrad - degree of goal performance
Zielerreichung - goal achievement
Zielerreichungsgrad - degree of goal achievement/ accomplishment
Zielertrag - goal production
Zielfindung - goal finding
Zielfunktion - objective function, target function
Zielgewichtung - goal weighing
Zielgrößen - target figures
Zielgruppe - intended audience, target audience, target group
Zielgruppenbildung - segmentation of consumers
Zielindifferenz - neutrality of goals, indifference of goals
Zielinhalt - goal content
Zielkauf - purchase on credit
Zielkonflikt - goal conflict, inconsistency of goals, conflicting goals
Zielkonkurrenz - goal conflict

Zielkostenmanagement - target costing
Zielland - country of destination
Ziellücke - goal gap
Zielmarkt - target market
Zielmaßstab - goal standard
Zielobjekt - objective
zielorientiert - decisive
Zielplanungsprozeß - goal formation process
Zielpunkt - arrival point
Zielrealisierung - accomplishment of a goal
Zielrichtung - goal direction
Zielsetzung - goal-setting
Zielstruktur - goal structure
Zielsystem - goal system, system of objectives
Zielträger - interested /affected party
Zielüberschreitung - overshooting targets
Zielunabhängigkeit - independence of goals
Zielvorgaben - defined goals and objectives
Zielvorstellungen - policy goals
Zielwechsel - time bill
ziemlich - comparatively
Ziffer - digit, number, numeral
Zins - interest, rate
Zins für Neukredit - incremental borrowing rate
Zinsabgrenzung - deferred interest
zinsangepaßte Anleihe - floating rate bond
Zinsanpassung - rate adjustment
Zinsanstieg - upstick in interest rates
Zinsausgleich - interest adjustment
Zinsausgleichsprogramm - interest rate equalization program
Zinsbelastung - interest load
Zinsbelastung der Gewinne - income gearing
zinsbereinigtes Defizit - noninterest deficit
Zinsbogen - coupon sheet
zinsbringend - interest bearing
Zinsdifferenz - interest differential
Zinseffekt - rate of interest effect
Zinselastizität - interest rate elasticity
Zinsen - interest, rental cost of capital
Zinsen abwerfen - bear interest, bring in interest, yield interest

Zinsergebnis - net interest income
Zinsertrag - income from investment of capital, interest income, yield of capital
Zinsertragsbilanz - interest income statement
Zinsertragskurve - yield curve
Zinserwartungen - interest-rate expectations
Zinseszins - compound interest
Zinsfälligkeitstermin - interest due date
Zinsforderungen - interest receivable
zinsfrei - free of interest
Zinsfuß - interest rate
Zinsgarantie - interest payment guaranty
Zinsgefälle - interest differential
zinsgünstige Finanzierung - reduced interest financing
zinsgünstiger Festkredit - low-fixed-rate loan
Zinsgutschrift - credit for accrued interest
zinskongruent - at identical rates
Zinskosten - interest cost
zinslos - free of interest, non-interest bearing
zinsloses Darlehen - gift credit
Zinsniveau - level of interest rates
Zinsobergrenze - rate ceiling
Zinspolitik - interest rate policy
Zinsrisiko - rate risk
Zinsrückstände - outstanding interest
Zinssaldo - balance of interest
Zinssatz - interest rate
Zinssatzziele - interest rate targets
Zinsschein - interest coupon, interest warrant
Zinssenkung - reduction of the interest rate
Zinssensitivität - interest sensitivity
Zinsspanne - interest margin, rate spread
Zinsspannenrechnung - margin costing
Zinsspiegel - interest rate level
Zinsspirale - spiral of rising interest rates
Zinssteigerung - run-up in interest rates
Zinsstop - interest freeze
Zinsströme - interest flows
Zinsstruktur - interest rate regime, structure of interest rates
Zinsstrukturkurve - yield curve
Zinssubvention - interest subsidy
Zinsswap - interest rate swap

Zinstheorie - loanable funds theory
Zinsüberschuß - net interest received, net interest revenue
Zinsübertragungsmechanismus - cost-of-capital channel
Zinsumschwung - interest rebound
zinsunabhängige Geschäfte - non-interest business
zinsunelastisch - interest inelastic
Zinsuntergrenze - interest floor
Zinsverbilligung - subsidizing interest rates
Zinsverbindlichkeiten - interest payable
Zinsverzicht - waiver of interest
Zinswende - turnaround in interest rate movements
Zinswettbewerb - interest rate competition
Zinswettlauf - interest rate war
Zinswucher - usurious interest
Zinszahlung - interest payment
zirka - about, approximately
Zirkelproblem - circle problem
zirkulieren - circuit, circulate
Zitat - quotation
Zivilgeschäft - civil production
Zivilkammer - chamber for civil matters
Zivilprozeß - civil action
Zivilrecht - civil law
zögernd - hesitant, gradual
zögernde Erholung - fledgling recovery
Zoll - tariff, duty, customs
Zollabfertigung - customs clearance
Zollabfertigungsschein - bill of clearance
Zollabgaben - customs duties
zollamtlich abfertigen - clear through the customs
Zollaufhebung - elimination of customs duties
Zollbegleitschein - bond note
Zollbehörden - customs authorities
Zollbeschränkungen - customs restrictions
Zollbewertung - valuation for customs purposes
Zolleinfuhrschein - bill of entry
Zolleinnahmen - customs revenue, tariff revenue
Zollermittlung /-festsetzung - duty assessment

Zollfahndungsstelle

Zollfahndungsstelle - customs investigation division
zollfrei - customs exempt, duty-free
zollfreie Ware - duty-free goods
Zollgebühr - clearing expense, customs duty, toll
Zollhinterziehung - customs fraud, evasion of customs duties
Zollhoheit - customs jurisdiction
Zollkontrolle - customs control
zollmäßig abfertigen - clear
Zollpapiere - customs documents
zollpflichtig - dutiable
Zollpflichtigkeit - dutiability
Zollpolitik - tariff policy
zollpolitisches Gleichgewicht - tariff equilibrium
Zollpräferenzen - tariff preferences
zollrechtliche Behandlung der Waren - customs treatment applicable to goods
Zollrückerstattung - refund of customs, refund of duties
Zollsatz - tariff rate
Zollschranke - tariff wall
Zollsenkung - tariff cut, tariff reduction
Zollsenkungsrunde - round of tariff reductions
Zollsicherheit - customs security
Zollspeicher - bond warehouse
Zollspesen - clearing expenses
Zollstrafe - customs penalty
Zolltarif - tariff
Zolltarifrecht - tariff laws
Zollunion - customs union
Zollverkehr - customs procedure
Zollverschluß - customs seal
Zollverwaltung - customs administration
zonenförmig - zonal
zu bezahlende Frachtkosten - freight to collect
zu den Akten - on file
zu geringe Belastung - undercharge
zu hoch berechnet - overcharged
zu niedrig ausweisen - understate
zu verkaufen - on offer, on sale
Zubehör - accessories, implement
Zubehörsatz - attachment set
Zubehörteile - fittings
zuerkennen - award
zuerst - primarily
Zufall - coincidence, random

zufällig - accidental, aleatory, coincidental
zufälliger Fehler - statistical error, random error
zufallsabhängig - stochastical
Zufallsauswahl - random sampling
Zufallsbeobachtung - random observation
Zufallsereignis - random event
Zufallsexperiment - random experiment
Zufallsgewinn - windfall profit
Zufallsprozeß - random process
Zufallsstichprobe - random sample
Zufallsvariable - random/stochastic variable
Zufallsverlust - windfall loss
Zufallszahlen - random numbers
Zuflucht - recourse
zufriedenstellen - give satisfaction, satisfy
zufriedenstellend - satisfactory
Zufuhr - influx
Zufuhreffekte - injections
zuführen - channel
Zugang - access
Zugänge - accessions, additions
zugänglich - accessible
Zugänglichkeit - accessibility
Zugangsjahr - year of acquisition
Zugangsvoraussetzungen - entry requirements
Zugangswert - value of additions
zugehörend - inherent
Zugehörigkeit - membership, affiliation, adherence
zugesicherte Mindestauflage - rate base
Zugeständnis - concession
zugestehen - concede, accord
zügig - speedy
zugkräftiger Artikel - good seller
Zugriff - access
Zugriffsberechtigung - access authority
zugrundegehen - decay
zugrundeliegend - underlying
Zukunft - future
zukünftig - future, prospective
zukünftiger Unternehmer - would-be entrepreneur
Zukunftsaussichten /chancen - future prospects
Zukunftsdimension - future dimension

Zukunftserfolgswert - present value of future profits
Zukunftstechnologie - future technology
zulassen - permit
zulässig - permissive, authorized, admissable
zulässige Abweichung - allowance
zulässige Basislösung - admissable basic solution
zulässige Lösung - feasible solution
Zulassung - admission, admittance
Zulassung zur Börseneinführung - admission to official listing
Zulassungsverfahren - approval procedure, admittance process
Zuleitung - conveyance
Zulieferbetrieb - component supplier, other equipment manufacturer (OEM), ancillary industry
Zulieferer - supplier
Zulieferermarkt - other equipment manufacturer market
Zulieferindustrien - related industries
Zuliefervertrag - subcontract
zum Akzept vorgelegter Wechsel - acceptance bill
zum Ausgleich - in return of
zum Export geeignet - exportable
zum Nennwert - at par
zum Schaden von - at the expense of
zum Verkauf anbieten - offer for sale
zunächst - primarily
Zunahme - increment, increase
Zunahme der Geldmenge - run-up in the money supply
zunehmen - increase
zunehmende Ausfallrate - increasing failure rate
zunehmende Skalenerträge - increasing returns to scale
zunehmender Grenznutzen - increasing marginal utility
Zuneigung - inclination
Zuordnungsproblem - assignment / allocation problem
zur Ausschüttung kommender Gewinn - distributable profit
zur Bedingung machen - stipulate
zur Besichtigung freigeben - open for inspection
zur Einführung - by way of introduction

zur Folge haben - entail, result in
zur Rückzahlung fällig - due for repayment
zurechenbar - imputable
zurechnen - allocate
Zurechnung - imputation, allocation
Zurechnungsproblem - allocation problem
zurück zum Grundsätzlichen - back to basic
Zurückbehaltungsrecht - right of retention
zurückbekommen - recover
zurückbleiben - lag
zurückerstatten - refund, repay
zurückgehen - decline, return
zurückgestaute Inflation - repressed inflation
Zurückgewinnung - recovery, recycling
zurückgreifen - regress, recurrence, refer
zurückhalten - retain
zurückkaufen - redeem, repurchase
zurücklegen - put by, put away
Zurücknahme - revocation
zurückschrauben - taper off, roll back
zurückstellen - postpone, defer
Zurückstellung - deferment, grace
zurücktreten - retire, rescind
zurückverfolgen - trace back
zurückweisen - reject
Zurückweisung - renunciation, repudiation, rejection
zurückwirkend - reflexive
zurückzahlen - redeem, repay
zurückziehen - withdraw
Zusage - commitment, undertaking, promise
Zusageprovision - commitment commission, commitment fee
zusammen mit - in company with
Zusammenarbeit - collaboration, cooperation
zusammenarbeiten - cooperate
zusammenballen - concentrate
Zusammenballung - conglomerate, concentration
zusammenbrechen - break down, collapse
Zusammenbruch - crash, collapse
zusammenfallen - coincide
zusammenfassen - integrate, pool

zusammenfügen - synthesize, combine
zusammengefaßte Buchung - compound bookkeeping entry
zusammengesetzt - compound
zusammengesetzte Nachfrage - composite demand
zusammengesetztes Angebot - composite supply
zusammengesetztes Stabdiagramm - component bar chart
Zusammenhang - connexion, context, connection
zusammenhängend - coherent
zusammenhanglos - incoherent
Zusammenhanglosigkeit - incoherence
Zusammenkunft - assembly, meeting
Zusammenleben - cohabitation, companionship
zusammenschließen - incorporate, amalgamate
Zusammenschluß - merger, incorporation, integration, amalgamation
zusammensetzen - assemble, compose
Zusammensetzung - composition
zusammenstellen - combine, compile
Zusammenstellung - compilation
Zusammenstoß - crash
zusammenstoßen - crash
zusammentragen - compile
Zusammentreffen - coincidence, concurrence
zusammentreffen - coincide
Zusammenzählung - addition
zusammenziehen - abridge, concentrate
Zusatz - addition, extension
Zusatzeinheit - extra unit
Zusatzgeschäft - spin-off
Zusatzinformation - ancillary information
Zusatzkapital - additional capital
Zusatzklausel - additional clause
Zusatzkosten - additional /extra cost
Zusatzlast - deadweight loss
Zusatzleistungen - fringe packet, additional contribution
zusätzlich - additional
zusätzlich belasten /fordern - surcharge
zusätzliche Beschäftigung - secondary employment
zusätzliche Einheit - extra unit
zusätzliche Lieferung - fresh supplies

zusätzlicher Urlaub - extra leave
zusätzlicher Zuschuß - increased grant
Zusatzlieferanten - marginal contributors
Zusatzmarkt - fringe market
Zusatzprüfung - penalty test
Zusatzservice - extension services
Zusatzvergütung - extra pay
Zusatzversicherung - gap filler insurance
Zuschlag - surcharge, bonus, award
Zuschlagskalkulation - production-order accounting, order cost system
Zuschlagsprozentsatz - percentage overhead rate
Zuschlagsrechnung - cost plus approach
Zuschlagssatz - indirect manufacturing rate
Zuschlagsteuer - surtax
zuschreibbar - attributable
zuschreiben - attribute
Zuschreibung - appreciation in value
Zuschuß - subsidy, grant, allowance
Zuschuß an Entwicklungsländer - grant-in-aid to lower developed countries
zusichern - assure, warrant
Zusicherung - assurance, promise
Zustand - state, status
zuständig - competent, responsible
Zuständigkeit - competence
Zustandsvariable - state variable
Zustandswahrscheinlichkeit - state probability
Zustellungsurkunde - affidavit of service
Zustimmung - approval, consent
zuteilen - assign, allocate
Zuteilung - allotment, apportionment, rationing
Zuteilung von Wertpapieren - scaling down
Zuteilungsbetrag - allotment money
Zuteilungsquote - ratio of allotment
Zuteilungsschein - certificate of allotment
Zutrauen - confidence
Zutritt - access, admission, entry
zuverlässig - reliable
Zuverlässigkeit - reliability, dependability
Zuversicht - trust
zuversichtlich - confident
zuvorkommend - proactive
Zuwachs - increment, accrual

Zuwachsmindestreservesatz - marginal reserve requirements
Zuwachsrate - growth rate
zuweisen - allot
Zuweisung - assignment, allocation
Zuweisung von Geldmitteln - allocation of money
Zuwendungsempfänger - donee beneficiary
zuzüglich Zinsen - plus interest
zuzurechnen zu - attributable to
Zwang - compulsion, force
Zwangsanleihe - forced loan
zwangsgesparte Beträge - overhang of unspent money
zwangsläufig - inevitable
zwangsläufig tun müssen - be bound to do
Zwangsliquidation - involuntary liquidation
Zwangspensionierung - compulsory / enforced retirement
Zwangsrotation - forced rotation
Zwangssparen - forced saving
Zwangssyndikat - government-enforced syndicate
Zwangsverfahren - enforcement procedure
Zwangsvergleich - legal settlement in bankruptcy, composition in bankruptcy
Zwangsverkauf - hammer, judicial sale, sale by order of the court
Zwangsversicherung - compulsory insurance
zwangsversteigern - sell by public auction
Zwangsversteigerung - compulsory auction
Zwangsverwaltung - forced administration of property
Zwangsverwertung - execution proceedings
Zwangsvollstreckung - compulsory execution
zwangsweise - compulsory, obligatory
zwanzigfach - twentyfold
Zweck - end, goal, purpose, objective
Zweck-Mittel-Analyse - means-end-analysis
Zweck-Mittel-Relation - means-end relation
Zweckbindung - earmarking
zweckgebundene Mittel - earmarked funds
Zweckmäßigkeit - usefulness
Zweckrationalität - instrumental rationality
Zwei-Güter-Fall - two-commodity case
Zwei-Länder-Fall - two-country case
zweideutig - ambiguous
zweidimensional - two-dimensional
zweidimensionale Verteilung - bivariate distribution, joint distribution
zweifach - twofold
zweifache Einteilung - two-way classification
zweifelhafte Außenstände - bad debts
zweifelhafte Forderungen - doubtful accounts receivable
zweifelhafte Quelle - filthy lucre
zweigeteilt - bipartite
Zweiggesellschaft - affiliated company
Zweigniederlassung /-stelle - branch
Zweikreissystem - dual accounting system
zweiseitige Willenserklärung - bilateral act of the party
zweiseitiges Zahlungsabkommen - bipartite clearing
zweistellig - two-digit
zweitbeauftragte Bank - intermediate bank
Zweitbeschäftigung - secondary employment
zweitbeste - second-best
zweite Wahl - medium quality
zweiter Bildungsweg - second chance education
zweitklassig - second-rate
zweitklassige Wertpapiere - second-class papers
Zweitmarke - secondary brand
Zweiwertigkeit - divalence
Zweitwohnung - secondary apartment
zwingen - compel, force
zwingend - compelling, forciblee
zwingender Beweis - compelling evidence
zwingender Grund - compelling reason
zwischen - between, inter
zwischenbetrieblich - interplant

zwischenbetriebliche Vernetzung

zwischenbetriebliche Vernetzung - interplant network
zwischenbetriebliche Zusammenarbeit - interplant cooperation
zwischenbetrieblicher Vergleich - comparative external analysis, interfirm comparison
Zwischenbilanz - interim balance
Zwischendividende - interim dividend
Zwischenergebnis - interim result
Zwischenerzeugnisse - bridging products
Zwischenfall - incident
Zwischenfinanzierung - intermediate financing
Zwischenhandel - distribution
Zwischenhändler - distributor, intermediary, middleman
Zwischenlager - substore
Zwischenprodukt - intermediate goods, intermediate product
Zwischenprüfung - intermediate examination
Zwischenraum - interstice, interval
zwischenstaatlicher Wirtschaftsverkehr - interstate commerce
Zwischensumme - subtotal
Zwischenverkauf vorbehalten - subject to prior sale
Zwischenziel - intermediate target
zyklisch - cyclical
zyklische Bewegung - cyclical movement
zyklische Programmierung - loop coding
Zyklus - cycle

APPENDIX
Abbreviations

A

A&P - advertising and promotion
a/c - account
a/c bks - account books
a/d - after date
a/m - above mentioned
a/o - account of
a/or - and/or
a/r - all risks
a/s - account sales; after sight
AAA - American Accounting Association
aar - against all risks
AB - upper and professional middle class
ABC - audit bureau of circulation
ACA - Associate Chartered Accountant
ACCA - Chartered Association of Certified Accountants
acct - account; accountant
ACM - additive conjoint measurement
ACORN - a classification of residential neighbourhoods
ADP - automatic data procession
ACRS - Accelerated Cost Recovery System
ACT - advance corporation tax
ADST - approved deferred share trust
AEA - Atomic Energy Authority
af - advance freight
AFR - accident frequency rate
AGM - annual general meeting
Agt - agent
agw - actual gross weight
AICPA - American Institute of Certified Public Accountants
AID - automatic interaction detector
AIDA - attention, interest, desire, action
AIDCA - attention, interest, desire, confidence, action
ALGOL - algorithmic language
AM - assistant manager; associate member
amt - amount
aob - any other business
AP - additional premium; average payable; Associated Press
APB - Accounting Principles Board
APEX - Advance-Purchase Excursion
app - appendix
APR - annual percentage rate
arb - arbitrager
ARMs - adjustable rate mortgages
ARR - accounting rate of return
ASA - Advertising Standard Authority
asap - as soon as possible
ASC - Accounting Standards Committee
ASCII - American Standard Code for Information Interchange
ASEAN - Association of South-East Asian Nations
ASSC - Accounting Standards Steering Committee
ATL - actual total loss
AUA - agricultural unit of account
ATM - automated teller machine

B

B-ISDN - broadband integrated services digital network
B/D - bank draft
b/d - brought down
B/E - bill of exchange
b/f - brought forward
b/g - bonded goods
B/L - bill of lading
B/O - branch office
b/o - brought over
b/p - bills payable
b/r - bills receivable
B/S - bill of sale
B/W - black and white
BA - Bachelor of Arts; bank acceptance
bal - balance
BARB - Broadcaster Audience Research
BARS - behaviorally anchored rating scales
BASIC - Beginner's All-Purpose Symbolic Instruction Code
BBA - Bachelor of Business Administration
bc - blind copy
BCE - Board of Customs and Excise
BCom - Bachelor of Commerce

Appendix

BDMA - British Direct Marketing Association
BE - Bank of England
BES - Business Expansion Scheme
BIM - British Institute of Management
BIS - Bank for International Settlements
bkrpt - bankrupt
BLEU - Belgium-Luxembourg Economic Union
BMDP - Biomedial Computer Programs
BMT - Basic Motion Timestudy
BNS - Buyer No Seller
bo - branch office; buyer's option
BOF - Balance of Official Financing
BOT - Board of Trade
BRAD - British Rate and Data
BS - balance sheet; British Standard; building society
BT - British Telecom
BW - bonded warehouse

C

C&C - cash and carry
c&d - collection and delivery
c&f - cost and freight
c&i - cost and insurance
C&M - care and maintenance basis
c/d - carried down
c/f - carried forward
c/n - credit note; consignment note
c/o - care of
c/s - cases
C1 - lower middle class
C2 - skilled working class
CAA - computer aided assembling
CAB - Citizens' Advice Bureau
CACM - Central American Common Market
CAD - computer aided design; cash against documents
CAM - computer aided manufacturing; current account monetary models
CAO - computer aided office
CAP - computer aided planning; code of advertising practice; Common Agricultural Policy
CAPM - capital asset pricing model
CAQ - computer aided quality assurance
car - combounded annual rate
CARICOM - Caribbean Community and Common Market
CASE - computer aided software engineering
CAT - computer assisted trading
CATI - computer assisted telephone interviewing
CBA - cost-benefit analysis; control group, measurement before exposure, measurement after exposure
CBD - cash before delivery; central business district
CBI - Confederation of British Industry
CBU - completely built-up
CBX - company branch exchange
cc - carbon copy
CC - corporate culture
CCA - current cost accounting
CCAB - Consultative Committee of Accounting Bodies
CCR - commitment currency and recovery
CD - corporate design; certificate of deposit; closing date, compact disk
CD-ROM - compact disk read only memory
CDV - current domestic value
CE - Council of Europe
CEC - Commission of the European Communities
CEO - Chief Executive Officer
CER - closer economic relations
CET - common external tariff; Central European Time
CEV - constant elasticity of variance
CF - compensation fee
CFCS - chlorofluorocarbons
cfi - cost, freight, insurance
CFTC - Commodity Futures Trading Commission
CGBR - Central Government Borrowing Requirement
CGT - Capital Gains Tax
CH - Clearing House
CHAPS - Clearing House Automatic Payments System
CHIPS - Clearing House Inter-Bank Payments System
CI - copy instruction; corporate identity

CICA - Canadian Institute of Chartered Accountants
cid - covered interest differential
cif - cost, insurance, freight
cif and c - cost, insurance, freight and commission
cif and e - cost, insurance, freight and exchange
cifci - cost, insurance, freight, commission and interest
CIM - computer integrated manufacturing; Chartered Institute of Marketing
CIMA - Chartered Institute of Management Accountants
CIT - competitive technologies initiative
ckd - completely knocked down
CMEA - Council for Mutual Economic Assistance
co-op - cooperative
COBOL - Common Business Oriented Language
cod - cash on delivery; collect on delivery
COMECON - Council for Mutual Economic Assistance
COMEX - Commodity Exchange
Corp - corporation
CP - corporate planning; central processor
CPA - certified public accountant; claims payable abroad; critical path analysis
CPB - central planning board
CPI - costs per inquiry; Consumer-Price-Index
CPM - critical path method
CPO - costs per order
CPS - cents per share; characters per second
CPT - costs per thousands
CPU - central processing unit
Cr - credit
CR - current rate; company's risk; carrier's risk
CRT - composite rate of tax
CSO - Central Statistical Office
Cstms - Customs
CT - corporation tax; counter trade
CTC - Community Telecommunications Committee
CTL - constructive total loss
CTR - Common Technical Regulations
CTT - capital transfer tax
curt liabs - current liabilities
CV - convertible
cv - curriculum vitae
cvd - cash versus documents
cwo - cash with order
cy - currency

D

D&E - Design and Engineering
D/A - days after acceptance; documents against acceptance
D/C - deviation clause; double column
D/d - days after date
D/D - delivered at docks
D/N - debit note
d/o - delivery order
D/P - documents against payment
D/R - deposit receipt
D/S - days after sight
DA - deposit account; deed of arrangement; district attorney
DAGMAR - Defining Advertising Goals for Measured Advertising Results
das - delivered alongside ship
DAT - Digital Audio Tape
Datex - Data Exchange Service
DB - Day book
dba - doing business at; Diploma of Business Administration
dbk - drawback
dc - documents (against) cash
DCE - Domestic Credit Expansion
DCF - discounted cash flow
DCS - Digital Communication Standard
dd - dated; delivered
DD - direct debit; damage done
DD&Shipg - dock dues and shipping
DDD - deadline delivery date
DDX - Digital Data Exchange
de - double entry
DE - unskilled working class and others
DEA - Department of Economic Affairs
DEFF - design effect
dely - delivery
DEMON - Decision Mapping via Optimum GO-NO Networks
dept - department
df - dead freight

Appendix

DIP - dividend reinvestment plan
DIT - double income-tax
div - dividend
Div/Share - dividend per share
DIY - do it yourself
DJIA - Dow Jones Industrial Average
DJTA - Dow Jones Transportation Average
DJUA - Dow Jones Utilities Average
dlo - dispatch loading only
DMU - decision making unit
DOE - Department of the Environment
DPB - deposit pass book
DPP - Director of Public Prosecution
DPR - direct product rentability
DPS - dividend per share
DRAM - Dynamic Random Access Memory
DRP - dividend reinvestment plan
DRT - domestic rate of transformation
DS - debenture stock
DST - Daylight Saving Time
dstn - destination
dtba - date to be advised
DTI - Department of Trade and Industry
DTR - double taxation relief
dw - deadweight
dwc - deadweight capacity
dwt - deadweight tons

E

e&e - each and every
E&OE - errors and ommissions excepted
EAC - East African Community
EAN - European article number
eaon - except as otherwise noted
EBA - experimental group, measurement before exposure, measurement after exposure
EBRD - European Bank for Reconstruction and Developement
EBSDIC - Extended Binary Coded Decimal Interchange Code
EC - European Communities
ECA - Economic Commission for Africa; European Co-operation Administration
ECAFE - Economic Commission for Asia and the Far East
ECE - Economic Commission for Europe
ECJ - European Court of Justice
ECLA - Economic Commission for Latin America
ECMA - European Computer Manufacturers Association
ECOSOC - Economic and Social Council
ECOWAS - Economic Community of West African States
ECTUA - European Council of Telecommunications Users Associations
ECU - European Currency Unit
ED - ex dividend; Exposure Draft
EDC - Economic Development Committee
EDF - European Development Fund
EDI - electronic data interchange
EDIFACT - Electronic Data Interchange for Administration, Commerce and Transport
EDP - electronic data processing
EE - errors excepted
EEC - European Economic Community
EFT - electronic funds transfer
EFTA - European Free Trade Association
EFTPOS - electronic funds transfer at point of sale
EGM - extraordinary general meeting
EGR - earned growth rate
EIB - European Investment Bank
EMA - European Monetary Agreement
EMCF - European Monetary Cooperation Fund
EMH - efficient market hypothesis
EMS - European Monetary System
EMU - Economic and Monetary Union
EOE - European Options Exchange
EOI - export oriented industrialization
EPA - Environmental Protection Agency; evaluation, potency, activity
EPOS - elaborate point of sale
EPP - executive pension plan
EPPS - Edwards Personal Preference Schedule
EPS - earnings per share
EPSEM - equal probability selection method
EPU - European Payments Union
ERG - existence, relatedness, growth
ERISA - Employee Retirement Income Security Act

ERM - Exchange Rate Mechanism
ERNIE - Electronic Random Number Indicator Equipment
ERT - excess retention tax
ESI - European Standard Institute
ESPRIT - European Strategic Programme for Research and Development in Information Technology
Esq - Esquire
ETS - European Telecommunication Standard
ETSI - European Telecommunication Standards Institute
EUA - European Unit of Account
EURATOM - European Atomic Energy Community
EUREKA - European Research Coordination Agency
ex b - ex bonus
ex cap - ex capitalization
ex dist - ex distribution
ex div - ex dividend
ex int - ex interest
ex n - ex new
ex ss - ex ship
Ex-Im - Export-Import
exs - expenses

F

F&AP - fire and allied perils
f&d - freight and demurrage
f/d - free delivery
F/M - facing-matter
f/o - for orders
F/R - folio reference
FA - factor analysis
FAA - free of all average
fac - facsimile; fast as can
fao - for the attention of
faq - fair average quality; free alongside quay
fas - free alongside ship
FASB - **Financial Accounting Standards Board**
FBT - fringe benefit tax
FCAR - free of claim for accident reported

FCIA - Foreign Credit Insurance Association
fco - fair copy
FDA - Food and Drug Administration
FED - Federal Reserve Bank
FEER - fundamental equlibrium exchange rate
ffa - free from alongside
fg - fully good
fga - foreign general average
fgf - fully good, fair
fib - free into barge
FIBOR - Frankfurt Interbank Offering Rate
fis - free into store; family income supplement
fit - free of income tax
fiw - free in wagon
FMCG - fast moving consumer good
FNMA - Federal National Mortgage Association
FO - firm offer
fob - free on board
foc - free of charge; free of claims
fod - free of damage
FORTRAN - Formula Translation
FOT - free of tax
fow - free on wagon
fow - free on wagon
fp - fully paid
FPA - free of particular average
FPCF - finite population correction factor
FRB - Federal Reserve Board
FRN - floating rate note
FRO - fire risk only
FRT - foreign rate of transformation
Frt - freight
Frt fwd - freight forward
Frt ppd - freight prepaid
FT - Financial Times
FT Ord - Financial Times Ordinary Share Index
FT-SE 100 - Financial Times-Stock Exchange Index of 100 Shares
FTASI - Financial Times-Actuaries All-Share Index
FTC - Federal Trade Commission
fwt - fair wear and tear
FY - fiscal year

Appendix

G

G/A - general average
g/m² - grams per metre
G5 - Group of Five
G7 - Group of Seven
G10 - Group of Ten
GAB - General Arrangements to Borrow
GAO - General Accountancy Office
GATT - General Agreement on Tariffs and Trade
GCC - Gulf Co-operation Council
GCP - gross capital productivity
GD - great depression
GDP - Gross Domestic Product
GHI - guaranteed home impressions
GI - government issue
gmb - good merchantable brand
gmq - good merchantable quality
GMT - Greenwich Mean Time
GNMA - Government National Mortgage Association
GNP - Gross National Product
gob - good ordinary brand
Govt - Government
GSM - general sales manager
gsm - good, sound, merchantable
GSW - gross world product

H

h/c - held covered
HDTV - high definition television
HMG - Her Majesty's Government
HMS - Her Majesty's Ship /Service
HMSO - Her Majesty's Stationery Office
HNC - Higher National Certificate
HO - head office
hon - honorary
hp - hire purchase
HQ - headquarters
HRM - Human Resource Management

I

i/c - in charge
I/F - insufficient funds
I/O - input/output
IADA - interest, attention, desire, action
IAS - Indian Administrative Service; International Accounting Standard
IASC - International Accounting Standards Committee
IATA - International Air Transport Association
IB - invoice book; in bond; industrial business
IBA - Independent Broadcasting Authority
IBCC - International Bureau of Chambers of Commerce
IBEC - International Bank for Economic Cooperation
IBI - invoice book inwards
IBO - invoice book outwards
IBRD - International Bank for Reconstruction and Development
IC - integrated circuit
ICAEW - Institute of Chartered **Accountants in England and Wales**
ICAO - International Civil Aviation Organization
ICAS - Institute of Chartered Accountants in Scotland
ICC - International Chamber of Commerce
ICFTU - International Confederation of Free Trade Unions
ICMA - Institute of Cost and Management Accountants
IDA - International Development Association
IDN - integrated digital network
IEC - International Electrotechnical Commission
if - in full
IFC - inside front cover; International Finance Corporation
ILO - International Labor Organization
IMF - International Monetary Fund
IMRO - Investment Management Regulatory Organization
Inc - incorporated
INCOTERMS - International Commercial Terms
INMARSAT - International Maritime Satellite-System
insur - insurance
int - interest

inv - invoice
IPA - Institute of Practitioners in Advertising
IPO - initial public offering
IQ - intelligence quotient
IRA - individual retirement account
IRD - Inland Revenue Department
IRO - Inland Revenue Office
IRR - internal rate of return
IRS - Internal Revenue Service
ISBA - Incorporated Society of British Advertisers
ISD - International Subscriber Dialling
ISDN - integrated services digital network
ISO - International Standards Organization
ISP - Institute of Sales Promotion
IT - income tax; information technology
ITC - investment tax credit
iv - invoice value

J

JA - joint account
jd - joined
JDS - Job Diagnostic Survey
JESSI - Joint European Submicron Silicon Initiative
jg - junior grade
JICNARS-NRS - Joint Industry Committee for National Readership Survey
JICPAS - Joint Industry Committee for Poster Advertising
JICRAR - Joint Industry Committee for Radio Audience Research
JIT - just-in-time
JJ - Justices
JP - Justice of the Peace
Jr - Junior
JSB - joint-stock bank

K

KAI - Kirton's adaption-innovation (theory)
KAM - capital account monetary model
KD - knock down
KDC - knocked down condition

L

L/C - letter of credit
l/u - laid up; lying up
LAFTA - Latin-America Free Trade Association
LAN - local area network
LAPT - London Association for the Protection of Trade
LBO - leveraged buyout
lc - lower case
LCC - life cycle costing
LCE - London Commodity Exchange
LCL - less-than-container (load)
Ld - Limited
LDC - less developed country
LDN - less developed nation
LIBOR - London Interbank Offering Rate
LIFFE - London International Financial Futures Exchange
LIFO - last in, first out
LIP - life insurance policy
LISREL - Linear Structural Relations System
LM - liquidity-money
LOB - line of business; Location of Offices Bureau
LPI - lines per inch
LPM - lines per minute
LPSO - Lloyd's Policy Signing Office
LR - Lloyd's Register
ls - lump sum
LSE - London School of Economics
lst - local standard time
Ltd - Limited
lv - luncheon voucher

M

M&A - mergers and acquisitions
m-o - months old
m/c - machine
m/cs - machines
M/d - months after date

Appendix

m/s - months after sight
mag - magazine
MAN - metropolitan area network
MBA - Master of Business Administration
MBO - management buyout; management by objectives
MCA - monetary compensatory amount; multiple classification analysis
MD - memorandum of deposit; malicious damage; managing director
mdise - merchandise
MEDIAC - media planning calculus
mem - memorandum
MEP - Member of the European Parliament
MERM - multiple exchange rate model
MES - minimum efficient scale
MEW - Measure of Economic Welfare
MICR - magnetic ink character recognition
MIP - marine insurance policy; monthly investment plan
MIS - management information system
misc - miscellaneous
MITI - Ministry of International Trade and Industry
mkt - market
MLR - minimum lending rate
mm - made merchantable
MM - mercantile marine
MMC - Monopolies and Mergers Commission
MN - merchant navy
mng - managing
mngmt - management
mngr - manager
MO - money order; mail order
MP - Member of Parliament
MPS - mail preference services
MRP - manufacturer's recommended price
ms - manuscript
MSE - mean square error
MT - mean time; motor transport; mechanical transport
MVO - male voice over

N

N/A - new account; no account; not applicable; not available; no advice; non-acceptance
N/C - no charge; new charter
N/E - new edition; not entered
N/F - no funds
N/M - next-matter
N/o - no orders
n/p - net proceeds
naa - not always afloat
NASDAQ - National Association of Securities Dealers Automated Quotations
NBPS - non-bank private sector
NBV - net book value
NCB - no-claim bonus
NCR - no carbon required
NCV - no commercial value
nd - non-delivery; not dated
NE - no effects
ne - not exceeding
nes - not elsewhere specified
NFD - no fixed date
NFU - National Farmers' Union
NHI - National Health Insurance
NHS - National Health Service
NI - National Insurance
NIC - Newly Industrialized Country
NICS - National Insurance Contributions
NIF - note issuance facility
NL - no liability
NLF - National Loans Fund
NNP - net national product
nop - not otherwise provided
NOP - National Opinion Poll
NOW - Negotiable Order of Withdrawal
np - non-participating
NP - notary-public
np or d - no place or date
NPA - Newspaper Publishers Association
NPD - new product development
npf - not provided for
NPV - net present value; no par value
NR - no risk
NRR - net reproduction rate
NRS - national readership survey
NRV - net realizable value
ns - not specified; not sufficient
NSB - National Savings Bank
nsf - not sufficient funds

nt - net terms
nt wt - net weight
NTA - net tangible assets
NUJ - National Union of Journalists
NUM - National Union of Miners
NUR - National Union of Railwaymen
NUS - National Union of Students
NUT - National Union of Teachers
NYSE - New York Stock Exchange

O

O&M - organization and methods
o/a - on account of
o/b - on or before
o/c - overcharge
o/d - on demand; overdraft
O/s - outstanding; out of stock
OA - office automation
OAP - old age pension(er)
OAS - Organization of American States
OB - ordinary business
OBC - outside back cover
Oc B/L - ocean bill of lading
OCE - office of the chief executive
OCR - optical character recognition
OD - organization development
OECD - Organization for Economic Cooperation and Development
OEEC - Organization for European Economic Cooperation
OEM - other equipment manufacturer
OFT - Office of Fair Trading
Oftel - Office of Telecommunications
OGL - open general licence
OHMS - On Her/His Majesty's Service
Oi/c - officer in charge
OLS - ordinary least squares
ONC - Ordinary National Certificate
ono - or near offer
ONP - open network provision
oo - on order
OP - open policy; out of print
OPEC - Organization of Petroleum Exporting Countries
OR - operations research; owner's risk
Ors - others
OS - Ordnance Survey; outsize
osi - open systems interconnection

OSIRIS - Organized Set of Integrated Routines for Investigation in Statistics
OTC - over the counter
OTH - opportunities to hear
OTS - opportunities to see
ovno - or very near offer

P

P&L a/c - profit and loss account
P/A - particular average; power of attorney
P/C - price current
P/D - price dividend
p/e - price-earnings ratio
P/L - partial loss; product liability
P/N - promissory note
pa - per annum; press agent
PA - personal assistant; public accountant
PABX - private automatic branch exchange
PAC - put and call
PAYE - pay as you earn
PB - pass-book
PBR - payment by results
PBX - private branch exchange
pc - per cent; piece
PC - personal computer
PCA - principle component analysis
PCB - petty cash book
PCN - personal communications network
PCP - prime commercial paper
PCU - price look up
pd - paid; passed
PD - port dues
PDM - physical distribution management
PDR - price dividend ration
PEP - Personal Equity Plan
per - price earnings ratio
per pro - per procurationem
PERT - project evaluation and review technique
PEST - political, environmental, social, technological
pi - professional indemnity
PIK - payment in kind
PIMS - Profit Impact of Market Strategy
PIN - personal identification number
PL/1 - Programming Language 1

Appendix

pla - passengers lugguage in advance
PLC - product-life-cycle; public limited company
Pm - premium
PMT - photomechanical transfer
PO - post office; postal order
POB, PO Box - post office box
POD - payment of delivery
POP - point of purchase; post office preferred
por - port or refuge
POS - point of sale
PP - parcel post
pp - per procuration
PPA - Periodical Publisher Association
PPBS - Planning Programming Budgeting System
ppd - prepaid
PPI - Producer-Price-Index
PPP - purchasing power parity
PPS - probability proportional to size; principal private secretary
PR - personal representative; profit rate; public relations
Pr O - press officer
PRE - proportional reduction in error measures
Pref - preference
Pres - president
PRO - public relations officer; Public Records Office
PRT - petroleum revenue tax
PSBR - public sector borrowing requirement
PSS - proportional stratified sampling
PSU - primary sampling unit
pt - part time
PT - purchase tax
pto - please turn over
PTO - public telecommunications operator
pu - paid up
pub - public; published; publisher
PUD - planned unit development
pur - purchase
PX - private exchange

Q

QC - quality control
quot - quotation
QWL - quality of work life
qy - query

R

R & D - research and development
R/A - refer to acceptor
R/D - refer to drawer
R/I - reinsurance
R/P - reprint
RACE - Research into Advanced Communications Technologies in Europe
RAM - random access memory
RAMPS - resource allocation and multi project scheduling
RCD - Regional Co-operation for Development
rd - running days
RDD - random digit dialling
recd - received
red - redeemable
Ref.No - reference number
REH - rational expectation hypothesis
REIT - real estate investment trust
rep - representing; representative; report
repo - repurchase agreement
ret - return
retd - returned; retired
RI - reinsurance
RISC - reduced instruction set computing
RLO - Returned Letter Office
RO - receiving order /office
ROCE - return on capital employment
ROI - return on investment
ROM - read only memory
ROP - run of press; run of paper
ROW - run of weeek
ROY - run of year
RP - return of premium; recommended price
RPM - resale price maintenance
RRP - recommended retail price
RSG - rate-support grant
RTBA - rate to be agreed
RTE - ready to eat

rtn - return
RV - rateable value

S

S&L - savings and loans assciation
S/A - subject to acceptance
s/c - self-contained
S/Fee - survey fee
S/HE - Sundays and holidays excepted
S/R - sale or return
SAE - stamped, addressed envelope
SAP - strategic advantage profile
sapl - sailed as per list
SAS - Statistical Analysis System
sav - stock at valuation
SAYE - save as you earn
SBA - strategic business area; Small Business Administration
SBIC - small business investment company
SBU - strategic business unit
scc - single column centimetre
SCC - single-column centimetre
SCIT - Special Commissioners of Income Tax
SD - standard deviation; sea damage; short delivery
SDI - selective dissemination of information
SDR - special drawing right
SE - Stock Exchange
SEC - stock exchange committee; Securities and Exchange Commission
SED - socioeconomic/demographic
SEG - socioeconomic grade
SEM - Single European Market
SES - socioeconomic status
SFAS - Statement of Financial Accounting Standard
SG - ship and goods
ShF - shareholders' funds
si - sum insured
SIB - Securities and Investment Board
SIBOR - Singapore Inter-bank Offered Rate
SIC - standard industrial classification
SITC - standard international trade classification

sitrep - situation report
sits vac - situations vacant
SLP - self-liquidator premium
SME - small and medium companies
SMSA - standard metropolitan statistical area
SNB - seller no buyer
SNIG - sustainable non-inflationary growth
so - seller's option
SOE - state-owned enterprise
SONK - scientification of non-knowledge
SoR - sale or return
SORP - Statement of Recommended Prices
SPSS - Statistical Package for Social Science
SR - stimuli-response
SRO - self-regulatory organization
SRP - suggested retail price
SRS - simple random sampling
SSAP - Statement of Standard Accounting Practice
SSWD - single, seperated, widowed, divorced
STAR - Special Telecommunications Action for Regional Development
STD - subscriber trunk dialling
STP - segmenting, targeting, positioning
STRIDE - Science and Technology for Regional Innovation and Development
sv - surrender value
SWIFT - Society for Worldwide Inter-Bank Financial Telecommunications
sy - supply

T

t&p - theft and pilferage
T/L - total loss
TA - travelling allowance; temporary admission
TACT - target, action, context, time
TANH - test against null hypothesis
TAP - total audience package
TB - trial balance; Treasury bill
tba - to be advised /agreed
TC - till countermanded
TCA - television consumer audience

Appendix

TD - Treasury Department
TGI - target group index
TM - target market
TMO - telegraph(ic) money order
TMU - type mark up
TOO - to order only
TOTE - test-operate-test-exit
TP - third party
TQ - total quality
TQM - total quality management
Tr - trustee
trs - transfer
TS - typescript
TSB - trustee savings bank
TT - telegraphic transfer
TU - trade union
TUC - trade union congress
TVR - television rating

U

U&A - user and awareness study
U/A - unit of account
u/c - undercharge; upper-case
U/S - useless; unserviceble
U/w - underwriter
UHF - ultra high frequency
UN - United Nations
UNCTAD - United Nations Conference on Trade and Development
UNESCO - United Nations Educational Scientific and Cultural Organization
UNICEF - United Nations Children's Fund
UNO - United Nations Organizations
UNSC - United Nations Security Council
UPC - universal product code
UPU - Universal Postal Union
URS - unrestricted random sampling
USM - Unlisted Securities Market
USP - unique selling proposition

V

VA - value analysis
vac - vacant
VAT - value added tax

VB - visible balance
VCR - video cassette recording
VDT - visual display terminal
VDU - visual display unit
VER - voluntary export restriction
VFM - value for money
VHF - very high frequency
VIP - very important person
VMS - vertical marketing system
VO - voice over
VP - Vice-President
VPP - value payable post
vs - versus
VSFT - very short term financing facility
VTR - videotape recorder

W

w/d - warrant
W/M - weight or measurement
w/o - without
W/W - warehouse warrant
WA - with average
WAN - wide area network
WB - way-bill
wc - without charge
WDA - writing-down allowance
wef - with effect from
WEU - Western European Union
WFTU - World Federation of Trade Unions
WHO - World Health Organization
w'hse - warehouse
WIP - work in progress
wob - washed overboard
woc - without compensation
wog - with other goods
WOM - word of mouth
WP - without prejudice; word processing
WPA - with particular average
wpm - words per minute
WR - warehouse receipt
wrt - with reference to
WS - writer to the signet
wtd - warranted

X

x - ex; excluding
x in - ex interest
x new - ex new
xa - ex all
xb - ex bonus
xc - ex cap
xd - ex distribution; ex dividend
xi - ex interest
Xm - Christmas
xr - ex rights
xs - excess

Y

YER - yearly effective rate
YOP - youth opportunity programme

YTS - youth training scheme

ANHANG
Abkürzungen

A

ABM - Arbeitsbeschaffungsmaßnahme
Abt - Abteilung
ADM - Arbeitskreis deutscher Marktforschungsinstitute
AfA - Abschreibung für Abnutzung
AfaA - Abschreibung für außergewöhnliche technische oder wirtschaftliche Abnutzung
AG - Aktiengesellschaft, Arbeitsgemeinschaft
aG - auf Gegenseitigkeit
AG MA - Arbeitsgemeinschaft Media-Analyse
AGB - Allgemeine Geschäftbedingungen
Akad - Akademie
akad - akademisch
AktG - Aktiengesetz
ALLBUS - Allgemeine Bevölkerungsumfrage
AO - Abgabenordnung
AOEWL - Arbeitsorientierte Einzelwirtschaftslehre
ARAS - aufsteigendes retikuläres Aktivationssystem
Arbg - Arbeitgeber
Arbn - Arbeitnehmer
ASTA - Allgemeiner Studentenausschuß
AUMA - Ausstellungs- und Messe-Ausschuß der deutschen Wirtschaft
AVG - Angestelltenversicherungsgesetz
AWA - Allensbacher Werbeträger-Analyse
aZ - auf Zeit

B

BAB - Betriebsabrechnungsbogen
Bafög - Bundesausbildungsförderungsgesetz
BAG - Bundesarbeitsgemeinschaft der Mittel- und Großbetriebe des Einzelhandels
Barz - Barzahlung
baW - bis auf Widerruf
baw - bis auf weiteres
BDI - Bundesverband der Deutschen Industrie
BetrVG - Betriebsverfassungsgesetz
Bez - Bezahlung, Bezeichnung
BFH - Bundesfinanzhof
BGB - Bürgerliches Gesetzbuch
BGBl - Bundesgesetzblatt
BGH - Bundesgerichtshof
BGHZ - Amtliche Sammlung der Entscheidungen des Bundesgerichtshofes in Zivilsachen
BIGFON - Breitbandiges integriertes Glasfaser-Ortsnetz
BIP - Bruttoinlandsprodukt
BLZ - Bankleitzahl
BMFT - Bundesministerium für Forschung und Technologie
BMPT - Bundesministerium für Post und Telekommunikation
BMWI - Bundesministerium für Wirtschaft
BPW - Bruttoproduktionswert
BRT - Bruttoregistertonnen
BSP - Bruttosozialprodukt
btto - brutto
Btx - Bildschirmtext
BZT - Bundesamt für die Zulassungen in der Telekommunikation

D

DAAD - Deutscher Akademischer Austauschdienst
DAG - Deutsche Angestelltengewerkschaft
DAX - Deutscher Aktien-Index
DBB - Deutscher Beamtenbund
DBP - Deutsche Bundespost
ddp - Deutscher Depeschendienst
DGB - Deutscher Gewerkschaftsbund
DIGON - Digitales Ortsnetz
DIN - Deutsche Industrie-Norm
Dipl - Diplom
Dir - Direktion
DITR - Deutsches Informationszentrum für technische Regeln
dpa - Deutsche Presse-Agentur
dstl - dienstlich

dU - der Unterzeichnete
Dupl - Duplikat
dV - der Verfasser
DVO - Durchführungsverordnung
dyn - dynamisch

E

EAN - Europäische Artikelnummer
EDR - elektrodermale Reaktion
EDV - Elektronische Datenverarbeitung
EFA - Emnid Faktorielle Anzeigenanalyse
eG - eingetragene Genossenschaft
EG - Europäische Gemeinschaften
eGmbH - eingetragene Genossenschaft mit beschränkter Haftung
Eing-Dat - Eingangsdatum
Empf - Empfänger
EN - Europäische Norm
ENV - Europäische Vornorm
erm - ermäßigt
Erz - Erzeugnis
ESt - Einkommensteuer
EStDV - Einkommensteuer-Durchführungsverordnung
EStG - Einkommensteuergesetz
EStR - Einkommensteuerrichtlinien
eur - europäisch
Euratom - Europäische Atomgemeinschaft
eV - eingetragener Verein
ew - einstweilig
EWG - Europäische Wirtschaftsgemeinschaft
EWS - Europäisches Währungssystem

F

F&E - Forschung und Entwicklung
Fa - Firma
Fabr - Fabrik
FCKW - Fluorchlorkohlenwasserstoff
FEB - freiwillige Exportbeschränkung
FG - Fachgutachten
FGG - Gesetz über die Angelegenheiten der freiwilligen Gerichtsbarkeit
FH - Fachhochschule
Fin - Finanz(en)

fin - finanziell
Föd - Föderation
FTZ - Fernmeldetechnisches Zentralamt
FuE - Forschung und Entwicklung

G

Gar - Garantie
GAU - größter anzunehmender Unfall
GbR - Gesellschaft bürgerlichen Rechts
Gen-Dir - Generaldirektor
Gen-Sekr - Generalsekretär
GenG - Genossenschaftsgesetz
Ges - Gesellschaft
gesch - geschäftlich
GewESt - Gewerbeertragssteuer
GewKSt - Gewerbekapitalsteuer
GewO - Gewerbeordnung
GewSt - Gewerbesteuer
GewStG - Gewerbesteuergesetz
GG - Grundgesetz
GmbH - Gesellschaft mit beschränkter Haftung
GmbHG - GmbH-Gesetz
GoB - Grundsätze ordnungsgemäßer Buchführung und Bilanzierung
GrSt - Grundsteuer
GStA - Generalstaatsanwalt
GuV - Gewinn- und Verlustrechnung
GWB - Gesetz gegen Wettbewerbsbeschränkungen

H

HBG - Hypothekenbankgesetz
HDE - Hauptgemeinschaft des Deutschen Einzelhandels
Hdlg - Handlung
herg - hergestellt
Herst - Hersteller
Hg - Herausgeber
HGB - Handelsgesetzbuch
Hiwi - Hilfswissenschaftler, Hilfswilliger
HK - Handelskammer
Hr - Handelsregister
Hrsg - Herausgeber
HVertr - Handelsvertrag

Anhang

I

iD - im Dienst, im Durchschnitt
IDN - Integriertes Datennetz
IdW - Institut der Wirtschaftsprüfer in Deutschland
IFO - Institut für Wirtschaftforschung
IG - Industriegewerksschaft
IHK - Industrie- und Handelskammer
IKR - Industriekontenrahmen
Imm - Immobilien
Interpol - Internationale Kriminalpolizeiliche Organisation
IOP - Integrierte Operative Planung
ISBN - Internationale Standardbuchnummer
iV - in Vertretung
IV - Industrieverband
IVW - Informationsgemeinschaft zur Feststellung der Verbreitung von Werbeträgern
IWF - Internationaler Währungsfond

K

KAGG - Gesetz über Kapitalanlagegesellschaften
kaufm, kfm - kaufmännisch
Kfm - Kaufmann
KG - Kommanditgesellschaft
KGaA - Kommanditgesellschaft auf Aktien
KI - künstliche Intelligenz
KO - Konkursordnung
KSt - Körperschaftssteuer
KStG - Körperschaftssteuergesetz
KSZE - Konferenz über Sicherheit und Zusammenarbeit in Europa
KWG - Kreditwesengesetz

L

LEH - Lebensmitteleinzelhandel
LpA - Leser pro Ausgabe
LpE - Leser pro Exemplar
LPG - landwirtschaftliche Produktionsgenossenschaft
LpN - Leser pro Nummer

LVA - Landesversicherungsanstalt
LZB - Landeszentralbank

M

MA - Media Analyse
MAIS - Marketing Informationssystem
mbH - mit beschränkter Haftung
MdEP - Mitglied des Europaparlaments
MdB - Mitglied des Bundestages
MdL - Mitglied des Landtages
MDS - mehrdimensionale Skalierung
MESZ - Mitteleuropäische Sommerzeit
MEZ - Mitteleuropäische Zeit
Mia - Milliarde
Mill, Mio - Millionen
MIS - Management Informationssystem
Mitbest - Mitbestimmung
MitbestG - Mitbestimmungsgesetz
Mrd - Milliarde
multilat - multilateral
MwSt - Mehrwertsteuer

N

NIP - Nettoinlandsprodukt
NPW - Nettoproduktionswert
NSP - Nettosozialprodukt

O

OHG - offene Handelsgesellschaft
ökon - ökonomisch
OLG - Oberlandesgericht
oP - ordentlicher Professor

P

PE - Personalentwicklung
PGA - Postgiroämter
PGR - psychogalvanische Reaktion
PH - Pädagogische Hochschule
PIN - persönliche Identifikationsnummer
PLZ - Postleitzahl

pp - per procura
PublG - Publizitätsgesetz

VE - Volkseinkommen
VHS - Volkshochschule
VIE - Valenz, Instrumentalität, Erwartung
VL - Vermögenswirksame Leistung
VN - Vereinte Nationen
VO - Verordnung
VSt - Vermögensteuer
VStR - Vermögensteuerrichtlinien
VWL - Volkswirtschaftslehre
VZ - Veranlagungszeitraum

R

RA - Rechtsanwalt
RAS - retikuläres Aktivationssystem
Ref - Referat
RNF - Risiko-Nutzen-Funktion
RSO - Regionale Standardisierungsorganisation

W

WEZ - Westeuropäische Zeit
WG - Wechselgesetz, Wohngemeinschaft
WP - Wirtschaftsprüfer
WPK - Wirtschaftsprüferkammer
WPO - Wirtschaftsprüferordnung
WStG - Wechselsteuergesetz
WWS - Warenwirtschaftssystem
Wz - Warenzeichen
WZG - Warenzeichengesetz

S

SGE - strategische Geschäftseinheit
SOR - Stimulus, Organismus, Response
StGB - Strafgesetzbuch
StPO - Strafprozeßordnung
StVO - Straßenverkehrsordnung

T

Tar-Gr - Tarifgruppe
TAT - thematischer Apperzeptionstest
TDM - Tausend Deutsche Mark
TH - Technische Hochschule
TR - Technische Richtlinie
TÜV - Technischer Überwachungsverein

Z

ZAW - Zentralausschuß der Werbewirtschaft
ZPO - Zivilprozeßordnung
ZVEI - Zentralverband der Elektrotechnischen Industrie
ZwSt - Zweigstelle

U

USt - Umsatzsteuer
UStG - Umsatzsteuergesetz
UWG - Gesetz gegen den unlauteren Wettbewerb

V

VAG - Versicherungsaufsichtsgesetz
VDME - Verband Deutscher Maschinen- und Anlagenbauer